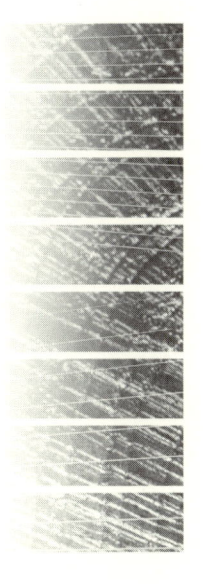

森田武教授退官記念論文集

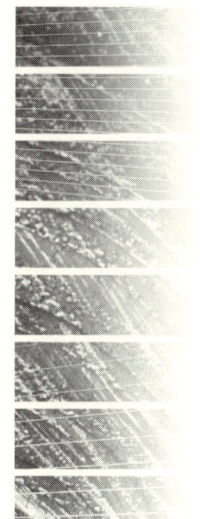

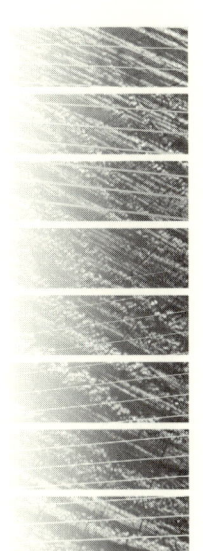

近世・近代日本社会の展開と社会諸科学の現在

森田武教授退官記念会【編】

新泉社

はじめに

森田武先生は、二〇〇七年三月三十一日をもって、埼玉大学を定年退官された。

本書は、先生のご退官に際して、学恩を受けたものと社会科教育講座の同僚の先生方が集まって感謝の意を表すために、先生に献呈したいと編まれたものである。

先生は、一九七二年に東北大学文学部より埼玉大学教育学部に赴任され、以来今日に至るまで、近世・近代史研究と、学部生・院生・長期研究生の指導・教育に力を注がれるとともに、教育学部附属養護学校長・埼玉大学付属図書館長・評議員などの要職を歴任された。また、「直轄県における明治政府の経済政策」以来数々の著書・論文を世に送り出すとともに、埼玉県にかかわる地域史研究活動にも意を注がれ『埼玉県史』・『浦和市史』など多くの自治体史編纂にあたってこられた。さらに学外では、埼玉県平和資料館運営協議会会長・埼玉県文化財保護審議会委員など多くの役職を歴任され、その高いご見識を生かして幅広く活躍されておられる。

本書は、もともと、先生に直接ご指導を受けた卒業生らを中心に論文集を作ろうということで出発したが、先生からも玉稿をいただき、さらに講座の先生方のご協力をえて、合計二一本の論文を掲載することができ、このように大部なものとなった。

これも、講座の同僚の先生方や先生に直接ご指導を受けた卒業生らが、いかに先生を敬愛しているかを物語るものといえよう。

本書は、第Ⅰ部を森田先生の玉稿と先生から直接ご指導を受けた卒業生の諸論文で構成し、第Ⅱ部は講座の先生方と院生時代に縁をもった大峠さんの諸論文を配置するという二部構成とした。
以下各論文について、簡単な紹介をしておきたい。

〔第Ⅰ部〕

森田武論文は、近世後期の武州村落を対象として、近世的「村自治」のありかたを、村役人選定と争いにおける「郷例」（惣百姓合意と入札）・「村自治」の様相と、その基底をなす村掟のありかたを踏まえて論じたものである。それを通して、村役人選定の作法は、惣百姓合意が「郷例」として定着し、さらに入札制を郷例化したが、天保年間に入札・郷例が領主によって否定されて、「村自治」が危機的状況になったことを指摘している。

加藤健論文は、福岡・佐賀をはじめとする西北九州の六藩を事例として、寛永期までの大名統制策のなかで藩存続・藩政確立を実現したことから、各藩は「御厚恩」と捉え、自ら進んで徳川氏に臣従化し、いっそうの奉公に励んだ。すなわち藩の認識が島原・天草の乱や長崎警備などに出精して勤役に臨むという主体的行動につながったことを明らかにした。

花木知子論文は、一六八八年（元禄元）に制度化された行倒人の取り扱いについて整理したうえで、府中「大国魂神社文書」を用いて八幡宿村（神領）での行倒人・変死人の一九件に及ぶ事例を、行倒人と検使の関係、養生場と埋葬場、行倒人入用の三つの視点から詳細に分析・考察し、在方における行倒人の対処・対策の実相に迫っている。

新井尚子論文は、埼玉県域における若者組による八件の「突合相省」制裁事例を分析し、若者共の「顔難立」、「面汚」など内部の論理・価値観が優先されていたこと、個人より「イエ」が強く認識されていること、若者組における制裁が百姓集団に波及する場合があることを解明した。また葬式の事例から「村八分」内容の見直しの必要性も指摘している。

岡田大助論文は、武蔵国における旗本知行支配の特質を論じ、旗本が在地の「有力百姓」を取締代官として取り立て、「士分格」・苗字帯刀などの特権を付与し、支配にあたらせたが、武士として公認しなかった関東と公認し「公用向」にあたらせる畿内という違いが存在したこと、「有力百姓」は明治期に地方行政のリーダーとして活躍したことを指摘する。

田村敬論文は、河川行政における天保改革とされる一八三七年（天保八）十一月に出された「御普請向改正」に対して、すばやく対応した事例として綾瀬川上流地域の足立郡五ヶ村（現桶川市・伊奈町）による見沼代用水分水願を取り上げ、翌年十月には正式な分水許可を獲得、天保十年四月には分水工事完了という経緯を明らかにしたものである。

高橋貞喜論文は、江戸後期の海外情報と開明派武士の動向を明らかにした。開明派武士層は崋山と泉石を中心に、情報ネットワークを通じて海外情報収集に奔走し、川路は彼らとの私的交流を深めながら、幕末の外交交渉を担当した。そういった交流の中で蓄積された共通認識が国際社会へのソフトランディングに成功した幕府の外交能力の高さを培った。

福井延幸論文は、幕末期の遣外使節団の異文化コミュニケーションを遣仏使節池田筑後守長発一行の異文化体験談（日記・回顧録）をもとに検証したものである。外交使節団であるが、書物から得ていた知識を諸地域での「実地目撃」と積極的な異文化接触で深めていく「スタディーツアー」的な要素を多分に含んだものであったと評価している。

内田満論文は、「秩父郡中」を枠組みとした秩父事件の運動全体の実態解明をめざして、参加者の現状認識や目的、実力行使の世界の実態解明、権力による運動の認識・判決の数量的分析を行い、最後に「軍備原案」・「地方警備」を分析し、国家構想の萌芽である地域・地方構想に辿り着いた近代成立期における突出した民衆運動であったと位置づけている。

白田勝美論文では、「小針村事務報告書」・「小針村村長職務日誌」の丹念な読み込みによって、一八八九年の町村合併により成立した小針村（現伊奈町）の一九二二年まで、近代日本の名誉職制発展期から停滞期までの地方行政の実態を明らかにしようと、地方改良運動期・民力涵養運動期の村政、財政と勧業・教育について詳しく検討・叙述している。

田部井新介論文は、ファシズムの文脈の中でしか論じられない傾向にある昭和期の農本思想を、多様性を認める安達生恒や生活世界の基底から捉え直す岩崎正弥らの提唱を受けて、安岡正篤の『世界文明の転機と農村文化』を中心に読み込んで、そこに示された地方像や実践としての農士学校を素材として、安岡の思想を再検討したものである。

坂井俊樹論文は、日韓の歴史教育・教科書研究交流の実践を踏まえ、社会史と木村礎の景観史などの視点から行う基礎研究と、「学力」イメージの革新と戦争責任問題を結び付けていく必要性を提言し、地域共同体を構築する営みとしての「歴史和解」には多様な場面で日韓中の人々相互の信頼関係構築が重要であり、分かち合いの精神が不可欠と締め括る。

〔第II部〕

白井宏明論文は、J・ハーバーマスの「生活世界の植民地化」というテーゼを受け、千葉県安房郡稲都村山名区に伝えられた明治二十六年と明治二十七年の二つの村規約に示される理念を検討することによって、市場と行政という近代の新しい「システム」への対応がムラの「生活世界」・「生活組織」をどのように変容させるかを読み解いたものである。

渋谷治美論文は、常識的な「悟り」の訪れを峻拒する「道元自身の悟り」の内実に接近することを目的として、悟りと修行の関係についての悟りを記している『正法眼蔵』第一巻「現成公按」の書き出しの四句と末尾の公按の二箇所に焦点を当てて解読し、新しい読み方を提示し、この観点から全巻を読み通すことが自分の最後の「拘り」であると結ぶ。

小林聡論文は、政策決定の仕組みとその変遷が、政策決定の場である宮城・宮殿の構造にどのような影響を与えたかという問題関心から、具体的には晋南朝時代における政治的空間としての「内省」の性格を明らかにするとともに「入直制度」の事例を整理し、当該期に内省への入直が政策決定の場として新たに機能するようになった点を指摘している。

大峠要論文は、北魏孝文帝が採用した九品官人法と中正に関して、王朝の存在基盤としての姓族のあり方と地域社会における姓族の態様を明らかにするために、従来の中正研究で検討が不十分であった中正就任の理由・目的を明らかにしようと姓族勢力が強大な山東地域を対象に、相州で八名、定州で一三名の中正就任者の実態を詳細に検討している。

鈴木道也論文は、十三世紀後半のフランス王国での歴史叙述をナショナル・アイデンティティ形成史の観点から、ルイ九世の指示で編纂された『フランス大年代記』と『歴史の鑑』を詳細に比較検討し、さらに後者の二つの版を比較し、その王国観は普遍的世界観と王朝記を組み合わせたものにすぎず、ナショナルな意識形成には至らなかったと結論付ける。

斉藤享治論文は、先学により行われてきた扇状地形の多様な定義・分類を、規模・勾配、堆積物の層厚、そして形成域による分類の三つの視点から詳細に整理・検討し、それを踏まえて扇状地の定義の確立に向け、扇状地の定義が最終的になされていなくても、特定の目的に沿った暫定的な定義は有用であるし、そうすべきであると提起・提言している。

谷謙二論文は、自ら開発した時間情報を扱うことのできる「地理情報分析支援システム『MANDARA』」を用いて、大正期から昭和期にかけての南関東における行政界データの作成方法について作成手順を解説し、さらに作成した一九二〇年から五〇年にかけての地図データを用いて当該期間の人口密度の変化・人口増加率の推移を考察している。

大友秀明論文は、日本の社会科教育と比較するための素材を提供することを目的に、ドイツの学校制度から説き起し、初等・中等教育における社会科系教科のカリキュラムの特徴、具体的にはバーデン・ヴュルテンベルク州、バイエルン州などで実施されているカリキュラム・単元構成を紹介し、最後に日本の社会科教育にとっての示唆点を指摘している。

桐谷正信論文は、近年の学力低下論争が直接的に社会科の実践に及ぼした影響はそれほど大きくないとの認識のもとで、社会科学力の統一的定義の確立から距離を置き、社会科で重視したい学力とその形成のあり方を、社会科学力を「わかる」と「できる」の二つの視点から整理し、「わかる」力としての「構築主義的思考」の重要性を検討している。

以上、個々の論文ないし本書全体の学術的評価は、読者諸賢に委ねたいが、第I部の卒業生の諸論文は、歴史教育も含め、いずれも現在を見据えて、地域に焦点を当て、また史料を丹念に読んで史実に迫り、歴史像を形成するという先生のご指導を受けとめた作品であり、第II部の諸論文はご協力いただいた講座の先生方の貴重な論文であり、個々の専門研究の立場から社会諸科学の現在を見通すものとなっている。

森田先生には、いつまでもご健康で、これまでのご研究と活動をますます発展させ、また末永くご指導を賜りますようにお願い申し上げます。

先生のご退官を記念し、長年にわたる学恩とご指導に対し、感謝の念をもって、各人から寄せられた諸論文をまとめました。二〇〇七年五月吉日、ここに先生の玉稿に添えさせていただき、献呈致します。

森田武教授退官記念会

岩田泰治
（文責）内田満
岡田大助
小林聡
坂井俊樹
鈴木道也
髙橋貞喜
竹内将彦
白田勝美
福井延幸
（五十音順）

目次

第II部

装幀　勝木雄二

第Ⅰ部

近世後期の村役人選定における郷例・入札と「村自治」

森田　武

はじめに

本論は、近世における「村自治」の性格を検討する作業の一つである。この作業の前提として、享保期の村の盗みに対する共同体成員としての小前惣百姓による鎌取り、入札、過料など「自検断」の存在を含む村掟の性格について検討し、また、同時期の村役人選定の作法が共同体成員の惣百姓合意が決定的、不可欠の条件であり、その前提として、そうした共同体成員の村掟にみられる合意形態の存在が農民の共通認識となっていること、同時に領主との間で村請制下における村支配条件として承認・了解されていたことを指摘した。[1] ここでは、その作業の延長として、安永・天明期の村役人選定の性格を検討し、郷例として存在する「惣百姓合意」による村役人選定をめぐる、村落内の対立と主張の論拠と貫かれる論理を検討し、次いで郷例としておこなわれる村役人選定の際の入札制の性格、そして天保期の郷例に対する領主の態度の変化について述べていきたい。あわせて付言的に、「惣百姓合意」による「村自治」の基礎としてある村掟の存在と内容についても紹介を兼ねて概括的に述べたいと思う。

1　安永・天明期の村役人選定における郷例の規定性

（1）　名主交代・選定と郷例

はじめに、川越藩領武州入間郡赤尾村におけるこの時期の、村役人選定の一般形態・手続きとその特質について確認しておきたい。

安永七年十二月、赤尾村相名主、組頭、百姓代より名主市郎次の退役願いが出され、同月跡名主に同人聟佐伝次が就任した。その経緯は次のようである。

同月十五日、同村相名主源右衛門、組頭三名、百姓代二名より先代名主林半三郎跡役として宝暦八年以来名主役を勤める名主市郎次について、「当夏中より不相勝名主御役義相勤兼候ニ付村中相談仕此度退役仕度奉願候」[2]という病身退役願いが代官所に出された。これに対し、代官所から「右之通奉願上候処跡役郷例を以可願出旨被仰付候」指示、つまり領主から郷例による手続きの指示が出された。これを受けて同村の百姓代以下一四五名の百姓から、「跡名主郷例ヲ以可願出旨被為仰付候義被仰渡奉畏則村中相談候処跡名主御役之儀者市郎次殿聟佐伝次殿ニ仕度願上候右願之通御願被成下候様小前御百姓一統以連印願上候」[3]という願書が村役人衆中に差し出され、次いで同日付けで、名主源右衛門、組頭三名、百姓代二名より一四五名の連印願書が代官所にとどけられた。

最終的に、領主が名印を確認して名主就任を了承し、本紙を村方に返却して二人名主が成立することで終了した。[4]

村役人選定は、村共同体成員全員によって合意・確認した「郷例」が必須・不可欠の条件であった。

以上のように、名主役を決定する作法は、①「村中相談」をふまえた村方三役からの退役願いの提出、②領主の郷例による跡役決定の指示、③惣百姓合意＝郷例を伴った村方三役からの跡名主許可願いの提出、④領主の惣百姓名印確認と許可・了承、である。核心は名主、組頭を除く、百姓代を含む共同体成員の「村中相談」による惣百姓合意と連印の成立＝郷例の成立が手続きとして不可欠の条件であるということであり、惣百姓合意成立＝郷例よるべきことを領主が指示するということである。そのことは、村役人選定において、領主権力が村請制支配「役人」の決定に介入せず、村役人を除く村共同体の意思・合意によって決定されるという意味で「村自治」が存在しているということであり、領主権力が村共同体の合意の慣行・郷例を命ずることで領主支配としての村請支配組織を作るという、「村自治」を前提とした幕藩制的支配・被支配関係が領主と村・百姓間の了解として成立しているということである。

こうした郷例としての惣百姓合意の原則は、村役人による村請支配・村政に規定性を及ぼす。次にこの点について補足的に考えておきたい。

上記の赤尾村における百姓の郷例による名主選定と同時に同村百姓の二つの動きがあった。

一つは、二名名主の整いと同時に、安永八年正月同村の五人組頭三〇名が、「村中為惣代五人組判頭連印ヲ以」、不作・村内困窮・村入用諸色減少を理由に、名主役の御用宿、御用状継立を年番持ち、定使を一人勤めとする村入用軽減要求を村役人衆中に出した行動である。翌月、村方三役から代官所に願い上げられて許可された。村中惣代としての全五人組頭の要求を許可する際、代官所は村方三役から「表書奉願上候通村方名主両人御座候処村方勝手合ヲ以御用宿幷御用状継両用斗名主年番ニ被仰付難有仕合ニ奉存候右願之義ニ付村方向後差障り之弁決而無御座候為後日御請書仍而如件(5)」という裏書を取り、村内百姓間に異論が生じることがないことを保障させた。

二つは、これと同時に同正月、逆に村役人も「仰せ付け」を百姓側に要求し、「村中為惣代五人組判連印」による村役人衆中宛の「定一札」が作成された。その内容は、①年貢、諸貫物の定日持参、五人組下不納者に対する五人組頭の責任による納入と名主の訴えの承認、②村入用勘定への百姓代二名立会い、村方三役の加印、③村方普請人足と家別人足出しへの遅刻者、不参者の過料銭差出し、④川筋筏下げの円滑化への協力、⑤鉄砲の音、大変の際の法螺貝吹きと村中駆け集まり、である。この内①、②、④、⑤は村請支配遂行にかかわる百姓の義務と責任を求めたものであり、③は「一、村方諸普請人足幷ニ家別人足出候節其場所へ朝五ッ半限可罷出候尤昼飯ニ罷帰候ハ、九ッ半ヲ限可罷出候右刻限過候而於罷出者壱人前過料銭として三百文宛指出可申候（中略）他所出人足之義者其道法ニ応し刻限触出可申候勿論宰領ニ参候もの宅へ相集り相届ケ他所出可被致候且家別人足之儀唯今迄者出不申ものも有之候此上急度可被罷出候若不罷出者ハ過料銭右同断之事[6]」という村方諸普請人足と家別出し人足についての過料銭による制裁である。

百姓は、郷例による名主決定にあたり、村入用の名主給、定使い給軽減を条件とし、村請制支配にかかわる事柄である故に、村中一同の意思を「村中惣代」としての全五人組判頭名で要求をおこなった。一方、村役人は、年貢徴収、治安維持など村請制支配に対する百姓・百姓代・五人組の義務と責任の確認を、同様に「村中惣代」・全五人組判頭に求め双方の了解とすると同時に、後述の、宝暦十二年「惣百姓法度連判」中に「一人足伝馬役不参候もの　此過料五百文宛」と規定されているような、惣百姓合意による共同体の「自検断」の慣行を村政に入れ込んで対抗したのである。

（2）　郷例不調・惣百姓意思の分裂――「村中相談」・惣百姓合意と「百姓和熟」の対立

次に右に指摘した村役人選定における郷例が不調となる場合、どのような主張の論理が示されるか、対立するそれぞれの百姓側の主張・論理とそれに対応する領主側の論理・態度について検討したい。

安永八年四月、赤尾村名主左伝次、組頭、百姓代から、「当春中より不相勝名主御役茂相勤兼候ニ付村中相談仕此度退役仕度奉願上候」との名主源右衛門の病身退役願いが出され、代官所から「右之通奉願候処郷例ヲ以跡役可出旨被仰付候」と指示された。村方、領主の作法どおりの手続きである。そして源右衛門の退役願いは、同家の倅が百姓の合意により跡役となり、名主役の家を継続することを内意としていた。

しかし、この指示を受けた村方寄合で郷例・惣百姓合意が成立せず、百姓代を除いて名主左伝次、組頭三名から次のような跡役願いが出された。願書と領主の指示を一括して記した史料が次のものである(7)。

乍恐以書付奉願上候
一当村名主源右衛門儀先達而退役之御願奉申上候処跡役之儀郷例ヲ以可願出旨被仰付奉畏小まへ御百姓迄数度寄合評議仕候得共跡御役相勤候もの無御座候依之右源右衛門倅丈右衛門義御跡役ニ可奉願上与奉存候御百姓方江種々申談候へ共一向相調不申候ニ付乍恐私共義も当惑仕候依而何卒　御威光ヲ以右丈右衛門ニ跡役儀被仰付被下置候様偏ニ奉願上候右願之通被仰付被下置候ハヽ、難有仕合ニ奉存候以上
安永八己亥年六月
赤尾村　組頭　清八
同　甚六
同　八左衛門
名主　左伝次
御代官御役所
右之通奉願上候処御威光ヲ以村役儀被仰付候義決而無之旨被仰候以上

名主、組頭は、村寄合の評議での郷例＝惣百姓合意の不調を受けて、領主の「御威光」に依存した退役名主役

の世襲許可を願い出た。これに対し、領主側は「御威光ヲ以村役儀被仰付候義決而無之」と領主権威による選定方式の変更・介入を否定し、百姓との間における了解＝郷例を前提とする百姓による名主選定を指示したのである。

翌七月、領主のこの指示に対する、郷例不調となった村方百姓の三つの態度が示される。

①一〇九名の百姓は、「一当村名主源右衛門殿儀先達而退役之御願被成候処跡御役郷例を以願出候様ニ　御上様より被仰付候義仰被渡奉畏跡御役之儀数度評議仕候得共一向見当り不申候間跡御役見当り候迄御一人ニ而名主御役御勤被成下候様偏ニ御上様江御願被成下候様ニ願上候依之連印之一札を以願上候以上[8]」との願書を村役人中に出し、同時に名主左伝次、組頭から代官所に提出された。これは、多数の小前百姓が郷例を成立させないことによって跡役不決定とし、跡役決定まで当分一人名主とすることを主張したものである。この背景には先述の二人名主決定の際に村入用軽減のため一部機能を年番とするという決定があった。この主張は、同村一四七戸のうち七四パーセントをしめる小前百姓が、名主にかかわる村入用の負担軽減を求めたものであり、郷例を不調とした行為は小前百姓の村入用負担軽減を徹底しようとするものである。また、名主役の家の世襲批判の意思も含まれていよう。

②源右衛門とその親類一一名・縁者一〇名は、①の一〇九名の願書への連印を拒否し、「源右衛門親類此者共申候者只今之通名主御役之儀者弐人ニ而相勤呉候様申候尤百九人御百姓願之趣新規之義与申之候[9]」と、郷例不成立を理由として一人名主を主張する一〇九名の行為、主張を「新規」＝慣行否定であると批判した。そして、従来どおりの二人名主を主張したが、当然村中相談による退役名主の跡役に倅を世襲させる郷例の成立を想定している。

③一六名の百姓は、源右衛門家および縁者の近隣という地縁的関係によって①の願書に連印しなかった。ただし、それは「源右衛門親類縁者之者共申口ニ一同仕候義決而無御座候由申之候」と地縁的付き合いによるものので

あり、②の主張に賛同した訳ではないと受け止められている。

この惣百姓意思の分裂には、村運営をめぐる小前百姓と村役人の対抗、共同体内の血縁・地縁結合を要因とする小前百姓間の対抗という二重の対抗が存在した。そして、この場合、本来共同体維持のための百姓の意思決定方式であり、かつ領主支配の諸枠組みと村請制支配にも規定性を及ぼす惣百姓合意＝郷例が、多数の小百姓にとってその利と意思を保障しない桎梏となったのである。

この三つの主張を受けた村役人及び領主の対応は次のようである。同年七月に組頭三名、百姓代一二名が名主抜きで、一〇九名の主張を代弁して、①の小前百姓が出した連印願書の写を再度代官所に提出し、名主が一人であっても「尤只今迄通御用筋無差支相勤可申候右願之通被仰付被下置候」との一人名主許可を願い出た。これに対し代官所は、「印形不仕もの相糺罷出候様被仰出候」と連印拒否者・不合意者があることを理由に差し戻した。次いで翌八月、この指示による小前百姓の二度の寄合でも一人名主要求の態度を続けたため、名主左伝次、組頭・百姓代全員が、「百九人之御百姓之願跡名主御役見当り候迄壱人ニ而相勤呉候義を新規之義等与申彼是源右衛門親類縁者弐拾壱人之者申候義難心得様ニ奉存候依之村方不穏ニ相見江難義至極仕候間乍恐御威光ヲ以村方相納候様ニ御勘弁之上被仰付被下置候」ことを代官所に願い出た[10]。これに対し代官所は、「内事ニ而落合候様被仰付御取上ヶ無之」と却下した。つまり、村役人は、郷例不調ゆえに「御威光」によって旧来の実態である二人名主・退役名主倅の名主就任を求めるという当初の手続きが、多数の小前百姓の反対にあい、今度は転換して郷例成立まで一人名主という小前百姓の主張を「新規」ではないとして、小前百姓の主張を「御威光」によって許可するよう求めたのである。ここには、村役人、特に名主の非主体性が露呈されているが、転換した理由は、組頭、百姓を引き込んだ多数の小百姓による「村方不穏」に直面し、村請の村支配を維持するために、「村方納まり」を優先し同調したためである。一方、領主側は、名主のあり方の如何にかかわらず、名主選出は郷例による「内事」であるという一貫した認識から不介入、村内合意を、具体的には惣百姓連印による合意を命じている。

こうした名主選出をめぐる郷例不調、退役名主の慣行遵守・惣百姓合意要求、小前百姓の負担軽減の主張と村役人の同調、領主の郷例指示という拮抗のなかで、小前百姓は、自らの主張に合意しない百姓の、吟味による「一同落合」の形で郷例成立を追求する訴願行動に転じた。

同年八月、「百九人御百姓惣代」一三名は、③の一六名は「左之拾六人之者共如何心得候哉右様筋も相訳り不申我等意成を申候間村方御百姓仲間も異儀立難儀至極」であり、「何卒御威光を以右之拾六人之者共被御召出御吟味被仰付乍恐私共百九人之者共与一同落合候様被仰付被下置候ハ、御百姓仲間茂和熟ニ相成村方茂穏ニ可相成」[11]と、村入用費負担軽減に賛同せず、地縁関係故に合意を拒否する百姓を「我意」の者とし、「御百姓仲間致和熟」を理由として、領主の吟味によって「一同落合」・合意を得ることを願い出た。村役人もまたこの吟味願いに同意し、「此義ニ不限右様我意ヲ申候而者向後村役も相立兼（中略）左之拾六人之者共被御召出御吟味被仰付被下置候ハ、村役義も相立御百姓仲間茂和合ニ茂相成」ことを理由にこれを代官所に提出した。ただし、この吟味願いは②の二一名については「尤残弐拾壱人之御百姓者名主源右衛門親類之者共者私共百九人之者共与一同不仕候得共此義者源右衛門親類ニ付無拠一同茂不仕様ニ奉存候」と血縁関係を理由とする合意拒否は「無拠」として、「我意」の外に置き、吟味によらない別途の最終的合意を意識していた。村共同体内における、日常生活上の血縁的家結合意識について認識を共有していたからである。

代官所はこれに対し、「右之通奉願上候処百九人之者共与落合不申候処親類縁者近所者共とも同様候間親類も一列ニ相願候様ニ可致旨被仰付候」と地縁、血縁の別なく一列の吟味を命じた。そこで、同月、一〇九名百姓総代は前記の趣旨を内容とする三七名の吟味願いを出し、それを受けた名主左伝次、組頭三名は添書した願書を代官所に提出し、受理された。添書部分は以下のようである。[12]

右百九人御百姓奉願候通御座候尤左之三拾七人之者共へ乍恐私義も利害為申聞候へ共筋も相訳り不申候我意

成義ヲ申候間右百九人奉願上候通御召出御吟味被仰付被下置候ハヽ、御百姓仲間も和合可仕与奉存候以上（以下略）

すなわち、多数の小前百姓は、負担軽減による百姓成立と「百姓和熟」に反対する者を「我意」の者として、領主の吟味によって「一同落合」・合意を成立させる論理で訴願し、村役人もそれを支持したのである。

これは、共同体の結合の一つの論理であるとともに、領主の村支配の法と思想に対応した行動であり、村役人不正・「我意」追及の村方騒動と同じ論拠の上に立っている。具体的には、宝暦五年の川越藩の「定」にある、名主、組頭の増減については正当な理由が必要であること、名主、組頭給分の増減については代官所に届け出ること、名主、組頭は川越に出る入用が多額にならないようにすべきであること、百姓仲間和熟などである[13]。それゆえに領主側はこの訴願を受理した。

かくて、名主選定をめぐる争いは、（イ）郷例・惣百姓合意を論拠とする、慣例の遵守・実施の主張と、（ロ）村入用負担軽減のために、領主の村請制支配の規定を論拠に、共同体の倫理として定着していると同時に支配の規範としてある「百姓和合」を論拠として、（イ）を棚上げする主張の争いとなった。ただし、（ロ）も、共同体結合の基底をなす血縁的家結合へは顧慮していた。

その後、翌安永九年二月、この件の発端となる名主退役願いを出した源右衛門は、小前方の吟味願いに対抗し、退役願いを撤回する訴状を代官所に提出するため、名主左伝次に奥印を要求した。その趣旨は、①一〇か年以前より病身を理由に「名主御役義御免之義御願仕度村中相談仕候処村方一統相談之上右願之義差留メ申候ニ付倅名代差出御用之義相勤メ罷有候」こと、②倅の名代勤めが長期故に「去亥ノ四月中村相談ヲ以名主御役御免被成下置度願上候得共御役御免不被成置候内者御用之義相勤不申候而者恐多奉存候」こと、③しかし、「村相談一向相調不申」、「不得心之者大勢御座候而御役御用之義相勤不申難義至極[14]」であること、である。

この訴えは要するに、同人は、「村方一統相談」による名主役留任・倅名代、「村相談」による村役人御免の手続きに従ってきた一方、名主・組頭による倅の名主跡役就任願いを地縁・血縁者を除く多数が小百姓による拒否＝「村相談不調」としたことに直面し、先述の領主の指示、つまり「郷例ヲ以跡役可出」が成立するまで名主役を続行することを主張し、領主に願い出たものである。前記（イ）の主張の延長線にある。これに対し、名主左伝次は取り扱いの判断をなしえず、「五人組御改之上迄可被延旨申預り置候」ことで、源右江門の要求は事実上保留となり、対抗が続行することになる。

（3）郷例による名主役・組頭役選定

前節で検討した名主選定をめぐる対立が続くなかで、安永九年一月から組頭跡役の選定をめぐる対立が生じた。同村の組頭は、享保年間には五名、宝暦年間は四名、次いで三名、明和六年に二名となったように享保期以後跡役をおかず一貫して少数化してきたが、明和七年一月に「村中相談」で、「段々組頭不足ニ而難儀」を理由に増員の願いが出され、一名増員が許可されて三名になっていた。

安永九年一月、組頭のうち一名が病死し二名となったため、月日は不明であるが名主左伝次と組頭二名から跡役願いが出され、領主は既述のごとき作法により「跡役之義郷例を以可申出旨被仰付」との指示を出した。しかし、この場合も百姓が「寄合等仕組頭跡役之評議仕候得共未相究り不申」、郷例が成立しなかった。その理由は、源右衛門が親類百姓らを通じて「私義茂先達而退役之御願申上置候此義相済候上ニ而組頭跡役之義者御相談被下候様ニ仕度」と自らの退役と名主跡役決定の先議を主張したことによる。

これに対する、同年八月の村役人（名主左伝次、組頭二名）の態度は、「右源右衛門退役之義乍恐御威光ヲ以何連ニ成共相分り申候ハ、組頭跡役茂出来可申与奉存候」と、源右衛門退役問題については村・百姓における決定を放棄して領主権威による裁定に求め、組頭跡役をその裁定原則によって選定を図るというものであった。一方、領主の態度は、「去亥ノ年中願書御百姓方より上り居候此義吟味被候ハ、相分り可申候間近々御吟味被遊候間其旨可相心得候与被仰候」と、小百姓による源右衛門らの「百姓和熟」拒否・「我意」の吟味願いの吟味により、源右衛門方の理非を裁定することとした。

吟味の具体的内容は不詳であるが、この吟味で一〇九名の百姓方による「我意」批判、「百姓和熟」の論理による訴願は敗北し、天明元年十二月、以上述べ来たった名主選定争論の決着がはかられた。

一天明元辛丑年願書ニ名主源右衛門跡役之義ニ付御百姓仲間百九人卅七人与相分り滞りニ相成候処此度熟談仕候由有之

一同年同月願書名主源右衛門倅丈右衛門年三拾九持高廿八石参斗四升四合八夕右丈右衛門ニ名主御役被仰付被下置度小前御百姓一統奉願上候云々有之(15)

村中の熟談と惣百姓の合意がはかられ、郷例を成立させて源右衛門倅を名主跡役としたのである。領主は村役人の選定にかかわる件については、「我意」追及、「百姓和熟」の論理を排し、郷例・惣百姓合意によることを裁定基準とし、小前百姓方がそれに従った結果である。その意味では依然として領主・小前百姓間における旧来からの惣百姓合意原則が貫徹されたのである。

こうした村役人選定の郷例原則の確認が進むなかで、組頭跡役についても同じ原則で決着がはかられる。天明元年六月に退役した跡役は郷例の手続きにより持高三二石余の文右衛門が「連印願書差出し候ニ付御願申上被仰付候」ことで決定し、上記の天明元年の争論の対象となった八左衛門跡役および同年中に病死退役した清八跡役も、この原則で天明三年十二月に「両人倅弥惣治与七へ小前一統以連印奉願上」決定したのである。

2　村役人決定における入札と性格

以上述べきたったように、場合により小前百姓にとって桎梏となる村役人選定の郷例原則に対し、村内の階層的、地縁・血縁的対立を克服しつつ郷例原則を維持するために、その後百姓は当地域の村役人選定方法として入札制を採用する。それは「是非無き」方法としての入札である。

川越藩領の村における近世後期の入札による村役人選定の慣行は、上記の赤尾村に先行して、他村でこの時期に実施されているので、ここではその例も合わせて、その性格と意味について検討したい。

(1)　入札と小前百姓の意思

赤尾村同様川越藩領の村でこの時期に村役人選定を入札でおこなった例として、入間郡久下戸村で宝暦十二年八月におこなわれた名主の入札選定がある。この場合は、二人名主のうち、死亡した名主甚蔵跡役の空席を主張した村方百姓と二人名主を主張する名主が対立し、名主が跡役吟味願いを出した。これに対し、領主側はすでに選定方法として存在していた入札による名主選定を指示し、名主、組頭を除く家数一六〇軒一人一枚の入札がおこなわれた。その経緯と意味は次のようである。

①現名主五平次の代官所への吟味願いに対し、領主側が「右願候処則直右衛門様孫左衛門様より御窺被下候処入札ニ仕可申上旨被仰付候ニ付村方江入札之儀申渡候組頭衆より村方江遂内談候由ニ而組頭長百姓五平次方江罷越一両年之間者壱人ニ而相勤呉候様申尤末々壱人ニ而相勤候得者村方一同ニ悦申候由達而申之帰り候其後五平次方より壱人ニ而者難相勤旨及挨拶」なかで入札が実施された。[16] この入札は、村入用負担軽減を求めて、「末々一

人名主」を主張する百姓がその実施に抵抗を示すなかで、最終的には領主が仲裁する方法としておこなわれた。

②入札開票の結果、「名主甚蔵跡役之儀御下知之通村方入札取之候所右清兵衛札多ク入り申候」ように組頭清兵衛が四五枚の札数多数で名主に選出された。ただし、開票の内訳は、次点が武右衛門三八枚、次いで白紙が三七枚、「甚蔵養子相立候迄組頭持之願」と記された札一四枚が高票であり、以下五名が一〇枚以下である。この内容には、領主の裁定による入札に対する少なからざる百姓の白票による抵抗、名主を置かず当分組頭持という抵抗が顕著に示されている。

③この結果に対し、不服の百姓は、甚蔵に養子が決まる迄は名主役を組頭持ちとせよと要求し抵抗した。したがって、村入用費負担の軽減を理由としていたと考えられる。

④清兵衛は、自らの票を上回る、一人名主要求者を含む抵抗票の存在を前にし、小高百姓であることを理由として名主の養子決定まで組頭持とし、「私村方見立ニ預候得者組頭惣代ニ名主勤方者私引請相勤」として組頭総代の資格で当分名主勤方を引き受けることを村方に求めた。これをうけて百姓は、組頭、名主、同村上下惣百姓連判によって清兵衛の申し出の内容を認めるよう代官所に願い出た。

⑤奉行所は、「清兵衛儀小高ニ而難相勤旨尤ニ候併惣百姓願ニ付甚蔵養子相立候迄先ッ名主役被仰付候」と下知し、惣百姓願いであることを理由として③の内容の願い出を認めたのである。

この際の入札の実施は、村内において小高持ちの組頭を生んでいるという状況を背景に、村入用軽減を要求する百姓と名主役勤めの負担を理由とする層が対立し、領主側の仲裁・指示によって実施された。最終的には、村役人を除く百姓の投票と惣百姓立会による員数確認による入札の結果、最高票者を四番目の票の内容である当分組頭持ちとする条件付で選定することになったのである。この一件史料には、入札が郷例であるという文言は見当らないし、この村の入札の実施の契機も明確でない。ただ、領主の裁定・指示をうける前提として合意の上での制度としてあったことは疑い得ない。そして、右のように入札の結果である最高票者がそのまま決定とならず、小前百姓の主張と内容をうけ、「惣百姓願い」の結果として決着した経緯からして、この入札制は、小百姓の利を惣百姓合意の上で実現しうるものとしておこなわれたのである。

(2) 入札制の郷例化

次にその後の村役人選定における入札実施について、赤尾村と久下戸村の場合をみてみたい。

赤尾村の村役人跡役決定方式はその後、文化年間までには入札制となっている。

同村では文化元年、組頭文右衛門が退役を願い出、「同二丑年四月退役入札ニ而清右衛門跡役ニ相成候年三拾七持高拾五石五斗弐升」という結果となったが、その際の願書は次のようである。[17]

以書付願上候

一組頭文右衛門殿義長々眼病故退役被致度ニ付跡役之儀度々寄合相談致候処相決不申候間無是非入札ニ致候

尤村中一統相談を以開札之上名前数多入候者江跡役ニ仕候様相究申候則開札致候処清右衛門殿名前数多入

候ニ付前書相定候通跡役之義者右清右衛門殿ニ願之通御願被成下度郷例を以小前一同連印仕願上候以上

赤尾村

藤左衛門印

(以下一四七名印略)

文化二乙丑斗年三月

〆百四拾八軒

村方御役所

すなわち、文化年間の組頭跡役の決定は、寄合による合意が得られない際に、百姓合意原則を維持するための「無是非」措置として、村中一統相談の上で入札とすることを決め、多数者を跡役とする了解も村中一統相談で決められた。そして、このような入札による決定が郷例＝小前一同連印で届け出された。郷例としての無条件の入札制が定着したのである。その後も、村役人選定にあたって、小前百姓合意の成立によって入札によらない選定の場合もあったが、「文化十四丁丑年十二月入札致し半左衛門組頭ニ仕度惣百姓願書有之」[18]のように惣百姓合意を郷例として入札をおこなうことが同時におこなわれていったのである。

先述した久下戸村の場合も以後、文政年間までには、村役人の退役は「村中一統」の確認でおこなわれ、その上で惣百姓合意を郷例として入札が実施されることが文言としても定着している。同村において相次いで名主、組頭の跡役選定をおこなっている文政四年、同五年の場合のうち、文政五年の組頭跡役選定も、①退役者が村方三役と連名で「小前一同相談落合之上退役仕度」願い出、[19]②上記の違背無用、百姓承認による実施を内容とする惣百姓連印一札を経て、③村役人が「跡御役之義村方郷例ヲ以早速取極可奉御願」の許可を受け、④「郷例之通入札仕高札之者」を無条件で選定している。[20]

3　直訴と郷例の敗北

天保六年六月と七月に、赤尾村の小前百姓つごう三三名が、名主の一人勤めを求めて川越表へ直訴した。直訴は郷例によらない名主就任の取り下げを要求したものである。[21]

その経緯は次のようである。

①天保二年に二人名主のうち、一名が死亡した際、残りの名主林半三郎が跡役にその倅を据えるために小前一

同の寄合をもったが一同の合意が得られず、寄合の結論はとりあえず三か年の一名名主勤めとすることとなった。その後、天保四年に頭取名主と寺院がその権威によって、死亡した名主の孫源右衛門を跡役にする仲介をおこなったが、寄合の合意は成立しなかった。三年後の天保五年四月、名主林半三郎は先の寄合の結論をふまえて、「今日者篤与被致相談落合可被下」と小前百姓一同の寄合による一人名主の解消を求めたが落ち合わず、さらに「無是非事ニ付何レヘ成共見立候歟又者郷例之通入札ニ致シ候歟可被及相談与申之」たが、これも村中合意が得られなかった。この段階で頭取名主らが確認した限りの百姓の意向は、一人名主支持者六二名、二人名主支持者四五名、村中合意の上決定とするもの三八名とされていた。惣百姓合意も、「無是非」制度としての郷例として定着化しているはずの入札による名主選定も実現しなかったのである。実現しなかったのは、一人名主によって名主給分や村入用負担を軽減し、また、御用金・村入用費の補塡に当てること、名主の差配する差出し人足を節減することなどを求める百姓の抵抗があったからである。入札制は、村入用費軽減を求める小百姓にとって桎梏となったのである。

②この期に源右衛門の地縁・血縁者が同人を名主として就任させる動きをしめし、頭取名主三名が再度仲介するなかで、頭取名主は村中合意の名主選定不成立を内容とする「破談書」を役所に提出した。そして同年六月組頭役の一名が退役すると、跡役をめぐってこれまた二派に分かれて対立した。名主、組頭は、名主跡役と組頭跡役を村寄合の合意で決定するよう説得を続け、代官所にも嘆願したが不調に終わった。これに対し、同月源右衛門が「御上様思召ヲ以名主役被仰付」た。村内の小百姓合意の不調、郷例とした「無是非」入札の不成立に対し、領主は、村役人選定における村との了解慣行を破り名主を指名したのである。

③これに対し、天保六年六月、一四名の百姓が、「名主源右衛門支配受不申候ニ付御役所へ右形合奥印致し取次出来可申哉」と一人名主の要求を嘆願するため、名主林半三郎の奥印を申し出たが拒否された。そこで、一四名の百姓は、川越城下の郡代役所に直訴した。翌七月さらに一九名の百姓がこれに続いた。直訴人の主張は、

（イ）名主筆代を節約できる、（ロ）定使が一名となり、給金・貫物を村方積み立てや御用金、不作時の夫食用金にあてられる、（ハ）名主源右衛門にかかわる差出人足が不要となる、などであり、それによって荒地、潰家をふせぎ、「猶以御田地之助かりニ相成候」と表現した。つまり、名主にかかわる村入用費の軽減、振り替えによる百姓成立を論拠としていたのである。

④この直訴人の取調べにおいて、取調べ役人は、赤尾村は大村である故に「両人ハ其村郷例之事」であり、「以前へ立戻り候得者宜敷」、「目鏡ヲ以申付候」とした。従来の村の二人名主制を領主が了解している郷例であるとし、郷例によること自体は認めつつ、村役人の決定は領主側の権限にあるとしたのである。一方、直訴方は、「私共存候ニハ村連印ヲ以御願申上候義を郷例与存候旨申立候」と惣百姓合意による村役人選定願いが郷例であると反論した。これに対し取調べ役人は、「夫茂郷例落合さる節ハ入札茂被仰付候併壱番札弐番札三札御目鏡ニ而何連へ被仰付候共御目鏡次第之旨連印ヲ以願候迚御目鏡ニ不叶節ハ被仰付無之旨被仰聞候」と言い渡した。つまり、領主側の態度は、惣百姓の合意とその不成立の場合の入札を郷例として認めつつ、入札実施の場合は百姓連印にかかわらず「御目鏡次第」で領主が決定することを言い渡した。実質的な入札制と郷例否定である。

領主による名主の指名は、村役人選定における郷例・惣百姓合意と、惣百姓合意が不調の場合、「無是非」方法としてとられた郷例・入札で体現する「村自治」を共に否定するものとしておこなわれたのである。惣百姓合意・郷例を基礎にする「村自治」がこの時期に動揺、危機を迎えたのである。

なお、右の直訴の処罰は、法度違反を理由として直訴人三名（一名は入牢中死亡）が戸〆、二九名が慎、頭取人の縁者が叱となり、「平日役所等閑」・村政失態を理由に名主半三郎が戸〆、組頭一名が慎、他の村役人が叱となった。

4　郷例と村掟

以上みてきた村役人選定の不可欠の条件となった惣百姓合意の基礎となり、郷例の表現の典型となるものは、さまざまな村掟である。ここでは、この時期の赤尾村の「自検断」を伴う村掟を紹介したい。

赤尾村には村役人選定に関する村掟は見出せないが、宝暦、天明期の村の「自検断」に関して定めた「宝暦十二年午七月赤尾村惣百姓法度連判帳」がある。[22]

その内容は、「一、鳥殺生之者別而五人組切ニ相改可申出候」、「一、御林之内立木枝葉幷草苅一切仕間鋪候」、「一、田畑藻物諸色盗取候者　此過料銭壱貫五百文宛」、「一、畑江入草苅盗候者　此過料五百文宛」、「一、可い子之節桑盗候者　此過料壱貫五百文宛」、「一、柳葉其他竹木枝葉幷物から等迄盗取者　此過料壱貫文宛」、「一、村中召使之者右諸色盗候ハヽ、主人江断り其者より過料右同断」、「一、惣而盗物見遁シ致候者　此過料三貫文宛」、「一、御公用不依何事寄合相触候節不参候者有之者　此過料五百文宛」、「一、人足伝馬役不参候もの　此過料五百文宛」、とし、「五人組切ニ相改置候所ニ近内ハ所々ニ而藻物幷物から其外紛失致候者有之候由ニ而今度改之村中相談致シ申候」、「然上ハ村境御地領者不及申村内ニ而も作物取込之節不相応之物等相見江候ハヽ、内証ニ而致吟味名主組頭中迄相届ヶ可申候」、「右過料之義ハ見付候者方へ相渡可申候此度右之通相極メ候上ハ我等共五人組切ニ相改可申候為其村中連判如是ニ御座候」こととしている。

この村掟は、村境の他村、村内の鳥殺生の五人組切改め、御林内の立木・枝葉・草の刈り取り禁止以外に、藻(穂)物、草、桑などの盗み、盗みの見逃し、公用寄合いへの不参、人足・伝馬役不参などに対する過料による制裁を「内証」・「内事」でおこなうことを規定したものである。内容は享保期に作成された議定を再確認したものである。ただし、名主、組頭を除く村中相談・村中連判・惣百姓合意によるこの村掟は、享保期のそれが宛先のない惣百姓連判で作成されているのに対し、五人組判頭の連印で組頭が名主に宛てる形式となっている。その意味では、村役人による村請け支配に包摂された近世的「村自治」の村法ということができる。しかし一方、天明三年七月に作成された畑作物、草、桑等の盗人、見逃し人に関する村掟は、[23]

定書

一畑作物草其外築地桑等苅採候義粗相聞候此義甚不届之義ニ御座候依之此度相究候者向後右様之物苅採候者御座候ハヽ、縦親類縁者たり共相互ニ見遁不致急度捕へ村方役所江相届ヶ可申候其節右苅採候者より為過料壱貫五百文宛為指出捕候者江遣可申候若見遁致候族も有之候ハヽ、右同科ニ可致候依而連印ヲ以相究候以上

天明三癸卯年七月

赤尾村　伝十郎印（以下一四八名印略）

とあるように、名主、組頭を除く一四九名の百姓連印形式、宛先なしで作成されており、依然として百姓が自力で惣百姓の「自治」を維持することが続けられている。[23]こうした、惣百姓の「村自治」の存在のなかで、先記の名主選定の際に、村役人が村請支配の遂行のために、村掟の「自検断」の慣行を取り込み、村方普請人足、家別人足出しへの遅刻・不参に対する過料銭制裁を村中百姓に求めたりしたのであり、そして、安永期の村役人をめぐる選定や争論を規定し、決着させるものとして、領主も村支配秩序の前提とせざるを得ないものとしてある、たとえばこのような「自検断」を伴うような小前惣百姓合意の郷例・村掟、「自治」が存在したのである。

その後、天保期の同種の「村掟」[24]でも、文化・文政期における村方の治安の乱れと領主対策を反映して、「福引めくり」、「博奕」に対する過料銭の項目が加わりながら右のような内容と性格は維持され、存在していた。

むすびにかえて

以上、近世後期の村役人選定をめぐる村の動向について素描してきた。そこでは、村請支配をになう村役人の選定は、郷例としてある惣百姓合意によることが領主と村との了解という意味も含めて貫かれたこと、それは小百姓の村入用費の軽減に反対する者などを「我意」の者とし「百姓和熟」を求める論理、そして領主法が定める村・百姓支配の論理をこえて貫徹されたことを指摘した。また、この郷例が小百姓の利の桎梏となった郷例を克服する「無是非」方法として入札が採用されるが、その際にも、当初は惣百姓合意による小百姓の利の主張が作用するものとしておこなわれ、その後、無条件の惣百姓意思・郷例として入札が実施され定着していくことを述べた。そして、その後天保年間に、入札制が小百姓の桎梏となる状況の中で、領主側が郷例としての入札を実質的に否定し、惣百姓合意・郷例による「村自治」が危機的状況を迎えたことを指摘した。そして、右でふれた惣百姓合意・郷例の「村自治」の基底には、伝統的に存在してきた共同体の生産・生業にかかわる惣百姓意思合意の表現の典型である村掟が存在していたのである。

註

（1）森田武「享保期における村の「自力検断」とその性格」『埼玉大学紀要』教育学部人文・社会科学編　第五二巻第一号、「享保期における村役人決定出入りと惣百姓合意・郷例」同第五四巻第二号

（2）埼玉県立文書館蔵林家文書五五七二「安永七戊戌名主跡役滞控」

（3）同右六六八八「安永七戊戌佐伝次名主役願村中惣連印願書」

（4）　領主の名主承認手続き等における郷例の確認は、つまるところ惣百姓の押印の確認である。このことは、この一四五名の連印願書が作成・提出された際、名主源右衛門の倅丈右衛門が伊勢参宮留守を理由に印形無用の意思を示したことに対し、領主が「参宮より呼もとし其上名主源右衛門御吟味被仰付旨ニ付右之段源右衛門方へ申遣候処印形可仕旨申候ニ付内事ニ相調申候」〔註（2）に同じ〕という処置がとられたことにも示される。

（5）　前掲註（2）「安永七戊戌名主跡役滞控」

（6）　同右

（7）　同右

（8）　林家文書三六五三「以書付願上候」

（9）　前掲註（2）「安永七戊戌名主跡役滞控」

（10）　同右五一九七「乍恐以書付奉願上候」

（11）　同右五一九〇「乍恐以書付奉願上候」

（12）　同右五一九九「乍恐以書付奉願上候」

（13）　同右七三七二「定　五人組前書」

（14）　同右五一九六「乍恐以書付御訴奉申上候」

（15）　同右七三「当村人之事諸書付之写」

（16）　埼玉県立文書館蔵奥貫家文書三二九「宝暦十二年壬午清兵衛名主役請候一件」

（17）　林家文書五〇二〇「以書付願上候」

（18）　前掲註（15）「当村人之事諸書付之写」

（19）　奥貫家文書一一三二―一「乍恐以書付奉願上候」

（20）　同右一一八一「差出申一札之事」

（21）　この一件については、林家文書六六七五「御田地為御直訴一件」によっている。

（22）　林家文書七七九

（23）　同右一三九一「天明三癸卯年七月村定書」

（24）　同右八一三「天保四癸巳年二月議定連印帳」

藩政確立期の諸問題——西北九州諸藩を中心として

加藤　健

はじめに

周知のように、徳川氏は関ヶ原の戦いに勝利をおさめ、江戸幕府を創設して統一権力となり、三代将軍家光の時代までに全国の支配をほぼ完成し、幕藩制の基礎を確立した。とりわけ九州地域には豊臣氏に恩顧を感じる大名が存在し、戦国期以来の所領に定着して改易・転封を蒙ることがなかった旧族居付藩が多く、直接的・間接的に対外交渉に関わりを有したことなどが大きな特色である。すなわち、幕府権力の浸透が比較的薄かったといえる。したがって、幕府はこの地域に対して情況の把握に注意・関心を払った。(1) そして、一六三二年（寛永九）に熊本藩主加藤忠広が改易となり、その後に豊前小倉から細川忠利を移封して島津氏への抑えとした。細川氏移封後の豊前・豊後には譜代大名（小笠原氏・能見松平氏）が配置された。島原の乱後、一六三八年（寛永十五）には譜代大名の高力忠房を島原に配置し、直轄都市長崎を通じて対外交渉を統制・掌握した。要するに、寛永十年代（一六三三—四二）における「鎖国」体制の形成過程と密接に関わり合いながら、大名配置がほぼ定着して、幕府権力が一段と浸透するに至ったのである。

以上の研究には長い歴史があり、近年は自治体史の編纂も行われ、藤野保や丸山雍成をはじめとして質・量共に膨大な蓄積がある。(2) このような研究状況の下で屋上屋を架することになるが、ここでは当初、幕府権力の浸透が比較的薄かった西北九州地域、すなわち筑前・筑後・肥前を対象として、諸藩の藩政確立過程について、江戸幕府の九州支配のあり方と合わせて検討しながら眺めていきたい。

1 福岡藩

豊臣秀吉によって筑前に封ぜられた小早川秀秋は、関ヶ原の戦いでは当初西軍に属していたが、途中で寝返って西軍総崩れの要因を作った。徳川家康はこれを賞して秀秋を備前岡山に加増転封した。その後は同じく関ヶ原の戦いで功労のあった黒田長政が一六〇〇年（慶長五）十二月に豊前中津より加増転封となった。この筑前拝領の経緯について触れたい。徳川家康が関ヶ原の戦いに勝利した後、長政に対して次のような話があったとされている。

筑前拝領以前、四国筋ニテ両国モ可被下哉、又筑前ニテ一国可被下哉、筑前ハ古来探題所ニテ格別ノ国ナレバ、我等ヲ被差置度思召、本多中書ヲ以テ被仰聞候。我等申上候ハ、両国ハ可奉望事ニ候得共、如斯天下平均ニ被成候間、日本国中ニ於テハ、家康公ニ敵シ、背キ申者有ベカラズ。為差御奉公申時節有間敷候。筑前ハ大唐ノ渡リ口ニテ、殊ニ探題所ニテ候得バ、他国両国ニモ増可申ト存候。大唐之御先手ト思召、筑前ヲ被下候ハヾ、可為本望由申上候得バ、尤ニ思召、上意ニ相叶候由ニテ、筑前拝領(3)

長政に四国において二カ国を与えるか、筑前一カ国を与えるか打診があった。筑前はかつて鎮西探題があった特別な場所なので、黒田氏を配置したいと考えて本多忠勝を通して聞いた。長政は、二カ国は欲しいけれども、天下は平定されたので日本国内に家康に敵対するものはいない。だから、これというほどの御奉公する時世ではない。筑前は大陸への門戸で鎮西探題もあったので、他の国や四国の二カ国よりも重要性が増すと考えている。異国に対する先鋒と思って筑前を与えられるなら本望であると述べた。この申し出は受け入れられ、筑前に配封されることになったという。

すなわち、黒田長政は筑前について古代・中世以来の九州の要および異国の抑えという地域的特質を認識していたのである。そして、この地の拝領を幕府に対する奉公および自家の武威を国内外に示すための栄誉ととらえて望んでいたことがわかる。したがって、黒田氏は筑前配置に関して幕府に対し恩義を感じていたものと考えられる。

長政の藩政上の課題は、播磨姫路時代以来の重臣である高禄家臣団による連合政権の盟主的な性格から、いかにして藩主権力の集中・強化を確立させるかにあった。しかし長政は、藩政確立の途上、一六二三年（元和九）に死去した。家督は黒田忠之が相続し、弟の長興に五万石（秋月藩）・高政に四万石（東蓮寺藩）が分知された。

忠之は襲封後まもなく「鳳凰丸検察」の騒動に見舞われた。一六二五年（寛永二）に初入国することになるが、家臣たちはそれを祝って贅を凝らして迎船鳳凰丸を建造した。この前年と思われる極月二十四日、国元の重臣から船手頭に宛てた書状では、「御船之儀大事之儀候間、成程念を入作らせ可申旨被成御意候間、其御心得可有候」[4]という力の入れようであった。この船は艪数六十挺立てで舳に鳳凰の彫物があるので鳳凰丸といった。この船が華美で目立ち「非常なる大船」なので、大坂船奉行小浜民部少輔が見咎めて江戸に報告した。また、領内荒戸山の下にこの船を収納する堀を開削したことで、幕府は筑前にも上使二名を派遣し、監察の対象となった。このときは忠之の叔父保科正貞の助言があって処罰されなかった。[5]この事件は幕府が定める大船建造の禁に抵触するもので、場合によっては幕府に藩存亡に関わる口実を与えかねないものであった。ただし、のちの「黒田騒動」では栗山大膳の訴状の項目として取り上げられた。

さて、忠之は前代からの課題を継承し、藩主の権力を強化するために家臣団統制を断行した。たとえば、福岡藩成立期に功労があった者、黒田長政の父孝高の弟を始祖とする一門、播磨姫路時代以来の譜代など高禄の家臣を減知または召放ちの処分を行っている(6)。

この過程で発生したのが一六三二年(寛永九)の「黒田騒動」であった。ごく簡略に示すと、先の鳳凰丸事件の対応をめぐって、栗山大膳利章・黒田美作一成・小河内蔵丞之直の家老間で対立が表面化した。そして、黒田忠之が新参の郡正太夫や倉八十太夫宗重を登用して武功以外の行賞で加増され、側近政治を行った。これに対して長政以来の家老栗山大膳や筆頭家老黒田美作らは忠之の行動に意見することが多かった。寛永五年には大膳・美作らが隠居による抵抗を試み、幕府旗本の調停によって家老に復帰した。その後忠之は倉八・明石四郎兵衛・大音六左衛門らを大幅に加増した。そこで、大膳・美作・内蔵丞の三家老は同八年に幕府老中に訴訟を行って和解策が示された。しかし、忠之側は大膳の殺害を企てる。ついに大膳は九州総目付の豊後府内藩主竹中采女正重義に、藩主忠之に謀反の疑いがあると訴え出た。そして、翌十年に忠之・大膳共に幕府に召喚され、三月四日には西の丸で忠之の審理が行われ、翌五日に土井利勝邸で大膳の審理も行われ、数日後関係者の対決も行われた(7)。十五日、裁決が下った。

今度栗山大膳言上之旨ハ、其偽まきれなくして右衛門佐逆謀の罪なき事明白なり。然れとも君臣違却し家中騒動に及ふ事、公儀に対し過なきにあらす。就夫先筑前を召上られ候。然れとも父祖の忠節戦功に対せられ、且ハ右衛門佐も平生上に対し実儀の趣思召分られ候に付、新敷筑前国拝領仰付られ候(8)

すなわち、大膳は虚偽の申し立てをし、忠之には幕府に対する叛意はない。しかし、主従不和による騒動は問題である。したがって、いったん所領を没収する。ただし、黒田孝高・長政以来の徳川家に対する忠節によって改めて旧領を安堵したのである。大膳は南部へ御預けとなった。

要するに、「黒田騒動」は藩主の絶対的権力をめざす忠之およびその側近と前代以来の一族・功臣など守旧派家臣団との権力抗争であった。[9]改易の可能性もあったが、一六三二年（寛永九）の熊本藩主加藤忠広改易に続く九州雄藩の改易、それにともなう政治的・社会的混乱を避ける必要のため、[10]免れたのである。

この「黒田騒動」は「鳳凰丸事件」に続いて藩存亡に関わる危機であった。福岡藩にとっては幕府への負い目となった。その一方で「黒田続家譜」には、「其後忠之の忠実なる事を、しはしは上に感しおほしめしけるとかや」[11]とあり、黒田忠之は幕府に対して報恩の念をもって今まで以上に忠勤に励むことになったのである。

2　佐賀藩

まず、戦国期から江戸時代初期の動きを簡単に触れたい。十六世紀後半に佐賀を中心に版図を拡げたのは龍造寺隆信であった。隆信は、一五八四年（天正十二）の島原沖田畷の戦いで有馬氏・島津氏に敗北して死亡した。嫡子政家をはじめ一門や譜代衆は隆信の従兄弟で義兄弟の鍋島直茂（当時の名、信生）に領国支配を委任した。豊臣秀吉は当初龍造寺政家の旧領を安堵したが、一五九〇年（天正十八）に政家に隠居を命じて軍役を免除した。一五九六（文禄五）には龍造寺一門・重臣は鍋島直茂の嫡子勝茂に対して忠節を誓う旨の起請文を提出した。[12]つまり、鍋島氏は豊臣秀吉への公儀奉公を行い、事実上大名に取り立てられたのである。

一六〇〇（慶長五）年の関ヶ原の戦いにおいて、直茂は西軍に参加した。当時大坂にいた鍋島勝茂は石田三成に組して、伏見城を攻撃した後に伊勢の安濃津城・松坂城を攻撃した。この地で西軍敗北の報せを聞き、黒田長政・井伊直政らを頼って徳川家康に謝罪した。その際、西軍に呼応した筑後柳川の立花宗茂の討伐を命じられた。佐賀に帰国して父直茂と共にまず久留米城を攻めてから柳川城を攻撃した。黒田孝高・加藤清正の協力を得て立花宗茂を投降させた。この後、薩摩に兵を進めて島津氏も投降させて江戸に戻った。その結果、本領を安堵された。(13)

一六〇七年（慶長十二）三月三日、龍造寺高房は夫人を刺殺して自らも自殺を図り、その疵が元で九月六日に死亡した。十月二日、父政家も後を追うように死亡し、龍造寺氏の嫡流は断絶した。幕府は一門の諫早・多久・須古の三氏を江戸に呼び寄せ、龍造寺家の家督問題について意見を徴した。三氏は直茂の嫡子勝茂を相続人として推薦した。(14) ここに正式に鍋島氏による佐賀藩統治が幕府により認められることになった。

その後、いわゆる「鍋島騒動」が発生する。一六三四年（寛永十一）、龍造寺高房の子伯庵は幕府に対して家名再興の訴訟を起こしたが却下された。翌年、龍造寺一門を抱き込んで領主権返還の訴訟を起こした。幕府は鍋島氏を召喚、家老多久安順が陳弁した上で、伯庵の訴えを退けた。一六三六年にも訴え出たが、伯庵は江戸より追放されて保科正之の御預けとなった。(15)

一方、同時期に家督相続に関して不安な情況も出現した。一六三五年（寛永十二）正月、鍋島勝茂の嫡子忠直は江戸において疱瘡に罹って二十三歳で死去した。(16) 忠直の嫡子光茂は当時四歳で、勝茂は光茂の将来に不安を抱いた。そこで、忠直の同母弟である直澄に家督を相続させようとして、忠直の妻恵照院を直澄に再嫁させた。しかし、直澄相続について庶子の鍋島元茂や老臣多久安順の反対があった。(17) 結局、鍋島家の家督は光茂が相続することになり、翌年に家光に御目見をしている。(18) 要するに、鍋島氏による佐賀藩支配の正当性が承認されたとはいえ、嗣子が幼少ということで非常に神経を使わざるを得ない情況であった。

以上の経緯は一六八一年（天和元）年四月九日の藩主鍋島光茂の言動に表れている。長崎の戸町番所において人払いを命じて、鍋島主水・鍋島官左衛門・千葉太郎助らを召し寄せて、次のように語った。

泰盛院殿関ケ原御陣ノ時、西方被成候儀誤ト人皆申事ナレト、我等ハ全ク御取違ト不被思召、祖父御同意也、此段ハ御当代ニ遠慮至極成申事ナレト、我等心底上様ノ於御前モ不憚申上覚悟也、子細ハ勝茂公、太閤ノ御重恩不浅事ナレハ、秀頼御下知ト之有時ハ分別ニ及バズ、勝負ニハ不構、西方ヲ被成候コソ御尤ニ候、偖、西方敗軍ノ上ハ家ヲ御崩シ被成候ハデ不叶処ヲ御赦免被成候事、権現様御重恩難申尽、今日迄家ヲ連続申儀、松平御家ノ御厚恩ナリ、然長崎御番被仰付置候コソ幸ニ候、一番ニ命ヲ捨テ御恩報シ奉ル図ナリト御意被成候(19)

泰盛院（鍋島勝茂）が関ヶ原の戦いのとき、西軍に参加したことは間違っていたと人は皆言うけれども、自分はそうとは思っていない。祖父（勝茂）自身も同じ考えである。この件について意見を現在述べるのを控えるのはこの上ないことであるけれども、自分の心の奥底を将軍の面前でも遠慮なく言う覚悟である。詳しい事情は、勝茂が豊臣秀吉からの厚い恵みが奥深かったので、秀頼の言い付けがあったときは物事の道理を考えることが必要で、勝負にはこだわらず西軍に参加したのは当然であった。そして、西軍が敗北したからには改易になるところだったけれども、許されたことは徳川家康の深い恩恵を言いつくすことができない。今まで鍋島家が続いたことは松平家の深い恵みである。したがって、長崎御番を命じられたことは幸運である。一番最初に命を捨てることによって徳川家に今までの恩を報いる考えであると語ったのである。

ここでは幕府への恩義として関ヶ原の戦いで西軍に参加しながら旧領を安堵されたことだけが述べられているが、幕府による鍋島氏の佐賀藩統治の承認、「鍋島騒動」に際して藩主側の勝利なども認識していたといえよう。つまり、佐賀藩は当初から藩存続の危機があり、藩政を形成していくうえでも矛盾が出現したが、最終的に鍋島氏による支配の正当性が幕府から承認されたのである。したがって、幕府に対する報恩の念は増していった。

3　大村藩

関ヶ原の戦いの際、大村喜前は松浦・有馬・宇久（五島）の近隣大名と神集島（現佐賀県唐津の沖合）において会議を行い、東軍を支持することを決定した。結果、本領を安堵された[20]。その後、一六〇七年（慶長十二）に、藩内で圧倒的優位を占める上級家臣団である「親族十三人を逐ハれて其所領を没収せらる[21]」という「御一門払い」を実行して藩主の絶対権の確立を進めた。

実行するに当たって、大村喜前・純頼父子の動向に注目したい。

一御家記言　民部少輔純頼公、慶長十乙巳年春御父　喜前公に従ひ伏見に到り、始て大神君　台徳院殿を拝し給ひ　喜前公は御暇を賜られ御帰郡　純頼公ハ伏見へ御在留、其後　大神君に陪して江府に赴き給ひ、同十二未年御入部、干時御拾六歳[22]

すなわち、大村純頼は一六〇五年（慶長十）に父・喜前に従って伏見に行き、徳川家康・秀忠父子に謁見した。その後、純頼だけが残り、家康に従って江戸に赴いて一六〇七年（慶長十二）に帰国したという。同年、「御一門払い」が実行されるのである。藤野保の指摘もあるが[23]、幕府権力を背景に断行されたと思われる点を重要視したい。つまり、幕府権力に従い、その力を借りて藩主としての力を強化しようとしたのである。一方では同時期に「領内の邪宗悉く追放し、彼場屋を焼失す[24]」などキリスト教禁止政策も推進して[25]、藩政を着実に固めていった。

大村純頼は一六一九年（元和五）十一月十三日に二十八歳で急死した。一子松千代（後の純信）は数えで一歳になったばかりであった。しかも、「此子出生之儀早々申上度奉存候得共、民部少（純頼、筆者註）参勤時分可申上と存罷在候処、不慮ニ相果[26]」と、参勤時に報告する予定であったが急死したため、結果として幕府に無届出の形となってしまったのである。

家老大村彦右衛門・松浦右近は純頼の死を伏せたまま、存命中の文体として、「今度私気色本復仕候儀難計存候、然者幼少之子御座候、跡目之儀御慈悲を以無相違被　仰付被下置候様ニ御取成、偏ニ奉願候[27]」と跡目相続願を書状に認め、福田采女・原八左衛門の両名を使者にして翌十四日の朝に江戸へ派遣した。また、隣接藩である平戸藩松浦氏と島原藩松倉氏に、この一件の報告と今後の動向について伺いを立てた。その後、純頼死去を届け出るため今村茂兵衛を江戸に差し向けた。

彦右衛門・右近の両名は十二月十日に大村を出発して翌一六二〇年（元和六）正月十二日に江戸に着き、続いて富永四郎左衛門が松千代を連れて到着した[28]。この時すでに純頼に対して大坂城の手伝普請の命が下っていたので、右近を現地に派遣して担当させることになった[29]。一方、彦右衛門は「御老中様方其外　民部様（純頼、筆者註）御近付之方江一日ニ両三度充毎日方々仕、御跡目之御歎一円隙無之候[30]」と、相続嘆願活動を各方面にわたって粘り強く展開した。

五月十五日に老中から召集があり、彦右衛門・四郎左衛門が登城した。そこでは酒井忠世・土井利勝・安藤重信など幕閣が列座し、忠世が上意を伝えた。

純頼奉対　公儀勤功多からす、不幸にして早く相果其子松千代未幼少也、然共祖父喜前嘗て忠節有、其上大村家者累代相続最久し、是を以純頼の遺跡不残松千代ニ被　仰付候間、以後汝等両人松千代ニ代て登城し大樹を可奉拝[31]

純頼は公儀への奉公が少ないまま亡くなった。祖父喜前の忠勤と由緒ある家柄を考慮し松千代を跡続とし、元服までは彦右衛門と四郎左衛門とが交代で奉公に務めよという決定であった。翌一六二一年（元和七）五月四日、徳川秀忠に拝謁をした。(32) つまり、大村家の存続が承認されたのである。

遺領相続の条件は幕府への奉公が遂行できるかが考慮され、原則として事前の届け出、将軍の御目見を経て承認という形式をとった。(33) したがって、大村藩の場合は末期養子の禁に触れ、本来なら改易となるはずである。徳川秀忠の治世で改易になった外様大名は二十三家で、このうち世嗣断絶による改易は十四家で半数以上を占めた。(34)

このような状況にあって大村藩が存続できた理由として、徳川氏に対する私的関係(35)が挙げられる。前述した、大村喜前・純頼父子の徳川家康に対する接近である。そして、先学の指摘どおり(36)、大村彦右衛門が諸方に繰り返しての嘆願する働きが挙げられる。一方で、大坂城の手伝普請を果したことも要因の一つと考えられる。この家督相続は、幕府に対して大きな負い目を有することになった。しかし、別の側面からとらえると、藩が存続したので幕府に対して強い忠誠の念をもつ契機になったのである。(37)

4　平戸藩

平戸は松浦氏の本拠地で、中世には倭寇の拠点となり、のちには南蛮船も入港した。江戸時代に入ると、一六〇九年（慶長十四）にオランダ船が入港して商館が設置された。また、一六一三年（慶長十八）にはイギリスも商館を設置して十年間続いた。幕府が対外政策を変えて統制を強化する過程においても、オランダ商館は存続して長崎と対抗するほど繁栄した。しかし、一六三八年（寛永十五）の島原・天草の乱終了後、幕府の上使がしばしば平戸を訪れて商館に対する監視を強化した。このような情況の中、平戸藩では「浮橋主水事件」と「新参古参騒動」と二つの事件が発生して動揺していた。
「浮橋主水事件」とは、一六三九年（寛永十六）、元平戸藩士浮橋主水が平戸藩にキリシタンの嫌疑があると、幕府へ目安を捧げた事件である。この人物は領内針尾島の生まれで佐指方市左衛門といい身分が低かったが、藩主松浦宗陽隆信（一五九一―一六三七）に取り立てられ使番三百石に登用された。この厚恩に対して主水は、隆信が死去のときには殉死を約束した。しかし、一六三七年（寛永十四）五月二十四日、隆信が死去した際に約束を果さなかった。このために藩内から非難され、平戸に居住できなくなって江戸に出奔したと記されている。(38)

幕府は数日間、松浦氏一門をはじめ女中まで呼び出して吟味をしたが結論が出ず、評定所において平戸藩側と浮橋主水との対決を命じた。八月二十三日に藩側からは熊沢大膳亮・長村内蔵助・江川喜兵衛の三名が出頭した。主水は松浦道可隆信の治世（一五二九―九九）に平戸に多数のキリシタンがいて教会堂が存在したこと、松浦泰嶽久信（一五七一―一六〇二）の夫人は大村純忠の娘でキリスト教信者であることを根拠に主張した。藩側は道可隆信の代は禁教令がなく、鉄砲や火薬など外国製品を獲得する手段として布教を認めたこと、禁教令発布後は領民を改宗させたので幕府に目付の派遣を要請したこと、宗陽隆信の法事は江戸下谷広徳寺で営まれたことを反論した。その結果、藩側が勝訴して主水は伊豆大島に流罪となった。(39)

平戸はかつてキリスト教信仰が興隆したこと、当時オランダ船が来航して交易していたこと、さらに島原・天草の乱平定直後であったため、平戸藩にとって深刻な藩存続の危機であった。勝訴の原因として、先学の指摘があるが、(40)老中松平伊豆守信綱の役割がある。たとえば、「明日対決究り候前日に松平伊豆守様より目安の写密に来たり」(41)とあって主水の提出した目安の内容を事前に平戸藩側へ知らせている。また、熊沢大膳亮の行動は、「御老中松平伊豆守様へ参上御案内申上候処御指図有之」(42)ということであった。そして、裁決後に「伊豆守殿我々三人に被仰候は肥前守殿へ可申候、此間乱心者無斗方事申て御気の毒察入候、弥無御別条段今日何も承届候」(43)とねぎらいの言葉をかけている。つまり、平戸藩を勝訴に導くように事前に準備が行われていたのである。

この事件は、一六四〇年（寛永十七）のオランダ商館建造物への破壊命令、翌年の商館長崎移転を実現させるため、平戸藩の反対を封じるための材料の一つに利用された可能性が強い[44]と、幕府による統制が強調されている。首肯できるが、藩主側の意向が全面的に採用されて勝訴し、藩が処分されていない側面にも着目すべきである。藩側からすれば、幕府による恩恵を蒙ったととらえることができる。

さらに、一六四一年（寛永十八）に「新参古参騒動」が発生した。藩主松浦天祥鎮信が居合の名人一ノ宮某を召し抱えた時、重臣の浅山三左衛門が古参は役に立たないと発言して、龍崎七郎右衛門が反発したのが始まりである。七郎右衛門は同士を集めて謀議を図るが、鎮信が説得に当たり、三左衛門の引渡しを要求されるが、隠居させて命を助けた。七郎右衛門らはこの処分に不服であった。そこで、松浦代右衛門は七郎右衛門一派を十月九日に殺害した[45]。

この事件は藩の家臣団編成方法が原因であった。上・中級家臣団五〇六名の内、鎮信の代（一六三七―八九）に一七五名が登用されており[46]、前代以来の家臣団との対立が生じたのである。要するに、松浦天祥鎮信が藩政確立のために藩主権力の強化を図る過程で出現した矛盾であった。先学の指摘があるが[47]、『オランダ商館長日記』にも記述されている。

一六四一年六月二及び三日（寛永十八年四月二十四及び二十五日）

噂によれば、とりわけ、サンゼモン殿（浅山三左衛門）の件を閣僚たちの面前で免責証言し、且ついかなる目的で先頃人々が彼に対してあれ程激しく訴訟を起こしたか説明するため、できる限り速かに上の方へ急行するようにと閣下等（執政官等：松浦家家老たち、筆者註）に宛てて書いてある由[48]

一六四一年七月十日（寛永十八年六月三日）

平戸の貴族層は罷免された執政官サンゼモン殿（浅山三左衛門）の件で申し開きをするため誰が江戸へ行く

べきか、意見の一致が得られなかったこと。また、このことに就き平戸の領主は自己の領土からの離脱（改易）という大きな災禍を噂された(49)

一六四一年十月四日（寛永十八年八月三十日）

平戸の領主は（中略）彼の貴族層とともに、執政官サンゼモン殿の罷免のことで宮廷に於いて大変な窮地に陥った由(50)

ここから、龍崎七郎右衛門一派は幕府に訴えて審理が行われたこと、「改易」の噂を取り上げていることから、藩主側は非常に不利な立場に追い込まれたことなどが指摘できる。詳細な分析が必要であるが、おそらく結果は藩主松浦天祥鎮信側が勝訴して処罰はされなかったと思われる。

以上のように、平戸藩は「浮橋主水事件」と「新参古参騒動」とが連続して発生し、藩存続がかなり危機的な状態であった。しかし、オランダ商館が長崎に移転して対外貿易の主導権が剝奪されても、結果として藩主側は処罰されずに藩が存続したので、幕府に対して忠節をつくすようになったと思われる。

5　福江藩

福江藩主五島氏は、元は宇久氏を称し、中世には松浦党の一員で自らも党を組織し、松浦党解体後は在地領主として独立した。一五八七年（天正十五）、豊臣秀吉の九州平定の際に宇久純玄は本領を安堵され、一五九二年（文禄元）の朝鮮へ出兵する際に五島氏と改姓した(51)。この二年後、純玄は陣中で疱瘡にかかって死亡して嫡流が途絶えた。小西行長ら各奉行は跡目を叔父の大浜玄雅に命じたが、玄雅はかつて追放された身で島津氏の取り成しで復帰したので反対派が多かった。そこで、一門で惣役の宇久盛長（五島純玄の祖父純定の甥）の子兵部（後の五島盛利）を玄雅の養子として玄雅を後継者とした。(52)

一六一二年（慶長十七）、五島玄雅が死去すると、規定通り盛利が襲封した。彼は在地家臣団の城下集中を図るなどして領主財政を強化することにより、藩主の絶対権の確立を目指した。この推進の過程で、五島玄雅に登用され、玄雅の実子角右衛門の養子となり、妻は盛利の妹という大浜主水が抵抗をした。この目的は盛利の相続に不満で、玄雅の遺子千鶴丸か弥三郎を藩主にし、自ら藩権力の主導権掌握を考えていたからである。(53)

一六一九年（元和五）、主水は兄宇右衛門と共謀して盛利の失政を五カ条にわたって幕府に訴え出た。内容は、盛利は福江藩主の血統ではなく、正統は玄雅の子千鶴丸である。しかも、盛利は将軍家に二心を有し、極悪非道の政治を施行しているというものであった。(54)藩主盛利にとっては領主権に関わる問題であった。この事件をきっかけに藩内は藩主派と主水派とに分裂して騒然となった。(55)一六二一年（元和七）、幕府は巡見使秋元但馬守・竹中采女正を五島に派遣し、両派から口書を提出させ、後に盛利を江戸に呼んで審理を行った。その結果、盛利の主張が受け入れられて領知権が安堵された。(56)さらにその後、敗訴した主水は、玄雅の遺子千鶴丸・弥三郎が原因不明で死亡したことを怪しんで、一六三七年（寛永十四）に再び幕府へ訴えた。主水の死後、子の彦右衛門が主張し続けたが、一六九八年（元禄十一）に最終的な決着がついた。(57)

このいわゆる「大浜主水事件」は、五島盛利による藩主権力の強化の推進に対する、前代以来の有力一門による跡目相続の形式をとった抵抗で、藩政確立過程の矛盾であった。(58)これを契機に明確に藩政確立の基礎を確定し、その上に藩主の絶対権がようやく確立されたという意義がある。ここで注目したいのは幕府の役割である。事件は幕府が藩主の意見を採用して勝訴に導いている。しかも、その結果として藩内における藩主の地位が強固になったのである。当然統制は受けるが、五島藩側は幕府に対して恩を感じて忠誠心をもったと思われる。

6　柳川藩

立花宗茂は、大友氏一族の高橋紹運の子で、戸次鑑連の婿養子となり、筑後立花山の城を守護したので、立花姓を称したといわれる。一五八五年（天正十三）から翌年にかけて、島津氏は豊臣秀吉から命じられた大友氏との講和に従わず九州を北上した。宗茂はこれに抵抗し、転じて島津氏に味方した筑後高鳥居城の星野氏を攻撃した。一五八七年（天正十五）の秀吉による九州平定の際、筑後に十三万石を与えられて柳川を居城とした[59]。ここに柳川藩による体制の基礎作りが着手された。

関ヶ原の戦いでは西軍に参加して、伏見城を攻撃した後に京極高次のいる大津城を陥落させた。しかし、西軍敗北の報せを聞き、ただちに柳川に帰った。この後、鍋島直茂・勝茂父子が柳川城を攻撃し、戦闘状態となった。そこで黒田孝高・加藤清正が調停に入って、宗茂は柳川城を開城し、この二人の説得で島津義弘追討の先陣となって薩摩に向かい、同人を投降させた。このため死罪は宥されたが、改易となって柳川藩は解体した[60]。

その後、一時期、加藤清正の元に身を寄せて、畿内を経て江戸に向かった。一六〇三年（慶長八）に本多正信の推薦で徳川秀忠に召し出され、翌年には五千石を与えられて旗本として取り立てられた。一六〇六年（慶長十一）には陸奥棚倉で一万石が与えられ、再び大名として取り立てられ、一六一〇年（慶長十五）には二万石が加増された[61]。

一方、柳川には三河岡崎より田中吉政が入封した。一六〇九年（慶長十四）に忠政が襲封するが、御家騒動が勃発して、一六一五年（元和元）の大坂の陣に遅参した。このため江戸滞在を命じられ、一六二〇年（元和六）に忠政は江戸で死去し、八月七日に世嗣断絶により改易となった[62]。同年十一月二十七日、柳川に再び立花宗茂を封することが決定し、翌年正月二十二日に江戸を出発し、二月二十三日に柳川城へ入城した[63]。

以上のように、藩祖立花宗茂は、大友氏の家臣から始まり、豊臣秀吉による大名取り立て、関ヶ原の戦い後の改易、徳川秀忠による旗本取り立て、棚倉での大名再取り立て、転封による柳川再入封と複雑な道筋を歩んでいる。この人生を踏まえて子孫に対する教訓である「立花立齋家中掟書」には次のように記されている。

一応御敵対の我等へ、本国拝領は誠に有之間敷事、難有とも不及言語候、御治世可相続候間、御厚恩報じには参勤交代、一日にても無延引、勤方の儀被仰出候はゞ、出精可致候、左なきにおゐては、冥加に尽可蒙天罰、子々孫々と心得可有之(64)

幕府に敵対したわれわれが、本国を再拝領できたことは本当に滅多にないことで、感謝の気持ちは言葉で言い表すことができない。藩主の相続に対しての恩義に報いるには、参勤交代を一日の遅滞なく行い、勤役が命じられたら精を出して務めることである。そうでなければ神仏の加護がなくなり天罰を蒙るであろう。これは子々孫々まで心得なければならない。この考え方は宗茂の子忠茂にも引き継がれて、一六四〇年（寛永十七）の諸士戒分に関する条目には次のとおりにある。

我等儀若輩と申奉対上様ニ別ニ人ニ勝れたる御奉公も不仕候処、立齋家督之儀被仰付其上別而御懇之儀及度々候。此恩賞片時も忘却不申候(65)

われわれは未熟者といって将軍に対してとくに人よりすぐれた奉公もできないでいるが、再び宗茂が大名に取り立てられ、さらに特別な心遣いをしばしば受けた。この恩はわずかの間でも忘れない。

以上二つの条文は、徳川家の恩義を強調してこれに報いる必要性を説いている。立花家にとっては、徳川家による再度の大名取り立てと柳川再入封とが自己の存立基盤であることがわかる。

むすび

幕藩制国家形成期における西北九州諸藩では、藩政を進める過程で種々の矛盾・問題が出現した。多くの藩では存亡の危機に見まわれたのである。だから、自藩をいかに存続させるかが大きな課題であった。諸藩で現われた問題点は大きく次の三つに分類することができる。

一、関ヶ原の戦いへの進退
二、新旧家臣団の対立
三、跡目相続

一では西軍に参加した佐賀藩と柳川藩が該当する。両藩共に西軍敗北の報せを聞いた後、有力者の仲介により、最後には徳川家の指示に従って行動する。佐賀藩は本領安堵され、柳川藩は改易、再取立、旧領への再入封という道筋をたどる。二では福岡藩の「黒田騒動」と平戸藩の「浮橋主水事件」・「新参古参騒動」が該当する。当時、藩主が藩政の主導権を掌握するには、自己の絶対的地位を確立する必要があった。このために登用された藩主側近派は新興勢力を形成した。これに対して旧来の一門を含む有力家臣団が反発したことが原因であった。いずれも藩主側の意向が採用されて勝訴という結果となっている。三では佐賀藩・福江藩・大村藩が該当する。佐賀藩の「鍋島騒動」と福江藩の「大浜主水事件」は第二の点とも重複するが、錯綜した相続のあり方が誘因となって有力一門が抵抗したのである。いずれも藩主側の意見が受け入れられている。佐賀藩・大村藩の場合は末期養子の禁に抵触するものであったが、最終的に相続が承認されている。

以上に共通しているのは、第一に幕府権力が介入し調停していること、第二に結果として藩が存続している点が挙げられる。これは当初幕府権力の浸透が薄かった九州地域の諸藩に対する内政干渉などを行うことにより、統制を強めるのが狙いであった。そうすることにより幕藩制秩序を安定化させる目的であった。一方、藩側からすると、幕府に負い目を感じることになるが、自藩の存続が図られて、時には藩政の確立が推進された側面もある。すなわち、藩政推進のために幕府権力の必要性を認識し、自己の権力を補完し、さらに強化させる存在として幕府をとらえたのである。

したがって、自ら進んで徳川家に臣従化していったのである。そして、幕府の諸政策に対しては恩義を感じ、従来よりいっそうの奉公に励んだのである。この具体的な姿が、「九州大名にとっては、ただ働きであった[66]」と評される、島原・天草の乱に見られた諸家家臣間の紛争や抜け駆けも発生するほどエスカレートした、諸藩の奮戦や献身的な戦いの様相であった。その後「鎖国」体制形成にともない、国家防衛として長崎警備を中心とする沿岸防備体制が構築された。西北九州の大名たちは、この異国に対する抑えを〝日本の先鋒〟として〝武家の名誉〟で最高の地位と認識し[67]、「奉公の第一」と位置づけて、出精して勤役に臨んだのであった。

註

(1) たとえば、幕府から九州に派遣された公儀隠密と思われる人物が、北部九州に所領を持つ外様大名の居城、城下、領内など詳細な軍事情勢に関する査察が一六二七年（寛永四）に行われている。九州大学文学部九州文化史研究所編『筑前・筑後・肥前・肥後探索書』（九州史料刊行会、一九五八年）、白峰旬「『筑前・筑後・肥前・肥後探索書』について―公儀隠密による北部九州の城郭調査（寛永四年）―」（『愛城研報告』第八号、愛知中世城郭研究会、二〇〇四年）。

(2) 箭内健次編著『北・九州―縄文より明治維新まで―』（吉川弘文館、一九六八年）、西日本文化協会編『福岡県史』

近世史料編・近世研究編・通史編（一九八二―九八年）、長崎県『長崎県史　藩政編』（吉川弘文館、一九七三年）、『長崎県史　対外交渉編』（吉川弘文館、一九八六年）、藤野保編著『九州近世史研究叢書』全十五巻（国書刊行会、一九八四―九〇年）、同著『新訂幕藩体制史の研究』（吉川弘文館、一九七五年）、同編著『佐賀藩の総合研究』（吉川弘文館、一九八一年）、同著『近世国家史の研究』（吉川弘文館、二〇〇二年）など。丸山雍成編著『幕藩体制の新研究』（文献出版、一九八二年）、同編著『幕藩制下の政治と社会』（文献出版、一九八三年）、同著『九州・その史的展開と現代』（文献出版、一九九四年）など。

（3）「黒田長政公遺言並定則」（石井紫郎校注『近世武家思想』〈日本思想大系二七、岩波書店、一九七四年〉一五頁

（4）「黒田一任・津田重利連署書状」（西日本文化協会編『福岡県史　近世史料編福岡藩初期（下）』、一九八三年）一六五・一六六頁

（5）「黒田続家譜」巻之一（川添昭二他校訂『黒田家譜』第二巻、文献出版、一九八二年）四・五頁、「吉田家伝録」巻之六（檜垣元吉監修『吉田家伝録』上巻、太宰府天満宮、一九八一年）二〇三頁

（6）松下志朗「福岡藩の成立と初期藩政の展開」（西日本文化協会編『福岡県史　近世史料編　福岡藩初期（上）』、一九八二年）五・六頁

（7）福田千鶴『幕藩制的秩序と御家騒動』（校倉書房、一九九九年）二六〇―二九一頁

（8）前掲註（5）「黒田続家譜」巻之一　一九頁

（9）先学の指摘もあるが、藩主忠之の資質を問題視すべきでないと考える。松下志朗「黒田騒動」（横山浩一・藤野保編『九州と日本社会の形成』吉川弘文館、一九八七年）二一三・二一四頁、丸山雍成『九州・その史的展開と現代』（文献出版、一九九四年）一〇一・一〇二頁、前掲註（7）福田千鶴『幕藩制的秩序と御家騒動』二八五頁

（10）藤野保「幕藩制国家の成立と外交体制」（『近世国家の成立・展開と近代』雄山閣出版、一九九八年）一九頁

（11）前掲註（5）「黒田続家譜」巻之一　一九頁

（12）藤野保『新訂幕藩体制史の研究』（吉川弘文館、一九七五年）七九一頁、藤野保「龍造寺・鍋島両氏と公儀権力」（藤野保編『佐賀藩の総合研究』吉川弘文館、一九八一年）二〇九・二一八・二二三頁

（13）「藩翰譜」巻之八上（今泉定介編『新井白石全集』第一、吉川半七、一九〇五年）三三八―三四〇頁

（14）前掲註（12）藤野保「龍造寺・鍋島両氏と公儀権力」二三三・二三四頁

(15) 前掲註(12)藤野保「龍造寺・鍋島両氏と公儀権力」二三四頁、百瀬明治『御家騒動』(講談社、一九九三年)九〇―九三頁、「勝茂公譜考補」四、十上(『佐賀県近世史料　第一編第二巻』佐賀県立図書館、一九九四年)三七三―三七六・三八七―三八九・六九五―六九七頁
(16) 前掲註(15)「勝茂公譜考補」四　三九一頁
(17) 「葉隠聞書」五(斉木一馬校注『三河物語・葉隠』(日本思想大系二六、岩波書店、一九七四年)三七八・三七九頁
(18) 前掲註(15)「勝茂公譜考補」四　四〇六頁
(19) 「光茂公譜考補地取」二(『佐賀県近世史料　第一編第三巻』佐賀県立図書館、一九九五年)二七三・二七四頁
(20) 「大村家秘録」(国書刊行会編『史籍雑纂』第一、続群書類従完成会、一九七四年)一一五・一一六頁
(21) 「見聞集」十七(藤野保・清水紘一編『大村見聞集』高科書店、一九九四年)八頁
(22) 同右　二三七頁
(23) 藤野保編『大村市史　上巻』(大村市役所、一九六二年)七九頁
(24) 前掲註(20)「大村家秘録」一六五頁
(25) 五野井隆史「禁制下における大村藩とキリシタン宣教師―大村藩の軍役を中心として―」(『長崎談叢　第七一輯』一九八六年)
(26) 前掲註(21)「見聞集」十　一二三頁
(27) 同右　一一九頁
(28) 同右　一二〇頁。なお、「大村家覚書」巻之五(東京大学史料編纂所写本)では到着は正月二十一日となっている。
(29) 同右「大村家覚書」巻之五。同右「見聞集」十　一二二頁
(30) 同右「見聞集」十　一二二頁
(31) 前掲註(28)「大村家覚書」巻之五
(32) 同右
(33) 進士慶幹「近世における遺領相続上の諸問題」(『国史学』第五七号、一九五二年)四一・四五頁
(34) 前掲註(12)藤野保『新訂幕藩体制史の研究』二七一・二七二頁
(35) 前掲註(33)進士慶幹「近世における遺領相続上の諸問題」四八頁

（36）同右　四七頁。前掲註（12）藤野保『新訂幕藩体制史の研究』七二三頁

（37）大村純信の子純長はこの跡目相続の恩義に報いるため、徳川家の位牌を祀ることを願い出て許され、一六五二年（承応元）に円融寺を建立している。「九葉実録」巻之一（大村史談会編『九葉実録』第一冊、一九九四年）二〇頁、「郷村記」第六（藤野保編『大村郷村記』第一巻、国書刊行会、一九八二年）一九九・二〇〇頁

なお、さらに相続問題が発生した。大村純信は病気を理由として、一六四六年（正保三）三月九日に養子願いを幕府老中の松平伊豆守信綱に提出している。最終的には一六五〇年（慶安三）に純信は他界し、翌年やっと承認されることになる（前掲註（21）「見聞集」廿三　三三五―三三八頁）。詳細は小柴良介「末期養子の禁緩和に関する一考察」（『皇学館史学』第二号、一九八七年）参照。

（38）「小沢氏書留（江川喜兵衛手記）」（『御家世伝草稿』所収、松浦史料博物館所蔵）、なお、若干の不明な点は『平戸之光』第三九号（一九四〇年）を参考にした。

（39）同右「小沢氏書留（江川喜兵衛手記）」

（40）村井早苗『幕藩制成立とキリシタン禁制』（文献出版、一九八七年）三四頁、同『天皇とキリシタン禁制』（文献出版、二〇〇〇年）。なお、両著において江月宗玩の役割について言及されているが、本論では触れなかった。

（41）前掲註（38）「小沢氏書留（江川喜兵衛手記）」

（42）「熊沢家譜」（『御家世伝草稿』所収、松浦史料博物館所蔵）

（43）前掲註（38）「小沢氏書留（江川喜兵衛手記）」

（44）白石祥子「浮橋主水事件」（『紅毛文化と平戸』平戸市文化協会、一九九〇年）九七頁

（45）「井上三郎左衛門旧記」（『御家世伝草稿』所収、松浦史料博物館所蔵）、「壺陽録」（松浦史料博物館所蔵）

（46）藤野保「平戸藩」（『長崎県史　藩政編』、吉川弘文館、一九七三年）四一三頁

（47）出口康子「新参古参騒動について」（『紅毛文化と平戸』平戸市文化協会、一九九〇年）一〇二頁

（48）東京大学史料編纂所編『日本関係海外史料　オランダ商館長日記』訳文編之五（東京大学出版会、一九八五年）九九頁

（49）同右　一三五・一三六頁

（50）同右　二六八頁

(51) 前掲註(13)「藩翰譜」巻之十上 四六五頁
(52) 森山恒雄「五島藩」(『長崎県史 藩政編』吉川弘文館、一九七三年)四・五頁
(53) 中島功『五島編年史』上巻(国書刊行会、一九七三年)一三四頁、藤野保「福江藩制の確立過程に関する考察」(『日本歴史』第一七八号、一九六三年)三二頁
(54) 同右『五島編年史』上巻 二三一頁
(55) 同右 二三〇頁
(56) 同右 二三五頁
(57) 同右 二三六頁
(58) 前掲註(53)藤野保「福江藩制の確立過程に関する考察」三四頁
(59) 前掲註(13)「藩翰譜」巻之八下 三七四・三七五頁
(60) 同右 三七五頁
(61) 藤野保『幕政と藩政』(吉川弘文館、一九七九年)二二四頁
(62) 前掲註(12)藤野保『新訂幕藩体制史の研究』七六三頁
(63) 『旧柳川藩志』上巻(福岡県柳川・山門・三池教育会、一九五七年)八四頁
(64) 『日本教育文庫』家訓篇(同文館、一九一〇年)三九四頁
(65) 『福岡県史 第三巻中冊』(一九六五年)三二頁
(66) 山本博文『寛永時代』(吉川弘文館、一九八九年)八四頁
(67) 前掲註(5)「黒田続家譜」巻之六 一八三頁、前掲註(19)「光茂公譜考補地取」二 二七三頁

近世在方における行倒人の取扱いと対策——府中八幡宿村の事例を中心として

花木知子

はじめに

近世における行倒人については、往来手形の分析、生類憐みの令との関連、介抱・埋葬の従事者や御救小屋という観点から、近年広く論じられるようになった。[1] 一般民衆の移動の活発化に加え、天災や飢饉により全国から排出された流民は、多くの行倒人を生み出す母体となった。これらの行倒人に対する取扱いは一六八八年（元禄元）より幕府の法令で制度化されていき、庶民はそれに則した対応を義務付けられた。

これに対する村方での取扱いについては、松本純子氏が奥州郡山の事例をもとに詳細な分析を行っている。[2] また、辻まゆみ氏は武州豊島郡角筈村における変死事件の処理過程を考察している。[3]

本論では、府中市に残る「大国魂神社文書」より八幡宿村内での行倒人・変死人の事例を、行倒人と検使の関係、養生場と埋葬場、行倒人入用の三つの視点から考察し、在方における行倒人の対処・対策を明らかにすることを試みる。

1　幕府法令にみる行倒人対策

近世になると、街道の交通整備と治安維持の政策が進み、公的な移動に加え庶民の私的移動も増加していった。このような状況と「生類憐みの令」が契機となり、一六八八年（元禄元）より行倒人の取扱いが制度的に整備されていったことは、すでに先行研究において述べられていることである。(4)

阿部知博氏は、元禄頃までは死体投棄が慣行として行われ、死体は「ちりあくた」同様の扱いであったとし、一六八八年の法令を死体投棄禁令ととらえている。その後、死体処理が制度化されるにつれて、人々の生活を各個人の生死にいたるまで把握しようとする幕府と、今までの慣行を続けていこうとする民衆との間に差異が生じたと論じている。(5)

また、松本純子氏は「行倒人の看病・埋葬の幕令が出されることで、身元不確かな者は村内に留め置かないという旧来の原則と、旅の病人を留め置き看病・届出をし、そして死亡の場合は自村内に取り置くというある部分では矛盾する新たな原則との両立が求められるようになった」と、村落における慣例と法令との矛盾と両立という観点から、一六八八年以降の行倒人取扱いの制度化をとらえている。(6)

行倒人関連の触書の発令背景については高橋敏氏も述べているが、(7)本節でも一通り時系列的に整理してみたい。まず、一六八八年十月十九日の触書をみてみよう。

一頃日道中にて旅人、或物参り相煩旅行難成由申者在之候ハヽ、宿送りにいたし候、縦其身望申候とも、向後一応此方へ届なく送り申間敷候、
一旅人病人在之候ハヽ、随分入念薬等用させ、其者国所・親類・縁者委細書付、早々我等方へ宿継ニて可致

注進候、其上にて此方より可致指図候、若差図無之内病気快気いたし、独り旅行罷成程ニ候ハヽ、心次第何方成とも遣シ可申候、左候ハヽ、其所罷立候刻、其ものに証文致させ、親類・縁者・国所を書付させ、早速宿継にて可指越候事、

一自然差図無之内、右之病人相果候は、御代官ニてハ手代、私領は其所之役人を招、問屋・年寄立合、死骸相改、其上ニて埋置、雑物書付此方へ注進之儀、宿継ニては無用ニ仕、其所之御代官、或地頭より此方へ被相達候様に可仕候事、(8)

ここでは①病人を宿送りにする際には今後必ず道中奉行に届け出ること、②病人は療養させ、詳細を宿継で注進し、道中奉行の差図を受ける。差図以前に回復した場合は証文をとり宿継で届け出ること、③病人が死亡した場合は支配の役人や問屋等が立ち合い、死骸見分後埋葬し寺社奉行へ注進すること、の三点が明記されている。これは、幕府が各地の行倒病人・死人を把握し、行倒場所における行倒人の取扱いを定め、介抱なしの宿送りや放置を禁止したものである。この経緯はすべて道中奉行へ注進する必要があった。

ところが翌一六八九年（元禄二）三月二十三日、前述の②について、数日で回復が見込まれる病人の注進を不要とする触が出された。その理由として「頃日は道中筋ニて病人も多く」「所々之痛にも罷成」としているが、これにより病人を早々に注進する必要がなくなるとともに、注進すべき病人の基準が曖昧となった。また、この触には④病人の在所への連絡は二日路までで、それ以上は無用であるという内容が追加された。(9)

一六九五年（元禄八）九月十三日には、病人の療養を加えない宿送りの禁止、および死人の「弥念を入」た吟味が再度強調され、八年を経て行倒人の取扱いがいまだ徹底しない実態が窺える。(10)

一七三三年（享保十八）五月の触書は、前年の大飢饉による行倒人の増加を鑑みたものだと考えられる。内容としては、一六八九年（元禄二）の触書の④を「遠国ニ候共、早速申遣、親類縁者又ハ所之者罷越、引取度旨申

候ハヽ、證文取、可相渡候」と全国どこであろうと在所に連絡するよう改めた。また、死亡についても「懐中ニ国所書付等も有之候ハヽ、其在所え申遣、親類縁者所之者罷越、死骸望次第可任望候」「在所書付等無之、不相知候ハヽ、其所ニ三日晒置、病人之様子書付候て札建置、土葬ニ取納」と定めた[11]。ここにおいて、身元が判明した行倒人の取扱いは、行倒場所と在所との対談で進めることになった。その過程において問題が生じなければ、幕府へはその経緯を届け出ればよかったのである。他方身元不明の行倒人に関しては、その場に三日間晒し建札を建て土葬にすることが、一六八八年（元禄元）の触書③に付加されている。

一七三五年（享保二十）六月二十七日には、⑤病人にかかった入用は基本的に宿割にすること、⑥「道心者体廻国之類」の行倒で「怪敷儀も無之、懐中ニ何国ニて相果候とも、其所え葬候様ニ、本寺触頭其在所之寺院、或ハ親類等之慥成書付」を所持していたならば、在所へ連絡なく行倒場所へ埋葬すること、という触書が出された[12]。この⑥の条文について五島敏芳氏は「往来手形考」において、

死亡地埋葬依頼の文言が含まれる「慥成書付」を持つ存在として認識されていたであろう「道心」「廻国」の実態は、しばしば乞食・物貰いの類である。享保一八年令で定められた煩雑な手続きは、「道心」「廻国」として出村し乞食・物貰いをする―行路病死人化の可能性の高い行為をすることへの抑制、という逆の解釈も成立しうるのだ。とすれば、飢饉の影響が大きく、一八年令で定めた内容が実を持たないほど多くの「道心」「廻国」＝乞食・物貰いの発生と行路病死人の発生があり、宿駅の一層の疲弊を防ぐため費用の掛かる行路病死人の在所とのやりとりを省くことの追認として二〇年令が出された、といえる[13]

と述べている。もっとも、このような埋葬依頼の文言を含む「捨て往来」は、伊勢参り等に出かける民衆も所持していたであろうから、「道心者体廻国之類」とこれらの旅行者とは区別する必要があるだろう。

このほか、一七二六年（享保十一）二月には、「倒死病人水死其外異死迷子等有之節」は委細を認めた札を七日間芝口町河岸に建てるという町触が出ている。(14) これが適応されるのは、「一南者品川ゟ長峰六間茶屋町限、一西者代々木村上落合村板橋限、一北者下板橋村王子川尾久川通限、東者木下川村川通中川通八郎右衛門新田限」(15)であった。この地域での行倒・変死等の情報は、一カ所に集められ管理されるようになった。

一七六七年（明和四）十二月に出された触書は、行倒人に関する法令の総括といえるものである。以下に全文を掲載する。

東海道、中山道、甲州道中、日光道中、奥州道中、右宿々旅籠屋ハ勿論、脇往還其外之村々ニて宿を取候旅人煩候ハヽ、其所之役人立合、医師を懸、療養を加置、其旨御料は御代官、私領は領主、地頭え相届、五海道は道中奉行えも宿送を以致注進、右旅人早速快無之趣ニ候ハヽ、其もの在所之村役人等え申遣、親類呼寄、對談之上可任存寄、若療養も不加、宿継村継抔ニて送出候儀顕るニおゐてハ、五海道は旅籠屋、問屋、年寄、其餘之村々は致宿候もの、村役人ともえ急度御仕置可申付候、

一右之外通り懸り相煩候旅人も、其所之役人立合、医師を懸、療養を加、勿論懐中ニ往來手形有之候哉相糺、御料は御代官、私領は領主、地頭え致注進、右病人早速快気無之趣ニて、在所え帰度候得共、路用貯無之間、送届呉候様申候ハヽ、書付取之、其最寄支配之役所有之候ハヽ訴之、差図を請、又ハ支配之役所無之場所は、其旨致注進置、所「之」役人共得と遂相談、右病人頼之趣認相添、次村え駕籠ニて送り、夫より次之村々ニても、病人之様子次第服薬為致、同様取計、在所え可返遣、

但、旅人申立候在所え送届、万一其在所之ものニ無之候ハヽ、不取逃様其所ニ留置、其筋え可訴出、

一途中ニて相果候ハヽ、次村え不継送、支配之役所え致注進、其所ニて仮埋ニ致し置、其者之在所親類村役人え懸合候上、其所ニ葬候とも望ニ任へし、若道心者廻国之類抔、懐中ニ何国ニて相果候とも、其所え葬

候様本寺触頭、其在所之寺院、或親類等慥成書付有之候ハヽ、支配之役所え訴之、在所え相届ニ不及、其所え可取置、勿論最初より行倒相果罷在候節之取計も同様之事

右之通相心得、万一療養も不加、或内々ニて於継送ニは、是又急度御仕置可申付候、

一都て右類之諸入用は、享保二十卯年五海道え相触候通、病人又は在所より差出候ハヽ格別、無左候ハヽ、宿割村割ニ致へし、[16]

ここにおいて、一六八八年（元禄元）より出された行倒に関する法令は一つにまとめられ、整理統合されたのである。

その後、一七七二年（明和九）一月二十四日に御代官当分御預所での行倒について、[17]一八一一年（文化八）一月に他支配・他領の者が行き倒れた場合、[18]一八二五年（文政八）一月には武家において在方から奉公等に来ている者に変事があった場合、[19]同年七月には八王子千人同心に異変があった場合と、[20]さまざまな立場や状況における法令が発令された。ここからは、行倒人の増加と法令の浸透により、種々のケースのマニュアル化が求められたことが窺える。

これら行倒人関連法令の制度化過程から、次の二点を指摘することができる。

（1）生類憐みの令を契機とした行倒人取扱いに関する法令は、民衆の移動や飢饉による流民の増加により詳細な制度化が必要となった。またその制度が履行されるにつれ、さまざまな状況下での対処について明文化が求められた。

（2）軽症の病人は宿継による注進が不要なこと、身元判明者の処置は行倒場所と在所との対談で進めること、「慥成書付」を所持した道心体・廻国の類は在所への連絡なしに埋葬することなど、取扱い過程が民衆に任されていった。

一六八八（元禄元）に出された法令は行倒人の放置や療養を加えない宿送りを禁じることに重点をおいたものであったが、その後の法令は多数の行倒人を処理しきれず、身元不明者以外の対応を宿村に委託するものであった。また、入用に関しても宿割・村割にすることが明記され、宿村は経済面も負担させられることになった。

2　神領八幡宿村にみる行倒・変死と検使

前節では、幕府の法令から一六八八年（元禄元）以降の行倒人取扱いについて整理した。本節以降、「大国魂神社文書」を用い八幡宿村の事例から実際の村方での対処について考察する。

まず検使の派遣の有無から、近世の検使について若干の分析を試みたい。検使は行倒・変死・負傷・火事・捨子・迷子等、「非常」事態の吟味のため支配役所から派遣された。代官支配は手代・手附、江戸の町方では町同心、武家地は目付が検使となった。阿部知博氏によると、江戸の町における検使制度の確立は天和年間（一六八一―八三）以降であり、死体投棄は「ちりあくた」処理の一部として取り扱われ、「請取証文の訴人―受取人探し―引渡し」の手順にやがて検使の派遣が加わったという[21]。

行倒人や変死人が発生した際の在方の手続きについては、松本純子氏[22]や辻まゆみ氏が整理している。辻氏はその手順を①発見者から村役人への通報、②村役人らによる「見届」、③村役人から支配役所への検使願、④検使による「見分」・吟味と死骸の始末（晒し・建札・仮埋葬など）についての指示、⑤村方による死骸の始末、としている[23]。これに補足すると、検使は見分・吟味の後、見分書および関係者からの口書を作成し、建札を取り払う六カ月（町方は七日間）後に再び伺い出ることを指示する。村方は六カ月後に出府し、最終手続きを行う必要があった。

それでは八幡宿村の記録から、在方における検使の実態について考察することにする。「大国魂神社文書」には、猿渡盛房・盛章・容盛の三代にわたる日記と、職務のため記された公用記録が所収されている。日記は一七七八年（安永七）から一八二三年（文政六）まで、一八四三年（天保十四）から一八四四年（天保十五）、一八五〇年（嘉永三）から一八五六年（安政三）までの四十六年分が残されており、この間の八幡宿村における出来事が記されている。

身元（＊は往来手形所持）	経　緯
不明	小人見へ仮葬
不明	小人見へ仮葬⇒往還端に立札
廻国の者・判明＊	在所に使者⇒取片付け
宰領・判明	検使⇒小人見仮葬⇒小人見へ葬る
不明	検使⇒仮葬
不明	養生のため八幡下に小屋掛け⇒死亡につき検使⇒小人見へ仮葬⇒立札
無宿	小屋へ遣わす
当歳子	小人見へ葬る
判明	八幡下仮小屋にて養生⇒検使（帳外者のため）⇒在所引取り
六部・判明＊	小屋の者引き取る⇒称名寺へ葬る
不明→判明	検使願出⇒身元判明につき願下げ⇒在所引取り
判明	養生のため八幡山へ引き取る⇒検使（国所不明のため）⇒在所引取り
乞食体	八幡山で養生
比丘尼	八幡山で養生
諸国順拝者・判明＊	介抱⇒村継で送る
金比羅参詣者・判明＊	八幡山で養生
	八幡山に引取り
身元不明	養生のため八幡山に引取り⇒死亡につき検使⇒仮葬⇒立札
身元不明	八幡養生小屋へ引き取る⇒死亡につき検使⇒小人見へ仮葬⇒立札

猿渡氏は代々六所宮の神主を勤めるとともに、八幡宿村を朱印地として支配していた。八幡宿村は府中宿の東に隣接し集落は甲州街道に沿って東西に連なっており、支配を異にするものの府中宿との繋がりは深かった。

表1は猿渡氏の日記および公用記録から、八幡宿村における行倒・変死を一覧にしたものである。宝暦年間に二件の変死人、安永年間に一件の行倒、天明年間に三件の行倒と一件の変死、寛政年間に二件の行倒と一件の変死、文化年間に七件の行倒、

表1　六所宮および神領八幡宿村における行倒人・変死人

No.	年月日	西暦	場　所	状　態	検使の有無
1	宝暦5年7月5日	1755	八幡山	縊死	有
2	宝暦12年4月18日	1762	八幡山	縊死	有
3	安永7年6月2日	1778	大門先	行倒死人	無
4	天明2年10月29日	1782	八幡宿纏畑	自害人	有
5	天明4年1月22日	1784	八幡原	行倒死人	有
6	天明5年3月13日	1785	随神門（検使願には八幡下）	行倒病人⇒死亡	有
7	天明5年6月2日	1785	馬場	行倒病人⇒死亡	無
8	寛政9年9月3日	1797	御旅所	死亡	無
9	寛政12年6月21日	1800	八幡宮脇	行倒病人	有→無
10	寛政12年12月5日	1800	八幡山	行倒死人	無
11	文化7年2月23日	1810	八幡原畑中	行倒死人	有→無
12	文化8年4月25日	1811	御旅所側	行倒病人	有
13	文化10年5月18日	1813	泉蔵寺前	行倒病人	無
14	文化10年7月11日	1813	宮の女拝殿	行倒病人	無
15	文化11年7月18日	1814	天地下水汲場	行倒病人	無
16	文化12年8月18日	1815	御旅所	行倒病人	無
17	文化13年10月20日	1816	馬場	行倒病人	無
18	文政13年6月18日	1830	往還端	行倒病人⇒死亡	有
19	安政5年4月1日	1858	鳥居前往還	行倒病人⇒死亡	有

文政年間に一件の行倒、安政年間に一件の行倒、計十九件の記載があった。これらの事例と検使の有無を整理したのが**図1**である。八幡宿村は寺社領だが、府外なので府中宿支配代官より検使を受けており、一連の経緯は寺社奉行所へも届ける必要があった。

図1では（1）行倒人を（a）行倒死人と（b）行倒病人に分け、さらに身元の判明・不明、素人か廻国の類かで整理した。（2）変死人に関しては、身元の判明・不明のみの分類となった。検使の有無については、日記および公用記録内に検使の記載がなくその他の記述上検使が行われなかったと判断できるものは検使なし、推測によるも

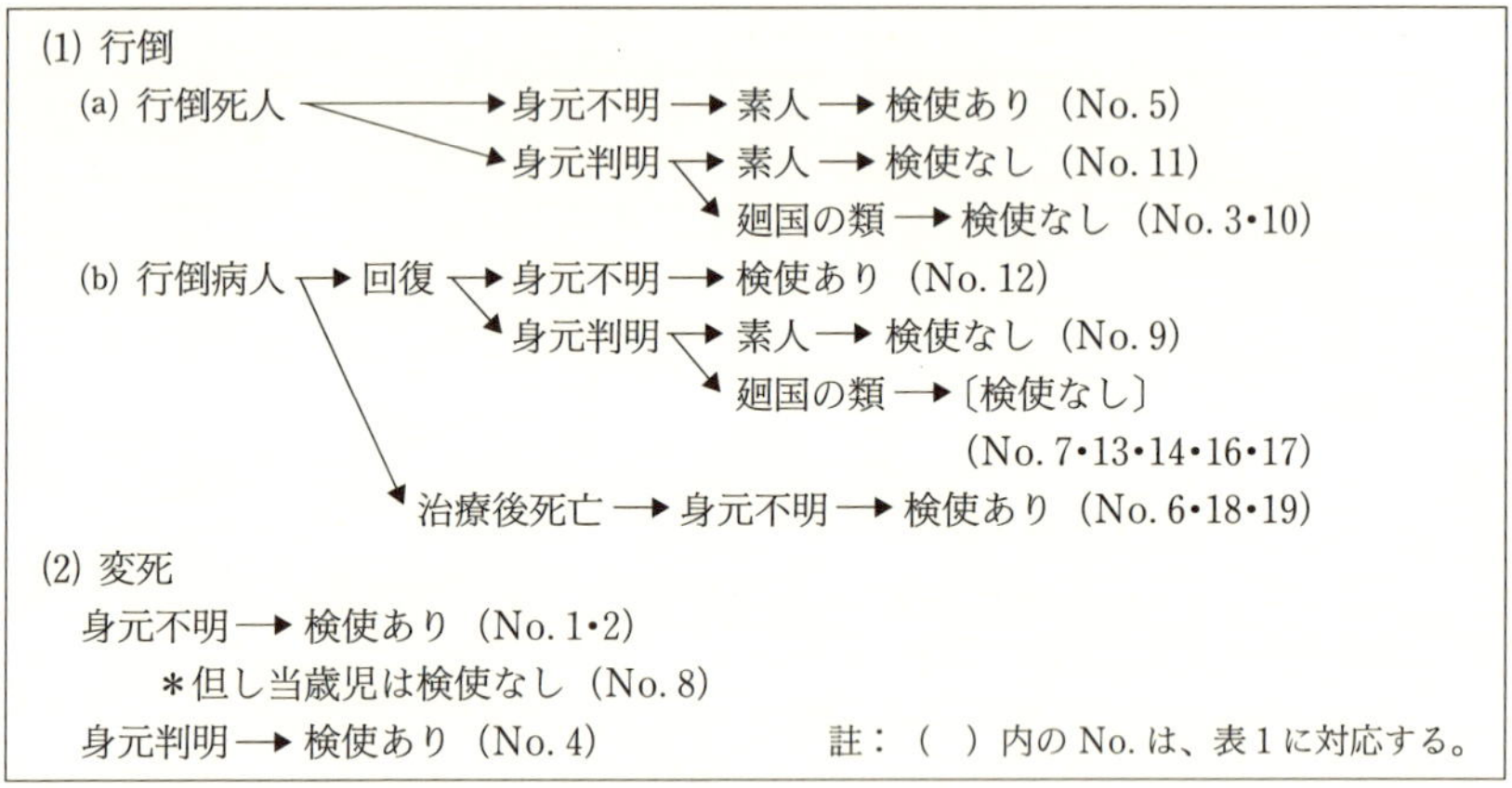

図 1　八幡宿村における行倒・変死の検使の有無

のは〔検使なし〕と表記した。

（1）行倒

（a）行倒死人

身元不明の事例　一七八四年（天明四）正月二十二日、八幡原に身元不明の百姓体の行倒死人があった。さっそく名主が寺社奉行へ届け出、代官所へ検使を願い出た。翌二十三日暮六つ時に検使到着、見分は「参掛ニ死体見」とあることから、宿に到着する前に済ませたようである。二十四日、検使は口書一通を取り、下知まで仮葬し番人を付け置くように申し渡して帰府した[24]。

このように身元不明の行倒死人は検使の必要があったが、不審な点がない限りその吟味は簡略的なものであったと思われる。もっとも日記には「他領之者も見申候事故、内々ニ而ハ相談しかたき旨ニ相きハまり、検使願甚五兵衛罷出ル[25]」という記載があり、検使を願い出ず秘かに処理した事例の存在が窺える。

身元判明の事例　一八一〇年（文化七）二月二十三日、百姓体の八幡原行倒死人は身元不明だったため即日検使願を提出した。ところが翌二十四日に身元が判明し、行倒人の親類が「御役所向願下ヶ致し死人引請」を願い出たため「廿六日夕方下ヶ願御聞済」となる。

その後、死骸は在所へ引き取られた[26]。

この事例からは、身元が判明し引受人がいる場合は検使の必要がなかったことがわかる。引受人から八幡宿村名主宛ての「何人とも相分り不申候、依之御検使御願被成候[27]」という一札からも同様のことが言える。

身元が判明した「廻国の類」の事例　埋葬依頼の記載がある往来手形を所持した「道心者」や「廻国の類」の埋葬は、在所への連絡が不要だったが、検使についてはどうだったのだろう。

一七七八年（安永七）六月二日大門先で往来手形を所持した廻国の者が死亡した。在所に連絡したが、「勝手次第取片付」るようにとの返答のため、翌早朝に埋葬している[28]。また、一八〇〇年（寛政十二）十二月五日八幡山における六部の行倒は「納経往来」を所持していたので、府中宿称名寺へ埋葬を依頼した[29]。

この二つの事例から、往来手形を所持した「廻国の類」は検使を受けず埋葬していたと思われる。

（b）行倒病人

身元不明・帳外者の事例　一八一一年（文化八）四月二十五日の御旅所側行倒人は、当初在所を告げたので村内で療養させていた。一カ月後病人の希望により村継で送ることになったが、途中でまったく動かず八幡宿村へ戻された。このため八幡宿村では「ゆすり者帳外者ニ相違無之」「右之趣ニ候へハ御検使相願候より外致方無之」と、五月二十七日に検使願を提出した。同月二十九日に検使が到着、吟味後病人の特徴を記した立札を命じられた。六月二十九日に病人の親類が現れ、七月五日に引き渡したが、このとき親類に養育料として金一両を渡している[30]。

これは、当初身元判明者として療養させた病人が身元を偽っていた事例である。八幡宿村は、行倒人が「ゆすり者」「帳外者」にちがいないので仕方なく検使を願い出たと記している。「ゆすり者」や「帳外者」の病人は検使を受け、支配役所よりその後の対処について差図をうける必要があった。八幡宿村は病人引渡しの際に一両を差し出しているが、早々にこの行倒人を村外に送りたかったのだろう。

身元判明の事例　一八〇〇年（寛政十二）六月二十一日、八幡宮脇に一両日の逗留を希望する病人がいた。姓名を記した板札を所持していたので療養させていたが、病状が悪化したため在所に飛脚を送ったところ、四月に帳外になった者であることがわかった。これでは「無宿同様之者」であると、同月二十七日に代官所へ検使を願い出たが、「是ハ検使ニ及不申、日数足り不申候義」を在所に飛脚で伝え、引取りにこさせるようにという返答であった。[31]探索期間の半年を経ていないので、まだ無宿ではないという下知である。前述したように帳外者であれば検使が必要だったが、この事例のようにいまだ無宿になっていない、つまり在所のある行倒病人は検使の必要がなく、在所が引き取らなければならなかった。

廻国の類の事例　一八一四年（文化十一）七月十八日、天地下水汲場脇にいた往来手形を所持した諸国順拝の病人は、村内で介抱した後八月二十一日に村継で在所まで送っている。[32]この件に関しては、八幡宿村名主から猿渡役所に送った文書があるのみで、寺社奉行および代官に届け出た記録は残っていない。一八一五年（文化十二）八月十八日には御旅所に往来手形を所持した金比羅参詣帰りの病人の記載があるが、村内で療養させたとのみ記されている。[33]このほか一八一三年（文化十）七月十一日に宮の女拝殿に比丘尼、[34]同年五月十八日に泉蔵寺前に乞食体の行倒人[35]の記述があるが、これらは小屋に送ったとのみ記載されている。

一八一四・一五年（文化十一・十二）の行倒病人は身元が判明しているが、一八一三年（文化十）の二例は身元について触れられていない。詳細が記載されていないので断定することはできないが、いずれも検使を受けていないものと推測できる。

療養後死亡した身元不明者の事例　一七八五年（天明五）三月十三日随神門前の病人は、往来手形はなかったが廻国札と手紙を所持していた。同日在所へ人を派遣したが「右之者無之」との返答であった。その後同月十六日に落命したので検使願を提出し、十七日検使着、翌十八日に見分が終了した。

一八三〇年（文政十三）六月十八日、往来端へ往来手形の所持もなく言舌も不分明な病人があった。この者は同月二十二日に死去したが、この届出と検使願は翌二十三日に提出された。その内容は、病人は「薬用仕候ハ、快気茂可仕躰ニ相見江」たので「分り次第国所等承」在所へ送ろうと思い療養させていたところ、「今廿二日未明ゟ急ニ変症相発、甚危躰ニ相見江候ニ付」検使を願う旨と、その後二十二日夜に病人は死去したことを認めたものだった。(36)

一八五八年（安政五）四月一日、身元不明の鳥居前行倒は、「医師相懸ケ薬用為致候処、養生不相叶、同日七ツ時死去」したので、翌二日検使願を提出した。寺社奉行と代官所との連絡が潤滑でなかったため、検使の到着は五日となった。(37)

これらの検使願は病人が死亡した後、あるいは死亡直前に出されている。当日に死亡した一八五八年（安政五）は仕方ないとしても、一七八五年（天明五）は三日後、一八三〇年（文政十三）は四日後に死亡している。八幡宿村は、療養すれば快気するように見えたが病状が急変したと記しているが、言語不明瞭の病人を軽症だと判断したとは思えない。重篤な身元不明の病人でもすぐに検使を願い出ず、死亡直前に届け出ていたことがうかがえる。なお、療養後死亡した場合でも身元が判明している者は、在所との掛合いとなるので検使の必要はなかったと思われる。

（2）変死について

一七五五年（宝暦五）七月五日八幡宮社地の首縊人は、翌六日代官手代が見分に訪れ、七日早朝村役人と六所宮社僧が立ち合い検使が行われた。隣村名主からも口書を取り、代官手代は同日帰府している。(38)

一七六二年（宝暦十二）四月十八日の下八幡における首縊人は同日検使願、十九日検使着、二十日村役人と六所宮社僧同道で立合検使が行われた。その後種々吟味を遂げ、検使が出立したのは二十三日のことであった。[39]

上記二件は身元不明の変死人であるが、一七八二年（天明二）十月二十九日の纏畑での自害人は、身元が判明した変死の事例である。自害人は一ツ橋領甲州村々の年貢金を江戸へ運搬する宰領であった。即日代官所へ検使を願い出、十一月朔日代官手代到着、一ツ橋の役人二名も同日到着した。二日朝一ツ橋役人も立ち合いで見分し、翌三日五通の口書を取り検使は帰府した。[40]

変死人については、身元の判明・不明にかかわらず検使が必要だった。また検使の滞在期間も長く、近村の名主を取り調べ複数の口書を作成するなど、行倒人に比して詳細な検使が行われている。

ただし、一七九七年（寛政九）九月三日、犬にくわえられた当歳児の死骸は「何れへ成り共形付可然よし」と検使を受けることなく埋葬されており、[41]小児の変死は検使願を出さなかった可能性がある。

以上、八幡宿村の行倒・変死の事例と検使について整理した。ここからは行倒人の検使が事件性を吟味するというよりも、その後の処理を進めるための手続き的傾向が強かったことが窺える。ゆえに、行倒場所と在所との談合で取扱いが決定する身元判明者や、行倒場所で埋葬する廻国の類は病人・死人とも検使の必要がなかったと思われる。これに対し、病人であっても取扱方針の定まらない帳外者や身元不明者は検使を受け、支配役所に差図を求めなければならなかった。一方、変死人は行倒人に比し刑事的要素が強かったため、身元判明・不明にかかわらず詳細な検使が行われたと考えられる。

3　養生場と埋葬場

村内において他所者の行倒人が発生した際、その療養場・埋葬場が必要となる。本節では、八幡宿村における行倒人の療養場・埋葬場を通して、近世在方の行倒人対策について考察する。

まず行倒病人の療養場についてであるが、松本純子氏は奥州郡山では村役人が中心的な看病を担う「宿」の手配を行っていたと述べている。この「宿」には発見者の家あるいは行き倒れていた場所の地主が宛てられ、「宿」の親類・組合にも看病を行うよう指示されたとしている[42]。また、藤本清二郎氏は吹上非人村の事例から、非人村（集団）が行倒人や病人を引き取り、設置されたお救い小屋を活用して介護・養育する事例が多く見られ、このような機能は中世の非人宿と共通するのではないかと論じている[43]。

府内では行倒病人は、無宿・非人は浅草溜・品川溜に、その他の者は小石川養生所に収容し、非人が行倒人の看護に従事していた[44]。一八三四年（天保五）正月には「行倒居ル者なそハ、厚　御仁恵より、《(ママ)》頭弾左衛門構内え小屋相建、介抱手當方之儀、去月中より申付置候[45]」という触書が出されている。その後一八三七年（天保八）に品川・板橋・千住・内藤新宿の四宿に御救小屋が設置され、行倒人を収容しており[46]、天保の飢饉を背景に府内の行倒人が急増したものと考えられる。

一方、府外では行倒病人をどのように収容していたのだろうか。一七八九年（寛政元）三月の触には「東海道筋宿々之内祝儀取と唱（中略）酒手等ねたり取候由、通日雇人足共も、若途中にて病気等之節は、右祝儀取共世話いたし候故、常々酒手等遣置候儀も有之趣ニ相聞[47]」という一文がある。この「祝儀取と唱」たのは非人身分の者であると考えられ、東海道の宿場においても病人の看護に非人があたっていたことがわかる。

それでは八幡宿村での事例をみてみよう。猿渡氏の日記における行倒病人に関する記述の初出は、一七八五年（天明五）三月十三日の随神門行倒人の一件である[48]。月番より報告を受けた猿渡盛房は、病人養生の場として「八幡下ニ小屋掛」を申し付けたとある。同年六月二日の馬場無宿行倒人は「小屋へ遣」したものの、「早速立行」せている[49]。一八〇〇年（寛政十二）六月一日の八幡宮脇行倒病人は「山下へ引少々上家等致遣差置養生加へ[50]」、一八一一年（文化八）四月二十五日旅所側行倒病人は「八幡山□□召寄番為致、愈不快之様子ニ候ハ、引取可申旨申置、其夜ニ入兎角不宜候故八幡山へ引取、万助ニ申付養生致候也」[51]とある。

これらの記述から、八幡宿村では「八幡下」「八幡山」に小屋を設け病人を療養させていたことがわかる。「八幡山」とは国府八幡宮の境内を指し、「八幡下」は八幡宮の下の水田地で、南は是政村との村境になっている。一七八五年（天明五）・一八〇〇年（寛政十二）の際は八幡下の仮小屋とあるが、一八一一年（文化八）には八幡山が病人の引取場所となった。注目すべきは、八幡山から病人の番をさせるために人を呼び寄せ、病状が重くなった場合のみ八幡山に引き取るように命じていることである。ここから、一八一一年（文化八）には八幡山に養生小屋があり、看護に従事する人々が常駐していたことがわかる。

その後、一八一三年（文化十）五月十八日泉蔵寺前行倒病人は「万助ニ養育申付」[52]、同年七月十一日宮の女拝殿における比丘尼の病人は「早束万助召寄引取らせ申也」[53]、一八一五年（文化十二）八月十八日御旅所行倒病人は「八幡ニ引取養育申也」[54]、一八一六年（文化十三）十月二十日馬場行倒病人は「八幡山へ引取せ候」[55]、一八三〇年（文政十三）六月十八日往還端行倒病人は「早束八幡山へ引取小屋掛いたし」「字八幡と唱候林之内、日陰之処小屋掛補理、右倒人入置、昼者五人、夜者十人宛番人付置」[56]とある。

このように一八一一年（文化八）以降の療養場所はすべて「八幡山」であり、一八一一年（文化八）・一三年（文化十）には万助という人物が病人の収容・看病を取り仕切っていた。一八五八年（安政五）四月朔日の鳥居前行倒人の際には「八幡養生小屋へ引取」と記載され、八幡山の小屋を「養生小屋」と明記している。[57]

以上のことから、八幡宿村において重病の行倒人があった場合、当所は八幡下、一八一一年（文化八）以降は八幡山に小屋を設置し療養させていたこと、小屋には小屋頭がおり一八三〇年（文政十三）には看護従事者が少なくとも十名いたことが明らかになった。この小屋の者たちは非人であり、[58]八幡宿村においても小規模ながら、前述した吹上非人村や府内の溜と同様に非人による行倒病人の収容システムが整っていたといえる。このような非人の役割は、一八七一年（明治四）九月二十六日浦和県庁から出された通達に「非人之儀（中略）村方ニテモ是迄行倒人取片付其外取締向等為致[59]」とあることから、近世村落においてある程度一般的なことだったと考えられる。

次に埋葬場についてみてみたい。府内では小塚原の回向院下屋敷を埋葬場としていた。阿部知博氏は、元禄期の信州塩尻の事例から埋葬場を「(1)寺の内部(2)寺の周辺(裏)(3)葬礼場(火葬場という表現もある)(4)事故現場などが当時「墓」となる場」とし、葬礼を行う場が存在したと述べている[60]。松本純子氏は、奥州郡山では身元判明者は「宿」の当主の墓所へ、身元不明者は二つの寺院の墓所周辺に埋葬されたとする。また、身元不明者の埋葬場には「もかり」が結ばれていたことから無縁仏との繋がりを論じ、「具体的な埋葬の方法についてはその地域の慣習に任されるところが大きかった。一律の規定がないだけに、埋葬の場面にはその地その地における行き倒れ人をめぐる意識が表出されたのではなかろうか」と述べている[61]。実際、支配役所からの下知は最寄寺院に仮埋のまま土葬にするとあるのみで、具体的な指示は与えられていない。しかし、埋葬場の事例を収集することは当時の人々の行倒死や変死等に対する観念を探るうえでも有益であろう。

八幡宿村は神領であり、寺院が存在しないという特殊な場所であり、村民は村外の寺院の檀家となっていた。一八五五年(安政二)六月の宗門人別帳をみると、府中宿天台宗安養寺の檀家が二十三軒、真言宗妙光院が二十九軒、妙光院末真言宗普門寺が二軒、時宗称名寺が四軒、禅宗高安寺が二軒、車返村浄土宗本願寺が一軒、是政村府中妙光院末真言宗宝性院が十三軒で[62]、大部分が府中宿にある寺院の檀家であったことがわかる。村民の墓所については未調査なので断言はできないが、各檀那寺に埋葬されたものと推測できる。

八幡宿村内の行倒死人・変死人は「小人見」という場所に埋葬された[63]。一七五五年(宝暦五)の八幡宮境内縊死人の留帳には、「一、被申渡候趣怪敷筋も有相見候間、乍去り公辺相済候迄者暑気甚、右自害人朽折候事難斗候間、場所見立候上、当分狩《マヽ》り葬りニ致置可申段被申渡候、依之神領一円之場所ニ付小人見ニ葬り置事」とあり、死骸の仮埋を申し付けられたが「神領一円之場所」なので小人見に葬ったと記されている[64]。一七六二年(宝暦十二）の下八幡縊死人一件では、「当村寺院境内仮埋可仕旨被仰渡候所、寺院無之ニ付、（中略）則当村持字小人見与申墓所へ、先年も仮埋仕候、（中略）右場所へ仮埋被仰付候而も差障候儀無御座候」と、村役人から検使に願書が出された[65]。縊死人を寺院境内に仮埋するように命じられたが、八幡宿村内には寺院がないので先年のとおり小人見に仮埋したいという趣旨であるが、ここで小人見は「村持墓所」と記載されている。また、小人見への仮葬を命じられても差し障りがないことを明記している。

その後も行倒死人・変死人は小人見に埋葬されているが、この小人見とはどのような場所だったのだろうか。「小人見」は現在の航空自衛隊基地にあたり、『新編武蔵風土記稿』や『武蔵名勝図会』には「小人見」に塚があったと記されている。また、『府中市史』には「小人見の地内に昔はお仕置場があった[66]」と記されており、小人見に他所者や不浄の者を葬る場があったことは推測しうると思う。

なお、身元が判明している死骸の場合も在所に引き取られず、小人見に埋葬されることが多かった。下知を待つ間死骸は仮埋にされるが、下知後引取人はそのまま埋葬を願う旨の一札を差し出している。一七八二年（天明二）の自害人の親族は火葬にして在所へ引き取ることを願ったが、八幡宿村が神領であることを理由に断ったため小人見へ埋葬することになった[67]。

4　行倒人入用について

「大国魂神社文書」には一八五八年（安政五）四月の「行倒病死人検使諸入用控帳[68]」が残っている。銭から金への変換率や計算の不一致等の問題はあるが、詳細な入用が記されているので少し整理してみたいと思う。

まず、安政五年一件の概要を述べておく。四月朔日鳥居前往還端に行倒病人を発見、八幡養生小屋へ引き取り医師にかける。同日夕方死去したため社僧明王院が検使願に出府した。検使の宿を円福寺に定め到着を待ったが、寺社奉行所と代官所の連絡齟齬から五日の到着となった（明王院は四日に帰村）。養生小屋の見分と宿での吟味が終了し、検使は府中宿で一泊し帰府した。死骸の仮葬は八日に行った。同月二十四日、代官所より村役人呼出につき二名出府、同二十七日帰村している(69)。

この一連の出費を「行倒病死人検使諸入用控帳」から整理したのが**表2**である。［A　死体番人入用］と［B　人足入用］は、村内で検使到着までにかかった入用である。Bの人足とは養生小屋へ派遣した役人足二人と検使の宿となる円福寺へ派遣した働人足一人、計三人分の入用である。Aの合計が一貫六三六文、Bが九一二文、このほか［G　その他］の三日・四日出迎え蠟燭代二〇〇文、丑五郎懸り蠟燭・薪等代五一六文を加えると出費は三貫二六四文であった。この一件は寺社奉行と代官所との連絡が手間取り検使の到着が遅くなり、延びた分だけ入用は嵩んでいった。

これは［C　検使願のため出府入用］にもいえることで、江戸二泊分の旅籠代・中飯代・旅籠支度代で一貫四四八文となっており、駕籠人足代等を加えると、出府費用は金二朱と三貫八〇四文になった。［D　検使宿入用］は宿となった円福寺にかかった出費で、計一貫九七六文である。そのほか検使には［G　その他］に三人分中飯・肴代等一貫三三二文、検使・足軽・小者へ菓子代として計一両二分ほどかかっている。検使は八幡宿村に宿泊しなかったので、一日の滞在で一両二分と一貫九七六文も必要であった。

［E　仮葬入用］は合計一貫六三六文である。この入用帳から八幡宿村では行倒死人を樽に入れ縄菰でくるんでいたことがわかる。また称名寺に回向料を払っていることから、身元不明の行倒死人であっても回向を施していたと思われる。

［F　代官所より呼出しにつき出府入用］は、四月二十三日に差紙が到着し二十四日から二十七日にかけて代官所に出府した際の出費で、全部で金三朱と二貫六一二文となっている。また［G　その他］には、六カ月後に建

表2　安政五年四月鳥居前往還行倒病死人検使諸入用

日付	金額	項　目
［A　死体番人入用］		
3日	200文	八幡番人焼木2束
	100文	蠟燭6丁
	48文	饅頭
4日	148文	酒5合
	300文	焼木3束
	100文	蠟燭6丁
5日	72文	酒2合
［B　人足入用］		
3日	184文	人足3人昼飯料
	172文	人足3人夕飯料
4日	200文	人足3人昼飯料
	172文	人足3人夕飯料
5日	184文	人足3人昼飯料
［C　検使願のため出府入用］		
2日	426文	府中より江戸まで継人足2人分（宿駕籠人足）
	134文	駕籠賃
4日	548文	江戸より内藤新宿まで御立駕籠人足代
	648文	内藤新宿より下高井戸宿まで御立駕籠人足代
	金2朱	下高井戸宿より府中宿まで御立駕籠人足代
	400文	上下中飯代・立場茶代
	548文	江戸2夜分旅籠代
	500文	旅宿中支度料
	300文	供2人賃銭
	200文	江戸より内藤新宿まで先触人足賃
	100文	茶代
［D　検使宿入用］		
	600文	酒2升
	100文	茶
	100文	炭代
	200文	菓子
	100文	蠟燭
	400文	薪4束
	112文	詰合明王院支度料米8合分
	300文	酒1升
	64文	豆腐2丁
［E　仮葬入用］		
8日	872文	酒3升5合
	180文	樽1つ
	36文	縄こも代
	48文	蠟燭3丁
	200文	谷戸分
	300文	称名寺回向料（青銅300疋）
［F　代官所より呼出しにつき出府入用］		
23日	600文	万屋飛脚賃
24日	48文	瀧坂休・わらじ代
	28文	四ツ谷草鞋1足
	124文	中飯代
	28文	髪結銭
	8文	湯銭
	364文	品川酒肴代
	264文	品川泊賃
25日	300文	天徳寺門前3人分
	48文	草履1足
	16文	湯銭
26日	132文	下駄2足
	金1朱	腰掛入用
	金2朱	万屋泊り2人分
	48文	草履2足
	472文	萩久保
	132文	石原休・ろうそく代
［G　その他］		
	1貫332文	検使上下3人分中飯・肴2品外御料
	金3分	検使へ菓子代
	金1分	足軽へ菓子代
	金2分	小者へ菓子代
	100文	3日夜出迎え蠟燭6丁
	100文	4日夜出迎え蠟燭6丁
	516文	丑五郎懸り3日から5日まで蠟燭・薪等
	金1朱	医者参礼
	金2分	番手当　谷戸分
	200文	手前方蠟燭代
	248文	10月25日奉行所へ落着届けの節、供日雇

札取除届を提出した際の出府入用二四八文も記されている。

多少の計算違いがあるものの「行倒病死人検使諸入用控帳」ではこれらすべての合計を金に変換し「金四両一朱ト六七〇文」としている。八幡宿村ではこれを高割六分、家割四分に分けて割り付けている。高割は社領が五〇〇石なので五〇〇分の一が一石あたりの割付額、家割は九〇軒割とあり九〇分の一が一軒あたりの割付額となる。この高割・家割は猿渡氏および社家・社僧も含まれており、村の負担金は一両一分と銭三〇三文で全体の三分の一程度となった。

このように行倒人にかかる入用は多額であり、検使が必要となればさらなる出費が必要となる。行倒人の数が増えれば村の財政を圧迫する。この対策として八幡宿村では地頭である猿渡氏と社家・社僧らが各自の高割・家割分を負担し村民への割付を軽減していた。松本純子氏によれば、二本松藩では藩により費用が援助されていたというが[70]、領主や地頭などが一部入用を補助するシステムが存在したと思われる。

また、行倒人や変死人の在所・親類から諸費用として金子が渡されることがあった。一七八二年（天明二）の自害人の際は礼金として[71]、一八一〇年（文化七）の行倒人の際は諸費用として[72]二両が親類より八幡宿村に差し出されている。後者はいったん提出した検使願を取り下げた事例だが、万一検使が八幡宿村に到着し二両以上の入用となった際は両村の折半にしてほしいと頼んでいる。八幡宿村以外でも同様のことは行われており、一八二八年（文政十一）正月武州多摩郡野中新田の者が用賀村で死亡した際は、諸雑費入用として金二両、その外村役人・村方等への謝礼として一両、計三両の金子が差し出されている[73]。また、隣村である常久村の重左衛門から一七五八年（宝暦八）七月の八幡山縊死人の際に一分、一七六一年（宝暦十一）六月八幡山で篠原村の村人が死亡した際に五〇〇文が渡されていることから[74]、近隣の村から見舞金が出されていたことがわかる。

このように、行倒人等にかかる出費は、領主・地頭による一部補助、在所・親類よりの弁償、近隣からの相互扶助によって行倒場所へかかる負担の軽減が図られていたのである。

おわりに

本論は、八幡宿村の事例から近世在方における行倒人の取扱いおよび対策について考察することを目的としたが、分析の結果、

（1）生類憐みの令を契機として制度化されていった行倒人取扱いに関する法令は、手続きの過程が制度化され幕府への報告が義務付けられる一方、実際の取扱いは各共同体内あるいは共同体間の相対に委ねられていた。

（2）「非常」の吟味役として派遣される検使は、すべての行倒人に行われたわけではなかった。その後の指示が必要な場合のみ検使を受けており、事件性を吟味する意図は弱かったものと思われる。身元判明者や廻国の類の行倒人は支配役所の見分を受けることなく届出のみで埋葬された。

（3）行倒人の収容に関しては、一定の場所に養生小屋を設置し小屋頭を中心に非人が介護に従事するなど、小規模ながらシステム化した体制がとられていた。また埋葬場も特定の場所があり、身元不明者でも樽に入れ回向を施して葬っていた。

（4）行倒人入用による村財政の圧迫を避けるため、領主・地頭等による補助や、行倒人の在所・親類からの弁償、近隣間の相互扶助などの支援制度が見受けられる。

ということがわかった。

以上のように、在方では行倒人の取扱いの法令化に対応するため養生場や埋葬場および入用の割付けなどのシステムを整えていったが、これは地域や支配等によって異なると思われる。本論で分析した八幡宿村は寺社領であり、猿渡氏が地頭として支配役所と村民の間に介在しているため、他の在方とは異なる可能性がある。今後さ

らなる分析と他地域の事例の収集が必要だと考える。

註

(1) 五島敏芳「往来手形考」(『史料館研究紀要』第二九号、一九九八年)、阿部知博「近世死体投棄禁令と検使」(『歴史科学と教育』第八号、一九八九年)、高橋敏「近世民衆の旅と行路病死」(『沼津市史研究』第二号、一九九三年)、藤本清二郎「江戸期、城下町における行倒人・孤独人の介抱と扶養」(『紀州経済史文化史研究所紀要』第二五号、二〇〇五年)、延智子「江戸の行倒人対策」(『近世江戸の構造』三省堂、一九九七年)、木下光生「近世大坂における墓所聖と葬送・諸死体処理」(『日本史研究』第四三五号、一九九八年)、松本純子「行き倒れ人と他所者の看病・埋葬」(『東北文化研究室紀要』第四二集、二〇〇一年)、「近世における行き倒れの一分析」(『日本歴史』第六五一号、二〇〇二年)、辻まゆみ「江戸隣接村における武家抱屋敷と村」(『立教日本史論集』第五号、一九九二年)

(2) 前掲註(1)松本純子「行き倒れ人と他所者の看病・埋葬」

(3) 前掲註(1)辻まゆみ「江戸隣接村における武家抱屋敷と村」

(4) 前掲註(1)五島敏芳「往来手形考」、高橋敏「近世民衆の旅と行路病死」、阿部知博「近世死体投棄禁令と検使」

(5) 前掲註(1)阿部知博「近世死体投棄禁令と検使」

(6) 前掲註(1)松本純子「近世における行き倒れの一分析」六一頁

(7) 前掲註(1)高橋敏「近世民衆の旅と行路病死」二三頁

(8) 『日野宿関係史料集一』(日野市、二〇〇五年)[一四]

(9) 同右[一五]

(10) 同右[二六]

(11) 『御触書寛保集成』(岩波書店、一九三四年)一二八七

(12) 同右 一二八八

(13) 前掲註(1)五島敏芳「往来手形考」一八三頁

(14) 前掲註(11)『御触書寛保集成』二九三八
(15)「検使階梯」(国立公文書館、天保六年)
(16)『御触書天明集成』(岩波書店、一九三六年)二四三八
(17)「検使一件」(国会図書館)
(18)『御触書天保集成』下(岩波書店、一九七六年)四六六三
(19) 同右 六五六五
(20) 同右 六三六一
(21) 前掲註(1)阿部知博「近世死体投棄禁令と検使」三九頁
(22) 前掲註(1)松本純子「行き倒れ人と他所者の看病・埋葬」
(23) 前掲註(1)辻まゆみ「江戸隣接村における武家抱屋敷と村」五三頁
(24)「神主私記」(『六所宮神主日記』府中市教育委員会、一九八八年)九六頁、原典と整合し一部変更、「公用旧事控」(『大国魂神社文書Ⅳ』府中市教育委員会、一九九一年)二一二頁
(25) 前掲註(24)「神主私記」二二六頁
(26) 前掲註(24)「神主私記」二二六頁、「公用諸記録」(前掲註(24)『大国魂神社文書Ⅳ』)二五三頁
(27) 前掲註(24)「神主私記」二二八頁
(28)「神主日記」(前掲註(24)『六所宮神主日記』)二頁
(29)「公私用覚」(前掲註(24)『六所宮神主日記』)一九七頁
(30)「日録」(前掲註(24)『六所宮神主日記』)二五〇頁、前掲註(26)「公用諸記録」二五五頁
(31) 前掲註(29)「公私用覚」一九二頁、前掲註(24)「公用旧事控」二三〇頁
(32)「八幡行倒病人届」「行倒病人村順継出シ帰村願」(前掲註(24)『大国魂神社文書Ⅳ』)二九九―三〇〇頁
(33)「座右録」(前掲註(24)『六所宮神主日記』)二九二頁
(34) 前掲註(30)「日録」二七一頁
(35) 同右 二七〇頁
(36) 前掲註(24)「神主私記」一〇七頁、「公用旧事控」二一四頁

(37)「御鳥居前行倒人始末留」(前掲註(24)『大国魂神社文書Ⅳ』)三六四頁
(38)前掲註(24)「公用旧事控」二三七頁
(39)「下八幡首縊人諸色覚」(前掲註(24)『大国魂神社文書Ⅳ』)一六九頁
(40)前掲註(24)「神主私記」八〇頁、「公用旧事控」二〇九頁
(41)前掲註(29)「公私用覚」一七七頁、原典と整合し一部変更
(42)前掲註(1)松本純子「行き倒れ人と他所者の看病・埋葬」七三頁
(43)前掲註(1)藤本清二郎「江戸期、城下町における行倒人・孤独人の介抱と扶養」二頁
(44)「当用便覧ノ内　小検使袖中」「当用便覧ノ内　諸留　丙七」(国立公文書館)
(45)前掲註(18)『御触書天保集成』下、六五八六
(46)同右　六五九〇
(47)同右　五五五六
(48)前掲註(24)「神主私記」一〇七頁、「公用旧事控」二一四頁
(49)前掲註(24)「神主私記」一一一頁
(50)前掲註(24)「公私用覚」一九三頁
(51)前掲註(30)「日録」二五〇頁
(52)同右　二七〇頁
(53)同右　二七一頁
(54)前掲註(33)「座右録」二九二頁
(55)同右　二九八頁
(56)前掲註(26)「公用諸記録」二八七頁
(57)前掲註(37)「御鳥居前行倒人始末留」三六四頁
(58)野非人の可能性あり。
(59)『新編埼玉県史』第二三巻(埼玉県、一九八二年)
(60)前掲註(1)阿部知博「近世死体投棄禁令と検使」四五頁

(61)前掲註(1)松本純子「行き倒れ人と他所者の看病・埋葬」七七頁
(62)「宗門人別帳」(八幡宿田中家文書、タ6—3)
(63)唯一寛政十二年十二月の六部の行倒人は府中宿にある称名寺へ葬っている。この一件につき猿渡盛房は、「先年も吉村脇へ有之節往来も有之故、称名寺へ取置相頼候故称名寺へ頼、往来有之候事承知候旨」と記しており、往来手形を所持した六部の埋葬場は府中宿称名寺であったと思われる。
(64)「末社八幡山自害人留帳」(大国魂神社文書、へ—477)
(65)前掲註(39)「下八幡首縊人諸色覚」一七〇頁
(66)『府中市史』下(府中市史編さん委員会、一九七四年)一二三六頁
(67)前掲註(24)「神主私記」八〇頁、「公用旧事控」二〇九頁
(68)前掲註(24)『大国魂神社文書Ⅳ』三七〇頁
(69)「御鳥居前行倒人始末留」(前掲註(24)『大国魂神社文書Ⅳ』)三六四頁
(70)前掲註(1)松本純子「近世における行き倒れの一分析」六四頁
(71)前掲註(24)「神主私記」八〇頁、「公用旧事控」二〇九頁
(72)前掲註(30)「日録」二二八頁、前掲註(26)「公用諸記録」二五四頁
(73)「諸事御用留記　参」(『世田谷区史料叢書』第四巻、世田谷区教育委員会、一九八九年)四七頁
(74)「名主勤方出入百姓訴状」(『大国魂神社文書Ⅱ』府中市教育委員会、一九八八年)四三頁

若者組による制裁——「突合相省」の事例研究

新井尚子

1　問題の所在

早くから注目されており、また優れた成果[1]が上げられているにもかかわらず、若者組[2]については、まだ解明すべき点が多い。

なかでも若者組がその機能の発揮に関連して備えていたとされる「自治性」の問題は、残された大きな課題の一つである。若者組の「自治性」には、その適用範囲によって二種が考えられる。まず各地の若者組が独自の組織・内規をもつことを根拠として、同組の内部での「自治性」が承認されている。しかし自集団内の「自治性」は、若者組に限らず他の年齢階層集団や職能別の社会集団でも同様に認められるものである。

若者組の「自治性」のさらなる問題は、村落での「自治性」にあるといえよう。村落社会における若者組の権力や「自治性」は、従来から注目されていた。確かに若者組は、各村落生活レベルでの不可欠性によって村内で実力を持ち、村の自治の一端を担っていた。若者組が村内における意思決定組織の一つとして村人にも認識され、若者組が出した、あるいは若者組に宛てた文書が村々に残ることが、先の事実を裏付ける。加えて若者組は、彼らのもつ機能を脅かす者や内部規範に背いた者に対して制裁を加える権限、いわば「自力制裁権」を備えていた。この権限が幕府・領主・村役人層から危険視され、文政取締改革をはじめ数多くの抑制・禁止令が発せられる一因ともなった。

若者組は村落生活の中で自然発生的に出現したと、しばしば説明される。この説の真偽は別として、近世において同組を支える法的根拠はまったくない。しかし若者組自体は公的な統制を受けることを通じて、逆に幕藩制社会の特徴をその内部に受容し、姿を変えつつ生き延びたのである。公権力による若者組への統制については、従来比較的多くの研究がなされてきた。

一方若者組自体が行った制裁は、これまであまり注目されていない。民俗調査では事例報告がされているが、より深い考察はされていない。若者組と青年団について総合的に研究された平山和彦氏は、その大著[3]の中で若者組の制裁にも触れている。しかしそこでは制裁のごく簡単な種別の提示の後に、当問題が「一つのきわめて重大なテーマとなる[4]」可能性を指摘するのみで、それ以上の論考は行われていない。若者組による制裁は、同組の研究にとって重要な切り口になり得ると筆者は考える。この集団の行った制裁を細かく見ることにより、若者組の発揮する機能や「自治性」の範囲と限界、同組の行動の基調となる思考様式等を探ることができると思うからである。以下に若者組研究のまだ進展していない埼玉県域の具体例を紹介しつつ、若者組による制裁について考察を進めたい。

2　現埼玉県域の若者組

ここでまず、現埼玉県域の若者組について、わかりうることを概観してみたい。

管見の限りでは、現埼玉県域の若者組を主たる対象とした研究は、これまでなされていない。しかし現存する近世文書から、江戸期に同県域の多くの村落に若者組が存在したことは確認できる。また一九八六年に埼玉県青年団から出版された『埼玉県連合青年団史』(5)にも、わずかではあるがその存在が記されている。

民俗学者の福田アジオ氏は若者組の構成について多くの考察をされている。その論の中で青年期から壮年期までの構成員からなる若者組、すなわち青壮年型若者組は「東北・関東など東日本の農村地帯」(6)に多いとし、また埼玉県越谷市の若者組の聞き取り調査の内容を挙げ、(7)この地域では長男単独加入の青壮年型ではないかと推測している。

筆者の集めた史料によると、現埼玉県域の若者組の構成が青壮年型であったことを示すものが多い。武蔵国足立郡滝馬室村（現鴻巣市）に残る一八四七年（弘化四）四月の「滝馬室若者一件御清書写」(8)には珍しく加入員の年齢が記載されているが、これには十四歳から三十八歳までの加入員が記されており、一般的な年齢層の青壮年型若者組の存在を示す史料となっている。

また埼玉郡百間村（現北埼玉郡宮代町）の一八一一年（文化八）八月「取極申議定之事」(9)は、五人組ごとに署名・押印している同村の村定であるが、その中の一条に「若者仲間・戸主ヲ相勤候者廿七・八歳限リ、親有之候者も三拾五・六歳限リ、寄合候」とある。戸主であるか否かで上限は異なるが同村の若者組は青壮年型であったといえよう。

一方、足立郡原馬室村（現鴻巣市）の一八五六年（安政三）「村方谷津組一件御取締り江差出候願書写」(10)には

「源八、常右衛門両人義は五拾余歳ニも相成候ニて、未タ若者仲間ニ組入酒食之指図いたし、諸事取巧候者ニ御座候」という一節がある。この記述により、この村では通常言われる青壮年型の上限を超えた者が混入していたことがわかる。この事実に関しては二つの解釈が可能である。一つは五十歳以上の二人は、脱退後「年寄」等と呼ばれた役職として同組に関わっていたのではないかという推測である。もう一つは、この地域の若者組は加入員の年齢に関係なく、イエの次の相続人である男子が加入年齢に達するまで当人が加入しつづけたのではないかという推測である。右の引用文中の二人のうち、源八についてはその三年後の宗門人別帳[11]で、その生存が確認できる。このとき彼の息子は十二歳で、一般的な若者組加入年齢の十四、五歳に達していない。この点で後者の推測が妥当にも思えるが断定する段階ではないので、ここでは指摘のみにとどめる。

さらに、次の「埼玉郡大塚村村定請印形帳[12]」の中の一文もこの村の若者組が青壮年型であったことの傍証となりうるであろう。

一　村内若者共と申仲間之内、何そ少ニ而も間違故障等有之候へハ、寄合等いたし申談仲間外れ抔と申断御役先又は私用出先ニ而も絶口いたし差支有、或は誤証文ニ而為差出候歟、又は酒等為買候而相済候類之ゆすりケ間敷義有之、甚不届ニ御座候、其上本人之内江も何共少之故障見懸、是又右同断之取計いたし候事モ有之候、誠ニ若者共と申内ニも百姓本人相勤候者も有之、両面出候儀不埒至極ニ御座候、以来本人之者若者江交り候得は伺之上本人相削リ、女本人・幼少本人又は親再勤歟之内取計候間、兼而心得違いいたし申間敷候、尤鎮守祭礼其外右ニ准候類ハ、若役ニ軒別ニ罷出本人懸人ニ不限世話可仕候、右之外何事も村方之儀ハ年々当番之者取計候儀ニ付差支無之様、改而若者ともと申ハ不用ニ御座候

（傍点筆者）

この史料は一八一六年（文化十三）に埼玉郡大塚村（現越谷市）の惣百姓が名主に差し出した村定で、先出の百間村の村定同様、若者組に対する公権力による統制として名高い文政取締改革より時期的に早く、村の実生活の中で生まれた村定と考えられる。結論としては若者組の存在を否定しているのだが、傍点部に注目したい。若者組加入員の中に「百姓本人」がいる例を取り上げ、今後は「百姓本人」に入っている者は状況を糺したうえで「百姓本人」から削り、その妻・子供・親を「百姓本人」とするとしている。つまり青壮年型若者組が問題視されて村での統制の大きな要因になったと推測できる。

以上挙げたように、現埼玉県域では青壮年型若者組の存在を示す史料が多見される。しかし断定できる段階ではなく、より多くの事例報告が待たれるところである。

3　若者組による制裁──「突合相省」を中心に

既述の如く、若者組は村の自治の一翼を担う行動主体の一つであり自治性・自力制裁権を備えた集団であった。若者組の機能に関しては先行の優れた業績があるので、それらに即してまとめると次のようになる。

①村の労働力編成の機能
②祭礼の執行主体としての機能
③村の治安維持・災害救済の機能
④構成員の異性関係・婚姻の援助、承認の機能
⑤人間形成の教育・訓練機関としての機能

この五つの機能は、どの地域においても強弱はあっても普遍的に認められる。これらの機能は村の内外で承認

され、その発動を妨げる者や若者組から見て好ましくない者に対し、同組はしばしば独自の調査を行い制裁を加えた。この吟味・制裁はあくまで同組内の基準に照らして行われ、必ずしも幕府・藩・領主等が正当とした道徳規準に即したものではなかった。

若者組が独自に吟味し制裁に至った実例を挙げてみる。

〈事例一〉

一七九三年（寛政五）七月に埼玉県小久喜村（現南埼玉郡白岡町）幸七が、同村の「御若衆中様」に宛てた文書[13]中の事例である。

幸七は以前からたびたび同村の娘たちと親しくしていたが、同年同月寺社参詣の折娘三人を夜中に連れ廻し、この事実を若者組が知るところとなった。そして「此義御若衆中江相志れ御尋ニあずかり、偽り申候故女子供と引合預り御詮議候処」とあるように、幸七が最初に偽証したため娘たちも取調べを受け、事実が確認された。

幸七は同村佐右衛門他二人を世話人として若者組に詫びるが、最初罪を認めなかったことが災いしてか、なかなか許してもらえない。ようやく許してもらった後、次のように認めている。

（前略）然上ハ、今般幸八殿娘者不及申、他之女子中江不埒成義決而致申間敷候、此義加判之者急度無相滞可申候、然共若者之義御座候者、見苦敷義致節者、不限昼夜ニ、預り打擲候共、其節ハ無違義請取可申候、前書之趣加判之者立相談之上、致加判一札入置申候、猶又惣吉殿義段々預り御世話ニ候得共、此義致違犯無之申訳御座候此一件ニ付惣吉殿御若衆中預ヶ御咎候節ハ私引請御詫言可仕候、為後日仍而如件

寛政五年

七月日

小久喜村
当人　幸　七
同仲人　佐右衛門
同仲人　利　八
千駄野村仲人　富太郎

小久喜村
御若衆中様

ここに登場する惣吉とは幸七が若者組に加入する際の世話役でもあった可能性がある。「加判之者」は、この文末に署名押印している佐右衛門等三名を指すと考えられる。当事者を取調べた上で、具体的方法は不明であるが制裁が実施され、紛争解決後の事後処理をも含んだ取決めを行った若者組の自力解決の過程が読み取れる。

〈事例二〉

一八六三年（文久三）七月に起こった一件(14)である。武州足立郡下石戸村内（現北本市）の北原組百姓岩次郎倅善助が、同郡高尾村（現北本市）の谷垂組百姓源助娘そのと密通しているという噂が生じた。このとき下石戸上村の若者数名が谷垂組若者どもと相談し「右善八外三人より表向字北原組若者共世話人方江申出候者、同組茂八外四人より申聞候ハ、善助義源助娘そのと密通致候義友五郎発言の旨ニ付、同人幷善助為突合事実取調候方可然懸合ニ付、北原組若者共より友五郎善助取糺候」という行動をとった。

文中に出る友五郎は密通の噂を立てた者で、この一件では善助とともに若者組の取調べを受けている。この事件はこの後複雑に推移するがここでは深入りせず、事実を究明しようとする若者組の自主的な行動の指摘のみにとどめておく。

両事例共発端は先述の若者組の機能に関わることであり、同組自体が独自の調査・取調・制裁を行っている。〈事例一〉の史料は、文書の宛先が「御若衆中様」となっている。これは組内の若者から若者組に宛てたものであるが、自組外から若者組に宛てた古文書も認められる[15]。これらは若者組が自他ともに許す意思決定機関であったことの証拠となる。

この二例では、実際に行われた制裁の方法が不明であるが、具体的に記されている史料も確認できる。それによると若者組が自らの基盤とする村内で行う制裁には、いくつかの方法があった。

文献上最も多く表れるのは金銭・酒等の要求である。これには村内の若者や娘が関わる婚礼時や養子縁組成立時の酒の贈与等すでに慣例化しているものもあった。この他に後に述べる実際的実力行使を回避する代替策として金銭等の要求を行うことも多かった。

実際的制裁にも、数種の方法がある。まず好ましくない言動をとった相手方に石仏・墓石・卒塔婆等を投げ込む、家屋に塵芥を投げ込む等嫌がらせを行うことが挙げられる。この方法は地域を越えて多くの若者組に見られる行動であり、嫌がらせの手段として若者組に限らず当時一般的であったと考えられる。該当地域でこの方法が取られた例を一つ示してみる。

〈事例三〉

一八五九年（安政六）に埼玉郡掛村（現岩槻市）百姓中が名主石次郎と倅石五郎の不法を訴え退役を願い出した事件[16]があった。このとき列記された二人の不法行為の中に「去々巳年極月十七日村方亀五郎弟甚八清兵衛方へ聟入相談取決り彼是縁合不縁ニ相成、翌夜若者大勢村方不動庵石碑・卒塔婆敷清兵衛亀□郎両人方へ持行、石次郎倅石五郎若者之内悪心之働キ有之者ヲ勧立、右倅石五郎若者一同ニて仕出し」たということが含まれている。

事件の発端は明記されていないが、引用部分から甚八が清兵衛方に聟入する件が原因と推察できる。名主の息子が若者たちを指揮し「若者一同」で行動している点が目を引く。この地の若者組の構成員等について判断する材料がないため現時点でこれ以上の分析は不可能だが、親の村内の地位が若者組の内部構成や行動に影響を与えたのかという視点での検討の必要性を示唆する一件でもある。

前出の嫌がらせ的行動だけでは納まらずに、労働を課したり体罰を加える場合もあったことは民俗学の調査に詳しい。しかし江戸期の文献上にこれらの行動が明記されることはほとんどない。

筆者が対象とする地域で、より組織的にかつ多用された方法がいわゆる「突合相省[17]」であり、文献にも多見される。

では「突合相省」とは何なのか。どのような際に行われるのか、具体例に即して見てみたい。

〈事例四〉

一七九八年（寛政十）七月、埼玉郡大野島村（現越谷市）百姓久左衛門倅利助と同浅右衛門倅長松が、同村百姓富右衛門倅八五郎次郎右衛門弟松五郎、組頭助右衛門倅弥惣治、百姓寅松により「突合相省[18]」をされる。

右訴訟人利助長松両人一同奉申上候者、相手四人之内治郎右衛門弟松五郎儀、去ル十七日外三人同道ニ而村方道心寮留守江鯰其外川魚ヲ持込、道心寮之鍋ニ而煮給居候処江、道心法善立帰リ、道心寮江魚類被持込殊ニ諸道具等被穢候而者甚迷惑之旨申聞候得者、甚ク悪口雑言申之、其上右法善ヲ打擲可致迚追出シ、長松親浅右衛門宅江追込候処、其節利助儀浅右衛門宅ニ居合候付私共両人ニ而差押引分ケ候処、相手松五郎儀私共両人ニ打擲被致候迚、右場所ニ倒居候処、恩間村傳蔵と申者立入、異見差加江帰宅為致候処、其後同夜中当村普門院江若衆寄合相触、相手四人之者共断取ニ而私共両人江申聞候者、村方字前組若者仲間相除キ候旨申渡候、然処私共両人若者仲間被除候而者以来百姓役等相勤兼候儀多分有之、殊ニ右躰不法之断取仕候もの共ニ御座候得者、以来何様難渋可申掛哉後難之程難斗、難儀至極仕候、依之無是非今般御訴訟奉申上候間、相手名前之者共銘々被召出、如何相心得不法之断取仕若者仲間相除キ候哉御吟味之上、以来右躰不法之儀不申掛様被仰付被下置度奉願上候、何卒御慈悲を以右願之通被為仰付被下置候ハヾ村方一統睦敷相成難有仕合ニ奉存候　以上

寛政十午年
七月

当御領分
大野島村

百姓久左衛門倅
訴訟人　利　助

同浅右衛門倅
同　長　松

御会所様

大意は同年七月十七日松五郎外三人が村方道心寮の留守に入り込み、同所の鍋で川魚を煮て食べていた。そこに道心法善が戻り咎めたところ、松五郎等は法善に対して悪口雑言を言ったのみならず打擲して追い出し、法善は長松の親浅右衛門宅へ逃げた。偶然同宅にいた利助は、長松とともに松五郎等を取り押さえ引き分けたが、松五郎は利助たちに打擲されたと倒れていた。そこに恩間村傳蔵が立入り、松五郎に意見して帰宅させた。

その夜同村普門院で「若衆寄合」が開かれ、松五郎たちが「断取」って利助・長松に「村方字前組若者仲間相

除キ候旨」を申し渡した。利助と長松は若者仲間を除かれては「以来百姓役相勤兼候」また「不法之断取仕候もの共」なので、今後のために訴訟を起こしたと結んでいる。

この事例では道心寮に不法に入り込んで飲食していたため道心と口論になった若者組加入員を押さえようとした若者二人が「突合相省」になっている。非は明らかに松五郎たちにあり、利助らは道徳的に正しい行動をとったと言える。しかし若者組内部の者でありながら組外者側につき、実力行使に出たことが、組内の規範に触れたと考えられたと思われる。公の論理よりも内輪の論理のほうが上位と考えられ、それが若者組の意思決定機関「若衆寄合」で一同の総意として同意されている点が注目される。

この事例は若者組加入員同士の「突合相省」の問題であり、これと同様の事例をもう一つ挙げたい。

〈事例五〉

一八五六年（安政三）七月足立郡原馬室村（現鴻巣市）で百姓岡右衛門、留右衛門が省かれた一件である。「突合相省」になった二人が出した訴状[19]の前半を引用する。

林部善太左衛門支配所武州足立郡原馬室村百姓岡右衛門・同留右衛門奉申上候、私共村方祭礼之義者毎年七月十七・十八日仕来ニ御座候処、折節御停止之御触有之候所名主健司より承候処、日延いたし候而は可然哉と重立候若者共江申聞、右等ヲ遺恨ニ相心得候哉私共　最寄若者共村方稲福寺江大勢取集り、右之内組頭喜久次倅小伝次・百姓関右衛門・源助・熊五郎・慶助右五人之者共ヨリ申聞候は、其方共祭礼ニ加リ不申候ニ付、已来若者共突合ハ勿論、百姓突合共致シ不申候ニ付右様相心得可申と断有之候得は、村方之義は定助郷御伝馬役も日々相勤、其他村内非常之節出会等も不相成、自然村方住居相兼候間、乍恐此段無拠奉願上候

（後略）

安政三辰年
七月

右村
百姓
願人　岡右衛門　印
同　留右衛門　印
名主　健　司　印

関東御取締り
御出役
百瀬　鐘蔵様

前書願之趣承り糺候処相違無御座候間、私共一同奥書　印形仕奉願上候、以上
辰七月

林部善太左衛門支配所
武州足立郡鴻巣宿問屋　山太夫　印
日下部権左衛門知行所
同州同郡深井村　三郎兵衛　印
松原邦太郎知行所
同州同郡郷地村　喜兵衛　印

（傍点筆者）

事件そのものは、幕府の意向を伝えた名主の弁に従い祭礼の日延を申し出た二人が省かれたという内容である。

ここでも若者組の論理が支配体制の論理より優位と考えられている。なおかつ日延を提案したことではなく祭礼に参加しなかったことが制裁の理由とされているが、そこでは問題がすりかえられて制裁されている点も注目される。

さらに文中傍点の「若者共突合ハ勿論、百姓突合共致シ不申候」と述べられている点も興味深い。「若者共突合」と「百姓突合」は別個のものであり、その両方から省くというのである。先に挙げたように、埼玉県域では三十・四十代の壮年期の加入員も含む、いわゆる青壮年型の若者組が比較的多く確認される。この事件から三年後の一八五八年（安政五）の宗門人別帳[20]で当事例関係者を探してみると**表1**のようになり、この原馬室村では青壮年型若者組であった事実が明らかになる。引用した史料には「若者共突合」と「百姓突合」のそれぞれの内容や構成員は書かれていないが、「百姓突合」はイエを代表して村寄合に参加し、村運営に関わる百姓同士の突合であり、「若者共突合」に比べてより公的なものと思われる。青壮年型若者組では両方にまたがった構成員がいるため、この事例のように双方から省かれることがありうるが、これは「突合相省」の拡大と言えよう。当事例では双方の「突合相省」が実際に行われたか不明だが、当事者に不安が生じたということ自体に意義があると考えられる。

ここに登場した谷津組の若者組について、引用史料の後半に「是迄谷津組と唱ひ最寄之儀は凡四拾軒余有之候所人気不宣候ニ付、若者とも相立少シ之儀ニも寄合酒食等いたし農業之隙ヲ費し、聊之事ニも百姓仲間相省候抔と申掛ヶ候儀御座候」と批判的に記されている。訴えた側の文であるためやや誇張されているかもしれないが「百姓仲間相省」を有効な手段として若者組が多用した雰囲気が伝わってくる。

さらに別の事例を見てみたい。

表1　原馬室村谷津組若者組関係者一覧

		身分	名前	年齢	親および当人の持ち高	妻帯	その他
訴訟人		百姓	岡右衛門	31	3斗5舛3合	○	
		百姓	留右衛門	32	6斗8舛3合7勺	○	
若者共	頭立	組頭倅	小伝次	24	2石4斗2舛5合4勺	×	
		百姓	関右衛門	39	4斗　9合4勺	○	
		倅	源助	31	1石5斗8舛6合	○	
		倅	慶助	28	3石4斗2舛9合9勺	○	
		聟	熊五郎	31	4斗6舛2合2勺	○	
		倅	文太郎	29	6石1斗7舛3合2勺 1石5斗　2合（出作）	○	
		倅	秀五郎	27	2石　8舛9合7勺	○	
		百姓	末　吉	23	3斗4舛5合	○	
		倅	惣右衛門	26	3石4斗8舛2合2勺	○	
		倅	錦五郎	25	1石1斗9舛5合	○	
		倅	清次郎	37	1石5斗1舛8合4勺	○	
		百姓	徳左衛門	36	2石5斗1舛8合5勺	○	
		百姓	清左衛門	41	1石　9舛7合2勺	○	
		百姓	市兵衛	40	1斗9舛7合2勺	○	
		百姓	杢右衛門	35	1石8斗3舛7合1勺	○	
		倅	弁太郎	28	1石7斗2舛3合	○	
		百姓	所　平	31	7斗3舛8合	○	
		聟	惣　吉	36	1石3斗6舛6合	○	
		倅	民五郎	25	1石1斗5舛5合	×	
		聟	磯五郎	26	2石7斗4舛9合1勺 2斗1舛4合（出作）	○	
関係者		百姓	新　六	74	5斗2舛8合2勺	○	聟50、倅28
		組頭	作右衛門	50	2石2斗8舛5合	○	倅10
			源　八	51	1石5斗2舛6合	○	倅12

（安政五年「午宗門人別帳控」より作成）

〈事例六〉

一八六五年（慶応元）十一月埼玉郡上栢間村（現南埼玉郡菖蒲町）で百姓源二郎が「突合相省」になった一件(21)である。

右其村方百姓源二郎と及喧嘩候始末御尋ニ付、源二郎奉申候ハヾ、私共村方梅松院留守居覚浄と申坊主罷在候処、同人不身持故若もの共と故障有之、然候処右覚浄立去同人御召捕ニ相成私方幸手宿より引合御用状ニ而罷出事済候得共、私壱人之引合とも相心得不申故、若もの共へ雑費助合相頼候処、源二郎一人之引合故助合等は出来兼候趣、幸太郎外弐人被相断候故万言無之者頼不申と申之、且又当夏中右幸太郎江金壱両四朱一季貸遣し候間返済可致旨及催促候へ共、何分相返し不申、其上突合等迄被相省、然候処村内之祝儀有て酒相貰之内ニ而百姓瀧蔵方へ夫々立寄之内ニ、右幸太郎罷居候間、私罷越右幸太郎呼出し尚又金子返済可致様申聞候より心外相罵口論及喧嘩候次第、今般其逸々御尋ニ預り一言申上様無之奉恐入候

一　前書富五郎外弐人右富五郎源二郎兄故、同様突合被相省難渋致し居候間、前書瀧蔵方へ罷居候若もの共承度相越候より、右喧嘩之一件へ立寄不申外弐人も同様ニ御座候、逸々御尋ニ預り是又奉恐入候、右奉申上候通り相違無御座候、以上

慶応元丑年十一月九日

右村

百姓　源次郎（ママ）

親類　国右衛門

組頭　市郎右衛門

百姓　富五郎

同人倅　磯太郎
親類　弥右衛門
組頭　新右衛門
百姓　福　松
組頭　今次郎
組頭　勘之亟
組頭　銀之亟

御地所様
御出役
原　一太郎様

事件は村内梅松院留守居覚浄をめぐって起こる。覚浄は不身持で若者組といろいろの事情があったが、あるとき村を立ち去り、その後召し捕られた。その際、幸手宿から同村百姓源二郎に呼出しがかかった。源二郎は自分一人の引合いとは考えられないと思い「若もの共」へ「雑費助合」を頼んだところ、幸太郎外二人が「源二郎一人之引合故助合等は出来兼」ると断った。そこで源二郎は、以前幸太郎に一季貸をしていた一両四朱の返済を催促するが、幸太郎は返そうとはせず、逆に源二郎は「突合等迄被相省」てしまった。そのうち村内で祝儀があり、源二郎が酒を飲んで百姓瀧蔵方へ立ち寄ったところ、幸太郎がいたのでまた貸金の返済を迫った。すると罵り合いになり、あげく喧嘩になってしまう。

一方源二郎の兄富五郎も同様に突合を省かれ難渋していた。たまたま瀧蔵宅に若者どもが集まっているのを知り、話をしようと出向いたところ喧嘩に巻き込まれてしまった。

なお、別史料[22]から幸太郎は当時二十五歳、源二郎三十七歳、富五郎四十六歳、源二郎とともに喧嘩した二人は十五歳と十八歳であったことが判明する。

犯罪者覚浄との関わり合いは若者組全体であったとし、若者組の費用で賄うべきとする源二郎と、呼び出された源二郎がすべて負うべきであるとする幸太郎との間に対立が生じる。腹いせのように借金の返済を迫る源二郎を、幸太郎は「突合相省」にし、源二郎の兄までもが同様となる。若者組の費用の運用の問題とともに若者どうしの反目も関わっているのではないかと思われる。源二郎は金銭的にも聡く、同輩に一季貸ができるくらいの経済力も備えていた。若者組の中では年齢も高く、現に喧嘩では年少の仲間も率いている。文面上には表れてこない集団内部の力関係が基調にあり、それが覚浄の一件を契機に表面化したのかもしれない。

一般に若者組内部は等質的であると言われるが、それは反面、集団の内部の同一思考・行動の強制をも生む。源二郎が若者組の全体責任と考えたのも、一方そう考えた彼を「突合相省」にしたのも、同じ思考によって立つと言えよう。

構成員間の意思の相違が「突合相省」を生んでいるのは先の二例と同様であるが、ここではそれが当事者の兄にまでも及んでいる。いわば「突合相省」の拡大が行われている。このような事例をもう少し見てみたい。

〈事例七〉

比企郡和名村（現比企郡吉見町）の元右衛門が「同村御若衆中[23]」宛に出した文書に事件のあらましが記されている。

一　当十五日遊日ニ有之若衆中遊先ニて組合源六宅へ鳥渡立寄遊候処、同所酒屋作兵衛殿店江参り酒たべ可申由申合候処、喜太郎殿儀是ニてちゃヲ呑参可申候由申ニ付、先酒屋へ同道致可申由ニて一同罷出候へハ源六儀何連之訳ヶ哉と申ニ付其段申聞被成候へハ、其分ニて相分り何連ニ而もよろしく御座候と申候処江、同人妻たき儀申候ハ我等方ニてちゃを呑遊可申者を同道致べく由ニて彦助殿江言語ニ難延悪言申候へハ、一同差留候得共、又ゝ若衆中江同様悪言申候へハ、右源六儀差留不申候ニ付、一同難相立源六方へ懸合申候得共、源六儀何連共勝手次第何方江成共持参り可申抔と法外を申然ハト寝伏候へ者、若衆中無致方同夜五つ時私方へ申届ケ来り候趣ハ、前段ニ付若衆中一同難相立儀ニて御公用向キ之外内々着合同人方へ難相成、尤私儀たきせわ人ニ候へハ為念迚届ケ有之候、然る処同夜御役所前幷ニ惣組合へ茂同様御届ケ被成候ニ付、同村御役所前私ヲ被呼寄内分ニて取計へ相済シ候様被申聞候ニ付同夜八つ時迄源六方へ理会異見加へ候得共取用ひ無之候得者、私迄も同様致方なくせわ人之縁ヲ相はなれ同人方へ其段申断、長瀬村迄相渡り同村せわ人方へ其段申届ケ立帰り、組合若衆中迄も為念相届候得者若衆中同様内着合致間じく由口上ニて申合致候処、同廿五日村方源太良殿ニふかう有之、村方組合若衆中迄も一同立合居候場所ニて右酒狂給しニ而源六ヲ連出シ、作兵衛殿店ニて酒買前之通り心安く着合遊居候処江若衆中一同見届被成候て、私儀心得違イ之様被相断候へ者、私義組合御三人御たのみ申御せわヲ以右衆中一同御承知被下忝存候、右一件相済候まてハ若衆中一同ニ可仕候、以上

文化四卯歳
五月晦日

和名村
元右衛門　印
セハ人
弥平次　印
同
儀右衛門　印
同
清右衛門　印

当村
御若衆中江

事件は同年五月十五日の遊日が発端となる。同日「若衆中」が源六宅にも立ち寄った。のちほど同村酒屋作兵衛の店で酒を飲むことになっていたが、喜太郎はここで茶を飲もうという。これに対し他の若者たちはまず酒屋に行こうという。源六は訳を聞き、いったん納得したが、彼の妻たきは自分の所で茶を飲もうとする人までも連れていってしまうと若衆中の一人彦助に言い絡み、悪口まで言う。一同が差し止めると今度は若衆中にも同様の悪口を言った。そこで源六に妻を止めるように話したが、彼は止めようとせず、逆に不貞腐されてしまう。この言動を許しがたく思った若衆中は源六を突合相省にすることとし、この旨を妻たきの世話人元右衛門さらに「御役所」「惣組合」に告げる。元右衛門は内済にするように命じられ、源六の説得に当たるが失敗に終わる。そして若衆中と「ぢく談」が成るまでは元右衛門も若衆中同様源六を突合相省にすることを申し合わせる。やや経って村内で葬式があった時、元右衛門は源六と酒屋で酒を飲んだ。それを見咎めた若衆中は元右衛門をも制裁しようとする。元右衛門は組合三人を頼んでようやく若衆中に承知してもらい、再度源六の一件が済むまでは若衆中と同様にすると確認している。

この一件の背景を少し補足すると、源六は以前から村内では問題のある人物と目されていた。一八〇七年(文化四)九月の「源六一件御下ケ願書」[24]によると、彼は「御年貢懸りハ可差出候得共其外村懸り出銭ハ難差出」と言い、村では対応に苦慮していた。その中で先の事件は起こる。

同年同月に記された別の文書[25]によれば、誰が「突合相省」をした主体なのかをめぐり事件が複雑化したことがわかる。

当五月十五日源六妻たき儀若者共を相手取言語ニ難申延悪口申候ニ付其段内分ニ而不相済、御役所組合衆中江茂若者共相届ケ、右源六方へハ表御公用向之外之内分之着合不仕候、然ル処此度右源六義申立候ハ御役所并惣組合衆中御相談ニ而、若者共以使ヲ平日着合難相成旨御届ケ有之由申立候得者、既ニ私共御呼寄御尋被成候得共、私共儀ハ若者共持分届ケ之外貴殿御名前并ニ惣組合之御口上ヲ偽り源六方へ届ケ候義者勝手無御座候、前書源六方ニ而偽り申立候義に御座候、前書之通り少茂相違無御座候、為後日右一札依而如件

たき
せわ人
元右衛門　印

和名村
組下若者共

文化四卯歳九月十日

万之介
彦　助
喜太郎　印
林　蔵
滝　蔵
平　蔵
直　蔵
富　蔵
幸　吉
要　吉

小頭
甚右衛門殿

源六は「御役所并惣組合衆中」で相談し、「平日着合」をしないと決定し若者組が使いとなって知らせに来た

と申し立てている。これに対して若者組は、自分たちは「若者共持分」の「寄合相省」のみを申し伝えたのであり惣組合や小頭甚右衛門の名を使ったわけではない、源六が偽りを言っていると弁明している。

ここで関係者の名前が明らかになったので、同年の宗門人別帳[26]から年齢等を探すと**表2**のようになる。妻帯者が含まれ百姓本人も含まれることから、同村の若者組は青壮年型であると判明する。

表2　源六一件関係者一覧

	名前	年齢
当事者	源六	53
	たき	26
世話人	元右衛門	59
	弥平次	74
	儀右衛門	73
	清右衛門	43
小頭	甚右衛門	42

	名前	年齢	妻帯	備考
若者共	万之介	27	○	庄治郎長男
	彦　助	24	○	甚右衛門弟
	喜太郎	29	○	百姓本人
	林　蔵	20	×	儀右衛門長男
	滝　蔵	23	×	与市弟
	平　蔵	23	×	庄治郎倅・万之介弟
	直　蔵	19	×	弥平次孫
	富　蔵	21	×	茂八次男
	幸　吉	17	×	源太郎長男
	要　吉	27	○	小四郎長男

(文化四年「宗門人別帳控」より作成)

この事例に関しては次の二点に注目したい。まず源六が制裁を受けているが、年齢から見て彼は若者組に加入していた可能性は低いと考えられる。この事件の直接の原因は彼の妻の若者組に対する暴言である。制裁の理由は若者組の面子が傷つけられたと感じられたことと思えるが、出銭をめぐっての源六と村との確執が基調にあるとも考えられる。

さらに推測の域を出ないものの、源六と妻の年齢差も理由の一つと考えうる。源六とたきには二十六歳の年齢差があり、たきは若者組加入員と同じ年齢層である。また源六には十六歳の倅があり、年齢からたきは後妻と考えられる。たきの出自は明らかではないが、源六とたきの婚姻に際して若者組との諍いがあったとも想像できる。また夫が妻を押さえられないというイエ内の力関係も若者組に問題視された可能性もある。

二点目は事件に直接関係のない世話人元右衛門も源六と突合わないよう申し渡され、しかも居酒屋で源六と同席しているのを見つけられて彼自身も糾弾されたと推測されることである。

以上の二点から見て、この事例では「突合相省」の発端とその適用範囲の両面で「突合相省」の拡大が行われている。なかでも世話人元右衛門が「突合相省」になっていることが注目される。直接の当事者でなくても若者組との取決めに背けば「突合相省」をなしうるのである。これが青壮年型若者組に特有の権限がどうか他地域での事例紹介を待ちたい。

再び当事例の文面に戻ると「御公用向キ之外内ノ着合」という言葉が登場するが、公用を除外した他の突合を一括している点に興味が引かれる。後に挙げた史料ではこれを「内分之着合」と表現している。また「ぢく談に及候迄」と「突合相省」に期限がつくられている点も目を引く。あくまでも話合いによる解決が原則であり「突合相省」はその過渡的状況とも読み取れる。

しかし結論を急がずにさらに事例に当たってみたい。直接当事者以外にも「突合相省」の拡大がなされている例をもう一つ挙げてみる。

〈事例八〉

一八六一年（文久元）埼玉郡笹久保新田村（現岩槻市）で、同村百姓常八他十人が同村組頭佐太郎・同庄兵衛・百姓十蔵他三人を訴える事件が起こった。そのときの訴状[27]に若者組による「突合相省」も記されている。史料の該当部分を引用する。

一　常吉義は常八ニ男ニて太郎右衛門方江養子ニ差遣置候所、同年同日中（筆者註・万延元年十一月）常吉発病いたし実家常八方江療養ニ罷越居候処、右ヲ宇助・栄蔵承伝若年之もの集会申触、常吉居候義ニは無之、病中療養之ため罷越候義ニて養家江対子細無之、全快之上は早速差戻可申旨申聞、併取巧集会致義ハ乍申、入用も掛居可申と存、常八・太郎右衛門より金壱分ツヽ酒代として差出、右体不心付之もの共と為立受候ては安心不仕間、銘々倅共江厳敷申付置候ヲ何ら承候哉右ヲ遺恨ニ含、十蔵重立諸職人ニ至迄私共方江ハ出這入致間敷筈申合候趣風聞有之候得共強て可相咎義ニも無之間其侭打過、当二月中太郎右衛門病死葬式之砌、組合之もの相頼候得共不立会、組合之内丑松義は十蔵其他立入方被差留候義ニ付立会候ては何様之仇ヲ受可申も難計間難立会旨申之、葬式之義は組合之もの立会執行候は郷例ニ有之処、右次第ニ付無余儀親類共打寄執行置候段、与頭佐太郎・庄兵衛方江申出候得共捨置、此上葬式等有之節差支難渋仕候間、仕来通組合立会候様被仰付度事

訴訟を起こした常八の次男常吉は、同村太郎右衛門方へ養子に入っていたが前年発病し実家に療養に戻ってきた。このことを見咎めた宇吉・栄蔵が「若者とも之集会」の開催を触れた。これに対して親たちは、常吉は療養のために戻ったままでであり養家と確執があったわけではなく全快したら早速戻ると伝え、集会等の費用として常八・太郎右衛門が金一分ずつを出した。その上で「銘々倅共江厳敷申付置」いたのを若者たちは遺恨に思い、十蔵が「重立諸職人に至迄、私共（筆者註・常八と太郎右衛門）江ハ出入致間敷候筈」を申し合わせたという風聞があった。

その後太郎右衛門が病死し、その葬式には若者組の報復を恐れて組合の者が立ち会わなかった。そこで組頭佐太郎たちに申し出たが彼らは問題にせず、結果的に若者組の処置を支持した。

当事例では養子関係が発端となる。若者組に挨拶をせずに療養のために実家に戻った常吉に対し、自村内の若者の動静の管理を自らの権利と考える若者組が制裁を加えそうになったのを親が察知し、金銭で収めようとする。しかし親がそれぞれの息子たちを注意したことにより、親たちが「突合相省」をされてしまう。原因は若者組への干渉と考えられた行為にあると思われるが、当然若者組に加入していない親世代を省く点、しかも諸職人に至

るまで出入を差し止める力をもっている点に興味が引かれる。この場合村内に居住する職人か他所から来る者か判断できないが「突合相省」になったことを該当集団外に知らせる慣例的方法があったのであろう。

また「突合相省」を通知した十蔵は、訴状に「百姓」と記されており、この村では青壮年型若者組であったと考えられる。組頭佐太郎たちが若者組の行動を黙認した理由は定かではないが、青壮年型若者組では彼らもまた加入員であった可能性がある。史料不足によりこれ以上の考察は不可能なものの、組頭が「郷例」より若者組の「突合相省」を重んじた点は注目に値する。

すでに〈事例六〉・〈事例七〉と当事者の肉親が事件に関わる例を見たが、本事例でも親が関わる。しかし〈事例六〉の巻添え的に省かれた兄と異なり、若者組の意に染まぬ行為をしたという点で〈事例七〉の妻と同様と考えられる。また一般的に、いわゆる「村八分」では火事と葬式以外の全付合いを省くとされているが、ここでは葬式でも「突合相省」がなされている。一例ではあるが、集団から外すという制裁の内容の再検討を促すものである。

むすびにかえて

きわめて少数であるが「突合相省」を中心に若者組による制裁を見てみた。もとより結論を出すには十分な数ではない。また訴訟関連の文書として書き残される事例は現実には例外的なものといえよう。実際には紛争を避けようとする心情から、多くの場合は若者組の出した条件をのんで解決され、後世に何ら記録を残さずに終わったものと考えられる。

筆者が対象とした現埼玉県域は、資料的制約で一つの村の若者組を長期間に亘って考察することが不可能である。若者組の基盤となる村との関わりに関する考察は不十分だが、これまでに挙げた事例でも若者組の制裁の特徴の一部は判読できるものと思う。すでに個々に指摘したが、最後に今後の課題も見通してまとめたい。

制裁の原因になるものは若者組の機能行使を妨害した言動である。しかしこれは実際上というより、彼等の言葉に従うと「若者共一同顔難立[28]」と感じられたとき、あるいは組内の者の言動が「若者とも面汚[29]」と感じられた場合といえる。このときには公の論理・価値観ではなく集団内部の論理・価値観が優先される。

制裁は若者組の総意として行われる。方法は多数あったが、有効な方法あるいは紛争解決までの過渡的状況として「突合相省」がこの地域では多用された。

本論で挙げた事例のほとんどは青壮年型若者組によって行われたものであるが、同型若者組による「突合相省」は、当事者のみでなく家族も「突合相省」の原因・適用範囲共になりえた。従来若者組内での対等性や個人主義が指摘されてきたが、制裁を見る限りでは個人より「イエ」の方が強く認識されていると言えよう。

加えて若者組の「突合相省」は百姓突合の「突合相省」にもなると明記されることがある。これは青壮年型若者組の場合、若者組と百姓仲間の両方に属する者がいるからであるが、一つの集団における制裁が別の集団に波及する場合があることが確認される。

実際にこれらの制裁をどのように行ったか不明の点はまだ多い。ある人が「突合相省」になったときの通知法や所謂「村八分」の内容の見直しも必要である。

冒頭で述べた如く、若者組の研究には課題が多く残されており、より多くの地域での詳細な調査・検討が急務である。筆者も課題解決の一助となるよう今後も努力したい。

最後になるが、森田武教授には、埼玉県立高等学校教諭内地留学制度における研究生としてご指導を頂いた。以来変わらず頂いている暖かい激励とご指導に、深く感謝の意を表する。

註

（1）若者組に関する優れた業績として、長野県域の若者組と休日との関係を扱った古川貞雄『村の遊び日—休日と若者組の社会史』（平凡社選書、一九八六年）がある。群馬県域を研究対象としている高橋敏は『近世村落生活文化史序説—上野国原之郷村の研究—』（未來社、一九九〇年）等で若者組を取り上げている。同じ群馬県で盛行していた村芝居との関連で若者組にも言及しているのが、守屋毅である。また落合延孝も同県をフィールドとして「村秩序からの逸脱と統制—上野六合碓井郡東上磯部村の博奕の村議定と事件を通して—」（『群馬文化』二三一、一九九〇年）等で若者組に触れている。多仁照廣の「地芝居と若者仲間—文政取締改革と「かくれ芝居」—」（『地方史研究』一三一、一九七四年）も若者組研究の参考になる。

一方、民俗学の方面でも瀬川清子『若者と娘をめぐる民俗』（未來社、一九七二年）、天野武『若者の民俗—若者と娘をめぐる習俗』（ぺりかん社、一九八〇年）、福田アジオ『時間の民俗学・空間の民俗学』（木耳社、一九八九年）等がある。

（2）周知の如く、近世のいわゆる「若者組」は各地方でさまざまな名称がある。筆者が対象とした現埼玉県域では「若者共」「若衆中」等の名称が多く見られるが、本論では一般的用語と考えられる「若者組」を使用することとする。

（3）平山和彦氏『合本青年集団史研究序説』（新泉社、一九八八年）

（4）同右　一三五頁

（5）埼玉県連合青年団史編集委員会編著『埼玉県連合青年団史』（一九八六年）。各市町村史の民俗資料編等には相当数事例紹介されており、広範囲に若者組が存在したことは確認できる。

（6）前掲註（1）福田アジオ『時間の民俗学・空間の民俗学』一九三頁

（7）同右　二四三頁

（8）藤井文夫家文書一三九（『鴻巣市史　資料編三　近世』収録）

（9）岩崎家文書二八七〇（『宮代町史資料第五集』収録）

（10）藤井文夫家文書一四二七（『鴻巣市史　資料編三　近世』収録）

（11）藤井家文書八（埼玉県立文書館蔵）

（12）松岡利藤次家文書三八六（『新埼玉県史資料編　近世五　村落・都市』収録）

(13) 寛政五年七月「入置申一札事」（鬼久保家文書二四九二、埼玉県立文書館蔵）

(14) 文久三年七月「善助一件書取」（吉田真士家文書四五、『北本市史第四巻　近世資料編』収録）

(15) 他村の若者組に宛てたものの一例として一八〇四年（享和四）一月「一札之事」（内田邦男家文書、『上里村史　資料編』収録）がある。これは嘉美郡七本木村小新田（現児玉郡上里町）の若者たちが寺社参詣の帰路、酔いにまかせて西今井村〈現同町〉の道筋の雑木や桑に狼藉をはたらいたのを同村若者組に見咎められた事件の詫証文で、宛先には西今井村「御役人中様」と「御若衆中様」が同じ書き出しの高さで並記してある。

(16) 安政六年八月「乍恐以書付御訴訟願上候」（光山まさ家文書、『岩槻市史　近世資料編VI　地方資下』収録）

(17) たとえば入間郡津久根村（現越生町）の一七六〇年（宝暦十）の「相定申連判証文之事」（吉山照二家文書、『越生の歴史　近世史料（古文書古記録）』収録）は、現埼玉県域では早い時期の若者組内部規定であるが、その中に「一、仲ヶ間はづれ候者方は附合をはづし可申候、尤附合計延引致シ口論仕間敷候」の一文がある。これ以外の制裁方法は明記されておらず、「突合相省」が承認された制裁方法であることがわかる。

(18) 寛政十年七月「乍恐以書付御訴訟申候」（田中恭家文書一七二、埼玉県立文書館蔵）

(19) 前掲註（11）藤井家文書一四二七

(20) 同右　八

(21) 慶応元年九月「始末御尋口済口」（大熊家文書一七一七、埼玉県立文書館蔵）

(22) 慶応元年十一月「差上申御見分一札之事」「差上申口書之事」（註（21）同文書）

(23) 文化四年五月「覚」（鈴木家文書一一〇三、埼玉県立文書館蔵）

(24) 文化四年九月「源六一件御下ヶ願書」（鈴木家文書二二〇、『鈴木家文書　第三巻』収録）

(25) 文化四年九月「一札之事」（鈴木家文書五四一、註（24）同書収録）

(26) 文化四年六月「宗門人別帳扣」（鈴木家文書一八四、註（24）同書収録）

(27) 文久元年六月「乍恐以書付御訴訟申候」（新井信一家文書、註（16）同書収録）

(28) 前掲註（23）文化四年五月「覚」

(29) 前掲註（12）松岡利藤次家文書三八六

関東における旗本知行支配の特質——知行所取締代官の「士分化」を中心に

岡田大助

はじめに

徳川氏の直臣として幕府の軍事力の中核を担い、また行政官僚として勤仕した旗本は、一方で将軍から知行を拝領し百姓を支配する個別領主でもあった。

これまでの研究で、大名に比べ小規模で分散相給の知行形態故にその領主権が「形骸化」し、幕府による一元的支配に吸収されたとする見方[1]に対し、旗本は年貢徴収権のほかに裁判権や行政権（知行所内の普請等）、立法権（地頭法）などの旗本知行権を制限付きながら有し、独自の領主的対応を行っていたことが明らかにされてきた[2]。ただ寛永期には陣屋は知行地から撤退し、旗本やその家臣は江戸への集住が義務づけられた[3]。在地性は完全に払拭され、江戸の旗本屋敷と知行地の村請という兵農分離体制のもとで旗本知行支配が行われた。

ところで平和な社会秩序の安定と恒常化により領主は軍団的性質を喪失し、かわりに統治者として行政や裁判を行うことに重点が置かれたが、特に近世後期以降、行政の複雑化や知行所の動揺（商品経済の浸透や飢饉・不作による農村の疲弊、出入りの頻発など）に対し、在地性の欠如と分散相給の知行形態をとる旗本はどのように対処したのだろうか。

その支配の実態を探る上で、朝尾直弘氏の指摘[4]は重要である。氏は、近世後期の社会の特質を「身分移動の恒常化」としている。つまりこの時期、在地（町）の実情に詳しい上層の百姓や町人を士分に取り立てて、実務にあたらせるなど身分移動するケースが増加し、このことを通じて兵農分離によってかたちづくられた武士と一般民衆との間の格差のなかに、中間的な身分階層が徐々に形成され、成長してきたとしている。また、この「身分移動」を進めた要因として氏は、「身分の内実をなした職能のほうから身分の資質を決定する視点」つまり能力のある者を利用していこうとする人材登用の発想が起こってきたことを指摘している。このような社会変動のなかで、旗本知行所での「身分的中間層」はどのような存在で、いかなる役割を果たしたのか。旗本知行支配の特質を論じていくにあたり、領主から「知行所取締代官」「知行所取締役」「郷代官」など特別な役職に任命され、苗字帯刀などの特権を付与された有力百姓の検討が必要であると考える。

これまでにもそのような有力百姓を検討した研究[5]はあり、家政改革や収奪強化への関与、および反対給付としての特権が付与された事例等を分析し、特定の有力百姓の財力と共同体への影響力を旗本が利用し、支配の末端に位置づけたという評価がなされている。しかし、知行所取締代官などを勤めた有力百姓自体がどのような存在であるのかについての踏み込んだ検討はなされておらず、旗本知行支配上の位置づけが不明確である。

そこで本論では、武蔵国の知行所を対象に、近世後期の知行所取締代官の役割や彼らに与えられた特権（士分の格式）を中心に検討し、旗本と有力百姓との関係や知行支配上の政治的、身分的位置を明らかにしていく。また近年、畿内・近国における旗本知行所の「在地代官」の研究[6]が進展している。その成果と比較することで、旗本知行支配の関東的特質にも触れていきたい。

1 知行所有力百姓の登用

(1) 知行所有力百姓の一般的性格

次頁の**表**は、武蔵国を対象に、旗本知行所の有力百姓が与えられた役割と特権、任命時期および彼らの出自等をまとめたものである。旗本知行所によって役職名は「知行所取締代官」「知行所取締役」「郷代官」とさまざまで、役割の内容も異なるが、本論では「知行所取締代官」と統一しておきたい。特権については、苗字帯刀や上下といったさまざまな士分の格式があるが、ここでは家来としての格式(以下「家来格」とする)について載せておいた。「用人格」「給人格」「中小姓格」など与えられる格式は知行所により異なるが、多くの旗本が有力百姓に家来格を与えていることがわかる。

任命時期であるが、近世後期特に文政期あたりから特別な役割や特権を与える知行所が増加している。特にこの時期は、知行所の動揺や「身分移動」の恒常化が見られる時期であるが、知行支配を展開していくなかでの領主的対応として、有力百姓の登用が行われたと考えられる。

では、彼らの出自はどうか。中世土豪の系譜を引く近世初期から名主も見られるが、近世中期以降経済的に実力を付け、名主となった者も多く見られる。しかし共通しているのは、いったん名主となると以後幕末まで世襲しているということである。ここで旗本知行所における名主就任のあり方やその役割について触れておきたい。

旗本知行所では、領主が名主を任命するケースが多い。武蔵国足立郡芝村・小谷場村・辻村に千石を知行した旗本安西氏の事例を見てみよう。一七三七年(元文二)、芝村(幕府領と旗本領の相給地)の名主弥市が不正により退役を申し渡された。跡役に関して安西氏から村で後任を見立てた上で願書を出すようにとの指示があったが、

役職名および家来格	就任時期	備　　考
・植田谷領三ヶ村取締割元名主 ・御知行所取締役 ・御給人格	慶長 未詳 未詳	中世土豪の系譜を引く家柄。近世初期から幕末まで名主役を世襲。
・郷代官 ・給人 ・郷代官給人席	安永 天明 天保	寛文元年「庄屋免」、享保6年苗字帯刀、延享年間までには「名主役首尾相勤」た宇野家を郷代官に任命。維新後は、村政、学校教育の整備に奔走。花園村の産業発展にも尽力。北根村村長、学務委員、花園村村会議員、養蚕組合長など。
・京坂御在勤中御小姓役、勝手向元〆 ・中小姓格	天保 慶応	宝暦8年組頭、その後名主役。維新後は戸長、村会議長に就任した。
・取立出役 ・知行所十七ヶ村取締役	天保 安政	
・五ヶ村取締役 ・給人格	元治 慶応	
・御知行所惣取締役	弘化	17世紀中〜後期より名主役、代々世襲。維新後は戸長役を勤めた。
・中小姓席、割元地代官 ・用人格	未詳 未詳	元文2年、名主役就任。以後、幕末まで世襲。
・知行所七ヶ村取締代官 ・中小姓格惣取締役 ・給人格	文化 弘化 弘化	享保15年・延享元年「名主」。以後代々名主役。
・武上両国代官役 ・用人格	文政 嘉永	維新後は、大室村村長、騎西銀行取締役など地域の発展に寄与。
・徒　士：小林磯五郎 ・徒　士：久保田元次郎 ・徒　士：島田藤右衛門 ・足　軽：飯島三郎兵衛 ・足　軽：大塚半次郎 ・足　軽：笠原八郎次 ・足　軽：大塚栄助 ・足　軽：小林善蔵 ・足　軽：鈴木太郎吉 ・足　軽：小林政五郎 ・足　軽：久保田伴次郎 ・足　軽：坂田益蔵 （ここに名を連ねている者はすべて在役を担っている）	安政	

出自および維新後の動向を可能な限り載せた。

知行所取締代官一覧

旗本（総石高）	知行地	名主等（出身村）
伊奈氏（1640石）	武蔵国足立郡植田谷領植田谷本村・飯田村・三条町村、赤山領善兵衛新田・花栗村・北谷村	小島家（足立郡植田谷本村名主）
日根野氏（1200石）	武州榛沢郡柏合村・長在家村・北根村、常陸国信太郡内200石、上野国山田郡内500石（内300石弟甚五郎に分知）	宇野家（榛沢郡北根村名主） ＊3給（旗本2、幕府領）
春日氏（850石）	武蔵国足立郡小針内宿村・戸崎村・上野本郷村・弁財村・柏座村・別所村	平川家（足立郡小針内宿村名主）
稲生氏（1500石）	武蔵国高麗郡（後入間郡）多和目村等3カ村、足立郡2カ村、下総・常陸・上野・下野国に12カ村。	関田家（入間郡多和目村名主）
鈴木氏（1010石）	武蔵国比企郡・高麗郡・大里郡5カ村	久保田家（田木村名主）
細井氏（1800石）	武蔵国幡羅郡江袋村・上根村・上須戸村、上州新田郡中鳥山村、邑楽郡海老瀬村	長嶋家（幡羅郡上江袋村名主） ＊旗本1給
安西氏（1000石）	武蔵国足立郡芝村・辻村・小谷場村	須賀家（足立郡芝村名主） ＊2給（旗本、幕府領）
森川氏（600石）	武蔵国葛飾郡・埼玉郡・下野国芳賀郡・河内郡・都賀郡7カ村	藤城家（葛飾郡大島村名主） ＊旗本2給
曽雌氏（500石）	武蔵国埼玉郡、上総国邑楽郡	大熊家（大室村名主） ＊旗本4給
折井氏（1200石）	武蔵国、常陸国	・給人並：小久保兵左衛門 （千代田村名主） ・中小姓：内田七左衛門 ・中小姓：鈴木半太夫 ・中小姓：坂田宰輔 （春野原村名主） ・中小姓：瀬尾善兵衛 ・中小姓：小久保良輔 ・同　並：四方田熊太郎 ・同　並：鞠子千代蔵 ・同　並：内田源六 ・同　並：坂田鎌吉 ・徒　士：小林甚左衛門 ・徒　士：鈴木伝十郎

＊主に埼玉県内の市町村史・文書目録（埼玉県立文書館蔵）から作成した。備考には知行所取締代官の

村からは寄り合いの結果見立てができなかったので安西氏に指名してほしいとの願書が出された。そこで安西氏は百姓源五郎を召し出し、忠左衛門と改名させ名主に任命した。須賀家は代々忠左衛門を襲名し[7]、明治維新まで芝村の名主役を務めたのである。就任にあたっては、領主からの申渡書により、任命という形がとられた。知行所の他二カ村が任命の形をとっていたかは不明であるが、少なくとも芝村では名主の任命権は旗本安西氏にあった。名主給は村入用からの支出ではなく、領主から「御給米」として与えられた。また、同村の年寄（組頭にあたる）も旗本が任命する形がとられ「勤金」が支給されていた。

一方、武蔵国足立郡植田谷本村において領主伊奈氏から「御知行所取締役」を命じられ「御給人格」を与えられた小島家は、中世土豪の系譜を引く名主として、近世初期から幕末までその役にあった。就任にあたっては領主からの任命という形をとっていた。しかし他知行所の村役人は年番制をとっていた。

これらのことから、旗本は知行所の中で特定の名主を任命し、領主の意図を反映しやすい体制をつくっていたといえよう。

次に旗本に任命された名主の役割についてみていく。旗本安西氏知行所では、須賀忠左衛門の名主就任にあたり、領主から勤め方に関する申渡状[8]が出された。それによると、年貢納入業務が条項の約半数を占め、日程、方法、注意事項など具体的な指示が出されており、年貢納入が須賀家の中心業務であったことがわかる。さらに領主からは三カ村の年貢皆済の確認として「皆済請取状[9]」が出されたが、この文書の宛名が「須賀忠左衛門殿」となっており、須賀家が知行所全体の年貢納入の責任を負っていたことがわかる。また申渡状に「宗門手形例年八月中旬可指出候、御朱印地寺社共宗門手形銘々取之御屋舗え間納可申候、辻村弁小谷場村宗門手形御屋敷え相納可申候」と、他知行所の宗門手形も須賀家が一括で提出していたことがわかる。安西氏は須賀家に芝村名主としての役割だけでなく知行所全体に関わる役割も担わせていたのである。

須賀家はその後安西氏から「割元地代官」に任命されている。その職務内容は不明であるが、安西氏から何らかの権限を与えられ、知行所全体の統括にあたったものと思われる。

旗本は、在地性の欠如と分散・入組の知行形態という条件のなかで支配を円滑に進めるため、特定の名主を軸に知行支配を行っていた。このことがベースにあり、近世後期の知行所の動揺や行政需要の高まりに対する領主的対応として、特定の有力百姓にさまざまな役割を付加していったのである。

(2) 知行支配の展開と知行所取締代官

関東では特に宝暦・天明期を境として、水害や浅間山の噴火、旱魃、冷害などの自然災害や大消費地江戸の発展による貨幣経済の浸透などの要素が複雑に絡み合い、小農村落の構造が変質していった。豪農層が成立する一方で小農の経営が破綻していき、手余地の増加や農村人口減少、小農の遊民化という農村の荒廃化をもたらし、幕府や諸領主は農村復興のための対応に追われた[10]。また領主財政も深刻であった。都市で生活し生産手段をもたない武士にとっては、知行地からの年貢がよりどころであったが、都市生活や役付などで出費がかさみ、知行地に先納金や御用金を課すことで何とか乗り切っていた[11]。旗本はこのような状況のなかで、知行所百姓の経営を維持しかつ年貢収納を確実に行わなければならなかったのである。小領主である旗本は、在地の状況に詳しくかつ村内に影響力のある有力百姓にさまざまな役割を与えることでこの問題に対処した。以下、彼らの役割を検討し、知行支配上の政治的位置を明らかにしていきたい。

この時期、多くの旗本知行所では特定の名主を知行所取締代官などの特別な役職に任命している。いくつかの事例をもとにその役割を具体的に見ていく。

まず武蔵国・下野国に六百石、知行所七カ村を拝領した旗本森川氏の事例[12]である。森川氏は武蔵国葛飾郡大島村藤城吉右衛門と同郡上戸村小川栄喜を「武州野州御知行所七ヶ村取締代官」に任命した。藤城吉右衛門は、武蔵国葛飾郡大島村（旗本三宅氏との相給）で一七二六年（享保十一）に組頭に就任し、一七三〇年（享保十五）には名主に昇進した。それ以降、藤城家は大島村の名主を勤めている。

【史料1】

御請書之

一此度武州野州御知行所七ヶ村為御取締、私共両人江御代官被　仰付候壱人宛隔年ニ可相勤旨、右ニ付当役中帯刀御免玄米壱人扶持宛被下之、冥加至極難有仕合奉存御請差上申候、然上者万事出精仕、御屋敷様御知行所御為メ第一ヲ相考、毛頭役威等以私取計、非分之沙汰無之様遂謹慎己直温弟等を以教へ導き、軽キ百姓等ニ迄至相懐キ重失道耕祚農耕等騒敷時々休耕之節者、親類朋友集会仕、従前々被　仰出候公儀御法度書之趣堅く相守り、村々静語ニ相納り、不時之禍災無之様互ニ心付、全農行之休日迚茂、今日一日ヲ相暮不申候様、百姓一統心懸け候儀者取締役人出精不出精ニ可有之事ニ付、修身斉家ニして、村々安泰無事之工風専一相心懸旨被　仰渡、是又奉畏候

附掟左之通

一御用ニ付き御知行所廻村之節、村々ニ而賄贈音信贈等菓其筋、且酒食共馳走ヵ間敷儀、決而請之申間敷候事

但　御用之儀ニ付整兼、無拠一両日茂滞留之節者一汁香物麁飯限り之請、尤右木銭飯料とし、一日鳥目百銅宛当宿江相払、村方ヨリ茂木銭飯料請取書　可差出之、是者御上ヨリ可被下候事、此段村々江も兼日御触流有之承知之事

一毎歳御年貢上納之儀、村々ヨリ者取締り役人方江相納可申候、兼日村々江茂触流置候事、尤年々皆済勘定之儀者十一月十五日定日ニ相定、取締役宅江集会仕、村々立合之上、米金分厘毛払勺才迄厳密追而間違等

無之様念入可遂勘定、其上村々帳面差添、米金共取方江相納、村々江請取書差出置、来正月年始御礼之節、古帳面御上江差上、年々納り方米金共村限り委細ニ申之、右皆済請取、御方ヨリ取締方江頂戴帰村之節時日ヲ不移村限りニ相渡、兼日差上置候請取書と引替可申候事

附　右村々集会之節も役宅ニ而酒食其外馳走ヵ間敷儀差出申間敷候、尤御用向整兼滞留之節者一汁香物麁飯可差出之、右之節も一日壱人鳥目百銅宛役宅江村々ヨリ可差出候、此料者御年貢上納之儀候得者、村々入用之積り御上ヨリ被下者無之候、是又兼日御触流村々相心得罷有候事

一不時御用ニ付、下野御知行所江罷越候節者、江戸屋敷江相伺、御用向之儀御上江申上、御差図之上、村々江之御下知書持参可罷越候、尤差懸候儀ニ而延日ニ不相成儀者道中飛脚ヲ以、訳金相認メ日限等間違無之様御屋敷様江申上置、帰村之節、早々出府仕、御用之趣可申上候事

附　右之節者休年成共、栄喜、吉右衛門両人供壱人ニ而可罷越候、尤此御入用者御上之御用向ニ有之候ハヽ、取締両人得、一日鳥目三百文宛、供のものへ弐百文可被下候、村方非常之儀ニ而願出罷越候節者、御上ヨリ者一切不被下置候、是者村入用ニ可申付候、兼日村々江茂相触流し有之候事

一御知行所田畑米永御年貢等儀ニ付、検見或者非常之儀ニ付、村々ヨリ無拠願書有之候節者取締り方江申候、尤御難ニも不相成儀候程之儀ニ而、内済ニ茂相成儀者不伺及取斗、相済可申候事、事品々之儀者委細ニ訳ヶ合書留置、出府之節差出可申候、右之通、堅相守出情相勤可申候、依之御請奉差上候処、仍如件

文化九申年八月

上戸村　栄喜

大嶋村　吉右衛門

宮崎十兵衛殿

（藤城家文書一七〇七、埼玉県立文書館所蔵）

これによると、まず年貢納入・勘定事務を「七ヶ村取締代官」が一手に取り仕切っていることがわかる。知行所の年貢米金は取締役方へ納められ、役宅にて村々立合により勘定をし、取締代官から村々へ請取書が出される。そしてその結果を年始の出府の際に旗本に報告し、そのときに発給された「皆済請取」を帰村後、村々へ渡す。このようにして「七ヶ村取締代官」の責任で年貢納入の事務が行われていた。また検見や取締り等の御用により知行所を廻村していた。知行所からの願書はすべて取締代官に集められ、内済にできそうな案件は彼らによる処理が認められていた。さらに職務を果たしているときは帯刀が認められ、御用の廻村であれば取締代官両人へ一日鳥目三百文、供の者へも二百文を給付されていた。全知行所の村役人の上に位置する強い権限を与えられていたといえよう。

次に武州・上州に五カ村千八百石を知行した旗本細井氏の場合を見ていく。武蔵国幡羅郡江袋村（細井氏の一給）の長嶋家は一六六七年（寛文七）の文書には「庄屋作左衛門」の名が確認でき、少なくとも十七世紀中頃には同村の名主を勤め、以後世襲であった。一八五〇年（嘉永三）には上江袋村長嶋作左衛門と上根村長嶋長五郎の両人が、「知行所惣取締役」に任命されている。

【史料2】

此度御政事向被相改長嶋作左衛門長島長五郎右両人江御知行所惣取締役被　仰付候間万端差図請之違背仕間敷候　且又其方共村役年来致精勤ニ付御上下一足宛被　下置候難有頂戴可致候以後御為第一相心得村方静謐候様精勤可　致候依之申渡如件（以下略）

（長嶋家文書二〇五一、埼玉県立文書館所蔵）

これによると旗本細井氏は、両長嶋家の「知行所惣取締役」就任にあたり、他三カ村の名主に「万端差図請之違背」しないよう申渡している。また両長嶋家には「村役年来致精勤」につき「御上下」が与えられている。この申渡からは「知行所惣取締役」の具体的な役割は不明であるが、その前後に出された下知書や書状から両長嶋家の役割の一端を明らかにしていきたい。

まず「知行所惣取締役」の具体的役割について見ていく。近世後期、関東での農村荒廃化現象の中で、細井氏知行所でも潰百姓の増加が目立ち、貢租収納の減少をもたらし旗本財政に影響を与えていた。そこで細井氏は長嶋伊惣次（作左衛門）・長五郎両名に次のように命じた。

【史料3】

文政八酉年潰百姓取立方御仕法御下知書ヲ以厚被遊御頼候ニ付精々仕天保五午年潰百姓三軒取立候ニ付猶又改　御下知書両村（江袋村と上根村―筆者註）御頼御直書被下置候

（長嶋家文書二八六九、埼玉県立文書館所蔵）

当主の細井隼人は、一八二五年（文政八）・一八三四年（天保五）の二度にわたり両長嶋家へ知行所五カ村の潰百姓取立を命じている。この「潰百姓取立方御仕法」は、具体的には、①潰屋敷地とそれに付属する田畑の質入れ・売買の一切の禁止、また質地になっている土地も十年目には質代金の返済の有無に拘らず質入れ主に返却、質入れ主がいない場合は上知とする、②潰屋敷付の田畑からの作徳を積み立て、村役人が管理し、百姓取立ての資金とすること、というものであった。両長嶋家が中心となって取立仕法に取り組んでおり、一八三一年（天保二）には自ら一五〇両を上納し、その利金を潰百姓取り立てに活用している。この結果、一八三一年（天保二）に二九軒であった潰百姓の家数が、一八三四年（天保五）には三軒、一八四四年（天保十五）には二軒に減少している。[13]この仕法は次代の細井市太郎も継続している。このように、農村の荒廃化に対して細井氏は独自に潰百姓取立ての仕法を立て、両長嶋家を中心にそれを実施し成果をあげていた。

長嶋家は損毛引きの見分も行っていた。「知行所惣取締役」に任命された直後の一八五〇年（嘉永三）に長嶋家は上須戸村の損毛引見分を領主から依頼されている。細井氏はその報告をもとに用捨米の具体的な数字を決め、後日上須戸村にその旨を申渡す下知書を発給している。

次の史料は、細井氏用人から長嶋家に宛てられた書状で、知行所五カ村の内の上須戸村・海老瀬村の損毛場所の見分を依頼したものである。年代は不明であるが、一八五〇年（嘉永三）の「知行所惣取締役」設置以前のものと思われる。

【史料4】

全上須戸村之様子相分り不申故右様被仰遣候義御座候先日被仰下候趣ニ者上須戸村損毛之場所有之候由思召候間　貴所様御見分被成宜様御引方被成候様被　仰付候海老瀬村右同様ニ被仰付候呉々も是迄貴所様江被仰付候間年々相　済居り候事故何分当年も両村共御見分之上可然御取計被成候様呉々被仰付候

（長嶋家文書二七四〇、埼玉県立文書館所蔵）

（傍線は筆者）

損毛引の見分がいつ頃から長嶋家に依頼されていたのかは不明であるが、「年々」行われていた様子がわかる。この中で細井氏用人は「全上須戸村之様子相分り不申故」と自ら知行所に足を運ばず、損毛引の見分を長嶋家に任せていたことがわかる。長嶋家は知行所と旗本の実情を把握した上で見分を行っていたのであろう。在地に不案内な江戸の用人が行うよりも、在地の慣行・実情に詳しくかつ信用のおける者に任せたほうが効率的である。旗本用人では知行支配の実務を適切に行うことが難しく、在地の有力百姓にその役割を依頼するほかなかったものと思われる。

このように知行所取締代官は、年貢納入・勘定事務、検見、損毛引き、潰百姓取立、村内取締、訴願取扱と広範な役割を与えられていた。これらの役割のほとんどは本来旗本用人の職務であるが、旗本は有力百姓の職能や村内での指導力を利用し、用人に代わり支配の実務を担わせたのである。

旗本によって知行所取締代官の職務内容は異なり、彼らの役割は幅をもって考えなければならない。しかし共通しているのは、実務担当者を現地調達することで支配の効率化を意図し、有力百姓に知行所名主としての職務の範囲を超えた旗本の家来としての役割を付加したことである。政治的位置としては、知行所取締代官は旗本権力に取り込まれた存在である。有力百姓は実質的な旗本の家来として支配を支えていったのである。また、旗本森川氏知行所の例のように「当役中帯刀」や供を連れて廻村することを認めるなど、一時的にせよ武士身分を強調し知行所百姓との差別化を図っている[14]。ただ、完全に知行所と距離を置いていたかと言えば、そうでもない。領主からの御用金要求に対し、旗本の家来としての立場で村を説得するときもあれば、知行所の立場に立つ例も見られ[15]、柔軟に対応していた。その知行所の状況によって知行所取締代官の動向は異なるが、彼らは知行支配に組み込まれた存在であったということは言えよう。

2　知行所有力百姓の「士分化」

（1）「士分化」した有力百姓の身分的位置

ここでは旗本から有力百姓に与えられた士分の格式について検討し、知行所取締代官となった有力百姓の身分的位置を明らかにしていきたい。

武士身分の表象である格式にはさまざまあるが[16]、苗字帯刀や上下などの衣服、さらに、「用人格」「給人格」「中小姓格」等の格式（家来格）を与えられることもあった。

【史料5】

（前略）

其方儀役義情密（精密―筆者註）ニ相勤、中就去年中は彼是と骨折相勤候ニ付、苗字帯刀差免、中小姓席割元地代官被　仰付者也

□□申正月

安西彦五郎内

田中伴右衛門

（須賀家文書六二四三　川口市市史編さん室蔵）

史料5は旗本安西氏が芝村名主須賀忠左衛門の「役儀精密」に対し、苗字帯刀と中小姓席の格式を与えたものである。須賀家は知行所支配や家政改革の実務および領主への献金を行っていたが、士分の格式付与は須賀家の「精勤」[17]への反対給付[18]としての意味をもっていた。しかし、旗本森川氏知行所において「七ヶ村取締代官」を勤めた藤城家の例では、「当役中帯刀御免」とあるように、江戸の用人に代わって武士の役目を果たすために一時的に武士身分を許されるという意味もあった。また家来格は、家臣の序列を示すもので純然たる武士の格式であった。旗本が知行所取締代官を自らの家臣であると明示することで、彼らの武士身分としての立場が鮮明となる。このように士分の格式には被支配者である百姓を支配者としての立場に転換させる機能があると言える。

では、士分の格式を与えられた有力百姓が、村内でどのような位置にあったのだろうか。安西氏知行所の芝村

の人別帳には、他の百姓が肩書きに「百姓」と明記してあるのに対し、中小姓席や用人格を与えられた須賀家だけは、「須賀忠左衛門」とだけ記載されている。また江戸の用人と取り交わした書状には「安西弥右衛門内　須賀忠左衛門」との記述が見られる。さらに人別帳が村のものとは別帳になっている事例もある。武蔵国日根野氏知行所では、郷代官を勤め旗本から給人席を与えられた宇野家が領主に提出した人別帳（別帳）には、「日根野織部家来　宇野丈左衛門」と記されていた。「知行所惣取締役」を勤めた長嶋家では、知行所から潰百姓取立の請書が出された際の宛名に、江戸の用人と並び「長嶋伊惣次様」（作左衛門）との記述が見られる。知行所百姓が長嶋家を江戸の用人と同様に旗本細井氏の家来と位置づけていたことがわかる。その知行所ごとのケースであるので村内での位置づけを確定することは難しいが、士分の格式を与えられた有力百姓は知行所の百姓とは一線を画し、また知行所の百姓も彼らを支配者側に立つ者として意識していたと言えよう。

ただし、士分の格式は百姓身分を完全に武士身分に転換させるものではなかった。

【史料6】

以書付奉申上候

一、当御知行処足立郡植田谷領三条町村名主組頭百姓代一同奉申上候（中略）格外違作ニ付（中略）夫食差支及飢渇ニ候者多分有之候間（中略）何卒格別之蒙り御勘考ヲ御地頭所様江前条之趣飢人之百姓共江夫食拝借被仰付被下置候様偏ニ御聞済之上添書奉願上可被下候以上

足立郡植田谷領

三条町村

（村役人名略）

天保八酉二月

御取締役

小島官太夫殿

（『武蔵国足立郡植田谷本村小島家史料』資料7）

【史料7】

大熊善太郎御代官所

武蔵国足立郡本村新田小前帳

（中略）

右者今般被仰渡候趣を以検地帳并名寄帳ヲ以小前壱筆限り教訓畑主村役人立会一筆限り相改本免場書上之通相違無御座候依之畑主村役人印形仕差上候以上

天保十四卯年八月

武蔵国足立郡

本村新田

名主官太夫他出ニ付代

組頭　平八郎

組頭　八右衛門

百姓代　万吉

大熊善太郎様

御役所

（『武蔵国足立郡植田谷本村小島家史料』資料9）

旗本伊奈氏に「知行所取締役」を命じられ給人格に取り立てられた植田谷本村名主小島官太夫の事例である。

【史料6】は、三条町村から夫食願を旗本に取り次いでほしい旨の願書である。ここには、小島家の肩書として「御取締役」とある。一方、【史料7】は、植田谷本村および流作場新田の検地帳と名寄帳を代官大熊善太郎に提出した際の文書である。ここでの肩書は「名主」となっている。つまり、幕府の御用関係の文書には、旗本からの特権を受けた者でも名主の肩書きで記載されているのである。このことから、士分の格式によって得られる武士身分は、旗本との関係においてのみ有効であったことが言える。

（2）有力百姓の士分化願望

では、有力百姓にとってこのような特権が与えられるメリットは何であろうか。ここで百姓にとっての家格のもつ意味について述べておきたい。児玉幸多氏[19]によれば、家格は縁談・座順・服装・居宅など農民の生活をあらゆる面で規制するものであり、百姓は自分の家の村での位置を把握するのに、その指標として家格を用いたという。家格はさまざまな要素から成り立つが、そのなかでも重要な要素は「経済力と封建的な権威に裏付けされたもの」であるとしている。封建的権威である士分の格式には百姓の家格を引き上げる機能があり、これは有力百姓にとって村内での地位向上という点で十分意味のあることであった。また士分の格式は個人に一代限りで与えられることが多いが、知行所取締代官などを務める有力百姓は、代々の功績により家格を引き継いでいたのである。

武蔵国・常陸国に千二百石を有した旗本折井氏の事例を見てみよう。折井氏知行所では在地の有力農民を「在役」として取立て、それぞれ給人並から足軽までの格式を設けて編成していた。そのうち、給人並の小久保兵左衛門は千代村知行所の名主を兼帯し、また中小姓の坂田宰輔は春野原村知行所の名主を同じく兼帯している。「在役」をいつ頃から設置したのかは不明であるが、少なくとも近世後期には機能していたと思われる。次の史料は、一八五六年（安政三）に春野原村坂田益蔵の親類惣代から折井氏用人に出された、益蔵を「在役」に取立ててほしい旨の願書である。

【史料8】

乍恐以書付奉御内願候

御知行所武州大里郡春ノ原村百姓益蔵親類一同奉申上候右益蔵方之儀数代御役儀相勤来殊ニ同人祖父治助迄者別段之御取扱被　仰付□□之御扶持ホ頂戴罷在候（中略）然ル処其後不仕合而已打続近年平民之躰ニ而恐縮罷在候処当時益蔵儀茂夫々及積年正路実精相続仕候ニ付素々家格之儀ニ茂御座候間何卒格別之以御慈悲乍恐御相当之御役格被仰付候様奉御内願候右御聞済被成下候ハヽ広大の御仁恵与挙而難有仕合奉存候以上

（小山（小）家文書　一七九五、埼玉県立文書館蔵）＊以下の折井氏の史料は同じく一七九五番のもの

これによれば、坂田益蔵家は祖父治助の代まで数代にわたり役儀を勤め、扶持米を与えられてきたが、その後父幾右衛門が奉行所で心得違いをしたという「不仕合」のため、「平民」つまり小前同様の扱いとなってしまった。そこで、親類惣代が以前のとおり「御相当之御役格」を与えてほしいと折井氏用人に嘆願したのである。益蔵が在役でない者を「平民」と言っていることから彼の士分化願望が窺える。士分の格式付与は、百姓にとって村内における家格を上昇させるという意味をもっていた。それゆえ「平民」に身分が下がった益蔵家は「積年正路実精相続仕候」と領主への貢献を続け、「素々家格之儀ニ茂御座候」とかつて「在役」であったことの由緒を持ち出し、何としてでも家格を戻そうとしたのである。その後折井氏から益蔵に、「在役」の格式の内、足軽として取り立てる旨の書付が出された。

【史料9】

其方儀家柄之儀幷親類村役人共より一円之依願格別之以　思召御足軽御取立苗字帯刀御免被　仰附御扶持米一俵御年々被下置候間猶此上坂田幸輔差図請村方取締者勿論御為筋第一ニ相心掛万端入念被相勤候且万一御急場御呼出し之節者在役之者申談掛昼夜出府可有之候以上

春之原村
益蔵

御地頭所

安政三辰年六月　　御用所［印］

これにより、益蔵は苗字帯刀・扶持米壱俵を給され、足軽として「村方取締者勿論御為筋第一ニ相心掛万端入念」に在役としての勤めを果たすよう申し渡されている。坂田益蔵も、承諾してくれた四人の用人にそれぞれ「御希代」として金子その他の品を上納している。そして折井氏用人から益蔵に出された「口達書」には、足軽の心得が書かれている。

【史料10】

其方身分御取立ニ付而ハ村方取締向も相心得候上者其身ニ重而不束之儀有之候而者是迄小前之身分与違候事柄ニ寄村内ニ難差置儀も可有之候間坂田幸輔者勿論村役人共へ何事も申談小前之者共心得違無之様精々教育

用人は、足軽という身分を「小前之身分与違候事柄」とし、益蔵に武士身分としての自覚を促している。また、その役割は「小前之者共心得違無之様精々教育」することであるとしている。足軽が小前を支配する立場であったことを示している。家来格は、有力百姓にとって村内での家格を上昇させる機能だけでなく、武士としての自覚を促しその意識を支配者側に変える機能も有していた。旗本にとっては、有力百姓を知行支配を担う一員として取り込むのに有効な手段であったと言えよう。

以上、有力百姓の「士分化」について見てきた。身分的位置としては旗本との関係においてのみ認められた武士身分であり、個別領主権の範囲を超えるものではなかった。しかし、士分の格式付与により、有力百姓は明らかに知行所の百姓とは一線を画す存在となり、その意識も含めて支配者側に転換したと言えよう。

3　旗本知行支配の関東的特質——畿内・近国との比較を通して

(1)　畿内・近国における旗本知行支配の特質

旗本知行支配の関東的特質を明らかにするため、ここではその比較対象としての畿内・近国の旗本知行所について触れておきたい。近年、関東と同様に非領国地帯であった畿内・近国の領主制研究はさまざまな成果を生み、進展を見せているが[20]、ここでは主に熊谷光子氏の在地代官研究の成果をもとに、この地域の旗本知行支配について見ていきたい。熊谷氏の言う在地代官とは、「畿内において近世中期以降散見される庄屋あがりの旗本知行所代官をいい、農業経営は継続しながらも旗本から一代限り苗字帯刀を免じられたもの」である。本論の知行所取締代官と同様の存在といえるが、大きな違いは彼らが武士として身分を公認されているということである。

知行所の庄屋が旗本から在地代官に任命され家来に取り立てられると、庄屋本人・彼が居住する村・旗本(「主人」)から管轄の町奉行所にそれぞれ「家来届」を提出することとなっており、受理された在地代官は、「帯刀人」として町奉行所に把握された。旗本から在地代官に任命された知行所庄屋は、同時に幕府から正式な武士身分として公認されたのである。また在地代官は、それに任命され、苗字帯刀が許可された時点で村の人別帳からはずれ、別帳に記載される。そして、同時に百姓としての家督や庄屋役も譲られるという。

これらの背景には、一七六五年（明和二）の大坂町奉行所の支配方針の変化が関係していたという。つまり、それまで町奉行所が処理してきた問題を、以後「一領一支配切」の問題については個別領主の行政処理に任せるというものである。知行所代官の設置が町奉行所から強く要請されたこと、そして江戸からの勤番代官を派遣するよりも、現地調達した在地代官を在地の支配者としたほうが効率性であるということから、近世中期以降、在地代官が一般化したとしている。

このようにして畿内・近国の旗本知行所では武士身分として公認された庄屋あがりの在地代官が一般化したが、なぜこのようなことが起こるのか。それは、江戸の地頭所から遠く離れた畿内・近国の知行所においては、在地の責任者として武士身分の者が必要であったからであると考える。旗本およびその家臣は江戸に集住しているが、畿内・近国において知行所支配を実現するためには、治者としての武士が必要とされたのであろう(21)。畿内・近国の知行所の在地代官の役割は「収納方」「郷中政道」（公事願いの取り捌き）「公用勤向」と大きく三つに分かれるが、そのなかで「公用勤向」は、在地代官に特徴的な役割であった。それは大坂町奉行所へと公用人および館入与力への年始・寒暑・八朔等の挨拶および国役普請の使者・家出や変死等の諸届提出といった役割であった。彼らが江戸の旗本および家臣（用人）にかわり直接奉行所（幕府）と接したのである。この役割は在地代官になることではじめて加えられるものであり、在地においては唯一の家来である在地代官でしかできないことであった。

（2）関東における旗本知行支配の特質

旗本太田氏（武蔵国葛飾郡中野村、常陸国真壁郡筑波村、梶内村、上川中子村に五百石を拝領）は一八四三年（天保十四）、家政の仕法替えに際して知行地に出した申達のなかで、旗本用人の職務について次のように述べている。(22)

【史料11】

地頭所用役は公用向・家事向・家来下々の差配、知行所諸事万端之儀迄取扱、時宜ニ寄主人の身分ニ代り大事を引請候程の重き役儀故、常々相敬ひ実意を以万事無腹臓《(ママ)》申談差図請、地頭所之為第一に相心得、聊麁略之儀有之間敷候事

これによれば、用人は旗本の公務や家内財政、家来の統率、知行支配など、家政の中枢にいながらあらゆる実務をこなす旗本の家来の中心的存在であったことがわかる。このうち知行所取締代官の与えられた役割は「家事向」と「知行所諸事万端之儀」であった。用人の実務の主要な部分を任されていたとはいえ、幕府と直接折衝する「公用向」は、知行所取締代官の職務には含まれておらず、それはもっぱら旗本および用人が果たす役割であった。

関東も畿内・近国も、在地の有力百姓を士分化させ支配にあたらせる点、また幕府と直接関わる職務については純然たる武士身分の者が行うという点では共通している。しかし、関東と畿内近国の旗本知行所の特質を分ける最大の要因は江戸からの距離であると考える。(23)旗本およびその家臣が集住する江戸を抱える関東と、そこから遠く離れた畿内・近国では、旗本知行支配のあり方が異なってくる。関東では江戸の旗本の屋敷が役所となり、幕府との折衝は旗本や用人が直接行うが、畿内近国では在地に役所をつくり、現地調達の庄屋を武士身分にして

対応させる必要があったのである。それが武士身分を公認された在地代官とそうでない知行所取締代官との性格の違いとなって現れたと考える。

おわりに

以上、知行所取締代官を勤めた有力百姓を取り上げ、その役割および政治的、身分的位置を明らかにしてきた。旗本知行所によって有力百姓の位置づけは異なり、支配の特質としては幅をもって考えなくてはならず、すべてを一律に論じることは難しい。しかし、いくつかの事例から支配の実態を明らかにできたと考える。

在地性の欠如と分散相給の所領構成という条件の下、旗本は在地の有力百姓を知行所取締代官として取立て、支配にあたらせた。それは「身分移動の恒常化」という近世後期の社会状況を背景として、旗本が有力百姓の職能や村内における指導力または財力を自らの権力の内に取り込もうとする意図と有力百姓の士分化願望の合致した動きであった。こうして旗本の家来として支配の末端に位置づけられた知行所取締代官を結節点として、旗本は、近世後期以降の知行所の動揺や行政需要の増大に対処していったのである。

ただし、身分的位置については旗本領主権を超えるものではなく、あくまで知行所内でのみ有効な武士身分であった。これが関東的特質にもなった。つまり江戸からの距離が遠い畿内近国では、庄屋上がりの在地代官を唯一の武士として公認し、「公用向」と呼ばれる幕府との直接折衝の役割にあたらせた。関東において「公用向」は江戸屋敷の旗本や用人の役割であり、知行所取締代官の職務ではなかった。換言すれば、知行所取締代官を武士として公認する必要がなかったのである。

知行所取締代官に与えられた士分の格式は、旗本との関係においてのみ有効な武士身分であったが、有力百姓を旗本の家来として支配者側に転換させるのに大きな役割を果たした。ただし、知行所との関係が絶たれたわけでないことに注意したい。旗本の権力に組み込まれながらも、軸足はしっかりと知行所に置いていたのである。やがて明治維新になり旗本との関係がとぎれても、地域社会においてかつて封建的権威を与えられ支配者として立ち現れていた元知行所取締代官の地位は保たれていた。彼らはその後、明治新政府の下で、地方行政のリーダーとして活躍し、学校の設立や産業の育成など地域の発展にも尽力するなど[24]、江戸時代に知行所取締代官として培った実力を新しい時代に遺憾なく発揮したのである。

註

（1）北島正元「江戸幕府の権力構造」（岩波書店、一九六四年）、所理喜夫「元禄期における「元禄検地」と「元禄地方直し」の意義」（『史潮』八七号、一九六四年）、森安彦「近世前期旗本地方知行の動向（上）（下）」（『史潮』八八号、九九号、一九六七年）

（2）関東近世史研究会編『旗本知行と村落』（文献出版、一九八六年）、川村優『旗本知行所の研究』（思文閣出版、一九八八年）、同『旗本知行所の支配構造』（吉川弘文館、一九九一年）

（3）『埼玉県史通史編3　近世1』

（4）朝尾直弘①「近世の身分とその変容」（『日本の近世7　身分と格式』中央公論社、一九九二年）、同②「十八世紀の社会変動と身分的中間層」（『日本の近世10　近代への胎動』中央公論社、一九九三年）

（5）秋本典夫「割元名主と分給旗本領主—下野国芳賀郡給部村の場合—」（『宇都宮大学教養部研究報告六一』、一九七三年）、仙石鶴義「旗本家政の展開と知行所支配の変質について—特に旗本天野氏の場合について—」（『法政史論五』一九七八年）斎藤純「三河における旗本領支配の成立と構造」（北島政元編『幕藩制国家成立課程の研究』吉川弘文館、一九七八年）、立正大学古文書研究会グループ「旗本家政の展開と割元—旗本井上氏を事例として—」（『近世史研究』4　一九八〇年）、西沢淳男「関東における天保期の取締役—武蔵国一宮氷川神社社領取締役を中心にして—」

(『関東近世史研究』第四〇号、一九九六年)、熊谷光子「畿内・近国の旗本知行所と在地代官」(『日本史研究』第四二八号、一九九八年)

(6) 熊谷光子①「畿内・近国の旗本知行所と在地代官」(『日本史研究』第四二八号、一九九八年)、同②「帯刀人と畿内町奉行所支配」(塚田孝他編『身分的周縁』部落問題研究所、一九九四年)、同③報告要旨「在地代官と畿内町奉行所支配」(『日本史研究』第三四九号、一九九一年)、藪田貫①「『兵』と『農』のあいだ—地域社会の中の武士—」(『歴史評論』五九三、一九九九年)、同②「支配国・領主制と地域社会」(関東近世史研究会編『近世の地域編成と国家』岩田書院、一九九七年)

(7) 『川口市史　通史編上巻』須賀家の出自については明確なことはわからない。しかし名主に就任する以前から文書に「須賀」姓がみられ、また一六二〇年(元和六)に初代新右衛門が八十八歳で死去していること、同家の文書の上限が慶長期であることから、一五九〇年(天正十八)の家康入国の頃には芝村に存在していたと思われる。

(8) 須賀家文書五二三二(川口市史編さん室蔵)

(9) 須賀家文書一二〇八(川口市史編さん室蔵)

(10) 水林彪『封建制の再編と日本的社会の確立』(山川出版社、一九八七年)三七四頁、森安彦『幕藩制国家の基礎構造』(吉川弘文館、一九八一年)

(11) 横浜文孝「『世事見聞録』に描かれた旗本の姿と知行所支配—時代を危惧した批判の目をとおして—」(『近世社会と知行制』思文閣出版、一九九九年)

(12) 旗本森川氏については、児玉典久氏の成果「幕藩制解体期における旗本支配の対応と特質」(『文書館紀要』七、埼玉県立文書館)がある。

(13) 『埼玉県史　通史編四近世二』

(14) 『支配をささえる人々』(久留島浩編、吉川弘文館、二〇〇〇年)、久留島浩「「中間支配機構」を「社会的権力」論で読み直す—総代庄屋と大庄屋の「間」—」(『近世の社会的権力　権威とヘゲモニー』(吉田伸之・久留島浩編、山川出版社、一九九六年)

(15) 事例を二つ挙げておきたい。

【細井氏知行所の場合】

旗本用人から殿様の縁談金調達の要請が知行所に出された。知行所側は不作のため出金を拒否したが、江戸用人は「外々之金子と違御縁談金之儀」であり、御目出度い金子であるので出金するようにと述べている。そして、名主長嶋家は、江戸用人とほぼ同内容の論理で知行所の説得にあたり、また殿様から御目通りを以って直々に依頼されたのでお断りできる話ではないとしている。

（長嶋家文書三四一、埼玉県立文書館蔵）

【安西氏知行所の場合】

旗本から名主須賀家への臨時金調達要請に対し、知行所百姓から須賀家へ願書を出し、次のような論理で出金を拒否した。すなわち、須賀家は「御屋敷様之御儀も惣百姓之儀も内外共ニ貴様御存知」であるから、「困窮百姓之儀」も承知しているはずである。だから「百姓相続」ができるよう旗本安西氏に「倹約之儀」を言上すべきである、というのである（須賀家文書三八三六、川口市市史編さん室蔵）。「御屋敷様之御儀も惣百姓之儀も内外共ニ貴様御存知」という文言が、用人格を与えられ安西氏の家来となった名主須賀家の二面性を表している。この結末は不明であるが、一時村方賄の免除が受け入れられたりするなど、須賀家を通して知行所の要求が通ったものと思われる。

(16) 前掲註（4）朝尾論文①。格式とは各身分の表象として生み出されるもので、また身分の内部にも上下のランクがあり、それによっても細分化されていくものであるという。

(17) 有力百姓の「精勤」の内容は、大きく分けて知行支配の代行と領主財政への貢献がある。本論では、有力百姓の知行支配への関わりに重点を置いたため、彼らの領主財政への関与については触れられなかった。

(18) 横浜文孝「『世事見聞録』に描かれた旗本の姿と知行所支配―時代を危惧した批判の目をとおして―」（J・F・モリス、白川部達夫、高野信治共編『近世社会と知行制』思文閣出版、一九九九年）。氏は「知行所との支配関係は、領主としての武士の権威や格式を富裕な百姓などに付与し、百姓はその権威や格式をえることで旗本の財政的期待に応えるというものであった。さらに時代はすでに、かつての一元的な支配のあり方では対処できないのが現状であり、知行所の農民を取り込んだ協調体制型の支配へと移行することで対応をはからなければならなかった」としている。本論では、旗本が取り込んだ有力百姓について検討をした。そして彼らに与えられた士分の格式を、百姓の「精勤」に対する褒美ではなくそれのもつ機能、つまり「士分化」に注目することで、彼らの政治的・身分的位置を明らかにすることを目的としている。

(19) 児玉幸多『近世農民生活史』(吉川弘文館、一九五七年)

(20) 前掲註(6)熊谷氏、藪田氏論文。

(21) 白川部達夫「旗本知行支配と公儀」(『日本史研究』第四二八号、一九九八年)。氏によると、在地代官が普及する条件として、①関東に比べ相給知行率がさほど高くなく、分散しているにせよ一村知行が多いため、知行所に陣屋機構を設けて支配するのに効率がよく、かつ有効な知行形態があったのではないか。②在方の地払い米市場が早くから展開し、そこを軸に賄い金市場が存在したが、その際の在地の責任者として武士身分の者が必要であったことを挙げている。また、関東には江戸屋敷があり、そこをネットワークにして分散相給した領地間の関係が機能していたと指摘し、関東においては士分化の必要性の確定は難しいとしている。

(22) 『幸手市史　資料編近世二』

(23) 若林淳之『旗本領の研究』(吉川弘文館、一九八七年)。駿河国の旗本秋山氏知行所でも同様の事例が見られる。近世後期から「割元」に就任した小林家は、秋山氏の勝手向や支配向の実務をこなし同氏から給人席に登用された。その後、秋山氏は当時旗本寄合に列していた内藤隼人らに、正式に小林角右衛門の給人席登用を申し出で、家臣であることを承認されている。中部地方も一部旗本知行所が配置された非領国地帯であり、関東との比較を行うべきであるが、本論では畿内・近国との比較に留まった。今後の課題としたい。

(24) 本論一一八・一一九頁表の備考参照。

天保期の見沼代用水に関する一考察——天保九年見沼代用水分水願い一件を通じて

田村　敬

はじめに

天保期の性格やその歴史的位置付けについては、これまで数多くの業績がある。(1)最近においても、藤田覚氏がこれらに関する研究史の整理を試みている。(2)同氏によれば、現状においても、かつて北島正元氏が昭和五十年代当時の研究状況を評して「天保期改革の諸側面や歴史的本質を個別的・具体的にあきらかにすることを迫られた段階」(3)から、新たな問題の提起はなされていない。換言すれば、現時点においても、天保期に関する諸側面からの個別研究による蓄積が必要といえよう。

こうした天保期に関する新たな取り組みの一例として、一八三六年（天保七）暮から始まる「旧弊改革」に注目した論考がある。(4)この「旧弊改革」は、幕府より配下の関東取締出役はじめ代官、普請役などに通達されたものので、特に関東取締出役については、廻村機能を利用してそれまでの治安維持など警察機構的なものだけでなく、河川観察、鉄砲改め、物価統制など、農民政策担当としての役割が新たに追加された。このことは、この時期に幕府が農民支配政策の方針転換をしたものといえる。

一方、この「旧弊改革」は、河川支配においては、「関東筋川々御普請所旧弊改革」（天保七年十月、以下「旧弊改革」と略す）、「関東筋東海道筋川々御普請向改正」（天保八年十一月、以下「御普請向改正」と略す）として、現場担当の土木技術吏員である普請役を各村に廻村させ、主要河川の実況検分を実施している。[5] こうした「旧弊改革」・「御普請向改正」を一八四一年（天保十二）から開始された幕政改革に先んじて河川行政における天保改革と評価できるという指摘もある。[6]

ところで、武蔵国足立郡と埼玉郡の郡界をなす備前堤付近の綾瀬川上流地域にあたる足立郡北東部に位置する小針領家村（現桶川市）、小針内宿村・小針新宿村・羽貫村・大針村（以上現伊奈町）の五ヶ村（以下、五ヶ村と略す）は、この「御普請向改正」を契機としてすぐに見沼代用水からの分水を願い出る。その結果、一八三八年（天保九）十月に隣村の埼玉郡高虫村（現蓮田市）地先を取水口として見沼代用水からの分水が正式に認められて、高虫村も含めた六ヶ村が新たに高虫村組合として、見沼代用水組合に再編されていく。

本論では、この足立郡五ヶ村による天保九年（一八三八）の見沼代用水の分水願いとその実現に至る経緯・動向を「御普請向改正」との関係を踏まえつつ具体的に明らかにすることで、天保期における見沼代用水組合再編に見られる幕府の河川支配方針と在地農民の対応について検討を試みるものである。[7]

なお、ここで本論における分析対象である五ヶ村について概況を述べておく。

まず、五ヶ村の所在する場所については、**図1**に示すように、武蔵国足立郡の北東部の江戸より約十里の綾瀬川上流地域に位置している。また、この綾瀬川を隔て埼玉郡高虫村、上平野村、駒崎村（以上現蓮田市）などと隣接している。次に、支配の変遷については、**表1**に示したとおりである。五ヶ村とも寛永、正保の頃までは岩槻城主阿部家の領地だったようである。なお、阿部家は阿部正邦のとき、一六八一年（天和元）丹後国宮津に転封となる。[8] その後一六九七年（元禄十）前後には五ヶ村とも旗本の知行地となっており、そのまま明治維新まで

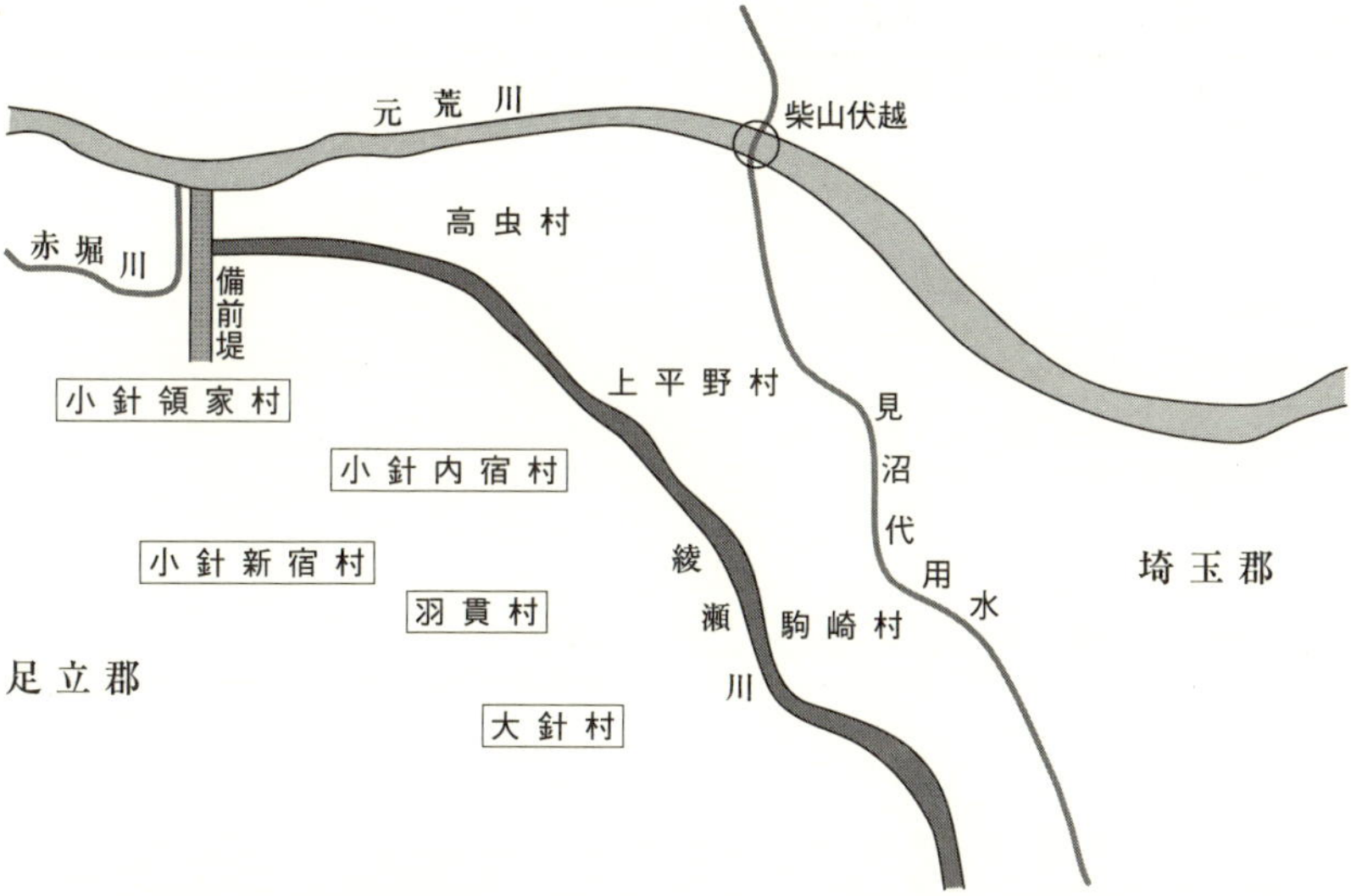

図1　足立郡分水五ヶ村位置略図

同じ支配が続いた。さらに、**表2**は、五ヶ村の石高の推移を示したものであるが、慶安期においては小針新宿村は小針内宿村から分村する以前なので、当時の石高の記載はない。また、小針新宿村を除いた四ヶ村とも慶安期から元禄期の石高が大きく増加している。特に小針領家村は倍近く増えており、新田開発の結果と考えられている[9]。しかし、五ヶ村とも元禄期から天保期にかけては、ほとんど変化が見られない。最後に、五ヶ村の分村以前における利水状況を知るために、参考として『新編武蔵風土記稿』から利水に関する記述を抜き書きしたものが**表3**である。これからもわかるように、五ヶ村とも用水には恵まれない利水状況に不安を抱える土地柄であった。事実、後述する天保九年の見沼代用水からの分水申付についての小針領家村の請書[10]に、「小針領家村外四ヶ村往古より綾瀬川用水引来り候処追々変地仕　渇水の年柄は不及申上　平年ニても無用水同様ニ罷成」とあるように、流量の少ない綾瀬川からの用水は不安定で用水としての機能の信頼度を欠いており、日常において水不足に悩まされていたことが見て取れる。それだけに、見沼代用水からの安定した用水の確保は、五ヶ村にとっての切

表1　足立郡五ヶ村の支配の変遷（寛永・正保期〜元禄〜明治維新期）

村　名	寛永・正保期の支配→	元禄〜明治維新期の支配
羽貫村	岩槻藩阿部対馬守領地	旗本知行地（戸田備後守・布施藤兵衛）
大針村		旗本知行地（木下求馬）
小針内宿村		旗本知行地（春日左太郎）
小針新宿村		旗本知行地（荒川土佐守）
小針領家村		旗本知行地（永見健次郎・中山芳次郎）

備考：『新編武蔵風土記稿』より作成。また、「元禄〜明治維新期の支配」中（　）内については、『新編武蔵風土記稿』作成時の文政時期の支配状況を示していると思われる。

表2　足立郡五ヶ村の村高推移（慶安・元禄・天保期）

村　名	慶　安　期	元　禄　期	天　保　期
羽貫村	202石4斗5升	389石6斗7升8合	391石2斗1升6合9勺
大針村	214石	332石5斗7升	332石5斗7升5合
小針内宿村	*754石8斗3升9合	587石8斗2升4合	591石5斗1升8合4勺
小針新宿村	*同　上	533石6斗2升9合	534石7斗6升2合
小針領家村	*241石4斗9升5合	464石8斗2升2合5勺	472石9斗9升1合

備考1：本表は、『武蔵田園簿』および『関東甲豆郷帳』（「元禄郷帳」・「天保郷帳」）より作成。
備考2：*『新編武蔵風土記稿』によれば、「小針新宿村」、「小針領家村」は、元禄期頃「小針内宿村」から分村したと記載されている。『武蔵田園簿』には、「小針新宿村」、「小針内宿村」の記載はなく、「小針村」として上表の石高が記されている。また、「小針領家村」は、同様に「領家村」として上表のような石高が記載されている。

表3　足立郡五ヶ村の分水以前における用水取入れ状況

村　名	『新編武蔵風土記稿』による用水取入れの記載状況
大針村	記載なし
羽貫村	天水を仰て水田を耕せば、旱損あり
小針内宿村	天水を仰て水田を耕せば、もとより旱損あり
小針新宿村	天水をたたえて用水とすれば旱損あり
小針領家村	用水は備前掘りより引沃げども、常に水損を患う

*大針村の項には用水についての記載がないが、小針領家村の請書にも見られるように、水量不足の綾瀬川から用水を引いており、分水以前においては、他の四ヶ村と同様の状況であったと推察できる。

実な願いであったと思われる。

1 見沼代用水の成立と通水管理

本節では、まず、五ヶ村の分水対象である見沼代用水が成立するまでの経緯と、見沼代用水における通水管理について概述しておく。

見沼は、もともと大宮台地周辺における谷地の低地がそれぞれ独立した沼となっていたものといわれているが、用水溜井として確立したのは、寛永年間に関東郡代伊奈忠治が足立郡大間木村（現さいたま市）に八丁堤という長さ約九〇〇メートルの締切り堤を築造してからである。この結果、水面積およそ一二〇〇町歩におよぶ大溜井が造成され、見沼溜井水下の各村々の水田耕地約五〇〇町歩を灌漑した。[11] しかしながら、見沼溜井は広い面積をもっていたが、水深が浅いため十分な取水量がなかったとみえ、灌漑地の水末などでは水不足をたびたび訴えるようになっていた。[12]

こうした背景のもと、早い時期から後年の見沼代用水開削に極似した計画があったものと見え、一七〇一年（元禄十四）、星川・元荒川流域の村民から代官伊奈半左衛門に利根川からの導水を含む新用水路開削案が提出されているが、結局は実現せず頓挫している。[13] この元禄期の利水計画については、黒須茂氏の研究報告に詳しいので、それを参照されたい。[14]

その後、見沼溜井の開発計画が本格化するのは、徳川吉宗が八代将軍の座に着いている享保年間であった。この頃は幕府の財政不足が深刻化し、吉宗は就任以来さまざまな財政再建に取り組まなければならなかった。その重要な柱となったのが、抜本的な税収増加をめざして積極的に奨励された新田開発策であった。事実、一七二二年（享保七）には、江戸日本橋に幕領のみならず全国の私領を含めた新田開発奨励の高札[15]を立て、年貢増収策を実施した。したがって、見沼溜井の開発（干拓）も当時の幕府財政再建策の一環として計画されたと考えるのが妥当であろう。

こうした状況のもと、将軍吉宗は紀州藩から土木技術に定評のあった井沢弥惣兵衛を幕府の御勘定役に登用し、武蔵・下総を中心にした各地の開発に専任させたが、一七二五年（享保十）九月に、見沼溜井開発のための現地視察を命じている。そして、いよいよ一七二六年（享保十一）八月には、井沢弥惣兵衛の指揮のもと普請役人が準備を整えたうえ現地の調査・測量を開始した。なお、この調査を知らせる廻状[16]に「此度見沼其外所々小沼新田并利根川新井御普請被仰付候ニ付、水盛御普請積り沼境潰地改為御用役人被遣候」とあるように、この調査では単に見沼だけでなく、利根川からの流路にあたる地域を踏査し、大小の支派川や沼沢地や未墾地の状況を詳細に調査している。これは、この見沼溜井開発計画が十分できているとともに、広く流路地域の治水策も考慮し、そのうえでこの計画を実施しようとしたものであるといえよう。換言すれば、見沼代用水は、ただ単に見沼の溜井の代わりの用水というだけでなく、利根川と荒川に挟まれた関東平野の中部低湿地帯における旧悪水の統制および流域諸沼の干拓と新田開発という広範な目的をもって計画されたものといえる[17]。

こうして現地の測量を終えたのち、一七二七年（享保十二）九月に水路の開削工事が本格的に着手された。この新たな利水計画を簡単に要約すると、取水口（元圦）を流路が安定している利根川右岸の下中条村（現行田市）地先に求め、この利根川から取水した水を星川を利用して導き、星川からさらに柴山村（現白岡町）と上平野村の入会地で交差する元荒川の底を伏越で通し、上瓦葺村（現上尾市）地内で交差する綾瀬川の上を掛渡井で越え、またさらに見沼廻りを東西に二分流して八丁堤に至り、溜井当時の取入口に導くというものである。そして、同時に見沼溜井を干拓するために、沼底に中悪水路を新たに開削し、これを芝川に結び荒川に放流しようとするものであった[18]（図2参照）。なお、この計画で忘れてならないことは、新水路の計画にあたっては、その地域の自然条件に大きく左右されるとともに、既存の用排水機能との関係を十分考慮する必要があり、それらの地元の状況を熟知し、土木技術に豊富な経験をもった、地方巧者と呼ばれる人びとの考えを大いに参考にしたものと思われることである。また、工事にあたっては、星川などの既存の河川の利用や東西縁用水路の開削において、地盤強固な高台の崖腹を利用した片側のみの築堤などの諸々の施工上の工夫により工期短縮や工事費用の節減を図ったことも、この水路開削工事の特徴の一つといえるであろう。この結果、一七二八年（享保十三）二月の工事着

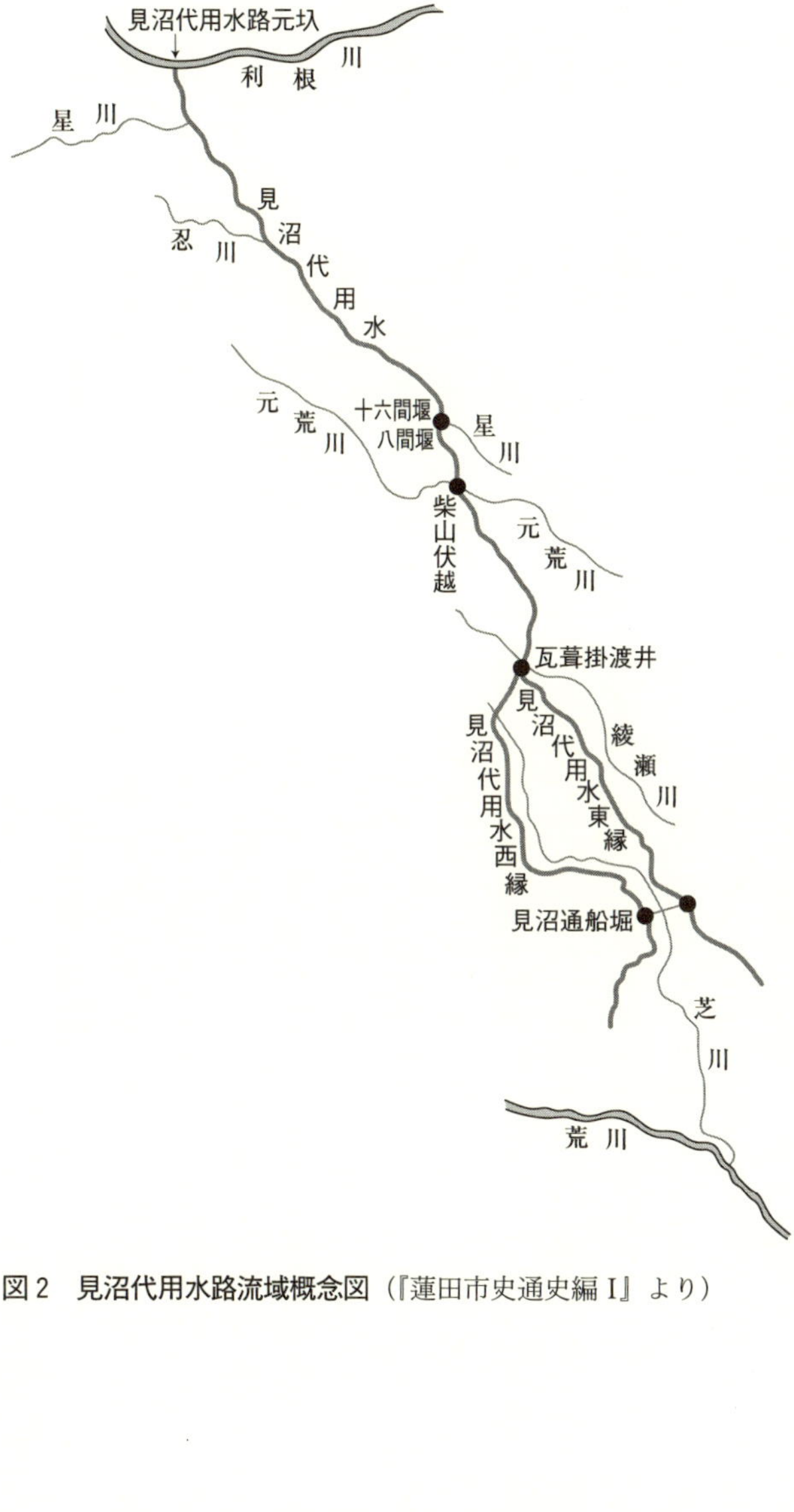

図2　見沼代用水路流域概念図（『蓮田市史通史編Ⅰ』より）

手から五ヶ月という短期間で新水路は完成した。

次に、見沼代用水路の通水管理について、幕府の河川支配の変遷も踏まえて概述しておく。幕府の河川支配の変遷については、大谷貞夫氏の一連の業績が詳しい。[19]同氏によれば、関東の主要河川については、当初幕府の担当代官により支配されていたが、一七二五年（享保十）に関東四川奉行が新設されて、[20]「普請役」がこれに付属されて普請を担当した（地域によっては、「水方役」が「普請役」に代わって付属された）。しかし、一七三一年（享保十六）には、四川奉行は廃止され、代わって勘定奉行が川々を支配し、代官も川筋掛が決められたことで実際の普請は代官が担当した。その後、一七四六年（延享三）に普請役が四川用水方・在方・勘定所詰に分課されたことにより、彼等が代官に代わって普請の直接担当責任者となり、その後永く踏襲された。なお、普請役の分課分掌の成立後、従来の普請場が固定化され、定式普請場（定掛場）が成立しており、見沼代用水路も定掛場として指定されている。したがって、見沼代用水は幕府の定掛場として厳しい管理下に置かれた。

以上見てきたように見沼代用水は幕府の厳しい管理下に置かれ、実際業務は四川用水方に属した水配掛普請役がその実際業務にあたった。これらの普請役は現地に常駐するのではなく、必要に応じて出張するものであったが、幕府は例年四月から九月の用水需要期に普請役を水路の関係各地へ派遣させて、主要任務であった通水管理の業務を遂行させた。用水需要期における通水管理の実態に触れておくと、同用水においては例年八十八夜と二百十日を目安として、その前後に取水口である下中条村の元圦・増圦を開閉して通水を実施した。通水が開始されると、水行の障害を取り除くために水路沿岸の村々による各担当持ち場の藻刈が実施された。通常この藻刈は年三回実施されるのが普通であった。また、用水不足が生じた場合、圦樋の水量調節を行ったり、用水のかけ流しを厳しく取り締まった。これらは、水配掛普請役の本来の職務が見沼代用水受益村々への公平な用水配分にあることを示唆しているといえよう。一方、水田への配水が十分に行き亘り田植えが完了すると、各村から「田方植付証文」を提出させて、田植え後の状況を確認するとともに、各村より「用水不要証文」を提出させ、通水管理の職責を果たした一札を受け取り、現地における業務を終了した。

2 「御普請向改正」について

前節で述べたとおり、見沼代用水は幕府の定掛場として、その河川支配のもと厳しい管理下に置かれていたが、その分、見沼代用水組合の受益村々は、天領、私領、寺社領を超えて幕府により農業生産という生活基盤を保障されていたともいえ、それらの受益村々地域における利水や維持管理等、用水組合組織・機能の問題については、幕府の農村支配を背景にした河川支配方針の展開と大いに関連をもつものであった[21]。

ところで、天保期の農村の状況は、都市はもちろんのこと、広く地方においても商品生産の発展拡大が進み、村落内の階層分化が活発化し、さらに天保の大飢饉の打撃などにより、潰百姓や逃散農民の多発で村内人口の減少と荒廃が進んだ。したがって、近世農村において天保期はその構造的変化により矛盾が激化した時期であり、幕府ではこうした危機に対して、その打開と農村再編に向けた農村支配政策に迫られたのである[22]。特に、天領や旗本の知行地を多く抱えた関東では、急務の課題といえた。こうした課題に対処するため、「はじめに」でも触れたように河川支配における改革として一八三六年（天保七）十二月に、幕府勘定方から関東の代官・私領主に宛てた通達を発し、関東の諸河川の普請に対する取締（監察）のため、関東取締出役を廻村させ、「旧弊改革教諭」し、その主旨を支配農民に徹底させるとしている。事実、足立郡大和田村における一八三七年（天保八）の御用留の分析によれば、「御普請負方改革教諭ニ付廻村」といった御改革御取締向御用に関する触書や通知が一番多かったという報告がある[23]。また、この十二月の通達より先の同年十月に、幕府は河川御普請の見直しを行い、村外の「惣代請負人」に工事を委託することを禁じ、「高持・身元宜者」を選任し村役人と共に「目論見仕立・

人足遣方金銭受取勘定等」に立ち会わせ小前の者に疑念を抱かせることのないようにするなど御普請をいっそう入念に行うよう方針を打ち出している(24)。そして、この触令の趣旨を実現させるものとして関東取締出役の廻村を指示したのである(25)。なお、この取締出役の廻村の実態については、大口勇次郎氏の相模国高座郡荻園村の天保期における四冊の御用留を詳細に分析した報告を参考にされたい(26)。

さて、幕府はその後も引き続き「旧弊改革」政策を強化させていくが、一八三七年（天保八）十一月に老中水野忠邦より「御直」に勘定奉行へ仰渡された「覚」すなわち、関東筋東海道筋川々に対する「御普請向改正」が発令された。この「御普請向改正」に幕府のこの時期における河川支配政策の方針が明確に読み取れる。また、この方針を徹底するために勘定所管轄下の勘定吟味役や普請役等の関係役人が「御普請御改正掛」の名で各地を巡回し、諸河川の実況見分を行ったのである。

本論の分析対象である武蔵国足立郡の五ヶ村も、この一八三七年（天保八）十一月に出された「御普請向改正」を契機に見沼代用水への分水を願い出る。これは、前述したように、見沼代用水と幕府の河川支配政策とは密接に関連したものであり、「御普請向改正」に見られる幕府の新たな河川支配政策方針は、恒常的な用水不足に苦しめられていた五ヶ村にとっては、新たな用水を確保するための絶好の機会と捉えられたからと思われる。

この見沼代用水分水願いの契機となる「御普請向改正」の資料(27)を左記に示し、その内容を整理しつつ、若干の検討を加えておくことにする。

天保八酉年十一月九日　越前守殿御直渡

覚

諸国川々堤川除悪水路樋類橋々御普請向之儀、多分之御入用相懸候而も、年々止時も無之、実意ニ出来候ハ左様ニは有之間敷と被存候、宝暦度迚《（ママ）》も、証拠物分明ニ無之分ハ、御普請不被仰付候段去申年申渡候処、其後追々相弛、自普請所ニ紛敷分其外無益之場所等御普請出来、且御入用高程は不行届、保方も不宜、種々陰私之事共被行候哉ニ相聞、掛之もの不糺之事ニ候、依之今般先関東筋、東海道筋川々御普向改正之積、其掛り別段申渡候ニ付而は、近頃仕来候場所ニ而も、其儀ニ不拘、公私不混様聢与相糺、堅く専一ニ暫労永逸之思案を回し、際立御入用相減候様、厳重ニ取計可申付、勿論御高入之地所ニ而も、当時荒地多く賦税少キ場所、又は堤外流作場等不定地之分は相除、都而御収納高並御普請御入用等をも深く心計を尽し、不益之儀決而いたす間敷候、水開之地所等不挟様心付、扨又用悪水路、樋、橋之類なと、変地ニ而不用之分も可有之哉ニ付、当時之模様を以、仕来ニ不拘悉く相除可申候、右之外、御料、私領国役普請等も近来相弛ミ、左迄ニ無之箇所又は小川迄も、無際限御普請出来候哉ニ相聞候、左様ニは有之間敷筈ニ候、以来は大川通計実々私資難及候所而已、御普請被仰付候心得を以、其申立ニ不相混旧弊相改、若無拠筋有之場所は、伺之上取計可申、気請等拘り候而は、改革之趣(意カ)共不行届候間、縦令御役柄之領分知行たりとも、少も不回避公平ニ取計、惣而保方宜候へは、自然年々御入用減候儀ニ付、格別ニ出精相励、流弊改革之功験相顕候様可致、右申渡候上ニも、村方等江相泥ミ、御入用相増候取計いたし候歟、又ハ仕立方等閑ニ相心得候もの於有之は、急度御沙汰之次第も可有之候条右之趣掛之ものは勿論、御普請役等迄厚く可被申渡候、右申渡候趣、関東筋東海道筋御代官も厚く可被申渡候。

以上、引用した「御普請向改正」から幕閣の最高責任者が当時の河川行政をどのように認識し、その改革の方針がどのようなものであったかがよく読み取れる。すなわち、諸国河川の普請現状については、「多分之御入用相懸候而も、年々止時も無之」とあるように、これまでも多分の御入用費用が掛かっても、なかなか取り止めることもできず、幕府財政の負担になっていた。また、宝暦頃までは「証拠書物分明ニ無之分」[28]は、御普請と認めず幕府からの普請費用負担はしないと取り決められていたが、それも追々守られなくなってしまい、普請に対する管理が十分行き届かなくなっているという大きな危機感をもっていることがわかる。そこでこうした河川行政に対する危機的状況を打開するための改革を、まず関東および東海道の諸河川より開始すると強い意志を申し渡している。その改革方針を、西田真樹氏の業績[29]を借りて整理をすれば、三つに集約できる。一つは、近時の「仕来」に沿った場所であるなしに拘らず公私を駿別し、「際立御入用相減候様」と記されているように、相当分御入用負担の普請を削減することであった。二つ目は、石高が確定している土地においても、現時点で荒地が多く年貢を十分に収納できない場所や、堤外流作場などの不安定な場所の普請は省き、「都而御収納高並御普請御入用等をも深く心計を尽し」とあるように、年貢収納高と御普請費用の兼合をよく計るべきであるとしている。三点目は、用悪水路・橋・樋類などで、「変地ニ而不用之分も可有之哉ニ付」と述べられているように、地形の変化により不要になっている場合、「仕来」に拘らず普請を省略すべきこととしている。その他、国役普請などについても、「近来相弛ミ」、「無際限御普請出来」等の様相を呈しているという認識のもと、大川通りの私資だけではまかなえない大きな普請に限るとしている。そして、この「御普請向改正」に当たっては、「縦令御役柄之領分知行たりとも、少も不回避公平ニ取計」と記されているように、幕府役職者の所領であっても公平を欠くことなく点検するよう命じており、それだけこうした改革に強い意志をもって臨んだことがわかる。

この方針のもと、翌月の同年十二月には、関東地域へ、勘定格宮田菅太郎、吟味下役出役大竹伊兵衛、御普請役石川庄次郎、上条要助等の関係役人が各村を廻村している[30]。こうしてこの「御普請向御改正」の趣旨は、見沼代用水井筋の村々へも一八三八年(天保九)正月の普請役人からの足立郡美女木村への廻状[31]に「小前一同江も御趣意之趣厚申諭、等閑無之様村役人附居精々入念可申候」と述べられているように、各村を巡回した普請役人等を通じて徹底されたようである。

3　天保九年見沼代用水分水願いとその動向

綾瀬川上流域五ヶ村の「見沼代用水の分水願い」について、順を追ってその動向を見てゆこう。

まず、五ヶ村は、一八三八年（天保九）正月に、同じ上綾瀬川組合内である隣村の埼玉郡内の高虫村、上平野村（以上の二ヶ村はすでに一部で見沼代用水から取水している）、倉田村（現桶川市）と一緒に勘定所役人宮田菅太郎宛に分水願いを申し出た願書を提出している。この願書を提出するにあたっては、上平野村における「天保九年御用留[32]」の正月の欄に「今般御勘定宮田勘次郎《ママ》様見沼井筋江御廻村被遊候間右ニ付用水願一条ニ付、火急御相談申上度奉存為候間、御村々村高之内田畑高書御持参、今日十七日八ッ時迄小針地蔵院江御出会可被成下候、尤委細之儀は会席ニ御相談可申上候」という羽貫村、小針新宿村両名主からの至急の連絡が入ったことが記載されている。この急廻状により、勘定所役人宮田菅太郎が当地に巡回している間に、見沼代用水の分水を求める願書（以下、分水願書と略す）を提出すべく関係村が小針新宿村内の地蔵院に集まって相談をしたことが伺い知れる。また、この折それぞれの村の田畑書上帳を持参するよう指示されているが、見沼代用水からの受益高を極めるためのものと思われる。それだけに、この時にはすでに分水に関する話が相当具体化していたと見てよいだろう。

次に前述した一八三八年（天保九）正月の分水願書[33]を見てみよう。分水願書提出までの動向が明らかとなる。

乍恐以書付奉願上候

武州足立郡上綾瀬川用水組合拾六村之内八ヶ村高弐千石余、右八ヶ村惣代小針新宿村名主弥市・羽貫村名主源八一同奉申上候、私共用水組合之儀は、古来より元荒川悪水ヲ組合小針領家村地内関枠建置、字備前堤より龍圦樋伏込、夫より綾瀬川江引入用水引来候所、右元荒川之儀は忍領字榎戸堰・三ツ木関・宮地関・笠原関・栢間堰都合五ヶ所有之、少々昭照候得は用水一切無之、田方植付之節別而差支年々旱魃仕、村々大難渋仕候間、去酉十一月中御勘定市村宗四郎様御出役先江御願奉申上候処、御聞済被成下、御普請御役森規太夫様御両所様場所御見分被成下候上、願書継添を以被　仰聞候は、見沼代用水路東西縁用水潤水仕候ハヽ、御見様上加用水分水被　仰付候様御利解被　仰聞候ニ付、御請書奉差上候、右元荒川末水之儀ニ付是迄年々旱魃仕難儀至極仕候間、今般見沼代用水路下中条村・須賀・荒木三ヶ村地内忍・羽生弐ヶ領用水掛渡井御取払相成候上は、見沼代用水路格別水坪多分相増可申哉乍恐奉存候間、何卒格別之以　御慈悲、当戌年より分水被　仰付被下置候ハヽ、大場御田地旱魃被相逃難有仕合奉存候、奉申上候通御聞済被成下候ハヽ、御上納筋不差支廣《ママ》大之御威光難有仕合奉存候、以上

（後略）

（傍線筆者）

この史料から、まず、「御普請向改正」方針のもと早くも、一八三七年（天保八）十一月には幕府勘定所役人の市村宗四郎が当地に巡回していることがわかる。何よりこの機会を逃がさず分水願書に名を連らねている八ヶ村が、水不足で難渋している現状を訴えていることは注目される。これは、第一節でも述べたとおり、見沼代用水は定掛場として幕府の厳しい管理下にあったため、小針領家村の一八三八年（天保九）十一月の「見沼代用水御分水　御請書」(34)にも「見沼井筋の義ハ、下郷東西縁末八ヶ領村々為用水享保年中御切開ニ相成御由緒有之候用水路に付、猥ニ分水等被仰付候筋無之処」と述べられているように、容易には分水がかなわぬものであったことがわかる。そしてこのことは当時の農民たちの間にも同様な認識がもたれていたと思われる。それ故に、「御普請向改正」といった幕府の河川支配政策における大きな方針転換に敏感に反応し、この機会を逃さず、恒常的に水不足に陥っている村内の利水状況を訴え出たといえる。

史料によれば、この訴えを受けて、その後普請役の森規太夫が現地を見分したが、その折、同普請役から幕府

内に見沼代用水の改修計画があり、それが実現すれば同用水を流れる水量も増えると思われるので村方の要望も了承されると聞かされ、早速今回の分水願書を提出したのであった。(35) この見沼代用水の改修計画とは、同史料後半に傍線で示したように、見沼代用水の取水口である下中条村内の掛渡井（北河原用水という忍・羽生二ヶ領用水と交差している）を撤去して、見沼代用水の水量を増そうというものである。すなわち、見沼代用水元圦樋尻に留関枠があったため、年々流入土砂により見沼代用水路底が上昇し、掛渡井が水の流行を阻害していたのである。(36) このため、「御普請向改正」の方針にもとづいて現地を調査見分した勘定役市村宗四郎は、この下中条村内の掛渡井による流行阻害は、見沼代用水の水行全体に深刻な影響を及ぼすと判断して、これの撤去を計画したのであった。計画の中身は、掛渡井を撤去して北河原用水を見沼代用水に一旦落とし、再び同用水から分水して、忍領須賀（現行田市）・上新郷（現羽生市）の二村と羽生領へ導水しようというものであった。(37) この掛渡井模様替え（撤去）工事の出来形帳が残されているが、それによれば工事は一八三八年（天保九）二月から始めて四月には終了している。(38) なお、ここでは詳しく述べる余裕はないが、この一八三八年の工事は、翌年には早くも新たな問題が発生している。具体的には、翌年の一八三九年（天保十）は旱魃の年であったが、見沼代用水から分水した忍・羽生領の用水は潤沢であったが、見沼代用水末流の村々から、元圦近くから忍・羽生領が取水しているため水不足となったと不満の声が多く聞こえるようになったのである。(39) これについて、一点注目すべき点を指摘しておくと、この問題を背景にして、新たな上川俣元圦の設置計画案が出てきたが、それを示す史料中(40)に「見沼代用水之儀ハ大高之組合ニ而皆御料所同様之場所、田作干枯罷成候而は、御公儀様御収納辻江相響奉恐入候仕合、且ハ向後用水引取方ニ付、差滞之程難計心痛仕候ニ付、此度之御趣意を幸と利根川より用水引入、永来安泰ニ相続仕度一同志願罷在候」という記述が見られることである。すなわち、この新計画は、羽生領上郷三四ヶ村により「御改正御掛役人」宛に提出されたものであるが、文面から見沼代用水の受益村々の安泰が幕府財政を守る重要基盤と考え、その維持管理の重要性を読み取ることができ、この計画が地元の村方だけでなく、市村宗四郎に代表される「御普請向改正」を徹底させる立場にある勘定方の役人や普請役の主導に基づき行われたことを読み取ることができることである。これは、彼等が河川支配の実務を担当し、常に管轄する河川流域村々の現状を熟知しているため、幕府の技術吏員としての立場から、当時の在方支配に対する強い危機感の現れではなかったかと思われる。

さて、この下中条村掛渡井撤去工事完了後における五ヶ村の分水実現までの動きを左記の史料[41]により見てゆきたい。

乍恐以書付奉願上候

武州足立郡上綾瀬川用水組合拾六ヶ村之内、六ヶ村惣代羽貫村名主源八、小針新宿村名主弥市一同奉申上候
（中略）然ル処当春中見沼代用水路下中条村・須賀・荒木三ヶ村地内忍・羽生弐ヶ領用水掛渡井御取払ニ相成、
涸用水路水坪多分相増候哉ニ承知仕、此度上綾瀬川通藻苅御見分として被成御越候、村上貞助様江地理一通
御覧被成下、前書私共奉歎願候趣被仰在被下置来り、亥ノ春より見沼代用水御分水被　仰付被下置候様奉願
上候処、右は御改正御掛様江相願候は格別御定式御掛様ニ而は願筋御取上難相成段御理解被　仰渡願書御下ニ
相成、私共帰村仕組合村々江其段申聞候処、何レも途方を失い悲歎仕、元荒川用水之儀は前書奉申上候始末ニ
而迚も引取可申様無御座、此侭ニ而は往々難渋難相遁離散退転之者も出来可仕歎敷義ニ奉存候、右ニ付重々恐
入候義ニは　奉存候得共、各様方御跡を慕い再応不顧恐願書差上幾重ニも御慈悲之御沙汰奉願上候、尤私共
村々御分水奉願上候義別段見沼井筋江圦樋繰樋新井筋等相願候筋ニ無御座、用水引取方　御免許被成下置候
得は、隣村高虫村是迄有来候圦樋江組合同村余水貰受少し之掛渡井相仕立、上綾瀬川を掛越候へは六ヶ村耕
地潤沢仕候義ニ付高虫村とも熟談仕候処、同村都而故障等之義無之旨申聞願書加印もいたし呉申候、殊ニ私
共組合六ヶ村高弐千百九拾弐石壱升、内田高八百五拾七石三斗四合、此反別九拾五町弐反五畝八歩ニ而為差（ママ）

大町歩と申ニも無御座、用水引取　御免許被成下候得は、六ヶ村一統旱損之愁相遁永久御田地相続仕候義は
不及申且、見沼井筋末水村々差障可相成程之義は乍恐有之間敷哉奉存候間、幾重ニも御慈悲之御沙汰奉願上
候、右願之通り御聞済被成下置候ハハ、村々大小困窮之百姓相助莫太之　御仁恵と難有仕合ニ奉存候以上

堀田備中守領分
武州埼玉郡高虫村
戸田加賀守　知行所
布施藤兵衛
同州足立郡羽貫村
荒川下総守　知行所
同州同郡小針新宿村
永見建次郎
中山勝三郎　知行所
同州同郡小針領家村
春日左太郎　知行所
同州同郡小針内宿村
木ノ下求馬　知行所
同州同郡　大針村

天保九年戌六月

右六ヶ村惣代
羽貫村
名主　源八
小針新宿村
同　弥市

御改正御掛
御勘定
宮田菅太郎様
（後略）

（傍線筆者）

ここに引用した史料によれば、上綾瀬川用水組合の内足立郡の分水五ヶ村と埼玉郡の高虫村を加えた六ヶ村が、下中条村内の掛渡井撤去工事が終わり、見沼代用水の水量も増加したものと判断し、ただちに分水実現に向けて行動を起こしたことがわかる。すなわち、上綾瀬川の藻苅定式普請の見分のため、御普請役村上貞助が当地を巡回した折に、来春（天保十年春）からでも見沼代用水の分水ができるように訴えている。しかし、分水の件については「御改正御掛様江相願候」とあるように、「御改正掛」の管轄であり、自分の担当外なのでこの分水願いを取り上げることはできないとの返答であった。六ヶ村の村役人達は大いに失望しながら帰村してその旨を村民に伝えたが、「此侭ニ而は往々難渋難相遁離散退転之者も出来可仕、歎敷義ニ奉存候」と述べられているように恒常的な用水不足に対する村民たちの危機感が限界を迎えている現状とその打開策を、分水に一縷の望みを託さざるをえない切実な様子が伝わってくる。そこで、六ヶ村は、改めて六月に「御改正掛」の宮田菅太郎宛に見沼代用水の分水願書を提出したのである。

この中で、注目されることは、六ヶ村の村方が考えている分水の具体的計画内容がわかることである。すなわち、傍線部分に見られるように、高虫村はもともと見沼代用水の受益村として、元荒川（柴山）伏越樋下の用水路に圦樋を設置してそこから同村の綾瀬川近くの耕地まで直接引水していたが、それを利用して綾瀬川に簡易な掛渡井を仕立てて足立郡の五ヶ村の灌漑用水としようとする分水計画である。この分水計画案を示したものと思われる麁絵図[42]が図3に示したものである。この麁絵図により、さらに、分水計画のおおよそのイメージが摑めよ

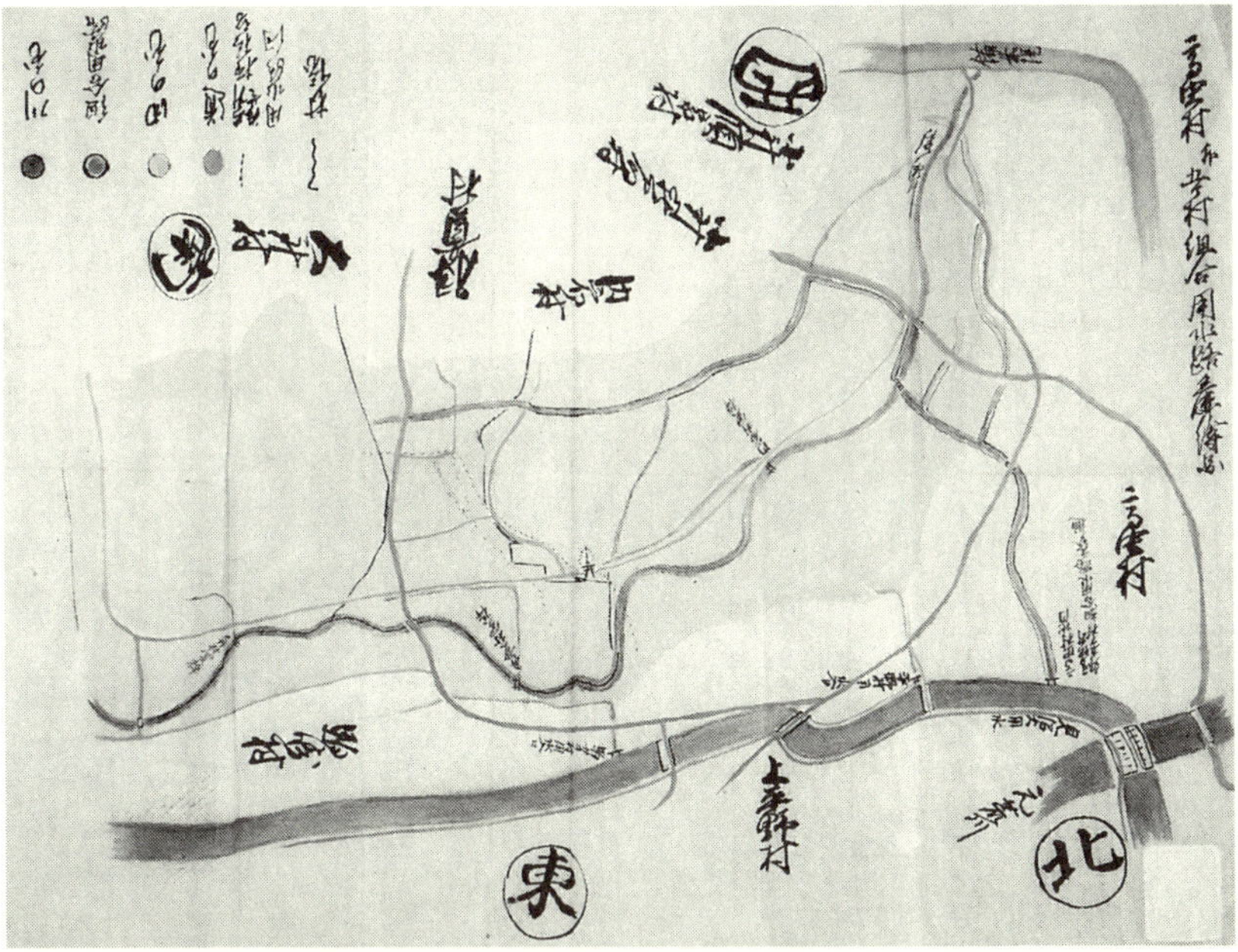

図3　高虫村外五ヶ村組合用水路麁絵図（『篠崎家文書』〔埼玉県文書館寄託〕）

う。足立郡の五ヶ村はこの計画について、見沼代用水から取水した用水を配水する立場にある高虫村ともよく相談したうえでのことであるということと、六ヶ村全体の用水組合高は見沼用水組合全体から見れば、僅かであり下流の見沼用水組合へも「差障可相成程之義は乍恐有之間敷哉奉存候」と述べ、分水の正当性を強調している。

この六月の分水願いが聞き入れられ、その結果、十月に六ヶ村は高虫村組合として、見沼代用水組合へ新規に加入することが正式に認められ、足立郡五ヶ村の悲願である見沼代用水からの分水が実現した。

なお、同年十一月に普請役村上貞助より足立郡五ヶ村に宛てた見沼代用水分水申付に対する請書の控[43]が小針領家村に残されている。それを見ると、今回の分水許可が「格別の御沙汰以此度分水被仰付候」措置であり、この背景に「御普請向改正」の意向があることはすでに指摘したとおりである。同請書には、左記に引用するような分水に当たって、六ヶ村が厳守すべきことを申し聞かせている。

（前略）

一、代用水路組合高の儀は、村々山畑の分除之、用水懸り田畑高組合の積り相心得早々取調、別紙を以可申上事

付り用水掛田反別、是又別紙を以書上可申上候事

一、高虫分水圦より芝（ママ）山村伏越樋上大崎村八間、拾六間両関枠下中条村元増両圦御普請の節ハ、前々組合村同様御材木引取運賃、組合高割を以百姓役出金差出可申候事

一、代用水路藻刈の義、是迄地元村々ニて刈取候処、私共組合入候上は芝山伏越樋下用水路ニおいて、追て藻刈丁場、組合高割を以間数御割渡可被成候間、用水中御触の度ニ人足差出、百姓役を以丁場限り念入刈払可致事

一、右分水被　仰付候上は、元荒川通字領家村堰、並赤堀川伏越樋不用ニ相成候間、組合村々申談、来ル亥春百姓役を以人足差出、関場取払川幅切広伏越樋堀江跡陸築ニ可仕候事

一、右分水被仰付候上は、綾瀬川の義全悪水路壱通りニ相成候ニ付、村々関枠取払悪水落方宜敷様取計候義は不及申上、同川多分の屈曲を以水行差滞候間、作方豊饒の時節見計組合村々申談模様替屈曲直し仕、悪水吐方捗取候様取計、是迄の川筋は追々御田地ニ相成候様心懸可申事

一、御役人様方井筋通行の節は、外組合村同様人馬御継立御休泊り共御差支無之様、御触通百姓役相勤可申事

一、組合五ヶ村高虫村共用水引取方の義兼て議定仕置、異論等堅不申立惣て和融いたし、万事正路ニ取計可申事

右被　仰渡の条逐一承知奉畏候、陳（然カ）ル上は此書面村限写取置　小前末々迄格別の御慈悲永久遺失不仕様為申聞御田地相続可仕候、為後証村々連印御請一札差出申処如件

（後略）

表4　天保9年高虫村組合新規加入五ヶ村の見沼代用水路組合高

村　名	村　高	見沼代用水路組合高	村高比
小針領家村	472石9斗9升1合	108石4斗5升	22.90%
小針新宿村	534石7斗6升2合	198石6斗2升1合	37.10%
小針内宿村	591石5斗1升8合4勺	253石2斗9合	42.80%
羽貫村	391石2斗1升6合9勺	102石6斗5升4合	26.20%
大針村	332石5斗7升	193石7斗7升	58.20%

註1：『篠崎家文書』〔埼玉県立文書館寄託〕「見沼代用水路組合高書帳　地先高虫村組合五ヶ村」および「天保郷張」より作成。
註2：この見沼代用水路組合高には、「山畑・天水場田」分の石高は除外されている。
註3：村高比は小数点第2以下切り捨て。

以上、分水に際しての厳守すべき留意事項は七つの内容に分かれている。

一つめの内容は、各村の用水受益高を別紙で差し出すよう指示したものである。これについては、上平野村に「見沼代用水路組合高書帳　地先高虫村組合五ヶ村」とその内容を示す史料(44)が残されている。**表4**は、それをもとに足立郡五ヶ村の天保期の村高と用水受益高を比較して示したものである。これを見ると、用水受益高が一番低い小針領家村と最も高い大針村では、村高に占める用水受益高が倍以上も開きがあり、五ヶ村間において格差があることがわかる。これにより、五ヶ村間においても分水による関係にかなりの差があることが推察されるが、これについては、本節最後で改めて触れたい。

二つめは、高虫村分水圦樋から上流に設置されている柴山伏越樋、上大崎八間・十六間関、下中条村元・増圦樋等重要水路構造物の普請における材木引取運賃についてであり、組合高割に応じて村民が費用を負担すること、三つめは同用水路の藻刈についての担当区間も組合高に応じて極め人足を差し出すこと等について指示したものである。四つめは、小針領家村地内の元荒川の流水を堰留めるために設置されていた領家堰と赤堀川伏越

樋（龍圦樋）は分水の結果不要となるため、その撤去工事の普請人足を差し出すことを命じたものである。この龍圦樋等の撤去工事については、「来ル亥春百姓役を以人足差出」とあり、翌年春からすぐに取り掛かるものと予定されており、分水の結果その問題が生じてきたのではなく、分水願い時点でそのことを合わせて検討されていたと見てよかろう。換言すれば、この一八三八年（天保九）における分水願いが単に当該地域の願いを叶えるものというだけでなく、見沼代用水の取水口から末流まで同用水路全体の維持管理、組合等についての再編として組み込まれた幕府の河川支配政策の強化の一環であることが推察できる。この龍圦樋撤去工事は、備前堤を境にした上郷と下郷の排水をめぐる新たな対立を生み出すことになるのである。五つめは、これまで龍圦樋を通して元荒川の水を綾瀬川へ落して用水としていたものが分水の結果、龍圦樋が不要となったため、綾瀬川は完全に排水路専用河川となる。そのため、排水が良好となるよう川の蛇行を無くすなど同川の改修工事を行って、将来的に少しずつ田地を増してゆく計画でもあることも承知するよう言い聞かせている。六つめについては、普請役人の巡回の際の継立てや休泊についてスムーズに役目を勤めることが書かれており、最後の七つめは、分水元である高虫村と他の五ヶ村の間で後々問題が起こらないよう十分話し合って仲良く協力しあうべきことを念押ししている。

　こうして、高虫村地先の圦樋から分水して郡境の綾瀬川を越えて足立郡の五ヶ村に灌漑をするための見沼代用水分水工事は、一八三九年（天保十）の三月から四月にかけて実施された。なお、この工事費用捻出にあたって、羽貫村では、「殊之外入用多分ニ相成申候、近年打続大小之百姓困窮至極仕候間、諸入用等割合仕候得共、出金差支大難渋仕候ニ付、無拠　御地頭所様へ奉歎願候」[45]と当初の予定以上に工事の出費が掛かり、当初の予算では足りなくなり、切羽詰まって自分たちの領主へさらなる資金の援助を求めている。

　また、この高虫村組合六ヶ村の見沼代用水への新規加入を契機に、一八三九年（天保十）六月に作成された議定書[46]に「古来用水組合之外新用水被下置候ニ付新古拾四ヶ村組合ニ相成」と書かれているように、当該地域にお

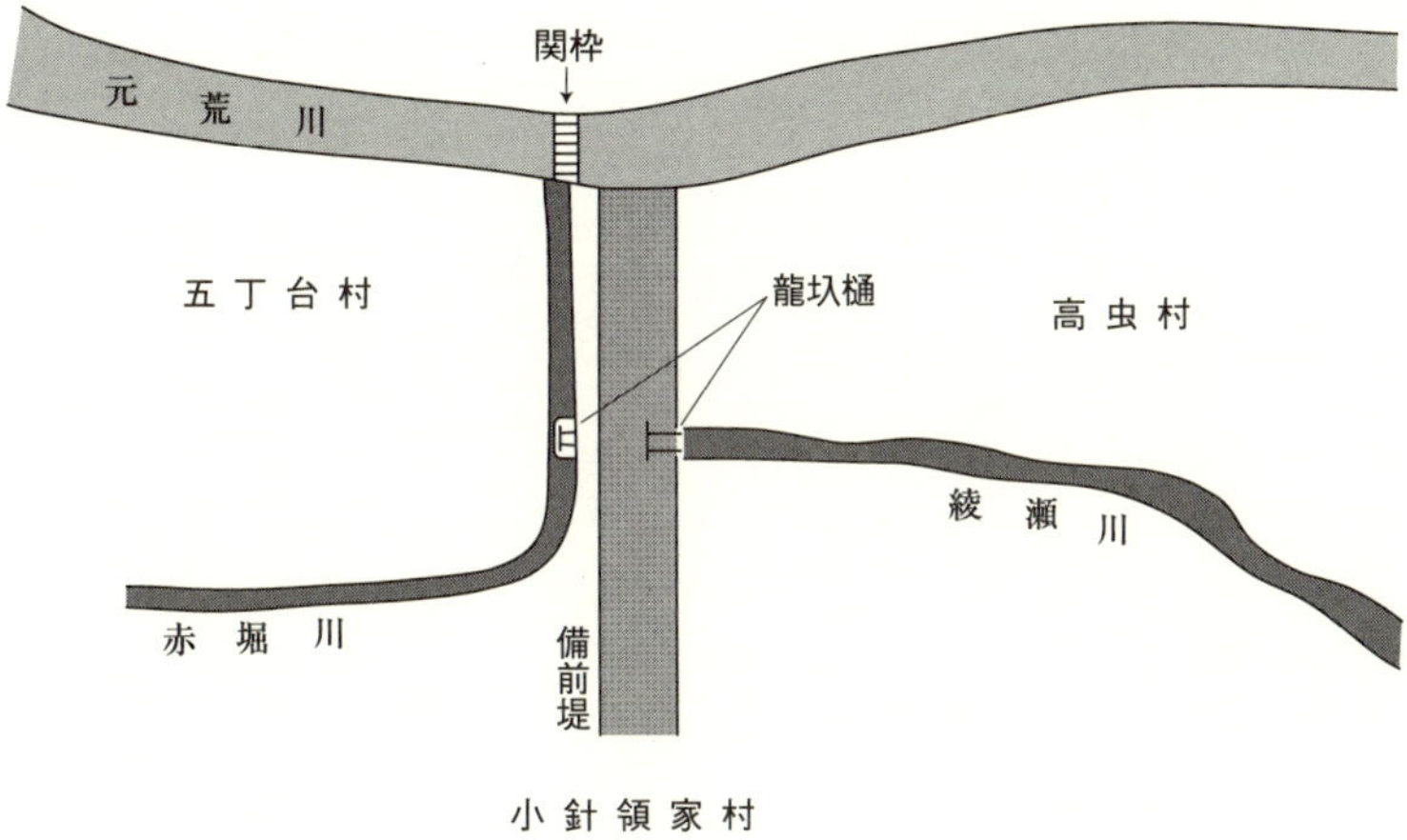

図4　元荒川より綾瀬川への取水略図（『蓮田市史通史編Ⅰ』より作成）

ける新たな見沼代用水組合の再編成が行われた。同議定書によれば、新規の組合構成村は、高虫村組内の六ヶ村に、上平野・駒崎・上閏戸・中閏戸・下閏戸・上蓮田・下蓮田（以上現蓮田市）・上瓦葺の八ヶ村を加えた十四ヶ村である。この十四ヶ村で、普請役が廻村して来た折の宿泊費用を一泊につき銭一貫六〇〇文、人足は一人百文、馬一疋二〇〇文とそれぞれ見積るなどの経費負担について取極めを結んでいる。

ところで、今回の分水を願い出た五ヶ村は、これまで述べたとおり、もともとは、元荒川・赤堀川の悪水を利用して取水をしていた。すなわち、元荒川の流水を堰留めてその水を赤堀川へ落し入れ、さらに備前堤に龍圦樋（低所から高所へ揚水するサイフォンの原理を応用した取水施設）を伏込んでそれを通して綾瀬川に引水し灌漑用水としていたのである（図4参照）。備前堤は水除堤として知られているが、同時に綾瀬川上流域の灌漑をするための用水取入施設も組込まれていたのである。

ところが、見沼代用水からの分水が実現することになり、元荒川等からの取水は必要なくなった。したがって、それに伴いこれまで使用していた領家堰や龍圦樋などの取水施設は不要であると判断され、今回の分水工事計画の中にこれらの取水施設の撤去工事も当初より含まれていたのである。この撤去工事は、一八三九年（天保十）三月の「元荒川通字領家堰取払請書」[47]と題した出来形帳によれば、「右入用諸色人足之義組合百姓役差出、当二月下旬より取掛り」とあるように、新規見沼代用水組合村々の負担により二月下旬頃から開始され、三月中旬頃までには工事が完了したものと思われる。

なお、龍圦樋取払い工事完了後すぐに作成された議定書[48]では、「人足諸色諸雑費等迄取調割合次第早々差出可申候、万一上郷より故障等申出村々之内ニ而引合等罷出候節は、是迄之振合ヲ以相当之入用割合無差支様急度出金可致候」と、これらの取水施設の撤去工事についての費用分担やその取扱いについて取極を行っている。この中で注目すべき点として、備前堤の上郷側の村から異論やクレームが出て交渉事が発生した場合の臨時の出費についても取り決められていることである。これは、上郷と下郷では備前堤をめぐる激しい争いが過去に何度も繰り返されているので、そのようなことも現実的想定事項として議定書に盛り込まれたものと思われる。事実、上郷の五丁台村（桶川市）では、見沼代用水分水により、元荒川の領家堰と赤堀川の龍圦樋が取り払われることを知り一八三八年（天保九）九月の段階で、備前堤へ赤堀川の「悪水抜圦樋許可願」[49]を御普請役村上貞助宛に提出している。すなわち、五丁台村では、「赤堀川悪水は村下備前堤江突当元荒川江落合、数日当村居廻り水湛悪水落兼水難必至村方ニ而」と同史料に述べられているように、もともと備前堤が障害物となって排水不良を起こしやすい土地柄であった。しかし、これまでは、その悪水を領家堰・龍圦樋の両取水施設を利用して綾瀬川へ分水していたため、五丁台村の排水不良は緩和されていたのである。そのため、これらの取水施設を取り払うことは五丁台村の備前堤付近は「水湛困窮弥増（中略）田畑迄も水腐仕、極水難場ニ落入」という深刻な状態を招くことになる。そこで、これらの窮状を訴えたうえで、「綾瀬川江内法壱尺四方の悪水抜被仰付被下置候様　偏奉願上候」と龍圦樋を取り払った跡に、赤堀川の排水処理に支障をきたさないよう、新たに悪水抜きのための樋を設置してもらうよう願い出たのである。しかし、この願いは、一度御普請役村上貞助により筋違いであるとし受け付けられず、再び翌年一八三九年（天保十）二月に改めて奉行所へ願い出たものの、下郷村々の反対もあり許可されなかった。[51] この問題は、史料的限界もあり、現状ではその後の展開が不明であるが、分水による上郷と下郷の新たな対立点として、その後ももち越されたものと思われる。

さて、本節の最後として、分水後の足立郡五ヶ村の動向について少し触れておく。

五ヶ村のうち、小針領家村については、見沼代用水を灌漑用水として取り入れたものの、十分行き渡らなかったものと思われる。すなわち、同村に残されている一八四七年（弘化四）の史料[52]を見ると、「当村外四ヶ村組合新規堀筋相仕立、用水引取候様罷成候所、組合の内四ヶ村は順水ニ付差支無之候得共、当村田地高場ニて用水順沢不仕難義ニ付、素の通用水筋取直の儀奉願上呉候」とあり、同村の場所が高虫村の取水口より高場に位置するため、見沼代用水を灌漑用水として引水できなかったようである。そのため、分水以前のように元荒川を堰留めて、赤堀川から備前堤に敷設した龍圦樋を通じて綾瀬川に汲み入れ、そこから取水したいと願い出ている。これについては、詳細は不明であるが、他の四ヶ村の賛成が得られず、願いは叶わなかったようである。その他、大針村なども隣村埼玉郡駒崎村に残る一八五三年（嘉永六）の史料[53]の中に「高虫村より用水引入候所場末村ニ而一円養《ママ》水潤沢無之、年々差支当惑難渋仕候ニ付無拠、隣村之間柄を以加養《ママ》水之儀是非共私共村方より請度由村役人衆中江願出候」とあり、同村が高虫村の分水取水口から遠くに位置し、村全体に用水が行き渡りにくいため、隣村の駒崎村内の見沼代用水から取水したい意向を持っていることがわかる。このときの結果について詳細は不明であるが、大針村と羽貫村の両村はその後、一八六九年（明治二）に見沼井筋役人へ同用水施設の変更を願い出て許可されており、その結果「駒崎村圦樋より融通致し右樋より引入」[54]となり、用水の議定を取り極めている。

このように、一八三九年（天保十）に見沼代用水分水が実現したものの、その後の五ヶ村の展開は村落間で利益格差が存在していたことが推察される。小針領家村などは土地柄から、分水による同村への益が少ないことは当初より承知していたものと思われる。しかし、用水管理については、隣村を中心とした組合村一同が協力のもと行うものであり、本音は分水に消極的であっても、他の四ヶ村と行動を共にせざるをえなかったのではなかろうか。五ヶ村による分水願いの連帯行動も決して一枚岩でなかったのである。この問題は、用水をめぐる用水組合の問題や村落間の地理的状況や内部事情など多角的な視野を入れた考察が必要と思われる。これについては、今後の課題としたい。

むすびにかえて

最後に、本論で論じたことを各節との重複をおそれず整理をしてむすびにかえたい。

(一) 見沼代用水は、幹線水路の延長距離が四万六〇〇間(約八四キロメートル)を超え、その用水石高も十四万石を超える広大で大規模なものであった。しかも、大半が幕府領であったため、幕府財政にとっても重要な位置付けをもつものであり、幕府の責任において現地に派遣される用水掛りの普請役を中心に厳重に維持管理が行われていた。したがって、同用水受益村以外の村からの分水などの要求なども厳しく規制されていた。

(二) 一八三七年(天保八)十一月に、時の老中水野忠邦より発令された「御普請向改正」は、河川支配(行政)における天保改革ともいうべきものといえた。すなわち、関東主要河川などは幕府の定掛場として、これらの維持管理に係る普請費用などは「御入用」として、主に幕府が中心となって負担してきたが、これが幕府の財政を圧迫している大きな原因ともなっていた。また、当時天候不順による大飢饉が相次ぎ、潰百姓や逃散などによる村内人口が減少するなど農村の荒廃が進んでいたため、幕府は極端な税収不足に陥っていた。したがって米を作るには潤沢な水が必要であり、主要河川の流路全体の見直しをして、新たな利水計画のもと、従来の仕来りに捉われずに必要な河川改修工事や普請・用水組合の再編などに取り組んだものであり、いわば、この「御普請向改正」は、天保期の農村危機に対する打開策であり、農村再編に向けた農村支配政策の強化でもあった。また、この農村への危機感を日頃から実感していた者は、日頃から現場の河川状況や付近の村々を実況見分していた幕府の技術吏員ともいうべき普請役や勘定所の役人たちであった。彼らは、この「御普請向改正」と思いを一つにしたが故に、廻村先でこの改正の意向を積極的に啓蒙するとともに現場の指揮をとったものと思われる。

(三) 分析対象の綾瀬川上流地域の足立郡五ヶ村の農民たちは、この「御普請向改正」を見沼代用水への分水を実現する絶好の機会と捉え、素早くそれに向けて果敢な行動を取った。この「御普請向改正」の発令が出された十一月には、勘定所役人市村宗四郎に願いを申し出ているのは、その表れともいえる。その後、何回かの関係役所への願出によって、約一年後の一八三八年(天保九)十月には見沼代用水からの正式な分水許可が得られ、翌年の一八三九年(天保十)四月には、そのための分水工事が完了し五ヶ村は当初の目的を遂げている。

一方、五ヶ村の分水により隣村地域への影響があったことも事実であり、五丁台村は、分水により従来五ヶ村が利用していた取水施設が取り払われ、排水不良を起こし困窮している現状を奉行所へ訴えるが、却下されている。しかし、五ヶ村の分水により隣村地域と新たな問題が発生したことは注目される。また、分水して安定した利水を得たと思われる五ヶ村も、その後十年足らずの後、小針領家村より分水以前の取水方法に戻してほしいという訴えが出るなど、分水を願い出た五ヶ村も決して一枚岩でなかったことが知れる。これについては、分水による村落間の利益格差や用水組合としての連帯行動といった村落共同体の論理など新たな視点による分析が必要と思われ、稿を改めて論じたい。

註

(1) 北島正元「天保期の歴史的位置」同氏編『幕藩制国家解体過程の研究』(吉川弘文館、一九七八年)、竹内誠・長野ひろ子「天保期」『日本史を学ぶ3　近世』(有斐閣、一九七六年)、大口勇次郎「天保期の性格」(『岩波講座日本歴史12　近世4』岩波書店、一九七六年)、藤田覚「一九世紀前半の日本」(『岩波講座日本通史　第15巻　近世5』岩波書店、一九九五年)、佐々木潤之介「天保改革」(『体系日本歴史4　幕藩体制』日本評論社、一九七一年)など

(2) 藤田覚『天保の改革』(吉川弘文館、一九八九年)

(3) 前掲註(1)北島正元「天保期の歴史的位置」

(4) 大口勇次郎「天保七年『旧弊改革』と関東取締出役」(『信濃』四十巻三号、信濃史学会、一九八八年)

(5) 大口勇次郎『徳川時代の社会史』(吉川弘文館、二〇〇一年)

(6) 西田真樹「川除と国役普請」(『講座・日本技術の社会史6　土木』日本評論社、一九八四年)

(7) 先行する研究として、飯島章「天保期における幕府の治水政策」(『国史学』第一三五号、国史学会、一九九四年)がある。同氏は、天保期の治水政策を特徴づけるものとして、一八三六年(天保七)十月の「関東筋川々御普請所旧弊改革」、一八三七年(天保八)十一月の「関東筋東海筋川々御普請向改正」に注目し、北河原用水・見沼代用水模様替の事例を中心に両者との関連を分析、考察をしている。本論は、これに続くものとして、別なフィールド(事例)をもとに同様の考察を試みたものといえる。

(8) 『伊奈町史　通史編Ⅰ』(伊奈町、二〇〇三年)第四章第二節

(9) 『桶川市史　第一巻通史編』(桶川市、一九九〇年)第八章第一節

(10) 天保九年十一月「見沼代用水御分水　御請書」(小針領家村　椙川家文書『桶川市史　第四巻近世資料編』桶川市、一九八二年所収)

(11) 『見沼土地改良区史　第一編』(見沼土地改良区、一九八八年)第二章

(12) 『浦和市史　通史編Ⅱ』(浦和市、一九八八年)第七章第二節

(13) 『上尾市史　第六巻通史編上』(上尾市、二〇〇〇年)第三章第三節

(14) 黒須茂「元禄期見沼への新用水開削計画について」(『利根川文化』8号、一九九四年)

(15) 『御触書寛保集成』五五

(16)「見沼新田御開発御用書留帳」(岡村家文書『見沼土地改良区史資料編』、一九八八年所収)
(17)『埼玉県史　通史編4近世2』(埼玉県、一九八九年)第一章第一節
(18)『蓮田市史　通史編Ⅰ』(蓮田市教育委員会、二〇〇二年)第三編第三章第二節
(19)「享保期関東における国役普請」(『国史学』第八六号、国史学会、一九七三年)、大谷貞夫「江戸幕府の治水政策と利根川流域」(『論集関東近世史の研究』村上直編名著出版会、一九八四年)、『江戸幕府治水政策史の研究』(雄山閣、一九九六年)
(20)前掲註(19)大谷貞夫「江戸幕府の治水政策と利根川流域」によれば、一七二八年(享保十三)に、小貝川・下利根川・江戸川・鬼怒川の四川奉行の職域が拡大され、前述の四川のほか上・中利根川、荒川、烏川、神流川、稲荷川、大谷川、竹鼻川、渡良瀬川、元荒川、星川流域の郡代・代官支配所の普請場まで及んだ。なお、四川奉行は短期間の役人であったが、代官の担当していた普請を勘定所が直接担当するようになったきっかけを作ったことに意義があると大谷氏は述べている。
(21)前掲註(7)飯島章「天保期における幕府の治水政策」
(22)前掲註(1)藤田覚「一九世紀前半の日本」
(23)古文書五人の会「天保八酉年大和田村御用留」(『さいたま市博物館研究紀要　第4集』二〇〇五年)
(24)前掲註(7)飯島章「天保期における幕府の治水政策」
(25)前掲註(4)大口勇次郎「天保七年『旧弊改革』と関東取締出役」
(26)大口勇次郎「天保期の御用留(一)」～「天保期の御用留(四)」(『茅ヶ崎市史研究』五―八号、一九八一―一九八四年)
(27)『牧民金鑑』上巻第十　八一〇・八一一頁
(28)延享元年に「惣而五拾ヶ年以来証拠無之分ハ、御入用御普請ニは被不仰付積吟味有之可被取斗候」(『牧民金鑑』上巻第十　七五三頁)といった触が出され、五十年以前より証拠物のある分は御入用普請、証拠の書物のない分は自普請と決定している。ここでは、こうした区別が年を経て追々曖昧になってきてしまっていることを述べている。
(29)前掲註(6)西田真樹「川除と国役普請」
(30)『牧民金鑑』上巻第十　八一一・八一二頁

(31) 「見沼井筋藻刈につき普請役廻状」(須賀家文書『川口市史　近世資料編II』川口市、一九八六年所収)
(32) 天保九年「天保九年御用留」(蓮田市上平野『篠崎家文書』(埼玉県立文書館寄託))
(33) 天保九年正月「乍恐以書付奉願上候」(加藤家文書　前掲註(8)『伊奈町史　通史編I』所収)
(34) 前掲註(10)天保九年十一月「見沼代用水御分水　御請書」
(35) 前掲註(8)『伊奈町史　通史編I』第五章第二節
(36) 『見沼代用水路の開削と経営』(見沼土地改良区、一九八〇年)
(37) 『羽生領水利史　通史編』(羽生領用悪水路土地改良区、一九九九年)第三章第一節
(38) 天保九年四月「北河原用水路御模様替出来形帳」(栗原家文書『羽生領水利史　資料編』羽生領用悪水路土地改良区、一九九九年所収)
(39) 前掲註(37)『羽生領水利史　通史編』第三章第一節
(40) 天保十~十二年「上川俣郷地内江当領用水元圦新規御伏込ニ付諸願書諸議定控」(磯野家文書、前掲註(38)『羽生領水利史　資料編』所収)
(41) 天保九年六月「乍恐以書付奉願上候」(伊奈町小針新宿『斉藤英一家文書』(埼玉県立文書館寄託))
(42) 年代不詳「高虫村外五ヶ村組合用水路麁絵図」前掲註(32)『篠崎家文書』。「高虫村外五ヶ村組合用水路麁絵図」と記載されているので、分水が正式に認められた後、分水の請書とともに作成提出されたものと思われる。
(43) 前掲註(10)天保九年十一月「見沼代用水御分水　御請書」
(44) 天保九年十二月「見沼代用水路組合高書帳　地先高虫村組合五ヶ村」(前掲註(32)『篠崎家文書』)
(45) 天保十年十二月「乍恐書付奉願上候」(伊奈町羽貫『加藤家文書』(埼玉県立文書館寄託))
(46) 天保十年六月「見沼代用水組合村々議定帳組合拾五村」(『蓮田市史　近世資料編II』蓮田市教育委員会、一九九七年所収。なお、本文では十四ヶ村となっているが、連印しているのは、上閏戸村秀源寺領分を別に数えた十五ヶ村である)
(47) 天保十年三月「天保十亥年　元荒川通字領家堰取払請書」(前掲註(45)『加藤家文書』)
(48) 天保十年三月「天保十年　竜《(ママ)》圦関枠取払ニ付議定書　亥三月」(加藤家文書『蓮田市史　近世資料編II』所収)
(49) 備前堤をめぐる争いについては、黒須茂「備前堤の築堤目的とその機能について」(『浦和市史研究』第一号、一九

八五年)、前掲註(18)『蓮田市史　通史編Ⅰ』第三編第三章第一節に詳しい。これらを参照されたい。

(50) 天保九年九月「天保九戊年　当村悪水願書覚帳　九月四日五丁台村　名主利右衛門」(前掲註(10)椚川家文書所収)

(51) 天保十年三月「天保十亥年三月　五丁台村悪水吐圦備前堤江伏度願書並下郷拾六ヶ村故障申披願書写　酒井隠岐守知行所　武州足立郡五丁台村」(前掲註(10)椚川家文書所収)

(52) 弘化四年四月「用水路一件」(前掲註(10)椚川家文書所収)

(53) 嘉永六年七月「差上申議定書」(蓮田市駒崎『箕田家文書』)

(54) 明治二年十二月「用水規則之事」(前掲註(45)『加藤家文書』)

〈付記〉本稿を作成するにあたり、元埼玉県立博物館(現埼玉県立歴史と民俗の博物館)館長黒須茂氏に種々御教示をいただいた。末尾ながら記して謝意を表したい。

近世後期の海外情報と開明派武士の動向——渡辺崋山と鷹見泉石を中心に

髙橋貞喜

はじめに

十八世紀中期以降の日本においては、封建制の枠内ながらも合理的・批判的な精神に満ちた思想が続々と現れた。そのなかには、たとえば山片蟠桃が、儒教的な合理主義をもとに西洋文明の実証主義を高く評価し、いち早く地動説を理解して新しい宇宙観を示したように、享保期以降、主に医学や天文学の分野を中心に導入された蘭学が実学として認知されるようになっていた。そして、十八世紀後半、北方で対外危機が発生すると、世界地理学や海外事情がにわかに注目を集めるようになり、西洋諸科学の研究につとめていた蘭学者は、それらの紹介者の役割をもつことになった。こうした状況下、個々の武士のなかにも蘭学に関心を深め、知識の吸収に努める者も現れた。やがて、異国船来航が本格化する天保期、とりわけアヘン戦争の情報到来後は、蘭学の軍事科学化は急速にすすみ、それを摂取しようとする武士は急増していった。

かつてない外圧に直面した当時の日本人知識層は、国際状況をいかに認識し、対処しようとしたのだろうか。

この問題に関連した研究としては、思想史の分野では、洋学勃興の研究、渡辺崋山の思想を分析し洋学と幕府権力との軋轢を論じた蛮社の獄の研究などを通じ、天保期以降の軍事科学化した洋学（幕末洋学）と幕府政治史との関係を詳細にたどった佐藤昌介氏、(1) 近代思想の形成過程を儒教思想の変容・解体過程と関連づけて捉え、佐久間象山や横井小楠の思想を分析した植手通有氏、(2) 象山・小楠・松陰らの思想を通じて、維新遂行の母胎を成した実学思想の遠因と展開の解明を試みた源了圓氏、(3) 政治外交史の分野では、「西洋の衝撃」への対応をめぐり幕末・明治初期の対外意識において共通する枠組みを抽出し、対外関係を軸に幕末の政治的対立の特質を検討、個別研究では川路聖謨論を展開した佐藤誠三郎氏、(4) 体系的な幕末外交史を叙述し、そのなかで水戸の尊王論の対外認識と幕府の儒官古賀侗庵の積極開国論とを対照させて分析した三谷博氏(5)らの優れた研究がある。

本論では、先学にならい、開明派武士層がいかなる連携により海外情報の入手、情報交換を行い共通認識を形成したかという観点にたち、内憂外患が迫るなか互いに藩の家老として政務を担当しつつ、海外情報収集に奔走した、田原藩士渡辺崋山とその盟友古河藩士鷹見泉石、(6) およびその次世代を支えた佐久間象山、また、彼らとの交友を深め幕府外交の中心的存在として活躍した川路聖謨らの動向や思想をもとに考察を試みたい。

1　鷹見泉石と海外情報

崋山と泉石は、泉石が八つ年長であり、蘭学研究を始めた時期も泉石のほうが先んじている。鷹見家には、夥しい資料や遺品が残存しており、そのなかには、泉石が収集したオランダ風説書などの海外情報や地図、洋書などの資料や日記類がある。これらの資料は、現在古河歴史博物館が保管し、『鷹見家歴史資料』（以降『資料』と表記）として目録に整理されている。なかでも、ロシア関係の資料の豊富さが際立つが、その収集の動機は彼の青年期が、対露関係の緊張が一気に高まり、海防問題が現実化しはじめた時期であったことに加え、主君藩主土井利厚は老中となり、北方問題について専管する部分があった[7]ことと関係があると思われる。泉石は、ロシア通として諸方に知られる存在であった。

また、『鷹見泉石日記』[8]（以降『日記』と表記）には、化政期から安政期に至るまでの交流の足跡が記されており、**表**に見るようにその交友関係はきわめて多彩である。本多利明に学び、大黒屋光太夫宅へ出掛けさまざまなロシア情報を入手し、大槻玄沢宅で催されるいわゆる「おらんだ正月」にも招かれていた様子などが記されてい

『日記』にみる泉石と交流のあった主な人物一覧（太字は特に頻度が高い人物）

洋学者・蘭方医・阿蘭陀通詞		大名	幕臣	町人・書・画家など
足立左内	杉田松鶴	井伊直亮（掃部頭）	江川太郎左衛門	伊勢屋兵助
荒木熊八	**杉田成卿**	大久保忠真（加賀守）	**川路聖謨**	市川米庵
荒木蜂之進	高橋景保	太田資始（備後守）	近藤重蔵	和泉屋金右衛門
石橋助十郎	中山作三郎	**土井利忠（能登守）**	**下曾根金三郎**	**木村蒹葭堂**
伊東玄朴	名村三次郎	土井利祐（山城守）	**田口喜行**	**国友藤兵衛**
猪股源三郎	名村貞五郎	堀田正篤（備中守）	**筒井政憲**	大黒屋光太夫
今村貞助	楢林英三郎	牧野忠雅（備前守）	**中野碩翁**	**高島秋帆**
岩瀬弥十郎	楢林鉄之助	松平乗全（和泉守）	**根元善左衛門**	**谷文晁**
岩瀬弥七郎	西記志十	水野忠邦（越前守）	羽倉外記	谷文二
宇田川榕庵	本多利明	水野忠義（出羽守）		長崎屋
大槻玄沢	**箕作阮甫**	脇坂安董（中務大輔）		春木南溟
桂川甫賢	箕作省吾	他藩の武士		間五郎兵衛
品川梅次郎	吉雄作之丞	**神谷源内**	**佐久間象山**　村田左十郎	
杉田伯元	山路諧孝	**渡辺崋山**	神谷鳴右衛門	

る。なかでも最も頻繁に交渉しているのが、猪股源三郎や品川梅次郎らの天文台詰阿蘭陀通詞たちで、泉石にとって貴重な情報源であった。泉石は彼らと交流し、通常は入手が難しい和蘭風説書、唐風説書[9]をはじめ、和蘭地図・ウエイランド[10]著の文法書・『ゼヲガラヒー』[11]・『ショメール』[12]など、最新の海外知識や地図類その他西洋の珍品を入手したのである。

2　渡辺崋山と海外情報

一方、渡辺崋山が本格的に蘭学研究を始めるのは一八三二年（天保三）年寄役となり、海岸掛を兼務してからであるが、その素地は画業に専念していた青年期からすでに培われていた。一八一五年（文化十二）崋山二十三歳の時の日記『寓画堂日記』[13]には、駒谷（蘭方医吉田長淑[14]）の名がたびたび登場する。

三月十二日　卯刻起。與二駒谷一採薬、至二王子辺一、昏黒帰

廿九日　訪二駒谷一、午後直殿、蒋藹大幅山水摸成。夜悖レ志牛肚鬆真写、僅鉤肋而耳、子刻前寐

とあるように、駒谷とは単に医者と患者という関係にとどまらず、ともに採薬に出掛けたり、牛肚鬆真写（牛の内臓図）を見せてもらうなど親しい関係にあった。さらに一八一六年（文化十三）崋山二十四歳の時の日記『崋山先生謾録』[15]の十一月二十三日の条には、土殷孽（ドインゲツ）という漢方薬の成分の分析を詳しく駒谷から聞き取った記事が見える。こうして崋山は駒谷に影響を受け、急速に博物学への関心を高めていった。崋山にとって駒谷との出会いが蘭学研究の端緒になったといえるかもしれない。

また、三宅友信[16]が維新後に著した『崋山先生略伝』によれば「先生三十歳の頃より画風大に変ず……西洋画の暑蔭《かけくま》あるに心酔し頗る其法に倣ふ。是よりして肖像を画く妙致に至れり」とあり親交のあった幡崎鼎を通じて洋画を入手しようとしていたことが記されている。そして「先生三十二歳の頃より心を深く洋学に傾く……」とある。三十二歳の頃というと、一八二四年（文政七）にあたり、この頃の具体的な関心事は不明であるが、その後の一八三〇年（文政十三）から一八三三年（天保四）までの日記である『全楽堂日録』[17]には、崋山と蘭学の関わりが随所に見られる。まず、一八三〇年（天保元）の十二月十八日の条には、崋山にとって儒学の恩師である松嵜慊堂を訪れた際にケンフル（ケンペルの『日本誌』）を借りることを約束した記事がある。この書は元は近藤重蔵が所有していたものを松嵜が十五両で買い取ったものらしく、その内容について「皆本邦地理風俗審詳可指点、論説奇異能言利病」と高く評価している。翌天保二年四月五日には同書を借りたという記事も見られる。その直後の十六日の記事には、その後崋山と深く関わる人物について詳しく記されている。

小関三英来。三英出羽庄内人、善読ニ洋書一業レ医、不レ好ニ治療一読レ書、飲酒之外無ニ它嗜《たし》一。上無レ君下無ニ妻孥一。終日孤然読レ書而不レ能ニ自立一、衣食住待レ人生活。桂川医院愛ニ其嗜一学養レ之。肆《ほししまま》其所レ好云。三英云、西洋学有ニ数十家一、就ニ其医学一一途言レ之、不三唯有ニ内外二科而已一。内科曰ニケネースキンデ一、外科曰ニヘールキンデ一、解体科曰ニヲントレードキンデ一、分理科曰ニシケーキンデ一。此曰ニ分理科一者就ニ人之体骨血液等一窮ニ其理一推ニ其原一也。凡言ニ其一一取ニ人骨一（空字）《ランビキ》始得ニ澹水一、漸得ニ臭水一次得レ膏、次精ニ其壺氏（底）一、所レ残唯土与石灰而已。乃則所レ得物窮ニ其質一、知下其所ニ以然一之理上。則又知下人借ニ此数種之物一而生上也。是即分理学科云。

又云、西人学術之入手以ニナチウルキンデ一。此訳曰ニ自然窮理一。凡天地万物以レ何生、以レ何育、以レ何終、以レ何活、以レ何死、推ニ其故一窮ニ其理一不レ能三物逃ニ其中一。知レ之而天文、地理、医学、本草各従ニ其所一レ好、学レ之云。

又有二治国之学一、謂二之スタートキンジゲアールドレークスキンデ一。是則不二啻《ただ》其国政而已一凡天下各国之政度、法律、博識レ之而釆レ之者也。我国志レ学之大者也。天学有二数家一、推歩学曰二ヘーメルロープキンデ一、星学曰二ステルレキンデ一。文章家曰二レーデンキンデ一、画学曰二シキルデル一、指レ画曰二シキルデレイ一、凡画家有二解体家一、鳥獣草木皆割二其体一、察二気質一自二骨法一而肉法無二一所レ漏。又曰、彼俗所レ貴者、文章与画家、成二大用一者唯此二者也。地理学科曰二アールドレーキスキンデ一、分野学曰二ウイスキンジゲアールドレーキスキンデ一、地理学中自然窮理科曰二ナチウルキンジゲアールドレーキスキンデ一。凡其分野之学、専二天度与地度配合一、雖二一地球中弾丸小嶋一無レ所レ漏云。又自然学科画二専格物致知一各国所二産生一之物無レ所レ漏云。

はじめの内容から、小関三英と初対面かそれに近い頃と思われるが、崋山は三英の話によほど感銘を受けたらしく、西洋学問の分類とそれぞれの特徴を細かく書き留めている。このように小関三英から、西洋科学の合理主義のなんたるかを学んだのである。なかでも注目すべきは、「スタートキンジゲアールドレークスキンデ」すなわち日本でいうところの「治国之学」は、単に国政についてのみではなく、各国ごとの制度・法律などさまざまな角度から研究すべきものだということを認識したことである。そして「我国志学之大者也」とコメントしており、このころから、博物学・西洋画などからさらに地理学や西洋科学発展の根源をなす社会制度への関心を高めていった。

こうして、崋山は青年期より西洋への関心が徐々に芽生えていったが、蘭学研究を本格化させた最大の動機は、やはり対外危機の問題である。『全楽堂日録』の一八三一年（天保二）四月二十四日の条には「昨自二田原一書到。君上聞二松前之事一愕然」という記事が見える。「松前之事」とは、同年二月オーストラリアの捕鯨船が東蝦夷地厚岸辺に来航し、乗組員が上陸し、松前藩守備兵と交戦に及んだという事件である。文化の露寇＝ゴロウニン事件の解決以来、諸国海岸への異国船来航は続いたが、表面上は穏やかだっただけに、とりわけ太平洋に面した田原藩にとっては衝撃が大きかったのであろう。そして、『崋山口書』(18)によれば崋山は同年五月に、年寄役に起用されるとともに、海岸掛りを兼務することとなり、異国船渡来の際に不調法がないように西洋事情、政教、軍事などを研究すべく高野長英・小関三英・幡崎鼎らに翻訳を依頼したいきさつが述べられている。この頃から崋山は夢中になって洋学研究に没頭したと思われる。『崋山先生略伝』には、「僕の阿蘭書典を弄蔵するも亦先生の勧奨するものにして、毎年春長崎の訳官阿蘭使節の貢物を江戸に献ず爾時必ず阿蘭国書を齎《もたらし》来れば、僕をして資を傾けて購はしめ、一室蘭書充棟に及べり」とあるように、当時入手が難しかった蘭書をオランダ使節が来府した際に友信が費用を負担して購入していた。友信は「故を以て数年の後僕佐久間象山に識らるるも蔵書に富を以てなり。故に僕毎に言ふ象山の僕に交わるは蔵書に交るなりと。以て笑談とす」と後に述懐しており、その蔵書の豊富さが窺われる。

なお、高野長英とは、「一日先生に見えしより以来、西書訳読の故を以て親しく交友となる。長英は麴町隼町に寓し本邸と近接なるを以、日に来り阿蘭書を訳読し先生頗る洪益を得たり」(『崋山先生略伝』)といったいきさつで知己となり、「長英は主人へ致推挙出入扶持相送り、追々蘭書翻訳を相頼」(『崋山口書』)むようになった。こうした結果、江戸巣鴨の田原藩邸は、にわかに洋学研究センターの観を呈した。対外的な危機意識に目ざめ研究に没頭した崋山のもとには、彼の識見を慕い、高野長英、小関三英、幡崎鼎ら蘭学者のほかにも幕臣・諸藩士・儒者・文人などの識者が集まり、相互に西洋知識の吸収に努めた。その面々は、幕臣では川路聖謨、江川太郎左衛門・羽倉外記・下曾根信敦など開明派と目される人々、儒者・文人では古賀侗庵・遠藤勝助・赤井東海・安積艮斎・斎藤拙堂・立原杏所らである。

3　情報・意見の交換

このように崋山や泉石は、それぞれ独自の情報網をもち海外情報を入手していたことがわかるが、それではそれをいかに活用していたのであろうか。崋山の書物の情報源については佐藤昌介氏の研究があるが[19]、氏によれば、崋山の海外事情研究の総決算というべき『外国事情書』[20]は、当時輸入された蘭書としては最新部類に属する『略志』と呼ばれたプリンセン[21]の地理学教本書、『ニュエンホイス』[22]、『ブーランズゾン』[23]の引用回数が最も多く、主な典拠としている。これらの蘭書のほか、重要な情報源には和蘭風説書がある。『外国事情書』の引用回数は少ないが、『慎機論』では数回引用があることから、崋山はかなり詳しく風説書を読んでいたと推察される。このことは、鷹見泉石との関係においても確認できる。崋山の泉石宛書簡[24]によれば、崋山が風説書その他を泉石から借覧していたことがわかる。

さて、次に崋山と泉石が海外事情をめぐりいかなる交渉をもったのか探ってみたい。泉石の『日記』にはじめて崋山の名が登場するのは、一八三四年（天保五）の七月二十日である。このとき泉石は五十歳、崋山は四十二歳であった。この日の記事では、泉石が崋山に唐机を譲ったと記されており、内容からして両者の交流の始まりは、もう少し遡ると考えてよいだろう。そして一八三九年（天保十）五月十四日に崋山が揚屋入りを命じられる直前まで親密な関係が続いた[25]。先述のように、両者が交流を始めた頃は、崋山が対外危機意識の覚醒により、急速に洋学研究に熱を入れ始めた時期であったから、当然、二人の話題は海外の地理や政治情報が中心になっていったのではないかと考えられる。崋山にとって、八歳年長で洋学に造詣が深く、とりわけ豊富なロシア・蝦夷地関係資料を有していた泉石から学ぶところは大きかったはずである。一八三六年（天保七）四月三十日の条では、泉石が崋山宅を訪ね、書画懸物を一覧したとの記述の次に、ロシア関係の情報が記載されている。

天保七年　四月三十日
一、八時頃より大久保様岡田へ逢、昨日之御挨拶幷自分御礼申候。夫より渡辺登へ参、唐書画懸物、其外種々一覧
一、ロシア舟、カムシャツカへ廻し候事、ロシアニて不首尾之者、蝦夷地ニて勤効候ハハ免候由、カムサスカへ遣候之事。

さて、崋山宅訪問とこの情報が直接結びつくかどうかは判断しかねるが、こうした話題が交わされたとしても不思議ではないことは、同年十二月に出された崋山の泉石宛書状(26)により裏付けることができる。

（前略）
一、今年風説書之義被仰下、定而此節ハ御入手とハ奉存候得共、愚釈相添呈進仕候。
一、九月中ヱトロフ嶌へヲロシヤ船上陸仕候。漂流人日本越後船頭連渡り候得共、かねて被仰出も有之事故、手翰ニハ無之送り手形のミ漂流人へ為持捨帰り申候。尤ヱトロフ大騒にて委敷御届も有之間、押付差上可申、右再御居並ニ手形翻訳此度差上候。サントウイツ島私考も有之間、是又追而差上可申候。サントウイツと申ハ、コーク航海仕此島にて死シ侯処にて、人戸三十万有之、一本ニハ四十万ト有之侯。近年コーク巳来、右島人文武職業ニ相進ミ、太平海中第一宜敷処ニ御座候。新世界アウスタラリーの中にて赤道の北太平海之内、日本ト北アメリカ之間二十数島相カタマリ侯島有之、則サントウイツにて、仙台津太夫ヲ送り来侯レサノー日本へ渡り候時、マルケーサ島よりサントウイスヲ目的ニ乗り候島にて御座候。高橋図御一覧可被遊候。右漂流人、来春ハ江戸来候よしニ侯得者、新聞も追々可申上侯。
一、別帋新刻一本、例年之通海苔一拝呈仕侯。御笑留奉願上侯。

一、牧田様、私容体委細不申上候間、乍恐御噂奉願候。頓首拝上

十二月十八日

渡辺登

鷹　十郎左衛門様

まず、「今年風説書」はすでに入手済みだと思うが、自分の解釈を添えて送るとある。阿蘭陀通詞や蘭学者との交流が深い泉石が風説書を入手しているのは当然だという認識があったことがわかる。つづいて択捉島にロシア船が漂流民を送還するため来航し、大騒ぎになっているとの情報、さらに、サントウイツ島（ハワイ）に関する崋山の私考を近々送るとあり、簡単な解説を加えている。そのなかで、キャプテン・クックことジェームズ・クックの航海の話や漂流民津太夫を送還したロシア使節レザノフが長崎に投錨する以前、大西洋からマゼラン海峡を通過してハワイ経由で来航したことが紹介されている。書簡のその部分には、至極単純なものであるが、アジア、日本、ハワイ、アメリカ、オーストラリアの位置関係を示し、赤道まで記された小さな地球図が挿絵として描かれており、崋山の海外情報や世界地理に関する知識の一端を垣間見ることができる。それとともに、崋山が日本周辺の島々をめぐる諸外国の動向を常に注目していることから推察すると、ロシアが太平洋の島々にも触手を伸ばしていることに対する危惧の念を泉石に伝えたかったのではないかと考えられる。

そして、「高橋地図」によってハワイ諸島の存在を確認するように促している。「高橋地図」とは、一八〇七年（文化四）、幕府天文方の高橋景保[27]が幕命をうけて、在野の天文学者間重富や、阿蘭陀通詞の馬場佐十郎の協力によって完成させた「新訂万国全図」のことと考えられる。この地図は、間宮林蔵の樺太探検の成果も取り入れた日本人の手による最新世界地図であった。泉石は、この地図についても精密な書写図を保持しており、『資料』に現存している。[28] 崋山は、日頃の泉石との付き合いのなかで、泉石がこの地図を持っていることを知っており、

お互いにその地図を通じてさまざまな海外情報の交換を行っていたのではないかと想像させられる。また、漂流民の津太夫が来春出府するという情報をつかみ、何か新しい話も聞けそうだと期待を込めて語っている。

さらに、崋山逮捕後の、『日記』一八四一年（天保十二）八月十二日には、

渡辺登へ自分より借候小地理書、薬袋紙包之一冊も六月頃三宅様へ御戻之由。

とあり、さらに、同年十月十日には、

鷹見弥一郎より、春山と申医師より和蘭地理一冊、渡辺崋山へ借候処、春方ニ遣有之、戻来。

とあって、泉石が崋山に貸していた地理書が戻ってきたことが記されている。このように、崋山と泉石は対外関係についての風説書・蘭書などの貸借や意見交換を日常的に行っていた様子がわかる。

画家である崋山は、肖像画も数点描いているが、有名な国宝「鷹見泉石像」[29]のほか、「佐藤一斉像」「松崎慊堂像」「市河米庵像」など、いずれも肖像画として完成した作品の像主は、崋山にとっての師、あるいは先輩として敬慕する人物たちであったという[30]。こうしたことから、崋山にとっての泉石は、洋学の先輩格であるとともに、ともに藩家老という立場にあって、対外危機に直面した日本の行く末を憂い、海外情勢などを語り合えるよき理解者だったといえよう。しかし、いわゆる蛮社の獄で崋山が揚屋入りしたことを知った一八三九年（天保十）五月二十日の三日後以降、九月までの間の『日記』の記事は欠落しており、崋山の受難に対して泉石が何を考えたのかはわからない。この欠落は、おそらく故意に破棄されたものと考えられる[31]。崋山と親しかった泉石もまた、守旧派からは蛮社の一味と考えられていたことは、洋学者弾圧の中心人物であった鳥居耀蔵が、配下の小人目付

小笠原貢蔵に命じて崋山の身辺を探索させた際の手控え[32]に泉石の名前も記されていることからも明らかである。崋山の死については、泉石の『日記』には、「渡辺崋山、何ニ迫り候哉、自殺候由申来」と記されているのみである。

このように、天保期の江戸では、対外危機意識に目ざめた武士たちが、蘭学者らから海外情報を入手し、分析をして政治的な意見を交換するネットワークが形成されていたのである。それは時代の制約上、強固な政治結社ではありえず、幕府権力側が「蛮社」と呼ぶところのゆるやかな結合であったが、崋山を中心に活動は活発化していった。そして、崋山の洋学研究の成果が、江川太郎左衛門を通じて『外国事情書』として幕府に上申されようとしたことは、守旧派にとってはゆゆしき事態であり、そうしたなかで蛮社の獄の悲劇がおきたといえるだろう。

4 開明派武士層の共通認識

崋山没後、アヘン戦争の衝撃により、洋学は急速に軍事科学化が進んだが、積極的に西洋砲術導入による海防強化を唱え、後に活躍する勝海舟、坂本竜馬、吉田松陰、加藤弘之らを育てた思想家が佐久間象山である。崋山や泉石の次世代を支えた開明派武士といえよう。崋山・泉石と象山の関係も若干ながら垣間見ることができる。

まず、泉石と象山については、『日記』の一八四二年（天保十三）九月二十三日の条には、

信濃守様御家来佐久間修理と申、惣髪之者等参居、専一稽古有之。

という記事が見える。これは、当時古河藩において西洋砲術導入を図っていた泉石が江川太郎左衛門の大炮鋳造現場を見学した際に、象山が熱心に砲術修行に打ち込む姿が目にとまったのである。その後、『日記』には象山の名が頻繁に見えるようになり親密な交流があった様子がわかる。いくつか例を挙げれば、

弘化元年十二月十八日
　佐久間修理へ高山直経表、約束ニ付貰度、和蘭石筆二遣候処留守。聖堂へ返却物。玄朴へ松原様之儀申遣。
弘化二年七月三十日
　佐久間修理参、コーヒー遣、風説書借。
弘化三年五月三十日
　今朝佐久間修理へ高井郡産化石借ニ遣。蘭紙一帖小文筆五遣候処、手製硝子瓶到来。

とあるように、主に進物のやりとりであるが、「風説書借」という記事からみて、種々の情報交換もされていたと考えられる。

また、崋山との関係においては、一八三九年（天保十）六月四日、崋山が獄中から弟子の椿椿山に宛てた書状[33]に、「佐久間之寄言銘骨不忘候」とあり、同月九日の鈴木春山[34]宛て書状[35]にも「佐久間へハ厚ク御礼願候。大ニ開悟仕候。増気力申候」とあり、苦しい境遇のなかで佐久間が寄せた励ましの手紙が崋山にとって大いに救いになったことがわかり、それ以前から深い親交があったことを思わせる。象山は当時二十八歳、崋山より十八歳年少であることを考えれば、象山が崋山の思想に共感し、敬慕の念が強かったと考えても不思議ではあるまい。

さて、それではこのように相互に接点をもつ三者の開明派武士に共通することは何であろうか。まず第一には、伝統的な西洋人＝夷狄観から解放されていることである。キリスト教を忌む鎖国下の日本では、西洋人を夷狄と

して蔑む風潮が根強かったが、三者ともそうした見方により、その実力を過小評価する考え方を否定している。泉石は、ペリー来航後、自らの開国論を述べた「愚意摘要」[36]にインドや清がイギリスに敗れた原因を西洋人を夷狄として侮ったからだと記しており、崋山も『初稿西洋事情書』[37]のなかで「夷狄などと軽んじ候事は、誠に盲人の想像にて御座候」と述べ、象山も『時政に関する幕府宛上書稿』[38]において「只管外邦他国を貶し、学行・技巧・制度・文物、此方より備はり候と見え候有力の大国を、戎狄・夷狄と御称呼被為在候は、甚だ如何之御儀と奉存候」と述べている。そのような思考から得られることは、西洋の優れたところは積極的に学ぶ姿勢である。こうした柔軟性は日本の知識人のひとつの特徴といえるだろう。江戸時代の武士層の基本的な精神構造は儒学を基としており、とりわけ佐久間象山は、朱子学者であるが、朱子学の窮理の精神と西洋の物理は相通じるものとし、「東洋道徳、西洋芸術」[39]を唱えた。西洋の自然科学的合理主義を優れたものとして認め、その導入を断固として主張したのである。崋山も、鷹見星皐、松崎慊堂、佐藤一斎を師とし儒学を学んでおり、「藩校趣意」[40]で教育の趣旨は孔孟の教えを学び士大夫としての人格識見を高めることにあると述べているように、学問観のベースは儒学にある。しかし、「高名尚古のものは、蟹眼の天に向ひ、燈台の本暗きが如く」と「井蛙管見」なる儒者を批判した。[41]そして西洋学芸の進歩の要因は日本のように閉鎖的な学風ではなく実学が盛んであること、人材育成に重点が置かれ学校教育が整備されていることなどにあることを指摘し、[42]さらにその背後には西洋人の究理の精神と万事議論の慣行があることに着目している。[43]さらに崋山は、儒学思想の世界普遍性を主張し、世界五教学の一つとして相対化している。[44]このように、彼らは儒学思想をベースにしながらも、決してそれに固執せず、西洋文明を受容しようとする姿勢が顕著に見られるのである。

そして第二には、開国の主張である。開明派武士たちの西洋文明受容の動機は、たとえば崋山が、『初稿西洋事情書』のなかで特にイギリスとロシアの危険性を指摘し、「先敵情を審に仕るより先なるは無之候」と訴えているように、蘭学研究によって西洋諸科学の優越性と軍事的実力を認識し、世界情勢を熟知したがゆえに抱いた強い警戒感によるものであった。本来、為政者であり戦闘者である彼らの蘭学研究意欲の根底には、やはり対外危機意識があり、いわば初期的なナショナリズムに根ざしたものであったといえるだろう。そして、西洋の軍事的脅威から日本を守るためには、鎖国制度を廃し、近代的な西洋式軍備と兵制を導入すべきだという結論に達したのである。

しかし、崋山が活動した時代は、洋学者に対する嫌疑の目が厳しく、表向きに西洋式軍備導入や開国を唱えることはできなかった。崋山没後、アヘン戦争情報の衝撃により幕府が方針転換し高島流砲術教授を解禁した際、泉石は『日記』一八四二年（天保十三）七月二十七日の条に「此度之御触ニて渡辺登抔も本意可有之旨」と述懐している。また、崋山は『初稿西洋事情書』のなかで、西洋では「皆人材を育し、学文を専に、実用専一に仕候故」、「永世の策無之候ては、亜細亜諸国、一日も安じ不申候」と述べ、最後に「権を全地球に及ぼし候洋人は、実に大敵と申も余り有之候事にて候。何卒此上は、御政徳と御規模の広大を祈る所に御座候」と結んでいる。「永世の策」、「御規模の広大」とは、文脈からして開国を示唆すると考えて間違いないだろう。

また、泉石は自らの洋学研究の集大成として一八五〇年（嘉永三）に『新訳和蘭国全図』を幕府の許可を得て刊行した。その識語には、オランダの地理・歴史が詳しく紹介されているが、その製作目的として「好事之便覧ニ備フ」と記している。「好事」とはまさに開国を示すと思われる。さらに「愚意摘要」では、世界の情勢から開国は避けられないことを指摘し、国の威信を保つためには、外国に迫られてからではなく自主的に開国すべきこと、また、近代的軍隊・航海および測量術を習得するためにオランダの技術者を招聘すべきこと、世界に巡見使を送り測量によって日本製の地図や地理書を出版できれば、イギリスに勝る強国になると主張している。ただし全面的な開国ではなく、僻地に応接所を設けるべきだと述べている。

一方象山は、アヘン戦争の衝撃により洋学への眼を開き、西洋の科学技術の摂取が不可欠であることを痛感したが、当初から開国を唱えたわけではなかった。一八四二年（天保十三）、老中で海防掛の任にあった松代藩主真田幸貫に提出したいわゆる「海防八策」を含む上書[45]には、無謀な開戦を戒め軍艦の購入、蘭人招聘などの具体策を挙げながら海防強化を訴えているが、貿易については、日本の有用な財貨と外国の無用の財貨を交換することになるとして断固反対をしている。しかし、ペリー来航後、実際に外圧による社会不安が本格化した文久期には、開国策が明確となり「学術智巧は、互に切磋して相長じ候もの故に、始終御鎖国にては、御国力御伎倆共竟に外国に劣らせられ」るとして「外蕃と礼儀を以て御交通、其間に公武御合体被為在」と述べ[46]、貿易に関しても「公議御船を以て其御定額をも被為立、不断清国を始め五世界に往来して、彼の民と貿易し、其御出方を以て、防海の御入費、外蕃御接待の御用途に被為充度義と奉存候」と主張している[47]。

しかし、彼らの主張はすべて同様ではない。特に崋山と象山においては、決定的に異なる点がある。崋山は西洋の合理主義がその富強の源泉にあり、それを可能にした教育や議会などの広く社会制度全般に強い関心を示している。そして学校教育が行き届いており、「故に志す所を不賤して、其当然を勤めざるを責む[48]」と述べるように、身分の差ではなく才能や個性によって職業選択の自由が認められていることや、「一体西洋諸国は小国といえども、規模広大に相立、秘蔵仕候事無之、依之、流儀口伝と申事、甚鄙しめ候風俗に御座候得共[49]」と知識や情報の公開が進んでいる様子を紹介するなど、暗に日本の封建社会への批判と見られる指摘がいくつかある。一方、象山は西洋の科学技術とりわけ砲術・兵学が優れたものであることを認めその摂取を訴えたが、思想においては朱子学が絶対で、それに基づく封建制社会の維持も当然であり、したがって西洋社会への関心はもっぱら自然科学に限られた。象山にとって西洋から学ぶべきは「政教の論」ではなく「技術器械の智巧」のみであった[50]。また崋山は、西洋文明への憧憬の念を強く抱いていた一方で、互いに抗争する西洋諸国については「各立自張仕候故、終ニ分ヲ不知ノ大志ヲ激成仕候ニテ可有之候。然レバ万国ノ害ヲ受候儀ハ、万国ノ慎ヲ加ヘ不申ノミニハ無之候テ、欧羅巴諸国ノ呑啄ニ奔競仕候故ノ義ト奉存候[51]」と西洋の覇道政治を批判しており、日本の進むべき道についても拡張主義的な発想は見られない。それに対し、象山は、あくまで力関係により支配か被支配かが決まる弱肉強食的な世界観をもっており、開国によって「万国の長ずる筋を被為集、外国にも追々日本領をも被為開、御国力の御強盛も万国の上に出で、銃砲の御修繕、弾薬の御術業も万国の上に出で、軍艦の数も万国の上に出で、将材異能の士の衆多なるも万国の上に出で……」[52]、「終に五州を巻きて皇朝に期し、皇朝をして永く五州の宗主たらしめん」[53]ことが最終目標であった。当時の日本の国力では、避戦開国はやむをえないが、それはやがて力を蓄え攘夷を実現するための手段として正当化する「開国攘夷」の発想が明確であり、外圧を受けた屈辱感が、世界制覇の願望によって補償されるのである。

このように開明派武士たちの見解には少なからず相違点があるが、彼らは海外情報の入手・分析と情報交換を通じ、偏見に満ちた夷狄観を克服し、無謀なる戦を避けるとともに開国により西洋の軍備を導入し海防に努めることが不可欠であるとする一定の認識を得ていたのである。

そしてこのような共通認識をもった彼らの開国論は、少なからず幕政にも反映されたと考えられる。崋山・泉石・象山いずれも共通して交流した幕臣がいる。川路聖謨、江川太郎左衛門である。両者とも洋学を摂取した開明派官僚であるが、とりわけ川路は、要職を歴任し、安政の大獄で左遷されるまで、幕府の外交における中枢にいた人物である。川路は、寺社奉行吟味物調役一八二七年（文政十）頃から崋山と交際を始めたが、川路は、後年当時を回想して以下のように述べている[54]。

僕在寺社奉行之衛下。査箱館之民。通商於西戎獄。又所友。渡辺昇（登）。間宮林蔵。常論西戎之事不止。故得聞大要。而後大久保加賀守（忠真）為首相時。以錯聞擢為御勘定吟味役。而預知西洋海船之事。由之昇林蔵之徒。日多来論駁焉。頃之相公卒。無人島之獄起。昇之徒被罪者衆。僕幸免羅織

崋山や間宮林蔵と「常論西戎之事不止。故得聞大要」というように議論が白熱することもたびたびあり知識の

習得に役立ったと述べている。勘定吟味役当時「西洋海舶之事」を担当したことにより、崋山らとの議論はより活発化した。そして江川英竜を崋山に紹介したのも川路であった[55]。しかしその結果、川路は蛮社の獄で危うい立場にあったが何とか難は免れた。泉石とは、さらに以前から交流が見られ、『日記』には文政期から頻繁に川路の名が登場し、書物の貸借などをたびたび行っている。川路の泉石宛書状[56]によれば、蝦夷地のことについては三十年余も泉石から教示を受け、それらの情報は各担当者に広く共有されており、「僕が蝦夷の事は鷹見翁の御伝と申して物語り候義に御座候」と述べている。さらに「其餘海防の御確論、是又別段と感服候」とあるように、泉石が川路に海防に関する意見を示したことがわかる。また、象山とは、川路が佐藤一斎門下の頃に同門の誼で知り合い、朱子学・兵学などにおいて教示を得ている。一八四一年（天保十二）、象山が仕える松代藩主真田幸貫が老中に昇進すると二人の関係はより深まり、しだいに政見を取り交わすようになった[57]。一八五三年（嘉永六）ペリー来航後、海軍新設・海防強化を強く訴えた「急務十条」を老中阿部正弘に提出した際、それを仲介したのは川路であり、後に吉田松陰密航事件が発覚した際、寛大な処置で済んだのも川路の尽力があってのことであった[58]。

このように、川路は、崋山・泉石・象山ら開明派の各藩藩士と積極的に交流し、海外に関する知識を吸収した。その動機は、「軍旅のはなしをも常に講ぜず、異国のことをもさらにしらずして、ことにのぞみて、人に一寸聞てそれにて天下万世へかかることを取計うといふ様なること、万に一ある様にては大事也」という発想から、西洋列強から日本そして幕府を守るために列強の動向や実力を知ることにあった[59]。人一倍徳川幕府への忠誠心が強かった川路は、彼らとの交流を通じて的確に現状を認識をし、偏見を捨て西洋の実力を認めたうえで毅然とした態度で外交交渉に臨んだのであった。また一方で、崋山・泉石・象山ともに幕政に関わろうとする場面においては、共通して川路が仲介を果たしていた。開明派武士にとっては、川路はいわば彼らと幕閣を結ぶ太いパイプ役となっていたのである。

おわりに

以上のことを総括すると、鷹見泉石の情報収集活動に見られるように、少なくとも文政期以降には、海外情報の発信地である長崎に赴かずとも、江戸において蘭学者や阿蘭陀通詞らとの交流を通じて蘭学の知識や海外情報を入手できる環境が成熟していた。この江戸を舞台として、蘭学を受容し、さらに対外危機感に目ざめ海外情報の入手と分析に深い関心を持ちはじめた武士が現れた。泉石や崋山はその草分的な存在といえるだろう。

同じく蘭学に深く関わった者たちのなかでも、武士層と学者・町人層とは大きな違いがある。たとえば、『崋山先生略伝』の一節に「先生常に小関高野の二氏を招き、地志歴史の類を読ましめ、訳言を聞に随て筆記し編冊を成す　然れども二氏等洋文の義理を解する頗る苦渋にして通じ難き所多し。然るに先生其訳言を聴き、筆記する所二氏の未だ及ばざる義理に通じ、速かに其文意を名辨し、能く原書の要旨を得たり」とあるように、小関や高野ら学者は翻訳はできても、その意味するところが不明解であったのに対し、崋山が「夷」を知るために西洋の社会制度まで踏み込んで考察を重ねたように、為政者としての立場からの視点によりはじめて理解できた部分が多々あったのである。すなわち、藤田東湖は崋山を「蘭学にて大施主」と評しているが、崋山とその同志たちによって蘭学がはじめて政治思想になりえたのである。

そして、崋山・泉石・象山ら開明派の武士たちは、互いに意見交換を重ねるなかで、伝統的な夷狄観を廃し、現実を冷静に見つめ西洋の軍事的優位を認めたこと、西洋の技術を導入するため開国を志向したことなどの共通した基本認識にたっていた。清末の中国では改革思想の中心は士大夫であったが、彼らが伝統に固執して西洋文化の優位性を容易に認めることができなかったのに対し、日本では為政者たる武士のなかに、西洋を熱心に研究し、軍事面の優越性を認め、その背景となっている科学、政治、社会制度などまで見さだめようとした人たちがいたことの違いは大きいといえるだろう。

さらに幕府有司のなかに、川路のようにこれらの開明派武士層と幕府や藩の枠を超えて私的に交流を深め、彼らの主張を取り入れながら、幕末の外交交渉を担当した人材が存在したことも大きな意味を持つ。露使プチャーチンとの交渉に見られたように、単に夷狄として蔑み恐れるのではなく、緊迫した交渉のなかにも一種の信頼関係を築くことができたのも、海外事情に関する見識の蓄積があったからこそであろう。幕末の外交交渉は、外圧に一方的に屈した観が強かったが、近年、条約交渉により日本は国際社会へのソフトランディングに成功したとして幕府の外交能力の高さを再評価する見方もある(60)。そうであるならば、崋山や泉石を先駆者とした開明思想家たちにより積み重ねられた見識が、彼らと川路との交流に見るように幕政に活かされたことがその背景にあったといえるだろう。彼らの見識は外圧による深刻な社会不安のなかで、ナショナリズムの発露による暴発を抑える一定の役割を果たしたのではないだろうか。しかし、崋山や泉石のように開国して西洋の社会・文化に学ぼうとする立場と象山のような「開国攘夷」的な立場とでは大きな隔たりがある。こうした二つの立場がありながら、その後の近代日本における対外態度の基本パターンが後者となったことは、日本帝国主義の形成とどう関わるのであろうか。本論では、相互に交流をもった限られた人物について検討したものにすぎず、これらの問題についての具体的検証については、今後の課題としたい。

註

(1) 『洋学史研究序説』(岩波書店、一九六四年)、『洋学史の研究』(中央公論社、一九八〇年)、『洋学史論考』(思文閣出版、一九九三年)など。

(2) 『日本近代思想の形成』(岩波書店、一九七四年)

(3)『実学思想の系譜』(講談社学術文庫、一九八六年)

(4)『「死の跳躍」を超えて』(都市出版社、一九九二年)

(5)『明治維新とナショナリズム』(山川出版社、一九九七年)

(6)鷹見泉石は、一七八五年(天明五)、古河藩御使番鷹見忠徳の長男として、古河城下に誕生した。通称は十郎左衛門、諱は忠常であった。泉石の名は、一八四六年(弘化三)に古河退隠後の号である。一七九七年(寛政九)、十三歳のときに初出仕し、一八〇七年(文化四)家督を継ぎ、藩主土井利厚に仕えたが、一八二二年(文政五)、利厚死去後は若い新藩主利位の家督御用掛となり、一八三一年(天保二)、四十七歳にして家老へ昇進した。泉石は寺社奉行、京都所司代、大坂城代、老中を歴任した利位の側近として、つねに藩主を支えたのである。その一方で、多くの洋学者、阿蘭陀通詞らと交際し、文書や地図、洋書などの情報を入手しており、殊の外、洋学に造詣が深かった。Jan Hendrik Dapper(ヤン・ヘンドリック・ダップル)という洋名すらもっている。

(7)片桐一男「鷹見泉石と海外情報」(古河歴史博物館紀要『泉石』第二号、一九九二年)

(8)『鷹見泉石日記』一―八巻(吉川弘文館、二〇〇一―二〇〇四年)

(9)江戸時代において、海外情報の情報源であったのは、オランダ船よりもたらされる阿蘭陀風説書がよく知られるが、シナ船がもたらす唐風説書もあった。風説書の情報は幕府により独占される機密事項であり、その閲覧は長崎奉行、関係の阿蘭陀通詞のほかでは、老中、寺社奉行など幕府要路の範囲内であって、幕府から漏れた形跡はない。しかし、『日記』からは、泉石が阿蘭陀通詞から頻繁に風説書を入手していることがわかる。阿蘭陀通詞の天文台詰勤務規定によれば、「臨時和解」などの翻訳したものは、門人や「懇意之者」には決して漏らしてはならなかった。

(10)ウエイランドはオランダの語学者で、本書は、この分野で最も高い評価を得た辞書である。

(11)万国のことを記す基本書として名高いヨハン・ヒュブネルの著した地理書「Geographie」を指した。

(12)フランス人司祭ショメール著の日用百科事典のこと。

(13)『渡辺崋山集』第一巻(日本図書センター、一九九九年)

(14)一七七九―一八二四　桂川甫周について蘭学を学んだが宇田川玄随の『西説内科撰要』に影響され江戸で蘭方内科を開業、一八一〇年(文化七)には加賀藩医となり、翌八年には蘭書ショメールの翻訳を命じられている。門人には、高野長英、小関三英らがいる。

(15) 前掲註(13)『渡辺崋山集』第一巻
(16) 友信は本来なら田原藩主に就任するべき人物であったが、田原藩では財政難打開策として他藩から持参金付の養子を迎えて藩主としたため、巣鴨の藩邸に若くして隠居の身となっていた。
(17) 前掲註(13)『渡辺崋山集』第一巻
(18) 『崋山全集』(崋山叢書出版会、一九四一年)
(19) 佐藤昌介「渡辺崋山稿『外国事情書』の基礎的研究」(『洋学史の研究』中央公論社、一九八〇年)
(20) 一八三九年(天保十)四月代官江川英竜の求めに応じ、西洋事情について執筆したもの。その前段階として『初稿西洋事情書』『再稿西洋事情書』があるが、幕政批判が含まれていたため再執筆した。
(21) 一七七七―一八五四 オランダの教育家でペスタロッチ学説の解説、初等中等教育の数学・国語・地理・歴史各科の教科書、学習指導書を多数著した。十五種以上輸入されたが、その地理教科書が注目された。
(22) オランダ人ニュエンホイス(一七七七―一八五七)著の『技芸・学芸一般事典』をさす。
(23) ルーランスゾン(一七八一―一八四七)著の『一般地名辞典』のこと。
(24) 小沢耕一編『崋山書簡集』(国書刊行会、一九八二年)
(25) 泉石は、五月二十日の『日記』に崋山の揚屋入りを記しおり、六日後にその事実を知ったことがわかる。
(26) 『資料』通番一六一三(資料番号I一四〇)
(27) 『日記』の一八二七年(文政十)十一月十六日の条に見えるように高橋景保と泉石との間にも交流が確認できる。高橋には、利位の著作『雪華図説』の識語を、高橋の部下で泉石との交友が厚かった阿蘭陀通詞の猪股源三郎にも参考資料等の翻訳を依頼していたが、シーボルト事件で高橋・猪股ともに処罰されたため、その話は立ち消えとなった。
(28) 永用俊彦「鷹見泉石の絵地図世界への誘い」(『日本の美術一一』、二〇〇二年)、「新訂万国全図」は『資料』七七〇(H一)
(29) 崋山は西洋画の陰影法の技法を用いて泉石の肖像を描いた。この画が描かれたのは、大塩平八郎の乱鎮定後の、一八三七年(天保八)の四月十五日、泉石が藩主名代として幕府に報告に赴き、菩提寺である浅草誓願寺の土井家墓所にも報告をし、その帰路、三宅坂の田原藩邸に崋山を訪ねたときのことであったという伝承がある。(『古河市史』通史編 第六章 近世文化の軌跡)、しかし、『日記』によれば、泉石が大坂から江戸に帰還するのは五月七日のことなので、この像の誕生はおそらくこの頃と思われる。
(30) 日比野秀男『渡辺崋山―秘められた海防思想―』(ぺリカン社、一九九四年)
(31) 伊東多三郎「鷹見泉石と蘭学」(『近世史の研究』第二冊、吉川弘文館、一九八二年)
(32) 高橋磌一『洋学思想史論』(新日本出版社、一九七二年)
(33) 前掲註(13)『渡辺崋山集』第四巻 一四八
(34) 江戸末期の医師、兵学者。田原藩医。一八三五年(天保六)出府して同藩の渡辺崋山と交わり、高野長英にオランダ語を学んだ。アヘン戦争の衝撃で西洋兵学の研究を志し、その頃脱獄した長英を江戸麻布の裏店に潜伏させて、兵書翻訳を助けさせた。訳著書に『兵学小識』『三兵活法』などがある。
(35) 前掲註(13)『渡辺崋山集』第四巻 一五〇
(36) 『資料』二二〇四(B一七)、山口美男「史料紹介 嘉永異国船上書」(古河歴史博物館紀要『泉石』第五号、二〇〇〇年)
(37) 『日本思想大系』五五(岩波書店、一九七一年)六二頁
(38) 同右 三一四頁
(39) 植手通有「佐久間象山における儒学・武士精神・洋学」(同右所収)
(40) 真木定前宛書状(前掲註(13)『渡辺崋山集』第三巻 四五)
(41) 『初稿西洋事情書』(『日本思想大系』五五、岩波書店、一九七一年)五八頁
(42) 『鴃舌或問』(同右)八三頁
(43) 『初稿西洋事情書』(同右)六二頁
(44) 別所興一「渡辺崋山のアジア認識と西洋認識」(片桐一男編『日蘭交流史 その人・物・情報』思文閣出版、二〇〇二年)
(45) 『海防に関する藩主宛上書』(『日本思想大系』五五、岩波書店、一九七一年)
(46) 『攘夷の策略に関する藩主宛答申書』(同右)三二三頁
(47) 『時政に関する幕府宛上書稿』(同右)三一九頁
(48) 『慎機論』(同右)六九頁

(49)『再稿西洋事情書』(同右)四八頁
(50)『安政三年七月十日　勝海舟宛書状』(同右)三六三頁
(51)『外国事情書』(同右)二七頁
(52)『攘夷の策略に関する藩主宛答申書』(同右)三二三頁
(53)「象山先生詩鈔」(『象山全集』巻二)
(54)『川路聖謨文書』巻五(東京大学出版会、一九八四年)
(55)川田貞夫『川路聖謨』(吉川弘文館、一九九七年)
(56)『資料』三四一(I四〇)
(57)前掲註(55)川田貞夫『川路聖謨』
(58)大平喜間多『佐久間象山』(吉川弘文館、一九五九年)
(59)佐藤誠三郎「西欧の衝撃への対応」(『近代日本の政治指導』政治家研究II、一九六五年)
(60)加藤祐三『幕末外交と開国』(筑摩書房、二〇〇四年)、井上勝生『幕末・維新』(岩波新書、二〇〇六年)など

幕末期幕府外交使節の異文化コミュニケーションと対外認識

――遣仏使節池田筑後守一行を中心に

福井延幸

はじめに

本論では、幕末期に派遣された遣外使節がどのようにして異文化の中にあってコミュニケーションを図ったのか、そしてそこで受けた異文化の衝撃とそれへの反応を異文化理解の観点から取り上げていきたいと考えている。人間は、日常生活様式としての文化のなかで、対象と自分との関係を学習しながらコミュニケーション活動を展開していく。グディカンストらによれば、異文化コミュニケーションとは「異なった文化的背景の人たちの間の意味の付与（attribution）を含む相互作用的で象徴的な過程である」[1]とされている。私たちは、異文化の中ではつねに対象となるものとの間で何らかのメッセージを授受し、相互に影響しあっているのである。

コミュニケーションの視点から歴史を見ることについては、外交を国家レベルの異文化接触としてとらえ、異文化コミュニケーションの研究対象としているが、まだまだ未開拓の分野であるという指摘[2]や、異文化交流史を素材としたコミュニケーション研究の遅れの指摘が異文化コミュニケーション研究の側からされている[3]。しかし、歴史学の立場から見れば、大塚武松や石井孝をはじめとする幕末外交史の研究や、芳賀登など比較文化史からの異文化交流史の研究など蓄積は多い。異文化を自文化に取り込む受容の過程が異文化コミュニケーションの研究対象であるならば、幕末期の遣外使節が、どのような問題意識をもって行動し、どのように異文化に接し、それらにいかに対応していったか、また、どのような予備知識をもって派遣されていったかを探るという幕末期の異文化理解、受容のあり方は、まさに異文化コミュニケーションの視点からの研究対象となりうるであろう。本論では、幕末期の遣外使節団の異文化コミュニケーションを遣仏使節池田筑後守長発一行の異文化体験をもとに検証していこうというものである。使節団の世界との接触は対象とのメッセージの授受であり、異文化コミュニケーションそのものである。使節団が異文化の中にあって「実地目撃」したことによって形成された対外認識に使節団の異文化理解の一端をみることができるであろう。

正使である池田筑後守長発は帰国に際し提案書を提出しているが、使節派遣時の日記の類は伝わっていない。しかし一行の異文化体験は、随行者の日記や回顧録などの記録によってその内容を知ることができる。これらの記録としては、金上佐輔（佐原盛純）『航海日録』（会津若松図書館所蔵）、三宅復一（秀）『航海日記』（『文久航海記』所収）、杉浦愛蔵（譲）『奉使日記』（杉浦譲全集）、岩松太郎『航海日記』（続日本史籍協会叢書）、名倉予何人『航海日録』、田辺太一『幕末外交談』（続日本史籍協会叢書）、益田進（孝）『自叙益田孝翁伝』、山内六三郎「山内提雲自叙伝」（『同方会誌』五十七号）、河田熙の『旧事諮問録』中の談などが挙げられる。また失われてしまったが、青木梅蔵『青木梅蔵日記』は尾佐竹猛の『幕末遣外使節物語』で多く引用されている。

横浜鎖港を交渉する使節団の任務については、当初から非常に困難が予測された。使節の側もこの派遣に対し「万一談判の行届きて、これを鎖し得ば、固より奉勅の一端として、幕府尊王の実を証し得べく、果して成る能はざるも各国に歴説するの間、必一両年を費すべし、其間にはまた世事の変ずるあるべし、と即ち当座凌ぎの策を取るに到れり」(4)と外国奉行支配組頭として随行した田辺太一が述べ、また、副使河津伊豆守祐邦は田辺に「鎖港の使節は、朝廷への口実たれば、固より巳を得ざるものたり、その国辱たるや或はこれあらんといへども、現在惟一の政策として閣議既に定りたる上はこれを論ずるも詮なし[5]」と語っている。このように、「当座凌ぎの策」であり「朝廷への口実」であるということは、派遣に際して当の使節も十分承知していることであった。

この使節団は他のものに比べ、尾佐竹猛の指摘にもあるが、使節団を構成した者の明治以降に栄達した者の多さで際立っている[6]。しかし、この使節団に対する歴史的な評価は必ずしも高くない。そのような中で比較的自由に異文化に接触し、見聞を広めてきたということができるだろう[7]。外交使節団であるが、書物から事前に得た知識を「実地目撃」と積極的な異文化接触で深めていった、いわば「スタディーツアー」的な要素を多分に含んだものであったと評価できるであろう。

1　使節団の異文化コミュニケーション

（1）　使節団のアジア観

西洋に対する予備知識から見るアジア

使節団は一八六三年（文久三）十二月二十九日、横浜を出航後、一八六四年（文久四）一月七日に上海、一月十七日に香港、一月二十三日にサイゴン、一月二十六日にシンガポール、二月三日にセイロン、二月十二日アデンに寄港している。二月十九日にスエズに到着後、蒸気機関車でカイロへ向かい、陸路移動して元治元年（二月二十日改元）三月二日アレキサンドリアに到着した。アレキサンドリアを三月四日に出航し、地中海を経て三月八日メシネに寄港、三月十日にマルセイユに上陸し、陸路パリに向かい三月十六日にパリに入った。そしていわゆる「パリ約定」を締結後、五月二十六日にフランスを発ち、七月十八日に横浜に帰着した。

鎖港交渉に向かう使節団にとって、その目的地はヨーロッパであり随行者たちにとってもそこにいたるまでの各寄港地はあくまで通過点であった。その通過点で触れた異文化について、エスノセントリズム（自民族優越主義）＝「華夷意識」をにじませながらの記録が残されている。彼らは異文化の中で見聞に何を見出し、どのように意味づけたのであろうか。

使節団のもっていた西洋、世界についての予備知識や情報は、人文科学的なものから自然科学的なものまで当時の書物から得られうる最高のものといってよいであろう。[8] その予備知識は各地で再確認され、また「実地目撃」して獲得された新たな情報は、異文化の衝撃として使節団の対外認識の変容に大きな影響を与えていった。

まず、アジアにおいては、上海、香港、シンガポールなどイギリスの勢力下におかれた地域の中にヨーロッパの影響をさまざまに見てとっている。一月七日から十四日まで滞在した上海の様子について、金上が、「洋人ノヨロシキモノハ大抵馬車ニ乗リ支那人ノヨロシキモノハ腰輿ニテ通行ス其外種々我邦ニ異ナル装ヒノモノ往来セリ然シ支那人ハ欧羅巴人ニ比スレハ万事不器量ニ見ユルも雅致ニ至リテハ迥カニ愈レリ」[9] と市中のヨーロッパ人と中国人をその乗り物に注目して比較している。そこで使節団はヨーロッパ人の優越性を感じ取った。しかし、「万事不器量」に見える中国人であるが、「雅致」の点では中国のほうがはるかに優れているという印象をもつにいたった。中国が近代西洋の力に敗れた象徴ともいうべき都市上海でヨーロッパの優越を見せつけられるが、一方で中国の文化的な優越性を共感をもって見てとっている。ヨーロッパ文化の影響と東アジアに共通な文化意識の面での共感をもって上海を観察している様子が見られる。

一月十七日に到着し、十九日に出航した香港について杉浦は、『玉石志林』の香港についての記述を視覚から再確認したことを記録したうえで、「道光壬寅之後英之版図に属せしより、山を截りて華屋を構へ、海を引て石渠を通し、人烟櫛比鶏鳴相達し、往時寂莫之一漁村たりしも現今如此之景況にいたり、今昔の異る亦宇内形勢の推移を見るに足れり」[10]と南京条約締結以降に英領となってからの変容を想像している。

一月二十六日に到着し、翌日に出航したシンガポールについては、杉浦が、「市街ハ支那と同体なり、同地の移民多く黒人中に交りて見ゆ、英領に属せしより埠頭燈道人力を尽し、棒荆を抜き草莽を誅し、山を截ち海を埋め、経営修理せし功跡見へたり」、「伝信機四方に通し馬車東西に駆け、頗る欧州之一班を見る」[11]と、やはりイギリスの勢力下となってからの変容を想像し、電信や馬車といった技術からシンガポールに上海、香港と同様にヨーロッパの影響を見てとっているのである。

アジアの風俗の記録

アジアの寄港地では、ヨーロッパの断片を見るだけでなく訪れた土地での現地の人々の様子に着目して記録を残している。その特徴としては、皮膚の色や頭髪、服装などの外見について、自文化との異質性に着目した「異形」の風俗を記録したものといえるであろう。服装について描写することは、その社会、またはその象徴するものを特徴化する格好の方法である。記録には、自文化優越的な見方がにじんでいる箇所もあるが、好悪や善悪をはっきりと表現したようなものは少なく、客観的な記録がなされている。旅行記的な観察者の視点からの記録というべきものである。予備知識として『坤輿図識』、『地理全志』などの地理書を読んでいることもあり気候風土などの地理的な記録も多く、また緯度・経度の記録も見られる。

一月二十三日に到着し、翌日に出航したサイゴンでは、土地の人物について金上が、以下のように記録している。「人物ハ支那ト同一種服装ハ明朝頃ノ製ヲ用ユ男女トモ髪長ニシテ頂後ニ括纏ス歯ハ梹榔子ヲ食スル故黒シ文字ハ漢字通用ス語ハ英仏語ヲ学ビテ亦通セリ下賤ノモノ腰巻又ハ股引様ノモノヲ穿チ腰而上ヲ露シ徒跣ラテ歩行セリ小児ナトノ内ニ（図略）此ノ如キ皮履クヲ着クル者モ見ユ」[12]と人物は「支那ト同一種」であるが、長髪を束ね歯は黒く、腰に布を巻き黒い肌の上半身を露出し、はだしであるという「異形」の風俗の記録がなされている。しかしながら、漢字文化圏であることと使節団が解することのできる英語・フランス語が通じることでの言語によるコミュニケーション成立の可能性を見ている。また三宅は、「土人は歯を染め裸体なり。家屋は西洋風あり。又支那風あり。土地は甚だ旱燥なり[13]」、「髪は縮髪あり。又伸髪あり。土人は甚だ色黒し。土又板橋など迄皆焼場の如く赤し[14]」と同様に歯の黒さ、肌の黒さ、肌の露出、頭髪などの特徴に着目した風俗を記録している。日本とは違う乾燥した気候を記録し、家屋の様子については「西洋風」「支那風」とカテゴリー化し、そこに西洋の影響とアジアの共通性を見てとった。

シンガポールにおいてもサイゴンと同様に皮膚の色、肌の露出、服装、はだしといった風俗への着目が見られる。加えて赤道直下の熱帯気候であるという地理的特徴が「当地ハ赤道線ヲ距ル纔カニシテ熱国[15]」、「新嘉坡東経百三度五十分、北緯一度十七分にあり[16]」と「赤道線」や経度・緯度の記録として残されている。また、「土地赭礦にして人民黒質裸跣頗る臭気あり、白布或ハ紅布を以て腰間を纏ふ[17]」と肌の色や肌の露出、はだしであることに加えて「臭気」に「異形」の一端を見ている。

訪れたアジア各地でアジアの共通性を念頭におきつつ、その中にあるヨーロッパの影響というフィルターを通してアジアを見ており、またヨーロッパの影響の及んでいないところには「異形」を見出している。アジアの文化圏であり、漢字や使節団が駆使できる英語、フランス語を通じての言語コミュニケーションの可能性が考えられている。そして記録の際の視点は、皮膚の色、頭髪、服装、肌の露出、はだしなど視覚によってとらえられるものに加えて「臭気」といった嗅覚によってとらえられるものまで、五感を総動員したものとなっている。

近世日本人の対外認識を規定した枠組みの一つに本朝・唐・西洋とでも呼ぶほかないような世界認識の型が指摘されているが[18]、使節団の認識についても、ヨーロッパについては事前に予備知識が獲得されており、これが対外認識の枠組みの一つとなっている。アジアを見る目は、書物による予備知識というフィルターを通じてヨーロッパの影響を認識してアジアの変容を確認しようとする視点とアジアの文化の共通性を測る視点として中国が基準となっていた。アジアの中での異文化を理解するにあたって自文化を基準として「西洋」と「支那」がカテゴリー化の際の視点であった。

（2） 使節団のアラブ世界観

イスラムへの注目

本朝・唐・西洋の世界認識の型から抜け落ちているアラブ世界では、アジアほどの文化的な共通性が見出されることがなかった。『坤輿図識』など使節団が予備知識を得た書物は、地誌が中心であり、アラブ世界の生活についてはあまり説明されておらず、使節団の知識にも偏りがあった。アジアについてはヨーロッパという既有の知識というフィルターを通じてその影響を見る視点があったが、「西洋」と「支那」がカテゴリー化の基準であった使節団にとって、どちらにもカテゴリー化されないアラブ世界では文化の異質性が目についていたようであった。使節団にとっては通過点であったアラブ世界ではあったが、その中でイスラムの世界に触れ関心をもった様子が記録されている。

船中では金上が、「当船ニ亜剌比亜人乗込ミ朝夕ハ必甲板上ニテ口ニ何等ノ言カ相唱ヘテ日陽ノ出入ヲ拝スル九拝ハ扨置キ百邦ニモ及フヘシ」[19]とアラビア人の礼拝を目撃している。礼拝については岩松も「夕陽に至一同揃ひ日に向ひて毎夕三拝するなり」[20]と船中で出会ったイスラム世界の一端を書きとめている。

文字についても金上はコーランであろう書物から、「其文字西洋ニアラス又梵字ニモアラス自カラ一種ノ字画ナリ（図略）彼書籍殊ノ外上下両辺ニ空虚ノ地多シ読様ハ右ヨリ開キテ左リニ到ル西洋ニアラス支那本朝ニ相似タリ然レトモ縦行ニアラス横行ナリ是西洋ニ略似タリ」[21]とその特徴をつかみ、アラブ世界の文化的異質性に関心を持ち何とかカテゴリー化を図ろうとしている。名倉予何人がこの本を錦絵と交換しようとしたが、「絶テ許サス国禁ノヨシニテ百方諸セス其手指ノ示セシ状態ニテハ宮刑ニテモ相成ルユヘ国禁犯ス可カラスト申ス様ニ察セラル蓋シ渠ハ僧侶ノ由ナリ」[22]と交換できなかった理由を宗教上の理由でなく「国禁」を犯すからであると推察している。文字については岩松も「同船に居る亜剌比亜人に書を頼み書てもろふ至て妙なり持参す」[23]と興味をもって行動していたが、イスラムに対する予備知識の少なさもあり、物見遊山的な態度に終始していた。

発音について金上は、「土人音色ハ亜細亜州ニ似テ詞モ静カ欧羅巴人ノ如ク舌ヲ廻サス」[24]とヨーロッパと比較してアジアのものに類似しているとカテゴリー化を図っている。予備知識の少ないアラブ世界の言語についてのカテゴリー化に苦心しているが、既知のヨーロッパとアジアを軸にカテゴリー化を図ろうとしている様子が見てとれるのである。

アラブの風俗の記録

アデンには二月十二日に到着し、翌日の出航という一泊の滞在であったが、その人物、風土について随員らは、あまりいい印象をもっていない。金上は、「今此等ノ地ヲ実歴シテ皇国ニ生レシ幸福ヲ猶信ス無事閑過スルハ男児ノ本志ニ負ケリ」[25]、「家ノ造リ方大屋ハ略西洋家屋ノ如シ然シ見ル処ハ矮屋尤多シ大抵土庫造リナリ其他乞食小屋様ノモノ途中ニテ頗ル見ユ其製竹或ハ丸木ヲ連ネ椰子樹ノ葉或ハ芭蕉ノ葉ニテ屋根トシ風雨ヲ防キ又四壁ノ代リニモ用エ入口ナトハ幅二尺ニ充タスシテ頗ル陋矮ナリ」[26]と厳しい環境や粗末な住居についての記録を残している。さらに、

人物ハ何レモ縮髪ニテ面色黒ク徒跣ニテ沙石ヲ踏ミ其疾行ハ奔馬ニ遅レス下賤人ハ皆腰巻ノミニテ腰以上ハ裸体ナリ土蕃一両人吾輩馬車後ニ附随シ一里余モ来リテ離レス何レ飲食貨物等ヲ請求セル事ト察セラル既ニ同車中玉木氏ナトハ扇子ヲ奪ヒ去ラル土瘠民貪欲殊ニ強壮ニシテ加フルニ巧黠ヲ以テス絶テ物ヲ人ニ乞フ事

ヲ恥ス又強奪ヲ以テ業トセルモノ有リト聞ケリ(27)

と間接的な情報であるが、かなりの悪印象をもつにいたった。厳しい気候と黒い肌やはだしであるといった「異形」の風俗、「疾行ハ奔馬ニ遅レス」といった人並みはずれた体力に感じる得体の知れなさ、また一つの事件から増幅された悪感情が意識づけられて、同行のものの日記にも同様に書きつけられている(28)。客観的な記述が多くを占める中で、これほどの悪感情がつづられている箇所はほかになく、アデンでの経験は個人のレベルでの異文化の衝撃であったのだろう。

また、食事についてであるが、旅程の初期から船中において「パン并牛肉ノ串指ヲ持来レモ其体不潔ニシテ食スル能ハス(29)」という具合に西洋食を「不潔」と表現しているように供せられる西洋食にはかなり困っていたようであった。これに対し「今日豆州ノ従者ニ切餅ヲ乞ヒ雑煮ヲツクリ喫セリ其美味言ヘカラス(30)」というようにしばしば日本食をつくり喜んでいたが、次第に西洋食には慣れて受け入れていった。しかしアラブ世界においては、岩松が船中でアラビア人の食事について脇から見ていたようだが、「飯の上へトウガラシ細味に致し芋のどろどろの様な物を掛け此を手にてまぜ手にて食す至てきたなき人物の者なり(31)」と食事を手で混ぜ、手でとる行為を「至てきたなき」と抵抗感を示している。カイロでの料理についても「料理方法ハ西洋料理ヨリ尚油気多ク殊ニ臭気甚シクシテ殆ント堪ヘ難シ(32)」と、その独特の「油気」と特に「臭気」に閉口し、ここでは受け入れることができなかった。

二月十九日にカイロに到着し、三月四日にアレキサンドリアを出航するまで十五日間エジプトには滞在したが、そこでは西洋文明の一端に触れると同時に(33)、ここにおいても客観的に「異形」の風俗の記録がなされている。移動の車中から見た風土や住居の様子(34)、男女・階層による服装の違い(35)などが、その異質性をとりあげて詳細に記録されている。服装については、アジアにも西欧にもカテゴリー化できずに「至て妙な風なり(36)」との認識が示されている。

また、三宅が「スエス及びカイロン甚蠅多し。地は焼土なり。駱駝驢馬多し。片眼甚だ多し[37]」と眼病を患っているものが多いことを記録しているが、このことについては金上も、「土人爛眼或ハ独眼ノモノ多シ熱国殊ニ砂塵ニ吹込レ又蠅ナトノ為メニ斯ク成リシモノニヤ然シ富貴ノモノハ少キ様ニ覚ユ[38]」と記録し分析している。

現地について「土民は黒質なれと都児格種は稍姿格あり[39]」とトルコの支配について把握し、「男子は三種あり、一ハ都児格人、一ハ亜剌比亜人、一ハ土人たり[40]」とトルコ人・アラビア人・アフリカ人によって階層が形成されていることを記録している。人物の瞳の色については「人物欧羅巴人共違ひ目は亜細亜人と同く黒し[41]」とアジアとの共通性を記録している。

トルコの支配下にあったが、「現任国主国政を維新更張に意あり、已に巴里へ伝習人等数輩遣し置きよし[42]」、「如今都児格ニ属スト雖モ鋭意独立ヲ謀ルト云[43]」との現状認識を示している。前年にサイド・パシャが死去し、甥のイスマイルが五代目のパシャとなっていた。イスマイルが、欧化主義を推進してエジプトの国際的地位を高め、完全独立を実現しようとしていた様子を的確に認識していた。

ほかにも金上は、「当国回々教盛ニ行ハレ土人皆珠子ヲ用ヘテ日ニ三四度も拝スルヲ見ル[44]」と旅程の船中以来触れていたイスラム教の盛んなさまを見つけ、「当国甘蔗樹甚タ沢山ト見ユ土人生ニテ食シナカラ歩行スルモノ多シ[45]」とサトウキビを歩きながら食べる人々を目撃し、「土人馬糞ヲ採拾スルニ皆手攫ミニテ頭上ニ戴キシ籠ニ投込シナリ卑陋ノ風亦甚シ[46]」と日本にはない習慣に抵抗感を示している。サトウキビを「生ニテ食シナカラ歩行」する姿や馬糞を手づかみする「卑陋ノ風」に自文化との異質性を見出した。

（3） 使節団のヨーロッパ観

社会について

ヨーロッパに入ると記録の質が変化してくる。すなわち、観察者の視点からの記録に加えて「夷情探索」の目的地に達し、自文化にはないヨーロッパの文化を観察、評価し、取り入れうるものをできる限り吸収しようという目的からの記録となっている。

フランスでは、硬軟織り交ぜたさまざまな文化に比較的自由に接触することができた。さまざまな事物についてよく観察し、評価、吸収しようとした事実が彼らの記録した日記からうかがえる。(47)

一行は三月十日にマルセイユに到着したが、そこで金上は、「着服等ハ則西洋服ニテ少シク異同アレトモ格別替ルコトナシ美男美婦多シ夫婦ナト相共ニ歩行セル時ハ必ス手ヲ牽キテ行ク又邦人ナト、懇切ヲ尽ス時ハ男女共ニ互ニ手ヲ握リテ礼ヲ成セリ(48)」と、服装や夫婦などの男女が手をつないで歩くことや握手による挨拶など西洋の風習について記録している。また、「美男美婦多シ」というようなヨーロッパ人を美しいと見る記録は、他の随行員の記録にもすでに船中から見られる。(49)白人の顔がもつ形質に対して有利な方向に作用する素地が日本の伝統的な美意識のなかにすでにあったことが指摘されているが、(50)単に美意識のみに関わる問題ではないだろう。

市中の道路についても「市中ノ道筋広クシテ或ハ中筋ヲ馬車ノ通行トシ左右ヲ歩行道トスル処モ有レリ又左右ニ樹木ヲ植ヘテ日除トス馬車道ハ切リ石ヲ敷キ詰メ歩行道ハタ、キノ様ニ造リ且又十間置位ニ燈籠ヲ建ツ是亦機械ヲ以テ点燈セリ故ニ暗夜ト雖モ燈ナクシテ往来スヘシ貴賤ノ差別ナク或ハ馬車或ハ騎馬ニテ通行ス(51)」と、馬車道と歩道が分離されている交通システム、街路樹や街灯の設置、「貴賤ノ差別ナク」馬車や騎馬で通行している都市における近代市民社会の様子を詳細に記録している。

また、オペラを観劇しているが、「其仕様ハ我邦ノ劇ト違ヘ劇ヲ十分演セスシテ自カラ詞曲ヲ唱ヘテ補フ故芸上ニテハ五六分位ナルヘシ[52]」と劇中の歌曲は演技を補うものであると看做している。自文化にないものについての情報収集の視点に対して、演劇のように自文化と比較しうるものについてはそれに引き付けての「芸上ニテハ五六分位」という評価に自文化に対する矜持が見られる。

また、パリに到着すると現地の神父について金上は、「僧侶ハ黒羅紗ノ筒袖ニテ長キ衣服ヲ着シ（図略）斯ク図ノ如キ頭巾ヲ戴キ往来ス肉食ハセシモ女犯ハ守リシヤヨシ承ル[53]」と日本の僧侶との比較を記録している。パリの街のインフラについては「商売ハ運上ヲ出ス其額軽カラス路普請或ハ街路ノ点燈街頭ノ掃除洒水等ノ費モ此内ニテ当地政府ヨリ出ツルヨシ[54]」と、税制面から理解したことについて記録している。

コミュニケーションと情報

パリ滞在中の四月二十五日、杉浦は、「午後副使役々を従え活版官技所を一見す、各国古今之文字尽く備て、溶鉛鋳字の場所より冊子仕立場にいたる迄諸工属を殊にし、摺ハ都而蒸気を用ひ、咄嗟にして数十葉を仕上る事尤妙なり、工人は男女打交り凡九百人計もありて、一日出来する処汗牛充棟なるへく、これ書値廉直なる所以にして、孤窮寒貧の書生といへと、蛍雪の勉強得さしむ、且奇怪発明之説より日用新聞の鎖事に至る迄、事時日と技工与を費さすして世に公布せる事、文明人智を鼓盪淬礪するの根柢と思はる[55]」と分業化され機械化された印刷所を訪れ、廉価で大量の情報が生み出されていることが学問や文明を進めている根底であると分析している。情報に関する視点としては、池田らも帰国に際して新聞によって形成される「パブリックオピニオン」の力に注目して「新聞紙社中」への加入を主張したが、マス・コミュニケーションに関心をもち、情報が大衆に与える影響という視点から西洋文明に対する理解を示したのである。

同じ日に金上は、同行の玉木三弥と散歩の帰りに同宿のフランス人と食事をともにすることになった。そこでさまざまなコミュニケーションを図る機会をもったが、その際に、「蕃国人ハ諸国人ト交際シ居ル故欤絶ヘテ他邦人ヲ嫌悪スル躰ナク殊ニ懇切ヲ尽スモノ亦多シ」[56]との感想をもった。個人レベルにおいての異文化コミュニケーションの事例であるが、西洋人が行っている「諸国人ト交際」という多様なコミュニケーションによって構築されている関係の中に、外国人を嫌悪せず「懇切ヲ尽ス」者が多い理由を見出した。物質としての西洋文明への理解だけでなく、異文化コミュニケーションの観点から西洋文明の一端を読み取ったのである。

2 池田長発の対外認識

（1） 池田長発の外交政策提案

随行者たちが比較的自由に異文化に接触し、学んでいったのに対し、使節の正使として派遣された池田長発は、「当座凌ぎの策」であり「朝廷への口実」といわれた鎖港を達成することができなかったのみならず、いわゆる「パリ約定」を締結し一八六四年（元治元）七月十八日に帰国した。幕閣の意図に反しての帰国であったが、使節の意気込みは田辺太一がいうように決死の覚悟であり、幕閣の因循姑息を打破し朝廷や攘夷派に対抗し積極的に開国論を展開して内政改革を強く意図するものであった[57]。

帰国に際し、もともとは積極的攘夷論者の池田であったが[58]、フランスでの見聞や経験、ヨーロッパ諸国の権力関係の現実からその意見を転じ、国内政治の変革に向けての五項目の提案をしている。ヨーロッパでの経験、国際社会の現実は池田の論を転換させるのに充分過ぎるものであった。

一体御自立之御基本相立候に者御国内一和相成候者尤以其根本に而海陸二軍之御備者勿論各国御交際にも格

別御注意被為在御信義相立候様御覚悟無之候而者不相成就而者彼方事情御探索相成候事も亦第一儀に御座候間私共見込の処に而者第一辨理公使欧洲各国へ被差置度、第二欧洲而巳に無之宇内独立之邦々に者何れも条約御取結相成万一之節伐謀伐交之御方略有之度儀、第三に者海陸二軍之方法西洋之所長を被為取候為留学生御差遣し相成修行為仕度儀、第四に者西洋諸洲新聞紙社中に御加入相成彼我之事情相通し候様仕度儀、第五に者御国民自在に外国へ相越し商売者勿論彼方事情為心得候様仕度儀[59]

すなわち、不安定な国内政治の現実に対応しての海陸軍の充実と信義に基づいた外交の確立、そしてそのための外国の「事情御探索」の提案であり、具体的には①ヨーロッパへの弁理公使派遣、②各国との条約締結、③留学生派遣、④「新聞紙社中」への加入、⑤日本人の自由渡航、である。また、これらの提案は、幕閣に対してのみならず朝廷に対しても行われようとしていた。「京都表へは私共実地目撃の上申上候前文の次第を以て御誠実に御奏上御座候ハヽ、御氷解可被為在り儀と奉存候」と、池田は「実地目撃」と称した実際に見聞し、肌で感じとった国際情勢の現実、いわば異文化の衝撃に突き動かされて朝廷の説得を試みようとしたのであった。

(2) 池田長発のヨーロッパ情勢認識

では池田は、「実地目撃」してきたヨーロッパ各国の情勢をどのように理解し認識していたのであろうか。前記の提案の中には、池田の当時の国際情勢認識が多々示されている。

攘夷運動が過激化してゆく中で、国内では外国人の殺傷事件が多発し、その補償による外交交渉の不利益がもたらされていた。そこで池田はヨーロッパ各国にコミュニケーターとしての役割を果たしうる弁理公使の派遣を提案していく。

池田は、ヨーロッパ各国がしのぎを削る弱肉強食の国際情勢の中に互いの国が「攻取呑幷之志」を含蓄している様子を見てとりながら、軍事、外交事務の取扱いの必要上、相互に公使を派遣して事態の調整を図っている各国の姿勢を見てとっていた。

各国共其都府々へ互に弁理公使差遣置万一不都合之事件差起双方之議論相違いたし候様之儀出来候節者同盟各国之公使会議いたし公正之断案を以て処置および候間自然過当非分之儀者難相成如何成小邦に而も幷呑席巻不被致強大国之間に会立いたし候儀に可有之(60)

と公使間の公正なコミュニケーションによる問題解決が図られることで「小邦」であっても「強大国」に席巻されず存立しうるのであると理解したのである。外交関係を樹立するにあたってヨーロッパに公使を派遣し、「信義」に基づいて国際社会に参入していこうという姿勢をみせたのであった。円滑に国際関係を進めていくためのコミュニケーションをとるための役割として公使の存在が考えられており、その存在が後述の「条約」履行のため必要不可欠となる。「条約」という国際的な「信義」を実行するコミュニケーターとして公使が想定されているのである。その「信義」に基づいた国際関係のバランスの中で「小国」は存立しうると池田は理解していた。

また、前述の各国との条約締結の提案の中に、池田がいかに当時のヨーロッパの国際関係を認識していたかがうかがわれる一文がある。

方今欧洲各国之形勢強弱大小互に幷呑之意を醸居候得共瑞西白耳義等之如き微弱之小邦に而も大国強邦之間に塊然特立いたし待対之礼を以て好誼交接を全く致し居候者余之儀に無之唯々条約取結信義を以て相交り彼是持合之勢より保存仕候儀に而善隣を以国宝之第一と仕候事に御座候(61)

弱肉強食のヨーロッパの国際関係の構造を捉え、その中でスイス、ベルギーなどを例にとり、これら「微弱之小邦」が大国間にあって対等に存立しうるのは、「条約」を締結し相互に「信義」に基づいた関係を保っているからであると認識し、善隣友好が外交の第一義であるという姿勢を示した。ヨーロッパの情勢を「実地目撃」した池田は大国間にあって、その中でどのように「小国」が存立しうるのかということについて「条約」、「信義」をその基本として理解したのである。スイスやベルギーなど「微弱之小邦」を日本と重ね合わせて認識し、「条約」に基づく「信義」に信頼して国際関係を築き上げていこうとするものであった。ただし、この提案は決してスイスやベルギーなどをモデルとし「小国」を目指すということを意味するものではなく、あくまで幕府外交担当者として池田の目指すところは、幕藩体制の維持であり、そのために「信義」に基づいて開国し、国際社会に参入していくことであろう。具体的には第一の項目で言及されている公使の派遣による外交関係の樹立であり、第三の項目で言及されている西洋諸国への留学生派遣により先進軍事技術を学んでいくことであり、第五の項目で言及されている自由渡航により貿易に利を求める富国強兵策である。そのためにも「人心不折合」を解消するために情報を積極活用しようと第四の項目で言及されている新聞紙社中への加入が提案されたのである。

そして条約の締結に関しても、日本が西洋各国と対等につきあっていくために各国と条約を締結しなければ、公使や海外に渡航する国民にとってははなはだ不都合であることを指摘し、今まで条約締結を断ってきたオーストリアをはじめ、条約締結を希望していたベルギー、スペインやデンマーク、イタリア、スウェーデンといった条約締結の動きをみせている国々に対し後手にまわっての条約締結は、かえっての「人心之不折合」が増長することになると憂慮している。積極的に海外へ展開していくことが提案され、そのための政治環境の整備を求めているのである。

さらにヨーロッパの国々に対しての池田の認識であるが、イギリス・フランス・ロシアの大国を「御油断難相成国柄」と評価している。しかしドイツについては「同盟連衡致し候節者欧洲中迚も相敵之国有之間敷とて外国々よりも常々合縦不致様仕向候抔と之説も有之英仏等於而も深く相憚り居候」と統一が進むことによりイギリス、フランスに対抗しうる勢力となることを期待している。そして一八五九年にフランスと戦い敗れ雪辱を期すオーストリアとともに、この両国と条約を結ぶことが「万一英仏等と戦端を被為開候節に至り曲直之弁相立候事に候ハ、必す一方之御助勢とも相成可申哉」とイギリス、フランスに対抗する勢力が得られることであり、「諸国へ条約御取結相成候而以夷制夷と申如き御方略被為立候方御要務と奉存候」と条約を結ぶことにより「夷をもって夷を制する」という小中華思想的な方略を立てる外交の必要性を指摘している。(62) ヨーロッパ列国の微妙な力関係のバランスを見てとり、国際社会の枠組みの中に参入するにあたっての外交戦略として、ヨーロッパの強国中でも伝統的強大国ではなく、大国に転じつつある新興勢力に注目する姿勢を見せていたのである。

久米邦武は『米欧回覧実記』の中で「小国」ベルギーについて「能ク大国ノ間ニ介シ、自主ノ権利ヲ全クシ、其営業ノ力ハ、反テ大国ノ上ニ超越シテ、自ラ欧洲ニ管係ヲ有スルノミナラス、世界貿易ニ於テモ影響ヲナスハ、其人民ノ勉励和協ニヨルニアラサルハナシ、其我ニ感触ヲ与フルコト、反テ三大国ヨリ切ナルモノアルヘシ」(63) と「営業ノ力」に注目し、共感をもった。池田らの使節は、久米以前にヨーロッパの強国中にあって自国を「微弱之小邦」に重ね合わせ意識し、その「小国」が世界システムに組み込まれつつある中でいかに存立していくかということを考えた。そして池田らは「条約」に、久米は「営業ノ力」にその答えを見出したのである。

(3) 池田長発の対アジア認識

一方で池田はアジアの国々については、以下のような認識を示し西洋に対する認識とは異なった視点からの反応を示している。まず、中国については、「支那之儀者僅々之海上を隔而居候隣邦に而国産も夥敷外国人共之両間に介居利益を得候事不少」、「通商貿易相開候ハ、莫大之御国益可相成者勿論欧亜洲へ渡航通商御差許相成候節者航海之要所にも有之旁最以和親御条約御取結有之候様仕度奉存候」[64]と、地理的な近さ、産物の多さ、外国人商人の存在、中国との通商による「莫大之御国益」、海外への渡航が許可された際の「航海之要所」であるという利点を見出し、そこからヨーロッパ諸国と同様に条約を締結することを提案した。西洋の国際秩序とアジア的な華夷秩序意識との狭間にあって、近代化とは西洋の秩序にいかに対応していくかという問題であるが、条約の締結という西洋の国際秩序を導入していくことでアジアの国際関係に近代的な国際秩序の構築を図ろうとしているのである。

またその他のアジアの国々についても、「東洋に而も朝鮮并に安南暹邏緬甸等之儀者物品調産之邦柄にも有之自然御国益之大端と相成可申候間是亦憐遠善隣之御廟算被為建候様奉存候」[65]と、朝鮮、ベトナム、タイ、ビルマなどについても「物品調産之邦柄」であることから関係を樹立することによって貿易による「御国益」を見出している。これら近隣各国に対して「憐遠善隣」を唱えコミュニケーションを図ろうとしているが、それは経済的利益に重点をおいた配慮であった。対アジア諸国とはまず、貿易の利益を見越しての条約締結を考慮しており、対西洋諸国との「信義」に基づく条約締結、外交を進めていこうとする視点とは若干の差違が見られる。西洋に対する「条約」による国際関係の樹立とアジアに対して貿易に「御国益」をみるダブルスタンダード、そしてアジアにおいても対中国とその他の地域とのダブルスタンダードが見られる。これらアジア内でのダブルスタンダードな地域秩序意識が見られ、ここに池田の対アジア観がよく示されているのである。

おわりに

使節団は、訪れた各地の人々や気候・風土について、短期間の滞在ではあったがゆえの表面的なものかもしれないが、さまざまな詳細な記録を残していった。書物によって獲得していた知識の再確認でもあり、また実際現地を訪れてみて受けた印象が率直に記されているものである。アジアに対する印象は、後に訪れるフランスでのさまざまな経験を記したものと比べたとき、自文化に引き付け、自文化との比較において記述されているものが多くみられる。ある程度、事前の知識によってイメージされ、受け入れ学ぶべき対象とされていた西洋世界に対して、アジアについては、事前の知識として気候の変化などの地理的なイメージはあったものの、実際に現地を訪れてみて、人々の姿や生活の一端を垣間見ての驚きは大きかったに違いない。婚礼や葬送についてもさまざま詳細に記録されているが(66)、異文化に暮らす人々の喜びや悲しみの様子を目の当たりにして戸惑いを大きく感じたことだろう。

正使池田らが「実地目撃」し、そこで受けた異文化の衝撃に突き動かされて目を向けた「小国」へのまなざしは、国際社会へ参入していこうとする世界の中の日本についてのリアルな現状認識と将来像へのまなざしにほかならないだろう。その中で、幕府権力強化に向けて「条約」に基づいて近代的な国際秩序を構築して国際社会に参入していこうとするものであった。

随行者は洋行の機会を得て、彼らは既得の知識を確認し、また洋行によって獲得した知識から立身していく機会を得た。池田らが帰国後、弁理公使派遣、各国と条約締結、留学生派遣、新聞紙社中加入、海外への自由渡航という五項目の提案をしていくほどの衝撃を受けて帰国して処罰されるが、随行者たちは、比較的自由な立場から異文化の中で観察し、学んでいった。たとえば、三宅のように砂漠地帯で眼病が多い傾向に気づいたり、博物館や解剖館に興味をもち、外科道具を買い揃えるなど、自らの関心から行動している。それぞれの立場からの近代化への対応としての異文化に接触し、吸収していったのである。異文化の中で自らの関心にしたがって学び取り、異文化を理解し反応を示していったのである。

註

(1) 古田暁監修『異文化コミュニケーション』(改訂版、有斐閣、一九八七年) 六六頁
(2) 石井敏・久米昭元・遠山淳・平井一弘・松本茂・御堂岡潔編『異文化コミュニケーション・ハンドブック』(有斐閣、一九九七年) 一〇〇―一〇五頁
(3) 石井敏・久米昭元・遠山淳編『異文化コミュニケーションの理論』(有斐閣、二〇〇一年) 一六〇頁
(4) 田辺太一『幕末外交談』(続日本史籍協会叢書) 三一八頁
(5) 同右 三二〇頁
(6) 尾佐竹猛『幕末遣外使節物語』(講談社学術文庫、一九八九年) 二二一頁
(7) たとえば、医師の家に生まれ育った三宅復一の興味は医学にあった。「「アナトミツク」場へ至り、其場に手足並に血脈あり。動脈は赤、静脈は青砂をつめたり。其より博物館に至り、人畜の懐虫をみる。馬より出たりと云ふ一丈三尺斗りの虫を見る。蛇の長さ一丈斗りのをみる」(三宅『航海日記』三月二十七日)「二時より博物館え至り。又外科道具やに至、少し許り道具を買ふ」(同上 四月五日)「解剖館へ至りて双頭又は一眼等の人間の生物をみる。又種々の瘡毒の有形をみる。又帰りに外科道具屋に至り、種々の外科道具を見たり。其より舎密前に至りてみる」(同上四月二十七日) と、たびたび博物館や解剖館、外科道具屋を訪れ標本を見学し、外科道具を買い入れている。またパリでは、「夜に入て逍遙す。」という記事が多くみられ、夜間にもかなり外出したようである。(同上 四月七・九・十一・十二・十三・十六・十七・十八・十九・二十二日)
(8) 航海中の日記などから、三宅は『坤輿図識』、『地理全志』、『博物新編』、杉浦愛蔵は『玉石志林』、金上佐輔は『地理全志』、『六合叢談』などで海外に関する予備知識を得ていたことを知ることができる。
(9) 金上佐輔『航海日録』巻一 一月八日
(10) 杉浦愛蔵『奉使日記』一月十八日
(11) 同右 一月二十七日
(12) 金上『航海日録』巻一 一月二十三日
(13) 三宅復一『航海日記』一月二十三日
(14) 同右 一月二十三日

(15) 金上『航海日録』巻一　一月二十七日
(16) 杉浦『奉使日記』一月二十七日
(17) 同右　一月二十七日
(18) 荒野泰典『近世日本と東アジア』（東京大学出版会、一九八八年）五三頁
(19) 金上『航海日録』巻一　二月一日
(20) 岩松太郎『航海日記』一月二十七日
(21) 金上『航海日録』巻一　二月一日
(22) 同右　巻一　二月一日
(23) 岩松『航海日記』二月十一日
(24) 金上『航海日録』巻二　二月二十日
(25) 同右　巻一　二月十三日
(26) 同右　巻一　二月十三日
(27) 同右　巻一　二月十三日
(28) アデンでの記録にはそのほかに三宅が、「土地の人気甚だ悪し。盗みを常とす。上陸の人持たる物を取られしをきく。蠅を追えば一シルリングを乞ふ。駱駝多し」（三宅『航海日記』二月十三日）、岩松が「御供の者噺には当地の人は皆賊と云事なり然る所馬車に乗り候者の扇子むちなそ取にけ致候と云」（岩松『航海日記』二月十三日）と同様の記録を残している。
(29) 金上『航海日録』巻一　一月二日
(30) 同右　巻一　一月二日
(31) 岩松『航海日記』二月五日
(32) 金上『航海日録』巻二　二月二十四日
(33) カイロ滞在中には、蒸気機関の西洋式小銃工場（金上『航海日録』巻二　二月二十一日）や、大砲製造局の見学（三宅『航海日記』二月二十二日、金上『航海日録』巻二　二月二十二日）、寺院や庭園を訪れている（金上『航海日録』巻二　二月二十二日）。また現地での入浴法についての詳細な記述がなされている（同上　巻二　二月二十三

日）。エジプト王に謁見（同上　巻二　二月二十三日）、「三使等当国古器庫（博物館）遊覧」（同上　巻二　二月二十四日、杉浦『奉使日記』二月二十四日）、石鹼を使っての洗濯（金上『航海日録』巻二　二月二十五日）や、「牛乳ノ氷（アイスキャンデー）」に驚き、その製造法も細かくしるされている（同上　巻二　二月二十五日）。河津・田辺・横山・堀江・別所・玉木・金上は残ったが（同上　巻二　二月二十八日）、その他の一行はピラミッド・スフィンクスを見物した。スフィンクスについて杉浦は「是古昔等の意を寄せしや測り難し」との感想を残している（杉浦『奉使日記』二月二十八日）。モスクも訪れ、三宅は建材として用いられた大理石の一部を持ち帰っている（三宅『航海日記』三月一日）。

（34）金上は、「途上ニ往々（図略）四方鉄柱屋根並四面トモ木綿斯クノ如キ中ニ住居スルモノ沢山相見ユ我邦ノ陣小屋トモ謂ヘキ欤是沙磧ノ転旋ニヨリテ又住居ヲ遷スノ便トスルヨシト聞ク又大屋小室トモニ石ニテ畳ミ上ケ大屋ハ種々ノ飾リアリテ美麗ナリ小室ハ殆ント我富岳上ノ石室ニ異ナラス橐駝或ハ驢牛等多シ」（金上『航海日録』巻二　二月十九日）と砂漠の中で見たテントや住居、ラクダやロバが多くいることを記録している。また乗車した列車や車両内部についても詳細が記録されている。土地についても「土質ハ上土トハ謂ト難シ棕櫚シャホテン黍ナトヲ多ク植ユ草木ハ石竹桑樹葡萄薔薇其ノ他多ヲ知ラサルモノ多シ」（同上　巻二　二月十九日）と土質、植物について記録している。三宅も同様に、「土人はテンツに住み又は土を積立て又は穴を掘りて住す」（三宅『航海日記』二月十九日）と住居についての記録を残している。

（35）三宅は現地人の服装について「土人の衣服は頭に切れを巻き沓先、嘴の如く尖れり。衣は甚だ長くして足に及べり。雪隠はしやもぢの如き形なり」（三宅『航海日記』二月十九日）、「婦人は男子の如く、衣は長し。顔は眼斗り出し鼻の上へこの如く金にて作り頭巾の如き者へ縫付て蒙れり」（同上　二月十九日）と記録している。女性の服装について金上は、「婦人ノ服ハ富貴貧賤ニヨリテ品ヲ異ニスト雖モ大抵広袖ノ様ナル服ヲ着シ其上ニハ風合羽ノ如キモノヲ引掛ケ腰以下ニハ絹呉絽ノ様ナルサシヌキヲ纏ヘ首ニハ白色ノカツキヲ蒙リ其カツキヨリ顔面ノ鼻上ニ柱ヲ造リ柱ヨリ細長キシコロノ様ナルモノヲ乗ル唯眉目ノミ露ハシ卑賤ノ者ハ徒跣多シ又婦人善ク物ヲ運輸シ尽ク頭上ニ纏ヘ其巧ミナル京師ノ八脊大原モ遠ク及フ能ハス」（金上『航海日録』巻二　二月二十日）とイスラム世界の風習や巧みに頭に荷物を載せて運ぶ姿に京都の大原女も及ばないと注目している。男性の服装については、「男子仕官ノモノハ西洋服ヲ用ユ頭巾ハ頭形ニテ鳶色羅紗ニ黒キ総ヲ着ケリ歩卒等ハ木綿ノ裁附ヲ穿テリ商人体ノモノハ筒袖ニテ裾マテ続キタルモノヲ服シ卑シキ日雇奴僕等ノ服セシハ吾僧服ノ襞ナキモノニ相似タリ想フニ是当地ノ古服ナルヘシ黒人モ亦多シ官人下人共ニアリ婦人モ亦多シ都児格人固ヨリ来住ス官人ノ風ハ全ク都児格風ト申事又聞ク此土男子ニ三種アリ一ハ都児格人一ハ亜剌比亜人一ハ土人ニテ阿弗利加ナリ西洋男女モ亦居住スルアリト覚ユ」（同上　巻二　二月二十日）と階層による服装の違いに着目している。杉浦も「婦人は僧衣体のものを着し、別に大布もて頭より半体を包ミ、面部は別に布を下け、眼計露し鼻と額の間に柱を建り、風沙の飛揚を防けるならん」（杉浦『奉使日記』二月二十日）と同様の記録を残している。岩松は「婦人方当地は上等の分は黒なし皆白くして美なり下等は少々黒くしてはたし或はクツなり至て妙な風なり目はかり出し頭より惣体へ黒き或は白き切れをかふり居るなり上等には其れなし皆美なるなり」（岩松『航海日記』二月二十日）、「風俗は温柔静和の風と見ゆしかし盗賊と云兵士は剣を佩ひ市中を歩行す衣服も一定ならすツ、ホウ股引も有れは又立付も有り僧服の如きもある婦人風呂敷の如きものを頭上より冠り裳に及ふ目より下へ胸あたり迄紹の如き薄きもの当て容貌の中目計り現はして一体の服は欧羅巴と大同小異也」（同上　二月十九日）とその特徴を記録している。

(36) 岩松『航海日記』二月二十日
(37) 三宅『航海日記』二月十九日
(38) 金上『航海日録』巻二　二月二十二日
(39) 杉浦『奉使日記』二月十九日
(40) 同右　二月二十日
(41) 岩松『航海日記』二月十九日
(42) 杉浦『奉使日記』二月二十一日
(43) 金上『航海日録』巻二　二月二十二日
(44) 同右　巻二　二月二十二日
(45) 同右　巻二　二月二十二日
(46) 同右　巻二　二月二十五日
(47) マルセイユ滞在中には、キリスト教教会（金上『航海日録』巻二　三月十一日）、古器展観場、動物園、植物園（三宅『航海日記』三月十二日）などを見物し、騎兵百騎の歓迎をうけ、大船製造所など見学した（金上『航海日録』

巻二　三月十四日）。パリ滞在中には、遊園で噴水を見たり（杉浦『奉使日記』三月二十六日）、武器庫見学（金上『航海日録』巻三　三月三十日、杉浦『奉使日記』三月三十日）、曲馬（サーカス）見物（杉浦『奉使日記』三月三十日、金上『航海日録』巻三　三月三十日・四月十四日、三宅『航海日記』四月十四日）や観劇（杉浦『奉使日記』四月二・十二・十八日、金上『航海日録』巻三　四月二日・十八日）にもたびたび訪れている。写真館にもたびたび通っている（金上『航海日録』巻三　四月六日、三宅『航海日記』四月八・二十日）。風船（気球）を見る機会もあり（金上『航海日録』巻三　四月七日に図あり、同上　巻三　五月八日）、蒸気機関製作所見学、製鉄所見学（杉浦『奉使日記』四月七日）、会議堂見学（同上　四月八日）、紡績工場見学（同上　四月八日）、陶器製作場見物（同上　四月十五日、金上『航海日録』巻三　四月十五日）、金銀メッキ工場見学（杉浦『奉使日記』四月十六日、金上『航海日録』巻三　四月十六日）、貨幣局見学（杉浦『奉使日記』四月十九日、金上『航海日録』巻三　四月十九日）など先端技術に触れている。他にも競馬見物（三宅『航海日記』四月二十四日、杉浦『奉使日記』四月二十四日、金上『航海日録』巻三　四月二十四日には競馬場の図が添えられている）やナポレオンの墓に参詣（同上　巻三　四月二十九日、三宅『航海日記』五月一日）、三兵操練見学（金上『航海日録』巻三　四月十四日）、大砲操練見学（同上巻三　五月五日）などもしている。日本についての情報も「将軍の帰府、在京中に右大臣へ昇進、諸大名が江戸へ参勤、「文治」（元治ではない）と改元」といった内容の情報を現地の新聞紙より得ている（同上　巻三　五月五日）。

(48)　金上『航海日録』巻二　三月十日

(49)　岩松も船中で「外国婦人涼み居候随分美人も沢山相見る」との記録を残している。（岩松『航海日記』二月十二日）

(50)　小坂井敏晶『異文化受容のパラドックス』（朝日選書、一九九六年）六五頁

(51)　金上『航海日録』巻二　三月十日

(52)　同右　巻二　三月十三日

(53)　同右　巻二　三月十七日

(54)　同右　巻三　三月二十三日

(55)　杉浦『奉使日記』四月二十五日

(56)　金上『航海日録』巻三　四月二十五日

(57)　前掲註（4）田辺太一『幕末外交談』三三二頁

(58) 文久三年五月十三日、同僚の目付杉浦誠(梅潭)の日記(『杉浦梅潭目付日記』〈杉浦梅潭日記刊行会、一九九一年〉一四九頁)には、「土屋(正直〈目付〉)より書通、攘夷之儀横浜鎖港スラ出来兼ルとの評議昨日一決、池田壱人不承知、大激論アリし由」との記述がある。
(59) 「仏国巴里府より一ト先帰府仕候趣意柄申上候書付」『幕末維新外交史料集成』第六巻 一三七頁
(60) 「欧州各国へ弁理公使御差置之儀に付申上候書付」『幕末維新外交史料集成』第六巻 一四一頁
(61) 「西洋各国幷東洋国々と条約御取結之儀に付申上候書付」『幕末維新外交史料集成』第六巻 一四五頁
(62) 『幕末維新外交史料集成』第六巻 一四五・一四六頁
(63) 久米邦武『特命全権大使 米欧回覧実記三』(岩波文庫、一九八〇年)一六五頁
(64) 『幕末維新外交史料集成』第六巻 一四六頁
(65) 同右
(66) 三浦義彰『文久航海記』(篠原出版、一九八八年)二五三頁、金上『航海日録』巻二 二月十九・二十一・二十四日

秩父困民党と武器（得物）

内田　満

はじめに

私は前二稿[1]において、秩父事件とは、第一義的に「秩父郡中」を地域的枠組みとする固有の民衆運動であったこと、すなわち自由党から峻別された秩父困民党が中核となって、「秩父郡中貧民」の救助を、「秩父郡中」固有の問題解決方法として、「秩父郡中人民」の蜂起による高利貸征伐によって達成することを目的とする民衆運動であったこと指摘した。

秩父困民党の思想は血判を伴う盟約書と八人議定に示されている。秩父困民党側は、債主へ十年据置・四十カ年年賦を要求し、大宮警察署へ債主への説諭方を願い出るという手続きをしっかりと踏んだが、ともに拒否された。要求を実現する回路を失った幹部は、「最早尋常ノ手段能ク成スニ足ラス。宜ク衆力ヲ擁シテ債主ヲ脅カスニ若カス」（風布村石田造酒八）、「此上ハ無是非次第ニ付我々一命ヲ抛テ腕力ニ訴ヘ高利貸ノ家屋ヲ破壊又ハ焼燬シ証書類ハ悉皆焼棄シ法衙ニ訴フルノ証拠物ヲ甚滅スルコトニ決定シタリ」（田代栄助）と自力救済＝実力行使に訴えることを決定した。[2] 高利貸の弊害がだれの目にも明らかな状況で、「我々一命ヲ抛」つものの出現は、秩父郡中人民・貧民が、自らの願望を担い、貧民（困民）の立場からの普遍的価値（社会的生存権）を代弁してくれる指導者集団をもったことであり、彼らが以後急速に自力救済＝実力行使の世界に入っていくことを容易にした（第一論文）。その実力の世界がどのようなものであったかを明らかにするために、秩父郡内五九カ村中四七カ村の参加者二一三六名の裁判記録から、参加強制・出立ち・武器（得物）・指物・鳴物・行動様式の実態を抽出した（第二論文）。

本論では残る一二カ村・一一六二名[3]の分析を行い、「秩父郡中」を枠組みとした秩父事件の運動全体の実態解明を完成したい（五九カ村・三二九八名）。

まず1で、秩父困民党の思想と行動を、一二カ村でも現状認識・目的などが共有されていたことを通して再確認する。次に2で、自力救済・実力行使の世界、いわば「秩父事件の作法」というべきもの、すなわち参加強制・出立ち・武器（得物）・指物・鳴物・実力行使・炊き出し・情報・戦争などの実態解明を行う。さらに3で、権力が個々の参加者の運動（行為）をどう認定したかという観点から、秩父郡五九カ村の数量的分析を行い、村としての参加の度合いや裁きの構造（少数の首魁・教唆者・殺死・焼燬行為者と絶対的多数の付和随行者を分断）など民衆運動としての秩父事件の全体像を解明したい。最後に4で、第二論文において評価を留保した「軍備原案」・「地方警備」の考察を行う。また本論では、分析概念として、蜂起前の組織を秩父困民党、蜂起後の集団を困民党軍（蜂起集団）とする。「戦争」局面で使う場合困民党軍、一揆集団として使う場合は蜂起集団とする。軍隊・警察は鎮圧軍、人民が構成する場合自衛団とし、軍隊・警察と協力した場合は自衛団も鎮圧側とする。

1 秩父困民党の思想と行動

まず、秩父困民党の思想と行動を、本論の分析対象である一二カ村・一一六二名の人々に現れた現状認識・目的などを指摘することを通して、再確認することから始める。

秩父困民党にとって第一義的に「秩父郡中」がその地域的枠組みであった。秩父困民党、特に田代栄助（大宮郷）にとって、高利貸のために零落した「秩父郡中貧民」を救助すること、「秩父郡中人民ニナリ替ハリ富者ヲ斃シ貧者ヲ救助」することが目的であり、「大願」であった。柴岡熊吉（大宮郷）も、高利貸を斃し「秩父郡中一円」正規の利息で貸借すれば困難にもならないと考えていた。

秩父困民党トリオの一人である下吉田村の坂本宗作は「秩父地方ニ於テ細民ノ貧困ニ陥ルハ債主ノ為メニ不当ノ高利ヲ収取セラルルニ職由スルモノト臆測」し、上吉田村高岸善吉も「秩父郡中ニ於テ高利貸ヲ為ス加藤恒吉中田賢三郎　柴崎佐平　磯田縫五郎（中略）此者等ハ貧窮ノ人民ニ高利ヲ以テ金円ヲ貸付候ヨリ人民ハ夫レカ為ニ大ニ困難シ居候」と現状を認識していた。そのために下吉田村落合寅市とともに「其貧困ヲ救ハント欲シ」運動を構築していった。「事ノ至難ナルヲ説キ且ツ中途ニシテ事ヲ廃センヨリ寧ロ断念スルニ若カスト」慎重な田代栄助を「縦令身ヲ犠牲ニ供スルモ其目的ヲ達センコトヲ盟ヒ以テ栄助ヲ激励ス　栄助任俠自ラ止ム能ハス奮ツテ其托ヲ諾ス」。その宗作の覚悟の程は十一月一日「悟山道宗信士ト記入シタル白木綿ノ鉢巻ヲ為シ刀ヲ携ヘ将サニ椋神社」に行くことからもわかる。

上日野沢村竹内吉五郎は、同村木村又吉に対して連借している五人で、山仁へ借金を四年据置・四十カ年年賦の掛合いに行けと指示した。「以ノ外ノ事ナリト断ハラレタリ」と報告をすると、椋神社へ集合した一同へ次のように言い渡したという。常盤屋・山仁・刀屋その他金貸を打ち毀しその序に警察分署その他役所も打ち毀すので一同そのつもりで尽力しろ、「尤モ我等ハ首ヲ差出シ置キテノ事ナレバ手前タチノ頭ハ我等ガ継テ遣ルニヨリ安心シテ働ケト申サレタリ」。事実であれば吉五郎は困民党軍の中枢に位置していたことになるが、判決では「暴徒ニ附従」と認定され、罰金二円五〇銭である。次に示す村竹茂市とのやり取りとともに疑問が残るが、現時点では発言と行為が一致していなかったと考えておく。すなわち、上日野沢村村竹茂市によれば、蜂起直前の十月二十八日吉五郎が来て「高利ノ金ヲ貸スモノハ家マスマス富ミ其金ヲ借用セシモノハ家マスマス貧ニ陥リ究路ニ怨歎スモ永ク活路ヲ得ベキノ目的ナク終ニ飢餓ニ瀕スルヨリ外致方ナシ寧ロ無情ノ債主ノ家ヲ毀シ借用金詔書等ヲ奪取リ焼棄候ハハ富者ヲ倒シ貧者ヲ助クルノ途相立ツヘキニ付賛成シテハ如何トノ相談ヲ受ケタル」と積極的である。茂市は「同胞人民ヲ救フニハ至極良キ策ト感心仕リ無異議同意」している。

また下日野沢村新井蒔蔵が「借財アル者又ハ難渋ノ者共ハ参ルベシト煽動シ」、自らも白木綿の襷・鉢巻をして竹槍を持ち「貧民ノ為メ高利貸ヲ打毀ス目的ニテ押出タリ」。以上の事実から現状認識と解決方法が郡中で共有されていたことがわかる。そして秩父困民党指導部が現状認識と解決方法を提示すると、それを熟知して参加することが一般的であった。下吉田村新井浅吉は「困民ヲ救ハン為メ」秩父郡において多衆を嘯聚するに応じて参加し、太田村富田政太郎は「貧民救助ノ目的ヲ以テ暴発セシコトヲ了知シ」進んで加わった。下吉田村木戸為三は「困民ヲ救ハンカ為メ暴挙ニ及フコトヲ確知シ」積極的に加わっていった。参加強制による参加・消極的参加とは異なる入り方である。蜂起後は、参加強制による人足・人夫の駆り出しである。

2　運動の実態――参加強制から実力行使まで

(1)　参加強制（戸長役場を通じての触次・駆り出し）

「今般ノ暴徒ノ根本」（石間村篠塚幸吉）といわれた石間村などの発頭村では個人的・個別的なオルグ活動が盛んであったが、蜂起後は戸長役場を通じての触次・駆り出しが通常の方法であった。当然ながら個人・村で積極的・消極的参加に分かれた。

(1) 参加強制の一般的なやり方は、永保社社員である金崎村横田多四郎が体験したように、「暴徒」が「一時従行不為致レハ放火又者殺害可致抔与種々ノ脅迫」するとか「否ト云ハハ家族ヲ切殺シ家ヲ焼クゾト云フ」（金崎村山田嘉之吉・同社員）ものだった。(4) 下日野沢村藤原耕地のように参加に消極的な場合は、二度も参加強制を受け、「藤原ノ者一軒二人ツツ出テサレハ殺スト」その強制文言も厳しくなっていった。すなわち、十月三十一日夜、自村の自由党加藤重三郎が帯刀した二名と「白ノ鉢巻襷ヲ携へ出サレハ切殺スト」いうので、藤原耕地一八戸全員で、村内観音堂へ出かけた。翌朝再度重三郎が来て「藤原ノ者一軒二人ツツ出テサレハ殺スト云フ」ので、浅見林蔵は「衣類ノ襟裏ヲ取リ懐中シ立出」(5) たが一八人全員で逃避し、林蔵は親戚宅で夜を明かし、二日、三波川不動山へ参詣・祈願した。三日に巡査に尋問を受け、白鉢巻・襷を懐中していたので捕縛された。

(2) これに対し、蜂起後は戸長役場を通じての触次が一般的である。下日野沢村浅見銀次郎は、三日金澤村にある連合戸長役場(6) から下日野沢村人民一同皆野村へ行けと「触次」があったので、ただちに全員竹槍を携帯し、皆野村まで出た。同村中畝源十郎も隣家からの「云次」で人足として「皆野村迄出ロ出サレハ火ヲ付ケラレル」というので出ている。触次があれば、村の構成員としてはそれを拒否することはできず、参加せざるを得ない。

二十歳の阿熊村守岩次郎吉は「毎戸壱人ツヽ人足ニ出ツル様村方ヘモ言継キ」があったので、「自分ハ徴兵年齢ニテ出ナイトシタレトモ村方ノ者一同出ル」ので人足に出て荷擔ぎをしている。

二日金沢村では上方より下の方へ「白ノ木綿ニテ鉢巻ヲ為シ竹鎗ヲ持チ出ロ」という言継ぎだったというが、同村木村市太郎は「只今出ロ」と言継がれた。また村用掛が諏訪神社に出ろというので弁当を持って出た。そこで「大宮郷ノ郡役所ニ押込ムニハ人足ガ必要ナルガ故ニ出テロト」と目的を知らされている。下日野沢村の柏木七作は、村役場から出よと言われ、間もなく帯刀の三人が「加勢ニ出スベシ出サザレハ家ヲ焼ク」というので仲間に入った。

現在までの史料読みのなかでは唯一の事例であるが、政治的目標が示される場合もあった。上日野沢村新井伊之八は、三日同村筆生竹内作次郎が「兇徒」の趣意は「国事改良ト謂フコトナルガ故ニ速ニ人足ニ出ツヘシト」の「催促ニ応シ」「暴徒」に馳せ加わったと証言している(7)。

戸長役場を通じた参加強制でないと、下日野沢村の高橋三十郎のように二度の強制によってやっと参加する状況であった。すなわち、一日に新井紋蔵・貞作・宗作などが「布令ヲ回シ急ニ」下吉田村へ出場せよと言ってきた。「自分等ハ成リ丈ケ出ナイ様ニ避ケ居リタル」が、四日に再度の参加強制があって「初メテ出場スルニ決心シ自宅ニ有合セシ四尺許リノ棒ヲ携ヘ」皆野村に出た。こうして戸長役場からの触次、複数のルートでの度重なる参加強制の結果「一家一人ツヽ出テタルニ相違ナシ」(下日野沢村浅見銀次郎)と一戸に一人は参加した。しかし参加に消極的な場合は「言継アリタルニ依リ一戸壱人ツツ出タレトモ追々逃去リ自分壱人残リタルナリ」(阿熊村守岩次郎吉)というように逃亡が続出した。

(3) 一方鎮圧側で人足を動員する際も、戸長役場を通じての触次・駆り出しの参加強制方式が使われている。すなわち、三日夕方坂本村へ出張した警察が人足を募ったが、このとき「役場ヨリ即刻得物ヲ携ヘ出頭セヨトノ云触レ」が出され、それに応じて見張番に従事した(坂本村保泉金八)。また鎮圧側に与した矢納村でも、六日保美濃山村戸長新井村二から矢納村用掛新井源一郎へ見張せよとの書面が届き、源一郎から見張せよと触次がれ、一七名ほどが村内湯貫神社に見張に出ている（矢納村新井市蔵）。

蜂起集団・鎮圧側双方とも動員方法は同じである。「戸長役場ヨリ触達ノ已ムヲ得サル」（小森村斉藤義十郎）形で参加させるこのやり方は権力側でも十分認識していた。[8] また寄留・隠居など一般的にいえば弱い立場の者の参加からは、太田部村の代人同様に正式な共同体成員でないものの秩父事件における立場がわかる。

（4）先の（2）の阿熊村守岩次郎吉証言の後段（サイドライン部分）は、参加に対する消極的態度（参加回避志向）の存在を示しており、それは①村首脳部の消極的姿勢を反映している場合もあるし、②個人的姿勢から生じる場合もあった。①日尾村の参加者が小鹿野町に到着したときは大宮郷乱入後であり、「大抵ハ追々道ヲ替ヘ田圃ヲ潜リ等シテ村方ヘ逃ケ還ヘ」っている。[9] ②金沢村の学務委員若林寿一は三日、学務上の用事で村用掛宅へ行く途中で「暴徒」に脅迫され参加し、四日本野上村出牛峠で逃げ去り、帰宅した。その後は唯々「暴徒」に引率されないようにと自宅の二階に潜伏し、八日自首した。このような行動をとったのは学務委員という立場も一つの大きな要因であったろう。金崎村の山下庄太郎は三、四日の両日各所に随行したが、皆野の戦の際逃去し、山に隠れ、四日「暴徒」に見つかり、下吉田へ連行され、再度逃げ翌五日帰宅。十三日に自首している。

（5）このように消極的態度で参加し逃亡するものとは対照的に、再参加したものがいる。技芸撃剣師であった下吉田村新井浅吉は、一日下吉田村椋神社に繰出し、身支度をしようと一時帰宅。[10] 股引き・草鞋を穿ち、この間に作成した竹槍を携え、再び多衆と小鹿野町に至ると帰宅理由が明示されている。ほかは「一ト先帰宅」（下吉田村原歌次）、「一旦帰宅」（上日野沢村丸山由松）、「一旦帰村」（太田村青山花吉）と理由が明記されていないが、浅吉と類似する理由はあったろう。

（6）強制参加でやむを得ず参加したにもかかわらず、途中から意識が変化したものが多数いる。煩雑になるが運動に参加することにより意識が変化していく状況がつぶさにわかるのでみていこう。

永保社社員の金崎村山田嘉之吉は「初メハ脅迫セラレテ無拠加ハリタレトモ暴徒ノ勢益（々）熾ナルヲ見テ遂ニ暴徒ニ加勢スル気ニナリテ」白鉢巻・襷・竹槍姿で八幡山に押し出している。金沢村の持田貞作も、最初はまったく「暴徒」の脅迫に従って行ったのだが、「暴徒ノ勢益盛ナルヲ以テ央ニシテ変心終ニ暴徒ノ勢ヲ助ケル心ニナリ魚尾村迄」十里余を同行した。そこで「最初ハ畏懼不得已随行シタルモノト認ムルモ暴徒ノ勢ヒ益猖獗ヲ極タルヲ以テ半途変心シ終ニ暴徒ニ加担スルノ念慮ヲ発シタ」と認定されてしまう。矢納村大河原鶴吉は「始メハ無拠出テタレトモ央ヨリコワキ事モナキ故面白クナリ鯨波ノ声ヲ揚ケ」「賊徒」の勢いを助けた。下日野沢村柏木浜蔵は「首ヲ切リ焼払ト」脅迫されて参加したが、「高利貸ノ家ヲ破壊セントノ企ト云コトヲ承知」した。「最初何ノ目的ナキモ皆野ノ戦ヒヨリ面白クナリ賊ノ勢ヲ助ケル存意ニ相成リタルナラン」との尋問に「然リ」と答えている。同村柏木七作も「初メ脅カサレテ仕方ナク出テタレトモ後ニハ其徒ニ加勢スル気ニナリテ信州迄随ヒ行キタリ」。最後に、一八八二年（明治十五）六月、兵役中に逃亡した下吉田村吉岡音五郎の場合をみよう。音五郎は、「最初ハ無拠随行シタレトモ央ヨリ追々人数モ増加シ別ニ恐レルコトモナキ故何ンノ心付ナク同行致候」[11]。白鉢巻をなし、白木綿の襷を掛け竹槍をもっておよそ二、三里「暴徒」と同行し、鯨波の声を発して「賊勢」を助けた。だから「賊ニ一味セシト云ハサルヲ得ス」と認定されてしまう。

以上からわかることは、参加強制によって渋々参加した者の中にも、勢い盛んなのを見て・人数が増加して・恐いこともなく・面白くなり・恐れることもなく・恐きことも忘れ──→変心して──→「暴徒」に加勢する気になる・助ける心になる・加担する念慮を発し・助ける存意になり──→白鉢巻・襷をして竹槍を携え鯨波の声を上げ「賊徒」の勢いを助け・加勢し・勢いを助け、ついには信州まで同行するものも出てきたことがわかる。解放感の表れといえよう。精神が高揚している様子がよくわかる。

こうして困民党軍は、戸長役場を通じての触次・駆り出し（参加強制）によって衆の力を結集し、借金の据置きと年賦返済を実現し、あるべき世を作り出そうとしたのである。個人・村の対応は積極的参加から、代人を出すもの、消極的参加から逃亡するもの、一旦帰宅後再参加するもの、途中から意識が変化し積極的な参加者になる者まで様々であった。

（2） 農民の解放イメージ

参加強制を受けた農民の「先ツ高利貸ヲ為スモノノ家屋ヲ破壊シ夫レヲ防キニ来ル者ヲ打払ハハ百姓ハ楽ニ成ル」[12]（日尾村高田坂蔵）という解放イメージは、物的には食物・金銭等に不自由しない、差し支えなし、というものであった。それは松方デフレ下で「百姓困窮ニ相成如何共難渋」（高田坂蔵）、借金苦という現実に苦しむ農民たちが受け入れ易い、また農民たちを引きつけるものであった。秩父の農民はその実現のために積極的に参加していったと考えられる。参加強制はそのための弾みとなった。すでにみたように、参加強制で参加したものの、共同行動によって途中から「変心」、意識が変化したものも多数存在した。これらの参加者は「運動」の中で意識の解放イメージを体感したといえる。

下日野沢村浅見銀次郎は、皆野村へ竹槍を携帯していった了見はと訊問され、「皆野村へ大勢集マリタルハ皆困窮人ナルモノ故自分等モ加ハリナバ幾分カ身ノ為メニナルコトモアランカト存シ参リタル義ニ有之候」、「平素困窮ノ折柄嘯聚シタルハ概シテ窮民ニ付之ニ与スルトキハ何分カ自己ニ利益アラント想像シ該暴徒ニ附和」、「竹槍ヲ持シテ勢ヲ張リ或ハ弾薬ヲ負担スル等ノ事ヲ為シ」八日馬流まで随行している。「幾分カ身ノ為メニナルコトモアランカト」、「何分カ自己ニ利益アラント想像シ」といわば金銭獲得などを期待しての参加とも考えられる。しかし実際問題として記録されているかぎり、受け取っていないか、ごく僅かであった。一般的には私的掠奪はなかったと考えられる。[13] たとえば、配当金天保銭二五枚（下吉田村坂本源次郎・阿熊村守岩次郎吉）、旧貨幣一分銀五個（上日野沢村新井伊之八）等々。

（3） 出立ち・装い

白鉢巻・白襷の意味

蜂起集団指導部によって指定された出立ち（白鉢巻・白襷）は、なによりもまず仲間・味方・党与・党類であることを示す目標・目印・合印・標記であった。

下吉田村原庄太郎は、「晒木綿ヲ以テ鉢巻襷等ヲ為シ以テ目標」とし、大宮郷に侵入した。また野巻村新井万蔵・新井利三郎は「目印ノ白鉢巻」をなし、各地に随行した。伊古田村小林酉蔵は「小晒ノ手拭ハ暴徒一同ノ徽章ナリト云ウ然ルヤ」と問われ「然リ　暴徒ニ与スレハ誰ニテモ一筋ツツ隊長ヨリ呉レテ徽章トナスナリ」と答えている。鉢巻は「徽章」でもあった。

下日野沢村浅見林蔵は不参加にもかかわらず、白鉢巻・襷（「衣類ノ襟裏」）を懐中していたので捕縛された。白鉢巻・襷が「暴徒ノ目印」だったからである。

また参加者五七名中五六名が科料五〇、六〇銭という消極的参加の大淵村では、ほかの者[14]は皆野村までしか行かなかったが、相沢春吉だけが白鉢巻をして、竹槍をもち「暴徒ニ附従」して吉田村まで行ったので、「暴徒」の仲間だと認定され、村で唯一、七〇銭の科料を受けたのである。

これに対し、赤鉢巻・襷、赤旗[15]は自衛団・鎮圧側のものである。まず①芦ヶ久保村浅見嘉七は、三日までは貰った晒木綿で鉢巻をして積極的に参加しながら、四日になって大宮郷の「人民暴徒ヲ追撃スル計画アルヲ聞キ一旦村役場ニ帰リ相談ヲ遂ケ更ニ（中略）赤色鉢巻ヲ為シ復タ兇徒ニ背キ大宮郷人民ト共々大野原郷村ニ到リシトキ」脅迫された者からの通報で捕獲された。②太田村鈴木健次郎は「暴徒ニ附従シ竹棒ヲ携ヒ白木綿ノ鉢巻ヲ為シ太田村郷平川渡シ場迄随行」するが、赤白両方の鉢巻を持っていた。裁判所の判断は、白鉢巻は刑法第四三条（犯罪ノ用ニ供シタル物件）で没収、赤鉢巻は治罪法第三〇八条（「没収ニ係ラサル差押物品ハ所有主ノ請求ナシト雖モ之ヲ還付」）で還付、ということであった。赤鉢巻（＝自衛団）は当然のことながら「犯罪ノ用ニ供シタル物件」とは考えられていなかったわけである。③皆野村船頭金子惣太郎殺害事件。五日に憲兵と巡査が、竹槍をもち「赤白ノ布ヲ以テ身体ヲ扮装シタル異様ノ男子」を「暴徒ト見謬リ」殺害した事件である。敵地に乗り込んできた鎮圧軍にとって敵か味方か判断できなかったのである。(16)

白鉢巻・白襷の素材

白木綿・晒木綿・白地の切れ・手拭・手拭に白紙を巻き・白縮緬呉呂などである。さらに唐縮緬（下吉田村原歌次）・所有の白木綿（阿熊村新井貞作）・五尺許りの白布（金崎村山田嘉之吉）・衣類の襟裏（下日野沢村浅見林蔵）など付け加えることができる。伝令使となる下吉田村坂本宗作の白木綿の鉢巻には「悟山道宗信士ト記入」してあった。宗作がこの蜂起にかける覚悟のほどがわかる。

調達の仕方

①自前、②個人購入、③蜂起集団からの参加者への支給がある。

①自前　下日野沢村浅見林蔵のように「衣類ノ襟裏ヲ取リ懐中シ立出」る場合や所有の白木綿で鉢巻をした阿熊村新井貞作などは明確に自前だろう。阿熊村中野牛太郎は手拭で鉢巻をなし、竹鎗を携へ、随行した。差押えられた手拭一筋は本人のものだから治罪法三〇八条により本人に還付されている。同様に手拭を使用したものには、野巻村柴崎喜太郎・阿熊村彦久保喜三郎、手拭または白木綿の鉢巻・襷をした久長村肥土菊蔵・下吉田村浅見吉郎平などがいる。さらに阿熊村新井市郎次のように白紙で鉢巻をして随行したものもいる。

②個人購入　「秩父郡ニ蜂起セル暴徒等ニ阿佐美久吾カ勧メニ同意シ竹鎗ヲ以テ賊軍ノ勢ヲ助クカ為メ鯨声ヲ揚ケ秩父郡吉田村ヨリ信州馬流村迄随従」した下日野沢村の黒沢市蔵は竹槍を携帯し、大淵村にて白布を買い求

め、これを襷となし、四日藤倉峠を越えた。同村浅見銀次郎は村を出るとき「白鉢巻ヤ白ノタスキハ目印ナレハ買求ムヘシト」言われ、同行者たちと一緒に金﨑村字国神呉服屋深澤という店で買い求めている。

以上が、自分で調達して参加する場合であるが、何らかの理由で個人的に準備ができない場合も含め、原則的には蜂起集団から供給された。

③蜂起集団からの支給　下吉田村木戸為三は「会計ニ属スル総テノ鉢巻タスキ類ノ物品渡シ方ノ役ヲ命セラレタリ」と物品渡方であった。また伊古田村小林酉蔵の「暴徒ニ与スレハ誰ニテモ一筋ツツ隊長ヨリ呉レテ徽章トナスナリ」との証言からも蜂起集団から供給されたことがわかる。

受け取る側では、上日野沢村門平甚太郎は、一日、椋神社で「暴徒」より木刀・白鉢巻・白襷を渡され、身支度をして小鹿野町まで進行した。また長留村神林幸次郎が大宮郷に到着すると「銘々ニ握リ飯ヲ渡シ尚白木綿ヲ少シツツ相渡シ之レヲ鉢巻ニ為ス可シト云フニ付各々鉢巻ヲ為シ」たという。下日野沢村浅見岩五郎は三日、皆野村で白木綿の鉢巻・襷および竹槍を「暴徒」から受け取っている。また下吉田村吉岡音五郎は参加強制を受けたとき、竹槍・「目印ナレハ鉢巻タスキヲセイト」渡されている。以上から、目印の白鉢巻・襷の授受の様子がよくわかる。

下日野沢村中畝源十郎は三日、「云次」で参加強制を受け、結局信州大日向まで行き、そこで逃亡した。巡査山本高陵に「目印ノ為襷カ或ハ鉢巻ハナキヤ」と聞かれ、「信州大日向ニテ拾申候」「白木綿ニテ鉢巻ヲ致し」と答えている。拾って身につけるということはよくあったことかもしれない。

身支度・装束

風布村の大野福次郎によれば、十月二十五、二十六日頃二人が来て三十一日に「身仕度ヲ致シテ立出テ」と伝言があった。両名は「悉ク其装束ニテ加勢スル様ニ伝ヘ歩キタリト」言い、「其節ハ吉田椋神社ニ集合セヨ此処ニ於テ符号言葉等ヲ示ス」とも言ったという。[17] 合言葉については註の事例を含め二証言しかないが、蜂起集団指導部によって合言葉・装束が規定・指定され、伝達されていることがわかる。

自衛団の例としては「相語」（「秩父暴動事件概略」『集成』六―一七二頁）がある。大宮郷自衛団では「当郷ニテハ暴徒等ノ乱暴ヲ恐レ火防ノ注意ヲナシ鎗竹鎗銃刀剣類ヲ携へ強盗ナドヲ防グ為メロハノ相語ニテ市中裏々ニ至ルマデ徹夜巡回ス」。自衛団でも目印の赤鉢巻とともに合言葉が指定されたのである。参加強制の作法も同様であった。

身支度を整えるため一時帰宅した[18]下吉田村新井浅吉の鉢巻・襷をし、股引き・草鞋を穿ちというスタイルは、一般の参加者としてパーフェクトな出立ちである。だから日当三円五〇銭で太田部村多田作次郎の代人として参加した大久保彦吉は「草刈ノ如キ様子ニテ来ル者ハ用弁セサルニ付早速立戻リ主人ヲ差出ス可シトノ命令ニ付直チニ立帰リタリ」。出立ち・代人を理由として帰されたのである。

以上から、秩父困民党指導部によって指定された出立ち（白鉢巻・白襷、服装）は、なによりもまず仲間・味方・党与であることを示す目印であり、それは蜂起集団から供給され、もし購入も含め自分で準備できない場合は手拭・白紙などで代用されたことがわかる。

（4） 武器（得物）

秩父困民党指導部は、「腕力ニ訴へ高利貸ノ家屋ヲ破壊又ハ焼燬シ証書類ハ悉皆焼棄シ法衙ニ訴フルノ証拠物ヲ甚滅スル」ためにも、「又兵ヲ挙クル上ハ警察官及憲兵隊鎮台兵ノ抗撃ヲ受クルハ必然ナリ」という事態に対応するためにも、衆の力の結集、それも武装化した衆の力を必要とした。武器の携行が叫ばれた所以である。

携行物

農民は参加の際、①鉄砲（猟銃・鳥銃・短銃・和銃・火縄筒）、②刀剣（刀・短刀・長脇差・脇差・木刀）、③手槍・竹槍・火箸を研ぎこれを差し込みたる竹鎗・竹杖、④棒（棍棒・薪・丸棒・麵棒・天秤棒）、⑤農具・野具（鎌・労・鉈・熊手・山刀・鳶口・鉄槌）などを携行した。その中で農具・野具は極端に少なく、近世百姓一揆とは様相を異にしている。

①鉄砲　阿熊村新井浪吉は鉄砲を携え参加し、上日野沢村村竹茂市は鉄砲を所持しているので鉄砲組に編入された。上日野沢村木村又吉は、阿熊村木村鷲次郎から鉄砲・鋳形等を借り受けた。敗退後、鉄砲は南相木村の山中に捨てた。

②刀・短刀・脇差・木刀　上日野沢村の困民党員森川作蔵は、刀を帯び椋神社で門平惣平より袴・指揮旗を受け、甲隊に属した。同村大前牧太郎は刀を携え、楢崎山で「官軍」に出会っている。下吉田村木戸為三は一刀を帯び、金沢村四方田菊蔵は二尺余の刀を帯び各地に進行した。上日野沢村岡田金治郎は高岸善吉より刀一腰を受け取り、皆野村親鼻の渡船場で交戦し弾丸のため負傷した。下吉田村坂本源次郎は、約千人が抜身・鎗・抜刀を携え押し来るのに驚き村中一同出て、信州穂積村字東馬流まで行った。〈短刀〉阿熊村守岩次郎吉は信州で短刀を渡され、上日野沢村新井喜三郎は短刀を帯び、群馬県・長野県下を随行した。下日野沢村阿左美悦三は大日向村で大将より短刀を渡され、馬流まで携帯し、敗走のとき捨てた。〈脇差〉下日野沢村浅見亀次郎、上日野沢村新井茂作、金沢村若林猶次・若林半平は脇差を帯び、金沢村飯島金平は竹槍を携え、脇差を佩き、各地に進行した。〈木刀〉阿熊村新井九蔵は、竹槍又は木刀などを携え、随行した。

③竹槍　（5）で分析する。

④さまざまな棒　下日野沢村高橋三十郎は二度にわたって参加強制を受け、「初メテ出場スルニ決心シ自宅ニ有合セシ四尺許リノ棒ヲ携ヘ」参加した。ほかにもさまざまな棒が持ち出されている。木棒（同村新井市郎）、樫木

の棒（同村新井庄作）、三尺計りの棍棒（同村黒沢順二郎）、天秤棒（下吉田村井上豊作）、丸棒（金沢村宮前銀蔵）、竹鎗あるいは棍棒（下吉田村新井馬次郎、新井源内）、久長村原源八は三尺ばかりの棒を携え、随行した。

⑤農具・野具、鎌　下吉田村杉山文蔵は鎌を携え、阿熊村新井卯三郎・新井浜蔵は竹槍または鎌を携えまたは素手で、上日野沢村浅見宇市は竹槍あるいは鎌棒などを携え、随従している。〈鉄槌＝ハンマー〉下吉田村加藤武吉・新井仲次郎・新井好三郎・坂本定次郎・松本孫七・吉田由吉・山崎源次郎は竹槍または鉄槌を携え、随行した。〈鳶口〉下吉田村新井丑太郎・新井多平・大畑徳次郎・小林新三郎・斎藤久五郎は竹槍または鳶口などを携え、白木綿または手拭などにて鉢巻をして随行した。

⑥徒手・無手で　農民は指示どおり武器・得物を携え参加した。徒手・無手で参加する者に供給するために、また武器構成の質を高めるためにも武器の強奪・徴発が行われた。これも近世百姓一揆や武州世直し一揆そして幕末段階では行われなかった行為であり、強奪・徴発どころか、そこでは入手した武器を焼き払っていた。

⑦最後まで得物・武器を持たなかったと考えられるもの　下吉田村彦久保弥蔵は素手で吉田村宿まで随行した。下日野沢村浅見岡蔵は三日、徒手にて、皆野村へ押し出し、その夜一同帰村した。太田村の参加者一一七名中浅見春蔵を含む三九名は三日、「暴徒」に誘われ、無手にて太田村字郷平・野巻村まで随行、その夜または翌四日に帰宅している。

武器の製造

すでに第二論文でも指摘したとおり、①弾丸（銃弾）、②火縄、③破裂薬、さらに破裂丸・花火筒などが製造された。兵站部門の活躍である。

①弾丸　投網の鉛を使った。「火薬ハ大宮郷ニ於テ買求メタルヨシ弾丸ハ出先ニ於テ猟師ノ所持セル投網ヲ奪ヒ取リ之レヲ以テ玉ヲ製シタリ」（下吉田村木戸為三）。製造されたものは保管・運搬された。上日野沢村木村又

吉が「終始合薬（火薬―引用者）ノ番」「弾薬（弾丸と火薬―引用者）ノ世話係」だったので、大宮郷で警察署・裁判所・郡役所などを打ち毀したときは合薬を預かり妙見の森にいた。同様に皆野村「親鼻ノ戦争中」は親鼻の宿で、「魚尾ノ戦争中」は神ヶ原で合薬の番をしていた。弾薬係の仕事は「鉛ノ買入其他渡方等ノ事」であった。証拠品とされた火薬入れ（火薬とも）・玉入・玉・鋳鍋・鋳形など「所持ノ弾薬製造ニ用ユル器械」から訊問者も弾薬係と認定している。鋳形は阿熊村木村鷲次郎から借り受けたものだろう。

②火縄　阿熊村新井駒吉は新井九蔵などに命じて、火縄数把を大宮郷に取り寄せ、栄助より銃砲隊長を命じられ、衆を率い、小鹿野町に乱入した。上日野沢村小笹源次郎は、小鹿野町諏訪の森で弾薬などの取締りをした。

③花火筒　野巻村西川宇蔵は、花火筒に竹輪を入れるため奔走した。

武器の購入

戦闘などで使用される火薬・弾薬・火縄・鉛・石油・草鞋をはじめとする需要品などは購入されていた。「火薬ハ大宮郷ニ於テ買求メ」（下吉田村木戸為三）、三日朝白久村坂本伊三郎などが弾薬購求のため白久村地方に進行し（下日野沢村新井紋蔵）、上日野沢村門平惣兵は四日火縄購入のため大宮へ行った。藤谷淵村には農間火薬仲買の落合梅作もいる。

（5）竹　槍

竹槍の製法

信濃毎日（一八八四年〈明治十七〉十一月十四日）、横浜毎日新聞（十一月十八日）、下野新聞（十一月二十日）などの新聞が取り上げた。読者向けの情報であろう、秩父の農民にとって説明するまでもないことである。

竹槍作成・供給のされ方

①自宅・個人で、②蜂起集団から、という二つのルートがあった。

①個人で準備したもの　すでにみたように下日野沢村浅見銀次郎は三日連合戸長役場からの「触次」で、ただちに村内一同竹槍を携帯し、同村阿左美悦三は「銘々兇器アルモノハ兇器ヲ携ヘ然サルモノハ竹鎗ヲ製造スル故自分モ青竹ヲ伐採リ竹鎗ヲ出来」繰り出した。下吉田村高野作太郎は自宅で拵えた竹鎗を携え随行。下日野沢村柏木七作は「竹鎗ニスル積リニテ三尺余リノ竹ヲ携ヘテ」、下吉田村杉山文蔵は一―二日鎌を携え、大淵村で竹槍を製し、参加した。

②蜂起集団から供給　下日野沢村加藤宇太郎・加藤浦五郎・浅見岩五郎は竹槍・白鉢巻・襷などを「暴徒」より受け取り、随行した。金沢村学務委員若林寿一は学務上の用事の途中で脅迫され、皆野村親鼻で竹槍を貰っている。

竹槍携行の目的

債主を脅迫したり、突き殺したり、官に抵抗するためであった。竹槍を携帯した理由は「若モ殺サルル様ノ事アラハ幾分カノ助ケニナラント所持致居」、また山本銀次郎から携帯すべしと言われたことであった（下日野沢村浅見銀次郎）。上日野沢村浅見藤重・浅見春吉は、一日、阿熊村で警官に竹鎗で抗敵した。

竹槍の材料

物干し竿・繭棚・竹垣・縁下の竹など、なかには火箸を研ぎ竹槍に差し込んだものもあった。金崎村山田嘉之吉は四日「暴徒」百人余が来て、「自宅ノ裏ニアル物干竿ヲ削リ竹鎗ヲ拵ヘテ之レヲ携ヒテ出ロト云フ」ので竹槍を携え押し出した。

竹槍の行方＝捨てられ方・処分の仕方

下日野沢村新井蒔蔵は十五日に捕縛されたが、竹槍は井上村の森に投棄、刀は藤倉山の奥へ投棄した。逃走のとき武器類・目印の鉢巻・襷などは当然のことながら投棄している。[19]

農間竹細工職・蚕籠製造職

竹槍は、農民が作ろうと思えば比較的短時間で作れることがわかる。材料は身近にあり、作った経験があると考えられる。また竹の性質を熟知し、細工に熟練した農間竹細工職の存在もある。困民党員下日野沢村島田伊之吉は小鹿野町に進入した。小森村斉藤綱吉・白久村坂本伊三郎・贄川村菅沼鍋吉もいる。蚕籠製造職太田村石橋又吉は、三日、無手にて随行、その夜または翌四日に帰宅し、二十二日、戸長役場で筆生林登三郎に自首した。この場合彼のもつ技術が生かされた形跡はない。

（6）指　物

一揆の旗・甲乙旗・村分旗・個人旗・指揮旗などがあった。素材としては布・紙があり、購入布や略奪布で作成された。基本的には蜂起集団が供給し、個人で作ることもあった。

①一揆の旗　「新政厚徳」と大書された大旒は今回も探し当てられなかった。

②甲乙旗　下吉田村撃剣師新井浅吉が三日、「乙ノ字ヲ書シタル小旗ヲ携へ部下ヲ指揮」して進行し、太田村富田政太郎は三日、袴一具を穿ち白木綿鉢巻・襷をなし、手に甲と書いた小旗を携え、自ら隊長の体を装い、「暴徒」を率い野巻村に向かった。

③指揮旗　下日野沢村新井紋蔵は一日、椋神社で新井周三郎の意を受け、甲隊に属し、小旗・竹槍を携え自村

より出夫したものを指揮し、その夜小鹿野町に乱入した。上日野沢村村竹茂市は、上日野沢村から召集した五十有余名の隊長となり、指揮し、家を焼き毀した。三日に新井周三郎が「貴公ハ指揮カ甚タ拙ナルカ如シ、依テ柴岡熊吉ニ指揮旗ヲ遜レト申スニ付其意ニ応シ引率シタル五十有余名ノ暴民ト共ニ指揮旗ヲ引渡シ」、柴岡の部下になって荒川端の見張番をしている。指揮者の交代の様子をありありと示している。上日野沢村森川作蔵は一日、椋神社で門平惣平から袴・指揮旗を受け、甲隊に属した。本陣解体後、野巻村で密かに群を脱し指揮旗・佩刀を路傍に投棄し、潜匿した。指揮旗を機能面で見ると、太田村冨田政太郎が小旗を持ち、衆人を指揮した（太田村斎藤惣十郎）。伊古田村小林酉蔵は五日魚尾村に至り、菊池貫平に与えられた小旗（「小サキ旗」）を携え銃隊を指揮し、魚尾と神ヶ原の境で人民と戦闘、弾薬運搬の指図をした。

④自衛団・鎮圧側の旗　二三四頁の「白鉢巻・白襷の意味」で考察したように赤鉢巻は自衛団・鎮圧側の目印であった。田代栄助は第四回訊問で、大淵村へ「赤旗ヲ樹テ警部巡査四拾人計繰込ミ来リ為メ降ルモノ多シ」と答えている。赤旗は鎮圧側の旗である。赤は自衛団・鎮圧側の色である。ところが新井周三郎は第二回訊問で、上吉田村小隊長であった「高岸善吉等百人程赤色ノ旗ヲ持チ大渕村へ来リ」とか「高岸善吉等百人程皆野ヨリ赤色ノ旗ヲ携テ来ルヲ見テ彼ノ巡査（青木與市—引用者）ハコレヲ官軍ノ来リシモノト思ヒ違ヘ勢ヲ得タルト見ヘ忽チ後ロヨリ自分ヘ切リ付ケ負傷セシメタル」と答えている。高岸善吉はなぜ「赤色ノ旗」を携えて来たのか疑問が残る。この旗を見て青木巡査は、鎮圧側＝「官軍」が来たと思い、勢いを得て新井周三郎に背後から斬りつけたのであるから。

（7）鳴　物

運動過程における音の世界である。秩父郷進撃の際の砲声や音楽寺の鐘の音、ほかに「竹螺ヲ吹キ鬨ヲ作リ」

という近世一揆の常套句は諸々に散見される。「鯨波ノ声ヲ揚ケ同行致シ」、「鯨ノ声ヲ揚ケ賊徒ノ勢ヲ助ケタ」（矢納村大河原鶴吉）。「鯨ノ声ヲ揚ケ賊勢ヲ助ケタル」（下吉田村吉岡音五郎）など依然として音の世界の伝統・作法が生きていることがわかる。

（8）　実力行使（打ち毀し、放火、帳簿・証書類焼棄、軍資金調達・武器等掠奪）

実力行使の前提

①交渉過程　太田村富田政太郎は八月に各債主に談判、十月、金崎村永保社に行き年賦償却を照会したが、承諾は得られなかった。永保社は最初に打ち毀され、金円・刀槍掠奪、地券・帳簿焼棄の対象となった。上日野沢村竹内吉五郎は、同村木村又吉に対して連借している五人が山仁へ借金の四年据置四十カ年賦を掛け合いに行くように指示している。結果は「以ノ外ノ事ナリト断ハラレタリ」という状況であった。

②条約書で事前に打ち毀す高利貸を決めていた　田代栄助は第四回訊問で「非道ノ高利ヲ貪」る「高利貸ノ家屋ヲ破壊焼毀スルハ条約書ニ明記スル通ニ付指揮ヲ待タサルナリ」と答え、下吉田村木戸為三も「平素高利貸ノ宅舎ヲ放火スル筈ナリ　何村ニハ何某ト凡ソ極メテ居リタリ　亦金満家ノ金談ハ皆井出菊池田代等ニ於テ談判ヲナシタリ」と証言している。

③蜂起の目的・波及効果　蜂起の目的は、「腕力ニ訴ヘ高利貸ノ家屋ヲ破壊又ハ焼燬シ証書類ハ悉皆焼棄シ法衙ニ訴フルノ証拠物ヲ甚滅スルコト」であった。そして金尾村では全員が、小鹿野や大宮郷辺の「日賦貸ヤ高利貸ノ者共ノ内ヲ打毀チタナラハ他ノ金貸共カ夫レニ恐レ漸々年賦ニ致シ呉ル様可相成トノ考ヨリ発起シタ」（金尾村桑原定八）、つまり波及効果を期待したのである。そのように事態が推移することが「貧窮人ノ助カルト云フ主意」だとした。以下実力行使の様子をみよう。

①制裁として高利貸の家屋・倉庫・土蔵・家具などの破壊　（a）〈小鹿野町金貸渡世加藤恒吉〉家宅を破壊。表戸をはずし家内に押入。種々財物を投棄。古帳簿など焼払（下日野沢村阿左美悦三）。家宅を破壊（上日野沢村浅見春吉）。家屋破壊する際、取囲または傍観（上日野沢村新井伊三吉・浅見弥三・栗原政吉・山口房蔵・塩沢市十郎・新井万平・倉林倉十郎・小林多重）。（b）〈小鹿野町柴崎佐平（山仁）〉障子板戸の類数十枚を打毀（下吉田村新井濵三郎）。家屋などを破毀（上日野沢村黒沢吉三）。見世座敷丈は破壊。火縄銃で打ち破る（上日野沢村木村又吉）。（c）〈小鹿野町磯田縫五郎〉宇市の指揮で家宅を破毀（上日野沢村浅見藤重・武内熊蔵）。（d）〈大宮郷浅見ナヲ〉高岸善吉の指揮で、家屋を破壊（上日野沢村岡田金治郎）。障子・畳類を破壊（下吉田村新井濵三郎）。（e）〈大宮郷稲葉貞助（刀屋）〉家屋などを破毀（上日野沢村武内熊蔵・黒沢吉三・石木戸小重郎）。破壊、土蔵の小さき分を一個打毀。土蔵は戸前の方より周囲の壁を破壊（上日野沢村木村又吉）。（f）〈大宮郷浅見伊之助〉重立たるものの指揮で、建家を破壊（下吉田村黒石常五郎）。（g）〈大宮郷逸見土用六〉家屋を破毀する場に立ち越し（下吉田村坂本周吉）。（h）〈下吉田村須藤弥平〉家屋を打毀（下吉田村井上薬作）。（i）〈太田村冨田広吉〉家宅に侵入、倉庫の戸を破壊（太田村富田政太郎）。（j）〈大宮郷渋谷鉄五郎〉高岸善吉の指揮に従い、家屋を破壊（上日野沢村岡田金治郎）。（k）〈姓名不知・氏名不詳・氏名知らざる家〉小鹿野町姓名不知高利貸渡世、器物毀壊（上日野沢村新井四郎平）。小鹿野町で氏名不知民家の障子など毀壊（同村新井利重）。下吉田・小鹿野町・大宮郷で氏名不詳者家屋破毀（同村黒沢吉三）。大宮郷西側中程で氏名知れざる人家へ乱入、破壊（矢納村金沢兵吉）。大宮郷で姓名知らず人家の軒を打毀（上日野沢村浅見重次郎）。皆野村の氏名知らざる豆腐屋に侵入、家具類を破壊（同村浅見藤重・武内熊蔵）。皆野村姓名知らざる肴屋方を打毀・破毀（同村宮川織泰）。以上のようにこれが意外と多い。指揮に従っただけの行動なので、自分が誰の家を打毀しているかの認識がなかったのか。訊問側が附和随行をなるべく広く解釈し軽罪にとどめようとする方針（二六〇頁）に沿う方向で、認識しないでただ命令に従って打ち毀し

たとして「事実」認定をしたためか。個々の事情は不明である。

②制裁として高利貸の家屋・倉庫・土蔵・家具などの焼毀　大宮郷柴岡熊吉・横瀬村千嶌周作両名は、自由党幹事資格で矢尾本店に来て「高利貸営業者ノ如キ不正ノ行ヲナス者ノ家ニアラザレバ破却或ハ焼棄ナスナド決シテ致サズ又タ高利貸ノ家ヲ焼キタリトモ其隣家ニ対シ聊カモ損害ヲ加エヌ故各々安堵致サレタシ」[20]と鄭重に述べた。放火と延焼防止[21]は高い倫理性を含んでいる。(a)〈下小鹿野村多比良喜十郎（平喜十郎）〉北甘楽郡国峯村遠田宇市の指揮を受け焼燬の際、傍観・取囲。（すべて上日野沢村。浅見藤重・武内熊蔵・新井伊三吉・浅見弥三・栗原政吉・山口房蔵・塩沢市十郎・新井万平・倉林倉十郎・小林多重）。森川は放火を命じ、密接する物置小屋に積んである薪木に火をつけさせ、喜十郎宅および僦居人井上シヅ・隣家島田利三の住宅・浅見八百吉の物置小屋を併せて焼燬[22]（森川作蔵）。(b)〈下吉田村吉川宮次郎〉遠田宇市の指揮を受け焼燬の際取囲（浅見春吉・新井伊三吉・浅見弥三・栗原政吉・山口房蔵・塩沢市十郎・新井万平・倉林倉十郎・小林多重）。放火の際見張（木村又吉）。高岸善吉・井上伝蔵両名に火をつけよと命令されて、左の門口の脇に積んであったボヤにマッチで火をつけた。私怨はないが責められて放火（下吉田村高野作太郎）。(c)〈大宮郷渋谷鐵五郎〉焼燬の際取囲（上日野沢村浅見春吉）。(d)〈楢原村の用係黒沢嘉三郎〉楢原村今井門平が総理に願い放火。干草に火をつける（伊古田村小林酉蔵）などである。

③帳簿・証書類の焼棄　(a)下日野沢村阿左美悦三は、小鹿野町の金貸渡世加藤恒吉家宅を破壊したとき、「当用ナラサル古帳簿」などを焼き払っている。下吉田村坂本宗作は、(b)下小鹿野村高橋金平方へ乱入、証書六五通を焼燬し、さらに(c)日尾村関口清三郎の家宅を破壊し財物証券などを焼燬した。

④軍資金（武器・食糧購入）調達・武器等の掠奪　田代は秩父の高利貸一〇名に迫り、「軍資ト称シ合計金三千有余円ヲ募集セシメ以テ糧食其他ノ諸用ニ供ス」ためである。金満家への金談は皆、井出為吉・菊池貫平・田代栄助などが談判した（下吉田村木戸為三）。資金・武器調達の例は、下吉田村坂本宗作が、費用に充てるために十月

十四日田代栄助・新井周三郎外数名と倶々各兇器を携帯し横瀬村冨田源之助に押し入り、八〇円・刀三本・鎗一筋そのほか雑品数種強取。横瀬村柳儀作で一六円八〇銭・刀一本・衣類数点強掠。下吉田村引間善六・斉藤利平に迫り刀劔袴など数個を奪掠・分与し、乙隊とともに進行。また下日野沢村新井力太郎は、三日、下吉田村嶋崎嘉四郎が須藤弥平から金円を劫奪する場に随行。山口金蔵ほか三人を脅迫し、粮粡《ちまき》を出させた。山口新九郎・和久井伊之吉・中嶋勝三郎・北野嘉吉方に逼り刀剣類数個を強取、部下に配布。八日、大日向村の浅川源太郎・浅川玉之助・浅川源之助方に乱入。金円物品を掠奪。下吉田村坂本某外三カ所で草鞋その他の物品を掠奪（上日野沢村小笹源次郎）。伊古田村小林酉蔵は、大日向村の質屋・高利貸に乱入し、残る道具財物を破壊。「刀剣十本及衣類ハ隊長カ取纏メ更ニ手下ノモノ等ニ分チ遣シ自分ハ同家ヨリ白縮緬ノ切レニ包ミ土蔵ノ二階ナル箱ノ中ニ容レ在リシ楊枝入ニ金無垢ノ煙草入金具及珊瑚珠ビ緒〆水晶印印篭等ヲ掠奪」。この証言の前段部分は刀剣・衣類は隊長が管理し、参加者に支給・配分していることを、後段部分は個人（私）的掠奪であることを示している。性格の異なる掠奪が小林酉蔵のなかで同居している。

これらの掠奪の結果、下吉田村木戸為三はおよそ三万円くらい奪取としている。根拠はと聞かれ、大宮郷鍋屋（金満家）から五千円取ったとの井出為吉の発言、そのほか大宮郷中で五、六軒大宮郷鍋屋と同じ身代のものより取り、また小鹿野町と皆野村でも多少の金額を取ったとの噂があると証言している。

戸長役場・警察・裁判所・郡役所・公共施設の襲撃と破壊、内通者への憎悪

①戸長役場・警察・裁判所・郡役所（対物）（a）〈上吉田村戸長役場〉公証割印簿一五冊を焼燬（坂本宗作）したのは「証拠物ヲ甚滅スル」ためであった。（b）〈大宮裁判所あるいは警察署〉板塀または帳簿類を破毀。門前にある掲示板を破毀し、板塀を一二、三枚ことごとく破毀。帳面や本の類を焼払。署内に乱入は新井周三郎・新井蒔蔵・門平惣平・伊奈野文次郎（会津先生）である。放火は新井周三郎・伊奈野文次郎。裁判所では板塀を破

毀し、「帳簿ニ放火シタル火ノ他ニ燃移ラサル様注意セヨトノ声ヲ聞キ帳簿ノ焼モニ《ママ》帰スル迄其番ヲ為シ居リ候」。郡役所は打ち毀さず（下日野沢村阿左美悦三）。警察署に乱入、器物を毀壊（上日野沢村新井四郎平）。大宮郷警察署の書類を焼燬。大宮治安裁判所受付口の戸を破毀（同村黒沢吉三）。大宮警察署に二発。（c）〈小鹿野警察署〉二階に燈火があるので一発打ち込む（同木村又七）。

②①以外の公共施設＝土橋の破壊　四日、金沢村字根古屋にある土橋・金沢村往還土橋を破壊（下日野沢村柏木浅次郎）。下日野沢村で、「暴徒」の指揮を受け橋梁一カ所を毀壊（金崎村山下勘次郎）。その目的は鎮圧軍の進軍阻止であろうか。

③内通者への憎悪、内通者と巡査殺害（対人）　国家権力に対する敵対関係は、①の対物（破壊）では納まらず、対人に及び、警察や軍隊に便宜を図ったり、内通する者に対する憎悪となって身体に及んだ。

（a）皆野村青木与市が、大宮郷から皆野村へ向かう六人と同道したときに「暴徒等ノ咄ニ皆野村ノ戸長ハ此前無尽講ノ事ニ付集合シタル際警部ヲ案内シ憎ムヘキ奴ナリ」を聞き、すぐさま「若シモ戸長方へ放火スル様有之候テハ大事ト」連想している。「内通」に対する憎悪は一般化していた。（b）高崎警察署詰警部柱野安次郎が、阿熊村交戦中に殺害され、首切断のうえ、竹鎗で梟首された（「警部柱野安次郎死体検分書他」）。そして（c）「警官ヲ留メタル宅ハ焼ク抔トノ事故用心スヘシトノ事」（坂本村福島敬三）は、高利貸征伐を「防キニ来ル者」である兵隊・警官の便宜を図るものに対する憎悪となって、制裁の対象として措定されたことを示している。（d）巡査たちをかくまった守岩多吉は新井周三郎らに惨殺され、大淵村長楽寺門前に梟首された（『秩父暴動実記』『集成』六―一四頁）。

以上見てきた「高利貸征伐」と「国家機関に対する攻撃」は、同時にまたは平行して行われた。「高利貸征伐」の④軍資金（武器・食糧購入）調達・武器等の掠奪は、次に取り上げる「炊き出し」と並んで蜂起軍を維持するために必要不可欠な公的な掠奪であった。

（9）炊き出し

兵糧とは「結び」を中心に、松魚節・鶏卵・するめ（風布村森田稲蔵）・鰹節（栃谷村梅沢仁作）・汁などである。

①弁当　村用掛が出ろというので弁当を持参して参加した金沢村木村市太郎のように、自前の弁当を持参して参加したものがいたが、蜂起が長期化すれば食糧確保・供給は蜂起集団を維持するために必要不可欠である。第二論文（九四頁）で指摘したように大滝村に侵入した一群は空腹を訴えたのに糧食を与えられなかったので、皆離散し、一旦帰宅するものも出てくる始末であった。

②食料運搬　阿熊村守岩次郎吉は初め田代栄助、のち菊池貫平について終始三十有余人の人夫に指図し、弾薬・鯣《するめ》・松魚節などを運搬させ、「暴動」の勢いを助けた。運搬作業に従事した事例をあげると、下日野沢村柏木七作は頭分の命令で、竹槍にするつもりで持っていた「竹は捨テテ鰹節ノ入リタル箱ヲ持タセラレタ」。同村中畝源十郎は皆野村から素麺箱に松魚を入れて運送した。十四歳の太田村斎藤定吉は同村南忠兵衛宅より大淵村まで食料運搬に従事した。

③炊き出し　四日、大淵村長楽寺を本拠とし、金室政次郎に粮食を供せしめた（下吉田村坂本宗作）。また、群馬県楢原村の用係黒沢嘉三郎宅へ放火したとき紙入れの紙幣二三円四〇銭を宗作が預かり、そのうち四円を飲食の払いにするつもりで伊奈野文次郎が預かった（伊古田村小林酉蔵）。支払われたなら蜂起集団を維持するための掠奪である。下日野沢村四方田嘉蔵は同村の飲食店大塚和吉宅で炊き出しに従事した。記録には出てこないが、結びを結ぶ女性たちの存在を忘れてはならない（下日野沢村の新井チヨなど数名の女性の裁判記録がある）。

④食料供給　竹槍・鉢巻・襷・握飯を貰った（下吉田村吉岡音五郎）。上日野沢村酒屋で朝飯を頂戴し、椋神社に押し出した（矢納村大河原鶴吉）。「賊中」にあっても、兵糧以外何一つ貰ったことはない（下日野沢村浅見銀次郎）。

(10) 弾薬・火薬・小荷物などの運搬(兵站)

上日野沢村木村又吉は「弾薬ノ世話係ヲ言付ラレ」終始合薬の番をした。弾薬方の阿熊村守岩次郎吉も終始三十有余人の人夫に指図し、弾薬・松魚節などを運搬させた。伊古田村小林酉蔵も魚尾と神ヶ原の境で弾薬運搬の指図をした。上日野沢村村竹茂市は十石峠を越え大日向へ、この間終始荷物運搬を担任した。二日、弾薬を運搬し、大宮郷に進み(下日野沢村新井紋蔵)。炮玉の荷物・火縄などを運ぶ人足(下日野沢村浅見銀次郎)。皆野村から小荷物を担い、信州へ行った(同村柏木七作)。

(11) 情報(通信手段)・風評

①伝令使 伝令使の「任タルヤ暴徒ノ全体ニ注目シ進退応援其機ニ当ルヲ監督シ且ツ総理副総理ノ代理ヲ為スニ在リ」(下吉田村坂本宗作)。名前の知れるもの七名。

②飛脚 飛脚が困民党軍の通信手段であった。一日午前十時ころ、阿熊村の田代栄助出先より石間村へ飛脚が来て、只今阿熊村と下吉田村へ巡査が三、四〇名来襲したから早くその用意をすべしとのこと。その報知を聞くや否や、両村へ鉄砲を持ったものと抜刀隊をおよそ五、六〇名差し向けた。そのうち田代栄助も来て、ただちにその場において「配置方ト重立タル役付ヲ議定シテ」から椋神社へ行った(下吉田村木戸為三)。

③注進 本野上村島田清三郎は本陣解体後、田代栄助・井上伝蔵らに随従し、寺尾村山中への書類埋没に同席した。本陣解体の原因となる「大渕村ニ於テ裏切アリトノ注進ヲ為シ来ルヨリ之レヲ本営ニ報シ」た人物である。この「注進」も実態は②と同様だろう。

④見張所 坂本村飯田米蔵が曽根坂峠の見張所を通過できた事情は、注文の火縄を持参し、隊長へ面会という

理由もさることながら、「暴徒之合印」のため「一人モ怪シム者ナク滞リナク立戻」ることができた。この見張所は物見場に通じると考えられる。のちに触れるようにさまざまな場所で見張・斥候が行われるが、そこからの情報は①・②のような形で本営に集められたであろう。

⑤物見場　埋没七書（4参照）のうち、「四度ノ告知」・「五度目告知」の二通（『集成』一―五二頁、六―一六九頁）。物見場から両大将への敵情報告と手配依頼などである。「五度目告知」では「藤谷淵村方へ散リ々、ニ敵退キ候様子ニ相見へ候ニ付此段報告候也　物見場ヨリ　両大将御中　使者へ軍ノ様子御伺」とあり、報告内容・形式から見張所よりシステム化が進んだ連絡系統の存在をうかがわせる。困民党軍の組織や任務に対する意識は相当高度なものであったと考えられる。

⑥風評　矢納村大河原鶴吉は一日、矢納村城峯山へ「賊徒」が押し込み、神官方に止宿していた測量掛のものを連行したと聞いている。また「賊徒」は追々矢納村へ押し寄せるとの風評があった。農業雇いの鶴吉は「之ヲ以テ何レモ農業ヲ休ミ心配罷在候」。秩父盆地にはさまざまな風評が飛び交い、多くの住民が風評によって自分の行動を決めていったであろう。

①―⑤の困民党軍の情報通信組織・手段からすると、近代国民国家・埼玉県のもつ情報通信手段（電報）とは格段の差があり、秩父郡内ではいざ知らず、当然のことながら県レベル・国家レベルの情報戦では戦う前に敗北していたといえよう。笹田書記官発の東京鎮台兵派遣要請電報を山県有朋内務卿が受取るのは四日午前三時。東京鎮台第三連隊第三大隊は四日午前十一時三十分ころ上野発、午後十一時三十分に始まった金屋の戦（銃撃戦は約三十分）の結果を、寄居町にいた吉田県令は五日午前七時五十分県庁の笹田書記官宛に打電「昨夜十一時三十分、児玉郡金屋村ニ於テ開戦、我兵大勝利、賊ノ死傷者数十人、兵士三人巡査一人軽き負傷アリ、尚捕虜十一人アリタル旨同地出張ノ者ヨリ通知アリ」。このすばやさと県令が困民党軍と「戦争」をしているという意識でいることに注目しておこう。

(12) 戦闘・「戦争」の実態

戦闘・「戦争」

困民党軍と警察・憲兵・鎮台兵・自衛団との主要な「戦争」には以下のものがあった。二日、清泉寺の戦(警察)。下吉田戸長役場包囲戦(警察)。三日午後、親鼻の戦(憲兵+警察)。四日昼頃、粥新田峠の戦(鎮台兵+警察)。午後、石間村半納横道の戦(群馬県警察)。四日深夜、金屋の戦(東京鎮台兵)。五・六日、魚尾村の戦・川中の戦・神ヶ原の戦(自衛団)。九日未明、東馬流の戦(東京鎮台高崎分営)。以下、「戦争」の実態をみていくが、まずは「戦争」認識から始める。

戦争認識=用語としての「戦争」

困民党軍の認識としては、①田代栄助が、訊問の中で「斯ク大事ヲ挙ル上ハ飽迄戦争ヲ為シタルウエ潔ク打死ヲ為シ死後衆人ニ恥チサル様ノ衣装ヲ新調スル」として、その衣装を「軍装」と表現している。また清泉寺の戦で「味方二人戦死」、「下吉田村ニ於テ不時ノ戦争ヲ為シタリ」などと答えている。②菊池は十月三十日段階で「十一月一日ヲ期シ日本国中何処トナク一起シテ大戦争カ始マル手筈(中略)是非尽力ヲ致シ呉レ」と発言し、これを受けて下吉田村木戸為三は「日本国中ニ於テ一起スル戦争トナラハ何国ニ居リテモ到底難逃ト存シ其意ニ同シ」した。③また同じ木戸為三は、小鹿野町の旅店で山口富吉と水杯を交わした理由を「是迄久々兄弟同様ニ致シ居ル故互ニ暴徒ニ加ハリ戦争ヲスルトセハ生死モ難計ニ付其縁切リノ盃ト思ナリ」と答えている。④火縄製造で科料一円五〇銭を課せられた石間村新井浅次郎は、訊問にあたった群馬県警部が「戦争」という言葉を使わないのにもかかわらず「飯能辺ニテ戦争ヲスルト云フ風聞ガアリ」とか四日「其日ニハ戦争ガアリ　又城峯山ノ方ヨリ来リ戦争ヲスルト云フ評判」とか答えている。⑤下日野沢村阿左美悦三も「戦争」という言葉は使わないものの「竹鎗ニテ其品ハ戦場ノ田ノ中ニ捨テ逃ケタリ」と答えている。以上の発言をみれば困民党軍・蜂起集団側に「戦争」認識はあったし、「風聞」・「評判」からは地域社会にも「戦争」認識があったと考える。

鎮圧軍・権力側としては、二五〇頁の「情報（通信手段）・風評」で、⑥吉田県令は告諭において「戦争」という用語こそ使わなかったものの、認識としては「戦争」と考えていた。⑦高崎警察署弥城友次郎警部は、上日野沢村木村又吉の訊問に際し、皆野村「親鼻ノ戦争中」・「魚尾ノ戦争中」は何をしていたか、「信州ニテ戦争ノ始末」を述べよというように終始「戦争」用語を使用している。困民党軍との戦を「戦争」と認識していたのである。⑧鎌田冲太は「開戦」・「戦闘」・「戦死」・「戦争」と明快である（『秩父暴動実記』『集成』六—八頁）。⑨裁判所（裁判官）については、使用例はないと考えるが、田代栄助の裁判言渡書の中で「此夕荒川ヲ隔テ憲兵ト開戦シ」（『集成』一—五五頁）とある。

以上から、困民党軍・蜂起集団、地域社会、鎮圧軍・権力ともに目前の戦を「戦争」と認識していたことがわかった。

斥候・見張・見張番・見張所・番兵・警護

「戦争」のなかで必然的に行う行為である見張などについてみていこう。

①斥候　「暴徒」の教令に従い金崎・大淵村への渡船場で斥候（下日野沢村浅見岩五郎）。

②見張　「暴徒」のため見張（上日野沢村森田豊吉）。野巻村で見張（同村丸山由松）。皆野村渡し場で見張（下吉田村飯塚家十郎）。七七名が参加した金崎村では浅見甚太を含め二〇名が見張をしている。

③見張番・見張所　官兵の進撃を報じるための見張番（下日野沢村柏木喜十郎）。大宮郷へ乱入の際官兵の来襲を見回（上日野沢村丸山佐忠次）。見張番などの使役（同村黒沢音吉・武内角次郎）。坂本村飯田米蔵が曽根坂峠の見張所を通過できたのは「暴徒之合印ナル白木綿鹿鉢巻ヲ」していたからである。見張所は敵・味方を確認する所

でもある。

④番兵　大野原村で「官軍」予防のため番兵（阿熊村新井貞作）。皆野村で「官軍」侵入予防のため番兵（下日野沢村新井倉十郎・金沢村大久保〆松）。下吉田村廣瀬川で「官軍」侵入予防のため番兵（下吉田村飯塚建治）。

⑤警護　皆野村字大濱渡船場において警護（野巻村西川宇蔵）。

⑥物の見張・看守　財物の看守（下日野沢村田村喜重）。諸荷物の看守（上日野沢村新井喜三郎）をした。

⑦鎮圧側の見張番　下吉田村坂本源次郎は、信州東馬流まで行ったが、八日晩抜け出て野栗峠で自衛団・鎮圧側の農民の見張番に取り押さえられた。鎮圧側に与した矢納村の状況を、無罪放免となった新井市蔵・小林理十郎の訊問調書からみると、二日、自村の西井好平が、城峯山へ寄り集まるよう触次ぎ、「暴民等カ押寄セ来ルモ難計ニ付耕地々々ニ於テ見張ヲナシ防御致ス可クト相談一決」したので、各耕地で見張をした。(23) 三日、保美濃山村戸長新井村二と巡査らが来て、今晩兵隊・巡査が秩父へ繰り込む予定である。「暴徒」の崩れが来たら取り押さえよ。大勢の場合は保美濃山へ通知せよと命令され、村内柚木・大仁田両耕地の一同出て、篝を焼き見張をした。(24) 四日朝、保美濃山村戸長役場より見張をやめ自宅で心付よとの書状が到着した。六日には保美濃山村戸長新井村二から矢納村用掛新井権十郎へ見張せよと書面による命令が来て、源一郎から見張せよと触次がれたので、村内湯貫神社に見張に出ている。

鎮圧側に与した集落でも筆生の触次による駆り出し、得物（三尺位の棒）を持参し、篝を焼き、鯨声を揚げる。その目的は「暴徒防御」=村を守る（自衛）ことである。これに相語（二三七頁）、赤鉢巻・赤旗（二三四頁）、憲兵・巡査の「出ナケレハ討殺ス」という脅迫（参加強制）（二三〇頁・註（4））を加えると、蜂起集団側も自衛団・鎮圧側も同じ行動パターンであることがわかる。村を守るためにどちらに参加するか、個人・村の帰趨は微妙である。

戦闘・武器の使用＝鉄砲発射、竹槍で抗敵

石間村高岸駅蔵によれば、金屋の戦闘の様子は人家の竹藪より兵隊に砲撃されたとき、味方隊長が抜刀隊は進め進めと下知したが、「砲撃烈シク味方カ一発打ツ内ニハ敵ノ弾丸ハ二十発モ飛ヒ来ルニ付進ミ兼テ居ルト敵ノ弾丸先キニ進メ々々ト指揮シタル隊長分ニ当リ忽チ人家ノ戸ノ傍ニ斃レタルヲ見受ケタル」と激しい戦闘が行われた。鎮圧側兵器の圧倒的優位性を物語っている。以下武器使用の実際をみておこう。

阿熊村にて警官に出逢った際、竹槍で抗敵（上日野沢村浅見藤重・浅見春吉・武内熊蔵・浅見源作）。下吉田村清泉寺前の戦で周囲の固め（同村浅見代五郎・新井喜太郎）。警官巡査に抗敵し、巡査一名の殺害を傍観（同村岡田金治郎）。一日、警察官が下吉田戸長役場に引き上げたので、警察官の通路を遮ろうと七百有余名が同所川原で抗撃。他の「暴民」が戸長役場を砲撃したので立ち退こうとする警官を追跡（同村丸山佐忠次）。同村木村又七は大宮警察署に二発、小鹿野警察署の二階に燈火があるので一発を「自分カ一己ノ意見ニテ打込タリ」。「官吏ヲ殺ス積リニテ発炮セシ」「殺ス精神ニテ二階ヲ目掛ケ打込タル」。そして蜂起中の最も悪敷所業は何かと問われ「人ヲ煽動シテ小鹿野警察署ニ鉄砲ヲ打込ミ又刀屋ノ土蔵ヲ破毀シタル所業等ガ最モ悪敷事ト存候」と答えている。さらに「皆野ノ戦」では親鼻の川端で四発ばかり官兵に向かって砲撃した。

死傷者

金沢村桜井喜十郎は下肢に銃傷、弾丸は骨中に留まり、七日、弾丸摘出するが、八日、危篤・死亡。上日野沢村門平惣平は清泉寺の戦で柏木太郎吉（神奈川県）が重創を負い、瀕死で苦悶しているのを、新井周三郎の助言で首を刎ねる。その新井周三郎は青木巡査のため重傷を受けた。上日野沢村岡田金治郎は皆野村親鼻の渡船場で巡査などと交戦し弾丸のため負傷。下吉田村引間元吉は児玉郡金屋村で鎮台兵の抗撃に逢い抗敵するが、逃亡の際、両股に銃丸を受け、逮捕。左右足大腿上部を一発の弾丸で打貫かれた銃傷を負う。下日野沢村中庭駒吉は八幡山近くで負傷。戦いの様子は「鉄炮ヲ携帯シタルニ付先キ手ニ進ミ金屋村字イモシト云フ曲リ角ニ到ルヤ突然陸軍方ヨリ発炮サレタル故自分ト同行シタル組ニテモ直チニ打出シ自分モ既ニ発炮セントスルニ際シ右手ノ手首ヲ打チ抜カレタル故鉄炮ハ其場ニ棄置遁ケ去リタリ」という状態であった。

統計を取っていないが、訊問調書でみる限り「暴徒」側は銃傷多く、鎮圧側は警察巡査殺害を含め刀・竹鎗傷が多い。これは武器構成からみて当然の結果といえる。

看　護

看護の実態は訊問調書からはなかなか出てこないが、上日野沢村大山祇神社祠掌宮川津盛は、大宮郷で栄助から一六五円を領収、内一〇〇円を新井周三郎に交付、三円で草鞋木綿などを購求し、各隊に配付、皆野村で一円の袷一枚を買い新井周三郎に給与、一円で晒木綿を求め同人など創傷包帯の用に供した。また長留村山口武平は、三日、皆野村で長留村岡田金次郎が官兵と戦い負傷して来るのに出会い、大宮郷に護送している。

(13)　逃避・逃亡、逃亡防止、得物放棄、潜伏、自首

消極的参加者―逃避・逃亡、得物放棄、潜伏、自首

①逃避・逃亡　阿熊村白岩耕地の加藤造酒蔵・中里吾八ほか一二名は、「暴徒」に脅迫されたが参加しないことを選択し、逃げ去り鬼石町を彷徨した。阿熊村の参加者は三日頃までは参加し、警察官・小鹿野警察分署への自首を中心に参加者の八六パーセントが自首している。太田村新井清蔵らは「随行ノ途中ヨリ逃避シ追テ自首」。太田村では富田若次郎ら三九名が、三日、無手にて太田村・野巻村まで随行、四日までには帰宅している。無手とか村内・精々隣村まで随行して、短期間で帰村・帰宅するという形で済ませていることがわかる。そして二十

二日、被告一同戸長役場で筆生林登三郎に自首した[25]。また金崎村浅見喜代八・横田孫十郎・山下庄太郎は、三日、棒を携え皆野・本野上村等各所に随行。喜代八は四日、出牛嶺より逃げ戻り、十四日、本野上分署へ自首。孫十郎は皆野村蓑山より黒谷村の山まで逃げ、四日、帰宅。庄太郎は皆野村の戦で逃去、山に隠れたが、「暴徒」に見つかり下吉田へ連行され、同所で再度逃げ去り、五日、帰宅している。

②鉢巻・襷・得物・武器の放棄　逃亡する際携行したものをどのようにしたか。すでに二四二頁でも触れたが、上日野沢村森川作蔵は本陣解体後、密かに群を脱し指揮旗・佩刀を路傍に投棄。同村村木村又吉も敗退後、鉄砲を南相木村の山中に捨てた。下吉田村吉岡音五郎は、消極的な参加でありながら、魚尾村まで随行し、栃谷村細井文八と山へ逃げ込み、竹鎗は魚尾村の山へ投棄。下日野沢村阿左美悦三も「竹鎗ニテ其品ハ戦場ノ田ノ中ニ捨テ逃ケタリ」。蜂起の途中で逃亡するものが棄てれば、下日野沢村中畝源十郎のように信州大日向で拾った白木綿で鉢巻をしたものもいた。

③潜伏・自首　金沢村で当時学務委員であった若林寿一は出牛峠で逃亡後、「暴徒」に引率されないように自宅の二階に潜伏し、八日戸長から官兵出張を聞き自首した〔二三二頁〕。金崎村黒沢小之七は、皆野村で逃亡して栃谷村新井泰吉・皆野村金子徳左衛門宅に滞在し、七日に帰宅。十四日、本野上村分署へ自首した。

逃げるに逃げられない状況説明

下吉田村坂本源次郎は信州穂積村字東馬流まで随行。八日晩、抜け出て野栗峠で、鎮圧側見張番に取り押さえられた。「早ク能キ折ヲ見テ逃ケ出タササルヤ」と訊問され、「自分ハ竹鎗隊ニテ鉄砲カ先手トナリ前後厳重ニ取巻カレ居候故逃ルコト不能候」と答えている。また下日野沢村中畝源十郎は三日に参加強制で出たが、結局信州大日向まで行き、山越に逃げて、捕縛された。「抜刀ニテ付添候故逃ルコトモ出来不申候」と証言している。

逃亡防止行為

上日野沢村新井伊之八は、沿道各村から駆り集めた人足の宰領となって「人足ノ逃走セントスルモノアレハ竹槍ヲ以テ之を威迫シ兇徒ノ勢ヲ助ケタルモノナリ」と逃亡防止を行った。

積極的参加だが、恐怖心・畏懼から逃亡

十八歳で参加した下日野沢村加藤九蔵は、本営角屋の周囲を警固していたが、荒川筋で「戦闘アルヲ聞キ恐怖心ヲ生シ夜ニ乗シテ逃走」。群馬県南甘楽郡譲原村の親戚新井作太郎方に潜伏し、帰村。二十六日に自首した。銃砲隊長の阿熊村新井駒吉は四日、荒川を越え、転じて下吉田村に移り、「群信州地方ニ向ハントノ傾向アルヲ察シヒ告ハ之レヲ畏懼シ窃ニ逃走シ潜伏」、二十六日に自首。四十九歳、分別盛りの駒吉は、秩父にこだわったか。十九歳で参加した太田村富田政太郎は野巻村で「警固中自村ニ方リテ火焔ノ颺《あが》ルヲ覩実地視察ニ托シ逃レテ帰村」。村が火事ではないか、という心配が逃亡を促し、帰村させた。参加者の多くの重要な関心事は自分が住む村のことであったと考えられる。

3　権力による運動の認定（刑罰）

2において運動の実態をみてきたが、秩父事件の全体像を解明するためには、国家権力（司法）が個々の参加者の行為（運動）を、そして秩父困民軍の自力救済の運動全体をどのようなものとして捉えようとしたかという重要で大きな問題が残っている。

(1) 自首、逮捕・捕縛

すでに二五一頁でみたように県令吉田清英は、五日、県庁の笹田書記官に「昨夜十一時三十分、児玉郡金屋村ニ於テ開戦、我兵大勝利、賊ノ死傷者数十人、兵士三人巡査一人軽キ負傷アリ、尚捕虜十一人アリタル旨同地出張ノ者ヨリ通知アリ」と打電した。五日には秩父郡の「諸口ノ各兵皆大宮郷ニ向テ発進候処孰レモ途中一戦ナク同町へ参集」[26]した。六日に県令吉田清英の「秩父郡内へ告諭」[27]が村々に掲示された。「各地民心之動揺ヲ掃却スル為メ別紙写之通相達置候」と一般人民の人心を安定させるための告諭であった。その内容は「今般蜂起之暴徒等不容易挙動ニ付已ニ撃攘ヒ之事ニ着手セシニ殆ト鎮定ニ至レリ　依テ一般人民ニ於テハ毫モ疑懼之念ナク各其業ニ安スヘシ　又暴徒之中ニハ一時脅迫ニ不堪シテ附随セシモノモ不少哉ニ相聞ヒ甚タ憫然之至ニ候條此際速ニ自首スル者ハ夫々恩典ヲ以テ其罪ヲ減免セラルヘキニ付篤ク其意ヲ體シ心得違無之様致スヘシ　此旨更ニ告諭候也」というものであった。告諭は秩父郡中の人民をまず「暴徒」と「一般人民」に分け、さらに「暴徒」を脅迫する側と「脅迫ニ不堪シテ附随セシモノ」とに分けて、附随した者の速やかな「自首」を呼びかける構成になっている。また県令が「暴徒」を使用することで「暴徒」観の形成を促進したと考える。ただし「暴徒」という言葉は既に田中千弥によって一日から使われている（「田中千弥日記」『集成』六―一〇八頁）。

この告諭に基づき憲兵・警察は村々に入り逮捕しつつ、自首を強要していった[28]。多くの農民が自首しなければ捕縛されると感じ、自首した[29]。二五六頁でみたように阿熊村の参加者は三日頃までは随従したが、警察官・小鹿野警察分署への自首を中心に参加者の八六パーセントが自首している。太田村では富田若次郎ら三九名が四日までには帰宅し、二十二日[30]には被告一同戸長役場で筆生林登三郎に自首した（三三・三パーセント、「自首」まで含めると最大で参加者の九三・二パーセント）。帰宅から自首までの期間が長く、「被告一同」が相談して、筆生に自首する行動を取ったと考える。金崎村では三日から五日、遅いものでも七日には帰宅していたが、自首は十三、十四日に行われ、十四日には参加者七七名中七三名が連名した「自首書」が本野上村分署長に提出されている。太田村と同様の手順が踏まれたのだろうが、金崎村では形式が整っている。(31)

(2) 公判の方針、訊問(捜査)・拷問、公判・処罰

十一月六日司法省の名村泰蔵司法大書記官が浦和の県庁に笹田少書記官を訪れ、秩父事件の裁判・処罰の方針に関する司法卿山田顕義の旨意を伝えた。すなわち「今回暴徒取調ハ治罪法ニ定ムル裁判所構成等ニ拘ハラス検察官実地ニ出張審問ノ末予審ヲ要セス公判ニ附スヘキ」というものだった。これを受けて笹田少書記官と浦和始審裁判所岡田豊検事は同日協議し「今般ノ暴徒ハ特別ニ裁判迅速ヲ要スル儀ニ付各警察署ニ於テ捕縛シタル囚徒ハ訊問一過証憑ヲ蒐集シ直チニ当職へ送致候様」浦和管内の警官に即日通達することを決めたという。高島氏は、秩父事件の裁判・処罰は、迅速な処理を最優先するため、軽罪については予審をなるべく省略するというのが司法省の方針であったと結論付けている(高島論文三二五頁)。自首・捕縛後の県令の「暴徒」観・司法省の方針を後ろ盾とした訊問は「人之ヲ謂テ、小鹿野尋問所ノ警官ハ、暴徒ノ二ノ手也ト称ス(中略)亦警官ハ附和随行ハ同一ト見做シ」というように苛酷で杜撰だった(田中千弥『秩父暴動雑録』『集成』六―九四頁)。「迅速」に「証憑ヲ蒐集」する手段として「自訴ノ者後ロ手鉤サレ扣《たた》カルル強拷問也」(『木公堂日記』明治十七年十二月一日〈『集成』六―一二七頁〉)と拷問も行われた。

公判を開くにあたっては、兇徒聚衆罪の条文のうち刑法一三七条・一三八条の解釈が問題となった。浦和始審裁判所熊谷支庁嶋田正章判事は名村大書記官・山田司法卿・長野始審裁判所上田支庁・前橋始審裁判所などと協議・調整を行い、最終的には十一月二十九日の司法省の回答となって決着した。これについても高島氏は困民党幹部や在地オルグなど「教令」を与える立場の者を、「暴動」の長、事前の資金強奪等を行った「暴動」の「共

謀者」や、「暴動」中の「殺死」「焼燬」の指示者としてもれなく処罰の対象におさめることによって厳しく処罰し、他方で附和随行者をなるべく広く解釈することによって、一般農民については軽罪にとどめようとするものだった。それは「裁判迅速」という方針にも適うものであったろうと結論付けている（高島論文三三三頁）。

訊問（捜査）では、住所・氏名・身分・職業・年齢・出生地・前科・参加日・参加状況（動機・どこまで行ったか・何をしたかなど）が、特に殺人・放火・窃盗・恐喝などについては詳細に、何度も調べられた。

（3）裁判、判決（刑罰）一覧

以上のような経過を経て、出された判決（刑罰）を、参加者とされ公判に付された秩父郡内五九カ村三二九八名のうち、無罪や記載のない二一〇名を除いた、三〇八八名について村別に、科料五銭から死刑まで分類整理して得たものが判決（刑罰）一覧である。一覧は膨大なのでそれを加工したものを掲載した（**表1判決（刑罰）一覧**）。

これによれば、科料一八一七名（五八・八パーセント）、罰金一一七八名（三八・二パーセント）、重禁錮五九名（一・九パーセント）、軽懲役―死刑三四名（一・一パーセント）である。重罪とされる軽懲役―死刑は一・一パーセントときわめて少なく、軽罪とされる科料・罰金・重禁錮が九八・九パーセントと圧倒的であることが大きな特徴である。

まず科料・罰金・重禁錮・軽懲役―死刑がどのようなものかみてみよう。旧刑法での規定を一覧表にまとめた（**表2旧刑法の主刑・附加刑一覧**）。

刑法の規定に、（2）の「公判の方針」を加味すると、以下のようになろう。

まず科料は、本来は違警罪で主刑は五銭から一円九五銭である。秩父事件では刑法一三七条下段の附和随行に

No.	村　名	参加人員	総戸数(戸)	参加率(%)	科料*2	罰　金 2円台	罰　金 3—20円	重禁固	軽懲役—死刑	合計
31	三山村	183	204	89.7	116	53	9	2	1	181
32	河原沢村	93	103	90.3	59	20	12	1		92
33	薄村	150	445	33.7	141	8	1			150
34	小森村	30	218	13.8	20	7	1	2		30
35	下小鹿野村	158	262	60.3	122	25	5	1		153
36	般若村	78	125	62.4	72	1	3			76
37	長留村	160	211	75.8	150	3	3	1		157
38	上吉田村	263	304	86.5	32	196	25	3	3	259
39	日尾村	93	96	96.9	83	1	5			89
40	藤倉村	149	161	92.5	134	3	6			143
41	石間村	200	171	117.0	26	76	30	6	7	145
42	太田部村	38	62	61.3	12	1	3			16
43*1	下吉田村	335	462	72.5	90	227	6	3	3	329
44*1	久長村	75	82	91.5	70	5				75
45*1	阿熊村	57	72	79.2	15	36	2		2	55
46*1	上日野沢村	91	101	90.1	10	41	32	3	4	90
47*1	金崎村	77	138	55.8	71	2				73
48*1	大淵村	57	72	79.2	57					57
49*1	下日野沢村	160	157	101.9	107	24	14	5	1	151
50*1	野巻村	74	88	84.1	73	1				74
51*1	太田村	117	153	76.5	111	3	1	2		117
52*1	伊古田村	1	52	1.9					1	1
53	矢那瀬村	2	102	2.0						0
54	野上下郷	4	202	2.0	1		2	1		4
55	本野上村	34	152	22.4	3	16	4	2		25
56	中野上村	6	65	9.2	2	2	1			5
57*1	矢納村	62	188	33.0	36	3	5			44
58	藤谷淵村	24	148	16.2	7	8	6	1	1	23
59*1	金沢村	56	162	34.6	37	9	1	2		49
	合　計	3298	10867	35.7	1817	932	246	59	34	3088

表1　判決（刑罰）一覧

No.	村　名	参加人員	総戸数(戸)	参加率(%)	科料*2	罰　金 2円台	罰　金 3—20円	重禁固	軽懲役—死刑	合計
1	大宮郷	16	1018	1.6	1	7	3		2	13
2	白石村	1	39	2.6	1					1
3	坂本村	44	132	32.6	13	20	4			37
4	皆谷村	4	99	4.0	3					3
5	芦ヶ久保村	8	146	5.5	3	1	1	2		7
6	横瀬村	21	539	3.9	2	8	3	4		17
7	山田村	1	216	0.5						0
8	大野原村	6	194	3.1		3	1	1		5
9	黒谷村	7	194	3.6		7				7
10	栃谷村	8	116	6.9	2	1	2			5
11	定峰村	2	58	3.4	1	1				2
12	三沢村	29	310	9.4	6	12	6	3	1	28
13	皆野村	13	379	3.4	3	5	4	1		13
14	下田野村	11	69	15.9	4	4	1			9
15	井戸村	2	94	2.1		1	1			2
16	金尾村	53	62	85.5	15	20	9	2		46
17	風布村	64	85	75.3	17	17	8	6	4	52
18	蒔田村	3	171	1.8		1	1	1		3
19	田村郷	1	91	1.1	1					1
20	寺尾村	1	226	0.4				1		1
21	久那村	2	201	1.0	1		1			2
22	上影森村	1	91	1.1	1					1
23	下影森村	1	142	0.7			1			1
24	上田野村	1	238	0.4						0
25	白久村	3	145	2.1		1			1	2
26	贄川村	19	134	14.2	3	5	7	2	1	18
27	大滝村	1	350	0.3	1					1
28	小鹿野町	9	338	2.7	8	1				9
29	伊豆沢村	3	65	4.6		1	1			2
30	飯田村	136	167	81.4	73	45	15	1	2	136

＊1　本稿分析対象の村
＊2　5銭から1円95銭

表2　旧刑法の主刑・附加刑一覧

	主　刑（宣告）	重罪の刑	国事重罪の刑	附加刑（法律で宣告・宣告しないもの）
重罪	死刑（絞首）	●	○	剝奪公権
	＊無期徒刑	●		停止公権
	＊有期徒刑	●		禁治産
	無期流刑		○	＊監視
	有期流刑		○	＊罰金
	＊重懲役	●		＊没収
	＊軽懲役	●		
	重禁獄		○	
	軽禁獄		○	
軽罪	＊重禁錮			
	軽禁錮			
	＊罰金（2円以上20円以下）			
違警罪	拘留			
	＊科料（5銭−1円95銭）			

＊　秩父事件で宣告された主刑・附加刑。

該当し、二円以上二〇円以下の罰金である。これに公判の方針にそって、刑法八〇—八三条の年齢による不論罪及び宥恕減軽、八五条の自首減軽、八九・九〇条の酌量減軽などをできるだけ適用して、一から数等を減じて科料とした。

事例1　科料一八一七名。科料の最低は五銭。全五九カ村中太田村の六名のみ、全員二十歳未満である。無手にて太田村字郷平もしくは野巻村まで随行、その夜または翌日四日に帰宅。二十二日自首というのが行動のあらましである。一三七条「兇徒多衆ヲ嘯聚シテ官庁ニ喧鬧シ官吏ニ強逼シ又ハ村市ヲ騒擾シ其他暴動ヲ為シタル者首魁及ヒ教唆者ハ重懲役ニ処ス　其嘯聚ニ応シ煽動シテ勢ヲ助ケタル者ハ軽懲役ニ処シ其情軽キ者ハ一等ヲ減ス　附和随行シタル者ハ二円以上二十円以下ノ罰金ニ処ス」の下段、附和随行とされたが、「減罪」条項が適用され自首で一等、二十歳未満で一等、原諒情状で二等、通して四等を減じて科料五銭となった。

次に、罰金は軽罪で、主刑は二円以上二〇円以下の罰金。一三七条下段の附和随行だが、ここでも科料同様に軽減措置がとられた。罰金一一七八名。

事例2　罰金の最高二〇円の二名は軽減措置がなされていない。①長留村の山口武平は附和随行とされるが、元戸長役場筆生だったので村民の募集方を迫られ、隣家にその旨を伝え置き、自分は「暴徒」に附従し、稲葉貞助家屋を破壊。三日負傷者を皆野村から大宮郷まで護送。「戦争」と聞き帰宅。②上吉田村坂本代五郎も附和随行。所有の鉄砲を携え、薄村の吉野丑五郎へ押し入り、刀剣類を掠奪。群馬県魚尾村の戦で抗戦。長野県佐久郡大日向村の浅川源助で、強奪した銀貨七五円を預かり、所々横行の末捕獲。

重禁錮は軽罪で、主刑は一一日―五年、禁錮場に留置、定役に服す。一三七条で中段（助勢者）にあたる。本来は軽懲役だが、ここでも科料・罰金同様に軽減措置がとられ、軽罪の重禁錮となっている〈事例3〉。または窃盗〈事例4〉・恐喝〈事例5〉などの個人的な逸脱行為をすることによって三六七条・三九〇条が適用されて重禁錮になったものも多い。できるだけ軽罪にして迅速な裁判をという流れの中で軽減措置がとられたと考えられる。重禁錮五九名。

事例3　下吉田村引間元吉は一三七条中段に該当し、本来は軽懲役。助勢者だが情状軽いもので六九条適用。さらに二十歳未満で一等、原諒情状で一等、計二等を減じ。重禁錮一年となった。

事例4　下日野沢村柏木太五郎は「暴徒」に付随。八日夜、教令に従い小海村黒沢市次郎を毀壊した際、庭に散在した紬四崩給一枚外三品を窃取る。「任意ノ白状贓物」で明らかとされ、三六七条「水火震災其他ノ変ニ乗シテ竊盗ヲ犯シタル者ハ六月以上五年以下ノ重禁錮ニ処ス」。三七六条「此節ニ記載シタル罪ヲ犯シ軽罪ノ刑ニ処スル者ハ六月以上二年以下ノ監視ニ付ス」で重禁錮八カ月、監視六カ月を宣告されている。「紬四崩給一枚外三品」の窃盗行為がなければ罰金となったと思われる。

事例5　金沢村若林半平は脇差を帯び皆野村へ随行途中、逮捕。①付和随行（一三七条）と②金平と共謀し金沢村持田孫市方で主人留守中、金平はその妻に対し「暴徒」が居宅を焼くか毀すが、若干の金銭で難を免かれると言い、半平は五円か一〇円だと恐喝。五円九〇銭六厘を騙し取った。三九〇条「人ヲ欺罔シ又ハ恐喝シテ財物若クハ証書類ヲ騙取シタル者ハ詐欺取財ノ罪ト為シ二月以上四年以下ノ重禁錮ニ処シ四円以上四〇円以下ノ罰金ヲ附加ス」と三九四条「前数条ニ記載シタル罪ヲ犯シタル者ハ六月以上二年以下ノ監視ニ付ス」に該当。①・②二罪倶発で重い②に対し、重禁錮九カ月・罰金一〇円付加・監視一〇カ月を宣告された。これも恐喝がなければ重くても罰金であったろう。

最後に、軽懲役以上は重罪となる。一三七条中段（助勢者）は本来軽懲役、一三七条上段（「首魁及ヒ教唆者」）は重懲役であり、軽減措置がとられていない。秩父困民党幹部・在地オルグが、「暴動」の全部の長、「暴動」の共謀者、「暴動」中の「殺死」〈事例7〉・「焼燬」〈事例8〉の指揮者として網羅されている。

事例6　大宮郷困民党総理田代栄助の場合、一三七条上段で重懲役。一三八条二項で死刑。一〇五条で正犯。三七八条強盗罪で軽懲役。三七九条強盗で情状一個ごとに一等を加える。数罪倶発、一三八条二項で死刑。

事例7　堀口栄次郎（藤谷淵村・無期徒刑）が、戸長役場で足袋三尺帯などを窃取ったとして戸長役場に捕縛されていた西沢角太郎を「暴徒ノ規約」に違反したとして殺害したが、「酒気ヲ帯ビ且暴徒ニ際シ精神モ荒立チタル折柄ニ付」との理由をつけ、一三八条「暴動ノ際人ヲ殺死シ若クワ家屋船舶倉庫等ヲ手ヲ焼燬シタル時ハ現ニ下シ及ヒ火ヲ放ツ者ヲ死刑ニ処ス　首魁及ヒ教唆者情ヲ知テ制セサル者亦同シ」で死刑のところ、酌量減軽の八九・九〇条により一等を減じ、無期徒刑とされた。これに対し同じ殺人でも警官に対する罪がより厳しく罰せられ、巡査殺害は「死刑」である。七日、十石峠において坂本宗作の命令で群馬県巡査前川彦六を殺害した伊古田村小林西蔵・群馬県多胡郡上日野村新井貞吉の両名は死刑である。

事例8　上吉田村小森茂作（有期徒刑一二年）は、太田村富田廣吉宅に放火炎上している所に遭遇し、土蔵に火を移せとの教令に従い「土戸ヲ毀チ焼残リ木片数個ヲ投入シ或ハ簀戸ニ立掛ケ遂ニ全焼」させた。一三八条により死刑だが、酌量減軽の八九・九〇条で二等を減じ有期徒刑一二年。

最後に、再犯加重・数罪倶発についてみておこう。

事例9　再犯加重とは九一条「先ニ重罪ノ刑ニ処セラレタル者再犯重罪ニ該ル時ハ本刑ニ一等ヲ加フ」、九二条「先ニ重罪軽罪ノ刑ニ処セラレタル者再犯軽罪ニ該ル時ハ本刑ニ一等ヲ加フ」というもので、下日野沢村井深要三郎は徒手にて、金崎村を経て、皆野村へ押し出し、その夜帰村。追って自首。以前に浦和軽罪裁判所熊谷支庁で軽罪の刑に処せられているので、九二条で一等を加え、自首で一等、所犯原諒で一等、通して二等減じ。罰金二円となった。ここでも再犯加重はあるもののとにかく軽罪でという方針にそっている。

事例10　すでに事例5・6で触れているが数罪倶発について軍人が参加した例（ほかに三人の軍に関係した人物が参加している）をあげる。①下吉田村坂本和平養子の坂本周吉は、竹槍を携え、大宮郷逸見土用六方家屋を破毀する場に立ちこし、皆野村に随行、と「暴徒」に附和。しかしながら「明治十六年徴兵年齢ノ処明治十四年八月廿二日逃亡シ」徴兵忌避。①刑法一三七条下段附和随行。②徴兵令第四四条一月以上一年以下の重禁固三円以上三〇円以下の罰金。①・②の二罪倶発で一〇〇条に従い、重い②で徴兵忌避、四カ月の重禁固・罰金一〇円を付加されている。

以上一〇件の事例に見るような「法律ニ照ス」作業を迅速に処理して判決が宣告された。刑罰の結果からみれば、国家権力側は、秩父事件を三四名の首魁および教唆者が、五九名の助勢者（なんらかの軽減措置がとられたもの・犯罪行為を行ったもの）と協力して、二九九五名もの良民を扇動「脅迫」し、「附和随行」させた「暴動」であったと認定したのである。

次に、**表1**からわかることは、いわば質的な村別参加状況である。一般的に戸数に対する参加人数から割り出す参加率も一つの目安にはなる。この方法で参加率が低いところは村（共同体）としての参加度は低く、個人的つながり、あるいは偶然が作用しての参加といえよう。

しかしながら、民衆運動の「運動」として捉える観点からすれば、公判の方針でみたように司法の認定には限界があるにしても、個々の参加者の行為の質（内容）が問題である。たとえば大淵村は参加率七九・二パーセントだが、全員が科料八〇銭以下である。野巻村参加率八四・一パーセントだが、全員罰金二円以下、その九六パーセントは科料八〇銭以下である。久長村に至っては九一・五パーセントだが、全員が罰金二円以下である。金崎村も五五・八パーセント、全員罰金二円以下、その九七・四パーセントが科料である。いかなる内容の「運動」をしたかという意味での参加度は低いといわざるを得ない。

戸数に対する参加率が高く、つまり共同体としての参加が行われ、「首魁及ヒ教唆者」・「煽動シテ勢ヲ助ケタル者」・「附和随行シタル者」、「暴動ノ際人ヲ殺死シ若クワ家屋船舶倉庫等ヲ手ヲ焼燬」する者が存在する村、つまり科料から死刑までの宣告が行われた村は質的（内容的）に参加度が高いといえる。3「権力による運動の認定（刑罰）」について、特に裁判、判決（刑罰）一覧部分は別稿で詳しく分析したい。

4 「軍備原案」・「地方警備」

一八八四年（明治十七）十一月二十八日、寺尾山中から①「暴挙ニ関スル書類」（飯田村犬木寿作）、「書類」（本野上村島田清三郎）が発掘された。この書類は犬木寿作・島田清三郎両名の供述にもとづき、佐枝種永判事補が発掘し、その写を各県関係裁判所へ送付したものである。[32]

皆野の本部解体後、同一行動を取った田代栄助・井上伝蔵・犬木寿作・島田清三郎・磯田左馬吉・「姓名不知」二名の合計七名が「埋没」の意図はともかく、事情を知っているはずであるが、先の二名だけが「書類」の存在を自供している。[33]

それは七通の書類であった（『集成』一―五一頁）。すなわち、1「軍備原案」、2「地方警備」、3「吉田県の報告」、4・5「物見報告」、6・7「人員配置」であった。その内容は、1・2は国郡村を行政単位とするいわば地域・地方構想である。しかし国郡村を束ねる国家の構想ではない。また中央政府の構想案でもないので第一論文で使った国家構想という用語は使用しないほうがよいと考えるようになった。もちろん、これを突き詰めていけばそういう国の連合体（国を束ねる組織）のあり方、国家構想に至るとは思うが。

まず1の「軍備原案」は、国（武蔵国など、現在の県レベル）単位での総監督以下兵士に至るまでの軍事組織が構想されている。「戦争」中、またはこれから「戦争」をしようとする段階で作成されたものなので軍事色が前面に出た原案であると考える。2の「地方警備」は、地方警備と「警備」とはなっているものの、地方総部・郡長・村長は地方行政官であり、警視官は警察官であろう。村長の但書きによれば「是迄県庁ノ整理シアル村々又ハ聯合町村役場」を単位としたもので、明治地方制度の歴史の中で一八八四年（明治十七）改革聯合戸長役場制度など現実にある行政区域を念頭に置いたものであろう。3の「吉田鼎の報告」は、川口守衛担当人吉田鼎から角屋出張其掛り御中へ、川口引き上げの目的の通報を請う内容である。4・5の「物見報告」は、物見場から両大将への敵情報告と手配依頼などである。6・7は人員配置。3から7は、皆野本陣崩壊直前の前線からの報告と人員配置手配などの生々しいやり取りと考えられる。困民党軍の組織や任務に対する意識は相当高度なものであった。これが「埋没」七書の内容である。このうち1・2（今後は二書と記す）について、井上幸治氏は「秩父事件の政治性を語るときこれが頂点をなす史料である」と高く評価された。(34)

次に、七名が書類を「埋没」するときの状況をみてみよう。田代の供述によれば皆野本陣解体直前「斯ハ方敵ヲ受ケタル上ハ打死スルノ外ナシ　併シ一時寺尾村へ引揚ケ山中ニ潜ミ運命ヲ俟タント述ヘタレハ何モ同意」だったので三時前に七人で皆野村を、四時過ぎには寺尾村を出発。長留村で「各離散再会ヲ期セント」持合金を与えたことになっている。(35)本陣解体時はまだ希望を持ち、「書類」を埋めるときもまだ希望をもっていた。気持ちのうえでも追い込まれるのは十一日以後である。すなわち田代は十一日、二男保太郎に会い、「追捕ヲ恐レ逃走シタリト申ニ付一家離散スルニ至ルモ皆我作セル罪ナリ　父ヲ捨テ汝ハ疾ク自訴ス可シト申聞タレトモ不聞入」。

十四日「最早逃走ノ念ヲ絶チテ保太郎ト倶々自訴スルニ若カズ」という気持ちになっている。絶望し自訴する気持ちになるが、捕縛。[36]

では、希望を棄てていないと考えられる田代らが「書類」を捨てないで、「埋没」することの意味を考えてみよう。千嶋寿氏は井上幸治氏の二書に関わる主張に疑問を呈し四点を提示する。[37] 千嶋氏の二書についての疑問点・主張点は（a）参謀会議の産物（菊池貫平が言っている。菊池と井出が主導権をとって二書作成）、（b）蜂起以前でも作成可能。（c）田代が二書の存在を知らなかった。そして最後まで身につけていなかった可能性がある。（d）一括書類なので田代は見ていないという推測もできる、の四点である。

しかしそもそも内容を知らない「暴挙ニ関スル書類」（犬木寿作）「書類」（島田清三郎）を埋めるだろうか。必要なら持参する、それができないなら隠す、埋める。もし不要なら焼くか、捨てればよいのではないか。内容を知らなければその判断もできないだろう。「埋没」（埋める）するという行為は書類そのものが不要ではない、必要ということを意味する。遺したいとする「こだわり」があるはずである。

さらに、この二書はどのような経緯で誰によって作られたか。井上幸治氏は作成者として井出為吉・菊池貫平・新井周三郎他に二、三名の可能性を提示する。千嶋氏は井上氏を批判するものの、田代でないとする点は千嶋・井上両氏一致している。

第一論文で指摘（五一頁）したように、井出は純粋に自由民権思想の発想で国会開設時期の短縮を主張していた。革命本部と書いた領収書の発行は個人プレーである。二書には議会や憲法構想が一言半句も入っていない。なにより地域への「こだわり」がないので井出が書いたのではないと考える。

新井周三郎は、第一回訊問からまともに答えようとしていなかったが、第二回訊問で検事補川渕龍起が「汝ハ村民ノ為ニ其困窮ヲ救助センコトヲ図リシモノニシテ曽テ己レノ為メニシタルニアラス　果シテ如此ナレハ其精神タルヤ尋常私利ノ為メニシタルモノニ異ナリ」。しかし自分の訊問を受けるに当たって「敢テ事実ヲ押包ミ苟モ罪ヲ免レント謀ルモノノ如シ　豈ニ卑怯ニ非ラスヤ」と発言したところ、大いに反応し、「被告人ハ検察官ニ向ヒ申上マスト呼ヒ」詳細な陳述を始め、最後に訊問調書を読み聞かせたところ「毫モ相違ノ廉ナシ」として署名拇印したという。周三郎は福島敬三との遣り取りの中でもしっかりと困民党の立場に立っている（第一論文、五〇頁）ので、新井の郡役所占領についての供述（『集成』二―九六八頁）は信じても良いと考える。「此夜ハ大宮郷ニテ人家ニ押入リ宿泊シタリシカ田代栄助ハ惣督ノ名義ニテ会計掛等ヲ引連レ郡役所ヘ押入リ栄助ハ仮リニ郡長ニ相成其他ハ郡役所ノ近傍ニ陣ヲ取リタリ」②（『集成』二―九六八頁）。この供述は、一定の範囲ではあるものの田代の動き、役所の位置づけなどが集団で共有されていたことを裏付ける。集団討議され作成された可能性が大きい。彼はアクティブだし、私利のためではなく、秩父郡中の困窮救助を目的として、そのために如何に行動したかを述べたのであり、行動あるのみだったと考える。法廷でも法官の質問に対して「イヤもふ些細の事の吟味は御無用ドーセ斯る大事を仕出かしたる上ハ早く法廷の処分を仰ぐに如くハなし小生が望此外になし」(38)と現政権の司法に従う姿勢を見せている。これは次に見る田代と同じで、現政府に代わるような、いわゆる政権構想はもっていなかったと考える。以上を考え合わせると二書を周三郎が書いた可能性はないと考える。

役所の問題に戻る。夕方郡役所に入った（困民党幹部等）柴岡熊吉と千嶌周作は大刀を佩き「自由党幹事資格」で矢尾本店に炊き出しを依頼したが、その際「此度世直ヲナシ政治ヲ改革スルニツキ斯ク多数ノ人民ヲ嘯集セシ訳ナレバ当店ニテ兵食ノ焚出シ方ヲ万端宜シク頼ム　扨テ高利貸営業者ノ如キ不正ノ行ヲナス者ノ家ニアラザレバ破却或ハ焼棄ナスナド決シテ致サズ又タ高利貸ノ家ヲ焼キタリトモ其隣家ニ対シ聊カモ損害ヲ加エヌ故各々安堵致サレタシ　且ツ不法ヲ云ヒ或ハ乱暴ヲナス者コレアラバ直ニ役所③ヘ届ケ出ツベシ夫々成敗ヲ致スベキ間左様心得ラレタシ且ツ右ノ次第ナレバ当御店ニテハ安心シテ平日ノ如ク見世ヲ張リ商業ヲ充分ニナサレタシト鄭重ノ詞ヲ以テ申シ来ル　又外ノ役人ラシキ者モ交々同様ニ申シ来ル故進マヌナガラ開店シテ商ヲナナ」（矢尾利兵衛の記録『秩父暴動事件概略』『集成』六―一六九頁）したという。大宮郷の治安維持の機能をもつ③「役所」と「外ノ役人ラシキ者」の存在は、②の会計掛等を引き連れ、栄助を郡長とし「其他」は「郡役所ノ近傍ニ陣ヲ取リ」体制を整えたことと符合する。この②・③が同一の組織であり、さらに「仮リニ郡長ニ相成」の郡長が地方警備の郡長を指しているならば、大宮郷秩父神社に入り、演説した田代が菊池の発議で郡役所に移動したのだから、この構想（二書）は移動以前に存在したと言わなければならない。千嶋氏が言うように移動以後の田代が姉のところに暇乞いに行った留守に実施した参謀会議で作成されたものではないと考える。椋神社での役割表・軍律作成時、またはそれ以前の十月三十日初見、「互ニ肝膈ヲ叩キ遂ニ同盟ヲ表シ」（『集成』三―九七五頁）た時から三十一日の間に（蜂起直前）菊池が中心となり集団で作成したと考えられる。但しその時点では現実味のある構想とは考えられていなかった可能性が高い。菊池も、田代が秩父郡中にこだわったように、信州にこだわったのだから、菊池なりの「こだわり」が、下からの積上げとしての二書を生んだ可能性はある。菊池は一八八六年（明治十九）十二月四日山梨県で捕縛された。再起を期して旧自由党員と連絡を取り、秩父事件の教訓に学んで蜂起計画を立てていて、強盗はその資金を獲得するための行動であったという[39]。

「役所」開設のときの大宮郷の状況をみると、官側の逃亡と大宮郷の制圧、高利貸征伐、打ち毀し・放火・軍資金徴収・武器掠奪、続々と結集し蜂起集団が拡大するなかで、貧民救済は実現した状況であった。田代でさえ高揚していただろう。権力闘争には慎重な姿勢、法に服する覚悟はあったものの、現状を見て目的（貧民救済）の永続（を確固たるものにする）のためには、すでに存在した二書の「惣督ノ名義ニテ会計掛等ヲ引連レ郡役所へ押入リ栄助ハ仮リニ郡長ニ相成其他ハ郡役所ノ近傍ニ陣ヲ取」った「役所」は必要だと考えるようになったかもしれない。構想だけであったものが、「仮リニ郡長」になることによって現実化した。

田代は書かなかったと断言できる。田代は秩父郡中の高利貸征伐による貧民救済以外は考えていない。それが実現すれば法の裁きを受けると明言している。また熊吉は、田代の発言として次のような証言をしている。十月三十一日に「秩父郡中人民ニナリ替ハリ富者ヲ斃シ貧者ヲ救助此望ヲ達スルハ非常ノ処置ニナケレハ行ハレス望成就スレハ刑罰ニ処セラルルハ皆覚悟ナランン」と。また秩父神社で「自分等ノ望ヲ達セサル内ハ警察官及兵隊ヲ向ケラルル共屈セス戦争ヲナシ大願成就シテ御処分ヲ請ケルノ覚悟ト云フ右ニ一同決心セリ」。これと同じ趣旨の発言は「望ヲ達シテ高利貸ヲ斃シ貧者ヲ救助シテ後御処分ヲ蒙ムルハ覚悟ノ前ナリ」と熊吉自身からも聞くことができる。少なくとも「我々一命ヲ抛」つものの間では大願成就すれば処分は覚悟と明治政府（国家）の司法権を認めていることが確認できる。先の新井周三郎も同じである。秩父（田代）の側からはこの構想は出てこない。としても、田代は内容を知っていて、秩父神社から郡役所に移動し、「役所」を組織・設置して「仮に郡長として」という行政組織を作ることによって成果を永続できると考えたのではないか。それならば田代には地方警備の構想に「こだわり」があるはずである。

「書類」七書を「埋没」するとき、まだ再起を期していた。あとで掘り返すことも考えたかもしれない。蜂起・「戦争」によって国家権力に対抗したうえに、この二書は、地方組織を対置しているわけで権力闘争の証拠となる。焼却すれば絶対安全である。慎重な田代は焼却を考えただろう（証拠隠滅）。だが秩父郡中の蜂起の総理・仮の郡長など自分がそれを担ったという「こだわり」（生の証）が、これを「埋没」させたのではないか。

田代は地域・地方構想と秩父蜂起の最終段階での「物見報告」と「人員配置（作戦行動）」を最後まで所持していたと考える。

こうして秩父の民衆の武装蜂起は、近世百姓一揆も、世直し一揆も、新政反対一揆も構想することができなかった国家構想の萌芽である地域・地方構想に辿り着いた。近代成立期最終段階の民衆運動のなかで秩父事件が突出した運動であったと考える理由の一つはそこにある。

おわりに

本論では主に荒川左岸に点在する一二カ村の分析を行った。第二論文に続いて運動の実態解明とともに、刑罰の数量的統計から秩父事件の全体像の素描を行った。政治参加のあり方（実力行使による問題解決・生活の改良）、「国家構想」の萌芽に辿り着いたという二点で、やはり近世・近代移行期のなかで、突出した民衆運動であった。四千もの民衆が武装し「戦争」によって政治目標を実現するという秩父事件の固有の手法（実力行使による自力救済）は、近世以来の伝統的な手法を基礎・基盤にしていた。

しかしそれは自由民権運動家・明治国家がともに求める代議制による政治参加のあり方（社会進化論・文明開化史観を志向）と鋭く対立していたので、国家からは「暴徒」として扱われ、国事犯ではなく、兇徒聚集事件として処理され、自由民権運動の側からは『自由党史』に見られるような事実誤認と負の評価を受けてしまう。

今回行った刑罰の数量的統計を手始めに、今後、年齢・家族構成・職業・教育程度・宗教などについて参加者の実態の数量的分析を行いたい。また秩父郡内参加者の分析を終えたので、他郡・他県参加者の分析、新聞報道、高利貸側・鎮圧側の史料分析を今後の課題とし、秩父事件の全体像に迫っていきたい。

註

（1）「秩父困民党と武器（得物）〔1〕」（『立正大学地域研究センター年報』第二〇号、一九九七年三月）〈第一論文と略記〉、「秩父困民党と武器（得物）〔2〕」（同二一号、一九九八年三月）〈第二論文と略記〉、第一論文注（1）の参考文献後の本論にかかわる仕事として、高島千代「秩父事件裁判考—明治一〇年代の刑事裁判における『政治』—」

（関西学院大学法政学会『法と政治』五一巻一号、二〇〇〇年）〈高島論文と略記〉、高島千代「『自衛』の側からみた秩父事件」（同五二巻四号、二〇〇一年）、中嶋久人「自由党と自衛隊―秩父事件における民衆の暴力」（須田努・趙景達・中嶋久人編『暴力の地平を超えて』青木書店、二〇〇四年）、須田努「語られる手段としての暴力―甲州騒動・世直し騒動、そして秩父事件」（『歴史学研究二〇〇五年度歴史学研究会大会報告』八〇七号、青木書店、二〇〇五年十月）などをあげておく。

（2）実力行使に訴えるということは「兵ヲ挙クル上ハ警察官及ヒ憲兵鎮台兵ノ抗撃ヲ受クルハ自〈必〉然ナリ。右ニ抗敵スルニハ金ヲ要スレハ」と国家権力との「戦争」のために軍資金・武器の調達などを必要とした。役割表に会計長・会計副長・兵糧方・軍用金集方・弾薬方・小荷駄方・伝令使など兵站が存在したのも当然である。さらに武装した衆の力が不可欠のものとして要請された。参加強制が行われる所以である。

（3）3の表1判決（刑罰）一覧に＊のついた下吉田村以下一二カ村。上日野沢村木村又吉は河野武七と同一人なので『集成』掲載人数から一名減じる。

（4）石間村学校教員鈴木栄次郎は、六日、憲兵・巡査が「参リ出ナケレハ討殺ス」というので出ると、太田部村戸長宅まで案内を命じられ、案内している。動員方法は双方とも同じである。

（5）「切殺スノ焼払フノト申スニ付恐敷無拠義襷ヲ懐中シテ出」た。

（6）訊問調書では金崎村にあるとされているが、下日野沢村は金澤・矢納・下日野沢の三村で構成する改正戸長役場聯合に属し、役場は金沢村にある（『埼玉県市町村合併史　上巻』一二四頁）。

（7）このような筆生の言葉は、新井伊之八のその後の行動、すなわち沿道各村から駆り集めた人足の宰領となって「人足ノ逃走セントスルモノアレハ竹槍ヲ以テ之ヲ威迫シ兇徒ノ勢ヲ助ケタ」（逃亡防止）という行為の実行に影響を及ぼしたと思われる。

（8）詳しくは第二論文八五頁の長留村神田森作方寄留富田清三郎を参照。

（9）詳しくは第二論文の注（9）日尾村聯合戸長役場筆生関口俊平を参照。

（10）公訴状では「一旦自宅ニ立戻リ妻子ニ訣別シ」とある。

（11）「始メニハ無拠随行シタレトモ全ク央ヨリコワキ事モ打忘レタル故数里間同行」とも答えている。

（12）十一月一日、日尾村戸長斉藤某より聞いたもの。

(13) 私的掠奪を期待して蜂起に参加したとは考えない。事実としても騒動中に偶々であれ、ここをチャンスと盗み・強請（ゆすり）をしたものであれ、兇徒嘯聚罪で重く裁かれているものだけであると考えている。二六一頁「（3）裁判、判決一覧」参照。現時点では、掠奪のほとんどは資金・武器・食料など「戦争」を維持するための公的掠奪と考えている。

(14) たとえば相沢嘉市の裁判言渡書では「暴徒ニ附随シ居村ヨリ栗谷瀬ノ渡船場ヲ渡リ皆野地内迄出向キタル者ナル」と得物・出立ちについての記載はない。

(15) 二四二頁「③指揮旗」を参照。

(16) 高島論文三二〇頁。「皆野村ニ至レハ赤白ノ布ヲ以テ身体ヲ扮装シタル異様ノ男子竹槍ヲ以テ小吏ニ抵抗セリ止ヲ得ス憲兵卒値賀好郎等ト協力シテ之ヲ斫殺セリ」（「巡査　粕谷清五郎　出張経歴書」『秩父事件史料集成』第四巻、九九九頁。以下『集成』四―九九九頁と略記）。「五日皆野村へ進撃ノトキ同村船頭金子惣太郎ナル者ヲ暴徒ト見謬リタルヤ殺害セラレタリ」（「秩父暴動始末（二）」『集成』四―二八〇頁）。

(17) 横瀬村の滝沢房吉は「何カ暗号テモアリシヤ」の訊問に答えて「天ト言ヘハ地ト答フル暗号ナリ」。その合言葉は「私共寄リ合ヒ居ル処へ来リ今般ノ暗号ハ天地タカラ能ク心得居ル様ト達シタリ」と答えている（第二論文八六頁）。

(18) 訊問調書では「一旦自宅ニ戻リ妻子ニ訣別シ」とある。

(19) 当然のことながら「竹槍日記」（『福岡日日新聞』一八九七年九月四日）のように集めて一括焼却処分するような処分の仕方はみられない。「各村樹列ねたる旗幟の下に銘々の竹槍を集め鐘鼓を鳴らしつつ一斉に焼き立て」（明治新聞雑誌文庫マイクロフィルム）。

(20) 「秩父暴動事件概略」（『集成』六―一六九頁）

(21) 大野原村松本光政は、四日、河内村で豪家一軒を焼き払ったとき「隣家ノ家財ヲ焼失セサル様取計フ可シトノ命ニ付自分ハ畳抔ヲ運ヒ居タル」と延焼防止策を講じた。

(22) この場合延焼防止策はとられなかったのか。

(23) 矢納村渡辺岩十郎によれば、二日、城峯山で測量士が捕らえられ、それから用掛新井源一郎の指揮で一同「暴徒」防禦のため三尺位の棒を持ち見張をした。

(24) 三日、保美濃山村戸長役場で巡査・戸長が金澤寅三郎に「山ノ高キ処ヘカヽリ（篝）火ヲ焼キ鯨声ヲ揚ヨト申渡サレタ」。

(25) 筆生に自首したものが太田村一一七名中三九名（三三・三パーセント）。「自首」とのみ記載されたもの一一七名中七〇名だがこれも筆生への自首だとすると実に一〇九名、九三・二パーセント。記載なしは八名である。

(26) 笹田書記官への進展案（『集成』四―八五八頁）。

(27) 告諭案は笹田書記官への進展案とともに、六日暁に帰県する収税長に託された。

(28) 警察官吏は「郡中一般皆暴徒ナリ、県令公ノ告諭ノ如ク、自首セザル者ハ、村ヲ挙テ捕縛スト、言ヒ触ラシ、大半自首セシメタリ」（田中千弥『秩父暴動雑録』『集成』六―九三頁）。

(29) とくに厳しく自首と自白の強要が行われた小鹿野町糾問所の状態を伝えている『秩父暴動雑録』（『集成』六―九四頁）によれば、「既ニ自首シタル上ハ暴徒ナリ」として、拷問などによって無理矢理参加を認めさせたから、全参加者数は『集成』一―三巻の農民裁判文書に掲載された四一八九名が最大数を示していると考える。秩父郡内に限定すれば、表1裁判（刑罰）一覧の合計三〇八八名である。千嶋氏も前掲本二八〇頁で「およそ三千」。事件後の警察発表の二六四四人こそ秩父郡内での「暴徒」の実員数に近い、とされている。

(30) 「警部　鎌田沖太　出張経歴書」では大宮警察本部と憲兵隊は、二十二―二十四日に「残徒ノ所在ヲ探偵」、二十五―二十七日を期して「潜伏者勿論嫌疑者数百人ヲ捕押セントシテ調査」に着手している（高島論文三五二頁の注14、『集成』四―九九八頁）。

(31) 埼玉県統計によれば、三六一八人中逮捕三八〇人・自首三二三八人（「暴徒人員取調表」『集成』四―九五五頁）。八九・五パーセント、九割が自首である。

(32) 田代栄助（『集成』一―五一頁）の注では両名が供述したとあり、犬木寿作『集成』一―四五七頁の注では島田の自供にもとづきとある。

(33) 両名とも訊問調書はない。犬木寿作の場合は一八八五年（明治十八）一月二十二日の予審終結言渡書で言及され、同年二月二十三日の裁判言渡書では言及されなかった。島田清三郎の場合は日付なしの判決言渡書で言及されている。（飯田村犬木寿作＝「田代栄助井上伝蔵島田清三郎等ト窃カニ寺尾村ノ山中ニ遁レ暴挙ニ関スル書類ヲ土中ニ埋没シ」、田代栄助等から七〇円分配を受け各離散（予審終結言渡書、『集成』一―四五七頁）。本野上村島田清三郎＝「大渕村ニ於テ裏切アリトノ注進ヲ為シ来ルヨリ之レヲ本営ニ報シ栄助等ハ事ノ成ラサルヲ察シ傳三犬木寿作ト共ニ逃走スル二際シ被告（島田清三郎―引用者）モ之レ二随従シ寺尾村山中二入リ栄助及ヒ傳三等カ書類ヲ土中ニ埋没スルニ臨ミ之レヲ秘スル為メ」栄助より六〇円、伝蔵より一〇円を貰い各自離散（裁判言渡書、『集成』二―七七一頁）。

(34) 井上幸治「困民党の政治的構想力」『秩父事件の神話（二）』（『月刊百科』二一六号、一九八〇年九月）

(35) 寺尾での書類埋没の件は出ていない。当然持合金を渡した理由も「秘スル為メ」つまり口止め料ではなく、いわば逃走費用であり、配分場所も長留村である。

(36) 十一月二十八日発掘以降の権力・官の処理方法・過程に問題がある。田代の訊問の最後となる第六回訊問は十一月二十一日であった。このときまで田代は自分から「書類」には触れていない。話題にはならず、警察側も当然話題にしなかった。十一月二十八日に「書類」が発掘されたにもかかわらず、重罪の予審・公判は十二月十一日から一八八五年（明治十八）二月二十三日熊谷支庁で実施されたから、時間的な余裕は十分あった。警察が追及しなかったのは、二書の出現によって、政治目的に触れず、行為が刑法のどの部分に該当するかというぃわば技術論に終始してきた警察・司法（裁判所）の姿勢が崩される可能性が出てきたからで、訊問の対象とせず、判決でも触れなかったのである。封印したと考えられる。結果として①―③だけが氷山の一角としてわれわれの前に姿を現している。警察側・官側は事実を把握したいので、発掘をしたが、「書類」の意味を公式には追求せず、その限定した事実だけに簡単に触れて済ませた。

(37) 千嶋寿『困民党蜂起　秩父農民戦争と田代栄助論』（田畑書房、一九八三年　三三一頁）

(38) 高島論文三四一頁。『東京横浜毎日新聞』明治十八年二月十八日「雑報」（『集成』六―三六六・三六七頁）

(39) 秩父事件研究顕彰協議会編『秩父事件―圧制ヲ変ジテ自由ノ世界ヲ』（新日本出版社、二〇〇四年　一八二頁）

北足立郡小針村に関する一考察
――明治・大正期の事務報告書等にみる村政の動向と村の概観

白田勝美

はじめに

二〇〇五年（平成十七）三月に伊奈町教育委員会が発行した『伊奈叢書Ⅰ　戦前の村役場文書』には、ともに部分的欠落はあるものの、一九〇六年（明治三十九）から一九二二年（大正十一）までの小針村事務報告書と、一九〇九年（明治四十二）から一九一二年（明治四十五）までの小針村村長職務日誌が収録されている。

この時期は全国的に、日露戦争後の疲弊した農村と町村財政の再建を目指した地方改良運動、それに続く民力涵養運動が展開されていた。それに加えて、未曾有の災害である関東大震災により、政治経済の中心である首都東京周辺が壊滅的な被害を受けるなど、近代国家として発展していくわが国の大きな転換期に相当している。

本論は両史料を中心に、一八八九年（明治二十二）の大合併により成立した小針村に焦点をあて、この変動期の村政の動向を追いながら、一地方村の行政の実態の一端を明らかにしようとするものである。併せて村政の基盤となる財政状況と主産業である農業、運営に苦心を重ねていた教育について概観しながら、当時の村の様子を把握しようと試みた。

したがって本論の構成は、最初に小針村の成り立ちと中心史料について論述し、以下前半では、地方改良運動期と民力涵養期の村政の動向を歴代村長（村長職務代理を含む）順に明らかにし、後半では財政状況や農業、教育について考察している。

なお本論で対象とするこの時期の村長はすべて名誉職であり、それ以外の助役等については必要に応じて名誉職と有給職の区別を適宜付している。

1　小針村と村政関係資料

（1）市町村制施行と小針村の成立

北足立郡小針村は綾瀬川右岸の大宮台地上に位置しており、現在の行政区画では北足立郡伊奈町北部一帯を占める。『郷土調査研究録』[1]によれば北緯三六度一〇秒、東経一三九度三五分五〇秒にあたる。東京からおよそ一〇里（約三九キロメートル）、東は綾瀬川を挟んで南埼玉郡平野村・綾瀬村（ともに現蓮田市）、北は同郡平野村と北足立郡加納村（現桶川市）、西は同郡上平村（現上尾市）、南は同郡小室村（現伊奈町）に接している。土地は全体的に平坦であり、面積は約五〇〇町歩（約四九五八・五平方キロメートル）、農業を主産業としていた。地名は開墾地を意味する「コハリダ（小墾田・小治田）」に由来するといわれている。

明治維新以降、村域は武蔵知県事から大宮県、浦和県を経て一八七一年（明治四）に埼玉県に所属した。翌年に区制では第一八区に、一八八四年（明治十七）の連合戸長役場制により羽貫村連合に属した。その後、一八八九年（明治二十二）の市制・町村制法施行により北足立郡に加えられた。

以上の経緯を経て、本村は一八八九年四月一日に羽貫村連合を形成していた大針村、小針新宿《しんしゅく》村、小針内宿《うちじゅく》村、羽貫村が合併して成立した。合併にあたっては、「羽貫村連合ヨリ須ヶ谷村一村ヲ除キタルモノニテ地形民情相同シキニ依ル」[2]ことを事由としているが、小針領家村は加納村に編入されるなどの確執を残した合併であった。また、小針新宿村の飛地もこの時に倉田村に編入されている。

埼玉県ではあらかじめ合併に伴う名称争いを抑えるため、町村合併標準の中に「勉メテ民情ニ背馳セサルコト」を掲げていた。これを受けて村名は、「小針内宿新宿両村ヲ合スレハ小針ノ名尤モ広ク且小針領名ハ当地方ニ著名ニシテ人民ノ称呼モ亦広キニ依ル」[3]ことから命名された。これは四村中の二村が小針名を冠し、かつ新村人口の過半を占める内宿村と新宿村が、江戸時代寛文年間（一六六一―一六七二）に小針村から分村したとみられることなどの歴史的経緯が、村名選定の背景として考えられる。なお、このときに旧村名は大字とされた。開村当時の人口は、羽貫村三八六人、小針新宿村六〇七人、小針内宿村五七三人、大針村五五五人、合計二一二一人[4]であった。

村役場は、位置的にも新村域の中央であり、従来の連合戸長役場の建物を引き続き利用する方針から、大字羽貫に設置された。村内には一八七三年（明治六）八月十日に大針学校が大字大針地区内観音寺に創立され、一八九〇年（明治二十三）十一月二日には勅語謄本が下賜されている。また合併以前の旧村には稲荷社（小針新宿）、氷川社（大針・小針内宿）、八幡社（羽貫）が祀られるとともに、新義真言宗の西蔵院（羽貫）・西光寺（小針新宿）・東光院（小針内宿）、真言宗の観音寺（大針）、浄土宗の桂全寺（小針内宿）が開山されていた。

村内には通過する鉄道がなく、その面では交通不便地である。その一方で、県道の鴻巣岩槻線、同大宮菖蒲線、桶川久喜線が羽貫の西南端にて交差しており、通称「六道」を形成し貨物輸送の利便地となっていた。

（2） 小針村事務報告書・小針村村長職務日誌

一八八九年（明治二十二）四月一日に市制・町村制が施行され、新町村ではそれぞれ町会議員・村会議員選挙が実施されるなど、新制度が着々と整えられていった。その実効性をさらに高める一環として、一八九二年（明治二十五）五月九日に副島種臣内務大臣は久保田貫一埼玉県知事に対して、市町村行政事務については簿冊等の整備や巡視規程等の制定を内訓した。これにより、各行政事務の監督を厳密に行うとともに事務の整理を促し、行政事務処理体制の確立と平準化が図られた。

町村制実施後、本県では郡吏を各町村に派遣して行政事務の調査と指導を行っていたが、帳簿等の指導までは行き届かなかった。そのため全体のおよそ三分の一程度の町村は、一八八四年（明治十七）制定の戸長役場会計帳簿式に基づき事務が処理されていた。このような状況に鑑み、久保田知事は五名の町村行政事務監督規定取調委員を任命し、各種報告例と簿冊様式の調査や草案の作成に当たらせた。その結果、翌年三月には町村役場処務規定準則、町村巡視規定をはじめとして、町村事務報告例・町村出納帳簿式・町村吏員事務引継順序等が公布された。

事務報告書とは財産明細表を添えて、町村長が役場事務状況を町村会に報告する目的で作成提出した行政文書である。町村制下の町村会には町村事務に関わる書類や計算書を検閲・検査する権限が付与されており、それにともない町村長は予算表提出時に町村会に対し、この事務報告書の提出が義務付けられていた。

伊奈町には小針村事務報告書と小室村事務報告書が現存し、いずれも各村会会議録に綴じこまれて町役場で保存されている。しかしながらその残存時期は極めて限られており、小針村事務報告書は一九〇六年（明治三十九）から一九二三年（大正十二）の間の九年分、小室村事務報告書は一九三三年（昭和八）から一九三八年（昭和十三）の間の六年分、という状況である。両村会議録はともに、ほぼ二年から四年分が一綴りにされており、各報

表1　小針・小室村事務報告書収録状況

No.	事務報告書年度	村名	収録簿冊名
1	1906年（明治39）	小針村	自明治三十六年至明治四十四年会議書類綴
2	1907年（明治40）	小針村	自明治三十六年至明治四十四年会議書類綴
3	1909年（明治42）	小針村	自明治三十六年至明治四十四年会議書類綴
4	1911年（明治44）	小針村	自明治四十五年二月至大正四年十二月会議録関係綴
5	1912年（大正1）	小針村	自明治四十五年二月至大正四年十二月会議録関係綴
6	1913年（大正2）	小針村	自明治四十五年二月至大正四年十二月会議録関係綴
7	1914年（大正3）	小針村	自明治四十五年二月至大正四年十二月会議録関係綴
8	1922年（大正11）	小針村	大正十年八月会議録綴
9	1923年（大正12）	小針村	大正十年八月会議録綴
1	1933年（昭和8）	小室村	自昭和九年度至昭和十二年度会議録綴
2	1934年（昭和9）	小室村	自昭和九年度至昭和十二年度会議録綴
3	1935年（昭和10）	小室村	自昭和九年度至昭和十二年度会議録綴
4	1936年（昭和11）	小室村	自昭和九年度至昭和十二年度会議録綴
5	1937年（昭和12）	小室村	自昭和十三年至昭和十六年会議録綴
6	1938年（昭和13）	小室村	自昭和十三年至昭和十六年会議録綴

（『伊奈叢書Ⅰ　戦前の村役場文書』より一部改変）

告書の所在は**表1**のようにまとめることができる。

各会議書類綴・会議録は同様の編綴状態であるが、**図1**の写真の小針村「自明治三十六年至明治四十四年会議書類綴」を例にとると、寸法は縦が約二四・五センチメートル、横が約一六・六センチメートルである。書類は和紙の罫紙に墨書され、和綴じされている。また、**図2**の写真の明治三十九年の事務報告書は縦が約二四・二センチメートル、横が約三二センチメートルの和紙に謄写版されたものが右綴じされている。

村長職務日誌は、一九〇九年（明治四十二）三月二十二日から一九一二年（明治四十五）二月二日まで小

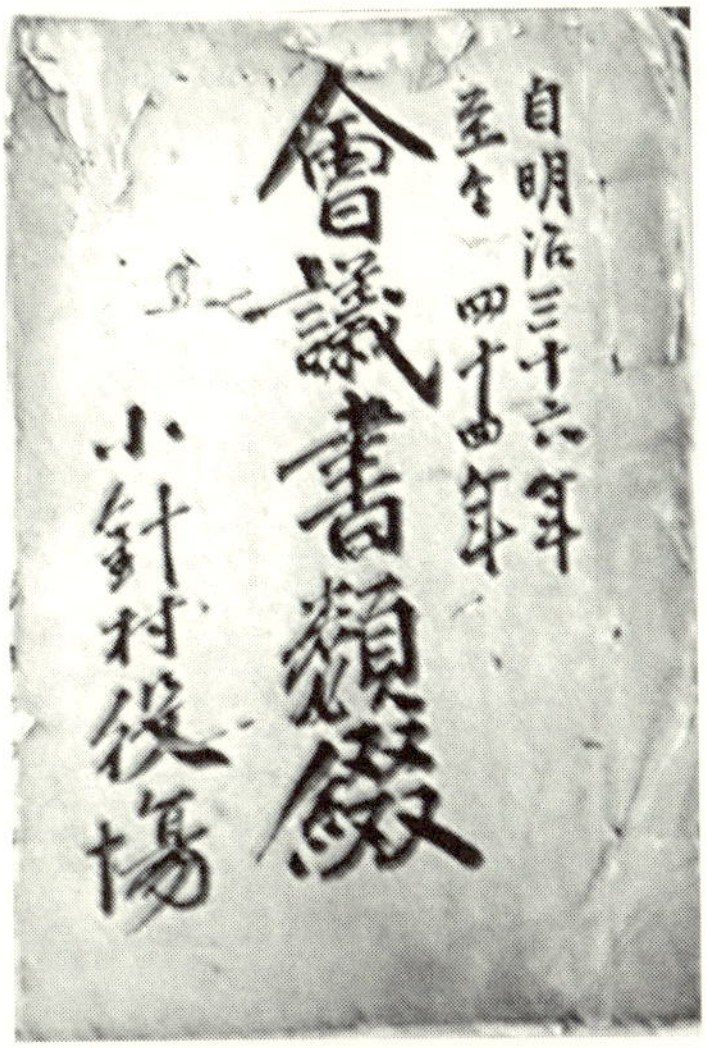

図1　小針村「自明治三十六年至明治四十四年会議書類綴」

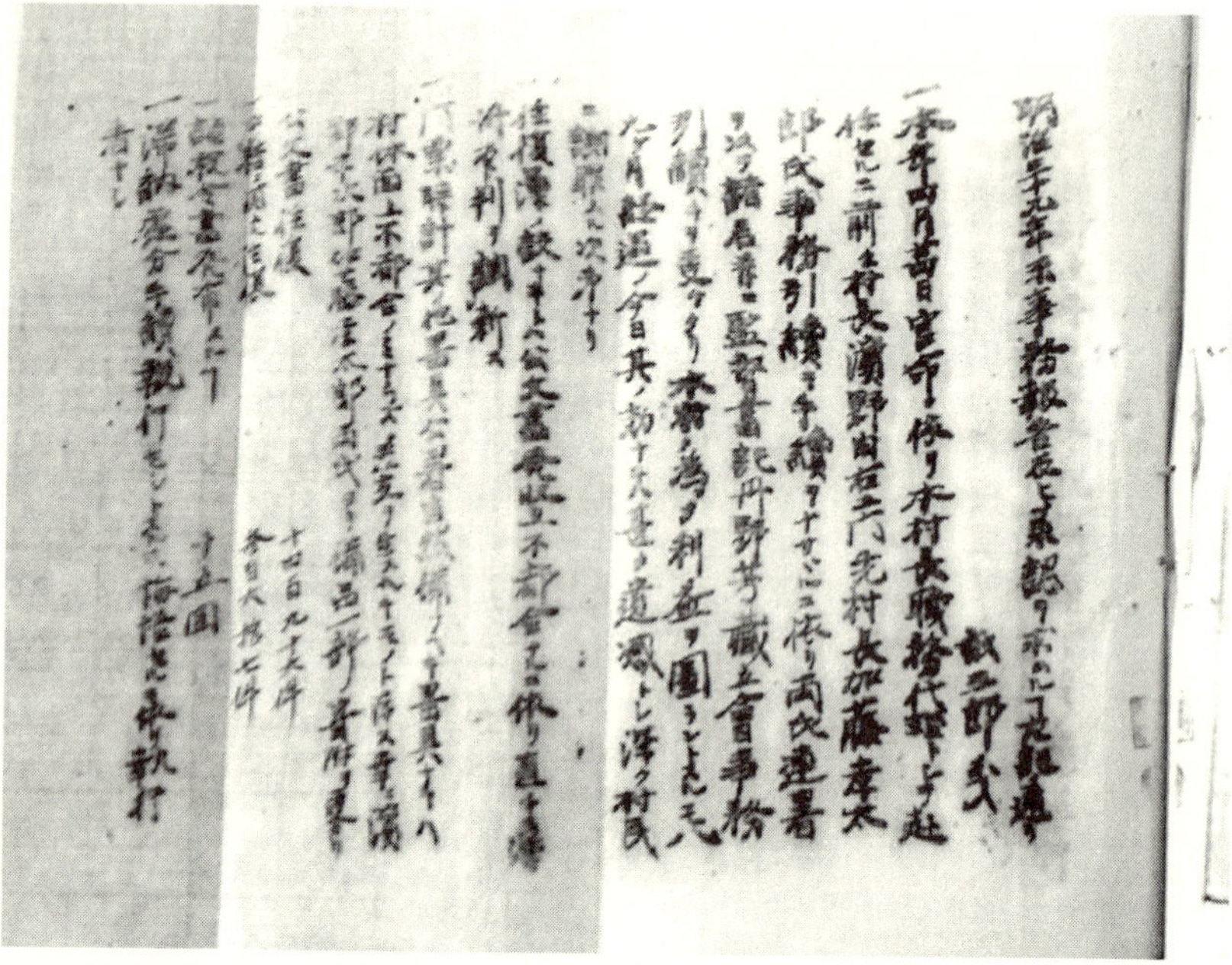

図2　明治三十九年小針村事務報告書

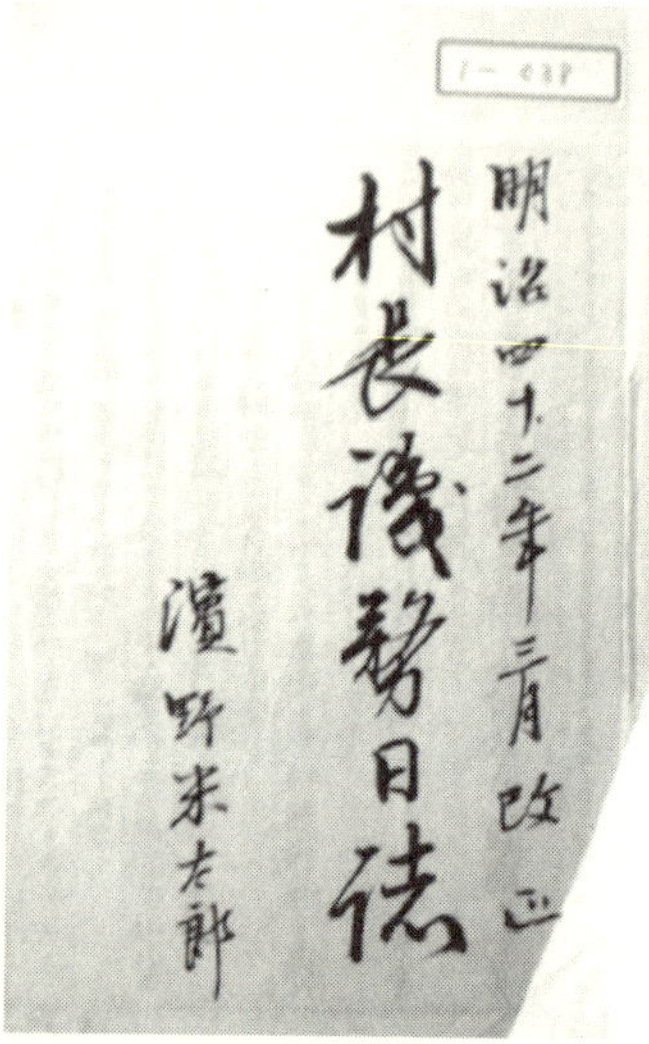

図3　小針村村長職務日誌

針村村長を勤めた濱野米太郎が残した記録である。この日誌は図3の写真にみられるように、縦が約二四・九センチメートル、横が約一七・五センチメートルの大きさである。表紙と裏表紙が各一枚付けられ、その間には「埼玉県北足立郡小針村役場」と中央部に印刷された罫紙に墨書されたものが一七葉あり、他に四枚の文書が挟みこまれている。事務報告書からは窺い知れない、地方改良運動の実態や治水問題、出張等の実際の役場の運営状況が把握できる貴重な史料である。

2　地方改良運動期の小針村政

（1）　村長の交代と村長職務代理の着任

一八九四年（明治二十七）に起きた日清戦争における勝利は、明治維新以降のわが国の国運を更に開いていった。それに伴い、町村の行政事務量も次第に増加する中で、国税徴収や徴兵事務に代表される国政委任事務の経費は町村の負担とされた。加えて、本来は町村が行うべき道路・衛生・教育行政等も社会の進展を受けて拡大し、町村経費の膨張を生み出していた。

このような状況を打開するため、各町村は特別税の新設・増徴とともに、財政確立の基盤としての基本財産の蓄積と産業の奨励、勤倹貯蓄の励行に取り組んだ。このような「村ぐるみ」運動は全国各地で起こり、やがて日露戦争を契機に内務省が主導する、地方改良運動と呼ばれる国民運動として展開された。そして一九〇六年（明治三十九）には、第一次西園寺内閣の地方長官会議で示され、翌々年の戊申詔書と併せて政策が遂行されていった。

地方改良運動が地方長官会議で示された年の小針村の人口は、[5] 本籍人口が二七〇七人、現住人口は二四九二人であり、後者は一八九一年（明治二十四）を基準にすると四〇四人の増加がみられる。また現住戸数は三五三戸で、一戸当たりの平均人数は七・〇六人であった。

この年、小針村政は大きな転換期を迎える事態が生じていた。一九〇二年（明治三十五）から再び町長を務めていた濱野由右衛門（一八八九年から一九〇一年まで歴任）が三月二十六日に退職し、翌日からその後任に加藤孝太郎が就任した。[6] 加藤はそれ以前の村長二名（濱野以外に内田鉄五郎）が江戸時代生まれであったのに対して、明治生まれの三十三歳という若さと、國学院卒業という学歴に加え、二四町余の土地所有者であった。また村長就任以前には学務委員や助役（有給）を経歴しており、「本村内ニ於テ名望[7]」ある人材であり、一〇人の村会議員全員の推挙をうけての村長就任であった。

しかしながらそれから一ヵ月も経たない四月二十三日に加藤村長は辞職し、郡書記の指田畝三郎が村長職務代理として着任する異常事態が起きている。このことについて彼は、後に加藤家の歴史として書きまとめた『世々乃阿登[8]』の中で、次のように述べている。そもそも助役職からして彼は、「元其素志にあらざりし為出でゝ實務に當らず、僅に其名を列ねたるに過ぎず」と受け止めていた。また、当時の村政については「比時前老村長濱野由右衛門氏晩年村治に倦み聊整備を欠きし点なきにしもあらず」と認識していた。それ故、「常に側近にありて其内情を知れば、情誼公道両全の悩み深く固辞して受けず」と辞職の理由を説明している。

「小針村役場明治三十九年事務報告書[9]」（以下、「三十九年事務報告書」、他の事務報告書も同様に表記）には「数年間渋滞セル村税ノ如キハ、現ニ徴収ヲ了タルモノ少額」「渋滞セル県会議員撰挙投票立会人手当」「動員令特使賃支払未済」等の記載がみられる。このことから、地方改良運動期の小針村政の停滞と困難さなども彼の辞職の背景にあったのではないかと考えられる。

指田畝三郎は『職員名簿　北足立郡小針村役場』によると、下関四国艦隊砲撃事件で騒然としていた一八六三年（文久三）の生まれで当時四十三歳、住所は北埼玉郡下忍村大字袋（旧吹上町・現鴻巣市）である。彼自身が「三十九年事務報告書」に記すところでは、「本郡内町村長職務代理タル事三ヶ町村」とあり、このような経歴と行政手腕が買われての着任であったと推察される。

前々任および前任村長からの事務引継ぎが不十分な中で着任早々、彼は村長職務代理としてさまざまな事柄に慌しく取り組んでいる。「三十九年事務報告書」からその概要を拾うと、公文書の発収に欠かせない往復簿の新調、県道関係請願のための県庁への五回の出張、徴兵合格者への学科講習会開催、農事短期講習開始の郡長への申請、在郷軍人団の設立、種痘の施行等である。その一方で対外的には、宛職と思われる赤十字社分区委員や愛国婦人会幹事、義勇艦隊建設委員、耕地整理委員長に選任されている。

彼の最重要課題は、前述した村税をはじめとする各種滞納・未納金の徴収や交付金の手続きと受領であった。しかし、そのことについては期待したほどの成果は得られず、彼はその大きな要因の一つに先任者の職務怠慢を挙げている。それは「(村税)未納者ニ就キ説示シ、亦召喚取調ルモ不得要領ナリ、先任者ノ閑慢タルコト予想スルニ余アリ」「先任者其ノ筋へ請求閑慢ノ為メ事柄久ニ過キ交附無覚束モノト存ス」という記述からも窺える。

彼はこれまでの他町村内部を整理してきた経験から、「人情厚キニ過キ却テ不可能ニ帰スルモノ多ニナリ代理者タルモノハ涙ヲ呑テ断行」するという姿勢を村政運営の基本としてきた。それにも拘らず、「時局後ノ事務多忙多事」も加わり、「今日其ノ効ナキハ甚タ遺憾トシ深ク村民ニ謝罪」する彼の自責の言葉に、当時の村政運営の困難性を見出すことができる。

彼は村長職務代理として一九〇九年(明治四十二)三月二十二日まで在任したが、「四十一年事務報告書」が欠落しているため、その後の業績について確認できるものは「明治四十年事務報告書」[10]だけである。主なものを挙げると、農会費徴収状態の改善、農会および学校生徒用試作田の設営、教育衛生幻灯会の開催、現役兵講習会の開催、蚕糸会員・赤十字社員・愛国婦人会関係事務の改善、県道の変更、馬匹検査の実施、戸籍関係簿冊の整備等である。また、教育関係にも力を注ぎ、校舎増築工事立会の開催と増築および敷地の許可、教員の任免と増俸、生徒出席状況の向上に取り組んでいた。これらの施策により、「教育心発達セルモノト認ム」「教育上発達スルモ退歩ノ状況ナキ事ハ国家教育上幸福ト存ス」と自ら評価している。さらに地方改良運動の一環としての神社整理が進められる中、村内神社の合祀とそれに伴う小針神社の創建のための氏子総代選挙の実施に尽力した。

その一方で、懸案である徴税事務の進展はみられなかった。数度の徴税令書の配布や督促にも拘らず、徴税期限に納入しない滞納者が毎回三、四名出るなどの状況が続いていた。このことについて彼は事務報告書の中に、「村税納入未タ善良ト云ヒ難キハ甚タ遺憾ト存ス」と記し、その対策として「近キ将来ニ於テ条例ノ制裁」を加えるべきであると主張した。

彼は在任中、耕地整理組合や愛国婦人会に対する功労を賞されている。村会も彼が「満三年ノ久シキ村治上諸般ノ事等ニ精励[11]」したことに対して、三月二十三日付けで五〇円の退職給与金を支給した。ちなみに当時の村長職務代理の給料は二二円[12]、収入役本多輿兵衛（二期通算六年余）の退職慰労金には七円[13]が支給されていたことから、この退職給与金額の程度が理解できる。しかしながら職務代理という制約と在職期間が短かったことなどから、「今年三月迄村政を料理せしも、成績あまり宜しからず[14]」との世評を残しての退任であった。

（2）村長の復活と村政の整備

一九〇九年（明治四十二）三月十九日に開催された村会で村長選挙と助役選挙が行われ、村長に濱野米太郎が、助役に齊藤中一郎（『職員名簿』には忠一郎、有給）が選出された[15]。村長選挙の投票結果の内訳は、濱野が七票、指田が三票、濱野平次郎が一票であった。助役の選挙は齊藤が三票、小林森吉と加藤孝太郎がともに二票、他の四名が一票を得ていた。そのため、二票の者から「籖取」（抽選）で小林を選び、両名による決選投票で七票を獲得した齊藤が選ばれた。

濱野米太郎は元村長濱野由衛門の子であり、「村民の輿望頗ぶる宜しく[16]」と評された人物であった。前述した村長職務日誌により、役場事務の具体的状況を書き残していることからも、誠実かつ有能な才能の持ち主であったと思われる。

村長就任時の小針村の行政組織は、村長と助役、収入役と書記二名で構成されていた。その他に常設委員二名、学務委員三名が行政事務の補助にあたっていた。特に助役はこの年から村会の同意を得て、衛生勧業の事務を分掌することとなり、また書記の一名には税務事務を担当させている。その後、一九一一年（明治四十四）には監督官庁の許可を得て、書記一名を収入役代理吏員とした。次いで翌年には衛生事務を補佐させるために、四名の衛生組長を置いた。更に一九一四年（大正三）には各部落[17]に区長及び区長代理者各一名を設置するなど、「行政庶般ノ事務日ニ月ニ繁劇ヲ極メ[18]」ている状況に対して、村政の機能的な組織体制の整備に努めた。

表2　文書往復件数

件数＼年	1906（明治39）	1907（明治40）	1909（明治42）	1911（明治44）	1912（明45・大元）	1913（大正2）	1914（大正3）
公文書往復	1496	1716	3070	5737	8186	8839	9360
収受件数	—	—	1862	2296	2410	2475	2485
発送件数	—	—	1208	3441	5776	6364	6875

このような町村事務の「繁劇」状況は、文書収受や発送件数の増加からも推察できる。**表2**は各年の事務報告書から作成したものであるが、公文書往復数は一九〇六年（明治三十九）を基準にすると一九〇九年（明治四十二）は二・一倍、一九一一年（明治四十四）は三・八倍、一九一二年（明治四十五・大正元）は五・五倍、一九一三年（大正二）は五・九倍と急増している。なかでも発送件数の増加が著しく、一九〇九年を基準にすると一九一一年は二・八倍、一九一二年は四・八倍、一九一三年は五・三倍と増加率の高いことがわかる。

またこのことは、村長の出張回数の多さからも裏付けられる。「村長職務日誌」の欄外に記載された記録によると、一九一〇年の出張は六八回（うち一泊出張二回）、一九一一年は三二回、一九一二年は一月から二月にかけて六回を数える[19]。出張先で最も多いのが浦和であり、一九一〇年は四一回（五九パーセント）、一九一一年は二七回（八四パーセント）となっている。浦和には郡役所が置かれているためであるが、他には県知事宅への訪問等の理由からである。東京方面への出張回数は九回であり、主な出張先は内務省、東京府庁、鉄道院、東部監理局などであり、理由は綾瀬川や備前堤の治水や鉄橋架橋の件である。

とりわけ特筆すべきは一九一〇年（明治四十三）八月の大水害関係の出張であり、九月十九日の出張は上野精養軒で開催された、東京埼玉連合治水会創立大会（会費二円）に綾瀬川組合代表として出席したものである。村長はこれに先駆けて、同月三日に埼玉県治水会の発起会のために、十五日には荒川筋水害善後策大会のために大宮に出張している。この関係では水害免租地に対する県税免除申請のため、浦和で開催された北足立村長会への出張が確認できる。この年の事務報告書が欠落しているため、水害の被害状況は不詳であるが、出張先や回数から小針村への水害の影響が推測できる。

近隣地域への出張としては、徴兵検査で鴻巣（勝願寺）に、兵事事務検査や壮丁花柳病トラホーム検査で上尾に、備前堤や小針領家に関わる用件で桶川（加納）に出向いている。また小針耕地整理組合用件で菖蒲に、綾瀬川通船用件で蓮田に出かけている。

濱野村長が残した一九〇九年（明治四十二）から一九一三年（大正二）までの事務報告書では、助役等の異動が記録されている。それによると、一九〇九年には書記（有給）の本多武右衛門が十一月二十日付けで退職し、後任として十二月一日付けで上野幸太郎が発令されている。『職員名簿　北足立郡小針村役場』によると、彼の居住地は南埼玉郡大山村柴山（現白岡町）であり、村長職務代理者指田畝三郎を除けば、村外からの初めての登用であった。一九一〇年（明治四十三）四月二十日付けで助役の齊藤中一郎が辞任し、その後任に大塚忠一郎（名誉職）が翌年の四月二十五日に就任している。「四十五・元年事務報告書」と「二年事務報告書」によれば、一九一二年（大正元）四月二十二日に収入役の内田鉄五郎（有給）が村会の認定により再任され、一九一三年（大正二）三月二十二日に濱野村長も同様に再任されている。

再任された翌年に、村政の更なる整備充実を目指して役場の移転新築が行われた。小針村役場の正式な位置に関しては、「町村合併要領取調書」[20]中の役場位置が「大字羽貫」と記載されているだけで、これまで不明確な点が多かった。この時の建物は同「取調書」に、「従来ノ羽貫村連合戸長役場ノ建物ヲ充用シ得ヘキニ依ル」とある。前述した加藤家代々記である『世々乃阿登』中の地図と説明書きによれば、一八八四年（明治十七）に彼の敷地内（地番五八一ノ三・宅地）にその建物は新築されたことがわかる。

しかしながら庁舎は、「本村大字羽貫ノ南端ニ在リテ一方ニ偏」「民家ノ間ニ介在シ四周樹木ヲ以テ包マレ終日陰鬱」「土地ハ湿潤」「庁舎矮少ニシテ執務上甚タ不便」「万一火災等ノ場合ニハ到底其厄ヲ免ル、能ハザル左モ危険ノ処」「屋材ハ腐朽」[21]等が指摘されていた。そこで位置的利便さと執務上の便益さを図るために、大字羽貫八幡谷一九四番地の宅地に新築し、一九一四年（大正三）一月六日に移転した。この役場庁舎は小針神社に隣接しており、「明治四十二年神社合併統一ノ際不要トナリタル拝殿ヲ買受」[22]て建てたものであった。以後、一九三四年（昭和九）に大字小針新宿一番地の一（現伊奈町立小針小学校西側・旧伊奈農協）に新築再移転するまで、村政の中心として機能した。

3　民力涵養運動期の村政

（1）　村長の交代と村政の進展

村政の整備に尽力した濱野米太郎村長は、一九二一年（大正十）三月二十一日をもって辞職した。[23]十二年に及ぶ長期在職の後を継いだのは加藤孝太郎であった。前述したように、彼は一九〇六年（明治三十九）に約一カ月間、村長の役職に就いていた経歴を持っている。

彼が就任したこの当時は、第一次世界大戦後の西洋思想の流入による大正デモクラシーと、大戦好景気による奢侈と華美な生活様式の広がりが見られた時期であった。そのため政府は、人心の弛緩と勤倹節約の美風を維持することを目的に、一九一九年（大正八）三月一日に「戦後民力涵養に関する件」（訓令第九四号）により、地方改良運動に続いて民力涵養運動の実践に取り組んだ。これは基本的には地方改良運動の延長線に位置付けられたものであり、地域住民の意識改革に止まらず、勤倹貯蓄や基本財産貯蓄、納税奨励などを柱とする町村の行財政基盤強化として遂行された。

一九一四年（大正三）から一九二一年（大正十）までの事務報告書が欠落しているため、どの時点でかは不詳であるが、彼が就任した翌年の「十一年事務報告書」をみると、村政組織が既に改編されていたことが確認できる。これによると、助役と収入役はともに一名で変更はないが、書記が二名から三名に増員されている。また処務規程により二係制を導入して各係長を置き、所要人員を配置した。学務委員も一九一一年（明治四十四）頃は三名であったが、これも五名に増員している。この学務委員については、一九二二年（大正十一）三月一日に施行された「小針村学務委員設置規程(24)」によれば、五名中四名は「村公民中選挙権ヲ有スル者ヨリ村会ニ於テ之ヲ選挙」した者とし、一名は「本村小学校職員中男教員ノ内ヨリ之ヲ任命」した。

このような村政組織の拡充に伴い、この時期は事務報告書の形式や記載内容に変化が見られる。現存する事務報告書は記載項目を基準に形式の変遷を追うと、大きく三分類できる。

第一の形式は、一九〇六年（明治三十九）と一九〇七年（明治四十）のものである。これは事務報告・承認内容、または事務報告及び諮問案という項目を立て、その中で文書件数から徴税、教育、勧業、衛生、村会等の分野に係る内容を一括して記載する構成をとっている。簡潔ではあるが、各分野の記述は一〜二行程度の極めて概略的な内容に止まっている。

第二の形式は、一九〇九年（明治四十二）から一九一四年（大正三）までのものである。ここでは分野毎に明確に区分けし、基本的には「庶（処）務ノ状況」、議会、教育、衛生、勧業、兵事、土木、財政、財産明細帳の順に記載し、一九一二年（明治四十五・大正元）分に雑事が加わり、一九一四年（大正三）にはその雑事に代わって地理が入れられている。分野毎の記載であることからその内容もより詳細になり、財政では国税・県税・村税の徴収回数や金額が、財産明細帳では土地・株券現金・建物別の内容が記載されている。

第三の形式は、一九二二・二三年（大正十一・十二）のものである。ここでは従前の形式を継承しつつ、新たな分野を加えている点に特色が見られる。具体的には係別の事務件数や吏員出張、地籍（開墾関係）、戸籍事務が新設され、また村会の項目では全議決議案が可決日も添えて記載されている。事務報告書に関する規程や準則等の変更に伴ってのものと考えられるが、このような事務報告書の形式や記載内容の比較を通しても、この時期に村政が多岐にわたって進展していったことが窺える。

（2）役場事務の増加と職員の出張

地方改良運動に続く民力涵養運動の進行は、地方行政の事務の多様化と複雑化、繁忙化を促していった。それを裏付けるものの一つに、文書の収受件数の一層の増加が挙げられる。「十一年事務報告書」を見ると収受件数三〇七二件、発送件数九八七七件、合計一万二九四九件である。これは三年の事務報告書に記録された件数と比較すると収受件数で一・二倍、発送件数で一・四倍、合計件数で一・四倍の増加である。現存する最も古い一九〇六年（明治三十九）のそれと比較すると、合計件数は八・七倍にも増えていることがわかる。関東大震災が発生した一九二三年（大正十二）は、地震被害と社会混乱に起因した行政遅滞によると思われるが、各件数ともに減少している。しかしながら、それでも発送件数は八一一五件と多い。国や県への進達・報告文書等とともに、村内外の関係諸機関への通知文書等の作成事務が増大していたことが背景として考えられる。

それらと併せるように、職員の出張も増加していることがわかる。この時

表3　1922・23年（大正11・12）出張者別出張先と回数

氏名＼地域	浦和	鴻巣	桶川	上尾	草加	川越	加納	中丸	平野	大宮	吹上	原市	計
加藤町長	18	11	10	5	1						1	1	47
大塚助役	26	6	6	9		1	1	1	1	3		2	56
内田収入役	30	1	5										36
上野書記	22	2		3									27
萩原書記	3	1	1				1					1	7
戸井田書記		2	1						2				5
齊藤書記	2												2
合計	101	23	23	17	1	1	2	1	3	3	1	4	180

期の職員の出張回数と出張先をまとめたものが表3である。出張者は村長の加藤孝太郎、助役の大塚忠一郎、収入役の内田鉄五郎、書記の上野幸太郎、萩原一郎、戸井田達也、齊藤英男の七名である。一九二二年（大正十一）の事務報告書の出張件数は合計一〇〇回、一九二三年（大正十二）では八〇回を数える。それ以前に唯一記録の残っている一九一〇年（明治四十三）の六八回、一九一一年の三二回を大きく上回っていることがわかる。最も出張回数が多いのは両年ともに大塚助役の二八回であり、次いで加藤村長の二七回と二〇回である。

出張先として最も多いのは県庁の位置する浦和が五一回、五〇回と一番多く、全体の五一パーセントと六三パーセントを占めている。一九一〇・一一年と同様の傾向にあり、県との連絡調整・協議等を目的とした出張が理由と考えられる。次いで鴻巣が一七回と六回、桶川の一五回と八回、上尾の八回と九回である。隣接出張地域としては原市（現上尾市）の四回、平野（現蓮田市）の三回、大宮（現さいたま市）の三回、加納（現桶川市）の二回、中丸（現北本市）と吹上（現鴻巣市）の一回が目に付く。いずれにせよ交通網が今ほど発達していない状況の中で、村長以下職員が飛び回っている様子がよく伝わってくる貴重な記録である。

4　小針村の財政と勧業・教育

(1)　財政状況と推移

小針村の財政状況が具体的に確認できるのは、「四十二年事務報告書」からである。それ以前の財政状況は不詳であり、わずかに「三十九年事務報告書」で村税現在金が確認できるに過ぎない。その理由としては徴収事務の渋滞に加え、適正な会計処理とそれに伴う予決算事務処理が行われなかったことが、濱野米太郎村長の残した

表4　予決算額と国・県・村税の徴収額

	予算額	決算額	国税	県税	村税
1908年（明治41）	＊2355円94銭		—	—	—
1909年（明治42）	4771円82銭８厘	2155円52銭７厘	6855円81銭５厘	3369円76銭	2701円11銭６厘
1910年（明治43）	＊2900円88銭	2531円79銭１厘	—	—	—
1911年（明治44）	2649円41銭５厘	2498円88銭１厘	6186円46銭	▽3201円６銭	2308円36銭
1912年（明45・大元）	3073円77銭	2723円84銭８厘	▽5930円55銭	3779円43銭	▽2580円10銭５厘
1913年（大正２）	3037円37銭	3199円19銭	6182円68銭	3638円21銭	2626円89銭５厘
1914年（大正３）	3526円	—	6188円72銭	3483円30銭	3069円66銭５厘
1921年（大正10）	＊15872円	入：16183円59銭１厘 出：14567円68銭	—	—	—
1922年（大正11）	31989円	入：34370円５銭１厘 出：31649円91銭	7406円97銭	10919円14銭	10326円69銭
1923年（大正12）	23465円	—	7973円28銭	11829円15銭	16215円72銭

註１：＊は前年度比増減から算出した額
註２：▽は内訳合計額が記載額と相違している額

村長職務日誌から窺える。

彼が就任した一九〇九年（明治四十二）五月十七日には、見沼費の取扱手当額が収入簿に記載されていないことが判明している。また六月十八日に会計調査のため出張してきた妹尾郡書記から、反別割と国税営業割に不法徴収を発見され、割戻しの命令書が出されている。さらに加えて、四十年度決算中の繰越金への救助資金の未計上、役場費の超過支払い、罹災救助積み立ての違法支払い等が次々と判明した。そのため、七月七日に臨時村会を開会し、その整理について決議せざるをえない混乱状況が現出していた。

村の財政規模がはじめて確認できる一九〇九年（明治四十二）の事務報告書以降、「十二年事務報告書」までの予決算額、国・県・村税の徴収額をまとめたものが**表4**である。これをみると、予算面では一九〇八年と〇九年（明治四十一・四十二）、一九二一年と二二年（大正十・十一）の増減が目に付く。一九〇九年（明治四十二）の場合は、前述した会計処理等の整理の影響のほかに、臨時村会で二回の追加予算（八月三十一日・翌年一月二十一日）を行った結果と考えられる。

わかる。濱野村長の職務日誌から、特に八月分は加藤孝太郎と本多ひでより学校附属地の買入決議の関係であったことが

一九二一年（大正十）の予算の落ち込みは、前年三月に起きた株式の大暴落に端を発した経済恐慌以後の慢性的恐慌の影響が考えられる。また翌年の予算の大幅増加は、臨時部学校建築費に起因している。これは「漸次児童ノ増加ニ伴ヒ校舎狭隘ヲ告ゲ今般増改築ノ計画ニ有之従ツテ運動場ニ著シキ不足[25]」が生じたためであった。それに加えて「校舎其他ノ設備等旧式不完全ナルノミナラズ校舎後方ニ傾斜シテ危険[26]」の惧れが生じたためであった。この増改築費用には一万九八三〇円が投じられ、六教室に応接室等を付設した木造瓦葺平屋校舎一棟が一九二三年（大正十二）六月に竣工している。因みに当時の加藤村長は同年八月に「旧校舎取崩売却」、翌年の校地拡張が行われた十月に「小学校開校祝賀式」と記録し[27]、「校舎増築二回決行の外には何等見るべき業績を残さず[28]」とまで表現して、在任中の最大業績と認めている。

国税として徴収していた税は主として、田租・畑租・（郡村）宅地租・雑地租税・所得税・営業税・（自家用）醤油税である。そのうち常に田租が五四パーセントから五九パーセントを占め、徴税の面からも小針村の主産業が米作であったことがわかる。

県税として徴収されていた主なものは、地租割・戸数割・営業税・営業税付加税・雑種税・所得税付加税であり、中でも地租割は六八パーセントから七四パーセントを占めていた。村税は主として、地価割（付加税）・営業税（割）・戸別割（付加税）・雑種税割・営業税付加税・所得税付加税・見沼費である。割合が最も高いのは地価割（付加税）で、三四パーセントから四五パーセントを占めていた。見沼費とは見沼代用水路の利用・管理費であり、「十一年事務報告書」では見沼代用水路普通水利組合費と記されている。この時の徴収金は二九二円五八銭で、関係人員二八二名であった。

出納の例月検査は各月末に執行し、臨時検査は村会議員が立ち会って行われていた。一九〇九年（明治四十二）

と一九一一年（明治四十四）までは、国税・県税の徴収成績が良好なのに比して、村税は成績不良であり、督促令状の発行対象者がそれぞれ三八人、二〇人を数えていた。やがてそれも書記一名を収入役代理吏員に充てるなどの対応等を行うことにより、一九一二年（明治四十五・大正元）からは成績優良に転じ、督促令状の発行は見られず、その面からも財政状況の安定が推測される。

（2） 勧業の中心としての農業

勧業は現存する明治・大正期の小針村事務報告書に共通する項目の一つであるが、その具体的記載内容はすべて農業に関する事柄である。そのことは、「本村の発達に力あるものは、第一に交通の便なり。次に早くより耕地整理を断行し、また、熱心なる指導者を得て農会の活動を間断なく続けし為、農産物の増収を挙げ得し事なり(29)」という記述からも首肯できる。

一九〇七年（明治四十）の小針村の職業別人口(30)を見ると、農業従事人数は七七・九パーセント、工業従事人数は一・二パーセント、商業従事人数は二〇・九パーセントである。同じ伊奈町域の小室村の場合は同様に九五・五パーセント、一・五パーセント、三・一パーセントである。小室村ほどではないものの、小針村の主産業が農業であったことがわかる。商業従事人数が小室村よりかなり比率が高いが、実際には専業商業は極めて少なく、農業兼業としての農業的商業であったと考えられる。

同様の傾向は、一九二〇年（大正九）十月一日にわが国ではじめて実施された国勢調査の結果からも確認できる。これによると農林業に従事する本業者数は全体の八六パーセントで、以下鉱工業と商業がともに五パーセントとなっている(31)。このような状況が「十一年事務報告書」をして、「農業ノ改良発達ハ本村ノ消長ニ関スル重大事」と言わしめている。事務報告書に記載された事業は、改良事業、害虫駆除・田稗抜取、各種講習（講話）会、品評会に大別できる。

改良事業の主な内容としては、試作田や採種田（圃・場）設置と麦種子・麦奴予防塩水撰種である。「四十年事務報告書」には、これらの事業に学校生徒を動員していたことがみられるが、取組主体は農会である。『北足立郡小針村農会　大正十二年度会務状況』[32]をみると、米麦改良のために鴻巣町外二町一四カ町村水稲大小麦立毛共進会に加入していたことがわかる。また麦奴予防塩水撰種として大麦一〇石二斗五升、小麦二石三斗四升、水稲二石八斗、陸稲一石五斗を実施し、採種圃として水稲二カ所、陸稲一カ所、大麦二カ所、小麦一カ所に各一反歩を設置した。このような取り組みに加えて、誘蛾灯を利用した学校生徒による捕虫作業や、田稗抜取を毎年実施することなどに努力した。その結果、一九〇六年（明治三十九）の本村の米（水稲・陸稲）の収穫高は一九二一石、翌年の麦（大麦・小麦合計）の収穫高は二三六〇石であったが[33]、一九二三年（大正十二）に米は三八一一石、麦は三七九七石の収穫があり[34]、それぞれ二・〇倍と一・六倍の増収となった。

各種講習（講話）会は主に羽貫の西蔵院と小針小学校で開催されている。一九〇六年（明治三十九）から一九一三年（大正二）までの間に確認できる、農業短期講習会は二回で修了者は三八名（明治四十四年分のみ）、蚕業講習（話）会は三回で修得者は九八名（明治四十四年分のみ）、屑繭整理（製糸）講習会は三回で講習修了者は五七名を数える。

蚕は茶とともに農家の副業としての重要な商品作物であるが、伊奈町域の蚕は春蚕と秋蚕が主であった。一九一一年（明治四十四）頃の本村の生産戸数は三六〇戸、生産高は二五三貫、生産額は八八九七円であり、小室村に対して戸数は二倍、生産高は一・五倍、生産額は一・八倍となっている[35]。その後、一九一九年（大正八）三月二十五日に小針村養蚕組合と小針村養蚕実行組合連合会が創立され[36]、養蚕がさらに奨励された。前者は加藤孝太郎を組合長として経費全額は村農会から補助を、後者は濱野永吉を組合長として経費は村議会からの補助金をあてて活動していた。やがて一九三〇年（昭和五）には春蚕・夏秋蚕合計数量は一万一四三八貫、価格二万三四二五円に達するまでに成長していった[37]。

品評会は一九〇九年（明治四十二）と一九一三年（大正二）に開催されている。一九〇九年は小針村重要物産品評会として一月二日から六日にかけて、小針小学校を会場にして三八二点が出品された。一九一三年は本村主催の俵米品評会として十二月二十六日から二十八日まで桶川町で開催され、出品数二〇一点に上った。

このような農業生産活動を支えた重要な組織が前述した農会である。埼玉県が一八九五年（明治二十八）に制定した農会設置準則に基づき、一八九八年（明治三十一）には北足立郡農会が設置された。伊奈町域では同年三月十一日付けで、小室村農会が県知事により認可を受けている。小針村農会については不明であるが、ほぼ同じ時期に認可設立されたと推察されている[38]。

一九二三年（大正十二）一月一日に改正施行された『埼玉県北足立郡小針村農会々則[39]』をみると、本会は農業の改良発達を目的に、指導奨励に関する施設、農業従事者の福利増進に関する施設、調査研究、紛議の調停・仲裁等を事業としていた。事務所は大字羽貫一九四番地（当時の村役場内と考えられる）に置かれ、公告は農会掲示場の掲示により行うものとしている。役員は会長と副会長が各一名、評議員八名の構成とされている。評議員は会務執行状況と財産状況の監査とともに、総代会提出議案や臨時総代会招集、寄付受諾否、異議申立決定に対する会長からの諮問に応じる職務を担っていた。また職員として、事務を掌る幹事が二名、事務に従事する書記と技術に従事する技手がそれぞれ若干名と定められている。この年度の経費支出決算[40]をみると、事務員四人の年額手当てとして四四円が支払われている。ちなみに役員は名誉職とされていたが、総代会の議決を経て報酬を給することができ、会長副会長に各一二円、合計二四円が役員報酬として支出されている。

一九二三年度の収入は七二九円四三銭、支出は六五三円一九銭で、七六円二四銭が翌年度繰越しとなっている。収入の七七パーセントは会費の五六一円二二銭であるが、会費の八五パーセントは地租一円に付き一一銭とされた地租割であり、会員五九九人から一人一四銭とされた会員割が一五パーセントである。収入の一八パーセントを占める補助金は一二九円であり、その内訳は郡農会補助の六九円と村補助の六〇円である。支出は多い順に郡農会負担金が二七五円八三銭で四二パーセントを占め、次いで事業費が一八七円三〇銭で二九パーセント、事務所費が一一七円三四銭で一八パーセントとなっている。補助費として一七円四〇銭が支出されているが、これはすべて養蚕組合補助と桑園補助である。

小針村では米麦と養蚕以外の他にも、茶・豆類・雑穀・蔬菜類が多く栽培され、併せて果実類（梨・栗・梅）、工芸農産物（コンニャクイモ・ゴマ）、実綿など手がけられ、多様な農業が進展されていたことが窺える。(41)

（3）教育

近代教育制度は一八七二年（明治五）年八月、文部省が公布した「学制」に始まる。この制度は学校の基本体系を大学・中学・小学の三段階とし、全国を八大学区、各大学区を三二中学区、各中学区を二一〇小学区に分けて学校を設置することを目的とした。本県ではこれを受けて、同年十月から学区設定作業が進み、翌六年には埼玉県と熊谷県（旧入間県分）合わせて三五八校の小学校が設立された。(42)

伊奈町域においてもこの年六月二日に本村学校（現伊奈町立小室小学校）が、八月十日には大針学校（同小針小学校）が早くも開校されている。したがって各事務報告書には教育関係事項が必ず記載されているが、その主な内容は施設・設備、児童の就学状況、教員数である。それ以外には、時代が下るにつれて壮丁教育・実業補習学校関係や教育費の記載が加えられていることが特徴として挙げられる。

村内の大針学校は大字大針地区内観音寺の建物を仮用し、第一大学区第一一学区第一七〇番小学校として開校された。観音寺は本村学校が仮用した建正寺と同様に、それ以前から寺子屋が開かれていて子どもたちの学びの場であった。通学区は大針・小針内宿・小針新宿・羽貫・須ヶ谷であり、生徒数は星久院（現蓮田市駒崎）に置かれた分教場を合わせて男子一五八人・女子四九人、教員数は男子四人・女子一人であった。[43] その後、一八九一年（明治二十四）八月十日に大字羽貫字梶下九七の一・一〇〇・一〇一番地（現在地）に校舎を建てて移転した。一八九四年（明治二十七）一月十日に高等科を併置して、校名を北足立郡済美尋常高等小学校と改称し、さらに一九〇八年（明治四十一）五月十四日に北足立郡小針尋常高等小学校と改称している。

この間、一九〇三年（明治三十六）十月一日に工費金一五〇円で校舎の一部改修が行われているが、「三十九年事務報告書」にはすでに、「小学校急破修繕ヲ加ヘタルモ、単純大修繕ノ必要ヲ認メタリ」と記されたように校舎修繕の問題が生じていた。続いて「四十年事務報告書」に「校舎増築ノ為工事立会ヲ開ク事弐回」「校舎増築及敷地許可セラレタリ」との記載が見られるが、これは翌年六月二十三日に工費金一七〇〇円で新築なった木造瓦葺平屋校舎（一教室）を指していると考えられる。[44]

また一九一〇年（明治四十三）六月三十日には図書閲覧所と職員住宅が竣工しているが、経費としては主に神社社務所材料を使用したため、用材工費は五円であった。[45] この背景には日露戦争後の積極的な神社整理の動きがあり、小針村でも一九〇七年（明治四十）から一九一〇年（明治四十三）にかけて村内各社が小針神社へ合祀され、その際の「不用建物并ニ樹木ハ手続ヲ経テ売却スルモノ」[46] の一例と考えられる。しかしながらこの図書閲覧室は、翌年四月五日に実業補修学校を併置したことにより、早くも教場に充当（転用）されている。

学校の敷地面積と建物の棟数や坪数については、「四十四年事務報告書」から具体的に記載されている。これによると、学校敷地は二反九畝二四歩であり、地目は宅地である。建物は瓦葺平屋が五棟で九〇坪、瓦葺二階建てが一棟で七三坪、合計建坪は一六三坪であったことがわかる。その後敷地面積は変わりないが、「四十五年・元年事務報告書」では建物として瓦葺平屋が四棟で九六坪、瓦葺二階建てが一棟で六四坪、合計建坪は一六〇坪と記されている。「二年事務報告書」ではこれに木造草葺平屋一棟、五坪が加わり、合計建坪は一六五坪に増加している。敷地面積も一九二一年（大正十）七月に二反六畝二八歩の土地を二二九三円で購入[47]したことにより、

「十一年事務報告書」では六反六畝六歩と記されている。

児童の就学状況については、「四十二年事務報告書」から具体的な数値が記載され始め、それをまとめたものが**表5**である。これをみると、一九一〇年（明治四十三）を除けばおおむね毎年六十人前後から七十人台の児童が入学していたことがわかる。児童の出席状況も記載されており、一九〇九年（明治四十二）は男女平均で九六・五パーセント、一九一一年（明治四十四）は九九パーセント、一九一二年（明治四十五・大正元）は八七パーセント、一九一三年（大正二）と一九一四年（大正三）はともに九四・五パーセントである。

表5　就学者人数の推移

年	男子	女子	合計
1908年（明治41）	—	—	＊66人
1909年（明治42）	42人	37人	79人
1910年（明治43）	—	—	＊46人
1911年（明治44）	32人	24人	56人
1912年（明45・大元）	36人	34人	70人
1913年（大正２）	40人	28人	68人
1914年（大正３）	27人	34人	61人
1922年（大正11）	—	—	▽63人
1923年（大正12）	—	—	▽75人

註１：＊は前年度比増減から算出した額
註２：▽は合計人数のみ記載

しかしながら『郷土調査研究録』中の「出席歩合総平均(48)」と比較すると、いずれも数値が異なっている。学級数は一九二二・二三年（大正十一・十二）に七学級であり、これは『郷土調査研究録』中の学級数と一致している。この学級数は尋常科六学級と高等科一学級の合計であり、これは記録が確認できる一九一〇年度から一九二七年度まで一定であった。

事務報告書から具体的な教員数が確認できるのは、「四十年事務報告書」に記載されている六人だけである。一九〇六年（明治三十九）には記載はなく、一九〇九年（明治四十二）以降一九一四年（大正三）まではすべて「教員ハ学級数ニ対シ壱名ノ不足ヲ告ケ、為メニ現在代用教員ヲ以テ其不足ヲ補ヒ居レリ」という記述しか残されていない。さらに一九二二・二三年（大正十一・十二）にはそれも削除され、事務報告書から教員数を把握することはできない。『郷土調査研究録』をみると、一九一〇年度から一九一七年度までは、「本科正教員」（男子のみ）が二〜四名、「其の他」（専科正教員・准教員・代用教員で男女）が三〜六名、合計六〜一〇名の教員数が確認できる。一九二三年（大正十二）年には小学校本科正教員男子三名、尋常小学校本科正教員男子二名、専科正教員女子一名、代用教員男女各一名の合計八名である。(49)

これらの教員に対して、厳しい財政状況の中から一九〇七年（明治四十）には四名の増俸者を出し、指田村長職務代理は「前項ノ為メ教育上発展スルモ退歩ノ状況ナキ事ハ国家教育上幸福ト存ス」(50)と議会に報告し、その実績を自負している。教員の資質向上を図るため、夏季講習会や農業講習科（熊谷農学校）、家事科講習（女子師範学校）、小学校教員臨時講習会（師範学校）、国語講習会、裁縫科講習会に小熊喜三郎校長以下教員が派遣されている。また、一九〇九年（明治四十二）には補助金二円が支給され、同年の事務報告書は「其優遇ノ実ヲ示シ」たことを記している。さらに隣接の小学校に教員を派遣し、学事の視察も行っているが、いずれも大正期の事務補告書にはそのような研修関係の記載は見られなくなる。

このような状況の中で、一九一一年（明治四十四）四月五日に実業補習学校を併置し、その教場として図書閲覧所が充てられた。実業補習学校は尋常小学校卒業程度の児童に、小学校教育の補習と簡易な職業教育を施すことを目的として設置されたものである。そのことは「四十四年事務報告書」にも、「本年四月五日本村実業補習学校設立ノ許可ヲ得タルヲ以テ生徒募集及教授法ニ付キ鋭意精励シタルヲ以テ其成績良好ナリ」と記されていた。しかしながらその後の運営については「其成績良ナラザルハ甚タ遺憾」(51)「当該職員ニ於テ生徒募集及教授方法等ニ付全力ヲ以テ奮励セルニ依リ、将来ハ大ニ発展スベキハ信ジテ疑ハサル処ナリ」(52)という状況が続いていた。その後、一九一四年（大正三）には生徒数一三人、一九二二年（大正十一）には七〇人と増加していたことが各事務報告書から確認でき、着実に地域にその存在が根ざしていったことが窺える。

この年の十一月二十二日から七日間、毎日三時間ずつ修身、国語、算術、軍事教育の初歩を教授する目的で壮丁教育が開始された。この教授には在郷軍人分会役員とともに学校教員が当たっており、地域の教育力に学校が果たしていた役割の大きさが感じられる。

教育費については一九二二年と二三年（大正十一・十二）の事務報告書から具体的な額が確認できる。これによると、一九二〇年度は五七六〇円一二銭、一九二一年度は五五〇八円二四銭（大正十二年報告書では五五〇七円九九銭）、一九二二年度は六一六四円六五銭であった。これを一戸当たりにみると一九二二年度は一五円八五銭であり、一九二〇年（大正九）の小学校教員の初任給は四〇～五五円[53]であったことからかなりの負担であったと考えられる。

おわりに

近代的な行政制度の道が開かれ、後世、明治の大合併と称された一八八九年（明治二十二）の市制・町村制が公布された年から、欧米列強に仲間入りする契機となった日清戦争と日露戦争に至るまでの一六年間、わが国は近代国家として成長していく大きなうねりの中にあった。市町村にとっても激動の時代に、小針村では一八三三年（天保四）生まれの村長がほぼ一人で村政を担当している。いかに人望があり有能な人材といえども、村政運営には必然的に幾多の困難が生じていた。特に日露戦争の遂行に伴う重税等による農村疲弊は本村にも影を落とし、村税をはじめとする各種滞納・未納金等は村政改革の喫緊の課題であった。

小針村ではこの重大時期に、村外出身の村長職務代理が村政を担当するという事態を招いていた。しかしながら、村内の地縁・血縁的なしがらみのない職務代理者に村政を委ね、現実的な取り組みを推し進めることにより、結果として近代的村政改革の緒が開かれていったと考えられる。

村長職務代理の登用と立て直し事業を契機に、再び村の有力者による村政が推進され、一九一〇年（明治四十三）の大水害に遭いながらも、地方改良運動から民力涵養運動に至る間、組織改編や役場の移転、納税等の改善による財政再建と安定化が行われた。それとともに、主要産業である各種農業振興策により、小針農会を核とした生産性の高い米麦と養蚕を中心に、多様な商業的農業が進められた。また、教員の確保や校舎増築等の施策に取り組み、教育の充実も図られている。その意味で、この時期の村政を担った村内きっての名望家である濱野米太郎、加藤孝太郎両村長の果たした役割と実績は特筆すべきであろう。いずれにせよ限られた史料の中からも、小針村が新たな段階に歩みを進めていったことは確認できる。

今日、平成の大合併が推し進められる中、各自治体はその動向と行政的対応に苦慮している。加えて地方分権が声高に唱えられる反面、実態は「三位一体」の不十分さ等による地方切捨ての状況が生み出されていることを地域住民は強く感じ始めている。このような状況の中で、伊奈町としての独自性を掲げ、地域住民の願いや要望等に基づいた本町の将来を思いやり、その未来像を考えるとき、本論で取り上げた事務報告書等は今日においても貴重な証言の一つと思われる。

とりわけ生徒数・学級数が年々増加し、校舎増築計画の第一段階にある学校に勤務する者としては、明治から大正期にかけての村の教育行政や具体的施策、小針小学校の対応には身につまされる想いがある。そのような当時の一つ一つの事柄を現実に引き寄せて考え、教訓として学び取っていくことが、眼前の課題に取り組む当事者に必要な歴史認識であると考える。

勤務校在任中に本校学区に関わる歴史の一端を明らかにし、学校だより等を通して生徒や保護者、地域の方々にお伝えする機会を窺っていた。幸いに町史編纂後に刊行された叢書の中から、個人的にも大いに興味関心の引かれた本史料群にめぐり合うことができた。折しも勤務校が開校二十五周年を迎え、何よりも一九八八年度埼玉県教育委員会長期研修教員の指導教官としてご指導いただき、それを契機として引き続き歴史学や社会科教育等に親しくお導きいただいた森田武先生の退官記念論文に投稿する好機を得たことにより、勇を振るって本稿の執筆に至った。もとより近代政治史や本県行政史に疎く、加えて時期の限定された史料という制約もあって、十分な解明に程遠いものを強く感じているが、史料紹介も含めて今後の研究に寄与できれば幸いである。さまざまな観点から、ご指摘ご助言等をお願いしたい。

註

(1) 一九三一年(昭和六)に小針村立小針尋常高等小学校(現伊奈町立小針小学校)によって、郷土教育を実践するために編纂された史料である。
(2) 埼玉県行政文書 明六五六「町村合併要領取調書」
(3) 同右
(4) 『伊奈町史 通史編II』九五頁中、図5小針村の合併
(5) 同右 一四六・一四七頁中、表7伊奈町域の人口推移
(6) 『職員名簿 北足立郡小針村役場』には就任日と退任日がともに四月二十三日と記載されている。
(7) 『自明治三十六年 至同四十四年 会議書類綴』中、「村長当選者事務経歴等取調」
(8) 『世々乃阿登』前編上三二頁
(9) 『自明治三十六年 至同四十四年 会議書類綴』
(10) 同右
(11) 『議事録2』文書番号四〇〇
(12) 同右 文書番号三六二
(13) 同右 文書番号三七〇
(14) 『国民新聞』埼玉版 明治四十二年六月二十五日
(15) 『議事録2』文書番号三八三
(16) 『国民新聞』埼玉版 明治四十二年六月二十五日

(17)『郷土調査研究録』一一六頁、第十三章雑録の区長・区長代理一覧から、旧村の大針・羽貫・小針新宿・小針内宿と考えられる。
(18)『自明治四十五年二月至大正四年十二月　会議録関係書類綴』中、「小針村役場明治四十四年事務報告書」
(19)『自明治四十五年二月至大正四年十二月　会議録関係書類綴』中、「小針村役場明治四十五・大正元年事務報告書」雑事には、「町村行政事務及学事視察」として五月二十日から六月一日までの間に群馬県・福島県・山形県にも出張していることがわかる。
(20)埼玉県行政文書　明六五六
(21)同右　大四一二
(22)同右　昭二八一〇
(23)『郷土調査研究録』一〇頁
(24)『議事録4』文書番号五一
(25)埼玉県行政文書　大一三六八
(26)同右　大一三五〇
(27)『世々乃阿登』後編　七二・七三頁
(28)同右前編上　三二頁
(29)『郷土調査研究録』一一頁
(30)『伊奈町史　通史編Ⅱ』一四八・一四九頁
(31)『郷土調査研究録』三三頁
(32)同右　一五三頁
(33)『伊奈町史　通史編Ⅱ』一五二頁。一町当りの米の収穫高は一〇石であり、北足立郡全体の一二・一三石に及ばないものの、周辺の上尾・桶川等と同じ水準であった。一町当りの大麦の収穫高は北足立郡全体の水準を上回っていた。
(34)『郷土調査研究録』三九頁
(35)『伊奈町史　通史編Ⅱ』一五四・一五五頁
(36)『郷土調査研究録』五七・五八頁

(37) 同右　四四頁
(38) 『伊奈町史　通史編II』一七五頁
(39) 『郷土調査研究録』一四一頁
(40) 同右　一五一頁
(41) 『伊奈町史　通史編II』一五三―一五五頁
(42) 『埼玉県史　通史編五』二五九頁
(43) 『伊奈町史　通史編II』六六・六七頁
(44) 『郷土調査研究録』八四頁
(45) 同右　八四頁
(46) 『伊奈町史　通史編II』一三五頁
(47) 『郷土調査研究録』八四頁
(48) 同右　九三・九四頁。掲載年度は明治四十三年度から昭和十年度までである。
(49) 同右　八九頁
(50) 『自明治三十六年　至同四十四年　会議書類綴』中、「小針村役場明治四十年事務報告書」
(51) 『自明治四十五年二月至大正四年十二月　会議録関係書類綴』中、「小針村役場明治四十五・大正元年事務報告書」
(52) 『自明治四十五年二月至大正四年十二月　会議録関係書類綴』中、「小針村役場大正二年事務報告書」
(53) 『値段史年表』（朝日新聞社、一九八八年）九二頁

昭和期農本思想の一考察——安岡正篤の〈地方〉像を中心に

田部井新介

1 問題の限定

昭和期の農本思想は、日露戦争後（一九〇七年〈明治四〇〉）の国内最初の農業恐慌以後、帝国農会、報徳社、帝国在郷軍人会等の創設を通して、内務官僚を中心とした指導のもとに、地主制を維持温存しつつ帝国主義段階に対応した新しい市町村体制を再編強化する官僚的で軍事的な民衆統治機構が形成されたといういわゆる「新体制」の文脈の中で、その体制を底辺で支えた主要なイデオロギーの一つとして語られてきた。本論で述べる安岡正篤の農本思想も、安岡と当時の中央政財界との太いつながりやさらには彼をその理論的指導者と仰いだ「国維会」のメンバーたちが、「ファシズムに対してはいちおう〈反感〉を表明しつつも、結果として統制派官僚として『新体制』をつくりあげ、もっともナチ・ファシズムに近い合理性・計画性をもって日本型ファシズムを創造[1]」していったという歴史的経緯からこの流れを出ない。

こうした歴史的評価は大枠において承認できるが、安達生恒は農本主義についてその分類を提唱する。すなわち「農本主義思想というものを、絶対権力が農業危機から身を守るためのイデオロギーだ、という一点だけで極めつける」のではなく、「明治以降の日本にはいろいろの農本主義者がいて、その時その時の社会状況に応じていろいろの働きをしたと見るのが、農本主義思想に関する歴史的な解釈として、より妥当であろう[2]」と。

安岡の思想に対する捉え方も、こうした理解の方が当時のさまざまな社会事象をも含めて、よりクリアに認識することが可能になると思われる。この場合、安岡を貫く思想は保守主義に基づいたそれであるが[3]、そうして見ると、安岡の農本思想は、近代化以降顕著になった国内の諸矛盾に対する解決のための方法を提示していたという側面も確かに汲み取れるのである[4]。それが顕著に現れているのが彼の地方像である。本論はこうした観点から当時の安岡の思想の再検討を試みたい。

とはいえ、もとより本論は安岡の全生涯をカバーするものではないので、従来の評価を全面的に変えることはできないが、この時期安岡が示した地方像を見ることにより、従来見落とされていた点に光をあて今後の指針にしたいと思う。

2　安岡の地方像

昭和初期は日中戦争、太平洋戦争に先立つ時代として国内は危機的な状況をはらむ時代であったといえるが、とりわけ中央と地方との問題をめぐって議論が沸騰した。その渦中にあって安岡は地方農村の更生を喫緊の課題とし、また自らも農村中堅人物を育成する学校を創立するなど、地方問題に関わる立場であったことから脚光を浴びている。安岡は一九四〇年（昭和十五）に自ら主宰した日本農士学校で開催された東洋農道振興大会において「世界文明の転機と農村文化」と題した講演を行っているが、彼はその中で文明史的な観点から都市の発達とともに生じる農村の荒廃を説いた後で、(5)都市生活のみならず、そもそも文明文化の根柢である地方農村が更生されない限り国民生活さえ成り立たないとする事実をシュペングラーなどの西洋人の説を引きながら自説を敷衍してみせた。

オズワルド・シュペングラー、このシュペングラーが、世界的大都市の中に於てはもう昔のような自由民とか奴隷だとか、貴族と平民であるとか、信者と無信者というような区別はない。唯あるものは都人と田舎者、この区別だけだ。それはいろいろの区別もあるようであるが、突詰めて見れば結局都会に住んで居る人間の頭を支配するものは、己は都会育ち、彼等は田舎者という区別だ。彼等は唯もう、老たるも若きも、金持ちも貧乏人も、誰も彼もが自分の職分、自分の使命というようなものを余り深く考えない。深い精神生活を持たない。唯持って居るものは前述の如く、俺達は都会人だという一つの虚栄心、それと何でも地方の者を田舎者扱いするこういう虚栄心だけだ。これが実に危いということを指摘して居ます。そういう危い都会が非常に発達する。腫れ物がどんどん大きく化膿して行って、農村がどんどん荒廃して行く。この現象、最初はそれが当り前だと思って居った。所が何ぞ知らん、都会が発達するように見えるが、都会というもの自体は元来少しも発展するものではない。寧ろ都会というものは驚くべき勢で没落して行くものであるということが段々分って来ました。都会が発達するように見えるのは絶えず周囲の農村から人間がその新鮮な生命力を注込むから際限なく始終発達するように見えるので、若し周囲の農村よりの新陳代謝が止まったならば、即ち農村が悉く都会の中に巻込まれ、地方が悉く都会化してしまって、もう農村より都会への供給が止まってしまったならば、都会というものは急速に滅亡することがはっきりして来ました。一寸統計を取っても、都会は既に相当発達した所、即ち大都市になると、一様に世界至る所純都会人の出生率は死亡率を補わない。死ぬ方が生れる方より多い。没落する筈であります。それが逆に人口が殖えるというのは、生れる者が多くて殖えるのではない。農村から雪崩れ込むから殖えるのです。だから雪崩れ込まなくなったならば、川の水が入らなくなった田地のようなもので、忽ち乾上ってしまう。これがなくなれば軍隊も存立しない。工場も経営出来ない。交通機関も運転出来ない。都会は生活することが出来ない。その文明というものは忽ちにして崩壊してしまう。その大事な農村は正しく国家生活のあらゆる意味に於ての根柢、文明文化の根柢です。(6)

近代化以降の国民は都市が農村を「アミーバ」のごとく併呑してかかり、地方農村の生命力が弱くなることを文明化による必然の運命のごとく受け止めているが、実は国家生活や文明文化というものは、本来地方農村の都市に対する裏づけによって成立するものであり、それらを供給する側がなくなれば共倒れとなり、国家そのものが崩壊する。また、単なる都会の優越感による安易な地方農村との分別意識が国民の中に醸成されることは、農村における「深い精神生活」を奪い、最低限の個人生活さえをも成り立たせず、ひいては「政治国家の弱体化、各種共同体の崩壊に基づく、法的道徳的規制力の衰退・麻痺」(7)を招かざるをえない。

それに対する処方として、安岡は東洋の古典である『論語』に依拠しつつ、都市と地方に対する自説を展開する。

論語を見ると、雍也篇に、質が文に過ぎる、即ち質の方が文に勝つのは野、反対に文質に勝てば則ち史——史というのは昔の記録、文章の役目に従事して居た者、今日でいうと役人やインテリである。史という字は神主、あの赤や青や緑やらの綺麗な着物を着る神主だとも云います。転じてつまらぬ人間だが見て呉れが好いという意味になる。インテリも総じて理窟はうまいが肚はぺこぺこだ。文が質に勝てば史だ。質が文に勝ちもせず、文が質に勝ちもせぬ、質と文とが正しく調和されて居るというのが彬彬、文質彬彬として然る後に君子、ということがいわれて居ります。要するに人間の理想は文質彬彬にある。創造力、造化力とそ

の表現形態とがぴったりと一致して居るこういうのが一番の理想です。(8)

安岡の本領は、東洋思想における陰陽相待の原理に基づいた両者の平衡の追求にあった。(9) 彼は国家を一つの有機体としてみたときに、都市と地方に対して、それぞれ別の役割があるとする。「創造力」を特性とする都市と、「造化力」を特性とする地方が国家の表現形態として正しく調和されていたときに、国家は「君子」然たる風格を醸し出すのだといい、また国家はこの理想を目指すべきだという。だが安岡自身、その構成員である人間の性癖としてこの平衡感覚が偏ることはある程度不可避の現象と自覚してもいる。

けれども人間というものは中々そうは行かん。何れかが勝つ。所謂過不及を免れぬとすれば、何れが安全であるか、何れが寧ろ望ましいかということになれば、文が質に過ぎる所の史の方は軽薄であって危険であることは間違いない。没落へ一歩進めて居ることだから、却って質文に過ぎたる野の方がいい。所謂野生の方が前途がある、希望がある。自然に近い。創造力に豊かである。丁度世界的都市というようなものは最も史の代表であり、農村は野の代表である。この農村と都市というものを如何に彬彬たらしめるか。如何にこれを正しく調和するかということが今後文明の根本問題であります。今まで近代商工業都市というものに憧憬れて、商工立国万能に馳せて、農村を捨てて顧みなかった連中は、伝統的に田舎者、野人を軽蔑した。シュペングラーがいう通り、都人と田舎者の対立が激しくなり、その反動で、また一面農村人は都市というものを憎む。都会なんというものは亡ぼしてしまっていい。都会の人間は米がなくなったから痛快だ。あいつ等は贅沢して罰当たりであるから飯が食えなくなったのは自業自得である。そういう議論も随分ある。一応道理を含んでいるが、都市を全然憎むということはこれ固より田舎を軽蔑するのと似たり寄ったりの反感的現象で、正しい人のいうべきことではない。それは丁度生命を重んじて、肉体を軽蔑するのと同じである。

肉体は始末がいけないからこんなのものはなくしてしまえというのと同じである。生命のある所肉体は自らある。殊に肉体の最も尖鋭的なるものが都会なんで、農村はその胴体のようなものである。だから農村人が都会人を憎むことは、例えば胴体が頭を憎み、手足を憎むというようなものである。如何にして都市と農村とを調和するかという点が肝腎で、決して農村が都市を憎んではならぬ。唯都市がその民族没落の尖端を行き易いから戒めなければならぬというのであって、羹に懲りて膾を吹いてはいけないということを特に注意して置きたいと思うのであります。(10)

都市と農村との平衡が偏する場合、地方農村である「質」が都市である「文」に勝る方が健全な状態であり、その逆は不健全で危険な兆候であるとする。両者が反目し合う現状は生命を重んじて肉体を軽蔑するがごときで常態ではなく、都会と地方の相違性は自然なことであり、都会には都会の、地方には地方のパーソナリティがあり、そこには本来上下優劣の関係は存在しない。安岡の陰陽論によれば、都市には分化発展を生業とし、人間が集う創造的な特性があり、地方にはそれを支えるという造化的な特性がある。そしてそれぞれ異なった肉体的な特性が、国家生活の中で都鄙の立場を決め、都市は国家のために外発（創造）的な役割を任じ、地方が内向（造化）的な性格を任じるのは当然なことだとする。そしてそれぞれ国民が、そういう自然な立場に身をおくことにより、はじめて健全な「国民生活」を築くことが可能となる。しかし、現状では「文質」のバランスが崩れていることと、それによる都市と地方農村の違いに国民が拘泥し過ぎた結果が国内の「嫉視、排擠」した閉塞感を現出せしめたとする。安岡の嘱望を受けて農士学校を任された菅原兵治はそれを「文質の偏過」（かたよりすぎ）として次のように表現する。

即ち文にも質にも其の度を越してしまって造化の本質より逸脱せる状態の現象を見ることである。自然界に於ては此の事が案外少いが、人間の世界には作為の生活が多い為に、往々にして此の偏過の現象を見ることがあるのである。

然らば如何なる偏過を生ずるかというに、「浮文」と「瀆武」とがそれである。即ち文に偏過すれば「浮文」（もしくは浮華）となり、質に偏過すれば「瀆武」（若しくは偏武、或は野）となるのが是れである。[11]

「史の代表」であり、「肉体の最も先鋭的なるもの」、すなわち経済的に国家を支えているとの都会人の自意識が、やたらと「虚栄心」に偏る風潮を生み出したのは、文の偏過による「浮文」の現象であり、この偏過を放置しておくならば、この閉塞した空間は助長され、やがて両者の反目からその間隙を突いて「瀆武（暴力革命）」的な思想が農村を支配するようになる。都市が「商工」で生業を立てるのは特別なことでもなければ、そうした都市を支えることはそれに隷属することでもなく、都市と地方はそもそも守備範囲が異なることを安岡は説いた。

さらには「天地自然に春夏秋冬の陰陽の大いなる律動が存するが如く、人の世にも亦この都市商工文明と農本文明との大いなる交替律動の波がうねって居る[12]」との自ら拠って立つ歴史観の中で、この時期は国民が皆都会化されることを目指した「都市商工文明」が謳歌された時代から農本文明が更生されねばならない時節であるとした。そこで安岡が提示したのが、「野」の代表である農村の復興、更生を目的とする「農村文化論」である。

農村文化の第一に、農村が存在し、繁栄すべき原則というものがある。文明哲学というものから考えて、農村は如何なる原理の上に立つべきやという問題であります。前述の如く文明と文化を区別しますならば、理想は文質彬彬たらしむるにあるが、それは飽くまでも理想であって、その理想を着実に追求していく現実に於ては、常に文をして質に勝たしめざるようにすることが肝腎である。寧ろ質が文に勝つとも、文をして質に勝たしめぬことと、多少都会人からいって野生的の謗はあっても、近代都市文明人の如き軽薄にはならない。質をして文に勝たしむるとも、文をして質に勝たしめないというのが、農村が依って立つ根本原理でなければならぬ。これが大事なことであります。

そこで農村の質という問題である。即ち農村に於てこそ文明よりも文化を実現すべき所、世界的大都市というものが物質文明を表現する所とするならば、農村こそ神聖なる文化の基地でなければならぬ。[13]

地方の更生に当たり安岡が最も執心したのは、そこに居住する農村人を創ることであったと思われる。農村人が都会人に比べておおむねで純朴な精神をもちうるのは、「帰質」への可能性が最も実現される場が存在するからであり、とりわけ安岡が心血を注いだ教育についてみれば（**表参照**）、偏過による「浮文」の現象が、本来、心身ともに発育をとげるべき年齢にある青年層たちを、世渡りのための勉強に駆り立て、点数のことがいつも頭から離れない宿命を架している。しかし、「帰質」の要を自覚した農村人はそうした「浮文」現象の影響を受けないために、純朴な精神が阻害されることなく、そのまま順調に育つ。青年時代に「浮文」的な教育のために受ける肉体的、精神的な被害は国家的にも大損失と考え、これを少しでも啓蒙し、真の農村人を作らなければ民族の自殺行為になりかねないとの強い思いからであった。その意味で、安岡の「農村文化論」の中には農村が「帰質」的な場として機能するための意図が含まれていた。[14] つまり、真に成熟した人倫の豊かな国家を目指すには、この「帰質」による農村の更正の精神をもつことと、地方こそこうした概念に沿うコミュニティーの建設が可能な場であるとして安岡は期待したのである。[15]

そこで農村文化とはどういう内容を持つものであるか。第一農業であることはいうまでもない。次に健全なる家庭である。それから醇風美俗の郷村、正しい学問をする郷校、郷塾、また正しい信仰、正信の対象である神社仏閣というようなもの。その次に健全なる娯楽、もう一つ失ってならんことは正武ということです。

文質関係による諸相

文質関係＼諸相	稲	性格	生活	農耕	教育	政治	労資関係	道徳と経済	農商関係
浮文		浮佞	浮華な奢侈生活	知識と金とさえあれば汗せずとも米がとれる	試験の点数さえ多ければよい	政策の羅列 宣伝万能の政治	資＝利廻本位の投資 労＝労働は商品なり	経済事情のみによりて一切を決定せんとす（唯物主義）	
文		巧言令色	文化的生活	窒素 燐酸 加里	知育 徳育 体育	法治政治（方策）	資本家 工場 労働者	経済	都市 商工
質		剛毅樸訥	素樸な必要線的生活	田に落す「汗」は金肥に勝る	人格の薫化	徳治政治（其人）	家庭的工業	道徳	農
濟武（野）		愚黙	頑迷な「野」の生活	汗を流しさえすれば肥料の研究など要らぬ	学問知識の否定	法制を無視せる強要	労資の協調さえあれば設備も組織も考うる要なし	経済を無視せる努力の強要	

文質関係	諸相
浮文	生命の本質より遊離せる虚飾
文	生命の発現的状態
質	生命の含蓄的状態
濟武（野）	発現方を否定せる頑迷

出典：『菅原兵治全集　第一巻』三一一頁より。

（中略）こういうものが永遠に民族生活国家生活の根柢となり、その精力となり、人類発展の段階にどうしても現れる都市文明というものの危険性の救済に当ること、これが農村の最大使命であります。[16]

安岡の地方像は農村の建設による都市文明の救済を説いていた。[17] つまり、都市の発達は人間をして、より孤立して生きることを強い、また個人を単位とする近代社会の生活様式は思考の個人主義化を促進せしめる。この場合、安岡が当時の国民の中に見ていた個人主義とは、「虚栄心」との言葉にも表れているように、道徳的な主体ではなく、欲望的な主体を是とするものであるから、その中で、その影響から自立した意味での地方像、さらにはそこに住むべき道義を体現した人物の更生を想定した。次章でも触れるが、彼が自治の担い手として想定した地方のある意味穏健篤実な人々は、恒常的な存在としてばかりではなく中央から分権された一定の装置の創出によって、平衡化する方向へと転換を促す期待をも含めていたのであろう。国家がこうした平衡を忘却すると、甘えやエゴイズムが際立ち、歴史的な民族共同体を基盤とする、それの理性的自覚形態として成立した民族的な人倫国家が崩れるためである。[18] つまり安岡は、法的な規範のみでなく道徳的な規範をも一般に共有されていることが健全な国家の姿であり、しかも、それは道義的制約から解放せられた個人の中には存在しえず、「家庭、郷村、郷校、郷塾」などの慣習や伝統、さらには権威的な枠組みの中でこそ可能になると説いたのである。[19]

国家を肉体にたとえれば、都市と地方はこうしたバランスで結ばれているのが、国民生活を物心ともに安定させるのであり、また都市、農村を含めた国民の意識がこの相待的感覚をもって生活するようになることが安岡の描く国家ビジョンの中での地方像であったといえよう。

3　農士学校――地方人物像

補足的ではあるが、安岡の地方人物像について触れておきたい。安岡は地方人物である「農村の中堅人物（エリート）」の養成として、一九三一年（昭和六）四月に日本農士学校（所在地、埼玉県比企郡嵐山町大字菅谷）を開校したが、その具体的な定義は「……彼等（塾生）に農の本義を知らしめ、確固たる人生観を与え、農村に居って農業を楽しみ、先づ着実に一家郷村の改善繁栄に力を致し、更に進んでは地方国家の福祉実現に参加せんことを志す」者とされている。そしてその具体的担い手はというと、おおむねで「耕作地主（自作地主）―中農」がそれに該当する。(20) 安岡と地主団体である帝国農会との関係や、(21) 生徒の多くが地主層から集められたことなど、こうした結びつきが昭和の新体制の文脈の中での「上からの」農村再編計画と「下からの」の農民運動とが結合する因果関係を強く意識させるのは事実であろう。

安岡の地方更生に対する方法は、漸進的な変革を真とする彼が「外科的措置」である革命は悲惨な結果を生むため最も避けねばならぬ国家改造の手段と考えていたため、生産手段の国有化や私有財産制度や相続権の否定等に関しても、それらが中間的組織の弱体化を招来するゆえに徹底して反対の立場を貫いている。この考えは「家族、神社仏閣、郷校」などの中間的組織が、国家と個人の間に多数存在することによって、人間ははじめて自己の人格が確認でき、文明社会の中で生きていく方法が学習可能となる保守的な思想に根ざしたものと思われる。ここでは徹底して道義とセキュリティが体現されるが、当然ながら他所からの参入が難しいという排他的な短所もある。しかし、こうしたあり方を崩してしまうと、都市への歯止めのない流入による離村民が大量に出現してしまい、さらには「嫉視、排擠」による国民的な平衡が保ちえないためである。

また、安岡がエリートに時代変革の主体的地位を託したのは、安岡はエリートの有無が国家の命運を左右すると考え、「政治は結局それにあたる人物の問題であるから、民衆がどんな政治家を持つか、政治家がどんな人間であるか——ということで民衆の禍福が大きく支配される。そこに政治家の深い厳粛な反省と責任と、従って立派な人格と教養とが要請される」との考えからであった。農士学校の助教授であった柳橋由雄は、それを次のように説明する。

……日本の農村はよきにつけ悪しきにつけ、一つの村の中の地主というか物持ちというか、そういう人々五〜六人によって、大概のものごとは決まっていったわけですよ。そしてこれが村の文化の発信源でもありましたね。村がよくなるか、悪くなるかは結局、そういう支配的な立場にある人々の心持ちがどうあるかによって決まってくる。そこに実は日本農士学校の原点があったわけですね。地主の子弟を入れてこれらを本格の人物に仕立て上げなければ、農村の進歩向上はあり得ない。ですから学生には地主層の子弟を中心として受け入れるという根本的な発想があったわけです。結局、村のエリートをどう育成するか、再教育するかにかかっている。これが安岡先生の考え方なのですね[22]。

ここで今一度確認できる点は、安岡が地方の活性化に努める有志者を、自治の担い手となる可能性を秘めた人物として見ていた点である。だが、たとえばそうした人物によって政府の施政上の不都合が指摘された場合には直ちに改正の道を講じる姿勢をとるといった意味での中堅人物像は希薄であり、その意味で地方人物の一事は、安岡の政治姿勢を窺わせるものになっている。これは彼の東洋的思想に基づくものであるが、この政治姿勢は、それが形成された際の欠点要素として安岡自身自覚していた。

東洋人の社会は西洋のに較べて有機的、生命的、人格的特徴をもって居ります。それだけに弱点を申しますると、西洋人のような自治観念がない。理想精神が悪く言うと偶像礼拝になり、依頼心になる。政府とか国家とかにすがる。ところがそう依頼心を皆満足させることは出来ない。それが容れられないと怨嗟する。それから互にある大なるものに縋ろうとする者同志が嫉視排擠となる。又我が仏尊しで外の仏を排擠するというように走り易い。[23]

安岡のこの指摘は、この時期の農本思想が政府の政策に無前提に従順といわれ、とりわけ権威に依存する意識が抜けきらず、やがて保守的な立場を超えて反動的なものになっていく性格を窺い知ることができる。だが、同時代的な理解の上に立てば、少なくとも安岡の地方更生策は国民から支持される要素を多分に持ち合わせていたのであり、その貫徹に当たって障害となるものではなかった。[24] これは単なる生活保守層と既得権益を有するエスタブリッシュメントたちの思惑を度外視しても、安岡から保守主義に基づく農本思想の必要性を与えられれば、それを感得し実践に移さんとする人物が少なからず存在したためである。いずれにせよ、安岡の地方問題理解は、国民の認識なくしてはありえなかった。[25] その意味では、安岡のいう農本思想には右のような実態的な側面があったといえよう。また安岡は国家改造運動に見られる現状に対する否定感情を「瀆武」的な動きと捉え、その中にある破壊衝動を否定した。それはただ混乱を招くのみであり、改革を掲げること自体が自己目的と化し、現状否定のための破壊を進めるしか方針をもちえないためである。つまり、当時にあって安岡は、急進的な改革が現状を悪くすると判断したのである。なお、細かい点に立ち入るならば、安岡は漸進的な改革こそが真であるとする思想を示したが、当時の国民の啓蒙をも含めて、さらにそのレベルを越えた「民主的」な制度の創出やその実践の如何、また、できあがった新体制を推進した革新官僚たちのブレーンが安岡であったにせよ、それらが全面的に安岡の理念を具現したものであるかなどについては問題ごとの検討を要するであろう。[26]

おわりに

明治新政府による天皇制国家の支配原理は、中央と地方の「両極的二元論」、すなわち中央の「政事」と地方の「施治」であるが[27]、こうした理解は昭和期の新体制における地方更生策がファシズムの媒体であったことを意識させる。昭和期の農本思想はファシズムの文脈の中でしか論じられない傾向があるが、では、はたして安岡の意志が、それらと結びつく歴史像を成立させるであろうか。本論で見てきたように、安岡はこの時期、国家の常態としての地方の要を彼の思想から披瀝して見せたが[28]、それは、元幕臣の、

昔の日本は、豪族の力で維持せられていたのだ。それは、歴史を読むとすぐわかるが、国家のために骨を折って戦いなどした人は、皆この種族だよ。あの畠山重忠のごときも、秩父の庄司だ。豪族割拠などといって、恐れるものもあるけれど、決して恐れるものでない。

旧幕のころにも、おれは豪族保護の議論を提出したことがあったよ。外国へ対するときなどには、なかなか必要な勢力になるものだよ。いまごろでも地方からこんな種類の人がくると、おれはよく教えて帰すが、しかし、今は真に豪族といわれるほどの人は少ないよ。まあ東北の本間ぐらいのものだろうよ[29]。

という「地方の豪族」に対する見解と同次元のものである。周知のとおり、安岡は近代化の過程の中で地方を無視した政策とそれに伴う地方の困窮、さらに政府の地方問題に対する改善策を不十分とみるなど、絶えず問題意識を抱き続けてきた。また、同じ頃、国内では政党政治の腐敗に不満をもつ世論を背負い、農村の困窮と現政府の対外政策に抗議をする右翼団体によるテロも相次いだ。突き詰めるならば、それらは国内的問題、すなわち都

市と地方農村をめぐる現実と理念との間の葛藤が浮き彫りにされたといえるだろう。このような葛藤は、特に相当部分、近代化以降の無反省な国民の行動様式からもたらされたと安岡は睨んでいたが、時として政府の失策や血盟団員による行動の正当性を大衆が支持する場合があり、ひいては政府批判の声をいっそう高める事態をも招いた。安岡は国内の複合的なジレンマを解決するためには、国の中心軸である政府がその役割をこなさねばならないが、そもそも明治以降の分業制度による弊害、それによる都市の発達による農村の併呑が、都市の「虚栄心」と地方の「嫉視、猜疑、排擠」を生んだのは、日本人の中心軸の希薄性にこそ問題の核心があると考えたのである。そうした中で、都市と地方農村との一面では相互協力的な、しかし他面では相互矛盾的な関係を調整する思想の必要性が生じる。その場合、さらに都市と地方の関係を調整する意味やそれを調整する主体とは何なのかが問われるべき不可避の課題として国民に現前することは言うまでもない。そしてこの時期安岡は陰陽相待の原理に基づいてその思想を提示してみせた。

その内容を見れば容易にわかるように、安岡は国家や民族を重視し、それらの要素を欠如した単体での個人は認めなかった。この「人間であることと国民であることとの対立と統一の問題は、近代国家に内在する宿命的な課題」であるが[30]、いずれもそれらが、人と人とのつながりの上に成り立つことを考えれば、そのつながりの原点が家庭を筆頭とする中間的な組織であり、その延長線上にあるのが国家であると安岡は考えた。つまり、安岡の地方像は国家と個人とを切り離して考えることの非現実性が主張されているのである。

しかし、結果的にその後の国家の展開、さらにはそれに伴う地方像はこうした安岡の期待からは大きく外れることになった[31]。無論、この時期、あるべき地方の姿を念頭において意見を述べた安岡の見通しが甘かったと評価することはできない。だが、国民の翼賛によるエネルギーの発露が各個人の東洋思想に裏打ちされた内面的な充実（安岡の言葉でいえば、incarnate, embody）に向わずにその後の膨張政策の正当化と総力戦体制の準備に寄与したということは安岡の掲げる農本思想の真意ではなかったが、こうした事態に対し、安岡の主張する農本思想がそのあるべき姿から外れる可能性についての配慮がどれだけあったのかについては当然ながら問題として残るだろう。[32]しかし、安達の言うように「農本主義の分類」をせねば、安岡の思想の意味を取り違える可能性もあり、なおかつ、その意味を理解しなければ次の時代への課題も見えてこない。本論もそうした観点から彼の思想の再検討を試みた。

最後に、宮坂は安岡の農本思想を体現した菅原のそれを引きつつ、現代にも通じるその可能性を指摘している。

とりわけこんにち、「一切を人為によりて為し得ると考へる都市生活的科学」が支配的イデオロギーとなり、人びとが「浮文的世相」に翻弄され、混迷の中にあるとき、「土地及穀物を生命視し、神格視して之に奉仕する敬的態度」たる〈社稷〉の思想には、体制変革の抵抗力が潜められているといえよう。時代の風潮がまさに「唯物的経済至上主義」に淫しているとき、「簡素素朴な生活に甘んじつゝ」、新しい生活の〈質〉を求めて生きることの探求に、農本主義の肯定的側面が参照されてよいはずである。[33]

いずれも地方という場があってこそ、その「肯定的側面」も実現が可能であると思われる。

さらに制度論的な理解ではなく、より思想史的な理解の上に立つならば、地方には地方なりの活力も見られたのであり、こうした点への考察は今後の課題としたい。

註

（1）宮坂広作「日本農本主義の教育：思想と実践―昭和初期の塾風教育について―」（東京大学教育学部紀要第二九巻、一九八九年）

(2) 安達生恒『山崎延吉　農本思想を問い直す』(リブロポート、一九九二年)。また、岩崎正弥も農本主義思想を日本型ファシズムとの関わりのみの視点で捉えるのではなく、当時の具体的な「生活世界」の基底から捉え直し、主に大正期の「〈自然〉委任型」、「昭和恐慌期の「〈社会〉創出型」、戦時期の「〈国体〉依存型」に分類してみせた。岩崎正弥『農本思想の社会史　生活と国体の交錯』(京都大学学術出版会、一九九七年)

(3) この場合、安岡の「保守主義」に合致した定義とは「歴史の神秘に育まれた国家とは祖先の叡智が幾世紀も幾十世代も堆積したそのうえに築きあげられた荘重な建造物であり、祖先より相続した『世襲の生命体』である。この故にまた、国家が永続していくための命と活力のエネルギー源は、祖先を尊崇し祖先が遺した伝統や慣習を畏れをもって保守していく子孫たちの、いわゆる『保守主義の精神』」(中川八洋『正統の憲法　バークの哲学』中央公論新社、二〇〇一年　三頁)との言葉が最も近いと思われる。

(4) また、上記の宮坂も「戦後の正統イデオロギーたるデモクラシー」に対するアンチテーゼとして、当時の農本思想の中にある先取性に光を当てている。「そうした近代的な思想や論理が内包する諸矛盾についても、近年大いに考えさせられるものがある。ブルジョア・デモクラシーの形式性・抽象性、ブルジョア人権としての私的エゴイズムの絶対化、科学の『進歩』がもたらした諸問題、ヒューマニズムの浅薄さなど、〈近代〉には克服すべき幾多の困難がある」前掲註(1)宮坂広作「日本農本主義の教育：思想と実践」。

(5) 「この近代文明の最大特徴である都市、世界的都市といった方がいい、例えば東京であるとか、パリー、ロンドン、ベルリン、ニューヨーク、ワシントンというような近代大都市世界的都市ともいうべきものの発達と、それに伴う農村の荒廃であります。至る所にこういう大都市がどんどん発達して周辺の地方町村、農村を併合する、これを文明批評家は都会の触手と謂って居る。丁度アミーバが体から触手を延ばして周辺のものを取入れて行くように都会が触手を延ばして段々農村を都会の中に取入れていく。都市は膨張する。農村からはどしどし農民が離村して都会に入って行く。農村はその人間の数からいっても質からいっても次第次第に荒廃していく」安岡述『世界文明の転機と農村文化』(篤農協会、一九四二年)一四頁。

(6) 同右　安岡述『世界文明の転機と農村文化』一五―一七頁

(7) 斉藤知正『道元禅と現代』(斉藤知正先生退官記念著作刊行会、一九八三年)三三一頁

(8) 前掲註(5)安岡述『世界文明の転機と農村文化』三九・四〇頁

(9) 安岡は東洋の易に基づいて陰陽相待の関係を都市と農村とに見据えた。「そこでともすれば、末梢化し疲労、倦怠し易い都会と、ともすれば萎縮沈滞し易い農村とこの二つが旨く調和された時に、始めて本当の国民生活というものが出来上がる。都会というものが適度に農村を刺戟し、農村というものが都会の末梢化を能く防ぐ、この都会と農村というものが如何に調和するかということが即ち陰陽の燮理ということ」安岡「篤農協会の使命」(『篤農』第四六号、一九三七年)

(10) 前掲註(5)安岡述『世界文明の転機と農村文化』四〇・四一頁

(11) 菅原兵治「農士道―東洋農道の教学―」(『菅原兵治全集 第一巻』菅原兵治全集刊行会所収、一九八六年)二八・二九頁

(12) 同右 三七頁

(13) 前掲註(5)安岡述『世界文明の転機と農村文化』四九頁

(14) 安岡による「文化」の定義は、「畢竟文明文化というものは形と質との如きものであって、東洋流にいえば質と文、造化の働きが質であり、現象の世界は文である。だから文という字はあやと読み、『かざり』と読む。より有形的であるから形而下という。それに対して一方は形而上である。同じものであるけれども、文明という時には形而下的、文化は形而上的です」前掲註(5)安岡述『世界文明の転機と農村文化』三七・三八頁

(15) 後年(一九七二年)の講演で、安岡は青年の成長過程について持論を展開している。「(その持論に対し)それでは世に疎くなってしまうのではないか」との批難や不安に対し安岡は「逆にそのくらいでちょうど好い」のであるという。「このごろの世相でも少年や青年男女が、いやに早くませてしまって、人間臭く、俗悪になっているのは、決して文明文化ではなく、人間の動物的退化現象にほかならない。兼好流に言えば、正に少青年子弟は世にうとくてありなむである」安岡『活学』(PHP文庫、一九八八年)一七五頁

(16) 安岡の農本思想にはその特徴である「反国家、反都市、反近代」という点に関しては、これまでの農本主義の通説とはいささか違った観点が必要になる。むしろこうした特徴は以下の菅原の説明にもあるように、彼らの理論である陰陽の役割を理解した上で位置づけられるべきものである。「自然に春秋の陰陽文質循環の大法則が行われるが如く、人の世にも亦此の大法則の運行がある。

人間の世界に於ては地上絢爛として咲誇る花に該当するものが、即ち都市商工文明であり、地中に深く潜む根に該

当するものが、即ち農本文明である。（中略）大体明治の初期から明治の末期大正の初期にかけては、都市商工文明の建設に国を挙げて没頭した時代である。而して又そのことが国家全体から観て必要でもあった。あの時代に然かすることを阻ばむようなことがあったならば、日本の今日の強大は見なかったであろうと思う。そういう時期に於ては日本農村、日本農民は、この地上の花たる都市商工文明の建設に、根たる農村の貯えて居った過去の養分を、殆ど使い果たす迄提供して其の大成に奉仕して来たのである。之を農村が疲弊するからとか、農民が困窮するが故にとか、農民苦しきが故にとかいう利己主義的心情から拒否するような卑怯な農民ではなかった」前掲註（11）菅原兵治「農士道」三七・三八頁

（17）前掲註（5）安岡述『世界文明の転機と農村文化』五九頁

（18）斉藤は宮坂と同様に近代の克服すべき問題を提示している。「人と人との関係とは、人倫の関係である。人は人倫に目醒めることによってはじめて、ありのままの人・本来の人となりうる。人は本来的に人倫としての人間である。人倫は人の本来の故郷であり、そこに生まれ、そこに生き、そこに死ぬべき唯一の故郷である。そこでのみ人は真の安らぎを得、孤独の空しさを脱し、愛の喜びに生きることができる。

近代人は故郷を喪失した人間である。故郷の喪失は近代人の運命である。しかし近代人は、自ら故郷を捨て去ることによって故郷を喪失したのである。かくして近代市民は人倫の背反者であり、近代市民社会は人倫の喪失態となった。自ら本来の故郷を捨て、孤児となり異邦人となった近代市民は、異邦を自らの邦として生きるほかはない。しかし異邦はしょせん異邦でしかなく、真の故郷とはなりえない。異邦の中で異邦人として生きる際の真の頼りは自分だけである。その自分を守るものは金と権力のほかにはない。かくしてその獲得所有のみが最大の関心事となる。赤の他人と手を握るのは、それを手段として自己の所有を得るためにすぎない。しかし自己の所有を得るために必要な相手は、同時にいつ自己の所有を脅かすかわからぬ敵でもある。一刻も油断がならない。絶えず不安であり、孤独である。絶望的な空しさである。だがそれが今さら元へは帰れない現在の運命である。とするならばひらきなおって、そこに腰をすえるほかはない。すなわち自らの絶望的な孤独のあり方を、逆に積極的に肯定し賛美することである。近代市民の自己限定としての近代の人間観はかくして生じた。人と人との関係には眼をつぶり、人と物との関係においてのみあるのが真のあり方であるとする人間観がそれである。かくして近代人の福祉も、孤独な自己の欲望充足・自己満足の中に求めるほかはなくなる。そこでの福祉の追求は、所有への狂奔である。

しかしそれはついに人間の本来のあり方ではなかった。近代市民の虚構の自己限定は、その虚構性のゆえに挫折する。故郷はこれをいかに本来なきものであるとしようとしても、ついになくすることのできないものなのである。故郷とはもともと、人がそこから生まれて来たものとして、人にとってのいわばアプリオリなものである。アプリオリなものとは、人が後から（アポステオリに）作ることも壊すことも出来ないものである。単に後から作為したものは、ついにアプリオリな本来のものとなりえず、また仮りに後からそれを破壊したとしても、アプリオリなもの自体を破壊することはできない。アプリオリは人間の分別による肯定と否定とを越え、後のものに先立って永遠に生き続ける。これがアプリオリなのである。人倫は人にとってのアプリオリである。近代が仮りにこれを否定しても、否定しつくすことはできず、ついにそこへ帰りゆかざるをえないものである」前掲註（7）斉藤知正『道元禅と現代』八〇―八二頁

(19)「然し政治の本体は為政者其人の生ける人格であり、而してこれよりおのずからに発展せる必要なる限りに於ける法制組織である。換言すれば「徳」と「法」との間の彬々たる文質の調和を失わぬ処にあらねばならぬ」前掲註(11)菅原兵治「農士道」三四頁

(20) 森武麿「農村危機の進行」（歴史学研究会・日本史研究会編『講座日本歴史10　近代4』東京大学出版会、一九八五年）一五八頁

(21) 一九一〇年（明治四十三）に創立された地主団体である帝国農会の第六代会長は安岡とつながりの深い酒井忠正（伯爵）であった。

(22)「季刊　郷学」第三二号（発行㈶郷学研究所、二〇〇〇年七月）二七頁

また、安達はこの時期、国内に多大な影響を与えた農本主義者である山崎延吉の地主観について次のように語る。

「山崎延吉は英国の紳士、ジェントルマンを評価していた。しかし日本のジェントルマンとは、彼が言う『良い地主』、すなわち小作料は適正、農業改良に投資し、地域に対しては福祉や文化事業をおこない、趣味高尚、人格人にすぐれた『治者』のことであった。（中略）

延吉にはこのように、地主に対するたいへんな思い込みがあった。

一九二〇年（大正九）年、岡山上道郡の二日間にわたる講演で、延吉は地主をつぎのように讃えている。

1　地主は地方の王者であり、地方の先覚者である。名和長年、楠正成、新田義貞などの忠臣はみな大地主だった

し、山形県酒田の大地主・本間家は農会をつくり、米の新品種『亀の尾』を育て、倉敷市の大原孫三郎は農業研究所を設立して農業の発展に貢献し、岡崎市の佐々木志賀二は小作料一〇パーセントを積み立ててその金で小作人を朝鮮に入植させた。また愛媛県西宇和郡の佐々木長二は甲種農学校を建て教育に貢献したなど、地方の先覚者としての地主の功績を讃え、同時に地主の社会的役割を強調している。正成や義貞の例をもち出すのは時代錯誤というべきだが、延吉が言いたかったのは地方の先覚者、地方振興につくした地主の役割を強調したかったのであろう。そういう地主が『良い地主』なのだ。

2　地主は民族の代表である。ある英国人を愛知県の大地主の宅に案内したとき、彼はその邸宅、庭、家財道具が立派であるばかりでなく、地主夫妻の態度、人柄が立派でかつ堂々としているのに英国人が驚嘆したとか、また新渡戸稲造も同じことを言ったとか、やたらと地主を誉めあげている。

3　地主は長寿にして元気である。

4　地主は真正なる趣味の所有者である。英国でもそうだと言う。

5　地主は平和の権化なり。イギリスの万博で知り合ったフランスの委員は地主であって彼のいわく、農業は男性的なる仕事、最も美的なる仕事、最も趣味のある仕事、最も学術的なる仕事、最も幸福なる仕事、故に地主は平和の権化である。

最後の項目はどう見てもおかしいが、延吉は平然と地主を讃えた。

農村の振興は農村自治にあり、農村の自治にはその中心となる『治者』が不可欠だ。それが地主だと延吉は見た。だから都会に邸宅を構え、都会に住む不在地主、株式投資に耽る金融地主は、延吉の排撃する『悪い地主』であった。こういう人種は『紳士』として恥ずべき存在であり、村の風上におけない人たちである」前掲註（2）安達生恒『山崎延吉　農本思想を問い直す』一四一―一四三頁。むしろ安岡の中堅人物に対する「地主」の解釈もこの山崎の定義する「良い地主」に近いと思われる。

（23）安岡講演『易学陰陽消長の理より見たる学の維新と日本精神論』（日本文化協会、一九三五年）三五頁

（24）昭和八年に内務省が発行した『国家主義運動の概要』による説明は簡明直截な金鶏学院の姿を伝えている。「金鶏学院は行地社に在りし安岡正篤が行地社分裂に当り独立して創立したものであり、専ら儒教を中心にして、東洋聖賢の学を修むることを目的とし、精神教化運動を志すものである。従って政治運動や日常生活の闘争は金鶏学院の主旨

ではない。その趣意書に『篤志の子弟と相扶けて深く聖賢の学を修め、聊か国家の風教に尽くす所あらむことを庶幾ふ』と言へるが如く、飽くまでも徳と精神強化を以て根本的に人心の建直しを行ふと云ふ精神で、その結果が日本改造の力強い原動力となればよいのである。従って安岡の徳を慕い集る者は学院開始以来日を追ふて増加し、此処に於て修養せる院生は夫々地方に赴いて文教の振興のためにその中心となって活動して居る。又財界、華冑界、官界、軍人等に於て絶大の後援と信用とを受けその事業を進めて居る……」

(25) 安岡系統の史料によるが、「『金鶏学院は猶存社に続く行地社から離れ直接的な行動を忌避(漸進派)した安岡正篤が、明治維新の松下村塾の再現をもって理想とした学院で、聖賢の学を修め聊か国家の風教に尽くす所あらんを庶う静的な修養道場である』と表して賛辞を呈した」と、金鶏学院創立に対する当時の世相の反応を示している。『季刊郷学』第二九号(一九九九年十月)

(26) 農士学校出身で安岡記念館館長の金子泰作氏は「農士学校の理想的な教育が少なくともいちばん体現できていたのは初期(第一期生から第三期生)の頃まででではないか……」と述べていたことを付け加えておきたい。

(27) 「そうして、この政治的二元論は、いうまでもなく日本における資本主義の育成が、前近代的な農業生産関係の上に行われるという特殊日本的関係の確立に見合うものであった。したがって、社会経済的な媒介環が寄生地主制度に求められ、以来近代日本を通じて日本資本主義の運命が寄生地主制の変貌とともにあったのと同様に、政治体制においても又、以上の両極を媒介するもの——担い手と担い場が、国家の支配を維持する最も重要な要素となるのである」藤田省三『天皇制国家の支配原理』(未來社、一九六六年)三二頁

(28) 道義を重視した安岡の思想を見るとき、次のような考え方を考慮すべきであると思われる。「……明治革命をなぜ明治維新というか。革命は治療で言えば外科的手術である。実際において暴力と残虐と権力支配を必須とする。それは国民にとって決して好ましいものではない。革命を謳歌するのは多分に無知や軽薄に因るものである。これに反して維新は内科的処置であり、比較的穏当である。非人間的な犠牲が少ない。明治維新を階級闘争史観によって不徹底なブルジョア革命にすぎぬと解く者も少なくないが、とんでもない浅見である。由来イデオロギーの魅力はその簡易性に存する。それは現実の複雑性に代えるのに、簡単な知的図式を以てする。人生社会の察知し難い昏迷する動きに代えるのに、論理の便宜的形式を以てする。歴史のある時期における具体的内容を無視して、自ら持っている意図の下に都合の良い様な事実を抽出羅列し、そこから結論を作りあげることはそれこそ曲学といわねばならぬ。……こう

いう政治的奇跡といってもよい平和革命・無血革命が天皇の下に行われたということは決して偶然ではない。それはあくまでも日本の歴史が有する天皇という特別の存在、一切の対極を統合した民族的太極＝皇極の力と同時に、少なくとも明治維新に先立つ三百年近い封建時代を通じて国民の間に蓄積されてきた神・儒・仏・国学による精神的倫理的教養によることに注意せねばならぬ。唯物史観的偏向の著しい現代学者の中には、幕府に対する一般の政治不信が、特に外国勢力による開国問題の衝撃に促進されて、封建制より統一国家への機運を高め、石高にして三万石程度にすぎなかった京都朝廷を、それが神話的祖先を有し、歴史的な儀礼の中心であったということの為に大きな力として、薩長連合の成立とともに政略的に天皇制国家への道が確定的になったと皮相的に論断する者が多い。それらは民族と歴史の内的生活を理解せぬ浅薄な見解といわねばならぬ」安岡「明治維新の歴史的・現代的意義」（『明治維新の源流』邑心文庫、二〇〇〇年）。初出は「師と友」一九六六年六月。

また、次の発言は、安岡の国家ビジョンとして示唆に富むであろう。「人間の生理も、政治の政理も同じでありまして、人体で極めて健康な、活潑な手足を持つということは、政治で言うならば、つまり宰相の手足となる――人材を集めることであります。手足となる有能な人物を持たなければなりません。そういう点において成功したのが徳川家康であります。徳川幕府が長く続いたのは、家康という人が、優秀な人材を地方の藩に配置したのが原因であります。大抵は自分の側近に置くん《ママ》ですが、中央はすぐ腐敗、堕落しますから駄目になり易い、地方はその腐敗、汚濁から免れ易い。そこでまず第一に親藩を紀州とか、尾張とか、水戸に、さらに進んで松平藩という親藩をあちらこちらに置いて、人材を配置した。これが世界の歴史にかつてない三世紀近く政権を維持した所以であります。（中略）即ち優れた宰相が出て人材を集める。これはもちろん人材内閣でありますが、それだけでは駄目であって、末梢部にゆくほど人材を必要とします。つまり全国に人材網を作らなければなりません」安岡「時世と活学」一九七七年（『活学』所収、PHP文庫、一九八八年）五二・五三頁

(29)　勝海舟述明治三十年ころ　勝部真長編『氷川清話』（角川文庫）一五三頁

安岡による「日本農士学校開校趣旨」を以下に示す。「……かゝる時国家の新生命を発揚した者は、必ず頽廃文化の中毒を受けずに純潔な生活と確乎たる信念とを持った質樸剛健な田舎武士であった。今日も真底の道理には変化はない。この都会に群る学生に対して今日のような教育を施してゐて何になろう。国家の明日、人民の永福を考える人々は、是非とも活眼を地方農村に放って、此処に信仰あり、哲学あり、詩情あって、而して鋤鍬を手にしつつ毅然

として中央を睥睨し、周章ず、騒がず、身を修め、家を斎へ、余力あらば先ずその町村からして小独立国家にしたてあげてゆかうといふ土豪や篤農や郷先生を造ってゆかねばならない。是れ新自治（面白く言へば新封建）主義とも謂ふべき真の日本振興策である」

(30) 前掲註（7）斉藤知正『道元禅と現代』二九頁

(31) たとえば、安岡の提示した都市と地方を結ぶ思想は、「国家主権の二重的特質」を意識してなされ、それに耐える要素を持ちえたであろうか。「国家主権に国内的関係と国際的関係の両面があるが、その性質は同一でない。この二つの異質的な両面をもっている二重主義こそ国家主権に内在する矛盾の根源であり、また同時にその変遷をまぬかれない原因なのである。なぜなら、この両面の調整が可能となる限り、その矛盾は矛盾として発現しないけれども、その調整を可能ならしむる条件が失われ、そのいずれかの面相が一方的に強化されるとき、そこに国家的にも国際的にも大いなる変動が生ぜざるを得ないからである。しこうして、近代史はすでにこの矛盾の発現とそれによって生じた激変を数多く記録している。戦争と革命とはまさにその歴史的記録にほかならない。またその反面についていえば、国際平和の問題はこの国家主権の性質とその変遷の条件を探求することであるといっても差支えないであろう」蠟山政道『国際社会における国家主権』（講談社学術文庫、一九七七年）三二頁

(32) 作家の坂口安吾は実体のなかった農本文化を揶揄する。「戦争中は農村文化へかえれ、農村の魂へかえれ、ということが絶叫しつづけられていたのであるが、それは一時の流行の思想であるとともに、日本大衆の精神でもあった。一口に農村文化というけれども、そもそも農村に文化があるか。盆踊りだのお祭礼風俗だの、耐乏精神だの本能的な貯蓄精神はあるかもしれぬが、変化の本質は進歩ということで、農村には進歩に関する毛一筋の影だにない。あるものは排他精神と、他へ対する不信、疑り深い魂だけで、損得の執拗な計算が発達しているだけである。農村は淳朴だという奇妙な言葉が無反省に使用せられてきたものだが、元来農村はその成立の始めから淳朴などという性格はなかった」坂口安吾「続堕落論」（『堕落論』集英社文庫）二三・二四頁

(33) 前掲註（1）宮坂広作「日本農本主義の教育：思想と実践」。

〈付記〉本稿は、執筆者の修士論文審査時における森田教授の御指摘に啓発されて作成された。感謝申し上げます。本質を洞察せんとする厳粛なる御姿勢を尊敬しつつ。

東アジア地域「歴史和解」の可能性——歴史教育学の視点から考える

坂井俊樹

いま、問われること

「歴史和解」という視点は、これからの東アジア地域の共存・共栄を具現化していくときには重要な視点であろう[1]。東アジア諸地域、さらにはアジア各地との間での日本の戦争責任の自覚化は、避けては通れないことは言うまでもない。そのことの重みを前提にした上で、今日の政治動向や国民一般のナショナリズム的な歴史認識の状況からして、その前提に立つことが容易でないことも明らかである。戦争体験の希薄化だけではなく、思考そのものが戦争の引き起こす内的な被害、つまり兵士や被害者、兵士の家族までの精神史まで含めた思いが軽視され、知性よりは単純な力の論理が優越する見解が支持を集めているからで、いまや日本の政府や国民の戦争責任意識の希薄さを糾弾する視点では、より和解の道は遠のいてしまうことは間違いない。近年の周辺国との領土問題は、日本人のナショナリズムの高揚にどれほど役立っているのであろうか。ナショナリズムの高揚にともなう民族対立の表出は、領土問題解決をいっそう困難なものにしてしまうことは周知のことである。領土問題は、関係国・民族の利害が絡むところに発生している。経済的な利害と調整の問題として処理していけば、一定の妥協的な解決が図られる可能性があろうし、その際にどれほどの自己犠牲や忍耐力を各国がもちうるのかという問題にも関わってくる。こういう具体的な問題に即して、歴史認識における和解という問題も切実感をもって語られてくるのである。問題解決の糸口を探し出す意識よりも、政治的論争としての歴史教育の主張や研究が強く、歴史教科書は一種の教育論を離れ、政治的対立を代弁する無味乾燥な論争になったことも事実である。

二〇〇一年八月の中学校の教科書採択という政治的思惑が絡んだ不純な段階では、政治論争に向き合うことは第一に重要なことであった。[2] しかし政治的な主張に教育内容が規定されすぎることは、全体を変革していく力にはなりにくい。その後には、つまり現段階ではより豊かな歴史論、教育論として東アジアとの歴史和解を意識した歴史教育研究が推進されねばならないであろう。ときあたかも、北朝鮮による核開発・実験問題に揺れる朝鮮半島情勢は、私たちにかつてない危機意識の高揚と緊張感を生み出している。こうした情勢だからこそ、歴史教育は具体的に何を果たせばよいのか、何を発すればよいか、問われる。この点の探求は私たち歴史教育関係者の責務であろう。

幸い、私たちは一九八〇年代以降、東アジア諸国との歴史認識をめぐる共同研究や相互交流の実績がある。とりわけここ数年、さまざまな観点から「共通歴史教材」が、日本はもとより、韓国や中国の研究者や教師などが参加し具体化されてきた。[3] 本論では以下の二点を検討してみる。

第一は、日韓、日中の歴史教育・教科書の改善交流の成果を検討し、そしてその成果を踏まえ今後の「東アジア地域」形成という視点から、課題と方向を探ってみる。

第二は、近年の東アジアの「学力」問題再考の機運は、児童・生徒の歴史認識形成の基盤である学力形成論と結びつけて論議され、私たちにその点からの問題接近を要求している。その点も検討したい。

1　日韓の歴史教育・教科書研究交流から学ぶ

(1)　歴史認識の差異の自覚化

教科書改善のための共同研究

筆者も一九九〇年から日韓の歴史教科書改善のための共同研究に参加してきた。この研究に対する関わりの中で、私自身の歴史教育研究の基盤が鍛えられると同時に、歴史教育の独自性という問題がつねに意識化されてきたのである。(4)

韓国との歴史教育をめぐる議論は、当時の日本の学界や教育界の朝鮮半島をめぐる状況や交流活動からすると大きな課題であった。歴史教科書の改善という具体的な問題設定に対して拙速すぎる、東アジアの歴史認識の共有という問題を検討してから考えるべき、基礎研究の蓄積などが必要であり時期早尚であることなどが提起された。

韓国側の参加者は、韓国ナショナリストの立場にある研究者、開かれた民族主義を標榜する研究者などを幅広く結集したが、しかしいずれの韓国側研究者も、日本の歴史認識に対して根本的な問題提起をしていた。

そうした意見に日本のさまざまな歴史認識の加害性が明らかになった点も少なくなかった。韓国近現代史に対する具体的な知識や各地域で何が行われたかという地方史認識が欠落していたことは間違いないし、とりわけ日本の行為について朝鮮民衆がどのように動いたかはなおさらであった。そうした私たちの認識不足が問題となった。また韓国の歴史研究者の論理の展開、学問的特質に触れることにより、日本の歴史教育が長い間史的唯物論の強い影響下にあったこととのズレを認識でき、侵略された国の抵抗的民族主義の理解に対する洞察を欠いたことも私たちの大きな反省点であった。

脱植民地化の歴史認識模索のプロセス

韓国側からの問題提起は、厳しくしかも私たちの問題視角と著しく異なっていた。韓国側の主張する歴史認識、民族史学は、基本的には日本史学界が構築した植民史観の一つひとつの克服の過程や朝鮮半島情勢の関係性の中から生み出されたものであり、そこには時には偏狭な民族主義・感情的な響きが強い場合もあったが、明らかに日本のロマン主義的民族主義とは異なっていた。

たとえば日本の歴史教科書では、一九〇五年の第二次日韓協約に対する義兵闘争に関しての記述が少ないのだが、韓国側から見ればより問題なのはその歴史的評価である。韓国教科書では、日本との全面戦争と位置づけ、教科書でも「義兵戦争」となっている。こうした全面戦争論は日本側から見れば、既存の戦争概念を超越した想像もできない指摘でもあり、いわば義兵、宣戦布告が未承認という国際法上の戦争概念を転換させる必要が求められたのである。一九一〇年の「日韓併合」以後もこの義兵闘争は抗日闘争として受け継がれ一九四五年の解放まで継続していくのである。侵略・植民地支配というフィルターにかけると、支配した側と支配された側の認識は大きく異なり、歴史の描き方として顕在化する。共同研究に参加していた朴成寿（当時、韓国精神文化研究院教授）は、一九八二年の国際的歴史教科書批判（波動）に際して、日本の史学をランケ流の実証主義史学として規定し、その本質を徹底した文献考証研究に求めた。緻密な文献考証は、恣意的な文献引用と結びついて、結果的に任那日本府説や南韓征伐説などを作り上げ、それらが各種の朝鮮民族蔑視論のいわゆる「植民史観」となっていった、と主張した(5)。

ところで、こうした植民史観（停滞性理論、事大主義論、党派性・宿命性民族理論など）は、朝鮮民族史家の描き出してきた民族主体史観を見事なまでに抹殺してきたことは周知のことであろう。植民地末期の「韓国（朝鮮）

学」の構築に向けた民族主義者たちの活動、つまりハングル運動、民俗学、歴史学、文学などの文化活動を通じた抵抗運動の系譜が、戦後の韓国史学であり、歴史教育であった。果たして、こうした植民地支配された側から見る、日本の歴史教育の精算はどの程度進められたのであろうか。その点の問題視が一貫していたのである。[6]この点は一種の脱植民地化のプロセスと見ることも可能であり、もっぱら日本史学や日本の歴史教育に投げかけられた問題が顕在化したのである。

今日、こうした日韓の相違を自覚し、その上で歴史資料を再検討したり、新たに発掘したりすることを通じて、共同的な歴史研究の段階に入ったと思われる。歴史教育に関しては、当然に国民国家史の枠組を越えた東アジア的な共通の歴史認識や、相違を認め合うスタンスが求められはじめた。

（2） 脱植民地化のプロセスを日本史はどのように受け止めるのか——一九九〇年代後半

ナショナリズムの台頭と対抗

一九九〇年代後半には、にわかに、世界的なナショナリズムの勃興の傾向が指摘されるとともに日本においても戦争の加害性記述をめぐっての批判と既存の歴史教科書批判が台頭した。とりわけ新自由主義の市場経済化の進展と弱肉強食の世界経済戦略のもとで、日本のアジアへの加害記述がようやく安定度を増した段階で、改善されつつあった歴史教科書に対する批判が強化され、教科書問題が政治の争点にもなり、政治的渦中にもち込まれることにもなった。

その背景には、一九九五年の村山首相と韓国金泳三大統領との間で合意した歴史研究委員会が十分な成果を挙げることなく、少なくとも日本の歴史教科書記述に影響を与えるほどの成果が得られなかったことにも関係していた。[7]

従来の歴史認識の相互理解という段階から、戦略的にも日韓、日中共通の歴史教科書や副読本の記述内容という戦略的な議論も開始されてきた。

早い段階に日韓共通の副読本の試みに着手したのは、東京学芸大学の教員、大学院生、関連高校教師などが参加した歴史教育研究会と韓国・ソウル市立大学校国史学科の教員や教育大学院生（現場教師）が参加した韓国歴史教科書研究会との共同研究であった。この研究会では、植民史観の克服という課題が、とりわけ日本の歴史教科書に突きつけられた課題であり、その点でも全時代を検討対象とせざるをえなかった。つまり植民史観とは、歴史認識の枠組みを問題とするものであり、たんに「侵略―抵抗」の枠組みで日本史の再編、修正を行うことではなかった。私たちは日韓の争点となる歴史事象に関しての基礎研究や教科書研究を進めて、その成果を二冊の刊行物にまとめている。(8)

時代区分をめぐって

二大学間の研究では全時代を通した時期区分についても検討したが、結局は日韓で時代区分は困難であり、機械的な年代表記をもとに時期の区分だけにとどめた。時代区分は歴史認識の集中的な表現形式であり、また歴史事象の領域、文化、芸術、政治、日韓関係、社会変動などそれぞれによって異なり、総体的に設定することは困難なことである。

日中韓三国の歴史教材の作成においても、近現代史における時期区分は一致しなかったと報告されている。この場合、帝国主義をキーワードにしたが、こうした政治的画期は各国の民族的主体性の歴史と齟齬を来すからであると指摘されている。この本は、もとより東アジア三国の国家と民族を超えた地域史としての「東アジア史」ではなく、相互関係史を目指した点と関係していた。(9)

たとえば、私の参加した研究会でも、秀吉の二度にわたる朝鮮侵略は、日本の教師や研究者からしたら前近代における日韓関係史の一つの山場であり、歴史の転換点、画期として位置づけやすい。当然に日本人側は、秀吉軍の侵略性と残忍性にも言及し、その後の日韓関係史を規定していくものと考え、朝鮮通信使に見られる近世期の友好関係を描き出す対比的な事件としてとらえてきた。一方観国側は、この侵略は歴史的に大きな影響を与えたことは認識しつつも、朝鮮史の視点からしたら歴史的位置づけは低くしたいと考える。つまり朝鮮史が日本の歴史の影響によって画期が与えられたり、変革されるのでは、自らの民族的主体性や自立的自国史教育が阻害されると考えたからである。自らの力量による自立的な歴史教育がなされることが脱植民地化の影響とも見てとれる。私たちは秀吉の東アジア政策の無謀性を自覚的に描き出し東アジア史に参画しようと思いながら、そこにジレンマが生じる。こうしたその国の主体的な歴史像形成の視点とどのように向き合い、脱却していくべきかという課題が突きつけられた。

「教材とは何か」をめぐる見解の差異

中・高校生を意識した共通教材とは、どのような内容と方法を用いて作り上げるのかは大事な論点であろう。筆者は、高校生の歴史認識に共鳴するには実験授業のフィルターを通して、高校生たちの理解度や関心、思考力の活用に配慮した叙述や構成にすべきであり、学ぶ側の論理をどう盛り込むのかに関心があった。しかし、一方でそうした学びの重要さは認識しながらも、歴史学的な問題の洗い出しと科学研究の詰めこそまずはじめに行われるべきという主張にも納得がいくのである。両者の主張はともに、共通教材作成にとっての不可欠の視点であろうし、今後より緊密な連携のもとで進められるべきであろう。

二大学間の場合も、その点の限界をもちつつも、共同研究に参加している現場教師によって実践を交えながら進められたものであり、一定度の配慮はなされている。しかし教育学的な検証は今後の課題となっている。また教育現場への広がりという課題意識は十分に共有できなかった点はあろう。

韓中日の教材作りに参加した金聖甫氏は、「この本を中高で正式に副教材として採択し、教師と生徒が最初から最後まで共に読んで討論したという事例にはまだ接していない」[10]とし、一部を読ませ感想を書かせる程度としている。少数の関心ある教師が、その一部分を取り上げ授業を行い、意義があったとの評価は下されているが、今後の広がりは課題であろう。現実に日本・韓国・中国といった受験競争の激しい地域での、試験以外の学習や学習指導要領等の国の基準に縛られる三国では、学校教育の場において取り上げていく余裕はない。政治運動としてではなく、副教材が教育改革運動と連携して「学び」の視点を重視していくことが、一つの拡大していく道とも思われる。

二〇〇一年の教科書問題は、他にもいくつかの共通教材作成の動きを刺激した。この動きは、日本のナショナリズムの台頭に対する東アジア諸地域の連帯による、一つの対抗的な市民交流運動としての性格を担っていた。したがって「この作業は始めから日本帝国主義の侵略に対する批判的な姿勢を基本的な前提として始めたために、侵略自体に関する論争はなかった」[11]という点で、参加した日本人も日本の加害性を十分に理解した人々の参加による共同編集であった。日本の戦争責任を自覚化できる人々でなければ、こうした仕事は不可能であったろうし、そこには日本政府の歴史認識に立ち向かう革新的市民運動としての性格をもっていたのである。しかし、この点に対する限界は予想でき、現内閣の歴史観は、これらの成果をどれほど共有財産として認知していくのかという問題にも関わっている。共通教材が基本に据える「侵略」と「抵抗」という枠組みだけでは多くの人々の歴史意識が共有されにくいという現実がある。私たちは、こうした現実にどのように向き合っていけばよいのか、国を越えた対話の継続と共に、新たな枠組みの構築も必要に感じる。

東アジアにおける和解とは何か、またどのように進めるべきか以下検討してみたい。一つは、歴史教育の素材研究に関わる視点、つまり民族和解として歴史教育の視点について、二つは、児童・生徒たちの認識過程の基盤である東アジア型「学力」から検討したい。

2　和解のための歴史教育の課題

(1)　民族和解の歴史研究から学ぶ

一九九〇年からの日韓歴史教科書研究会の共同研究も、西ドイツ―ポーランド間の歴史和解のための共通研究の成果である教科書改善のための「共同勧告」をモデルとしていた。[12] 東西冷戦時代も、重要な対話のパイプとして機能してきた教科書改善の共同研究は、もとより参加した両国研究者同士の相互信頼の上に進められた。

第二次大戦中のドイツの蛮行は、否定されるべき歴史としての前提に立ちつつも、ドイツ側からの主張もポーランド側に提起された。戦争責任の反省から徐々に共通の歴史をもちうる可能性を探究するのである。またたんに近現代史だけに止まらない先史時代からの歴史叙述が問題となった。提起された二六項目は、全時代にわたるものであり、たんに近現代史に限定したものではない。

民族和解のための歴史教科書叙述の改善は、ドイツだけではなく、イギリスやフランスなどの植民地競争の中心にあった国々が共通に迫られる問題である。フランスのアルジェリア、マダガスカル、ベトナム問題など、その侵略・植民地支配責任に対する記述は十分ではなく、自国の加害性の問題は不十分な認識との指摘がある。[13] イタリアにおいても同様の指摘がなされている。[14]

その点に関わり近年、悲惨な「民族浄化」が謳われた旧ユーゴのボスニア、ヘルツェゴヴィナ紛争は、私たちに民族へのこだわりの意味を再考させる契機となり、依然として紛争の後遺症が解決されない現状に戸惑いを感じている。ボスニア・ヘルツェゴヴィナは民族和解への挑戦が進められるが、その問題の難しさを感じさせている。[15]

ユーゴスラヴィアが崩壊の瀬戸際の一九九〇年に発刊された歴史学者ドラーゴ＝ロクサンディチ『クロアティア＝セルビア社会史断層――民族史を越えて』は、私たちに多くの示唆を与えてくれている。日本語訳されたことの意義は大きい(16)。

ロクサンディチは、「たえず『新しい歴史』の可能性を追求していれば、セルビア史学とクロアティア史学を分ける、多くの『永遠の』対立にしても、民族的イデオロギーのものさしで誰がどれだけ『勝った』『負けた』といった評価をくだす風潮とは距離をおきながら、研究の俎上に乗せることができる。『新しい歴史』は、クロアティアとセルビアの歴史が出会い、交じり合った――しかも出会いや交じり合いの形式には全く囚われずに――歴史的な事象や過程の研究にも応用できることは確かである(17)」と述べ、「新しい歴史」、つまりフランス・アナール学派の社会史研究の方法的視点に学びながら、民族主義的な相対立するセルビア史学とクロアティア史学を統一することが可能であり、さまざまな形式と内容の歴史の出会いや融合した出来事にこの新しい社会史が適応できるとした。ここには最新の歴史学の方法的な導入による可能性が語られるのである。

その上で、次のように続ける。「『最も微妙な』問題、たとえばこの論集でいえば一九一八年から四一年のユーゴ社会における大セルビア覇権主義や同様の民族主義の研究でさえも、こうした『良い』民族主義や『悪い』民族主義といった考え方に立たないような、科学に忠実なアプローチをえらび、感情的な思い入れやイデオロギー的な動機を排していけば、科学や倫理の要請に応えたものになるだろう」と述べ、良い民族主義、悪い民族主義といった区分を避け、科学に忠実な分析を進めることこそが重要としている。社会史研究が神髄とする科学研究の可能性を指摘する。総論的に次のように続ける「政治的、イデオロギー的な歴史が、あらゆる人間的な可能性に満ちた社会史に変われば、『新しい歴史』によって、クロアティア史とセルビア史の境界、とくにクロアティアにおけるセルビア人の歴史を本来の人間的で、人類学的な次元で、あるいは別の視点でも比較可能な事象を考えることができる。それも、研究の中身を考えるだけでなく、セルビア史学とクロアティア史学の支配的な傾向に合わせながら、再構成することができる。そのような姿勢さえ保っていけば、私自身クロアティア、セルビア双方の史学における『新しい歴史』の発展にたえず参加することができるだろう」

彼の主張は、『新しい歴史』におけるセルビアとクロアティアの歴史研究の深く文化横断的な、また多文化的な意味を見出すとともに、そのことはどの民族の歴史もアイデンティティを失うことなく、互いが認識しやすくなり、説明や理解も容易になるという点に特質がある。それこそがまさにヨーロッパ的なものにもなりうることであるとしている。ロクサンディチの「民族和解」論は「結局は『新しい歴史』によって、あらゆる民族的伝統に対して科学的な精神で向き合う能力さえあれば、『民族和解』につながるだろう」という可能性に期待するものとなっている。

彼の歴史研究は、民族対立が激化し、紛争勃発直前という緊張状態のもとでの歴史研究の課題を提起したもので、その主張には切迫感があった。その民族和解の研究は、方法的にそのまま日本と東アジア諸国の関係史や共通教材のあり方に直結はしないが、それでも多くの示唆を与えてくれる。

第一は、当然和解の前提は、過去に対する日本政府の真摯な姿勢が明確にされていることである。すべての問題深化の前提になる。

第二は、民族和解という視点である。民族和解という枠組みで、その中に歴史認識をとらえていく発想である。共通教材が対抗策ではなく、「どの民族の歴史もアイデンティティを失うことなく」という点での議論の深化の必要である。この点で、中村哲氏が主張するような植民地期に行われた韓国・中国・台湾などに対する日本資本による社会資本の整備と戦後の経済成長への貢献も、記述していくべきとの主張も検討すべき課題として提起されている。[18] そうした問題に対しても避けるのではなく、冷静な論議が求められる。

第三は、ロクサンディチが語るように、歴史的現象が、行政や政治による区分の呪縛から解放され、その『深層』から解明されるとき、社会史としての意義をもつとともに、和解への道も開けるという点である。つまり歴史研究を科学的な民衆生活史として描き出すことの意義を検討することであろう。

以上の理解から、日韓の歴史教育をめぐる共同研究の成果を振り返ると、それなりの成果を上げてきていると評価できる部分も少なくない。また近年の日本の歴史学研究の中にも、それに応える新しい視点や提案がなされ続けている。先史・古代における朝鮮半島と日本列島との地域間交流を具体的発掘や資料から検証したり、古代・中世・近世の中国との事大関係、冊封関係の再考、中世期における日本海域におけるマージナルな民の諸活動の存在、江戸時代における朝鮮系士族の存在、美術史・生活史関連資料の共通性発見、文化の相互伝播等、いわゆる政治史を超える歴史研究と歴史教育教材の開発が一定程度示されてきた。いわば文化・生活史的視点から考えてみることも重要であろう。

具体的な史実の認定をめぐっては日韓間でも激しく対立するところもあろう。たとえば、古代日本との交流の質、高麗時代の三別抄の闘いの位置づけ、後期和寇における朝鮮人の参加の有無の認定、朝鮮時代の中華意識の日韓の差違、近現代史における諸事件の評価等の問題が指摘されている。一つひとつの議論の積み上げは重要な点であろう。

その上で、こうした問題を超えていくためには、東アジア地域形成の視点が重要なテーマとして取り上げられるのが自然の流れであろう。東アジア地域像に関しては、さまざまな主張があろうが、おおかたはそのことを肯定的に見る論調である。(19) このなかでも政治史的視点重視の姿勢を脱却して民衆史や地域史の視点から和解研究を進める場合、民衆生活の共通性と異質性を探求しうる地域史研究が必要に考えられる。以下、その点を述べておきたい。

（2）歴史教育の革新——地域の民衆意識の共通性（木村礎の課題）

戦後日本の地方史研究を牽引してきた木村礎は、すでに一九七〇年に次のような地方史研究と東アジア史との関連を語っている。

「村落史は元来、勤労農民という、地球上においてはきわめて一般的な存在について研究するものである。したがって、それは地球上の多くの民族・社会・国家においてそれぞれ可能である。虚心の比較史的研究（中略）が元来可能な分野であり、能力さえあれば、世界史的な視野で研究することこそが最も好ましいものなのである。そして、そのような視野の中で、それぞれの民族・社会・国家の村落史を位置づけるべき性質のものである。（中略）繰り返して言う、徳川家康を調べるには日本史を学ばなければならないが、村落史を追究するには日本史だけである必要はないのである。（景観の客観的な復元から民衆と権力の関係を冷徹に分析する—坂井）冷酷に客観的に言えば村落史とはそのようなものなのである。しかし、自国の村落史を追究し、そのことによって自国の歴史的特質を把握し、その中に自らを位置づけようとする仕事は言うまでもなく行うに足る仕事である。

村落史というものは、右のような世界史的性格を元来持っているものなのだから、日本村落史という問題を追究するに当って、最小限東アジア史、できればアジア史全体の中にそれを位置づける努力が必要である。」[20]

すでに三六年前の段階での木村の日本の村落史研究の視点が示されているが、この点は日韓の共通の教材をつくる上でもじつに示唆に富む視点を提供している。つまり「国家史」と「村落史」とを区分し、村落史の研究は世界史的普遍性や共通性をもち、そうした共通性と特殊性を含めた比較研究が重要であるという点である。その基礎として忠実に過去の集落の景観を復元していく景観史学の必要を言うのである。景観史学を基礎とした比較研究ということになる。

以前筆者は別の機会に、韓国の歴史認識の特質として伝承を基盤とする民衆史の中に日本の侵略が登場し、再生されてきたことを指摘したことがある。たとえば、韓国の地方に旅行するたびに、日本の壬辰倭乱（秀吉の朝鮮侵略）などの侵略軍に立ち向かった義兵将の顕彰碑を目にすることが少なくない。こうした義兵は、日本との関係史を通じて、今日まで伝承されてきた。地方にはこうした「義兵祭」なども毎年行われたりしており、日本に対する歴史認識、時には反日意識を生み出す側面も指摘できる。翻って、日本の地方の義民伝承なども権力に対抗する精神的支柱として継承された側面も指摘できる。こうした義民伝承史を日韓で比較することは、歴史認識の広がりをもたらすものであり、木村の言う景観の復元とともに歴史の深層を考えることを可能にする。(21)

いわば民衆生活史の視点から東アジアの歴史的な共通・共存性を探求していく木村史学の世界史認識ということになろう。こうした歴史研究の可能性は、ロクサンディチの「新しい歴史」の研究と相通じる点があり、社会史としての手法、資料の活用が求められるのであろう。双方の国民国家史の中から日韓、日中関係の政治史部分を抽出し、歴史研究、歴史教育の議論を重ねることは重要だけれでも、他方でこうした民衆生活史の共通性と異質性を探究する基礎研究が求められるように思う。(22)そのことが東アジア地域像形成に向かう歴史教育の道とも考えられる。社会史、景観史、民衆生活史、社会意識の解明等についての基礎研究の進展を踏まえ、歴史教育も今後共通に向き合う課題とも言える。

以上の点を大きな前提として、次に視点を転換して教育学の立場から、つまり児童・生徒の認識形成という点から東アジアの共存・共生という問題を考えてみたい。

3　東アジア像を教育学的に考える

（1）　児童・生徒にとっての地域像・歴史像

歴史教育において時代像形成とか東アジア像形成が話題となる。こうした問題に対して児童・生徒の視点から、つまり教育学的な視点をどう盛り込むかは新たな課題であろう。

しかし地域歴史像を生み出す主体としての児童・生徒の側から考えるといっても、事はそう容易ではない。児童・生徒にとって東アジア像とはいったいどのような時代像、地域像なのであろうか。また児童・生徒たちの認識過程にとって共通に確立しうるものなのであろうか。また私たちが時代像形成といったとき、子どもたちにとってはどのような具体的内実を求めているのか、意外にもその点の詰めが弱いように思われる。子どもたちの社会意識のあり方、問題関心、理解可能な歴史用語や関係性理解、他地域への想像力といった多岐にわたる教育的論点が検討されていかなければならない。

構想される共通「教材」は、あたかも地理教育の空間認識形成における情報源としての地形図と同じ、情報提供するものとして位置づけられ、その情報を駆使して児童・生徒が東アジア社会のイメージ・マップを創造していく営みであろう。この地域歴史像創造の営みは、科学的な思考とさまざまな資料を解析・解釈したり、表現するスキルとが重要になってくる。教科としての歴史教育の立場からすると、こうした思考力形成とスキルの錬磨とが強く求められるのである。この思考力形成とスキルの錬磨こそが、東アジアの和解のための基本的に育成すべき歴史教育の目的とさえいえる。それは新しい歴史や社会史研究の提言する民衆生活の科学的な探究であり、その基盤としての諸能力、諸スキル活用の重要さと相通じることが指摘できる。

（2）「空間認識」の研究から学ぶ

地理教育における空間認識の拡大・深化の研究は、相当量の実証研究の積み上げがある。小学校低学年での空間認識から小学校高学年、中学・高校までの地形図からの空間構成力の育成まで、それに必要なスキルの系統的・発達的研究も進められている。さまざまな情報が盛り込まれた地図から学習経験と生活体験のフィルターを通して、それぞれの子どもが空間イメージを創造する作業である。私たちは地形図から巧みに地域空間の立体的な構成をいとも簡単にする子どもを見る。おそらくそうした子どもたちは、地学などの天体空間の学習への想像力にも高いものがあり、空間認識はさまざまな学習展開の重要な思考ともいえるし、空間認識の深化は抽象度の高い、レベルの高い思考操作ともなっている。ある面では、算数・数学の論理的思考とも類似した高度の内容といえる。歴史学習の場面での時代観形成も、こうした空間認識に類似した思考力が求められる。

いわば「歴史年表」は時間的尺度とその変化にかかわる思考であり、「歴史地図」は、その時代の空間的認識による理解といえる。いずれも構成主義の立場からしたら、個々の児童・生徒の経験的なものの違いがあり、相対的な認識といえるが、経験の足場の差異はあっても思考力という点では共通に育成されるべき学習対象であることは間違いない。つまり時代観形成は、一種の「縦」「横」の抽象思考をともなうもので、その点の自覚が教育学的には不可欠と考える。[23] なお空間認識は、心理学的にも重要な知能の一つとして提案されており、知能観にも関わっている課題である。[24] その意味で教科教育学としての歴史教育が今日突きつけられている「学力」問題への解決の一つの視点ともいえるのである。

（3） 東アジア社会と「学力」の共通性

さて、友好のための東アジア理解を基軸とした歴史教育の実践研究をふり返ると、本論の前者で論じてきた教材部分に傾斜した立場と、後者で論じた授業過程を重視した立場に分けることができる。こうしたアプローチの分解は、前者が結局は歴史研究者や市民活動家が中心になり、後者が歴史教育研究者や教師たちが中心になる傾向にある。この二つの研究の重点の差違は、それはそれで実際的に進められてきたことは意味あることであり、また日韓、日韓中などの共同研究の推進のある段階までは、こうした教材のあり方と授業のあり方を別個に検討していくことも必要なことであろう。

しかし、今日の新自由主義が席捲するもとで、改めてその功罪を含め東アジアの立場から再検討してみるとき、アジア、なかでも東アジアは「圧縮された近代化」を急速に遂げたり、遂げつつある、という共通理解をもち、教育現象の共通性が如実に示されていることを自覚すべきと思う。つまり東アジアの共通の価値ある「学力像」や反対に「教育問題」が指定できるならば、本論に関わっては教科の「学力」イメージの革新が必要になっている。日本、韓国、台湾、シンガポールなど急速に経済的発展を成し遂げた国々では、国際学力調査でもトップクラスの位置にあることはよく知られたところである。しかし、こうした学力の高さも経済成長という目的に支えられてきた面があり、今までのような近代化がある水準に達しつつある時点で、子どもたちのさまざまな課題が噴出しはじめている。日本の事情を見たときにも、知識獲得型の教育では限界があり、新たな学力像を求める声が高まっている。創造性や探究力、思考力、表現力、生活力のスキル等、各種の提案がなされている。[25] 東アジアの「学力」問題を共通の因子でとらえたとき、空間認識や時間認識の形成、スキルや思考研究は、これからの教科教育の重要なテーマとして見ることができる。

そうした「学力」イメージの革新と歴史教育固有の課題、つまり日本の侵略や植民地支配の加害性に対する戦争責任問題とを結びつけていかなければ、地域共同体としての相互理解・依存、分かち合いの精神は育っていかないと考える。いわば総体的に東アジア市民としての教育を推進していく段階となったといえる。

東アジア型の成長モデルに支えられた教育システムを改変せざるをえない状況にあり、その結果として東アジア諸国が競争的な環境やある種の序列化から解放され、あわせて相互協力の関係を構築するための歴史教育になっていくのであろう。

まとめ

「歴史和解」という課題は、たんに歴史認識に限定された問題ではなく、より現代的な諸課題、実際的には東アジアの環境・資源問題、人的異動の問題、経済格差、人権抑圧の解決、自由貿易体制による経済統合と各国の自立、さらには学生交流の促進など、多様な場面での交流と知恵の出し合いによる問題解決に関連している。そうした東アジア地域の問題解決のプロセスは、その問題の実際的な解決は重要であるが、人的・文化的交流の促進、かかわる日韓中の人々の相互の信頼関係が構築されていくことがより重要であり、そのためには利害が絡む問題にとっても分かち合いの精神が不可欠であろう。こうした信頼関係構築のプロセスは、当然に過去認識の問題にも自然に向き合うことになると思う。歴史和解とは、歴史認識の反省の問題ではなく、地域共同体を構築する営みともいえる。

註

（1）「和解」ということを考える契機となったのは、二〇〇一年十一月十三日、十四日に開催されたアジア財団日本事務所、フリードリヒ・エーベルト財団共催のシンポジウム『歴史の共有に向けて――戦後ヨーロッパ・アメリカ・アジアの取り組み』に参加して、アンドリュー・ホルバート、ゲブハルト・ヒールシャーの両氏と出会ったときである。ジャーナリスト出身のお二人は、相反する歴史観の和解を長年テーマとしてきた。たんに日韓、日中間の和解だけでなく、日本の中の和解という問題視角があった。シンポジウムの際、藤原帰一は、「日本国内でも、それぞれに急進的な意見が、互いに不寛容に向かい合ってきた」と発言しているように、和解にとっての国内論議は重要なテーマなのである。

（2）この時期、新聞や雑誌等にさまざまな主張が展開されたが、教育学者の傾向として、日本の教科書自体がよくない、より創造的な教科書を模索していくべき、いずれの申請された教科書はすべて問題である、検定制度自体がおかしいといった、政治論を離れたところでの達観した議論を展開する傾向があった。これらの主張は、長期的には意味のある発言であったが、その時点の緊迫した状況のもとでは、教科書執筆者の内面に届かない無責任な発言であったと感じている。

（3）たとえば、日韓共通歴史教材製作チーム『日韓共通教材・朝鮮通信使』（明石書店、二〇〇五年）、日韓中三国共通歴史教材委員会『未来をひらく歴史―東アジア三国の近現代史―』（高文研、二〇〇五年）、日韓「女性」共同歴史教材編纂委員会『ジェンダーの視点からみる日韓近現代史』（梨の木舎、二〇〇五年）、歴史教育者協議会・全国歴史教師の会編『向かいあう「日本と韓国・朝鮮の歴史・前近代編」』（上下　青木書店、二〇〇六年）など。歴史教育研究会は『日本と韓国の歴史共通教材をつくる視点』（梨の木舎、二〇〇三年）、『日韓歴史共通教材・日韓交流の歴史―先史から現代まで―』（明石書店、二〇〇七年）を刊行した。なお共同執筆ではないが、李元淳、鄭在貞、徐毅植著／君島和彦他訳『若者に伝えたい韓国の歴史―共同の歴史認識に向けて―』（明石書店、二〇〇四年）は、子どもたちの視点で書かれた好書である。

（4）日韓歴史教科書研究会編『教科書を日韓協力で考える』（大月書店、二〇〇三年）に研究会の議論の様子がくわしい。

（5）坂井俊樹『現代韓国における歴史教育の成立と葛藤』（御茶の水書房、二〇〇三年）二四一頁

(6) 日韓合同歴史教科書研究会でも、韓国側から日本の現行教科書は戦前の植民史観の延長にあるとの指摘が強烈になされた。日本側は、そういう面も確かにあるが、しかし本質は戦後の出発は戦前の反省の上に立ち、それなりの努力が積み上げられてきたというものであった。
韓国の歴史教育は、時には偏狭なナショナリズムが鼓吹される場合もあろうが、総じて日本人が構築した植民史観を韓国史学や歴史教育から排除していこうとし、そこに真に主体的な韓国歴史教育が確立できると考えてきたのである。

(7) 政府間の取り決めに従った日韓の歴史共同研究は、第一期と第二期があった。とくに二〇〇一年の教科書問題を受け、第二期の研究が三年間にわたり進められ、二〇〇五年五月に詳細な『日韓共同研究委員会報告書』がまとめられた。しかし韓国側の「序文」にあるように、教科書問題から乖離して議論が展開されたことの問題点があり、教科書改善に繋がらない限界を指摘できる。また第一期韓国側委員であった鄭在貞も「歴史教科書について取り上げなかったのは、やや心残りだ」(「和解へ　なお険しい道」朝日新聞、二〇〇五年五月七日)と指摘している。

(8) 歴史教育研究会編『日本と韓国の歴史教科書を読む視点—先史時代から現代までの日韓関係史—』(梨の木舎、二〇〇〇年)、および同編『日本と韓国の歴史共通教材を作る視点—先史時代から現代までの日韓関係史—』(梨の木舎、二〇〇三年)

(9) 金聖甫「東アジアの歴史認識共有への第一歩—『未来をひらく歴史』の執筆過程と韓国国内の反応—」(『世界』岩波書店、二〇〇六年十月号)二二七頁

(10) 同右　二三三頁

(11) 同右　二二六頁

(12) この段階では、西ドイツ—ポーランド間の「共同勧告」が、日韓でも適応できるかをめぐり、日本側では議論を重ねてきた。筆者は、この段階では「侵略—抵抗」の枠組を基本にすえ、日韓間の具体的な問題を検討したり、交流すべきと考えた(君島和彦・坂井編『朝鮮・韓国は日本の教科書にどう書かれているか』(梨の木舎、二〇〇三年))。

(13) ジャン・F・フォルジュ著／高橋武智訳『二一世紀の子どもたちに、アウシュビッツをいかに教えるか?』(作品社、二〇〇〇年)三二—三七頁

(14) 藤沢房俊はフェルナンドン・メッツェッティの報告に対するコメントで、次のように指摘する。「日本あるいはド

イツと関連させた場合もイタリアの戦争責任に対して少し甘すぎるのではないか。イタリアの負の遺産に対する自己批判の欠落があるのではないか。エチオピア、ソマリアの植民地支配の問題、イタリアの加害者としての記憶が欠落しているように感じられます。」〔註（1）シンポジウム『報告書』三一頁〕

(15) ボスニア・ヘルツェゴヴィナのモンテネグロの高校で、民族和解のための学習がしばしばレポートされているが、その教員層はもとより高校生たちは民族意識を強くもち、共存するための和解はなかなか容易でないことを伝えていた。

(16) ドラーゴ・ロクサンディチ著／越村勲訳『クロアティア＝セルビア社会史断層―民族史を越えて―』（彩流社、一九九九年）

(17) 同右、序文（七―一一三頁）。以下の引用も同じ。

(18) 中村哲編『東アジアの歴史教科書はどう書かれているか―日・中・韓・台の歴史教科書の比較から―』（日本評論社、二〇〇四年）

(19) たとえば、鈴木哲雄「歴史教育再構成の課題―歴史教育科目『東（北）アジア史』の可能性―」（歴史科学協議会編『歴史評論』、二〇〇六年十一月号）

(20) 木村礎「日本村落史のこころみ」（『駿台史学』二七、一九七〇年九月、『木村礎著作集VI』名著出版、一九九六年）九頁

(21) 坂井俊樹『韓国・朝鮮と近現代史教育―共生・共存の視点から―』（大月書店、一九九七年）三四―四〇頁

(22) たとえば、神奈川大学二一世紀COEプログラム編『図像から読み解く東アジアの生活文化』（二〇〇六年四月）等の新しい研究視角が提案されている。

(23) 二宮宏之「歴史の作法」（二宮宏之編『歴史を問う4・歴史はいかに書かれるか』岩波書店、二〇〇四年）

(24) ハワード・ガードナーは、八つの知能を想定し、とくに「言語的」、「論理数学的」、「音楽的」、「身体運動的」の各知能に並べ「空間的知能」の重要さを指摘している。ハワード・ガードナー著／松村暢隆訳『MI：個性を生かす多重知能の理論』（新曜社、二〇〇一年）

(25) 東京大学大学院・基礎学力開発研究センター主催のシンポジウム「東アジア的学力の将来―ポスト受験社会的ヴィジョンの形成―」（二〇〇六年十月七、八日）の各報告は、東アジア諸国の抱える学力をめぐる教育諸課題を考える

上で参考になった。ただ共通性＝急速な近代化に対応したこれからの学力像をどう考えていくのかという点に関しては、これからの課題であろう。

第II部

二つの村規約――ムラの近代

白井宏明

はじめに

本論は、千葉県安房郡の一山間農村に残されていた明治二十六年（一八九三）と明治二十七年（一八九四）の二つの村規約（以下本論では前者を「二十六年規約」、後者を「二十七年規約」とする）の検討を通して、日本近代の村落の生活世界としてのあり様を考えてみようとするものである。この場合、生活世界としての村落というのは、実態的には、地方制度と市場という二つのシステムに対応しながら、家を単位とした贈与交換の仕組みである「生活組織」（有賀喜左衛門、一―四頁）として存続していたムラを念頭に置いている。このムラを生活世界として理解するという視角は、J・ハーバーマスの「生活世界とシステム」という図式における「生活世界の植民地化」というテーゼ（J. Habermas, 三〇七―三二六頁）に示唆を受けたものであるが、このテーゼに従えば、日本の近代村落の変動過程は、「生活組織」として存続してきたムラにおける贈与交換の仕組みが、権力と市場によって変質・解体していくという、一種の進化論的な枠組みにおいて理解することができるであろう。もちろんこのようにいうためには、ハーバーマスの図式が独自のコミュニケーション的行為の理論の立場から構成されたものであるから、「生活組織」であるムラが、「了解と合意」を目指すコミュニケーション的行為によって「シンボル的に再生産」される「生活世界」（J. Habermas, 一八―四〇頁）として理解しうるということを明らかにしなければならないが、差し当たりは次のように言っておくことができるであろう。

すなわち、「生活組織」の内実を成す贈与交換は、基本的には慣習的行為として行われてきており、そこにおける「了解と合意」は、ムラにおいて伝承された「常識」を背景にした、いわば民俗的な「自明性」（A. Schutz, 三・四頁）によって担保されていた。だから慣習的な贈与交換に見出される「了解と合意」は、「討議」のような典型的なコミュニケーション的行為を通じて実現されていたというより、むしろM・ウェーバーのいう「伝統的行為」を通じていわば暗黙のうちに実現されていたと考えられるであろう。実は、柳田國男以来の日本民俗学が、民俗の「元の形」あるいは「元の意味」というタームで明らかにしてきたのはこの民俗的な「自明性」の説明であり、柳田はこうした民俗のあり様を「……眼前にあっては極度に平凡なる事態が、一歩過去に踏み入れば忽然として神秘と化して、薄暗い忘却の陰から、多数の無意識の行動を左右している……」（柳田國男、一九四六、三一九頁：傍点引用者、以下同じ）と説明している。つまり民俗の「元の意味」というのは、ほとんど無意識のうちに達成されている「了解と合意」の内容であったと考えられる。

しかし近代に特有な新たな生活条件（特に「合理的」な行政権力と市場）は、それへの人々の対応を通じて、贈与交換における民俗的な「自明性」に問題を生じさせ、「生活組織」にも新たな意味づけを余儀なくさせるという事態を生み出してきたのではないだろうか。これは民俗学的には「民俗の変貌」として現れる事態であるが、この事態がどのような形で生ずるかは、問題となった事柄の性質や状況によって一様ではないであろう。したがってその過程は個別に検討してみなくてはならないが、本論で取り上げる二つの村規約は、土地と労働およびその他の経済的行為さらにはムラの戸数や交際を含む事柄についての規定を含み、またその制定過程において、近世の寄合とは性格の異なる「惣集会」での「討議」つまり言語によるコミュニケーション的行為がそれ自体として現実化される局面があったと推定される。したがってこの過程を通じて実現された「合意」の内容は、それまでの土地所有やそれを基盤とした村人相互の社会関係のあり方に関する民俗的な「自明性」の内容そのものも変容させていると考えられるのである。

その内容が村規約という成文化された理念として伝承されるとき、それは日本の近代に特有な生活世界のあり様を説明するものとなり、そのことを通じて生活世界としてのムラが「シンボル的に再生産」されていくのである。本論が課題とするのは、市場と行政というシステムへの対応がムラの生活世界をどのように変容させてくるのかを、明治期の二つの村規約に示される理念の検討を通じて明らかにすることである。まずは問題とする村規約の提示から始めたい。

1　ムラの理念と生活の利害――「二十七年規約」

一八九四年（明治二十七）三月、当時の千葉県安房郡稲都村山名（現安房郡三芳村山名）の住民は、町村制施行によって成立した山名区の「惣集会」において、全七項目からなる次のような規約を決議した。なお山名区は、藩制村山名村の範囲および社会組織を引き継いでおり、この点は現在まで変わらない。

山名区規約書

明治弐拾七年三月時勢進歩ニ従ヒ本区独立ノ維持ヲ確立シ将来自営ヲ表セン為メ茲ニ区民相会シ左ノ各項ヲ議決以テ規約ト為シ区民ハ之ヲ信用セシメン為メ各自家族迠代表シ記名調印ス本書ハ区民ニ代リ区長之ヲ

領置スルモノナリ

第一項

一　山名区民有土地ヲ区外ヘ売却スルヲ禁ス但シ質地ハ此限ニアラス

理由　本区ハ山間ニ位シ従テ殖産興業ノ道未タ開ケス独農業一派ヲ以テ人々生計ヲ営ム地方ナリ田畑宅地山林原野等ハ本区ノ基本財産独立ノ根源生命ノ父母タリ倘シ此基本莫シトセハ其活路奈何セン夫区民ハ自営ノ欠耗ヲ来シ区ハ衰弱シテ独立スル能ハス豈恐ルヘシ戒メサルヘケンヤ夫レ本区一体ノ土地ハ区有財産衆皆覚悟勿ルヘカラス然ハ土地不動産ハ確然タリ維持ヲ立サルヘカラス曩ニ公法ハ土地所有権利ヲ証明ス此所有者ヲ区外ニ及サン事最モ肝要ナリ抑モ本区ノ如キハ土地ト人口ヲ比較スル時ハ田畑百拾六町壱反八畝八歩之ニ対スル人口八百人ニシテ壱人当リ田畑僅カ壱反四畝拾三歩五厘ナリ壱反歩収穫五俵ト做シ籾米僅カ五石七斗八升弱五分摺リニシテ玄米弐石八斗九升弐合壱人ノ分米斯如シ内肥料地租地方税町村費ヲ差引残米之ヲ衣食住ノ三者ニ分ツ時ハ充分ナラス之レ本区ニ耕地ノ不足ヲ告ルハ明ナリ之ニ因テ之ヨリ先区民ハ区外ニ土地ヲ買入ル事方針ノ一ナリ又区外江土地ヲ売却シタル時ハ区民ノ生活ヲ立ル克ハサルハ前段ノ通ニシテ一朝不幸ヲ来シ土地ヲ売却セントスル時ハ区内ニ就テ売却スヘキ方便ヲ設クル必要ナレハナリ然スル時ハ区外江土地ヲ売却セサルモノニシテ区内ニ存在スヘシ兎角区内ニ土地ノ存在スルトキハ区ノ独立ヲ保チ人命ヲ保全一朝粮ノ不足ヲ告ルト雖モ互ニ貸借又ハ給与就レカ非常ヲ凌クニ足ル道可有トス故ニ区外江田畑宅地山林原野等ノ不動産ヲ売却スルヲ禁シタル所以ナリ

第二項

一　質屋及古着ノ二商ヲ営ム者ハ深切ヲ旨トシ不正ノ所為勿ラシメン事勉ムヘシ

理由　本区ニハ従前質屋古着ノ二商開業スルヲ禁シタルモ自今此制ヲ解テ自由開業スルモノノ質屋ニアリテハ高利貸ニ類スル元来貧者之ニ接近ス時ニ臨ミテ忍フヘカラサル有様普通社会ノ為シ能ハサル所為ナリ

又古着商之ニ次ク仮令両者ハ公法ノ規定アリトスルモ各業倶ニ従前慣行ニ依ル時ハ死者ヲ縊ルコト一般ナリ是等ノ不深切ヲ改メ正直深ヲ旨トシ苟モ不実ノ所業勿ラシメン事ヲ勉ムヘキ茲ニ規約ト為シタル所以ナリ

第三項

一　牛馬売買営業者ニシテ業務上正直ヲ旨トシ苟モ不正ノ所業勿ルヘカラサルヲ勉ムヘシ

一　伝染病流行ノ際此営業者他ヨリ牛馬ヲ引入ルルヲ禁ス犯ス者ハ五拾円ノ違約金ヲ差出スヘシ

一　営業者中ノ壱人取締ヲ立諸般不都合無之様取締ノ責アルモノトス

一　前業者ニ付他人ノ地所又ハ秣山ニ猥リニ牛馬ヲ放スヲ禁ス犯ス者ハ一頭ニ付拾円ノ違約金ヲ差出スヘシ

理由　牛馬売買営業ニ就テハ最モ其取締ノ厳ナル必要アリ何トナレハ該営業ヲ営ムモノハ十中ノ八九ハ無資産家ナリ本業ヲ以テ家政ヲ整理スルモノナレハ単ニ権利ニ心ヲ盡シ正直ノ売買ヲ乱シ素人ト認ムル時ハ不正ノ所業ヲ為スハ十中ノ八九ハ皆斯如シ是取締ノ必要ヲ感スル是ナリ殊ニ本区ハ百余戸ニシテ戸毎ニ牛馬ヲ飼養スル所ナリ又概シテ牛馬ノ骨格性質等ヲ判別スル者ナシ故ニ本区民ニシテ此業ヲ営ムモノハ区民ノ飼養スル牛馬交換又ハ買入売渡シ上ニ付テハ正直ヲ旨トシ仮令他ノ営業者立入タルモ不正ノ所業勿ラシメン事ニ注意ヲ加ヘ飼養者ヲシテ満足ヲ与ヘン事ヲ勉ムヘシ従前ノ例ヲ解禁シタル所以ナリ

第四項

一　諸職人及日雇等ノ賃銭ハ本区ノ集会ニ而定メタル外私ニ賃銭受渡シスルヲ禁ス

理由　職人トハ大工木挽左官屋根葺綿打石工又ハ土方職日雇トハ日毎ニ賃銭ヲ拂ヒ農工商ノ雇入ヲ問ハス賃銭ヲ得テ人ニ便益セラルル者ヲ云皆是等ノ如キハ一定賃額ヲ定メタル時ハ雇人ト被雇人或ハ雇人同士又ハ被雇人仲間ニ於テ彼是賃銭ノ多少ヨリ相互ノ不便不利益ヲ醸生スル莫キヲ保スヘカラス之ヲ一定スル時ハ工者モ雇人モ斟酌ヲ容レサル所他ヲ顧ミル事能ハス故ニ毎年区ノ集会ニ於テ此賃銭ヲ取定メ本区ノ安寧

ヲ規定シタル所以ナリ

第五項

一　諸興行ハ本区ノ許可アルニ非サレハ何人ト雖モ之ヲ執行スルヲ禁ス

理由　諸興行トハ俳優角力手踊軽業曲持諸観物之類ニシテ舞台又ハ外構ヲ為シ木戸銭ヲ申受タル者ハ大ニ不経済ノ極ムル所仮令ハ俳優演劇ヲ興行スルトセハ区内ノ失費幾何ナルヲ知ル由ナシ又俳優者タル其藝アルトスルモ技藝ハ戯ニシテ敢テ男子ノ必要トセス費用ハ充分負ハスルモ該技藝ヲ以テ世中ヲ助クル所毫モナシ無益ノ事ナリ又他ヨリ俳優者ヲ抱ヒ興行スルニセヨ区内ノ冗費思ハサルヘカラス故ニ興行願出ルモノハ先以テ区内ノ許可ヲ受ケヘシ之レ本区取締ノ一端ト為シ規定シタル所以ナリ

第六項

一　分家及他ヨリ転籍ヲ禁ス

理由　本区ハ現在戸数百　戸ヲ以テ独立経営スルモノトシ爾来壱戸ヲ裂キテ弐戸ト為シ又ハ他ヨリ転籍スルヲ禁ス但滅家ヲ再興スルハ区民ノ承諾ヲ得ル時ハ本文ノ限リニ非ス

一　此規約ニ違背シタル人ハ区ノ交際ヲ断絶スヘシ

理由　総テ規約ト為シタル各項ニ就キ故意ヲ以違背シタル時ハ本区内一般ノ交際ヲ止メ仮令ハ婚礼其他祝賀ニ係ル事一切又葬儀ハ死去ノ弔祭供養諸講社或ハ平素ノ交際迠及ホシ背ク者壱人壱家止リ決テ右参与セス交際断ヲ以テ規約ニ違背シタル徳義上ノ責ト為ス所以ナリ

明治廿七年三月

（以下「記名調印」一二八名　略）

大変長い引用になったが、この規約書は、現在三芳村指定文化財として保存されている山名区有文書中に含まれているものであり、以下本論において提示される資料は、特に断りのない限り、この区有文書からの引用である。見られるように形式的には六項目の規定であるが、最後の第六項は戸数制限と罰則規定であるから、それぞれを異なった内容の規定と考えれば、実質的には七項目の規定からなる村規約である。第一項から第四項までは、それぞれ土地の売買、質屋・古着商の営業、牛馬売買の営業、職人・日雇の賃金といった貨幣を媒介とした市場的取引行為を規制する規定、また第五項は「諸興行」を禁止するいわば節倹規定から成っている。ただこの第五項も貨幣支出を伴う行為であるから、第六項を別とすれば、基本的には市場的取引行為のムラによる規制を内容とする村規約である。

こうした村規約が明治後半期に登場するのは、福田アジオが指摘するように（福田アジオ、五二―五四頁）ほかにも例があり、基本的には明治初年の一連の制度改革によってもたらされた生活危機へのムラからの対応であったと考えられる。このことは「時勢進歩ニ従ヒ本区独立ノ維持ヲ確立シ将来自営ヲ表セン為メ」というこの村規約の前文からも読み取られるであろう。

またこの村規約が、この後、山名において規範として機能していたのは、次のような事例から確かめられよう。たとえば第四項は職人および日雇等の賃金のムラによる統制であるが、区有文書中に残された一八九七年（明治三十）以降の『惣集会決議録』の中で、大正期まで毎年この賃金額が決議されている。また第五項の諸興行の禁止については、戦後青年会が芝居興行を計画した際に、区の長老から「山名では興行は禁止されている」として実施できなかったというエピソードがある。これは昭和四十年代の聞き取りによるものであるが、その際にこの規約書が示されたわけではないが「そういう決まりがある」ということであったという。これなどはこの規約が伝承された規範となっていたことを示すと思われるが、一種の法規として意識されていた事例として、第六項の戸数制限の規定が、一九三七年（昭和十二）の「惣集会」で廃止されたことを挙げることができよう。共有地の権利金を支払うことを条件として、分家・転籍の制限が解除されたのである（『惣集会決議録』一九三七年）。

もちろんこうした事例はこの規約の実効性をただちに示すものではないが、この規約が「ムラの決まり」として、戦後期までも山名の人々に意識されていたものであることを示しているであろう。つまりこの規約は、山名というムラの近代のあり様を示す素材として扱うことが可能なのである。加えてこの規約には、規定された各項目に「理由」が付されており、各項目の規定をもたらした考え方を知ることができる。その詳細は以下に検討するとおりであるが、とりわけその第一—第三項までの「理由」には、優れて理念と呼びうるムラについての考え方が示されており、これが近代において伝承されていたということは、この理念によって「シンボル的に再生産」される生活世界としてムラを理解することを可能にする根拠となる。

さてそこで第一項（区外への土地売却禁止）であるが、その「理由」からは、土地に対する高い価値付与（「独立ノ根源生命ノ父母」）と、土地からの収穫をもとにした生計費計算（「抑モ本区ノ如キハ土地ト人口ヲ比較スル時ハ……壱人ノ分米斯如シ内肥料地租地方税町村費ヲ差引残米之ヲ衣食住ノ三者ニ分ツ時ハ充分ナラス」）から窺えるように、自給的農業を基盤とした生活維持への強い希求を読み取ることができるであろう。この希求を背景として、私的所有の対象となった土地（「曩ニ公法ハ土地所有権利ヲ証明ス」）に、「夫レ本区一体ノ土地ハ区有財産衆皆覚悟勿ルヘカラス」という総有とも言うべき意味づけを与えて、区外への土地売却を禁止しているのである。法制的には私有の対象である土地に総有という意味づけを与えているのであるから、個々の土地所有は一種の「分有」（K. Polanyi, 二七〇頁）として意味づけられることになろうが、こうしたムラと村人による土地の総有（分有）という意味づけを前提として、「一朝粮ノ不足ヲ告ルト雖モ互ニ貸借又ハ給与就レカ非常ヲ凌クニ足ル道可有トス」というわけである。これは相互扶助つまり贈与交換による究極的な生活維持であろう。ムラは、まさに理念として、贈与交換を実現すべき世界として捉えられているのである。

もちろん、当時の生活の現実において、市場的取引は不可欠であった。実際のところ、たとえば一八九〇年（明治二十三）の「地方税中商業税」の賦課名簿（『令達綴』）には、「第一期」分として一三名が記載されており、ほかにも「工業税」一三名、「飲食店税」二名、「行商税」四名、「職工税」一〇名、「荷車税」四名などが記載されている。「商業税」の内訳は不明であるが、聞き取りでは、以前に「高利貸」や「博労」をやっていたという家が数軒確認されているのである。また主要な物産である米麦については、館山の「コクヤ（穀屋）」が家々の庭先まで買いに来ていたという。米穀や肥料の売買がなければ、第一項「理由」にある土地からの収穫を基盤にした生計費用の計算も成り立たないであろう。ただ贈与交換を理念とする立場からは、これはできる限り制約する必要があることになる。どのような制約ができるかは、市場的取引行為が現実の生活にどの程度浸透しているか、また人々が理念による制約をどの程度許容できるかという利害状況に依存することになろう。

第一項「理由」では、たとえば区内の土地の売買について、「土地ヲ売却セントスル時ハ区内ニ就テ売却スヘキ方便ヲ設クル必要ナレハナリ」と述べながら、それがどのような「方便」であるのかは語られていない。区外への土地売却を禁止しているのであるから、「不幸ニシテ」土地を売却せざるをえないときには、区内について、土地を手放す側に有利になるような、したがって売りやすくするような「方便」ということになろうが、それについては述べられていない。実際の売買場面では様々な利害が交錯することになると予想されるのであるから、簡単に決められなかったというのが規約制定時の状況であったと思われる。そのためか、規定には「但シ質地ハ此限ニアラス」といういわば例外規定がつけられている。つまり質地を通しての区外への土地所有の移動は容認しているのである。質地は売買そのものではないとはいえ、質流れを通じて土地所有が区外へ移動する可能性を認めるのであるから、これは実質的には規定の「抜け道」であろう。

こうした検討は、文言上の細部にこだわったという嫌いもあるが、しかしこうした理念と利害の相克を窺わせるのは第一項に限らない。第二項は質屋と古着商の営業に関する規定であるが、その「理由」の文言からは、「質屋ニアリテハ高利貸ニ類スル元来貧者之ニ接近ス時ニ臨ミテ忍フヘカラサル有様普通社会ノ為シ能ハサル所為ナリ又古着商之ニ次ク……各業倶ニ従前慣行ニ依ル時ハ死者ヲ縊ルコト一般ナリ」といったほとんど嫌悪といってよいほどの排斥感情を読み取ることができるであろう。しかし規定は「深切ヲ旨トシ不正ノ所為勿ラシメン事勉ムヘシ」といういわば倫理規定に留まっているのである。しかも「理由」の最初の部分で、従前禁止であったものを解禁する旨を述べて、解禁する上は「深切ヲ旨トシ……」という続きになっているのである。これはこれら二商の営業を制約する理由ではあるが、解禁する理由は述べられていないのである。先にも述べたように、聞き取りではムラに「高利貸」がいたということであるし、実際の生活において質屋や古着商は利用されていたのである。

第三項の牛馬売買営業についても同様に、「該営業ヲ営ムモノハ十中ノ八九ハ無資産家ナリ本業ヲ以テ家政ヲ整理スルモノナレハ単ニ権利ニ心ヲ盡シ正直ノ売買ヲ乱シ素人ト認ムル時ハ不正ノ所業ヲ為スハ十中ノ八九ハ皆斯如シ」と「理由」で述べながら、規定の最初は「業務上正直ヲ旨トシ苟モ不正ノ所業勿ルヘカラサルヲ勉ムヘシ」という倫理規定なのである。ムラの中にこの営業者があったことは「理由」の文言からも明らかであり、ここでも実際の生活の利害において彼らが利用されていたことが窺えるのである。

第二項、第三項で取り上げられている商取引への強い排斥感情は、第一項で読み取った贈与交換を基軸とするムラの理念からすれば、確かに整合性をもつように思われるが、しかし実際の生活において利用され、しかもムラの中にこの営業者がいたということを考えると、規定上その営業が倫理的な制約に留まっているとはいえ、むしろ理念の方が上滑りしているような感すらある。つまり理念と利害とが齟齬をきたしたまま、一つの規約の中に同居しているように見えるのである。

これらと比べると、第四項、第五項は、同じく貨幣を媒介とする経済行為に関わる事柄ではあるが、こうした齟齬が窺われない。第四項は職人・日雇等の賃金の統制であるが、この統制の理由は、「彼是賃銭ノ多少ヨリ相互ノ不便不利益ヲ醸生スル莫キヲ保スヘカラス」という文言に窺われるように、競争の排除による「ムラの平和」のためなのである。競争の排除は、小土地所有に基づく自給的農業にとっては、貨幣支出の抑制という点で利害に適い、それによる日雇賃金の低さは、自分が雇われる側になることがあるとしても、そうした利害はむしろ労働者としての利害であり、小土地所有者のそれではないであろう。つまり小土地所有に基づく自給的農業を基軸とするムラにとっては、労働者の利害がそれとして、その理念と対立して表れる条件はないと思われるのである。

また第五項は諸興行の禁止であるが、これはいわば節倹規定であり、これは貨幣支出の抑制という点で、自給的農業の利害とは親和的であろう。もっとも「理由」の文言にある技芸に対する否定的評価（「該技藝ヲ以テ世中ヲ助クル所毫モナシ無益ノ事ナリ」）が、どの程度容認されていたかは疑問である。というのも一八九一年（明治二十四）の『令達綴』の中に、コレラ流行中のため出張を見合わせるようにという稲都村長からの通達（十月九日付）文書があり、その中で「演劇興行中ノ山名区」では「充分注意」するようにとの文言があるからである。つまりこの規約の三年前には「諸興行」も行われていたのである。この事実は、先に述べた聞き書きによる戦後エピソードとは対照的であるが、このことは、規約に窺われる自給的農業と贈与交換の理念が、当時のムラの中から生み出されたというより、外部から持ち込まれたことを示しているようにも思われ、この点は後に検討する。

いずれにしても、以上の各項目の規定を貫く自給的農業と贈与交換の理念は、最後の第六項の二つの項目からも窺うことができる。一つ目は戸数制限の規定であるが、「理由」にいう「本区ハ現在戸数百　戸ヲ以テ独立経営スルモノトシ」という文言は、自給的農業による生活維持の希求という理念からして、ある種当然の帰結とみることができよう。ただしここでも固定する家数が「百　戸」と空欄のままになっているのが奇妙である。「記名調印」の戸数は一二八戸であり、また幕末期の『宗門改帳』では一四〇戸であるから、前者を規約制定時の現住戸数とすれば、明治前半期を通じて山名の家数はかなり減少していたことになる。

この点に関連するのは「カドをとる」という慣行である。これは昭和四十年代の聞き取りによるものであるが、この慣行の中身は、この項目の「理由」にいう「但滅家ヲ再興スルハ区民ノ承諾ヲ得ル時ハ本文ノ限リニ非ス」に対応するものである。明治期の戸籍書類には「死籍相続」という文言で表れるものであるが、聞き取りによれば、「跡が絶えた家の土地や建物はムラが預かり、他の家から独立する者がある場合に、その絶えた家を継ぐという形で分家する」というもので、これを「カドをとる」といっていたという。この場合土地や建物ばかりではなく姓名や付き合いも、絶えた家のものを引き継ぐことになっていたといい、実際に「カド」をとったという伝承のある家の本家は、実親の家ではなく、継いだ家の本家であると意識されていた。これは近世における欠落百姓の処理に関わる慣行かとも思われるが、実際に「カドをとった」家として知りえた家が分出したのは明治後半のことであり、明治前半に分家したことが確かめられた家には、「カドをとった」という伝承はなかった。ただし大正期以降の分家にはこうした事例は確かめられていないのだが、こうした事例からみるかぎり「カドをとる」というのは、どうやらこの規約以降の慣行のように思われる。

もちろんこの規約の規定が、近世の欠落百姓の処理方式を引き継いだものとみることもできるが、この場合には、維新以降の明治前半期にはそれが解体していたということになろう。この点はこの規約のルーツを考えさせる材料となるであろうが、それは後に検討することとして、差し当たり問題となるのは、固定する家数の記載が空欄を含んだままになっていることである。この規約以降の『惣集会決議録』には家数に関する決議は見当たらず、また「カド」というのは、たとえば「ムラ仕事にはカドのない家も出ることになっていた」というような使い方がされる言葉で、ムラの一軒前を意味するフォークタームであるが、ムラ仕事に関するこうした聞き書きからすれば、ムラには「カド」のない家も居住していたのである。なお先に述べた明治前半期の分家は「カドのある家」と伝承されており、いずれにしてもこうした事情を背景にすれば、この規約制定時に固定する家数について問題となったことは確かであろうと思われ、この点は、次に検討する「二十六年規約」の同一の項目の「理由」で、この家数が「百四四戸」と記載されていることからも裏打ちされるであろう。つまり固定する家数（つまり「カドのある家」）を巡って家々の利害が交錯して、決められなかったというのが実際のところであったと思われるのである。

次に第六項二つ目の罰則規定であるが、「理由」にみられるようにこの罰則は「仮令ハ婚礼其他祝賀ニ係ル事一切又葬儀ハ死去ノ弔祭供養諸講社或ハ平素ノ交際迠及ホシ」という交際停止であり、俗にいわれる「ハチブ（八分）」より徹底している。ここでは贈与交換を内実とする生活組織そのものからの排除を規定しているわけで、この規約を貫く理念が、いわばストレートに表明されていると考えられ、この理念は、無意識的な「了解」の背景となる民俗的な「自明性」を越える理念として「合意」されているのである。

2　二つの村規約の異同——「二十六年規約」の検討

すでに述べたように、山名には、前項で検討した「二十七年規約」とは別に、明治二十六年四月の日付をもつもう一つの『山名区規約書』が存在している。「二十六年規約」である。この規約書は日付が「二十七年規約」の一年前というばかりでなく、取り上げられている項目も「二十七年規約」と同一であり、その内容も、第一―第三項および第六項戸数制限項目の家数を除いては、文言まで同じなのである。但し各項目に項目番号はついておらず、第六項の二つの項目の順序が入れ替わっている（以下項目名は、便宜的に「二十七年規約」のそれに従う）。また「二十六年規約」では、前文における「各自家族迠代表シ記名調印ス」という文言にも拘らず、この「記名調印」が付されていない。こうした点からみると「二十六年規約」は、「二十七年規約」の「予定案」であったと思われる。

ここで「予定案」といったのは、明治三十年代以降の『惣集会決議録』に「予定案」と記した文書が含まれていたことによるのであるが、聞き取りによると「惣集会」には、「予定案」が役員によってあらかじめ作られて、それが提案されていたというのである。こうした方式がいつから始まったのかは明らかではないが、「予定案」

には項目ごとに「可決」という文字が書き加えられており、その文書が「決議録」として残されているのである。「二十六年規約」には「可決」や訂正の書き込みはないが、上に述べた「二十七年規約」との対比からみると、これが「予定案」であったことは間違いないと思われる。つまり一八九三年（明治二十六）に一度「惣集会」に提案されたが合意に至らず、いくつかの変更を経て、翌九四年（明治二十七）に改めて提案され合意されたのが「二十七年規約」であったと判断されるのである。

だから「二十六年規約」を「二十七年規約」と同等な村規約として扱うには一定の留保が必要であるが、「二十六年規約」については、その第一項についてだけであるが、福田アジオがこれを村規約として扱い検討を加えており（福田アジオ、五二・五三頁）、また詳細は次節で検討するが、この規約の第一項の内容は、成文化されないまま一八九一年（明治二十四）には申し合わせとして規約化されていたと判断される節もあり、「予定案」という留保をつけつつ規約として扱いたい。

そこで「二十六年規約」の内容の検討であるが、上にも述べたように、「二十七年規約」と内容が異なっているのは、第一―第三項および第六項の戸数制限の項目であり、第六項については前節で検討したので、以下には、第一―第三項について「二十七年規約」との異同を提示する形で各項目の検討を行いたい。

第一項

「二十六年規約」の規定は「山名区民有土地ヲ区外ヘ売却スルヲ禁ス」だけであり、「二十七年規約」にある「但シ質地ハ此限ニアラス」という例外規定はない。また「理由」の文言はほとんど同じであるが、終わり近くの「土地ヲ売却セントスル時ハ区内ニ就テ売却スヘキ方便ヲ設クル必要ナレハナリ」（「二十七年規約」）の部分が、「二十六年規約」では「土地ヲ売却セントスル時ハ区内ニ就テ売却スヘシ此売買ハ普通売買ト異ナリ五年乃至十年間買戻シ約定契約ヲ所ス方便ヲ設クル必要ナレハナリ」となっており、傍線部分の文言が「二十七年規約」では削除されていることがわかる。つまり「二十六年規約」は、土地所有の総有（分有）という意味づけを背景として、そこから一貫して、「区外への土地売却」は質地を含めて全面的に禁止し、かつ区内での土地売買にも「買戻約定」という、実質的に贈与交換の理念に整合的な「方便」を与えており、このことによって自給的農業を基盤とした生活維持への強い希求を担保しようとしているのである。したがって「二十六年規約」の第一項は、土地に関する市場的取引をムラから排除しようとする規定になっており、この点において「二十七年規約」は大きな変更をしているのである。

ところで先にも触れたように、福田アジオがすでにこの第一項を取り上げて検討しているのであるが、福田は「二十六年規約」の第一項を指して、「ここにはみごとに『村の土地は村で利用する』観念が示されている」（福田アジオ、五三頁）と述べている。この「村の土地は村で利用する」観念というのは、柳田國男の「村の土地は村が利用するという思想は歴史上の根拠を持っている思想でありまして、今日の社会になりましても暗々裏に存外大きな勢力をもっております」（柳田國男、一九四八、二三頁）という指摘を引き継いでいるのであるが、柳田はその例証として、明治以降の大字の境界が入り組んでいることなどを挙げている。福田はこれを「村の境界」の存在を示す伝承的な「観念」として扱い、その「観念」の表れとしてこの規約第一項を理解しているのである。具体的にはこの「観念」を示す中世の村規約の事例を提示し、さらに、近世においては体制的な規定と重なり合っていたためにこの「観念」が村規約としては表れなかったこと、それが明治中期以降の土地売買が頻繁になった時期に、改めて村規約において表れてきたと述べている（福田アジオ、五二頁）。

ここに示されているのは、民俗の通歴史的な規定性の主張であるが、こうした理解そのものはおそらく正しいであろう。つまり「二十六年規約」第一項の文化的なルーツを示唆しているのである。しかし「二十六年規約」が合意されなかったものであり、それが市場的取引行為に関する生活上の利害によるものであるとすれば、ムラの近代をこの伝承的な「観念」によって説明するだけでは十分ではなくなるであろう。

第二項

「二十六年規約」では「区民ニシテ質屋及古着商之営業ヲ禁ス」と規定し、この二商の営業が端的に禁止されており、「理由」でもこの二商について「便宜トイウモ多クハ不善社会ノ便也」と決め付けた上で、「両者営業ヲ本区ニ禁シタル所以ナリ」と結んでいる。つまり「二十六年規約」では、言外に、贈与交換を原理とする生活世界が倫理的に賞揚され、この理念に対立する二商を「不善社会ノ便也」と切り捨てているのである。これに対して「二十七年規約」は、この二商に対する評価はそのまま（「普通社会ノ為シ能ハサル所為ナリ」）に、倫理的制約（「是等ノ不深切ヲ改メ正直深ヲ旨トシ苟モ不実ノ所業勿ラシメン事ヲ勉ムヘキ」）を付した上で、解禁しているのである。

この「二商」の禁止については、区有文書中の『議定取極帳』という表題のついた綴りの中に、明治三年二月の日付をもつ『取極申議定之事』という文書があり、その全十一項目の規定の内に「一志ちや並隠質堅取申間敷候事　一古着類売買堅無用之事」という二項目が含まれており、質屋・古着商の禁止についてはこれを指しているのかもしれない。もっともこの文書自体は、廃藩置県以前の「御役所」（長尾藩）に差し出された請書の控えと考えられるから、「二十六年規約」や「二十七年規約」と同列には扱えないであろう。つまり一八七〇年（明治三）の『議定取極』は、その文言や形式からしても、近世における封建的農民統制のままであり、こうした規定がどの程度の実効性をもっていたかは明らかではない。

明治初年の制度改革を念頭に置いてみると、「二十六年規約」は、幕藩体制下における統制項目を引き継ぎながらも、それを、贈与交換を原理とするムラの理念から改めて捉え直しているとみることができようが、ただそれが翌年に解禁されていることからすると、少なくとも明治以降における生活の実際では、こうした規定の実効性は疑わしい。なお、こうした現実を規約の草案者が知らないはずはないと思われるのだが、そうだとすると、この理念はどこからもたらされたのかが問題となろう。この点は、規約の制定過程を検討する際に改めてとりあげたい。

第三項

「二十六年規約」では「牛馬売買営業者区民ニ代ラシメ壱人ヲ置キ其他ハ開業スルヲ禁ス」と規定され、この営業も禁止である。具体的にはその「理由」において、「本区ハ……戸毎ニ牛馬ヲ飼養スル処也又独シテ牛馬之骨格性質等ヲ判別スル者ナシ」と述べ、続けて「故ニ之カ取締トスル区民之推選ヲ以テ此業者ニ方ラシメ」としているから、規定でいう「壱人」は、外部の専門の業者を推薦によって「取締」とするということであろう。そして取引は「業者之紹介ヲ経テ」行い、そうすれば「不正之所業奸者之手ニ陥ル事無」と述べており、またこうした「取締」を必要とする営業者への評価について、「単ニ多利ニ心ヲ盡シ正直之売買ヲ乱シ……不正之所業ヲ為スハ十中ノ八九ハ皆斯如シ」と述べている。

要するに第一項および第二項の検討で示した理念からすれば、このような「奸者」はムラにあってはならないのである。これに対して「二十七年規約」では、罰則を含む四項目の具体的な制約をつけた上で、この営業を解禁しているのである。ただしこの営業者に対する評価は、「奸者」という文言はなくなっているとはいえ、基本的には変わっていない。

以上の検討から見えてくるのは、「二十六年規約」では、贈与交換を基軸とする生活世界というムラの理念が直截に語られているということであり、またこの立場から、贈与交換に対立する市場的取引行為のいくつかを、端的に禁止しているということである。いわば理念に忠実な規定になっているのである。しかしその理念に忠実な禁止が、当時の生活の現実的な利害にそぐわないものであり、こうした状況が「二十七年規約」の変更を生み出したものと理解できる。しかしこうした状況を「予定案」の起草者が知らなかったはずはないと思われ、そうだとすると、改めてこの理念のルーツが問題となろう。節を改めて、規約の制定過程を検討したい。

3　明治町村制下の「区惣集会」――規約の制定過程

すでに述べたように、二つの村規約は、一八八九年（明治二十二）に施行された町村制下の「区惣集会」において議論され決議された。とはいえこの「惣集会」の議論の過程を直接に窺うことのできる資料があるわけではない。ただ明治後半期の山名区有文書中に『令達綴』ないし『発収簿』というタイトルで年度ごとに綴じ込まれた文書があり、これによって、町村制施行当時の行政村とムラ（区）との関係の一面を窺うことができる。その中に、町村制施行によって成立した稲都村の村長から山名区の区長に宛てた、次のような一連の文書がある。

「来ル廿六日山名区一同之諸氏ニ対シ左ノ件々御協議申度候条同日午前第十時揃智光寺迄弁当用意参会相成候様御触示方御配意有之度及御依頼候也
一　清潔方之事
一　氏子惣代選挙ノ事
一　各自財産ヲ維持スル事
一　西林寺収入米ヲ以山名区道路費及学校資金ヲ積立ル事
明治弐拾四年七月廿三日　　　　村長　吉田周蔵
中村権重郎　殿　」

ここで協議題目として挙げられている項目のうち、「清潔方」「氏子惣代」「道路費及学校資金」については、この後の区有文書によってその実施が確かめられている（詳細は白井、一九七三年参照）から、「各自財産維持」についても何らかの決定がなされたものと思われる。というのもこれに続いて、同じ一八九一年（明治二十四）の九月十日および九月十六日付けの、次のような文書があるからである。いずれも村長から区長および「外役人衆中」に宛てられたものである。

「昨日諸君方ニ御面会之節○○規約ニ背キ云々之義可相成ハ平和穏当之御取扱ニ相成度此場合御用向有之候ハハ御使者被遣候ハハ早々出張可致候右ニ御承知幾重ニ茂可然御取斗願上候」（九月十日付）

「○○他村へ地所売買処分上及長男□□貸借一条漸クニシテ親戚ノ夫々ヨリ七分金出金ノ事ニ談判致シ候ニ付此両ツノ処置方ニ付明十七日御談之上処置致度候ニ付外役人衆へモ御通達相願同日午前第九時例ノ集会所迄御出張ヲ煩候宜敷御取斗有之度此段申進候也」（九月十六日付、なお文中○○は同一の人名で山名区民）

右の引用資料中の傍点部分をみると、この件が、これまで検討してきた規約の第一項に対応していることが判明するであろう。そして「二十六年規約」第一項「理由」の文言を参照すれば、この規定が「各自財産維持」を目的としていたことは明らかであり、少なくとも規約第一項に当たる内容は、先の資料にみる七月二十六日の、村長からの働きかけによる「協議」によって決定されていたと考えられるのである。また「平和穏当之御取扱ニ相成度」といっているのは、おそらく規約第六項の罰則規定の内容を念頭に置いているものと思われ、この時点で成文化はされてはいなかったと思われるが、罰則規定の内容を含んだ「申合せ」はできていたと思われるのである。

こうした経緯において特徴的なのは、この規約の成立に、行政村稲都村の村長の関与が窺われることである。「平和穏当」の扱いを働きかけ、必要なら「早々出張可致」という申し出まで述べており、実際に問題の解決にも村長が尽力したらしいこと、また解決方法も村長から提案されているのである。つまり村長はこの規約の制定ばかりではなく、運用についても関わり、恰もこの規約制定に責任を負う人物として振る舞っているように思われるのである。こうした経緯からすれば、村長がこの規約の内容にも関わりをもっていたと推測され、「二十六年規約」の「理由」を貫く理念には、村長の思想が何ほどか反映しているものと考えることができるように思われる。もっともこの点についての資料的裏づけはなく、推測に留まらざるをえないのであるが、ただこのように考えると、「二十六年規約」が「合意」に至らなかった理由が浮かび上がってくるであろう。つまり「二十六年規約」は、ムラにとっては「外」から持ち込まれたものという性格があるように思われるのである。そしてその「外」が新しい行政村の村長という「上」からのものであったがゆえに、理念は基本的にそのまましながら、生活の現実的な利害に対応して規定を修正するという形で合意されたのが「二十七年規約」であったと考えられるのである。

さて以上の理解は甚だ推測の多い議論であるが、こうした推測を補強する資料が存在する。次に掲げるのは、『明治二十三年三月起　村長役場達及日誌簿　安房郡稲都村山名　区役場』という表紙もった文書からの抜粋である。記載者は当時の山名区長であり、一八九〇年（明治二十三）一年分の「集会」の記事を抜いたものである。

三月二日　　天気本日早朝区会智光寺へ出頭ス
六月七日　　雨天本日田植初終ニ付区総代人集会
七月二十二日　雨天本日重長会議
七月二十八日　天気本日午後三時区長代理一同私宅出席集会

八月八日　天気本日組会合ニ付組々役人私宅へ集合
八月十日　天気本日コレラ病ノ件ニ付明日当区智光寺村長出張ニ付区内組長伍長集会ノ達
八月十一日　朝雨本日コレラ病発見ニ付及道路橋梁ノ件ニ付村長出張組長伍長区長代理人共一同智光寺へ集会ス
九月二日　折々小雨組長諸君集会ヲ開ク
九月十一日　天気本日朝十弐日区内一同集会ノ触立
九月十二日　天気午前十時雨本日……村長……午後ハ智光寺へ御出張同伴同日午後四時ヨリ懇親会ヲ開ク同有志者村民……同夜八時頃閉会帰宅ス
九月二十四日　天気本日総代衆私宅へ集合
十一月十一日　曇リ日本日……同日明十一日区集会ノ触立
十一月十二日　天気本日……山名区惣集会村長殿本区へ止マル
十二月十八日　天気本日午後組長衆中私宅へ出頭

見られるように、大きくは「区惣集会」と「役人衆集会」との二種類の集会のあることがわかる。このほかに組の集会や祭などの年中行事の集まりという記事があるが、それは除いてある。特徴的なことは、区の「惣集会」でも役員の集会でも、行政村の村長の出席がみられる点であり、毎回というわけではないが、コレラ病など特定の議題が村長から提議されるのではないような場合にも、村長が出席している。この時期の村長は山名の出身ではないから、村長は村長として出席しているのである。これは町村制施行後間もないというこの時期に特有な事情が背景になっていると思われるが、こうした区の集会の在り方の延長上に、先に述べた一八九一年（明治二十四）の「集会」の働きかけがあるのである。

明治二十四年のそれは、村長の方から議題が提議された「惣集会」であった。そうであれば「各自財産維持ノ事」についても、当然村長から議事内容の説明があったものと思われ、それは「二十六年規約」の「理由」に述べられたものと基本的には同じ内容であった筈であり、第一項に関しては「区外への土地売却禁止」であったと思われる。もちろん上記引用資料中にある「懇親会」のように、「区長外役人衆」や「有志者」との会合も随時開かれていたようであるから、「二十六年規約」の理念を村長個人だけのものとする根拠もないのであるが、土地売却に関する「規約ニ背キ云々」という問題が、恐らく「役人衆」から村長にもちかけられ、それに応えて村長自身が解決に動いていることからすると、この規約制定には、村長に責任があるものと、村長自身も「役人衆」も認識していたと思われるのである。

「惣集会」における議論の実際を直接知ることのできる資料は存在しないのであるが、こうした事情は、この時期のムラの寄合を考える上で重要な示唆を与えるものであろう。つまりこの時期においてもムラの「惣集会」は、行政権力から自由に行われていたわけではないということである。とはいえそれは、先にも触れた一八七〇年(明治三)の『取極申議定之事』に窺われるような、「お上」からの「お達し」をそのまま承認するという類のものではないであろう。

「二十六年規約」以前の山名における規約は、このほかに一八七五年(明治八)の『取極申議定之事』がある。これは「一　用懸給料壱ヶ月一金弐歩也　並取立之節弁当持」に始まり、新たな行政費用の負担方法が六項目、次いで「祝儀」や「不祝儀」に関わる節倹規定が八項目、計一四項目を定めた規約であるが、この内容からみると、大区小区制の下での行政費用の負担増とそれに対応する節倹が規定されているのであるから、やはり「お達し」の承認という色彩が強く、当然「理由」も付されていない。ただし新たな行政費用は、「用懸」や「筆取」、「算方」、「事務方」などの人件費であり、その負担は「村方入費惣石割」という規定であった。また節倹に関わる規定では、「祝儀執行遣取親類斗リ其他居台ニ応シ……」とか「三ツ子七ツ子惣領斗リ親元両隣其外贈答……」

というように、フォークタームが使われており、「お達し」といっても、おそらくムラの「役人衆」がそれを受けて条文化したものと思われる。そしてこの規約は、近世あるいは一八七〇年（明治三）のそれとは異なって、最後で「右之廉々左之連印を以《ママ》テ取極置候所聊相違無御座候依而連印如件」と述べて「連印」を付けている。つまり行政当局に差し出される類の規約ではない。この辺りに行政権力とムラとの関係の歴史的変化を窺うことができるように思われるが、この趨勢の延長上に「二十六年規約」と「二十七年規約」を置いてみると、二つの村規約の異同の中に、町村制施行以後の行政権力とムラとの関わりのあり様が浮かび上がるように思われる。

『令達綴』に綴じ込まれた文書からみると、村長は、村会議員を対象とした行政村大の「懇親会」、また先に見た区の「有志者」を対象とした「懇親会」を明治二十年代に何度か開催しており、新たな行政村の融和に腐心していた様子が窺われるばかりではなく、行政施策の実施についても、区に直接出かけるなど、ムラの了解を取り付けることに意を用いていた様子が明らかである。ここには村長個人の個性とも言うべき考えと同時に、行政実務の遂行をムラに依存せざるをえない、明治町村制の制度的矛盾の間にある村長のあり様の一面をも浮かび上がらせているように思われる。行政官吏の末端首長としては、徴税と秩序維持を安定的に遂行せざるをえず、地主制の展開が不十分であった地域では、住民の担税能力（つまり「各自財産維持」）に意を用いざるをえなかったのである。「二十六年規約」は、そうした村長のあり様の表現として、独特な理念に基づく「理由」を付したものとなっていたと考えられるのである。

むすびにかえて

以上、資料的には不十分ではあったが、二つの村規約の内容とその制定過程の分析を通じて、明治期におけるムラのあり様を、行政村と市場的取引との関連で考えてみた。制度的には私有とされた土地に総有（分有）という意味づけを与え、そのことによって贈与交換を基軸とした生活維持を実現するというムラの理念に対し、これを一面では受け入れながら、市場的取引行為に関わらざるをえない生活上の現実的利害によってこれを修正したうえで、規約として「合意」していく、これがこの時期のムラのあり様であった。つまりムラは、市場というシステムに対応しながら、自給的農業を基盤とした生活維持を、贈与交換を基軸とした社会関係によって実現しようとしているのである。またこのような状況を背景として、ムラは、一面では行政的な統制に服従しながら、他面では自らの生活上の利害を盛り込んだ規約を作り上げる主体として立ち現れてきている。こうしたあり様は甚だ矛盾を含んだものであるが、こうしたあり様をそのまま村規約として「合意」するところに、日本の近代に特有なムラの一側面が窺えるであろう。

そしてその規約が「村の決まり」として伝承されていくとき、それは民俗の一部となり、それによって「シンボル的に再生産」される生活世界として、ムラは存続する。民俗学がみていた近代のムラとはこのような世界であり、したがってこの民俗に、行政システムからの新たな理念が重ねあわされると、再び自らの利害を主張する「討議」の場が作り出されない限り、ムラは、この理念によって「再生産」される生活世界として立ち現れることになろう。しかしこうした事態の検討は、次の課題である。

引用・参考文献

有賀喜左衛門「村の生活組織」（『有賀喜左衛門著作集Ⅴ』未來社、一九四八年）

Crossley, N., *Intersubjectivity: The Fabric of Social Becoming*, 1996（西原和久訳『間主観性と公共性』新泉社、一九九六年）

福田アジオ『日本村落の民俗的構造』（弘文堂、一九八二年）
Habermas, J., *Theorie des Kommunikativen Handelns*, 1981（丸山高司他訳『コミュニケーション的行為の理論』未來社、一九八七年）
木前利秋「システムと生活世界」（『社会科学の方法Ⅷ』岩波書店、一九九三年）
Polanyi, K., *The Economy as Instituted Process*, 1957（玉野井芳郎他訳『経済の文明史』岩波書店、一九七五年）
Schutz, A. and Luckmann, T., *The Structures of the Life-World* (translated by R. M. Zaner et.), 1973.
白井宏明「共有金整理と村落構造の展開」（『村落社会研究第八集』塙書房、一九七三年）
柳田國男「家閑談」（『柳田國男全集二六』ちくま文庫、一九四六年）
柳田國男「時代ト農政」（『柳田國男全集二九』ちくま文庫、一九四八年）

道元における循環の問題――『正法眼蔵』第一巻「現成公按」読解試論

渋谷治美

道元（一二〇〇―一二五三）が書いた膨大な著述は、単に宗教思想ないし禅思想というに限定されず、哲学的・世界観的な内容も含みもつものとして読むことが可能であることは、大方において認められている。しかしそこにはつねに重く厳しい問いが横たわってる。それは、坐らないままで道元が理解できるか、という禅の側からの反問である。この反問を生涯の十字架として背に担いつつ、しかし私は坐らないまま道元を読み解くことを試みようと思う。（1）

以下『正法眼蔵《しょうぼうげんぞう》』第一巻「現成公按《げんじょうこうあん》」についての私流の読解を試みる。（2）ただし紙幅の都合と執筆時間の関係で、網羅的・逐条的に読解するゆとりがない。そこで書き出しの四句と末尾の公按《こうあん》（3）の二箇所に焦点を当てて読解する。二つに挟まれた部分は、それらの読解に資する限りで触れることとする。（4）

1

『正法眼蔵』は百巻近い大部の文章群であるが、その劈頭《へきとう》を飾るのが「現成公按」の巻である。この文章は道元が如浄《にょじょう》（一一六三―一二二八）から法を嗣《つ》いで宋から帰国して間もなく書かれたもので（一二三三、三十三歳）、かの地で得た、悟りと修行の関係についての悟りを簡潔に記した宣言（マニュフェスト）である。文体は和漢詩のように格調高く厳かであるが、紙背からは自信と熱気が伝わってくるように私は思う。だから道元の思想はこの一巻にすべて籠められているといっても過言ではない。なかでも、書き出しの四句と最後の公按の提示が圧巻である。

とはいえまず、「現成公按」という題に託された二つの意味を確認しておこう。

（i）私は「公按」（問題）を「現成」した（解いた）＝悟りが成就した！
しからばその成就した悟りの具体相は如何？

←

（ii）現実（「現成」）は問題（「公按」）である＝現実は問題でありつづけるのであって、問題は永遠に解けない＝悟りは永遠に訪れない！

これが「道元の悟り」である。「現成公按」という術語は道元独自のもののようだが、見られるように、このいい回し自体が一つの（プチ）公按になっているともいえる。ちなみに（ii）において永遠に訪れることがないとされる「悟り」とは、通常「悟りとは云々《うんぬん》」というういい方で彼岸に思念されるところの「悟り」のことである、と受けとっておいていいだろう。――ここまでの解釈は、比較的一般に語られるものであるが、私もそのように理解している。対して、そうした常識的な「悟り」の訪れを峻拒《しゅんきょ》する「道元自身の悟り」の内実はどのようなものであったか。そこに少しでも接近することが本論の狙いである。

もう一つの事前準備として、若き道元が渡宋する動機となった、彼の根本疑問を確認しておきたい。十五歳の頃の道元の問題意識を伺うことのできる手掛かりとして、次の疑問が残されている。「顕密《けんみつ》の二教共に談ず、本《ほん》来本仏性《らいほんぶっしょう》、天然《てんねん》自性身《じしょうしん》と。若《も》し此《か》くの如くならば、則ち三世《さんぜ》の諸仏、甚《なに》に依《よ》ってか更に発心《ほっしん》して菩提《ぼだい》を求むるや(5)」。この疑問は、釈迦があるとき「一切衆生《いっさいしゅじょう》、悉有仏性《しつうぶっしょう》」(6)(衆生はもともとみな例外なく仏としての性格を備えもっている)と説法したと『大般涅槃経《だいはつねはんぎょう》』第二七に書いてあるのに、何をいまさらわざわざ悟りを求めて仏門に入らなければならないのか、「悉有仏性」(悉《ことごと》く仏性を有す)でありながら仏になるためにさらに修行をするのは無意味ではないのか、といい換えることができる。はたして自ら発したこの疑問に対して道元は明快な解答を得ることができ、それを「現成公按」の巻で明かしてくれているであろうか(7)。

2

ここからしばらく、「現成公按」冒頭の四句(p. 35/3〜8)を解読する。最初に四句全体を見てみよう。

諸法の仏法《ぶっぽう》なる時節、すなわち迷悟あり、修行あり、生《しょう》あり死あり、諸仏あり衆生あり。万法《まんぽう》ともにわれにあらざる時節、まどひなくさとりなく、諸仏なく衆生なく、生なく滅《めち》なし。仏道、もとより豊倹《ほうけん》より跳《ちょう》出《しゅつ》せるゆへに、生滅あり、迷悟あり、生仏《しょうぶつ》あり。しかもかくのごとくなりといへども、花は愛惜《あいじゃく》にちり、草は棄嫌《きけん》におふるのみなり。

これらの句に、便宜的に次のように番号を振る。

①「諸法の仏法なる時節、すなわち迷悟あり、修行あり、生あり死あり、諸仏あり衆生あり。」
②「万法ともにわれにあらざる時節、まどひなくさとりなく、諸仏なく衆生なく、生なく滅なし。」
③「仏道、もとより豊倹より跳出せるゆへに、生滅あり、迷悟あり、生仏あり。」
④「しかもかくのごとくなりといへども、花は愛惜にちり、草は棄嫌におふるのみなり。」

「現成公按」の読み手はまず冒頭、これら四句の意味を各自それなりに把握して掛からないと、このあとの叙述の理解は覚束《おぼつか》ないであろう。逆に『正法眼蔵』のどこを読むにしても、常に第一巻冒頭のこの四句に立ち返ってこれを反芻することになるだろう。[8]

まず①と②の関係が難解である。一方は「あり、あり、……」といい、他方は「なし、なし、……」といっており、まったく逆のことを語っているように響くからである。だから、解釈するにあたって通常はとりあえず、どちらか片方が悟りの境地の叙述であり、したがって他方がそれとは対極に位置する迷いの境地の叙述だ、と見当をつけるであろう。道元の真意はどうであろうか。

ところで、ここには解釈の組み合わせが四通り伏在する（○は悟りの境地の叙述、×は迷いの境地の叙述）。

	①		②	
（ア）	○	＝	○	
（イ）	○	≠	×	——どれが正解か？
（ウ）	×	≠	○	
（エ）	×	＝	×	——ナンセンス

いま述べたように、普通は（イ）か（ウ）の組み合わせで解釈することが多いようだ。したがって「あり」派（イ）と「なし」派（ウ）とでこのあとの道元解釈が対照的（対称的）に平行するだろう。

しかし私の解釈は常識に反しており、結論からいうと最初の組み合わせ（ア）に近く、次のようである。

○ ≒ ◎

つまり、①は**現実世界**（煩悩に満ちた娑婆《しゃば》世界）を悟りの境地から描写したもの、②は**悟りの境地**を悟りの境地から描写したものであって、どちらも仏教の真理を叙述しているが、②の方が悟りの境地を描写している分、一段高い境位を示している（二重丸の所以《ゆえん》）、という解釈である。すでに私はここで、何気なく何度も「悟りの境地」と表記したが、それは、釈迦が「一切衆生、悉有仏性」と悟ったときの境地を指す。この境地はまたそのまま道元が得た悟りの境地でもあったはずだ。なぜなら彼は、如浄を通してまっすぐに釈迦の悟りを正嫡していると確信していたからである。以下①②を詳しく解剖していき、そのあとそれと関連づけながら③④に触れたい。

①を仮に現代語に訳してみよう。「世の様々な事物・事象のあり様が釈迦の目から眺められたとき、迷いと悟

りがあり、修行があり、生き死にがあり、仏と衆生がいるのです。」

さて①の冒頭、「諸法の仏法なる時節」とあるが、(さまざまな解釈可能性があるなかで)「諸法」をこの世界にありとしある(9)諸々の〈存在するもの〉(存在者)のそれぞれの存在仕方(何であるか、どうであるか、の在《あ》り方)と取り、それらが「仏法なる時節」とは、(釈迦の目から見て)そうした存在仕方がそのまま悟りの世界での存在仕方でもあると見えてくるとき、と受け止める。つまり縮めていえば、悟りの見地からすると現世の諸法はどんな法でも必ず仏法そのものである(と見えてくる)と道元は考えていたと思われる(全称肯定)。すると論理的にこれと〈反対対立〉の場合(全称否定)、ないし〈矛盾対立〉の場合(特称否定)、つまり全部であれ一部であれ「諸法の仏法ならざる時節」は、道元にとってありえないことになる。だとすれば、いわれている「時節」は、この世界のあらゆる時空に該当するはずだ(全称肯定からの帰結)。再述すれば、いつでもどこでもこの世界はそのまま悟りの世界である、と。――以上の解釈だけでも相当大胆だと思われるが、この点については、のちにまた回帰的に触れるであろう。

さて次に道元は、その世界には三つの対《つい》、すなわち「迷悟」「生死」「衆生と仏」とがあるという。本質的な検討に入る前に、予備的に確認しておくべき点が二つある。まず一つは、すでに註(8)に述べたように、ここで道元は異なった三つの対を挙げているわけではなく、これら三つは同じことのいい換えだということ。次に、これらの対は日常における「善悪」「美醜」などの価値をめぐる対を代表していると受け取っていいだろうか。一見するとそのように受け取ることができるようにも思われるが、そうではないだろう。むしろ「迷悟」のうちの「迷」のなかにそれら「善悪」「美醜」等は収まるだろう。その意味でのみ、「善悪」等も「迷悟」に含まれていると理解するべきだろう。だから「迷悟」と「善悪」とは対として対等なのではない。いわば次元が違うのである。道元にいわせれば、これらを対等と思うことがすでに一つの「迷」であろう。

ところで第一に、善悪などの対立がこの世に満ちていることは子どもですら知っている事実であるし、第二に、自分は煩悩から脱却できないでいる（迷）が世のなかには悟りの世界へと解脱《げだつ》した人もいるであろう（悟）、とは大人の誰しもが抱いている常識である。だから①のテキストはこの二つの常識を確認しているにすぎない、ともいえる。すると結局、これは何も新しいことをいっていないように見え、したがって少しも悟りの境地に触れていないようでもある。

さていまのところここでは、「迷悟」を対と捉えて、つまり「迷」と「悟」を対立する二項ととって解釈を進めているのであるが、その限りでいえることとして、①では、この世には（たとえば）迷いだけが存在する、ということはない、と主張されていると受け止めることができる。つまり逆にいえば、迷いがなかったら悟りはありえないし、生（死）があってはじめて死（生）がある、ということである。これは応用が効く発見（明らめ＝諦め＝悟り）であって、次元を落としてさきほどの「善悪」の対立で考えると、人間一人残らず善人になる、などということは（少なくとも）この世ではありえない、と気づくのである。再び次元を戻していえば、誰一人として悟る者はいない、ということはない、となる。——ということで、確かに①は常識的に響くかもしれないが、さしあたってこのていどには受けとめることができよう。

ここから、残る「修行あり」を検討してみよう。不思議に思うのは、これだけは対語になっていない、ということである（「迷悟」の場合と同じように、ここで「修」と「行」が対照されている、ということはありえない）。これはどういうことか。その含意が、直前に確認した、他の三つの対が対としてこの現実世界に存在すること、の問題性に関連していることは間違いないだろう。まずそもそもこの問題性から「修行」の必要性（必然性）が自ずと立ち現れ[10]、そののち「修行」を通してその問題性を撥無《はつむ》するところにこそ「修行」の意義がある、ということであろう。

対が対として存在することの問題性とは、先取りしていえば、対立には「我」すなわち「我執」「煩悩」が働いているということだ。「善悪」に代表される「迷」のなかの価値をめぐるさまざまな対立群がそうであったのと同様に、「迷」と「悟」の二つを対立するものとして捉えることすらもが「煩悩」の所産なのだ。だとすれば、迷いの境地（そこでは「善悪」等が対立的に捉えられている）と同様に、迷いから脱却して悟ろうと「修行」に入るところにも「我」が働いている（「迷悟」を対立と捉えている）、ということになる。「迷悟あり」が「仏法なる時節」だといっても、そこにはあくまで拘《こだわ》り・主観性・我執が認められるのである。だから①は、世界把握としては差し当たりの正解に止《とど》まるのだ（一重丸の所以）。

ではその先はどうなるのか。たとえば善悪の対で考えた場合、自称「善人」が、「私が善人でいられるのは、悪人がいてくれるお蔭である。ゆえにヒトラーよ、ありがとう！」と、心から「悪人」に感謝するなどということは、相当に難しいことであろう。次元は違うが、これと同様に、迷いがあるから悟ることができるのだ、迷いよありがとう、とはなかなかいえるものではないだろう。

結局、①のこうした問題性をその後の「修行」によって撥無した先に開かれる境位が、②の冒頭「万法ともにわれにあらざる時節」なのであろう[11]。つまり「修行」の役割は、①の次元から②の次元への推移を媒介するところにあるのではないか。再確認すると、①の「修行あり」とは、「迷」から「悟」へと脱却したいという、それ自体が一つの煩悩であるところのあがき（修＝迷）から発して、この悪あがきから脱却し脱落《とつらく》することを意味していたのではないか。

そこでここから②の検討に移る。最初に②を仮に現代語に訳してみよう。「この世のすべての事物・事象にまつわる一切の我執が消え去ったとき、迷いもなく悟りもなく、仏も衆生もおらず、生き死にもないのです。」この「時節」の内実を、先述したように私は、釈迦（道元）が到達した涅槃《ねはん》の境地を涅槃の境地から捉えた場合、そのときには、の意味であると解釈する。

まず冒頭「われにあらざる」とはどういうことか。それは、「我執」が去った「無我」の境位を意味するだろう。そのことは、先に見たように①から続く文脈からいえると思うが、原文の少し先の、「もし行李《あんり》をしたしくして箇裏《こり》に帰すれば、**万法**のわれにあらぬ道理あきらけし」(p. 36／9〜10) からもいえると思う。ここは、修行（行李）を徹底して「いまここ」（箇裏）に没入することができるようになれば、森羅万象のいっさいが我に無関係である（かといって、森羅万象を離れて我がどこかに存在するというのでもない）という真理が姿を現わす、ということだろうからである。これが「無我」の境地にほかならないだろう。道元はその少し前に、同じことを「自己をわするゝといふは、**万法**に証せらるゝなり」(p. 36／2) ともいい表していた。

続いて道元は、無我の境位に立つとき（時節）すべてが「なし」である、という。なぜであろうか。それは、①の現実（娑婆）世界では、修行中の身とはいえ（否、修行中の身だからこそ）まだ「我」が残っていたので、「迷」と「悟」が対立の意味での対として厳存したのだったが、ここでは修行を通してその「我」がなくなってしまったので、その対立性が消えた、問題として消えた、ということなのだろう（当然これと同時に「善悪」「美醜」等の対も消える、ととりあえずはいっておこう）。とすると遡って、現実世界にさまざまな対が存在したのはどうしてだったのか、という理由もここではじめて解決したことになる。先ほど「先取りしていえば」と断った所以である。繰り返しになるが、我は煩悩（迷）の原因でもあり、また悟ろう（悟）と発心する主体でもある。[12] その我が無化するのであるから、なるほど「まどひなくさとりなく」となるであろう。つまり、何ごとにも拘《こだわ》らず（まどひなく）、さりとて涅槃にも拘らず（さとりなく）、という境地が②なのだ。

だがこの②に「修行」の文字がないのはどうしたことか。いま、「涅槃にも拘らず」といったが、すると「万法ともにわれにあらざる時節、修行なし」ということになるのだろうか。悟りに悟った境位においては、もはや修行からも卒業ということか。①の解釈で私は、迷悟あり、だから修行がある、という読み方を仄めかした（註(10) 参照）。その延長で考えれば、ここでは「まどひなくさとりなく」なのだから修行も必要ないのだ、となるところである。——だがしかし（解釈に一貫性がないではないかという非難をものともせず）、私は逆に、「自己を忘れ、万法に証せられ」、「行李を親しくして箇裏に帰した」ところまで達した修行そのものの姿こそがこの②の時節なのだ、と思う。「万法に証せられ」「自己を忘れた」いわば修行そのものになりきった境地なのだから（末尾の註（31）の（五）参照）、修行していても、修行ありともなしとも意識されないのは当然だろうからである。本論第一節の冒頭で「現成公按」の巻は「悟りと修行の関係についての悟り」を宣言した文章であるとし、また第二節のはじめに、②の句は「悟りの境地を悟りの境地から描写した」ものだとしたのは、この意味においてであった。

このことは、『弁道話』にある「修証《しゅしょう》一等《いっとう》」（p. 20／−5〜−1）という道元固有の主張と密接している。そこには「それ、修証はひとつにあらずとおもへる、すなはち外道の見なり。仏法には、修証これ一等なり」、「修のほかに証をまつおもひなかれ」とあった。坐禅（修）と悟り（証）とは一つであって等しい、坐禅と別に悟りがあると思うな、とは道元が一番厳しい語調で語っている彼の悟りの真髄であった。だとすれば、②の「証」の世界がそのまま「修」と一つであることは納得されるだろう。

以上で①と②の解釈を一通り終えたこととしよう。

次に、③は①②との関係においてどういう役割を果たしているのであろうか。私はここで、冒頭四句全体の読解に関わる新しい読み方を提案したい。それを示す前に、③を再掲しよう。「仏道、もとより豊倹より跳出せるゆへに、生滅あり、迷悟あり、生仏あり。」これを試みに現代語に訳してみよう。「釈迦の到達した悟りの境位は、そもそも（何ごとであれ）豊かであるとか乏しい（倹）とかを超越しているから、だから（この世には）生き死にがあり、迷いと悟りがあり、衆生と仏がいるのです。」

最近確信するようになったのだが、ここは一見そう見えるように直前の②に接続している、のではない。そうではなくて、実はさらに一つ前の①の理由節（兼①の繰り返し）なのだ。右の現代語試訳にも、その解釈を強く出してみた。現実世界に「善悪」をはじめ何でもが対で存在し、「迷悟」までも対立すると見えるのはなぜかといえば、それは仏道がもともと「豊倹より跳出」しているからなのだ。「豊倹より跳出」とは相対を超えて絶対無差別、ということであろう（その意味で無限といってもいい）。絶対無差別であれば、何でもありであっても構わないだろう。――ここには存在形而上学とでもいえそうな道元の奥深く壮大な思索と直観が垣間見える気がするが、いまはそれについてどうこういえる準備がない[13]。話を戻すと、「生滅あり」以下の③の後段は、（「修行あり」が書いてないだけで）①の後段の繰り返しであることは明らかだ[14]。結局、「諸法の仏法なる時節」（①）とは、「仏道、もとより豊倹より跳出せるゆへに」（③）の意味だったのですよ、というのが道元の文意だと思う。

　さてここで提案した、道元の文章の掛かり方を解釈する一法として〈直前の文を跨《また》いでその一つ前の文に接続して解釈する〉、という解釈技法には傍証がある。こうした道元特有の文章術は「現成公按」以外の『正法眼蔵』の他の巻の文章にもあったと思うし、道元以外の中世の文章にもまれにそのような文体があった気がするし、日本語以外の文献にあっても一向おかしくないし、何よりも前例が一つもなくともここは絶対そう読むべきところである！という確信はあるのだが、いまはこれらはすべて措こう。実は「現成公按」の巻自体のなかに、この〈跨いで遡って掛かる〉式の叙述様式の例があるのだ。巻のちょうど真んなかあたりに、次のようにある。少し長いが、引用しよう。「（a）身心に法いまだ参飽《さんぼう》せざるには、法すでにたれりとおぼゆ。（b）法もし身心に充足すれば、ひとかたはたらずとおぼゆるなり。（c）たとえば、船にのりて山なき海中にいでゝ四方《よも》をみるに、たゞまろにのみみゆ、さらにことなる相みゆることなし。（d）しかあれど、この大海、まろなるにあらず、方《けた》なるにあらず、のこれる海徳つくすべからざるなり。宮殿のごとし、瓔珞《ようらく》のごとし」（p. 37／6〜10）。

　大雑把に訳せば、「（a）ちゃんと悟っていないあいだは、自分はすでに十分に悟ったと思うものだ。（b）もし本当に悟ったならば、本人からするとまだ不十分だと思うだろう[15]。（c）たとえば船に乗って東支那海に出てみると、四方はただ丸く見えるだけだろう（その発見に大満足するだろう）。（d）だけど大海は丸でもなく四角でもなく、宮殿であったり宝石や貴金属でできた煌《きら》びやかな装飾品であったりと、他に数え切れないほどの徳（恵み、姿）があるのだ」となろう[16]。

ここはこれに続く数行を含めて（〜p. 37／−5）比較的事柄として理解しやすいことを語っているので、（c）が（b）を跨いで一つ前の（a）の直喩になっており、（d）が（b）の理由説明になっていることは見やすいであろう。とはいえ「現成公按」を初めて読むときには、何気なく（c）は（b）の喩えであると取り、大海に出て水平線が丸くにしか見えない（これは当然な話だ）ことがどうして「すでに悟っているのに、悟りが不十分と感じられる」ことの例示になっているのだろう、と怪訝《けげん》に思い、それにしても（a）（b）（c）全体を（d）が「しかあれど」と逆接で受けているのはどういうことであろうか、等々と、誠実な読み手であればあるほど迷路にはまるのではないだろうか。ここはコロンブスの卵同然、気が付いてみれば簡単な話であり、（c）が（a）に掛かっており、（b）は（d）に接続していることは明瞭である。——とすれば、遡って冒頭四句もあのように読むことが少なくとも荒唐無稽なことではないといえるくらいの権利は、ここから得られるであろう。

　すると（冒頭四句に戻って）④は、一見そう見えるように③に接続しているのではなく、実は一つ前の②に掛かっていて、これを補足しているという道理になるだろう。再掲すると、「しかもかくのごとくなりといへども、花は愛惜にちり、草は棄嫌におふるのみなり」。ここは、意味がわからなくとも暗唱できるほどに、名文であり名調子である（意味は次の段落で）。

　問題は「しかもかくのごとくなりといへども」の「かくのごとく」とはどこを指すかであるが、私はそれは一つ遡って②を指すといまは確信している。とすると、内容的にどういうことになるのか。②の「まどひなくさとりなく」の境地（これが「かくのごとく」が指示するところ）に至った「といへども」、昨日まで花盛りだった桜が昨晩の雨のあと今朝はらはらと散りはじめたのを見れば、ああ惜しいなあ、と思うだろうし、梅雨のころしばらく手入れをしないあいだに庭の雑草がぐんぐんはびこっていく様子を眺めれば、ああなんと鬱陶《うっとう》しいことか、と思うのはごく自然なことだろう、ということである。この心境は明らかに煩悩のそれである。「美醜」ないし「快不快」という俗世的価値対立の一例だからである。とすると、先に②の時節においては「当然これと同時に

「善悪」の対も消える」といったのだが（三九一頁）、実は、悟ったあとでも「美醜」「快不快」の差別は消えていなかったのだ（「善悪」等の他の対も推《お》して知るべし）。だからこそ②の究極の悟りの境地と、この雑念からくる心騒ぎとの二律背反ともいえるコントラストとその絶対矛盾の共存とを、道元は「しかもかくのごとくなりといへども」と長々しくも格調高い表現で逆接せしめたのではなかったか[17]。——それにしても、②のテキストにある「まどひなくさとりなく」と、④の一見すると「まどひありさとりなく」の状態とはどのように両立するのであろうか。それは、循環の問題である。以下、これについて検討を加えよう。

研究によれば、ここの叙述は「夏安居《げあんご》」という禅宗独自の長期修行期間の、春から初夏に掛けての様子を写実しているのだという。なんの写実か。道場に隣接する庭の写実であり、坐禅しながら横目でそれを眺める修行者たちの心境の写実である。先に、前日まで花盛りだった桜が云々、梅雨時の庭の雑草が云々と解釈したのも、この線に沿ってのものであった。すると、これは道元自身の体験が正直に吐露されている、と理解して差し支えないだろう。先の、東支那海の渡航の様子といい、案外彼は自分の体験を正直に書き記してくれているのである[18]。

解釈を一歩進めよう。右に確認したように、④は修行期間中の様子であった。ここで再び『弁道話』の「修証一等」を思い起こしてみよう。修行（坐禅）と悟りとは一つであって等しい、ということ。これは「只管打坐《しかんたざ》」（ただひたすら打ち座れ）が道元の師如浄の強調した姿勢であったのと違って、誰かから受け継いだ言葉というのでなく、自分が到達した境地を道元自身がいい表した言葉である（師の「只管打坐」を突き抜けた先の境地がこれであったともいえようか）。これに依って④を顧みると第一に、修行における「まどひあり」の様子（「花は愛惜にちり、草は棄嫌におふるのみ」）が実はそのまま「証」と一にして等しく「さとりあり」なのであって、結局①の「迷悟あり」に収まるであろう。つまり「迷悟」は（これまでそのように解釈してきたように）別々にあって対立しつつ併存するのでなく、「迷」がそのまま「悟」として両者は「ある」のだ（迷即悟[19]）。その「まどひあり」の修行が「万法われにあらざる時節」に及ぶと②の境位に飛躍し、まず何ごとも「われにあらざる」なので修行しているという自覚はなく、したがって「修なし」となるだろう。さらにそこはもともと「さとりなく」だから「証なし」で、結局「修」も「証」も二つながら「ない」のである。したがってここでもまた「修証一等」になっていることが確認される。もちろん「まどひなく」ともあったから「迷」も「ない」。結局「あり」と「なし」のいずれに転んでも、「修証」「迷悟」は「一等」なのだ。

すると④は②に掛かりつつも、その向こうの①をも串刺しにして、修行に普遍的に妥当する様相を叙しているともいえる。これまで①と②とで悟りにレベル差があるかのように論じてきた。それはそれで間違いではないのだが、事情はもう少し玄妙なようだ。つまり、「迷悟あり」(①)は〈迷即悟〉によってともにあり、「迷悟なし」(②)も〈迷即悟〉によってともになしであって、「しかもかくのごとくなりといへども」〈迷即悟〉によって迷悟ともにあり(④)なのだ。とするとどうやら、冒頭の四句は一種の循環を形成しているのではないかと気づかれる。狭くいえば、①と②が循環しているのである。——振り返ってみれば、これは「現成公按」という表題が、問題が解けた、その答えは、問題は解けないということだ、という一種の循環をなしていたのとまったく同じものである。実はこうした循環は、道元の思想・思考法の特徴の最たるものなのだ。

すると、先に示した②の「まどひなくさとりなく」と④の一見すると「まどひありさとりなく」とはどう両立するのかという先の疑問も、ここで自ずと解決するだろう。「修あり証あり」(①)の「一等」と「修なし証なし」(②)の「一等」とが交叉すれば、「まどひありさとりなく」と「まどひなくさとりあり」の二つの組み合わせが生じ、さらにこれらが融通無碍に往来するところまでもが道元の悟りだったはずだからである。(20)

以上で、冒頭四句の解釈を終えよう。

3

次に、「現成公按」末尾に掲げられている公按「宝徹《ほうてつ》禅師[21]の扇子《せんす》」（p. 38／−4〜p. 39／3）についての解釈を試みよう。[22] まずこの公按を、道元が書き残したとおりに読んでみよう。[23]

麻浴山《まよくさん》宝徹禅師、あふぎをつかふちなみに、僧きたりてとふ、「風性常住《ふうしょうじょうじゅう》、無《む》処《しょ》不《ふ》周《しゅう》なり、なにをもてかさらに和尚あふぎをつかふ」。

師いはく、「なんぢたゞ風性常住をしれりとも、いまだところとしていたらずといふことなき道理をしらず」と。

僧いはく、「いかならむかこれ無処不周底《ち》の道理」。

ときに、師、あふぎをつかふのみなり。

僧、礼拝す。

少し確認を施すと、最初の「師いわく」のなかにある「いまだ」は直後の「ところとしていたらず」に掛かるのではなく、「なんぢ……いまだ……しらず」と掛かる。その、知らないといわれた中身の「ところとしていたらずということな（し）」という部分は、「無処不周」をただ書き下して読んだにすぎない。次の「僧いはく」にある「無処不周底の道理」の「底」は「こもっている」の意味で、「底意」に通じる。ここで意訳を補いつつ現代語訳を試みる。

麻浴山に住む宝徹禅師が（夏の暑い盛り、誰にも見られていないと安心してしどけなく）扇子を煽《あお》いで（涼を取って）いたところに、（宝徹の許で修行中の若い）客僧が（不意に）訪ねてきて（それを見つけ、）質問（詰問）した、「（悟った方にとっては）『風はいつでも吹いていて、風が及ばないところはない』といいます。（すでに悟っていらっしゃるはずの）先生がどうしていまさら扇子をお使いになるのですか」と。

師はいった、「お前はなるほど（前半の）『風はいつでも吹いている』という方は会得しているが、まだ（後半の）『風が及ばないところはない』の真意が解っていないね」と。

僧は（息んで）質問する、「では『風が及ばないところはない』に籠められた真意とは何なのですか」。

するとこのとき師は無言で扇子を煽ぐばかりであった。

僧は師に一礼し（て退出し）た。

恐らく僧は内心、お師匠さんは（人に見られないと思って）扇子をばたつかせていたところを見ると、ひょっとして本当は悟っていないのではないか？と疑いつつ質問したのであろう。そのほか、道元がこの公按を「現成公按」の巻の最後に持ってきたことの真意を探ることとは別に、この公按が適度に短いおかげで、宝徹と僧とのやりとりの場面と二人の心理の交錯をあれこれ想像する楽しみもある。

では肝心の、道元がこの公按を『正法眼蔵』第一巻の締めくくりとして引用した真意はどこにあったか。それを探る前提として、まずこの引用の直前からの文脈的なつながりを押さえる必要があるだろう。そのうえで幾つか考えるべき点がある。第一に、自分の言葉でなく公按の提示で締めくくったのはどうしてか。第二に、それも、数多《あまた》ある公按のなかに数多くあったはずの道元お気に入りの公按のなかで、この公按こそが「現成公按」の巻で彼のいいたかったことに一番ぴったりする公按であったであろうことの理由はどこにあったか。第三に、この引用の直前までの叙述の文意を正しく読み取ってきた読者ならば必ずこの公按が解けるはずだ、として道元は引用しているに違いないこと、逆にいえば、これが解けるかどうかで「現成公按」を正しく受け止めえたかどうかが判定されるわけであるから、この公按はその試金石として置かれているであろうこと。第四に、するとひょっとして道元が如浄から嗣法《しほう》されたときの記念すべき手掛かりがこの公按だったのではないか、だから上記第二の問いの答えはここにあったのではないか。最後に、これらの考慮点を踏まえつつ、公按を承けて道元が述べている短い批評（p 39／4〜6）をきちっと理解することも大事である。——以下、考察の前提および考慮点を一つ一つ解きほぐしていくことはしないが、解釈が終わった時点で振り返ってみて、これらの考慮点に答えていることになっていれば幸いである。ではこの公按の解釈に取りかかろう。

　まず、この公按は入れ子になっていることに注意したい。いうまでもなくこの「宝徹の扇子」全体が一つの典型的な「公按」であるが、そのなかに出てくる「風性常住、無処不周」という対句も一つの小さな公按になっていると受け止めることができる。さてこの「宝徹の扇子」の味は、若僧が師をやり込めるべく生意気に持ち出した小公按を咄嗟《とっさ》に逆手にとって、宝徹がこの僧に解脱への手ほどきを授けたところにある。その、どう手ほどきしたかが解れば、全体の公按も解けるという仕掛けになっているのだ（それによって読み手もこの若僧と同様に悟ることができる！のだろうか？）。

　ところで修行僧はプチ公按をどのように誤解していたのか。「お前さん、それだけは知っているね」といわれたこれの前半には、「常」とある。つまり時間に関係する。過去の諸仏から眼前（現在）の宝徹禅師まで（さらには未来の諸仏にまで）ずっと仏の道は続いている（風はずっと吹いている）、と。これに対して、「まだ解っていないね」といわれた後半には、「処」とある。つまり空間に関係する。同じ空間において仏といわれる人もそうでない人もすでに悟りの世界に共存しているのだ（風はどこにでもそよぐ）、と。[24] しかるにお前は、わしが師の馬祖《ばそ》道一《どういち》から法を嗣ぐことによって達磨さんはいうにおよばずお釈迦様からさらには過去仏にまで繋がっていることは知っている（前半）。ところが今この同じ部屋のなかでわしとお前がこうやって問答しているが、一方は悟った仏で（わしが扇子を煽いでいたのでちょっと疑っているとはいえ）、他方はまだ修行中の身であって悟りに達していない未悟者にすぎないと（いわば悟りに関して身分が違うと）思っている。そこが大間違いじゃ。わしとお前とは現に同じ部屋、同じ処にいるではないか（後半）。そこがわかりさえすれば、お前も立派な仏だ。——

容易に気づくように、プチ公按にある「風」は「仏」の比喩であり、したがって「風性」は「仏性」の隠喩である。それが「いつでもどこでも」吹いているとは、世界はいつでもどこでも仏国土であるということであろう。しかしここまでで私は「風性常住、無処不周」というプチ公按を解明したにすぎない。次にこの公按全体の真意を探らねばならない。

鍵は「扇」と「扇を煽ぐ」にある。これまた容易に気づくように、これは「修行（坐禅）」と「坐禅を実践する」の比喩である。宝徹はすでに仏である。だから扇を煽ぐのである。けっして、にもかかわらず扇を煽ぐ、のではない。僧はそこのところを取り違えた。「風はいつでもどこでも吹いてくれる」という句をこの僧のように手前勝手に受け取ったうえで扇を煽がないでいたら、いつまでたっても風はそよいでくれない（煽がないまま風がそよいでくれるのを期待する他力のずうずうしさ）(25)。肝心なのは自分の手で扇を煽ぐことなのだ。これは結構面倒なことだ。だが反面、風をめぐる法（「風性」）が万一「常住、無処不周」でないとしたら、いくら激しく扇を煽いでも一向に風は吹いてくれないだろう（たとえば真空状態を想像せよ）。だから、「風性常住、無処不周」という道理は、面倒は面倒でも有り難いものなのだ。これと同様に、少しでもまじめに修行に励みさえすれば、仏性はいつでもどこでも実現してくれる。つまり、修行しなくても仏になれる（他力）というわけにはいかないが、いくら修行しても仏になれない（親鸞の痛切な自力往生不可能説はこれ）というのでもない、ということだ。

宝徹は僧にこのことに気づかせようとした。だから最後は「師、あふぎをつかふのみなり」なのだ。僧は一礼して無言で部屋を出ていった。そのまま宝徹の寺からいずこへと去ってもよい、と宝徹はこのとき思ったはずだ。なぜならこの僧はあの瞬間にすべてを悟ったことは確かであって（だから一瞬にしてすべてを悟らせてくれた師に対して、一礼でもって感謝の意を表し、退出したのだ）、ゆえに自分が彼に授けるものはもはや何もなくなったのだから（こういう師ないし弟子に、一生のうちに一人でも巡り会えたら幸せだ）。

つまり（やはり、というべきか）、ここで宝徹は「修証一等」を実地に示したのである。宝徹は僧との問答の最後を、もはや問答無用！と修＝証の実演（扇を煽ぐ）で締めくくったのだから。このことは「修証一等」という点でまた、「現成公按」の巻の趣旨そのものであることが得心されるだろう。だからこそ本節のはじめに見当をつけたとおり、道元は「現成公按」の巻を締めくくるにあたって、数多ある公按のなかからこの「宝徹の扇子」の公按を引用したのだろう（先の第一、第二の考慮点参照）。

最後にもはや蛇足ながら、これまでの解釈をこの公按への道元の批評（p. 39／4〜6）によって確認しておきたい。道元は「……常なればあふぎをつかふべからず、つかはぬお（を）りもかぜをきくべきといふは、常住をもしらず、風性をもしらぬなり」という。これは、「一切衆生、悉有仏性」にあぐらをかいて修行をしないのは大馬鹿者である、ということだ。なおここには「処」への言及がないが、実はこの道元のコメントがそのまま「無処不周」の解きほぐしであることは、もはや明らかである。続いて批評の締めくくりとして、「風性は常住なるがゆへに、仏家《ぶっけ》の風《ふう》は、大地の黄金なるを現成せしめ、長河の蘇酪《そらく》を参熟せり」という。ここなどはまるで和漢詩を超えて、漢詩そのものといっていい。文意は、仏性の風はつねにそよいでくれるのだから、どこでであれ扇を煽ぎさえすれば（修）、その風によって大地は大地のまま、揚子江は揚子江のままで仏法を現証してくれる、というものであろう。ここで「黄金」とか「蘇酪」（ヨーグルト）とあるが、それが「証」の隠喩、いい換えであることは疑いない。[26]

するとここで自ずと、次のようなひらめきが湧かないであろうか。それは文意そのものの解釈というよりも、道元の悟りの決定的な瞬間をめぐる推測ないし憶測というべきものであるが、ともあれ私はここでもまた「現成公按」についての新しい読み方を提案したい。

すなわち、この生意気な若造（若僧）は若き日の道元であり、ゆえに宝徹はその生意気から目覚めさせてくれた如浄を意味した、と。より正確にいい直せば、「一切衆生、悉有仏性」なのになぜさらに修行せねばならぬのか、という大疑問を抱いて渡宋した道元は、この「宝徹の扇子」の公按を工夫（思案）しているうちに、自分がまさにこの一知半解な若僧にほかならず（「風性常住をしれりとも、いまだところとしていたらずといふことなき道理をしらず」）、師・如浄が無言で（だと思う）示してくれている「只管打坐」の実践の姿こそ、宝徹の無言で扇を煽ぐ姿にほかならないのだ（無処不周の実践）と、あるときはっと気づいたのではなかったのか。[27]

たぶん道元はこのことに気づくまでは、「一切衆生、悉有仏性」とこの「風性常住、無処不周」との二つはそっくりそのまま同義だと捉えていたのではないか。しかし道元（宝徹）とともにより厳密に二つを突き合わせるならば、悉く仏性を有している、ということと、風はいつでもどこでも吹いている、ということはぴたっと同じではない。そうではなくて、「一切衆生、悉有仏性」は「風性常住」（いつでも）の方とだけ同義であるにすぎないのである。それに対して「無処不周」（どこでも）はそれを超えて、「一切衆生、悉有仏性」＝「風性常住」が現成するための必須の契機を暗に差し示していたのである。それがいうまでもなく、扇子を煽ぐという実践であった。つまり、「風性常住」（a）を「無処不周」（b）たらしめるのが「修」である、ということ。（a）はどのようにして（b）となるか、その決定的契機が「修」だということである。[28]

——右に辿ってきたようにして道元が宝徹の「公按」（問題）を「現成」（解決）したのだとすると、それと同時に、彼が少年の往時に抱いたあの「一切衆生、悉有仏性」をめぐる大疑問が一挙に氷解したことになる。[29]すると当然、道元はこのことをただちに師・如浄に告げたはずだ。そしてその場で開眼を認可されたであろう。——先に私は、道元が如浄から法を嗣いだときの記念すべき公按がこの「宝徹の扇子」だったのではないか、という推測を述べたが、はたしてどうであったか。

最後に、ほとんど間違いないこととして次のような推測が浮かぶであろう。すなわち、この「宝徹の扇子」こ、そが、「現成公按」という題が第一義的に（ⅰ）として意味していたところの、「現成」した（解けた）「公按」そのものだったはずだ、と。だからこそこの公按の提示をもって「現成公按」の巻を閉じたのだということも、同時に得心できるのではないか。

もし以上の一連の推測が当たっているとすれば、道元は夏安居での自分の心情の揺れ、渡宋時の往復の船旅の様子だけでなく、彼にとって最も秘すべき内奥の解脱体験を、ここであっさりと読者に曝《さら》けだしていたことになる。そう読めば、「現成公按」の巻は、道元の目覚め（悟り）の宣言であると同時に、（率直な）自己批判文でもあったこととなろう。そしてこの自己批判はただちに歓喜の告白でもあったはずだ。たといその悟りの内容は道元独特のものであって、悟りは永遠に来ない、だからひたすら坐るのだ、というものであったとしても（後述）。

4

以上、「現成公按」の冒頭四句と末尾の公按とを解釈してきた。最後に、二つを照らし合わせつつ小括を述べる。

宝徹は「暑いものは暑い」として、涼を取ろうと扇を煽いでいた。暑いものは暑いとする、とは煩悩のなせる業である。つまりこれは、④の「しかもかくのごとくなりといへども」の開き直り風の反転に対応する。他方、宝徹が扇子を煽ぐ実践は、修行の比喩であった。そして修行はそのまま「証」、則ち釈迦の悟りの境地と「一等」であった。

するとここに至って、実は大変なことがいわれているのかもしれないと気づく。①から「修」を媒介として②に至り、それが④で反転して①に戻る（循環する）のだとすると、〈「迷」と「悟」の差別に拘る〉ことに拘る

（本当は迷即悟なんだぞ、と）必要がないだけでなく、それよりも次元が手前の「美醜」（花）、「好き嫌い」（雑草）、「快不快」（暑い）からはじまって「善悪」「愛憎」「信不信」その他何であれ、俗世的な諸価値の対立に執着することを問題視する必要もさらさらなく、逆にそれらの価値感に素直に執着することがそのまま「修」であり、「証」なのではないか、と。いま〈素直に執着する〉といったが、いい換えれば〈無心に拘《こだわ》る〉ということだろう。しかも、それがそのまま②の「まどひなくさとりなし」を意味しているのだ、と。

だが、〈拘りなく素直に拘る〉ことは果たして可能だろうか。[30] それは意外と難しいかもしれないどころか、ひょっとしてどこまでも不可能だからこそどこまでも「修」がある、のだろうか。それが如浄≒道元のいう「只管打坐」（ただひたすら打ち坐れ）の真意だったのではないだろうか。そして、そこに開き直ったのが、道元のいう「修証一等」なのであろうか。さらにこの解釈を先へと辿っていくと、実は「証」とか「悟り」なるものにはどこまでいっても達することができないのだ、となろう。まさかそんなことはあるまい、そんなことを道元がいおうとしているはずはない、とも思うのだが、解釈の帰結は自ずとこうなるほかはないのである。[31]

ここで本論のはじめを振り返ってみよう。「現成公按」という巻名に籠められていたであろう二つの意味のうち（ii）は、「現実は問題でありつづけるのであって、問題は永遠に解けない＝悟りは永遠に訪れない！」というものであった（三八四頁）。この解釈は、あそこでは道元の文章からの論証無しに提示しただけであったが、ここに至ってあるていどの跡付けが得られたであろうか。

最後に二つの問題が残った。第一。道元がいいたいことは、「一切衆生、悉有仏性」にもかかわらず坐らねばならない（彼の最初の出発点）のでなく、「風性常住」だから扇を煽ぐのみなのだということらしい、ということは確かにわかった。だが一歩下がって考えてみると、俗人が表象する俗的な悟りは永遠に訪れてくれないからといって、それにしてもなぜ、「だから」坐りつづけるのみなのか。それともこの「だから」すらもが余分な邪心なのだろうか。第二。「坐る」とは文字どおり狭義の坐禅のみを意味するのか、それとも融通無碍に拡げて受けとめてもいいのか。たとえば、無心に安打を量産しつづけることがイチローにとって「修証一等」を意味する、という風に。

私は、右に挙げた二つの疑問の解決に少しでも役だちそうな糸口を探るために、また、そもそも本論で試みた解釈仮説がどこまで通じるものなのかを確かめるためにも、『正法眼蔵』の全巻を死ぬまでに読み通したいと思っている。これが私の最後の、〈拘りなく素直に拘る〉ところの拘りである。ただし、これがそのまま自分にとって「修」＝「証」なのだとまでいい切る勇気は、いまのところ私にはない。

註

（1）野球のやりすぎが因《もと》で二十年以上前に右膝を手術して以降、坐ることができない、という事情も大きいのだが。

（2）「現成公按」をはじめ道元から引用する本文は、すべて『日本思想大系12　道元　上』（岩波書店、一九七〇年）のものを用いる。出典箇所の表記は括弧を用い、たとえば三五頁の一〇行目なら（p. 35／10）と、後から五行目なら（p. 35／−5）と表記する。なお、引用文中の傍点、太字、アルファベットはすべて筆者による。

（3）「公按」とは、悟りを得る際のきっかけとなってくれる、禅宗に独特な伝統的練習問題のことである、と理解すればいい。

（4）本論の執筆に当たっては、以前に書いた渋谷治美「親鸞と道元―一九九七年一月ウィーン講義―」（埼玉大学紀要教育学部〈人文・社会科学編〉第四七巻第一号、一九九八年）の該当部分を活用する。当然この十年間に解釈の変化があるが、それはそれほど大きなものではない。とはいえ今回の読解試論のなかで、私はいくつか新しい読み方を提案するつもりである。

（5）この疑問の直接的な史料はないようであるが、道元の伝記『三祖行業記』『建撕記』に若き日の彼の疑問として記載されているという。これについてはたとえば、山折哲雄『道元　人と思想』（清水書院、一九七八年）四三頁参照。

（6）「仏性」の巻 p. 45／3, および同所の渉典四五九頁参照。
（7）この疑問への解答を得ることそのことが、彼にとって究極の「悟り」を意味する。だがそれは、道元にとってそうであるというに止まらず、仏教者であれば誰にとってもいえることであろう。つまり、少年道元が抱いた疑問は、まっすぐに大乗仏教の核心を衝《つ》いた問いであったといえる。いうまでもなく、この問いに真正面から取り組んでいるのが、『正法眼蔵』第三巻「仏性」の巻である。この巻は他の巻に比して異様に長いのも目につくが、それだけ「仏性」という課題に対する道元の問題意識が決定的だったということであろう。
（8）①の「生死」、②③の「生滅」はいくつかの解釈可能性があると思うが、本論では一応、「生」＝（現世の）迷いの人生、「死」「滅」＝悟りへの脱落、と取る。すると①から③に出てくる三つの対は、「迷＝生＝衆生」対「悟＝死（滅）＝仏」という一つの対に収斂する。なお③にある「生仏」は「衆生と諸仏」の意味である。
（9）こういったからといって、ただちに「この世界」との対比で道元が「あの世界」「あの世」「彼岸」の実在を信じていたということにはならない。世界は「この世」しかない、という世界観もありうるからである。
（10）「迷悟あり」に続いて「修行あり」が位置していることにも、間に「それゆえ」という意味が籠められていると理解すればいい。さらに、註（4）に示した渋谷治美「親鸞と道元」七三頁左段を参照。
（11）「万法」は①の「諸法」とほとんど同義だろう。敢えていえば少しだけ全称性が強く感じられるといえようか。
（12）翻って、①の段階では悟ろうとすることも一つの煩悩だったと述べたことが再確証される。しかもそれがそのまま「仏法なる時節」であったのだ。
（13）「跳出」される対としての「豊倹」が、これまで次元を区別してきた「善悪」等の次元だけを指すのか、「迷悟」の次元も含んでいるのかは、現時点では定めがたい。次註参照。
（14）「修行あり」がないという点で補足すれば、この③の冒頭の「仏道」という語には、仏教的悟りの境地という意味と仏教的修行の道という意味の二つが重なりあっているから、後者の意味からすれば③全体が修行について語っていることになり、したがって後段でわざわざ「修行あり」と書く必要はなかったともいえよう。
（15）これと同趣旨のことは、すでに冒頭四句の直後に、「自己をはこびて万法を修証するを迷とす、万法すゝみて自己を修証するはさとりなり。迷を大悟するは諸仏なり、悟に大迷なるは衆生なり」云々と巧みに対照されていた（p. 35／－7～－4）。

(16) ここの「海徳」の話は、道元が渡宋したときの往復航路の実体験が踏まえられているという。すると、往路ではただ丸くにしか見えなかった東支那海が（その発見にびっくりした道元であったが）、復路の道元には宮殿や瓔珞にも見えたということであろうか（それがどういう意味かは後述）。

(17) 再確認すれば、つまり道元は、現代人なら①→③→②→④の順で叙述するところを、①②③④の順に書いているということである。

(18) 彼が宋に渡る際、瀬戸内海の航行が最初の船旅体験であったわけであるが、そのときの道元の知覚体験も「現成公按」に読むことができる（p. 36／7〜8）。

(19) 「煩悩即涅槃《ねはん》」ともいわれる。実はこの解釈位相については、先に三八八頁で、「現世の諸法はどんな法でも必ず仏法そのものである」「いつでもどこでもこの世界はそのまま悟りの世界である」と、すでに私は二度も語ってしまっていた。

(20) どんな存在仕方（法）であっても融通無碍に工夫（解釈）することができることについて、すでに「現状公按」で次のように例示されている。「鳥もしそらをいづればたちまちに死す、魚もし水をいづればたちまちに死す。以水為命しりぬべし、以空為命しりぬべし。以鳥為命あり、以魚為命あり。以命為鳥なるべし、以命為魚なるべし。このほかさらに進歩あるべし」（p. 37／−1〜p. 38／3）。

(21) 中国・唐時代の禅師。生没年等未詳。馬祖道一（七〇九—七八八）の法嗣《ほうし》。法嗣とは、釈迦から達磨を経て連綿と続く正統な悟りを認可された人、の意。

(22) 他の公按の解釈例として、渋谷治美「南泉の鎌子話は無理会か」（『唯物論研究 No. 56』（東京唯物論研究会編、一九八二年）も参照されたい。

(23) 出典は道元自身の撰による『正法眼蔵三百則』中二十三、および『聯燈会要』四「麻谷章」。

(24) ここで「そう「仏」でない人」といったのはもちろん衆生のことであるが、道元にとっては生き物に限られず、あらゆる事物も衆生に数えられる。しかも彼がいうには、衆生はそのまま仏なのだ。まず道元はある夜の講話の席で、生き物の代表として蝦蟇《がま》を挙げ、蝦蟇は仏そのものだ（仏の生まれ変わりなんかでなく）という（懐弉《えじょう》『正法眼蔵随聞記』二の十）。さらに道元は『弁道話』で次のように述べる。「このとき、十方法界の土地・草木・牆壁・瓦礫みな仏事お（を）なすお（を）もて、……」（p. 14／4〜5）。ここでいう「牆壁《しょうへき》・瓦礫《がりゃく》」とは土塀とか瓦や石ころのこと。

また仏教では通常「草木」は衆生に数えられないことに注意。するとここでは、生き物でないものもすべて仏である、といわれているのだ。他に、「仏性」の巻 p. 55／6〜7 を参照。また註（29）参照。

(25) この僧が他力志向だというのではない。つまりすでに述べたように、僧は自分は悟っていないから風を感じないのは当然として、師は悟っているのだから煽がずとも涼風を味わえるはずだと誤解していたのであって、未悟者の自分にもそよ風が吹いてくれてもいいのにと期待していたわけではない。しかし誤解のいきつくところは、ここに書いたところに帰着する。

(26) 註（16）で宮殿や瓔珞という「海徳」について触れたが、これらも仏法の「現成」（証）の象徴だったわけである。

(27) 「風性」は「常住」だから「あふぎをつかふのみなり」であり、それを通して「風性」が「無処不周」となる――そのように捉えてみると、ここの「のみ」が如浄の「只管打坐」の「只管」（ただひたすら）に通じることも、味わい深いことだと思う。

(28) これを俗的に読み替えると、一例として、（a）「いつでも幸せはある（幸せな人はいつでもいる）」、（b）「誰もが幸せだ」、となろう。すると多くの人はbに対して、でも自分は幸せでない、と文句をいうだろう（それでもaは命題として真であり続ける）。つまり一つの仏法たり続ける）。ではbに移行する契機は何か？　ここで、それが（広義の）「修」であるというにしても、たぶんそれは当の多くの人にとって何の足しにもならないであろうが。

(29) 本論では、道元が「一切衆生、悉有仏性」を「一切の衆生は悉《ことごと》く仏性を有す」と一つの文として読むのでなく、「一切は衆生（生き物）であり、その一切の衆生は悉有（存在物）であり、その悉有がそのまま仏性（仏）である」（その他あらゆる組合わせが等号で結ばれる）と独特に読もうとしたことに触れることができなかった。これについては別の機会を俟《ま》ちたい。とはいえ本論で展開されてきた解釈方向性のうちに、自ずとこの句の道元特有の読みこみが活かされているはずである。註（24）参照。

(30) これについては渋谷治美『シェイクスピアの人間哲学』（花伝社、一九九九年）二二〇頁を参照されたい。そこでは、『オセロウ』に登場する悪漢イアーゴゥの思想と行動を分析するなかで、「こだわりなく成功にこだわる」という人生態度がありうることを示唆した。

(31) 註（4）に示した渋谷治美「親鸞と道元」で私は、如浄が体現した「只管打坐」の四文字について、これを道元がどのように受けとめたであろうかを追想しつつ、五層の解釈を試みた（七六頁）。ここにその要点のみを再掲する。

（一）俗事を離れてただちに坐禅の道に入ること。（二）焼香、礼拝《らいはい》、称名念仏などの雑行を排して、ひたすら坐禅に励むこと。（三）悟ろうと思って坐禅するのでなく、無我の境地で坐ること。（四）なるほど無我の境地で坐りつづければ、いずれは悟りの境地が訪れてくれるのだな、などと思うのでなく、無我無欲の境地で坐りつづけても結局悟りは訪れない、ということを弁えたうえで、それでもなお坐りつづけること。（五）悟りの望みをあきら（諦）めたうえで坐禅そのものになりきること、その姿こそが仏である——。

晋南朝における宮城の構造と政治空間——入直制度と「内省」に関する一試論

小林　聡

はじめに

筆者は晋南朝時代における「礼制」の諸局面を考察しているが、それは、当該時代の中国王朝の支配体制を支える原理が「礼制」であったと考えるからである。今日まで分厚い研究蓄積を有する当該時代の政治制度もまた広い意味での「礼制」の諸局面の一つであるといえるが、この政治制度研究の中でも、礼制とより密接に関連するテーマとして筆者が現在関心をもっているのは、当該時代の政策決定の仕組みとその変遷が、政策決定の場である宮城・宮殿の構造にどのような影響を与えたのか、という問題である。当該時代を代表する洛陽・鄴・建康などの都城については、古代日本の宮都の源流として注目され、今まで多くの研究がなされてきたが[1]、皇帝の居処とそれを取り囲む政策決定の場としての宮城については、あまり研究がなされてこなかった。その原因として、隋唐時代の長安・洛陽については、殿舎・宮門などの詳細な配置が判明しているのに比して、当該時代の都城の宮城については、現存の文献史料や考古学的知見によってその正確な構造を明らかにするのが困難であることが挙げられよう。特に、筆者が主たる関心を注いでいる東晋南朝時代の建康については、発掘成果が比較的乏しく、[2]今後の発掘成果に期待せざるをえない状況である。しかしながら、建康宮城の詳細な構造を明らかにすることではなく、政策決定と宮城構造の関係を探ることをさしあたっての目的とする場合、現在残されている文献史料によるアプローチがある程度は可能ではないかと筆者は考える。その際、方法論的に参考となる近年の研究成果として、唐の長安・洛陽における宮城構造の知見を下敷きにして、政策決定の諸相を解明していく松本保宣氏等の研究が挙げられるが、[3]前述のように建康宮城の構造の詳細が明らかになっていないので、まずは建康宮城（ただし、場合によっては魏晋洛陽城の例も取り上げる）における王朝支配の中枢機能に関わる様々な「場」を確定していく作業から出発し、さらに進んで、それらを舞台にして繰り広げられた政治的活動の諸相を解明していくという手順を踏むことになろう。

本論では、以上のような見通しのもとに、晋南朝時代の宮城、とりわけ建康宮城を舞台とした東晋南朝時代における政策決定と宮城構造の関係を探るための基礎的考察を行う。その際に重視したいのが、「官人の勤務地点と皇帝との地理的な近さ」である。周知のように、当該時代の社会構造は所謂「貴族制社会」であり、実際の政策決定は上級士人層によって掌握され、第一節で述べるように、宮城構造もそれに見合ったものになってはいた[4]が、最終的な国家意志が皇帝によって決定される点は他の時代と相違はない。とりわけ、南朝時代（とりわけ斉時代以降）においては、政策決定の過程で中書舎人等の皇帝側近集団が重要な役割を果たすようになり、複雑な局面が展開する。このような政治状況下においては、官人が政務を遂行する地点が皇帝の居処と地理的に近ければ、その分政策決定への影響力もまた強化されると考えてよいだろう。そこで、筆者が注目するのは、晋南朝の宮城の奥深くに、「内省」と称される区域が存在した点、および、ある官人が内省に「入直（宿直）」を行う事例が少なからず見られる点である。いずれの殿舎に入直するかによって意味は変わってこようが、入直という行為は、昼夜を問わず皇帝の側に侍って諮問にあずかったり、皇帝や他の官人と政策論議を交わしたり、場合によっては詔勅作成にあたったりすることを意味するから、政策決定に重要な役割を果たし、皇帝に対して政治的影響力を与えることになる。以上の展望のもとに、本論では、まず、晋南朝における宮城構造の全体を整理した後に、宮城内部における政治空間としての内省の性格を明らかにするとともに、入直制度の事例を整理してこれと内省区域との関わりを確認することによって、入直制度研究の土台を作ることを試みる。

1 晋南朝における宮城構造の特質

本節では、入直制度の前提となる、晋南朝における宮城構造の主要な部分について、先学の研究に依拠しつつ概観し、その特質を探ってみたい。

宮城は皇帝の居処であり、同時に官人の活動の場でもある。この点はどの時代も変わりがないが、晋南朝独自の宮城の特色もまた存在する。この点については、古くからさまざまな論考があるが、本論で主たる考察の対象とする、孫呉・東晋・南朝の首都となった建康（建業・建鄴）については、断片的な文献史料によって宮城の様子を再構成しなければならないために、論者によって見解の相違がある。その中で、郭湖生氏は当該時代の宮城、特に東晋南朝時代を通じて江南王朝の政治的中心となった建康宮城の構造の解明を試み、朝堂・太極殿・後宮などの機能を総合的に論じる一方で[5]、当該時代の宮城の特色として、後述の「駢列制」が存在した点、北斉の鄴南城の宮城構造が隋唐長安城のプロトタイプであった点、また、魏晋南北朝時代の宮城制度が古代日本のそれに影響を与えている点などをも指摘し、宮城研究に一つの画期をもたらしたと言える[6]。郭氏の他、建康宮城のプランについて、復元図を附して論じた近年の成果として、渡辺信一郎[7]・傅熹年[8]・賀雲翱[9]などの諸氏の論考が挙げられる。殿舎・官署・宮門などの配置については諸氏の間で相違する部分が少なくないが、ひとまずは郭氏の示した見取り図を基本的とし、渡辺・傅・賀三氏の研究成果などをも参考にして、政治空間としての建康宮城、特に中枢部分を概観する。なお、諸氏の論考を参考にしたうえで私見を加味して「建康宮城概念図試案」を附したので参照されたい。

一口に建康宮城といっても、たとえば、時代によって宮門の名称が変わり、ある時代の宮門の名称が、他の時代には別の宮門に使用される例さえある。殿舎もまた火災や戦災によって消失し、再建された際に名称が変更されることも多かったようである。また、建康の宮牆は元来二重であったが、梁時代に至って三重になったとされる。(10) このように、建康宮城の様相は変化しているので、本論では、最も複雑な構造を持った梁時代のそれを基準とし、宮牆の名称を外側から外郭・内郭・最内郭として論を進める。

さて、南方から宮城にアプローチして、宮城の中核たる太極殿の区域に至るには、まず宮城外郭の正門たる大司馬門、次に内郭の正門であったと思われる応門（止車門）、さらに最内郭の正門であったと思われる太陽門（端門）という順に、三つの宮門を通過することになる。太陽門の奥は太極殿のある区域であり、太極前殿・東堂・西堂の三殿舎が東西に並んでいた。三殿の機能上の分担についてはさまざまな見解があるが、近年最も緻密にこの問題を検討した吉田歓氏の説に従って、前殿が重要な儀式の場、東堂が日常的な朝見を行う聴政の場、西堂が皇帝が居住する場としておく。(11) 太極殿区域の奥（北側）には皇帝の寝所たる「帝寝」区域があり、その中心建築は東から東斎・中斎・西斎と並ぶ三殿である。帝寝の奥は皇后の寝所たる「後寝」区域であり、東から含章殿・顕陽殿・徽音殿の三殿が並んでいたようである。

これら九つの主要殿舎は、宮城中軸線を基準とするシンメトリックなプランによって配置されていた。この軸線が（少なくとも表向きは）王朝の中心となったのであるが、建康宮城内には宮城のもう一つの核である「朝堂」が存在した。郭湖生氏は、太極殿から大司馬門までを中心とする南北の中軸線の東側に、朝堂から南掖門に至る南北の軸線が存在したことを指摘し、このような二つの軸線を持つ宮城の構造を「駢列制」と称し、建康のみならず魏晋南北朝時代における宮城制度の特徴であるとする。[12] 朝堂を中心とする軸線が宮城中軸線の東側に位置していたことは、『酉陽雑俎』巻一、礼異に、梁の中大通三年（五三一）以降における、北斉の使者を迎接する儀式を述べて、

梁正旦、使北使乗車至闕下、入端門、其門上層題曰朱明観。次曰応門、門下有一大画鼓。次曰太陽門、左有高楼、懸一大鍾、門右朝堂。門闢左右、亦有二大画鼓。

とあることから明らかである。すなわち、この記事から、北斉使節は太極殿に到達するために端門（この場合は大司馬門のことか？）→応門→太陽門と北上していき、彼らから見て太陽門（外）の右側、すなわち東側に朝堂が存在し、左側の「高楼」と相対していたことが判明する。また、これ以外にも、

①「騈列制」の原型とされる曹魏鄴城の宮城において、文昌殿（後の太極殿に相当する殿舎）―南止車門の軸線の東側に、聴政殿（日常政務の場）―司馬門の軸線が存在したこと。[13]

②北魏洛陽城の宮城遺跡の調査によれば、太極殿―閶闔門の軸線が宮城全体から見て西にずれており、その東側にいくつかの基壇があって、これが朝堂などの建築に相当するのではないかと思われること。[14]

といった諸点から、魏晋南北朝のさまざまな宮城において郭氏の言う「騈列制」が存在したと見てよいであろう。[15] 朝堂そのものは漢代の諸宮にも存在し、朝政を議論する場であったが、魏晋以降、「騈列制」をもつ宮殿構造が整備され、また、これとほぼ時を同じくして尚書省を中心とする官僚機構も整備されていくと、朝堂は尚書省の官員が毎日政務を執る場、すなわち尚書省の拠点としての性格を強めていく。[16] これに関連して、おそらくは西晋時代以降において、尚書省が上省と下省の二つの官衙に分かれたことが史料的に確認できるが、朝堂はこのうち上省の区域内に存在したと思われる。これを裏付けるものとして、『陳書』巻二六、徐孝克伝に、陳時代におけ

る一種の怪談について述べた記事がある。

自晋以来、尚書官僚皆攜家属居省。省在台城内下舎門、中有閣道、東西跨路、通于朝堂。其第一即都官之省、西抵閣道、年代久遠、多有鬼怪、毎昏夜之際、無故有声光、或見人著衣冠従井中出、須臾復没、或門閣自然開閉。

これによれば、尚書下舎（下省）から西にむかって閣道（空中廊下）がおそらくは宮牆を跨いで設けられ、朝堂、すなわち尚書上省に通じていたことがわかる。尚書省の官吏は家族とともに下省に居住して日常業務に従事し、上省において行事があるときは閣道を経由して朝堂に向かったと考えられる。先に見た『酉陽雑俎』の記事から太陽門外の東側に朝堂があったとされるが、『景定建康志』巻二〇に見る宮門の記述や、前述の『酉陽雑俎』の記事から太陽門が最内郭宮牆の南門であったことは間違いない。これに加えて、四九四年、当時斉の尚書令として実験を握っていた西昌侯蕭鸞（後の明帝）がクーデターを起こしたとき、「兵を率いて尚書省より雲龍門に入」（『南史』巻五、斉鬱林王紀、隆昌元年の条）ったとする記事がある。雲龍門は内郭宮牆の東門であるから、以上の諸史料を整合的に解釈すると、雲龍門内に上省が、雲龍門外に下省が存在しており、両官衙をつなぐ閣道が跨いでいたのは内郭宮牆であったということになる。なお、『文選』巻四六、序下、「王文憲集序」引く李善注に『十洲記』を引いて、

崇礼闈、即尚書上省門。崇礼東建礼門、即尚書下舎門。然尚書省二門名礼、故曰礼闈也。

とあり、また、『太平御覧』巻二一〇、職官部八、尚書令に、『世説』を引いて、

崇礼闥在東掖門内路西、即尚書省崇礼門、東建礼門内《ママ》、即尚書令《ママ》下舎之門。

とある。『世説』の記事にはやや不正確なところがあるようであるが、これらの史料から、尚書上省の正門は崇礼闥（あるいは崇礼闥・崇礼門）であり[17]、宮牆を挟んで、その東に尚書下省の正門たる建礼門があったことが推測される。

ところで、建康宮城における「駢列制」は、視覚的、あるいは空間的感覚に言って、皇帝を中心とする統治機構が一本化されていない印象を与える。それは、皇帝支配の象徴である太極殿―大司馬門の南北軸の東側に、これと並列する形で尚書省の拠点たる朝堂―南掖門という第二の軸が存在したからである。周知のように、魏晋南朝の政策決定過程は、各種の「議」の集積と皇帝による最終的な決断からなっていたが、その「議」の中心は朝堂における尚書八座丞郎による毎日行われる「議」であり[18]、その他の重要な会議も朝堂で開催されることが多かった。しかも、魏晋南朝時代の大部分の時期においては、門地二品＝甲族層が案奏作成権を持ち、国政の中枢たる尚書省を掌握していたといえるから[19]、朝堂は貴族政治の拠点としての機能を有することになる。つまり、皇帝権力と対抗しうる貴族集団の存在が、郭湖生氏の言う宮城の「駢列制」を形作っているということができよう。渡辺信一郎氏は、こういった状況を「相対的な独自性をもつ二つのモメントの相互関係」と表現するとともに、唐代において尚書省が議政の場から執行機関へ転化し、その結果、唐長安城太極宮においては、朝堂は宮城の南門たる承天門の外（大明宮にあっては含元殿の外）に押し出されて東西二堂の対称構造をもつようになり、晋南朝時代に有していた政治的重要性を失ったとする[20]。両時代の権力構造の相違は、宮城構造の相違として表現されていたと言えよう。

2　入直制度と政治的空間としての「内省」

前節で述べたように、晋南朝の宮城においては、太極殿や朝堂が朝政の核であるべきであったが、これとは別に、官人が昼夜を分かたず、宮城内のさまざまな区域に「入直」し、中には政策決定にあずかったり、ブレーンとして活動したりしている事例が晋南朝時代を通じて次第に多くなっていく。入直の場所や形態はさまざまであるが、筆者は、現在のところ、入直のパターンを、以下の三つに分けて考えている。

①制度上、入直が定められている場合
②天子の指名などにより入直を行ってさまざまな政治的任務を果たす場合
③王朝交替・政権交代の際に、権臣が政策決定権を掌握するために入直する場合

このうち、②と③の区分には曖昧な面もあるが、さしあたっては、天子のイニシアティブによって準制度的に運用されている場合を②、天子のイニシアティブはなく、緊急措置として権臣が入直する場合を③としておく。本論では入直制度の基本たる①と②のみを検討し、イレギュラーな要素が最も強い③については、後日稿を改めて検討することとする。

（1）　各省における制度上の入直

まず、制度上、入直が定められている場合について簡単に見ていく。最初に、門下省の長官たる侍中について述べると、『晋書』巻七六、王彪之伝に、

時衆官漸多、而遷徙毎速、彪之上議曰、…（中略）…内官自侍中以下、旧員皆四、中興之初、二人対直、或有不周、愚謂三人、於事則無闕也。

とあって侍中にとって入直が重要な職務であったことを窺うことできる。また、『宋書』巻一四、礼志四や『晋書』巻二四、職官志に「正直侍中」・「次直侍中」が見えることから、侍中には正直・次直の区別があったことがわかる。

侍中に次ぐ官たる給事黄門侍郎については、『宋書』巻五九、殷淳伝に、

淳少好学、有美名。少帝景平初、為祕書郎、衡陽王文学、祕書丞、中書《ママ》黄門侍郎。淳居黄門為清切、下直応留下省、以父老特聴還家。

とあり、黄門侍郎は上省における直が終われば、下省に滞在するのが規則となっていたことがわかる。また、『宋書』巻一四、礼志四には侍中と同様に「正直黄門侍郎」・「次直黄門侍郎」が見え、また、『大唐六典』巻九に中書侍郎の職掌を述べて、「従駕則正直従、次直守」とあるが、これによって正直・次直の役割分担の一端を知ることができよう。これらの点は、おそらくは長官たる侍中も同様であったであろう。(21)

次に中書省については、『宋書』巻四三、傅亮伝に、

永初元年、遷太子詹事、中書令如故。以佐命功、封建城県公、食邑二千戸。入直中書省、専典詔命。

とあり、『宋書』巻九二、良吏伝に、阮長之が中書侍郎であった時のことを述べて、

在中書省直、夜往鄰省、誤著履出閤、依事自列門下、門下以闇夜人不知、不受列。

とあって、これらの記事から、中書令・中書侍郎が中書省に入直していたことがわかる。ここでいう「省」とはおそらくは中書上省であり、門下省と同様、直が終われば下省に戻ってここに滞在したものと考えられる。

尚書省については、『宋書』巻七一、江湛伝に、

(元嘉)二十七年、転吏部尚書…(中略)…上将廃(皇太子)劭、使湛具詔草。劭之入弑也、湛直上省、聞叫譟之声、乃匿傍小屋中。

とあり、『宋書』巻七一、王僧綽伝に「及劭弑逆、江湛在尚書上省」とあることから、尚書の官員もまた尚書上省に入直していたことがわかる。前節で述べたように、内郭宮牆の内側に朝堂・尚書上省があり、外側に尚書下省があって、尚書の官員は家族ともに下省に居住していた。この点、『宋書』殷淳伝にあるように門下下省には家族が居住していないのとは相違するものの、基本的には中書・門下・尚書三省の官員は平時においては下省に滞在して執務し、輪番で上省に入直する制度が存在したと考えられる。(22)

なお、ここで注意したいのは、上省への滞在を「直」と表現することがあっても、下省への滞在は「直」と称することはないという点である。下省における滞在を表現するものとして、先に見た「留下省」という事例のほか、必ずしも当該官署の官員の滞在ではないが、「住僕射下省」「入居中書下省」(ともに『宋書』巻六三、殷景仁伝)、「入住中書下省」(『宋書』巻四二、王弘伝)、「劭疑義恭有異志、入住尚書下省、分諸子並住神虎門外侍中下省」(『宋書』巻六一、江夏王義恭伝)などの例があり、官人の下省への滞在は「留」・「住」・「居」といった語が使用されており、「直」とは称されていない。なお、右の『宋書』江夏王伝から、侍中(門下)下省が神虎門外に

あったことがわかるが、『宋書』巻四三、傅亮伝に、当時中書令であった傅亮について、

入直中書省、専典詔命。以亮任総国権、聴於省見客。神虎門外、毎旦車常数百両。

と記しているので、傅亮が入直していた中書上省もまた神虎門内にあったことが窺える。以上のことを総合すると、宮城内郭の東門たる雲龍門内には朝堂＝尚書上省、雲龍門外には尚書下省、内郭西門たる神虎門内には中書・門下両省の上省、神虎門外には両省の下省が配置されるプランをもっていたのではないかという想定が成り立つであろう(23)。そして、これら諸省の官員にとって、入直とは内郭宮牆を越えて皇帝の居処に接近し、政治上の機密に触れる機会が増えることを意味しており、上省と下省とを隔てる内郭宮牆は政治上の壁でもあったと考えることができるのである。

（2）「省」の語源と用法の拡がり

さて、以上は特定の官署における制度上の入直制度であるが、このほか、魏晋南北朝の史料には、天子の指名などにより、官人が現任の官職に関わりなく入直を行ってさまざまな政治的任務を果たす事例がある。入直場所は特定の殿舎であることもあるが、「内省」・「省内（省中）」、あるいは「禁省」・「殿省」というやや漠然とした呼称で表現されていることが多い。これらの事例は、本節第一項で見たような特定の官職にある者が行う制度的入直とは区別して理解し、検討していくべきである。この点について考察を進める前に、如上の語に共通する「省」の意味内容についてまず検討したい。

「省」は、一般的には隋唐官僚制に代表される尚書省などの官署の名称であるが、「省」が官署を意味するよう

になったのは魏晋以降であり、それ以前の漢代においてはほかの意味で使用されていた。この点に関してよく引用されるのが、蔡邕『独断』に引く『史官旧事』に、

上所居禁中。…（中略）…禁中者、門戸有禁、非侍御者不得入、故曰禁中。孝元皇后父大司馬陽平侯名禁、当時避之、故曰省中。

とある記事であり[24]、これによれば、前漢時代以降に「禁中」が「省中」とも称されるようになったという[25]。楊鴻年氏は、漢代の宮城には①侍中・宦官などの省官がいる「省中」、②尚書などの宮官がいる「宮中」、③公・卿などの所謂外朝の諸官がいる「宮外」という三重構造があり、官人の家族が宮中に居住するなどここへの出入が比較的簡単であったのに比して、宮中より内側に属する省中の警備はそれよりは厳重であったとする[26]。しかし、楊氏も指摘するように、実際には省中に入る者は省官にとどまらなかったようである。たとえば、『後漢書』巻一〇上、和熹鄧皇后紀に、和帝治世の外戚について述べて、

及后有疾、特令后母兄弟入視医薬、不限以日数。后言於帝曰、宮禁至重、而使外舎久在内省、上令陛下有幸私之譏、下使賤妾獲不知足之謗。上下交損、誠不願也。

とあり、また『後漢書』巻一六、鄧騭伝に、

自和帝崩後、騭兄弟常居禁中。騭謙遜不欲久在内、連求還第、歳余、太后乃許之。

とあるのがそれである。鄧皇后紀の李賢注によれば、「外舎」は「外家」、すなわち皇后の実家を指すというから、これらの記事は、外戚が禁中＝内省に「常居」していたことを示すといえる。ほかにも、竇武が霊帝即位後、「禁中に常居」（『後漢書』巻六九、竇武伝）して「宮省に専制」する宦官勢力に対抗しようとしており、また、禁中における官人の活動の例として、「侍講禁中」（『後漢書』巻四、和帝紀）・「定策禁中」（『後漢書』巻五、安帝紀）・「出入禁中」（『後漢書』巻二三、竇憲伝）・「侍宮省」（同上）・「給事省中」（『後漢書』巻七八、宦者伝）・「入講省内」（『後漢書』巻七九、儒林伝）・「執法省中」（『続漢書』巻二六、百官志三）などの記事を挙げることができる。つまり、禁中＝省中（宮省）は単に皇帝の私的居処であるのみならず、多様な政治的行為の舞台でもあったといえる。

さて、魏晋以降になると、省の語の意味に変化が起き、なんらかの理由で次第に尚書・中書・門下・集書・秘書など、ある特定の官署の呼称となっていったとされる[27]。しかしながら、省の用法の拡がりはそれにとどまらない。たとえば、西省（『晋書』巻二四、職官志など）・東省（『南斉書』巻一六、百官志）・太医上省（『宋書』巻七二、始安王休仁伝）・侍読省（『梁書』巻二七、到洽伝）・華林省（『南斉書』巻四二、王晏伝など）・延明殿省（『南史』巻五、東昏侯紀）・永寿省（『梁書』巻一三、沈約伝）・文徳省（『梁書』巻三三、王僧孺伝など）・寿光省（『梁書』巻三三、張率伝など）・嘉徳西省（『陳書』巻八、侯安都伝）といった宮城内の官署や殿舎にかかわる「省」の諸用法を確認することができる。これらは宮城内の省の使用例であり、漢代における省の意味内容を引きずっている面もある。しかし、東府省（『南斉書』巻四二、江祏伝）、諸生中省・祭酒省・二博士省（以上の三省は、『建康実録』巻九が引く顧野王『輿地志』において、国子学の内外に点在する施設として列挙する官署）、客省（『建康実録』巻一九に見える、宮城外の宣陽門内路にある官署）、典客省（『景定建康志』巻二〇が東宮の西方にあるとする官署）などは、明らかに宮城外の施設である。西省以下の用例は東晋南朝時代のものであるので、遅くとも東晋以降、「省」の語は、官署に限らず、宮城内外の様々な施設の命名に使用されるようになっていたということができる。このように、魏晋以降、「省」の語は宮廷・官署に関わる多様な意味内容を派生させていったが、隋唐官制や日本の律令官制に継承されたのはその意味内容の中のごく一部であったということができよう。

(3) 政治空間としての内省の成立と内省への入直

前項で述べたように、省の意味は漢末から魏晋にかけて大きく変化し、宮城内外を問わず広く使用されるようになっていったが、これ以降においても、漢代の禁中＝省中の語と同様に、省の語が宮城のかなり奥深くの一定区域を指す事例があり、これが入直制度と深く関わっているようである。以下、こういった点について検討してみよう。

まず、『南史』巻六、梁武帝紀に、東昏侯即位当初の状況を述べて、

時揚州刺史始安王遙光・尚書令徐孝嗣・右僕射江祏・右将軍蕭坦之・侍中江祀・衛尉劉暄更直内省、分日帖敕、世所謂六貴。又有御刀茹法珍・梅蟲児・豊勇之等八人、号為八要、及舎人王咺之等四十余人、皆口擅王言、権行国憲。

とあって、さまざまな官職にある人々が「内省に更直」し、詔敕作成にあずかっている。また、『南史』巻六〇、徐勉伝に、梁の武帝即位当初の状況を述べて、

拝中書侍郎、進領中書通事舎人、直内省。遷臨川王後軍諮議・尚書左丞。自掌枢憲、多所糾挙、時論以為称職。

とあり、徐勉が中書侍郎・中書舎人となった後、内省に入直していたことがわかる。これらの史料から、「内省」とは皇帝の信任を得たある官人が、その所属官署に関わりなく入直して政策決定にあずかる区域であることがわかる。これに関連して、『南史』巻六二、朱异伝に、梁の武帝治世中期のことを述べて、

自徐勉・周捨卒後、外朝則何敬容、内省則异。…(中略)…异在内省十余年、未嘗被譴。

とあり、尚書令何敬容と中書舎人朱异の政務の場所がそれぞれ「外朝」と「内省」と称されている。これは、尚書省と内省が「外」と「内」の各々の中枢として把握されていたことを示す(朱异は徐勉と同様、内省に入直していたであろう)。

では、内省とはどのような区域を指すのであろうか。祝総斌氏は、宮城内における門下省の位置関係を検討する中で、「禁中」内部を区分し、①「後宮」、②皇帝が日常政務を執る「王宮」、③太極殿と後宮の間にあり、中書省・門下省などが配置されている「内省」の三つに区分している[28]。本節第一項で述べたように、中書・門下の上省が神虎門内にあることは確かであるが、祝氏の言うように両省が太極殿のさらに奥にある内省区域にあったかどうかは疑問である(この点については第三節を参照)。また、祝氏の②と③をほぼ同じ区域と考えているので、本論ではさしあたって「太極殿と後宮の間にある区域」をあわせて「内省」と称することにしたい。前節で述べた宮城の地域区分で言えば、内省は東斎・中斎・西斎などが立ち並ぶ「帝寝」区域に相当するといえよう。いずれにせよ、先に引いた史料から魏晋以降も漢代の禁中＝省中と似た意味で、内省の語が使用されていたのではないかと思われる。もっとも、両者を完全に同一視することはできないであろう。それは、曹操が造営した鄴城の駢列制や、太極殿に代表される曹魏明帝による洛陽宮城の改修を経て、漢代の長安城や洛陽城とは違う、魏晋南北朝独特の宮城構造のパターンが形成され、建康や北魏洛陽城などに受け継がれていったと考えられ[29]、特に太極

殿の建立によってその裏側が内省として確定して以降は、この区域は漢代の省中ほどには外部に対して開かれた区域ではなくなったと考えられるからである。とはいえ、宮中の奥深くに位置する区域が内省として成立したことは、新たな政治空間の成立を意味するであろう。

さて、内省に関する史料は必ずしも多くなく、これだけではその実態を把握することは困難である。そこで、史料に頻出する「省内」・「省中」の語と入直の関わりについても検討してみよう。まず、曹魏時代に応璩が侍中となって「省内に直」した例（『三国志』魏書巻二九、方技伝）、安平王孚が中書侍郎・給事常侍（集書省所属の官か?）として「省内に宿」した例（『晋書』巻三七、安平王孚伝）、西晋時代に庾珉が侍中となって「省内に直」した例（『晋書』巻五〇、庾珉伝）が挙げられる。これらの史料を見る限りでは、彼らは所属官署である門下省や中書省などに入直したと解釈し、「省内」とは所属の官署内を示す語であると想定することもできるであろう。しかし、そのようには解釈しがたい例も存在する。たとえば、『晋書』巻五五、潘岳伝に、散騎侍郎・給事黄門侍郎潘岳が、かつて彼が辱めた孫秀と相まみえたときのこととして、

及趙王倫輔政、秀為中書令。岳於省内謂秀曰、孫令猶憶疇昔周旋不。答曰、中心蔵之、何日忘之。

とある。潘岳と孫秀の勤務する官署は別であるから、この記事にある「省内」は、中書省・門下省などの特定の官署であるとは思えない。次に東晋の事例として、『晋書』巻七〇、卞壼伝に、明帝崩御直前に、尚書令卞壼と中書令庾亮が入直したことを述べて、

明帝不予、領尚書令、与王導等倶受顧命輔幼主。復拝右将軍・加給事中・尚書令。帝崩、成帝即位、…（中略）…皇太后臨朝、壼与庾亮対直省中、共参機要。

とあるが、この場合も、卞壼と庾亮とは所属する官署を異にしているから、入直して政策を決定した場所である「省中」とは、特定官署ではないであろう。

では、「省内」・「省中」とは、どのような区域を指したのであろうか。まず、『晋書』巻四四、李胤伝に、泰始初年における李胤の上奏を引いて、

自今以往、国有大政、可親延羣公、詢納讜言。其軍国所疑、延詣省中、使侍中・尚書諮論所宜。若有疾疢、不任覲会、臨時遣侍臣訊訪。

とあるが、「延詣省中」とは、皇帝によって召された侍中・尚書が「省中」に召されるという意味であろうから、ここで言う「省中」は、皇帝のごく身近の区域を指すとしてよいだろう。また、『晋書』巻九九、桓玄に、劉裕が桓玄征討のために建康に迫ったときのこととして、

（劉）裕率義軍至竹里、玄移還上宮、百僚歩従、召侍官皆入止省中。

とあるが、桓玄が「侍官」とともに守りを固めた宮城の中の「省中」は、皇帝の居処としての省であろう。また、『梁書』巻二五、周捨伝に、

遷尚書吏部郎・太子右衛率・右衛将軍、雖居職屢徙、而常留省内、罕得休下、国史詔誥、儀礼法律、軍旅謀謨、皆兼掌之。日夜侍上、預機密、二十余年未嘗離左右。

とあり、周捨が現在就いている官職にかかわらず、つねに省内に滞在して政策決定にあずったことを記すが、周捨が「日夜上に侍」ったとあることから、「省内」には梁の武帝がいる殿舎が存在したことがわかる。次に、『陳書』巻六、後主紀、禎明三年春正月の条に、陳王朝滅亡時のこととして、

於是城内文武百司皆遁出、唯尚書僕射袁憲在殿内。尚書令江総・吏部尚書姚察・度支尚書袁権・前度支尚書王瑗・侍中王寛居省中。

とあり、また、『建康実録』巻二〇に、同様のことを記して、

文武百司皆遁出、惟尚書令江総・吏部尚書姚察・侍中王寛・度支尚書王援等省中・尚書僕射袁憲・後閤舎人夏侯韻二人居殿中、以待後主。

とある。この二つの史料からは「省中」と殿内（殿中）は別の区域を指しているようにも見えるが、『梁書』巻三八、賀琛伝に、

改為通直散騎常侍、領尚書左丞、並参礼儀事。琛前後居職、凡郊廟諸儀、多所創定。毎見高祖、与語常移晷刻、故省中為之語曰、上殿不下有賀雅。琛容止都雅、故時人呼之。

とある記事では、賀琛が梁の武帝と語り合った殿舎は「省中」にあったと見た方が自然であろう。また、『陳書』巻二九、毛喜伝に、

初、後主為始興王所傷、及瘡愈而自慶、置酒於後殿、引江総以下、展楽賦詩、酔而命喜。于時山陵初畢、未及踰年、喜見之不懌、欲諫而後主已酔、喜升階、陽為心疾、仆于階下、移出省中。

とあり、「心疾」をよそおった毛喜が「後殿」から運び出された先は「省中」であった。後殿に男性の官人が出入りしていることから、この殿舎はおそらくは太極殿の裏側（北側）、後宮の南側にあった殿舎であり、その一帯が省中と称されたと考えられる。とすれば、省中・省内は、「内省の内」を指す語であり、そこに配置された不特定のある殿舎の内部が「殿中」と称されたと考えてよいだろう。(30) 以上のようことから、先に見た、魏晋時代において応璩・庾珉・安平王らが「省内」に入直した事例もまた、特定の官署ではなく、内省に入直したことを意味している可能性が高いといえる。なお、「直禁省」（『梁書』巻五六、侯景伝）など、「禁省」という語も史料に現れる。この語と内省との関係はどのようなものであろうか。『宋書』巻七七、沈慶之伝に、永初二年に沈慶之が殿中員外将軍に除せられて以降のことを記して、

上使領隊防東掖門、稍得引接、出入禁省。…（中略）…領軍将軍劉湛知之、欲相引接、謂之曰、卿在省年月久、比当相論。慶之正色曰、下官在省十年、自応得転、不復以此仰累。尋転正員将軍。

とある。沈慶之は員外殿中将軍として「禁省」に勤務していたが、略して単に「省」とも記している。この記事と『梁書』巻二五、徐勉伝に、徐勉について「禁省中事、未嘗漏洩」とある記事を考え合わせると、先述の省中・省内は「禁省中」の略語であるとも解釈できるが、禁省は内省と同様の意味に考えてよいであろう。

以上、省の意味内容が魏晋以降多様化したこと、魏の明帝が宮城の中核として太極殿を建立して以降、その裏側（北側）にあたる区域は内省（あるいは禁省）と称され、その内部は省中・省内と称されたこと、内省への入

直は尚書省など諸省の入直とは一線を画する政治的重要性を持ったことなどを指摘した。ここで第三の点に関して少し補足しておきたい。南朝時代になると皇帝権力が政策決定の主体であった貴族層に対して攻勢に出て、政治的主導権の掌握を試みたとされるが、[31] このような趨勢の中で、尚書省以下諸省における上省への入直に比して、皇帝と官人がより接近することになる内省への入直は、皇帝にとっては政治的主導権を握るための格好の機会となったことは容易に想像できよう。本節冒頭で述べた二番目の入直パターンである「天子の指名などにより入直を行ってさまざまな政治的任務を果たす場合」は、本項で述べた事例の多くがこれにあたるといえ、皇帝は特定の官人を内省に入直させて政策決定にあずからせたということができ、また、三番目の入直パターンである「権臣が政策決定権を掌握するために入直する場合」もまたその延長上で考えることができよう。こういった入直制度の重要性の増大は、宮城構造から言えば、前節で述べた太極殿・朝堂を政務運営の二つの核とする本来の宮城構造のあり方に加えて、第三の核が出現したことを意味する。

3　内省内部の諸「省」——殿省・四省・西省

本節では、前節で強調した内省への入直の政治的重要性を踏まえ、未検討の用語である「殿省」、および中書舎人の「四省」、および「西省」について検討することによって、内省の内部をやや微視的に見ていく。

まず「殿省」の語について検討する。史料の上からは、「(入)直殿省」と記されている例を少なからず見出すことができ、しかも、政策決定に大きく関わっている例が多いが、殿省の語の意味内容、特に内省との関わりが明らかになっているとは言い難い。そこで、まずこの点について検討する。『南斉書』巻七、東昏侯紀、永元三年の条に、蕭衍らの反乱軍が建康に迫った折の東昏侯の行動を記して、

義師至近郊、乃聚兵為固守之計。召王侯朝貴、分置尚書都座及殿省。

とある。この記事では、「尚書都座」すなわち朝堂＝尚書上省と、「殿省」とは別の区域を指しているようである。また、『宋書』巻四四、謝晦伝に、宋の武帝（劉裕）崩御直前における謝晦の活動を述べて、

尋転領軍将軍、散騎常侍、依晋中軍羊祜故事、入直殿省、総統宿衛。三月、高祖不予、給班剣二十人、与徐羨之・傅亮・檀道済並侍医薬。

とある。謝晦は「羊祜の故事」に依って殿省に入直したとあるが、この故事とは、『晋書』巻三四、羊祜伝に、

拝相国従事中郎、与荀勖共掌機密。遷中領軍、悉統宿衛、入直殿中、執兵之要、事兼内外。

とあるものであり、この記事から殿省とは殿中とも言いかえることができることがわかる。「詔劉暄・江祏、更直延明殿省」（『南史』巻五、斉東昏侯紀、永泰元年冬十月の条）という例は、殿省が特定の殿舎と結びつく例であるが、こういった例はきわめて少なく（ただし、特定の殿舎＋省という例は多い）、単に「（入）直殿省」と記す例が多い。また、「侍殿省」（『宋書』巻四四、謝晦伝）・「直侍殿省」（『南斉書』巻四一、周顒伝）のように「侍」という語を伴う例があるから、殿省とは皇帝の居処たる殿舎を指すようでもある。しかし、殿省は建物そのものを指していたのではないようである。『晋書』巻二五、輿服志に、太康八年の詔を載せて、

諸尚書・軍校加侍中・常侍者、皆給伝事乗軺車、給剣、得入殿省中、与侍臣升降相随。

とあり、「諸尚書・軍校の侍中・常侍を加えられし者」のみが簡便な車両たる軺車に乗って「殿省中」に入ることができるとされる。(32) 車両が乗り入れられる殿省は、当然一棟の建築物としての殿舎そのものではありえず、殿舎を含む一定区域を指すであろう。

では、殿舎をとりまく施設はどのようになっていたのであろうか。『宋書』巻九九、元凶劭伝に、皇太子劭が挙兵したときの様子を記して、

明旦未開鼓、劭以朱服加戎服上、乗画輪車、与蕭斌同載、衛従如常入朝之儀、守門開、従万春門入。…(中略)…張超之等数十人馳入雲龍・東中華門及斎閤、抜刃径上合殿。上其夜与尚書僕射徐湛之屏人語、至旦燭猶未滅、直衛兵尚寝。超之手行弑逆、并殺湛之。劭進至合殿中閤、太祖已崩、出坐東堂、蕭斌執刀侍直。

とあるが、張超之率いる反乱軍は、東宮から出発して万春門(宋時代においては外郭宮牆の東門)→雲龍門(内郭宮牆の東門)→東中華門(最内郭宮牆の東門?)→斎閤と進撃し、文帝が尚書僕射徐湛と語り合っていた「合殿」に達したことがわかる。皇太子はその後、「合殿中閤」まで来たが、文帝の殺害を確認した後、太極東堂に出たという。合殿については、『宋書』巻九二、良吏伝に、東晋の孝武帝による大規模な土木工事に触れた後、

晋世諸帝、多処内房、朝宴所臨、東西二堂而已。孝武末年、清暑方構。高祖受命、無所改作、所居唯称西殿、不制嘉名、太祖因之、亦有合殿之称。

とあり、文脈から言ってこれが内省にあったのは間違いないであろう。文帝殺害の舞台は太極殿区域よりも内側(北側)、すなわち内省であったことになる。したがって、斎閤は太極殿区域の奥、すなわち内省にあったことに

ある。これに加えて、『南斉書』巻二二、予章王文献王嶷伝に、

宋元嘉世、諸王入斎閤、得白服帬帽見人主、唯出太極四廂、乃備朝服。

とあるのも、太極殿の内側に斎閤が存在したことを裏付ける。しかし、斎閤は内省そのものの門ではないようである。『隋書』巻一一、礼儀志六に、梁時代の宮城における服装規定を述べて、

入殿門、有籠冠者著之、有纓則下之。縁廂行、得提衣。省閤内得著履・烏紗帽。入斎閤及横度殿庭、不得人提衣及捉服飾。入閤則執手板、自摳衣。几席不得入斎正閤。

とある。ここから、殿門（おそらくは太極殿の門）→省閤→斎閤という順路が見てとれる。加えて『隋書』巻一一、礼儀志六に、「皇太子、在上省則烏紗、在永福省則白紗」とあるが、ここに言う「上省」とは尚書省等の上省ではありえず、永福省に対する上省、すなわち内省のことであろう。この二つの記事を考え合わせると、烏紗帽を着用する空間が省閤内＝内省（上省）であり、省閤が内省の門であるのに対し、斎閤は内省にある中斎以下の殿舎の門であったと想定することができよう。殿省とはこの斎閤などの閤門内部を指していたのではないだろうか。

以上述べたように、殿省が内省の中でも皇帝により近い区域を指すことが想定されるならば、「直殿省」は「直内省（省中・省内）」に比してもより皇帝への接近を指す政治的行為であると考えられる。

さて、殿省が内省の中のある特定の区域を指す語であるとすれば、いわば「省中の省」が存在したことになるが、このような例はほかにも存在する。『南斉書』巻五六、倖臣伝に、中書舎人が上司をないがしろにして詔敕作成にあずかったことを記して、

建武世、詔命殆不関中書、専出舎人。省内舎人四人、所直四省、其下有主書令史。

とあり、また、『南史』巻七七、恩倖伝に、斉時代における恩倖の活動について記して、

時中書舎人四人各住一省、世謂之四戸。既総重権、勢傾天下。

とあるが、「省内舎人」の省内とは、内省の内部を意味しているであろうから、内省の中にさらに中書舎人が居住する四省があったことになる。[33]『南史』恩倖伝によれば四省が「四戸」とも称されたとあるから、おそらくは内省内のいずれかの四殿舎が中書舎人の執務室兼入直施設として使用され、山本隆義氏はこれを舎人省の中書省からの独立と考えるが、[34]そのように考えれば、内省に史上はじめて官署としての「省」が設置されたということになろう。

ところで、中書舎人の四省に類似するものとして、「西省」なる区域が存在したことが史料から見てとれる。では、この西省とはどのようなものであろうか。西省に関する史料は、中書省・秘書省・永福省・宿衛などとの関連を示唆しており、実体をつかみにくいためにさまざまな説が存在する。張金龍氏の近著では、中国における諸研究をまとめつつ、西省が時代やシチュエーションによってさまざまな場所を指しており、東晋南朝を通じて固定的な「西省」そのものは存在しないとする。[35]また、王素氏は後漢の「門下三寺」が、魏晋南朝において門下省・集書省（東省）・宿衛（西省）に分化していく過程中において西省の機能を考えた。[36]わが国においては、海野洋平氏が特定の官衙に当てはめる従来の方法論に疑問を呈し、西省を「宮城最奥部の皇帝の日常生活空間」と定義づけた。[37]本論では諸説を細かく比較検討する余裕はないが、西省の「西」が宮城中軸から見た相対的な方角を示すものであり、時代やシチュエーションによって西省の意味する施設は異なるとする張氏・海野氏の理解を妥

当なものと考える。さまざまな「西省」が存在したとすると、本論で注目する内省と関わる「西省」は、東晋孝武帝以降の制度を記した以下の記事であろう。すなわち、『宋書』巻四〇、百官志下に、

江左初、合舎人・通事謂之通事舎人、掌呈奏案章。後省通事、中書差侍郎一人直西省、又掌詔命。

とあり、また、『宋書』巻六〇、王韶之伝に、

晋帝自孝武以来、常居内殿、武官主書於中通呈、以省官一人管司詔誥、任在西省、因謂之西省郎。

とあり、『大唐六典』巻九、中書侍郎に、

晋氏毎一郎入直西省、専掌詔草、更直省五日、従駕則正直従、次直守。

とあるものである。これらの記事がすべて同じ制度を記しているとすれば、東晋孝武帝治世以降、中書侍郎のうち一人を「西省」に派遣して五日交替で入直して詔勅作成に従事させる「西省郎」制度が生まれた、ということになろう。中書侍郎が西省に派遣されていたことから、西省は中書省（上省）の官署そのものではありえず、皇帝の居処たる「内殿」からそう離れていない、内省の中のどこかにあったと思われる。

ところで、東晋時代における「西省郎」の政治的機能と、斉時代における中書舎人の「四省」の機能は類似しており、場所が同一であったかどうかは不明ながら、宋時代を挟んで、両者は政治的機能の上で継承関係があるようにも思われる。また、山本隆義氏によれば、舎人省は梁時代には正式の官署名として廃止されたというが、

氏も指摘するように実体としては存続しており、梁陳時代を通じて中書舎人の機構そのものは政策決定の中心となっていった[38]。これ以降、舎人省の名称が見られなくなるのは、前節で述べた徐勉や朱异などの例からわかるように、内省全体が彼らの活動場所となっていたからであろう。このように考えると、内省は晋南朝を通じて皇帝にとって政策決定の重要な「場」となっていったのではないかという見通しが可能であろうが、内省機能の歴史的展開については、続稿にて検討することとする。

むすびにかえて

以上、晋南朝時代における宮城構造の特質を指摘し、当該時代、太極殿区域の裏側（北側）に「内省」区域が存在し、内省への入直が政策決定の場として新たに機能するようになった点を指摘した。本論の冒頭で言及した松本保宣氏は、唐代後半になると、大明宮の中軸線上に配置された三朝の正殿とは別に、皇帝が「宰相以下の官人を官僚機構から抽出して個別に把握」する場として大明宮の奥に位置する延英殿の機能が重要になり、このシステムが趙宋の政策決定システムの雛形になったと指摘する[39]。本論で述べた内省における官人の活動形態は、松本氏の描く唐後半期の宮廷政治に比して、制度的にも未熟であり、直接の継承関係はないものの、大きく前近代中国史を通じた共通のパターンの中で両者をとらえることはできるように思われる。

ところで、渡辺信一郎氏は、東晋南朝における朝政の変化を「朝政中枢における皇帝権力の希薄化」および「朝堂を中心とする貴族・官僚の議政の沈滞」ととらえ、これらを「朝政構造の分散化と全体的な弱体化、換言すれば国家の統治能力の衰退[40]」と総括する。確かにそのような面も否めないが、本論で述べた内省機構の充実という視点から見た場合、渡辺氏の見解とは違う局面を見ることもできるのではないだろうか。これに関連して、古代日本の宮都における政務運営を論じた古瀬奈津子氏の見解が示唆を与えるように思われる。古瀬氏は、弘仁期以降、本来大極殿にあるべき政務運営の中心が内裏に移動したことをもって、律令政治の内廷化・矮小化としてとらえる従来の見解を批判して、平安初期において天皇の日常的政務の場たる内裏と国家的儀式の場である朝堂院の分化が明確化し、唐の長安城における両儀殿・太極殿・承天門という機能分化に似た段階に達したと理解すべきであるとする。[41]もっとも、隋唐長安の宮城・皇城の構造は日本の諸宮都のそれと根本的に相違しており、その点において、古瀬氏の見解は不適当であるとする批判もある。[42]同様に古代日本の政務運営の変化と晋南朝のそれを安易に比較することはできないであろうが、晋南朝の政務運営の「質」が変化していく中で、宮城の中のより奥に位置する内省の重要性が大きくなっていく過程は、古瀬氏の指摘する古代日本の政務運営と共通のラインを描いているように思われる。郭湖生氏の言うように、古代日本の宮城の構造に隋唐長安よりもむしろ建康の影響を見るべきであれば、なおさらであろう。[43]このように考えれば、「国家の統治能力の衰退」とイメージされる晋南朝の政治を、多面的にとらえなおすこともできると思うのである。

さて、本論では晋南朝時代における宮城構造と入直に関わる問題のアウトラインを述べたにとどまっており、内省への入直が晋南朝のどの時点で重要になったのか、準制度的に運用されるとすればそれはいつ頃なのか、当該時代を通じてどのような展開を見せたのか、といった点は稿を改めて詳細に論じる必要がある。入直制度の発展に関して特に注目すべきは、梁陳時代に入って、内省への入直の発展形態として、各種「学士」制度や待詔制度、司文・司義侍郎の制度が整備されていく点である。加えて、中書舎人そのものの性格も変化し、[44]諸学士以下の制度と相俟って、内省全体が、政務運営上のスタッフ、あるいは学術的なブレーンの活動の場としての性格を帯びるようになるようである。こういった諸点を詳細に検討していくことによって、晋南朝の政治形態がより鮮明になっていき、前述の諸氏の研究とも接点が見出せるようになると思われる。

註

（1）「宮都」は「宮室・都城」あるいは「宮殿・都城」の略語として、岸俊男氏によって提唱された用語である。同『日本の古代宮都』（岩波書店、一九九三年）参照。

（2）建康の宮城遺構に関する考古学的知見として、二〇〇一―二年に南京市太平北路と珠江路の交差点西北角の小貴山、および二〇〇二年に太平南路と中山東路の交差点東南角の大行宮から発掘された道路遺構・排水溝や瓦当・青磁などがある。これらについては、盧海鳴『六朝都城』第三章（南京出版社、二〇〇二年）が総括している。また、賀雲翺『六朝瓦当与六朝都城』第六章（文物出版社、二〇〇五年）は、南京市内から出土する六朝期の瓦当によって建康都城の構成を推測するとともに、大行宮で発掘された道路遺構を宮城と東宮の間を通る「二宮中大路」に相当するとしている。しかしながら、現在明らかになっている出土資料によって、建康宮城の全体構造を明らかにすることは現在のところ困難であるといわざるをえない。また、建康の都城プランも明らかにはなっていない。

（3）松本保宣氏の一連の研究は、『唐王朝の宮城と御前会議―唐代聴政制度の展開―』（晃洋書房、二〇〇六年）にまとめられた。また、中国の最近の研究として、中書・門下両省の一部が禁中に存在し、「内省」と称されたことなどを含めて「禁省」の制度に言及した袁剛『隋唐中枢体制的発展演変』第一章（文津出版社、一九九二年）、宮城構造をふまえて翰林学士の機能を論じた毛蕾『唐代翰林学士』「前言」（社会科学出版社、二〇〇〇年）等が挙げられる。

（4）東晋南朝における政策決定と「貴族制」の関連については、野田俊昭「東晋南朝における天子の支配権力と尚書省」（『九州大学東洋史論集』五、一九七七年）を参照。

（5）郭湖生「台城辯」（『文物』一九九九-五）参照。

（6）郭湖生「魏晋南北朝至隋唐宮室制度沿革―兼論日本平城京的宮室制度―」（『東南文化』一九九〇-一・二）参照。

（7）渡辺信一郎『中国古代の王権と天下秩序―日中比較史の視点から―』第四章（校倉書房、二〇〇三年）参照。

（8）傅熹年主編『中国古代建築史』第二巻第二章（中国建築工業出版社、二〇〇一年）参照。

（9）前掲註（2）賀雲翺『六朝瓦当与六朝都城』第六章参照。

（10）ただし、賀雲翺『六朝瓦当与六朝都城』第六章は、梁時代において宮牆が三重であったとする定説を批判し、当該時代においても南面のみ三重であって他は二重であったとする。一方、前掲註（5）郭湖生「台城辯」・前掲註（7）渡辺信一郎『中国古代の王権と天下秩序』第四章・前掲註（8）傅熹年『中国古代建築史』第二章が載せる宮城復元図は、北面のみ二重とし、他の三面を三重とする点で共通する。本論では三氏の説に従って論を進める。

(11) 吉田歓『日中宮城の比較研究』(吉川弘文館、二〇〇二年)第一部第一章参照。ただし、氏は宋時代以降は皇帝居住の場が別に設けられたため、東西二堂とも儀式・聴政の場となったとする。

(12) 前掲註(5)郭湖生「台城辯」参照。

(13) 曹魏鄴城の宮城構造については、前掲註(8)傅熹年『中国古代建築史』第一章に附された「曹魏鄴城平面復原」を参照。

(14) 北魏洛陽城の宮城遺跡については、中国科学院考古研究所洛陽工作隊「漢魏洛陽城初歩調査」(『考古』一九七三―四)を参照。なお、前掲註(7)渡辺信一郎『中国古代の王権と天下秩序』第四章では、宮城東側の最南端の基壇を朝堂に比定している。

(15) ただし、前掲註(6)郭湖生「魏晋南北朝至隋唐宮室制度沿革」では、北斉鄴の宮城にいたって「駢列制」は廃止されて太極殿―閶闔門の軸線のみとなり、これが隋唐的宮城制度の先駆けをなしたという。

(16) 朝堂の歴史や政治的機能についての近年の研究として、渡辺信一郎『天空の玉座―中国古代帝国の朝政と儀礼―』(柏書房、一九九六年)第一章を挙げておく。

(17) 崇礼闥(崇礼闥)が尚書省の象徴であった点については、周一良『魏晋南北朝札記』所収「『宋書』札記・崇礼闥」(中華書局、一九八五年)参照。

(18) 当該時代の「議」の諸形態については、中村圭爾「南朝における議について―宋・斉時代を中心に―」(『人文研究』四〇、一九八八年)、および前掲註(16)渡辺信一郎『天空の玉座』参照。

(19) 前掲註(4)野田俊昭「東晋南朝における天子の支配権力と尚書省」参照。

(20) 南朝時代から隋唐時代にかけての朝堂の変化については、前掲註(16)渡辺信一郎『天空の玉座』参照。

(21) なお、『宋書』巻一四、礼志四に「正次直侍中・散騎常侍・給事黄門侍郎、軍校剣履進夾上閤」とあるが、「正次直」が軍校までを含むのであれば、門下・集書・宿衛指揮官のすべてを対象として正直・次直に分かって入直する制度があったことになろう。

(22) なお、『文選』巻一三に載せる、潘岳「秋興賦」の中に「以太尉掾兼虎賁中郎将、寓直于散騎之省」とあり、散騎(集書)省にも入直があり、かつ当該官署以外の官員が入直していたことがわかる。

(23) なお、魏晋南北朝時代における宮城諸門の機能分化については、内田昌功「魏晋南北朝の宮における東西軸構造」(『史朋』三七、二〇〇四年)が、端門・雲龍門・神虎門などを含めて詳しく論じている。

(24) 『漢書』巻七、昭帝紀の伏儼注も「蔡邕曰」としてほぼ同じ文を引く。

(25) 「禁」の代わりに「省」の字が使用された理由については定説がない。王素『三省制度略論』(斉魯書社、一九八六年)第一章は、禁中が省中に読み替えられた理由として『顔氏家訓』書証篇が述べる、禁衛における「省察」に由来するという説を紹介するが、この説に対して疑問を呈している。

(26) 楊鴻年『漢魏制度叢考』「宮省制度」(武漢大学出版社、一九八五年)参照。

(27) 前掲註(25)王素『三省制度略論』第一章は、尚書が省中にあったために、これらの官署が省と称されるようになったとするが、前掲註(26)楊鴻年『漢魏制度叢考』は、漢代の尚書台は省外にあったとしており、これに従えば王氏の説は成り立たない。この問題も含め、なぜ、ある特定の官署のみが省と称されるようになったのか、今後検討していくべきであろう。

(28) 祝総斌『両漢魏晋南北朝宰相制度研究』(中国社会科学出版社、一九九〇年)第八章参照。

(29) 魏—唐間の宮城構造のあらましについては、前掲註(8)傅熹年『中国古代建築史』第一—二章、および前掲註(11)吉田歓『日中宮城の比較研究』第一章参照。

(30) ただし、『南斉書』巻五二、文学伝に、「国子祭酒沈約・吏部郎謝朓嘗於吏部省中賓友倶集」とあるように、省中が特定の官署(この場合は尚書省吏部)を指す場合もある。

(31) 南朝の皇帝権伸張については、今日では論点が分散化しているので、ここでは、この問題を包括的に論じた越智重明『魏晋南朝の貴族制』(研文出版、一九八二年)を挙げるにとどめる。

(32) 魏晋南朝における軺車の礼制上の位置づけについては、小林聡「西晋における礼制秩序の構築とその変質」(『九州大学東洋史論集』三〇、二〇〇二年)参照。

(33) ここでは、中書舎人が内省に直することを「住」と称しており、第二節節第一項で述べたことと矛盾する。また、皇親諸王が内省区域に「住」した例もあるが、これらには特殊な事情が存在するようであるので、後日改めて検討したい。

(34) 中書舎人の職掌や政治的地位の変遷については、山本隆義『中国政治制度の研究』(同朋舎、一九六八年)各章を参照。

(35) 張金龍『魏晋南北朝禁衛武官制度研究』下巻、第一三章(中華書局、二〇〇四年)は、周一良・祝総斌・陳蘇鎮・閻歩克ら諸氏の西省に関する見解を紹介している。

(36) 前掲註(25)王素『三省制度略論』第三章参照。

(37) 海野洋平「梁の西省について」(『歴史』九〇、一九九八年)参照。

(38) 前掲註(34)山本隆義『中国政治制度の研究』第五章参照。

(39) 松本保宣「唐後半期における延英殿の機能について」(『立命館文学』五一六、一九九〇年)、後に前掲註(3)『唐王朝の宮城と御前会議』に収録。

(40) 前掲註(16)渡辺信一郎『天空の玉座』第一章参照。

(41) 古瀬奈津子『日本古代王権と儀式』(吉川弘文館、一九九八年)第II部第一章参照。

(42) 坂上康俊『日本の歴史・五 律令国家の転換と「日本」』(講談社、二〇〇一年)は、古瀬氏の見解を批判し、唐長安城と日本の諸宮城の構造が基本的に相違しており、長安宮城においては太極殿や両儀殿の機能が形骸化してはいない点、奈良時代にすでに内裏内で天皇による決裁が行われている点、文徳天皇以降は大極殿どころか内裏の正殿たる紫宸殿にも出御しなくなる点を指摘して、「唐制に近づいたというよりは、天皇の政務の場を内裏内に限ろうとした」のが平安期以降の政務運営であったとする。

(43) 前掲註(6)郭湖生「魏晋南北朝至隋唐宮室制度沿革」参照。

(44) 榎本あゆち「梁の中書舎人と南朝賢才主義」(『名古屋大学東洋史論集』一〇、一九八五年)は、梁時代以降、中書舎人の任官者が、宋斉時代のような恩倖的な人物から、礼学上の学識をもった人物へと変化したとする。

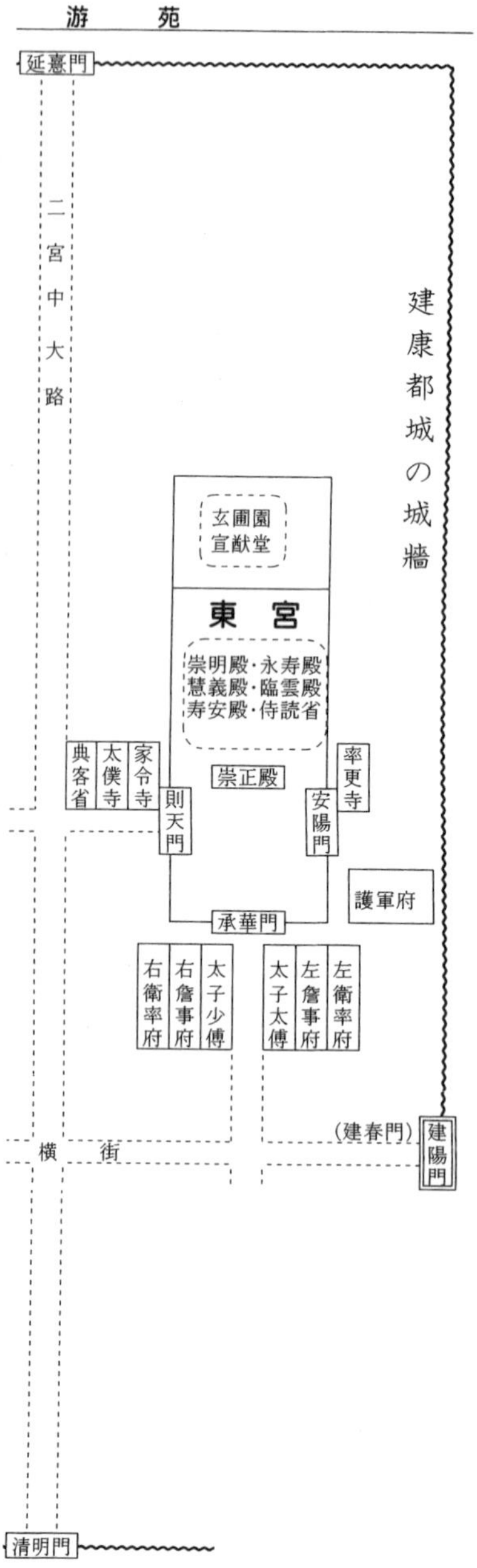

建康宮城概念図試案

（1）基本的には梁陳時代の名称を記し、それ以前の名称を括弧で示した。

（2）［二重枠］は三道の門。

（図の作成にあたっては、郭湖生「台城辯」（『文物』1995―5）・渡辺信一郎『中国古代の王権と天下秩序』第四章（校倉書房、2003）等を参考にし、これらに私見を加えた）

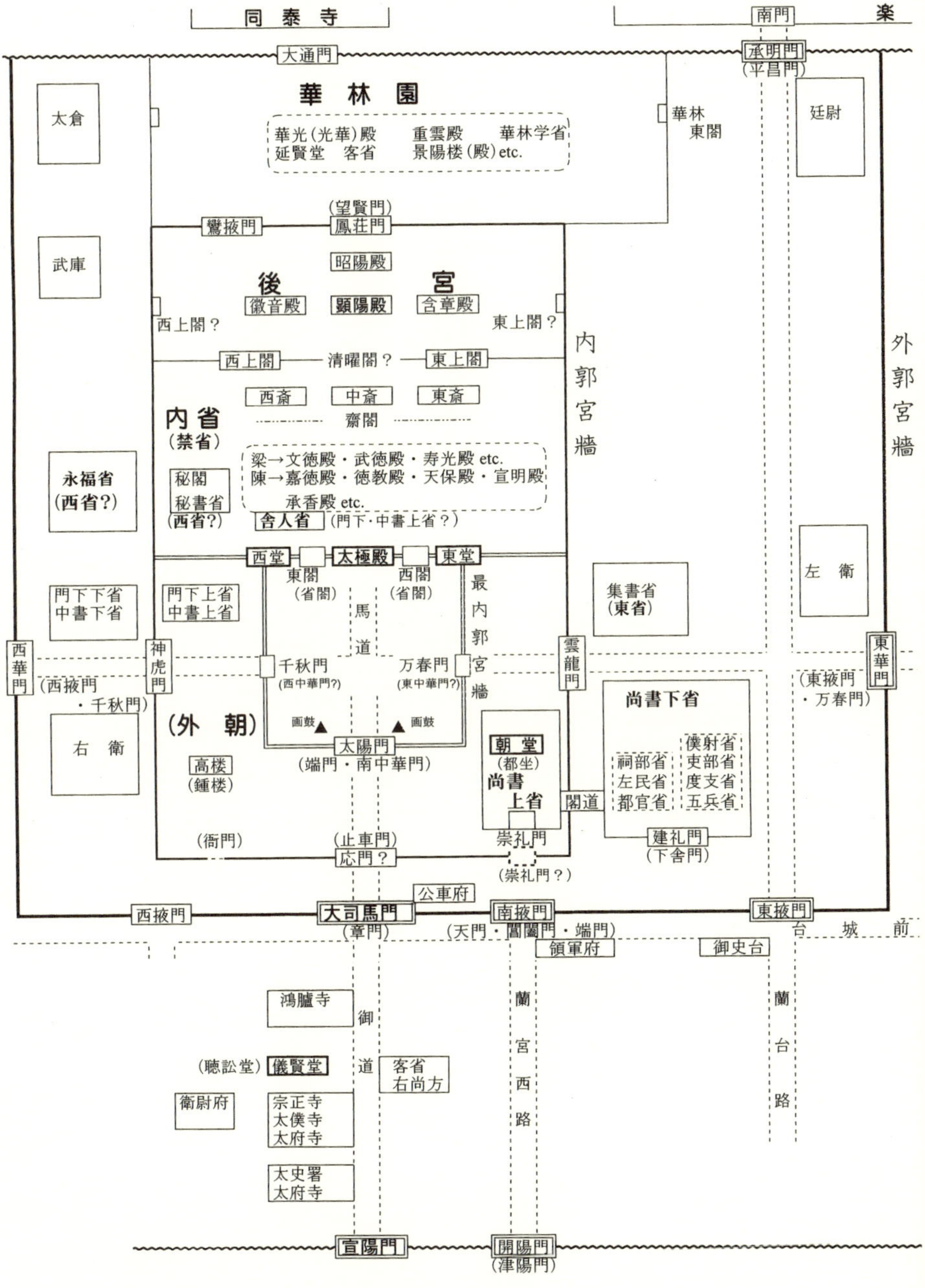
同泰寺
楽
南門
大通門
承明門
(平昌門)
華林園
華光(光華)殿　重雲殿　華林学省
延賢堂　客省　景陽楼(殿)etc.
華林東閤
太倉
廷尉
武庫
(望賢門)
鸞掖門
鳳荘門
昭陽殿
後宮
徽音殿
顕陽殿
含章殿
西上閤？
東上閤？
西上閤
清曜閤？
東上閤
内郭宮牆
外郭宮牆
西斎
中斎
東斎
齋閤
内省
(禁省)
梁→文徳殿・武徳殿・寿光殿 etc.
陳→嘉徳殿・徳教殿・天保殿・宣明殿
承香殿 etc.
永福省
(西省?)
秘閣
秘書省
(西省?)
舎人省
(門下・中書上省？)
西堂
太極殿
東堂
東閤
(省閤)
西閤
(省閤)
馬道
最内郭宮牆
門下下省
中書下省
門下上省
中書上省
集書省
(東省)
左衛
西華門
神虎門
(西掖門・千秋門)
千秋門
(西中華門?)
万春門
(東中華門?)
雲龍門
東華門
(東掖門・万春門)
右衛
(外朝)
画鼓
画鼓
太陽門
(端門・南中華門)
尚書下省
高楼
(鍾楼)
朝堂
(都坐)
尚書上省
閤道
祠部省
左民省
都官省
僕射省
吏部省
度支省
五兵省
(衙門)
(止車門)
応門？
崇礼門
(崇礼門？)
建礼門
(下舎門)
公車府
西掖門
大司馬門
(章門)
南掖門
(天門・閶闔門・端門)
東掖門
台城前
領軍府
御史台
鴻臚寺
御道
蘭宮西路
蘭台路
(聴訟堂)
儀賢堂
客省
右尚方
衛尉府
宗正寺
太僕寺
太府寺
太史署
太府寺
宣陽門
開陽門
(津陽門)

北魏王朝の相州・定州における中正就任者について

――山東地域社会に関する試論として

大峠要

はじめに

従来、中国の魏晋南北朝期は、「貴族制社会」の時代とされる。(1)この時代、存在基盤を必ずしも王朝内部に求めず、そのため分権的・自立（律）的性格を備えて、地域社会に強大な勢力を保有する姓族が多く存在していた。これら姓族は、その勢力を背景に中央官界へと進出して要職を独占し、政治的主導権をも獲得するに至った。「貴族制社会」の時代とは、それら姓族が社会のあらゆる分野で主導的地位にあった時代とも言える。

この「貴族制社会」を国家体制に意識的にもち込んだのが、北魏王朝の孝文帝である。これ以前から北魏王朝では、華北の地を統治する助けとして、漢族と関係を取り持つ政治的需要を抱えており、孝文帝期に至り、南朝および前代の漢族王朝の政治制度を取り入れて、非漢族特有の強大な軍事権と合わせて、新たな国家体制が構築されていったとされる。たとえば谷川道雄氏は、非漢族である鮮卑拓跋部を中心とした種族主義に基づく国家を脱却して、より普遍的な原理たる性格をもつ、人格的・家格的資質に基準を置く貴族主義に基づく国家へ高めようとする意図が孝文帝にはあったと述べる[2]。こうした意図のもと、国家体制そのものに貴族制が導入される際、重要な役割を果たしたものとして、官吏登用制度たる九品官人法と、実際の運用にあたる中正とがあげられる。「貴族制社会」を制度的に支えていたとされる九品官人法と中正については、宮崎市定氏の『九品官人法の研究—科挙前史—』[3]をはじめ多くの先行研究がある[4]。それら先行研究によると、州郡に置かれた中正が、各地域社会での評判が高い人物を九品（九等級）に分けて格付けを行い中央政府に推薦したとされる。その推薦の基準は、本来、個人の資質によっていたが、運用過程で家格重視の傾向が強まり、推薦される姓族が特定されることとなった。言うなれば、九品官人法と中正とは、特定姓族が、地域社会における自らの勢力を国家体制へと反映させる媒介として機能していたのである。

このような機能を果たす九品官人法と中正とを採用することで、孝文帝は北朝貴族制国家とも言うべき体制を作り上げようとしたのだが、同時に各地域社会において強大な勢力を保有する特定姓族の家格序列についても格付けを行った。四九六年（太和二十）に実施された、いわゆる姓族詳定であり[5]、この序列決定には中正も深く携わっていたという。たとえば宮崎氏は、家格序列とは本来、長い歴史を経て自然と定まるべきはずが国家権力が無理に決定しようとしたため不平が生じて、その不平・異論を抑圧するため、地域社会の有力な姓族から中正が任命される必要があったと指摘する[6]。この説を補完するように、王徴魯氏が作成した中正就任者の一覧[7]を見ると、氏が「高門」と分類した姓族出身の者[8]が多く中正に就任している。張旭華氏もまた、孝文帝期以降、中正への選任に門閥化・士族化の傾向が見られると指摘する[9]。しかし、一方で范兆飛氏は、孝文帝期以降は家格が低い姓族が多く中正に就任して勢力を伸ばす時期であり、他に皇帝からの個人的寵愛により要職を得た恩倖と呼ばれる者たちも多く中正に任ぜられた時期であるとする[10]。

以上の先行研究では共通して、孝文帝期に中正制度が整備されると同時に各地域社会における家格序列の決定が行われたことが指摘される。言い換えるならば、この時期、国家権力から有力姓族へと、中正への選任という形で強い働きかけがなされていたことになる。とするならば、孝文帝期以降の中正就任者に対する見解の相違とは、国家権力が働きかける対象は北魏一代を通して同一であったのか否か、また、孝文帝期に中正を輩出した有力姓族はそれ以降も一貫した勢力を保有していたのか否か、という問題と関連すると考えられる。

これまで、この問題については、各研究者間での中正就任者の出身規定が共通でないことはもちろんであるが、中正就任者の検討に際して、その出身姓族に大きな注意が払われる一方、その就任はどのような理由によるものかが十分に考察されてこなかったこともあり、いまだ明らかでない点が多い。

そこで本論では、当時、特に姓族の勢力が強大な地域であった山東地域に注目して、その中でも有力な姓族を多く輩出する重要な地域と考えられる相州・定州における中正就任者を検討していきたい。その際、ある人物が中正に任ぜられた背景を明らかにすることを第一の目的とする。

1 相州に見る大中正就任者の事例

『魏書』巻一〇六上、地形志上の記述[11]によると、相州は四〇一年（道武帝の天興四）に置かれた。太武帝期から孝文帝期にかけて北魏王朝の州には上・下の区別があり、さらに孝文帝期半ばには上・中・下の三等に分けられたが、相州は上州の等級を得ていたとされる。[12]

（1） 孝文帝期（四七一―四九九）

孝文帝期には、相州大中正に宋弁が、相州に属する陽平郡の中正に路景略がそれぞれ任ぜられている。

宋弁は相州の広平郡の人。祖父宋愔について、『魏書』巻六三、宋弁伝には、「祖愔、与従叔宣・博陵崔建倶知名。」とあり、従叔の宋宣、博陵の崔建とともに名を知られていたという。ここで名があげられる崔建とは、四三一年（太武帝の神䴥四）に北魏王朝が行った漢人名族の徴召(13)に応じた一人であり、その崔建と並び称されていることから宋愔もまた、それと相応の漢人名族であったとするのが妥当である。宋愔が太武帝期に本籍地である広平郡の太守に任ぜられたことも、彼が属する広平の宋氏が、地域社会に勢力を保有する姓族であったことを示している。(14)

さて、宋弁は孝文帝期の初め、時の権勢者李沖に「王佐之才」と認められたこと、また州里を同じくする李彪が秘書丞となったことなどから、中散から著作佐郎を経て尚書殿中郎中に除せられた。孝文帝から「治道」に関する受け答えを称されて厚遇されるようになり、弁との名を賜ったのも、この頃とされる。

この後、中書侍郎・兼員外散騎侍郎、司徒府司馬などを累遷した宋弁は、『魏書』巻六三、宋弁伝に、

　未幾、以弁兼黄門、尋即正、兼司徒左長史。時大選内外群官、並定四海士族、弁専参銓量之任、事多称旨。

とあるように、正黄門侍郎に任ぜられて司徒府の左長史を兼ねた。この頃、全国の士族について序列が定められているのだが、この決定に際しては、宋弁がもっぱら「銓量」の任にあたり、多く孝文帝の意に沿う決定を下したという。また、『魏書』宋弁伝には、

　弁又為本州大中正、姓族多所降抑、頗為時人所怨。

ともあって、宋弁は相州大中正に任ぜられると、その地域に存する姓族の家格序列を抑えたため、それらからひ

どく怨まれたという。さらに、『魏書』巻六二、李彪伝には、

彪雖与宋弁結管鮑之交、弁為大中正、与高祖私議、猶以寒地処之、殊不欲微相優仮。

とあり、宋弁は相州大中正に任ぜられた際、孝文帝と密かに議して、かねてより親しい李彪であっても、その家格を「寒地」に処したという。

これらのことから、宋弁の相州大中正就任は、全国の士族の序列を定める、すなわち姓族詳定の一環として、相州に勢力をもつ広平宋氏出身の宋弁に、その地域に在する姓族の家格序列を決定させようとする孝文帝の意に基づくものであったと言える。

さて、陽平郡中正である路景略については、『魏書』巻七二、路景略伝に、

侍慶従叔景略、起家中書博士。太和中、尚書郎・本郡中正。出為斉州魏郡・平原二郡太守。卒。

とある。路景略は相州の陽平郡の人であり、中書博士で起家すると、太和年間中に尚書郎をもって陽平郡中正に任ぜられた。その就任の理由は判然としないが、路景略の祖とされる路綽が本籍地である陽平郡の太守であったこと(15)、また、弟の路思令も陽平太守に任ぜられて、さらに、のちに相州から陽平郡以南の地が分割されて南冀州が設けられると、その刺史に任ぜられていることなど(16)本籍地である陽平郡との関わりが非常に強いことから、先の宋弁の事例と同じく、路景略は、属する陽平の路氏の本籍地における勢力を背景に大中正に任ぜられたとするのが妥当であろう(17)。

（2）宣武帝期（四九九—五一五）

宣武帝期には、李平・李崇・李諧の三名が相州大中正に任ぜられている。

李平は相州の頓丘郡の人。道武帝期に北魏へ帰属して彭城王に封ぜられた李嶷の長子である。李平自身は太和年間の初めに通直散騎侍郎に任ぜられて、孝文帝から非常に重んじられたという[18]。宣武帝が即位すると、李平は黄門侍郎・司徒左長史を以て行相州事とされて、また相州刺史・加征虜将軍へと遷った。このとき、李平は相州の農業を推進させ、太学を修めさせるなどの施策を実施している[19]。この相州刺史への就任は、李平の、また属する頓丘の李氏の地域社会における勢力を背景とした本籍地任用でもあろう。

さて、相州から中央へと戻った李平は、度支尚書・領御史中尉とされて、五〇八年（永平元）八月に冀州刺史・京兆王元愉が起こした反乱を鎮圧した。『魏書』巻六五、李平伝には、

冀州平、世宗遣兼給事黄門侍郎・秘書丞元梵宣旨慰労。徴還京師、以本官領相州大中正。

とあるため、李平が度支尚書をもって相州大中正を領することとされた背景には、反乱鎮圧の功に報いる目的があったと考えられる。

李崇もまた、相州の頓丘郡の人である。文成帝元皇后の兄李誕の子である李崇は、孝文帝期に本将軍をもって荊州刺史に任ぜられて氏族と対峙して、また、兗州刺史に除せられて州の盗賊を討伐するなど、それぞれ治績をあげた。さらに、孝文帝の南征に副官として従った功により河南尹とされて、孝文帝が漢陽へと親征した際には、「使朕無西顧之憂者、李崇之功也。[20]」と称されて都督梁秦二州諸軍事・本将軍・梁州刺史に任ぜられている。

このように、地方統治および軍事行動での功績が多く見られる李崇は、『魏書』巻六六、李崇伝に、

世宗初、徴為右衛将軍、兼七兵尚書。尋加撫軍将軍、正尚書。転左衛将軍・相州大中正。

とあるように、宣武帝期の初めに洛陽へと戻されて、右衛将軍・兼七兵尚書から撫軍将軍を加えられて正七兵尚書となり、左衛将軍・相州大中正へと転じた。李崇の経歴を見るに、相州大中正就任も、先に見た李平と同じく、長らくの地方統治と軍功に報いる目的があったとするのが妥当であろうか。

ところで、先に見た李平の子である李諧もまた、宣武帝期に相州大中正に任ぜられている。『魏書』巻六五、李諧伝には、

自太尉参軍、歴尚書郎・徐州北海王顥撫軍府司馬、入為長兼中書侍郎。崔光引為兼著作郎、諧在史職、無所歴意。加輔国将軍・相州大中正・光禄大夫、除金紫光禄大夫、加衛将軍。

とあり、太尉参軍、尚書郎、長兼中書侍郎などを累遷した李諧は、兼著作郎へと引き立てられたのだが史職は意に沿わなかったという。その不満を解消するため、輔国将軍・相州大中正・光禄大夫が加えられているのであるが、父李平が相州大中正であり、また、兄李奨も相州刺史であるなど、本籍地である相州との関わりが非常に強いことも、大中正への就任に関係すると考えられる。[21]

（3）　孝明帝期（五一五—五二八）

孝明帝期には、游肇・宋翻の二名が相州大中正に任ぜられた。

游肇は相州の広平郡の人。曾祖父の游鱓は後燕に仕えて楽浪太守となり、祖父の游幼は北燕に仕えて仮広平太

守に至った。父の游明根は太武帝に抜擢されて中書学生となり、献文帝期の初め、本将軍・東青州刺史・加員外散騎常侍とされている。また、孝文帝期には儀曹尚書・大鴻臚卿に至った。

游肇自身は若くして中書学生となり、孝文帝期の初めに内秘書侍御中散へと遷った。その後、司州が建てられると都官常侍となり、通直郎・秘閣令を経て散騎侍郎・典命中大夫に転じている。この頃のこととして、『魏書』巻五五、游肇伝には、

以父老、求解官扶侍。高祖欲令遂禄養、乃出為本州南安王楨鎮北府長史、帯魏郡太守。王薨、復為高陽王雍鎮北府長史、太守如故。

とあり、老父游明根に孝養を尽くすため官を解かれることを求めた游肇に対して、孝文帝は相州に置かれた鎮北府の長史府に任命するとともに、相州に属する魏郡太守を帯びさせたという。さらに、鎮北府の長官が南安王元楨から高陽王元雍へと代わっても長史にありつづけ、魏郡太守も元のとおりとされている。こうした病気や老齢の近親者への孝養を理由とした本籍地任用について、窪添慶文氏は、「いずれも一時の寵遇によるものであり、それ自体としてはさほど問題となりえない」とする一方、「一族から多数の本籍任を出しているような例は別に注意する必要があろう。」とも述べる。[22] 游肇の属する広平游氏の場合、王朝こそ違え祖父の游幼が仮広平太守に任ぜられており、また、游肇自身ものちに相州刺史に任ぜられていることから後者の例に該当するような、本籍地において勢力を保有する姓族であったと考えて良い。

さて、父の死により官を解かれた游肇は、その後、宣武帝の景明年間末に官途に復帰して、黄門侍郎から散騎常侍・兼侍中、太府卿などを経て侍中へと遷った。そして、『魏書』巻五五、游肇伝に

粛宗即位、遷中書令・光禄大夫、加金章紫綬、相州大中正。出為使持節、加散騎常侍・鎮東将軍・相州刺史、有恵政。

とあり、孝明帝が即位すると、中書令・光禄大夫となり金章紫綬を加えられて、相州大中正に任ぜられた。先述の本籍地任用の事例と合わせて考えると、游肇の相州大中正就任は、游氏が本籍地の広平郡に勢力を保有していたことと無縁ではないと考える。

宋翻は、先に見た、孝文帝期に相州大中正に任ぜられた宋弁の族弟である。宣武帝期の初めに奉朝請で起家すると、本籍地相州の治中・広平王府の郎中令に任ぜられて、さらに司州河陰県の令に遷ったのだが、この頃のこととして、『魏書』巻七七、宋翻伝には、

翻弟道璵、先為冀州京兆王愉法曹行参軍、愉反、逼道璵為官、翻与弟世景倶囚廷尉。道璵後棄愉帰罪京師、猶坐身死、翻・世景除名。久之、拝翻治書侍御史・洛陽令・中散大夫・相州大中正、猶領治書。

とあり、京兆王元愉の反乱に弟の宋道璵が参加していたために除名されることとなった。その後、久しくして、治所侍御史・洛陽県令・中散大夫・相州大中正に任ぜられて官途に復帰するのだが、このときに相州大中正とされた背景は判然としない。宋翻が先に見た宋弁と同族であることから考えると、宋翻の相州大中正就任もまた、広平宋氏の本籍地における勢力を背景とするのかもしれない。しかし一方で、宋弁が本籍地における勢力を背景に、孝文帝の意に基づいた姓族の家格序列を決定するべく大中正に任ぜられたのに対して、宋翻の大中正就任にはそこまでの意図を読み取ることができないのも明らかである[23]。

（4） 節閔帝期（五三一）

節閔帝期の相州大中正李神は司州弘農の人。父李洪之は秦・益二州の刺史であり、献文帝の「親舅」と号されて、外戚たるをもって司州の河内太守に任ぜられて任城侯に封ぜられた[24]。李神自身は、威遠将軍・新蔡太守・領建安戍主を累遷した後、寧遠将軍・陳留太守に転じて狄丘戍主を領した。さらに、揚州刺史李崇に従って南朝梁の軍勢を破り、平北将軍・太中大夫とされて、孝明帝の孝昌年間中には行相州事から相州刺史となり、加撫軍将軍、仮鎮東将軍・大都督へと進んでいる。この後、『魏書』巻七〇、李神伝に、

元顥入洛、荘帝北巡、以神為侍中、又除殿中尚書、仍行相州事。車駕還宮、改封安康郡開国公、加封五百戸。普泰元年、進驃騎大将軍・儀同三司・相州大中正。

とあり、北海王元顥が南朝梁の後援を受けて洛陽へ入り、孝荘帝が北巡を余儀なくされるという混乱期にあっては侍中とされた後、殿中尚書に任ぜられて再び行相州事ともなっている。そして、五三一年（普泰元）には、驃騎将軍・儀同三司・相州大中正へと進んだ。李神の相州大中正就任については、孝明帝期までの六名の相州大中正と異なり、相州を本籍地としていない点が注目される。その理由として考えられることは、孝明帝期に行相州事・相州刺史に任ぜられ、また、孝荘帝期の政治的混乱の際にも再び行相州事とされるなど、相州における豊富な統治経験である。加えて、『魏書』李神伝に、

早従征役、其従兄崇深所知賞。

ともあり、ここで李神を賞賛したとある従兄李崇とは、先に見た、宣武帝期の相州大中正李崇である。こうした李崇との関係や、さらには従兄李崇が属する頓丘の李氏との関係が考慮されて、李神は相州大中正に任ぜられたのかもしれない。

（5）孝武帝期（五三二―五三四）

孝武帝期に相州大中正に任ぜられた申徽について、『周書』巻三二、申徽伝は、相州の魏郡の人とする。六世の祖申鐘は後趙に仕えて司徒となり、その子申邃は中原の混乱を避けて江南へと渡った。曾祖申爽は南朝宋に仕えて雍州刺史に至り、祖申隆道も南朝宋の北兗州刺史となった。父の申明仁は郡の功曹に任ぜられたが早くに死去して、孝行を尽くした母も死去すると、申徽は北魏に帰属することになった[25]。

さて、『周書』申徽伝には、

孝武初、徽以洛陽兵難未已、遂間行入関見文帝。文帝与語、奇之、薦之於賀抜岳。岳亦雅相敬待、引為賓客。文帝臨夏州、以徽為記室参軍、兼府主簿。文帝察徽沉密有度量、毎事信委之。乃為大行台郎中。時軍国草創、幕府務殷、四方書檄、皆徽之辞也。以迎孝武功、封博平県子、本州大中正。

とある。この時期の北魏王朝は、山東に孝武帝を擁立する高歓が、関中には宇文泰がそれぞれ割拠する東西分裂の状況にあったのだが、申徽は宇文泰に厚遇されていたことがうかがえる。そして、申徽は孝武帝を関中へと迎え入れる際に功があり、それに報いるため、博平県子に封ぜられて相州大中正に任ぜられたと考えられる[26]。

（6）小結

以上、相州大中正就任者八名の事例を時代順に見た。この作業を通して、孝文帝期以降、絶えず相州を本籍地とする、または相州と密な関係をもつ人物が大中正に任ぜられていることが明らかとなった。先行研究が指摘するように、地域社会における姓族の家格序列を決定することを通じて貴族制国家を形成しようとした孝文帝の意により中正制度が整備されて、以後、北魏末まで運用されていた現れとも言える。

ここで注目すべきは、相州大中正就任者が属する姓族の変遷と、それぞれに見られる就任の背景についてである。孝文帝期、宋弁が相州大中正に任ぜられた背景には、宋弁の属する広平の宋氏が保有する地域社会における勢力があったと考えられる。だからこそ宋弁は、相州における家格序列を決定することが可能だったのである。

ところが、宣武帝期には、宋氏ではなく頓丘の李氏出身の李平・李崇・李諧が大中正に任ぜられることとなる。そして、その背景には、地域社会に保有する勢力のみならず、地方統治や軍事行動での功績の影響が見て取れる。言い換えるならば、地域社会における勢力によってのみでは州大中正に任用されるに十分ではなかった者たちが、個々の地方統治や軍事行動での功績を加えることで国家や地域に認められて州大中正に就任を果たした現れではなかっただろうか。

さらに、こうして獲得された州大中正の職が、李平から子の李諧へと継承されるに至り、相州における頓丘李氏の勢力が、先の州大中正を輩出した広平宋氏のそれに勝るとも劣らないものになっていったと筆者は考える。

ところで、この後の孝明帝期には、相州を本籍地としないながらも、この地域の統治に実績ある李神が州大中正とされている。これもまた、地域社会に保有する勢力によってのみではなく、地方統治という言うなれば実務面への評価が、州大中正の任用に際して重要視されるようになった現れではないだろうか[27]。

2　定州に見る大中正就任者の事例

『魏書』巻一〇六上、地形志上の記述によると、定州は三九六年（道武帝皇始元）に安州として置かれ、四〇〇年（道武帝天興三）に定州へ改称されたとある。州の三等級区分では上州に属し、また上州の中でも儀同三司や三公・三師を贈られた者が帯びる州として、その地位は別格的に高かったともされる[28]。

（1）　道武帝期（三八六―四〇九）

定州に大中正が置かれたのは道武帝期のことであり、この頃、慕容氏の後燕から黄河以北の地をほぼ奪い取った北魏王朝は、その征服地の漢族を自らの統治体制に組み込む必要に駆られ、晋制にならって中正を設けたとされる[29]。

さて、道武帝期に定州大中正に任ぜられたのは、定州の中山郡、あるいは定州の趙郡の人とされる李先である。『魏書』巻三三、李先伝には、

李先、字容仁、中山盧奴人也、（後略）

とあるのだが、また、

皇始初、先於井陘帰順。太祖問先曰、卿何国人。先曰、臣本趙郡平棘人。

ともあり、皇始年間の初め、道武帝と謁見した李先は、本来は趙郡平棘の人であると主張している。(30)この道武帝との謁見を経て、李先は丞相衛王府の左長史に任ぜられて、道武帝の中山平定を助けた功により尚書右中兵郎へと遷った。さらに、『魏書』李先伝には、

> 太祖謂先曰、今蠕蠕屢来犯塞、朕欲討之、卿以為何如。先曰、蠕蠕不識天命、竄伏荒朔、屢来偸窃、驚動辺民。陛下神武、威徳遐振挙兵征之、必将摧殄。車駕於是北伐、大破蠕蠕。賞先奴婢三口、馬牛羊五十頭。転七兵郎、遷博士・定州大中正。

と、蠕蠕討伐の進言が適切であったため報償を与えられたことが記される。これに続いて、「七兵郎へ転じ、博士・定州大中正に遷る。」(31)とあることから、李先の定州大中正就任も蠕蠕討伐の功績に報いるためであったとするのが妥当であろう。

(2) 孝文帝期(四七一―四九九)

孝文帝期の定州大中正就任者は、李宣茂・崔挺・崔合の三名である。

李宣茂は定州の趙郡の人。祖父の李均は、四三一年(太武帝神䴥四)に行われた北魏王朝による漢人名族の徴召に応じて中書博士を拝した李霊の弟であり、本籍地である趙郡の太守に至っている。父の李璨は文成帝の興安年間中に秘書中散・定州別駕に任ぜられた後、やはり本籍地である趙郡の太守と、同じく定州に属する常山の太守に転じている。趙郡の李氏は「四姓」と称される漢族の名門であり、また李宣茂の祖父、父がともに本籍地の地方官に任用されていることから、李宣茂の一族の地域社会における勢力が大きかったことがうかがわれる。

ところで、李宣茂自身は、『魏書』巻四九、李宣茂伝に、

元茂弟宣茂、太和初、拝中書博士。稍遷司空諮議、転司馬、監営構事。出除寧朔将軍、試守正平郡、不拝。兼定州大中正。坐受郷人財貨、為御史所劾、除名為民。

とあり、太和年間初めに中書博士を拝すると、司空諮議・司空司馬を経て寧朔将軍・試守正平郡とされたものの拝せず、定州大中正を兼ねることとなった。とするならば、李宣茂自身が地方へ出されることを嫌い、あるいは彼を地方へ出すことを嫌った何者かの意図があって、ほぼすべてが中央官による兼領とされた中正に任ぜられたのかもしれない。

続いて、『魏書』巻五七、崔挺伝に、

諸州中正、本在論人、高祖将弁天下氏族、仍亦訪定、乃遙授挺本州大中正。

とある崔挺である。『魏書』崔挺伝には、

崔挺、字双根、博陵安平人也。六世祖贊、魏尚書僕射。五世祖洪、晋吏部尚書。父鬱、濮陽太守。

ともあり、崔挺は定州の博陵郡の人。六世の祖崔贊は曹魏の尚書僕射、五世の祖崔洪は晋の吏部尚書、父崔鬱は北魏の濮陽太守とされるから、世に清河の崔氏と並び名門と称される博陵の崔氏に属する家系である。

崔挺自身は、秀才に挙げられて中書博士を拝すると、中書侍郎を経て昭武将軍・光州刺史へと遷った。この後、

先に引いた『魏書』崔挺伝に見えるとおり、本州すなわち定州大中正を「遙授」[32]されている。この就任の理由については、史料中の「高祖将に天下の氏族を弁じて、仍ねて亦訪ねて定めんとする」との記述に従い、諸州における家格の序列を決定する際、その決定への異論を抑圧できる名門を中正に用いる必要があったためであると理解されてきた。[33]これは、前節で見た、孝文帝期に宋弁が相州大中正に任ぜられたのと同じ理由である。

しかし、家格序列決定への異論を抑えるために名門出身の人物を中正に任用するのであれば、先の趙郡李氏出身の李宣茂もまた、その条件に該当する。そこで、李宣茂から崔挺へと定州大中正が移されたことについて考察を加えておきたい。先に引いた李宣茂伝の記述から、李宣茂は「坐受郷人財貨」をもって御史からの弾劾を受けて除名されたことが見て取れるのだが、この記述が、定州大中正の李宣茂が郷里の人から財貨を受け取って家格操作を行った[34]ことを示すのならば、そうした家格決定を孝文帝が嫌い、代わって崔挺が定州大中正に任ぜられたと考えられる。

そして、崔挺と同じく博陵安平の人である崔合もまた定州大中正に任ぜられていることも、その延長にあるように思われる。崔合の祖父崔綽は、老母への孝養を理由に本籍地である博陵郡の功曹に任ぜられており、[35]また博陵崔氏の出身であることとも合わせて、崔合の一族は定州における勢力を保有していたと考えられる。

このことを背景として、崔合は、『魏書』巻四九、崔合伝に、

子合、字貴和、少有時誉。襲爵桐廬子、為中書学生・主文中散・太尉諮議参軍・本州大中正。出為常山太守、卒於郡、時年二十七。

とあるように、本州大中正に任ぜられたのであろう。そして、それはまた崔挺が行った定州における家格序列の決定が、同じく博陵崔氏に属する者に継承されるための大中正就任であったと筆者は考える。

（3）宣武帝期（四九九—五一五）

宣武帝期には、甄琛・李憲・李秀林・李憑の四名が定州大中正に任ぜられている。まず、甄琛であるが、『魏書』巻六八、甄琛伝には、

甄琛、字思伯、中山毋極人、漢太保甄邯後也。父凝、州主簿。

とあり、漢の太保甄邯の後裔とされる定州の中山郡の人で、父甄凝は定州主簿であったという。甄琛自身は秀才に挙げられて、太和年間の初めに中書博士を拝して諫議大夫へ遷った後、本州征北府長史・本州陽平王頤衛軍府長史と、本籍地の定州に置かれた府の属僚を歴任した。また、『魏書』甄琛伝には、

於時趙脩盛寵、琛傾身事之。琛父凝為中散大夫、弟僧林為本州別駕、皆託脩申達。

とあり、宣武帝の恩倖趙脩に身を傾けて仕えたため、父甄凝は中散大夫を得たとされ、さらには弟の甄僧林も定州別駕に任ぜられたとある。このことは、甄凝の頃には甄氏の本籍地の地方官への任用は自然となされていたが、甄琛の頃には権勢者の後ろ盾があってはじめて可能となった現れであるかもしれない。

さて、やがて趙脩の失脚と共に甄琛は官を免ぜられたが、『魏書』巻六八、甄琛伝に、

久之、復除散騎常侍・領給事黄門侍郎・定州大中正。大見親寵、委以門下庶事、出参尚書、入厠帷幄。

とあり、散騎常侍・領給事黄門侍郎・定州大中正に任ぜられて官界に復帰する。門下の庶事を委ねられて、また、「出でては尚書に参じ、入りては帷幄を厠」ったともあるから、そうした宣武帝からの寵愛が、甄琛が散騎常侍・領給事黄門侍郎・定州大中正として復官する際にも影響したと考えるのが妥当であろう。

続いて李憲の事例を見る。李憲の祖父李順は、先に孝文帝期の定州大中正李宣茂の項で見た李霊の従父弟である。その李順は、侍中・鎮西大将軍・太尉公・高平王に至り、父李式は散騎常侍・平東将軍・西兗州刺史・濮陽侯であるから、天下の名門趙郡李氏に属する一族である。

李憲自身は、太和年間の初めに秘書中散から散騎侍郎へと遷ったが、『魏書』巻三六、李憲伝には、

以母老乞帰養、拝趙郡太守。趙脩与其州里、脩帰葬父母也、牧守以下畏之累跡、惟憲不為之屈、時人高之。転授驍騎将軍・尚書左丞・長兼吏部郎中。遷長兼司徒左長史・定州大中正。

とあり、老母に孝養を尽くすため、本籍地の趙郡太守に任ぜられた。この任用は、前節、宣武帝期の相州大中正游肇の項で見たのと同じく、宣武帝からの厚遇によるものであり、また、李憲の属する趙郡李氏の地域社会における勢力が背景にあると考えられる。そして、李憲は、驍騎将軍・尚書左丞・長兼吏部郎中へと転じて、長兼司徒左長史・定州大中正に遷った。李憲が定州大中正に任ぜられた理由は明らかではないが、先に引いた『魏書』李憲伝の記述に、宣武帝の恩倖趙脩が父母の葬儀を行った際、刺史・太守以下皆が彼を畏れる中、李憲ただ一人が屈しなかったため高く評価されたとあり、李憲の地域社会における声望が影響したと考えることは許されるだろう。

李秀林については父祖の名は伝わらないが、李宣茂・李憲と同じく趙郡の人とされる。『魏書』巻三六、李秀林伝には、

太和中、自中書博士為頓丘相、豪右畏之。景明初、試守博陵郡、批強扶弱、政以威厳為名。以母憂去職。後為太尉諮議参軍、仮節、行荊州事。拝司徒司馬、加冠軍将軍・定州大中正・太中大夫。

とあり、太和年間に中書博士を経て相州の頓丘郡相となり、この地の「豪右」を「畏」れさせたという。そして、景明年間の初め、本籍地である博陵郡の試守とされた李秀林は、「強きを批ぞけ弱きを扶け、政は威厳を以て名を為」した。「母憂」をもって官を去った後、太尉諮議参軍・仮節・行荊州事を歴任すると、司徒司馬を拝して冠軍将軍・定州大中正・太中大夫を加えられた。李秀林の定州大中正就任の理由もまた明らかではないが、先の『魏書』李秀林伝の記述に見える、太和年間や景明年間の治績が背景にあるとも考えられる。

先に李宣茂の項で見た李霊を祖父にもつ李憑もまた、趙郡李氏に属する人である。李霊は散騎常侍・平東将軍・定州刺史・鉅鹿公、父李恢は散騎常侍・鎮西将軍・定州刺史・鉅鹿公であり、父祖のいずれもが本籍地である定州刺史に任ぜられている。

李憑自身については、『魏書』巻四九、李憑伝に、

華弟憑、字青龍。秘書主文中散、累遷冀州征東長史・太子中舎人。阿附趙脩、超遷司空長史・給事黄門侍郎・武衛将軍・定州大中正。坐脩党免官。後除趙郡太守。

とあり、秘書主文中散から冀州征東長史・太子中舎人に累遷して、宣武帝の恩倖趙脩に阿ったおかげで、司空長史・給事黄門侍郎・武衛将軍・定州大中正に「超遷」したとされる。とするならば、もちろんそれがすべてではないにせよ、李憑の定州大中正就任の背景として権勢者の後ろ盾が想起されるであろう。(36)

（4） 孝明帝期（五一五—五二八）

孝明帝期に定州大中正に任ぜられた崔孝芬は、先に見た孝文帝期の定州大中正崔挺の子である。崔孝芬は、司徒・彭城王元勰の行参軍から著作郎に除せられて、青州司馬へと遷った。こののちのこととして、『魏書』巻五七、崔孝芬伝には、

後除司徒記室参軍・司空属・定州大中正、長於剖判、甚有能名、府主任城王澄雅重之。

とあり、崔孝芬は司徒記室参軍・司空属をもって定州大中正に除せられているが、その就任の理由については判然としない。[37]

（5） 孝武帝期（五三二—五三四）

孝武帝期、定州大中正には賈顕度・崔勉・魏季景・魏明朗の四名が就任している。

賈顕度は、『魏書』巻八〇、賈顕度伝によると定州の中山郡の人で、父の賈道監は沃野鎮長史であったとされる。そのためか、賈顕度も、初め別将に任ぜられて、薄骨律鎮の守備にあたった。孝明帝の正光年間末には、爾朱栄に従って直閤将軍・左中郎将となったが、爾朱栄の死に伴い、一時期、南朝梁へ逃亡したとある。この後のこととして、『魏書』賈顕度伝には、

普泰初、還朝、授衛大将軍・儀同三司・左光禄大夫、又行済州事。復随爾朱度律等北拒義旗、敗於韓陵、与

斛斯椿及弟顕智等率衆先拠河橋、誅爾朱氏。出帝初、除尚書左僕射、尋加驃騎大将軍・開府儀同三司・定州大中正。未幾、以本官行徐州刺史・東道大行台。

とある。この記述によると、賈顕度は、節閔帝の普泰年間の初めに北魏へ戻り、衛大将軍・儀同三司・左光禄大夫に任ぜられ、行済州事ともされている。そして、斛斯椿および弟の賈顕智とともに爾朱氏を誅したため、孝武帝期の初めに尚書左僕射に除せられて、驃騎大将軍・開府儀同三司・定州大中正を加えられた。また、『魏書』巻八一、綦儁伝には、

尋除御史中尉、於路与僕射賈顕度相逢、顕度恃勲貴、排儁騶列倒、儁忿見於色、自入奏之。

とあり、御史中尉の綦儁と賈顕度が行き合った際、賈顕度は「勲貴」であることを恃み、儁騶を押し退けて通った。これに怒った儁騶は、自らその無礼を朝廷へ奏したという。これによると、賈顕度が、史書に「勲貴」と称される新興の武人層に属していたことが明らかとなる。以上のことから、賈顕度が定州大中正に任ぜられた背景には、定州における賈氏や賈顕度自身の勢力ではなく、爾朱氏討伐に代表される軍功があったと考えられる。

崔勉は、先に孝明帝期の定州大中正就任者の事例で見た崔孝芬の子であり、孝文帝期の定州大中正就任者の事例で見た崔挺の孫である。その経歴を見るに、孝明帝の正光年間初めに太学博士に除せられ、孝荘帝期には御史中尉・侍御史・尚書右中兵郎中などを累遷し、普泰年間に、兼尚書左丞に任ぜられた。

さて、『魏書』巻五七、崔勉伝には、

勉善附会、世論以浮競譏之。為尚書令爾朱世隆所親待、而尚書郎魏季景尤為世隆知任、勉与季景内頗不穆。

季景陰求右丞、奪勉所兼。世隆啓用季景、勉遂悵快自失。尋除安南将軍・光禄大夫・兼国子祭酒、典儀注。太昌初、除散騎常侍・征東将軍・金紫光禄大夫・定州大中正、勅左右廂出入其家。

とあり、崔勉はこじつけを善くして、軽薄に利益を追い求めるとして譏られたという。そう記される性格を裏付けるかのように、崔勉は時の尚書令爾朱世隆から親しく遇されるようになると、その寵を尚書郎魏季景と争い、それに破れて安南将軍・光禄大夫・兼国子祭酒に除せられている。そして、のちの孝武帝の太昌年間の初め、散騎常侍・征東将軍・金紫光禄大夫・定州大中正に除せられた。崔勉が定州大中正に任ぜられた理由は判然としないが、注目すべきは、崔勉が時の権勢者爾朱世隆との結びつきを求めている点である。崔勉のこうした姿は、定州における姓族の家格序列を決定するとともに、その際の異論をも封じることが期待されたほどの地域社会への影響力を備えていた祖父崔挺と比するに、様態を異にしているように思われるためである。

ところで、崔勉と爾朱世隆の寵を争った魏季景もまた、定州大中正に任ぜられている。魏季景は定州の鉅鹿下曲陽の人。父魏鸞は光州刺史であったが、早くに死去したという。魏季景自身は孝荘帝期に中書侍郎に任ぜられた。そして、『北史』巻五六、魏季景伝には、

普泰中、為尚書右丞。季景善附会、宰要当朝、必先事其左右。爾朱世隆特賞愛之。於時才名甚盛、頗過其実。太昌中、位給事黄門侍郎、甚見信待、除定州大中正。

とあり、普泰年間中に尚書右丞に任ぜられると爾朱世隆から特に寵されて「才名」ははなはだ盛んとなったが、それは実を過ぎたものであったという。そののち、太昌年間に給事黄門侍郎に任ぜられて孝武帝から非常に信任されたとあるから、魏季景の定州大中正就任は、孝武帝からの信任を背景としたものと考えられる。

魏季景と同じく、定州の鉅鹿下曲陽の人とされる魏明朗もまた、定州大中正に任ぜられた。魏明朗は、大司馬府法曹参軍・兼尚書金部郎中・南道行台郎中・龍驤将軍・中散大夫などを累遷して、孝荘帝の永安年間末、族兄魏蘭根が河北行台となった際に引かれてその左丞となった。『北斉書』巻二三、魏明朗伝には、

及蘭根中山之敗、倶帰高祖。中興初、拝撫軍将軍、出為安徳太守。後転衛将軍・右光禄大夫・定州大中正。

とあり、その従兄魏蘭根とともに高歓へと帰順して、中興年間初め、撫軍将軍を拝して安徳太守となり、衛将軍・右光禄大夫・定州大中正に転じたという。魏明朗が定州大中正に任ぜられた背景には、北魏の東西分裂直前のこの時期、孝武帝を擁立した高歓に帰順したことに報いる目的があったと筆者は考える。

(6) 小結

以上、定州大中正就任者一三名の事例を時代順に見た。この作業を通して、道武帝期以降、絶えず定州を本籍地とする人物が大中正に任ぜられていることが明らかとなった。その中で、特に孝文帝期には、まず趙郡李氏出身の李宣茂が、そして彼が財貨を受けたことにより免ぜられると博陵崔氏出身の崔挺が、家格序列の決定への異論を抑える目的から大中正に任ぜられている。さらに、崔挺の後を受けて、同じく博陵崔氏出身の崔合が大中正に任ぜられており、この時期、博陵崔氏が定州に保有する勢力の大きかったことがうかがわれる。

ところが、宣武帝期には趙郡の李氏に属する李憲・李秀林・李憑が定州大中正に任ぜられて、趙郡李氏の復権とも言うべき様態が現れる。これについて筆者は、その一人である李憑が、恩倖趙脩に阿った結果、司空長史・給事黄門侍郎・衛将軍・定州大中正に「超遷」したことに注目する。すなわち、李宣茂が除名されて以来、定州

大中正から、すなわち定州における家格序列の決定への関与を果たしえなかった趙郡の李氏は、そのために地域社会での勢力を減退させており、それを補うべく権勢者との結びつきを求めたと考えるのである。

とはいえ、この後の孝明帝期には再び博陵崔氏出身の崔孝芬が定州大中正に任ぜられており、趙郡李氏の復権は十分でなかったようにも思える。しかし、さらに後の孝武帝期に定州大中正に任ぜられた博陵崔氏出身の崔勉もまた、権勢者との結びつきを求めており[38]、また、同時期の大中正就任者にも同様の傾向が認められる。そこには、地域社会における勢力を背景として、その地域の家格序列を決定するとともに異論をも抑圧した、孝文帝期の大中正の姿を見て取ることはできない。

以上の定州大中正就任者の変遷、特に趙郡李氏から博陵崔氏へ、そして再び趙郡李氏へという変遷は、この二つの姓族の定州における勢力、ひいては家格序列の高下を背景としているのではないかと筆者は考える。

むすびにかえて

本論では、北魏王朝の山東地域、相州・定州の中正就任者に注目して、その就任の背景について考察した。二州についての考察を比較すると、以下の共通点を提示できる。

一、孝文帝期の中正には、帝の姓族詳定の意に沿って地域社会における家格序列を決定しうるとともに、そこに生じる異論を封じられる者が任ぜられた。それら人物は、地域社会に強大な勢力を保有する姓族の出身であり、相州では広平の宋氏、定州では趙郡の李氏や博陵の崔氏が相当する。

二、宣武帝期以降の中正もまた、地域社会に勢力を保有する姓族出身者が多く任ぜられているが、管轄地域における家格序列を決定したとの記述は見られなくなる。加えて、有力姓族出身者であっても、その出身のためだけではなく、地方統治や軍事行動での功績、あるいは皇帝や権勢者との結びつきを背景に大中正に就任する場合が多い。

三、節閔帝期・孝武帝期の中正には、これ以前に見られた就任における特定姓族の優位性が見られない。また、北魏末の混乱期にあたるためか、軍功や自勢力への帰順を背景とする就任事例も多い。

この中で、宣武帝期以降の大中正に共通する特徴に、筆者は注目する。各地域社会の有力姓族が、大中正への就任に際して出身以外の拠り所を求めていることは、孝文帝期に貴族制が国家体制中に取り入れられたとされる北魏王朝において、出身とはまた異なる価値基準が存在したことを示しているように思われるためである。さらに、二州に共通して、有力姓族間での大中正就任の変遷が見られることは、孝文帝期に定められた家格序列は恒久のものではなく、各姓族や個々人の功績・活動により変化しうるものであった現れではないかとも考える。

とはいえ、いまだ課題となる点も多い。本論では、山東地域の中心として相州・定州の中正を取りあげて、その中正就任者のあり方を通して地域社会における姓族の様態を見たのだが、その他の州、たとえば山東の「四姓」と称される盧氏が本籍地とする幽州や、王氏が本籍地とする并州についても、同様の考察を行う必要がある。この点を今後の研究課題として提示して、本論のむすびに変えたい。

註

（1）この時代を「貴族政治」の「最も盛なる時代」として、皇帝権力もまた「貴族階級中の一の機関たる事を免るる事が出来ない」と位置づけた内藤湖南氏以来、中国の魏晋期より唐中期までの期間は「貴族制社会」の時代と理解されてきた。内藤湖南「近世史の意義」（『中国近世史』、弘文堂、一九四七年）、および「概括的唐宋時代観」（『内藤湖南全集』八、筑摩書房、一九六九年）。

（2）　谷川道雄「北魏の統一過程とその構造」（『増補　隋唐帝国形成史論』第II編、第1章、筑摩書房、一九九八年）一三九頁

（3）　東洋史研究会、一九五六年。のち『宮崎市定全集』六（岩波書店、一九九二年）に収録。

（4）　宮川尚志「中正制度の研究」（『六朝史研究―政治社会篇』第4章、日本学術振興会、一九五六年）、谷川道雄「北魏官界における門閥主義と賢才主義」（註（2）前掲書、第II編、第2章）、王徴魯「下編　乙　両晋南北朝時期各類型中正状況定量分析表　七、北魏時期」（『魏晋南北朝選官体制研究』福建人民出版社、一九九五年）、厳耕望「北朝中央中正与地方中正」（『大陸雑誌』八―一〇、一九五二年）、張旭華「北魏中央与地方中正組織的分張及其意義」（『鄭州大学学報（哲学社会科学版）』三七―五、二〇〇四年）、陶新華「北魏後期的中正制新論」（『歴史教学』二〇〇四―一、二〇〇四年）、范兆飛「論北魏中正身世的変遷」（『歴史研究』一―一二、二〇〇四年）

（5）　これにより、漢人・非漢人を問わずに家格の序列が定められた。『魏書』巻一一三、官氏志に、「其穆・陸・賀・劉・樓・于・嵇・尉八姓、皆太祖已降、勳著当世、位尽王公、灼然可知者、且下司州・吏部勿充猥官、一同四姓。」とあり、非漢人ではここに記される「八姓」が最高位の家格とされた。また、この家格と同等とされる漢人の「四姓」とは、『新唐書』巻一九九、儒学中、柳沖伝に所載の劉芳による議論に依拠して、清河の崔氏・范陽の盧氏・趙郡李氏と隴西の李氏・滎陽の鄭氏（これに太原の王氏を加えて「五姓」とも言われる）があたるとされてきた。

（6）　宮崎市定「北朝の官制と選挙制度」（註（3）前掲書、第2編、第5章）三五四頁

（7）　前掲註（4）王徴魯「両晋南北朝時期各類型中正状況定量分析表　七、北魏時代」

（8）　王氏は「高門」に属する基準として、以下の三点を指摘する。一、何世代にも及び高官を輩出するに足る地縁性・血縁性を帯びている。二、政治的・経済的特権と文化上の優位性を備えている。三、官僚的性格はわずかであって貴族的性格が存在する。

（9）　前掲註（4）張旭華「北魏中央与地方中正組織的分張及其意義」

（10）　前掲註（4）范兆飛「論北魏中正身世的変遷」

（11）　『魏書』地形志に記される州と、その統属する郡・県については、「永安末年、胡族入洛、官司文簿、散棄者多、往時編戸、全無追訪。今録武定之世以為志焉。」と序の部分にあり、東魏孝静帝の武定年間の状況を記録したものとされる。東魏孝静帝期の都は鄴に置かれたことから、『魏書』地形志では司州と記されるが、司州の条に、「太祖天興四

年置相州。天平元年遷都改。」とあるため、本論では相州として扱っている。
(12) 窪添慶文「北魏の州の等級について」(『魏晋南北朝官僚研究』第一部、第五章、汲古書院、二〇〇三年)
(13) この徴召については、応じた者が三五名を数え、さらに漢人名族が網羅された大規模な徴召であるため、北魏王朝と漢族官僚との結びつきを論じる際に言及されることが多い。たとえば、近年では、張金龍氏の「従高允『徴士頌』看太武帝神䴥四年徴士及其意義」(『北魏政治与制度論稿』甘粛教育出版社、二〇〇三年)がある。
(14) こうした地方官の本籍地任用の意義について、窪添慶文氏は、南北朝期、特に北朝を中心として一流の名族・大姓は在地における支配力・影響力を行使できる存在であり、王朝権力は本籍地の長官に任用するという形で、その力にある程度依存することを強いられたと指摘する。窪添慶文「魏晋南北朝における地方官の本籍地任用について」(『魏晋南北朝官僚制研究』第一部、第十章、汲古書院、二〇〇三年)。
(15) 『魏書』巻七二、路恃慶伝
(16) 『魏書』巻七二、路思令伝、「尋拝仮節・征虜将軍・陽平太守。又割冀州之清河・相州之陽平・斉州之平原以為南冀州、仍以思令為左将軍・南冀州刺史・仮平東将軍・都督。」
(17) 宋弁・路景略が、ともに本籍地に勢力を保有していたことを背景として大中正に任ぜられたことが確認されたが、宋弁は州大中正、路景略は郡中正と、その管轄する範囲が異なる点は注目に値する。管轄範囲の相違は、あるいは、宋弁が属する広平の宋氏と、路景略が属する陽平の路氏との、それぞれの地域社会における勢力の大きさの相違に由来する可能性もある。
(18) 『魏書』巻六五、李平伝には、「平因侍従容請自效一郡、高祖曰、卿復欲以吏事自試也。拝長楽太守、政務清静、吏民懐之。車駕南伐、以平兼冀州儀同開府長史、甚著声称、仍除正長史、太守如故。未幾、遂行河南尹、豪右権貴憚之。」とあり、この頃、李平は侍臣であることを頼み、一郡を任せられることを誓願して冀州の長楽太守に任ぜられている。また、孝文帝の南征に際しては兼冀州儀同開府長史として声望があり、後に河南尹となると、その地の「豪右権貴」は李平を憚ったとも記される。
(19) 『魏書』李平伝、「平勧課農桑、修飾太学、簡試通儒以充博士、選五郡聡敏者以教之、図孔子及七十二子於堂、親為立讃。」
(20) 『魏書』巻六十六、李崇伝

(21)『魏書』巻六五、李遐伝、「平長子遐、字遵穆、襲。容貌魁偉、有当世才度。自太尉参軍事、稍遷通直郎・中書侍郎・直閤将軍・吏部郎中・征虜将軍、遷安東将軍・光禄大夫、仍吏部郎中。又以本官兼尚書、出為撫軍将軍・相州刺史。」

(22) 前掲註(14)窪添慶文「魏晋南北朝における地方官の本籍地任用について」三〇三・三〇四頁

(23) このことについては、『魏書』巻六三、宋弁伝に、「維及紀頗渉経史、而浮薄無行。懌親尊懿望、朝野瞻属、維受懌眷賞、而無状構間、天下人士莫不怪忿而賤薄之。」とあり、また、「初、弁謂族弟世景言、維性疏険、而紀識慧不足、終必敗吾業也。世景以為不爾、至是果然、聞者以為知子莫若父。」ともある宋弁の二子の宋維・宋紀に対する悪評と、宣武帝期の相州大中正が頓丘の李氏に独占されていたことから、この時期、広平の宋氏の本籍地における勢力が低減していたためではないかと推測している。

(24)『魏書』巻八九、酷吏、李洪之伝、「真君中、為狄道護軍、賜爵安陽男。会永昌王仁随世祖南征、得元后姉妹二人。洪之以宗人潜相餉遺、結為兄弟、遂便如親。頗得元后在南兄弟名字、乃改名洪之。及仁坐事誅、元后入宮、得幸於高宗、生顕祖。元后臨崩、昭太后問其親、因言洪之為兄。与相訣経日、具条列南方諸兄珍之等、手以付洪之。遂号為顕祖親舅。太安中、珍之等兄弟至都、与洪之相見、叙元后平生故事、計長幼為昆季。以外戚為河内太守、進爵任城侯、威儀一同刺史。」

(25)『周書』申徽伝、「申徽字世儀、魏郡人也。六世祖鐘、為後趙司徒。冉閔末、中原喪乱、鐘子邃避地江左。曾祖爽仕宋、位雍州刺史。祖隆道、宋北兗州刺史。父明仁、郡功曹、早卒。徽少与母居、尽心孝養。及長、好経史。性審慎、不妄交遊。遭母憂、喪畢、乃帰於魏。」

(26) 従来、中正の職掌とは、管轄する地域の人材を調査し、等級をつけて政権へ推薦すること、さらに、管轄地域における姓族の家格序列を決定することとされてきた。しかし、この時期、相州大中正たる申徽は関中におり、実際に相州を領有する高歓らと対立していたのであり、その職掌を実際に果たしえたのかは疑問である。関中政権の正当性を主張するため、山東姓族へ働きかけるためなどの点が就任の背景として考えられるが、あるいはこの時期、すでに大中正の職が名目上のものとなっていた現れであるかもしれない。

(27) この時期は北魏末の混乱期にあたるためより実務能力の高い人物が必要とされたとも考えられる。

(28) 前掲註(12)窪添慶文「北魏の州の等級について」一八五頁

(29) 前掲註(4)宮川尚志「中正制度の研究」三〇三頁。従来、この道武帝期における定州大中正の設置が、北魏王朝の中正の起源とされてきた。

(30) また、李先伝には、「太祖又問曰、卿祖父及身官悉歴何官。先対曰、臣大父重、晋平陽太守・大将軍右司馬。父樊、石虎楽安太守・左中郎将。臣、苻丕尚書右主客郎、慕容永秘書監・高密侯。」ともある。李先は出身に関する主張の正当性を訴えるべく、前代の王朝に仕えた官僚から連なる自らの家系を道武帝に示したとも考えられる。

(31) 李先が天下の名族たる趙郡李氏の出身であるため、その地域社会における勢力を背景とした就任とも考えられるのだが、出身に関する記述が、本文中で引用した李先自身の主張のみであるため、可能性として付記するにとどめたい。

(32) 「遙授」とは、実際に任地へは赴かない形式での任官を意味する。

(33) 宮崎市定「北魏の官制と選挙制度」(註(3)前掲書、第2編、第5章)三五四頁。とはいえ、実際に現地へ赴くことなく地域社会の家格序列を決定することが可能であったのか、もし可能だとするならば、その決定の際にはどのような判断材料が供されていたのか、などの疑問もある。この点は、今後の研究課題としたい。

(34) 中正による贈収賄の事例について、たとえば、『魏書』巻七八、孫紹伝には、世祖宣武帝の延昌年間に孫紹が上げた奏の文中に、「(前略)且法開清濁、而清濁不平。申滞理望、而卑寒亦免。士庶同悲、兵徒懐怨。中正売望於下里、主按舞筆於上台、真偽混淆、知而不糾、得者不欣、失者倍怨。(後略)」と見え、中正が「望」を金銭で売買した結果を報告するため、「望」の真偽が入り混じっている、との非難もある。

(35) 『魏書』巻四九、崔鑑伝、「父綽、少孤、学行修明、有名於世。与盧玄・高允・李霊等俱被徴、語在允伝。尋以母老固辞、後為郡功曹而卒。」

(36) とはいえ、趙脩の失脚に伴い官を免ぜられた李憑は、その後に趙郡太守として官界に復帰している。このことは、李憑の一族の趙郡における勢力の大きさを示すものであるかもしれない。

(37) 『魏書』崔孝芬伝の記述によると、崔孝芬は「剖判に長じ」て非常に「能名」があったため、府主の任城王元澄に重んじられたという。とはいえ、これは司徒記室参軍あるいは司空属の任に対する評価であり、崔孝芬が中正として果たした職掌は明らかでない。

(38) あるいは、宣武帝期に定州大中正が趙郡李氏に独占されたことにより博陵崔氏の地域社会における勢力が低減し、それを補うべく権勢者との結びつきが図られたとも考えられるためである。

中世フランス王国の歴史・国家・世界観——『歴史の鑑』と『フランス大年代記』

鈴木道也

はじめに

十三世紀のフランス王国では、王権の周辺で、王国行政の制度的整備とともにその遂行を円滑化するための理念的で象徴的な構成体への関心が高まっていた。定着しつつあるキリスト教的世界観と折り合いをつけながら、ナショナルな存在へのアイデンティティを新たに構築していく作業は必ずしも容易ではなかったが、集合的記憶の動員に際して「過去」は有効な手段であり、その結果、「王国史」の編纂事業が積極的に進められることとなる。これ以後現代に至るまで、歴史叙述はナショナル・アイデンティティ形成の一つの核として機能していく(1)。

ルイ九世（位一二二六—七〇）の指示を受けてサン゠ドニ修道院の修道士プリマが編纂し、一二七四年にフィリップ三世（位一二七〇—八五）に献呈された俗語散文体王国年代記『フランス大年代記（Les Grandes Chroniques de France 以下GCFと略記）』は、こうした王国史編纂事業の一つの到達点であった。韻文ではなく散文で、またラテン語ではなく俗語（古フランス語のイル゠ド゠フランス方言）で記されたこの年代記は、言葉の音声的特徴や韻律ではなく、内容そのものに編纂者たちの世界観が示されていた。

いわゆる「言語論的転回」に揺れる歴史学界の状況を踏まえて一九九三年に組織された「中世年代記に関する国際研究集会（International Conference on the Medieval Chronicle）」は、こうした年代記をはじめとする中世歴史叙述に関する研究が、歴史認識の枠組みそのものを再構成する可能性を有していると主張している。[2] とはいえ、GCFの「フランス観」や「王国観」は必ずしも明示的ではない。同時代の歴史叙述と同様にGCFは、過去に著された数多くのラテン語史書を王国史の観点から取捨選択して繋ぎ合わせ、そこに編者の解釈を加えて成立している。こうした「引用のモザイク」であるGCFの分析に際しては、間テクスト性（テクスト相互関係性）の議論を踏まえながら、オリジナルの史書がどのように翻訳あるいは翻案されているかという内容上の問題と、いかなる順番でどの部分が引用されているのか、という構成上の問題の二点を考慮する必要があるだろう。[3]

「フランス史のバイブル」と称されるほど広く普及したGCFであるが、年代記の完成からほぼ一世紀間、つまり十三世紀後半から十四世紀半ばまで、聖俗有力者の関心は高くなかった。この年代記が中世国家フランスにおける「正史」の地位を獲得するのは、シャルル五世（位一三六四―八〇）治世期に再編集が施された後（いわゆる『シャルル五世のフランス大年代記』）のことで、現存する一一〇点以上の写本の多くは、十四世紀後半から十五世紀にかけて制作されたものである。当然これらの写本はシャルル五世主導下で再編されたGCFを原本としており、十五世紀末に初めて印刷されたGCFも、また二十世紀の校訂本も同様である。したがって我々が今日『フランス大年代記』として一般に理解しているのは十四世紀後半のGCFであって、成立当初のものではない。成立から一世紀間に制作され現存する写本の数はわずか二十点弱である。[4]

ところが、成立当初からしばらくの間不人気であったGCFを尻目に、同じルイ九世の援助を受けて制作された後、ただちに好評を博した史書が存在している。ヴァンサン＝ド＝ボーヴェ（Vincent de Beauvais）（一一九〇―一二六四）が編纂した百科全書的著作『知識大鑑（*Speculum maius*）』の一部をなすラテン語史書『歴史の鑑

（*Speculum historiale* 以下SHと略記）』がそれである。この史書は、天地創造に始まり皇帝ルードヴィヒ二世治世に至るキリスト教世界の歴史を描いており、部分的な写本も含めれば全体で二二〇ほどの写本が知られている。(5)ロワイヨーモン修道院におけるヴァンサンとルイ九世との緊密な交流は多くの国王伝記が伝えるところであり、この作品自体、ルイ九世を献呈者としている。GCFと異なりSHは王の存命中に完成したため、その内容をルイ九世が直接目にすることも可能であった。またフィリップ四世（位一二八五―一三一四）治世期には俗語（フランス語）版の制作がジャン゠ド゠ヴィニ（Jean de Vigny）の手で開始されており、この作品は一三三〇年頃フィリップ六世（位一三二八―一三五〇）の最初の妃ジャンヌ゠ド゠ブルゴーニュに献呈されている。この仏語版も、ラテン語版とならび数多くの写本を生み出す原本となっている。(6)

十三世紀末から十四世紀にかけて、同じルイ九世の下で生み出されながら、なぜSHはGCFに比べ高い評価を受け、多くの写本が制作されたのであろうか、そこではキリスト教的世界観と国家（フランス王国）観との関係性がどのように整理されている、あるいはされていないのだろうか。本論ではこの二つの作品をその内容構成から比較することで、十三世紀後半の歴史叙述において「（フランス）国家史」がどのように位置づけられていたのか、という点について考えてみたい。ヴァンサンの一連の著作は、当時パリを拠点として形成されつつあったドミニコ修道会の思想体系を示すものとして近年注目されており、このような視点に立った豊かな成果が既に報告されている。(7)しかし本論では、ナショナル・アイデンティティ形成史の観点から、当該期におけるカペー王権周辺の歴史認識を象徴する史書の一つとして、このSHを取り上げることとする。

1 『歴史の鑑』の制作とその構成

ヴァンサンは一二一五年から一二二〇年にかけてパリのドミニコ修道会で学び、その後ルイ九世がピカルディー地方のボーヴェに創建したドミニコ会系の修道院に属した。一二二八年から一二三五年にかけては同じルイ九世が建てたシトー会系ロワイヨーモン修道院の説教師（lector）の職にあって、同時にルイ九世の家庭教師を務めていた。ルイ九世は彼の求めに応じて写本作成・収集の費用を提供しているが、彼に作品の制作を求めたパトロン的人物としては、王のほかにも王妃、皇太子フィリップ、シャンパーニュ伯ティボー五世などの名前が知られている。彼はまさにカペー家の「家中の者（famiriaritas）」であったが、彼の代表作であり、百科全書的著作である『知識大鑑』そのものは、王命によるものではない。この作品はドミニコ会の思想を体系的に組織化するために必要な知識の全体像を提示することが目的であり、当時のドミニコ会総長に命じられて制作したものであった。それは古代の著作の概要を載せることで、後学者に原典への橋渡しをする索引的機能も果たしている。また作品のなかには医学や薬学に対する記述も多く、彼らの関心が強くみてとれる。

ただこの作品の成立においてルイ九世の役割はきわめて大きかった。ヴァンサンは彼から文献史料収集に際して大きな経済的援助を受けており、『歴史の鑑』は王に献呈されるとともに、権力の行使と諸侯の徳について記す同時期のある政治的著作に関しては直接ルイ九世の依頼によるものとされている。(8)

さて、一二四五年にひとたび完成した『知識大鑑』は、『自然の鑑（*Speculum Naturale*）』『神学の鑑（*Speculum Doctrinale*）』『歴史の鑑』の三書から構成されている。その後十四世紀に別の人物によって著された『道徳の鑑（*Speculum Morale*）』が加えられ、四書からなる『知識大鑑』が成立し、膾炙している。このうちたとえば『自然の鑑』は三二巻、三七一八章を持ち、ラテン、ギリシア、アラブ、あるいはヘブライなど、当時西方ヨーロッパ世界で知られていたありとあらゆる自然科学的知見を盛り込んだものであったから、その後さまざまな機会に、多くの神学者、科学者によって必要に応じて全体もしくはその一部が引用されている。とはいえ、このなかでも最も大きな成功を収めたのが『歴史の鑑』である。

編者ヴァンサンと訳者ジャン

その後一三三三年、国王フィリップ六世（位一三二八―五〇）の妃ジャンヌ＝ド＝ブルゴーニュ（Jeanne de Bourgogne）に献呈された仏語版ＳＨの翻訳を行ったのは、パリのサン＝ジャンク＝ドュ＝オ＝パ（Saint-Jacques-du-Haut-Pas）修道院の修道士であったジャン＝ド＝ヴィニであった(9)。この仏語版ＳＨのある写本の表紙には一枚の挿絵がある（図「**編者ヴァンサンと訳者ジャン**」参照）。左側にはヴァンサンにＳＨの制作を命じるルイ九世の様子が、右側にはその翻訳をジャンに命じるジャンヌの姿が並んで描かれており、原典と翻訳との連続性が明確に意識されているとともに、この作品に王権が深く関与していることを窺わせる(10)。周知の通り、ジャンヌの夫フィリップ六世はまさにヴァロワ朝の正統性をめぐる問題に巻き込まれており、この翻訳は重要な意味合いを帯びていたと思われる。ラテン語版（*Speculum historiale*）は主として聖職者を、他方フランス語版（*Miroir historial*）は主として世俗有力貴族層を対象としていた。

この仏語版ＳＨに関しては、十四世紀から十五世紀にかけて制作され現存するものとして一五点の写本が知られている。うち一三点は装飾挿絵写本である。しかしこれらはいずれも部分写本で、全巻を含んでいるものはわずか二点に過ぎない。一五点のうち、ジャンヌに献呈された一点と、ジャン二世（Jean II）次いでシャルル五世が所有していたものをあわせて六点、[11] ジャン＝ド＝ベリー（Jean de Berry）の蔵書カタログに載っているものが二点で、[12] 八点がヴァロワ王族のもとにあった。その他の所有者としては、プリジャン＝ド＝コエティヴィ（Prigent de Coëtivy）、ルイ＝ド＝ブルージュ（Louis de Bruges）、ジャック＝ダルマニャック（Jaques d'Armagnac）、ラノイ＝ダムロクール（Lannoy d'Ameraucourt）、フィリップ＝ド＝クレーヴ（Philippe de Crève）、タンギー＝ド＝シャテル（Tanneguy du Chastel）、ドルヴァル（Derval）伯のジャンとエレーヌ（Jean, Hélène）イングランド王エドワード四世である。興味深いことに、彼らはいずれもＧＣＦ写本を有していたことが知られている。[13] 現存するベリー公ジャンの蔵書目録によれば、彼は現存するものの他にも数点の仏語版ＳＨを有していたとされており、逸失してしまった写本も多いと思われる。

さて、次頁の**表**は、『歴史の鑑』の全巻構成を示したものである。巻数については一六二四年の刊行時点のもの、年数についてはヴァンサン自身が記したものに従っている。[14] この作品は全体で三一巻からなり、さらにそれぞれの章が詳細な題名を持つ数多くの章を含んでいる。章数の合計は三七九四に上る。各章は、編年形式で叙述されているもの、聖人伝としての体裁をもつもの、古典的著作の概要であるもの、と大きく分けて三つの形式をもっている。ＳＨ研究の第一人者ポルミエ＝フカールの研究によれば、全体の構成は、まず最初にユダヤ民族の歴史が語られ（巻一、二）、次いで古の帝国としてペルシア帝国とアレクサンドロス帝国が紹介された後（巻三、四）、インペリウム〈imperium〉を継承し、[15] 連続するローマ帝国の歴史が記され、そこでは皇帝治世が巻立て、章立ての基準になっている（巻五以降）。章題に関しては聖人と国王、そして教皇名が用いられることもある。

『歴史の鑑』全巻の構成

巻	記述年代（西暦）	概要
1		天地創造からヤコブの子ヨゼフの死まで
2		モーゼ誕生からダニエルの預言、トロイア王国およびトロイア戦争、ロムルスとレームスによるローマの建国
3	紀元前550-358	ペルシア帝国の大キュロス、アルタクセルクセス、アルタクセルクセス３世治世
4	紀元前356-323	アレクサンドロス大王治世
5	紀元前323-48	アレクサンドロスの帝国の分割からカエサル統治
6	紀元前48-紀元14	カエサルおよびアウグストゥス統治
7	14-41	ティベリウス帝、カリグラ帝治世、キリスト教の誕生
8	41-54	クラウディウス帝治世
9	54-69	ネロ帝治世など
10	69-192	ウェスパシアヌス
11	193-284	カラカラ帝治世など
12	284-305	ディオクレティアヌス帝治世など
13	306-337	コンスタンティヌス帝治世
14	337-378	コンスタンティウス２世帝、ユリアヌス帝治世など
15		バルラームとヨサファトの物語
16	375-383	グラティアヌス帝治世、ペルシア帝国について
17	379-395	テオドシウス帝治世
18	395-408	ホノリウス帝、アルカディウス帝治世
19	408-423	ホノリウス帝治世
20	423-491	テオドシウス帝治世など
21	491-582	アナスタシア、ユスティニアヌス１世帝治世など
22	582-610	コウリキウス帝、フォカス帝など
23	610-801	カールコルテル、ペパン、シャルルマーニュ治世期まで
24	801-1002	シャルルマーニュ治世からオットー３世治世期まで、イングランド王朝、フランク王朝史
25	1002-1106	ハインリヒ２世、コンラート２世、ハインリヒ３世、ハインリヒ４世治世期、ノルマンディー公ウィリアムのイングランド国征服、第一回十字軍、など
26	1106-1125	ハインリヒ５世治世期、サン＝ヴィクトルのユーゴーの著作、ランのノートル＝ダムの奇蹟、聖ヤコブの奇蹟など
27	1125-1152	コンラート３世治世期
28		クレルヴォーのベルナールの著作からの選集
29	1152-1212	フリードリヒ１世、ハインリヒ４世、オットー４世治世期、フィリップ２世治世、タタール族の侵入
30	1212-1244	フリードリヒ２世治世（第１期の編纂事業では30巻が最終巻）
31	1244-1253	リヨン公会議から1253年まで

内容上の特徴をいくつか指摘しておくと、理想的な支配者として取り上げられているのは、過去においてはアレクサンドロス（章題として二五回登場、以下同様）とシャルルマーニュ（二〇回）、同時代史に関しては、フィリップ＝オーギュスト（二〇回）である。また巻二九以降の章題を見ると、イングランド王国とフランス王国はペアで取り上げられることが多い。ルイ九世治世当初の混乱を脱した後の二王国間の密接な結びつきを示していると思われる。ただ同時代の他の普遍史作者が現代史を直接普遍史に接合しようとする傾向が強いのに対して、ヴァンサンは、フィリップ二世やルイ九世よりもアレクサンドロスに叙述の分量を割き、そして空間的にも特定の国家に限定されることのないより広い範囲を取り扱っている。さらに語法上の特徴として指摘することができるのは、「追放」〈exilium〉と「至福」〈felicitas〉である。「追放」の語は、「世代」〈generatio〉と結びついて用いられることが多い。ここには「追放」から「至福」へと至る歴史の流れ、歴史を一つの「旅路」〈peregrinatio〉と考える普遍史叙述の一つのパターンが現れている。

ではGCFはどのような巻構成をしていたのであろうか。一二七四年に完成したGCFは一八巻からなるが、その基本的構成は次のとおりである[16]。GCFはまずフランク人（フランス人）のトロイア起源に始まり、第五巻まではファラモン以降のメロヴィング王朝史が記される。第五巻の二八章から三〇章にかけてペパンが現れた後、第六巻から第十巻まで編年形式と紀伝形式の両方を用いてシャルルマーニュ治世について詳述している。その後は、カロリング朝もしくはカペー朝の各王治世が章構成、巻構成の画期となっている。第十一巻はルイ敬虔帝治世にあてられており、続く第十二巻はシャルル禿頭王治世である。ルイ二世治世からカロリング王朝末期、そしてカペー王朝のフィリップ一世治世に至る八七七年から一一一二年までの記述はすべてまとめて第十三巻に収められている。第十四巻でルイ六世治世、第十五巻でルイ七世治世を記した後で、第十六巻から最後の第十八巻までフィリップ二世期の記述が続いている。

こうしたGCFの基本構成を、あらためてSHのそれと比較してみよう。SHは旧約における創世記の世界から始まる。他方GCFでは、歴史の始まりはトロイヤ戦争である。ローマそしてその後パリを建設したトロイヤ王族の話にGCFの冒頭四章はあてられている。これはGCFに取り込まれたフルーリ修道院の年代記『フランク人の歴史』以来の伝統的記述であり、ここにはローマ帝国の歴史とフランク(フランス)王国の歴史を並列的に位置づけようとする配慮が働いている。トロイヤ戦争とその後の経緯についてはSHにも記述が見られるが、その記述は何カ所かに分散しており、王国起源神話としての体系性は示していない[17]。

紀元以降の歴史を「帝国史」として描き出すSHが皇帝治世を画期としているのに対して、GCFでは王国の創建者として第一巻の四章にファラモンが現れた後は、メロヴィング家、次いでカロリング家、そしてカペー家の歴代の王が編年の基準となっている。このファラモンについてSHは、巻一九の一一章でわずか二行記しているに過ぎない。その後GCFもSHも皇帝位にあったカロリング家のシャルルマーニュ、ルイ、シャルルの三代については詳しく語っているが、次いでGCFはカロリング家からカペー家へと叙述が移るのに対して、SHはオットー朝、ザリエル朝、シュタウファー朝の叙述へと、両者の構成は乖離していく。

二つの作品の内容が再び接近しはじめるのはルイ七世治世からである。SHでは、巻二七の八三、一二六、一二七、一二八章に叙述が見られ、次代のフィリップ二世治世になると巻二九の一三章以降、彼を中心とした叙述が進められていく。したがってたとえば二二章「フランク人たちの王フィリップの良き統治について」〈*De bonis initiis regni Philippi Francorum Regis*〉といったように、章立てに際して皇帝ではなく「王の統治」〈*tempus regii*〉が基準となっている。こうした例は紀元前に関しては大キュロスやアレクサンドロスなどが知られているが、紀元後についてはフィリップ二世のみである。とはいえ、彼の治世も、また続く巻三〇で詳述されるルイ八世およびルイ九世治世も、巻を閉じる画期とはみなされておらず、同時代の皇帝フリードリヒ二世の死去(一二五四年)をもってこの巻は終わっている。このときSHが巻三一を最終巻と明確に位置づけ、その最後の一〇六章から一二九章を最後の審判に関する記述にあてているのに対し、「フランスの歴史」を記すGCF

は、第十八巻を終えてもいまだ未完成であった。プリマによる編纂作業の後も、サン＝ドニ修道院ではルイ八世やルイ九世に関する伝記の制作が続けられ、後にそれが取り入れられて、ＧＣＦはその内容を充実させていく。最終的にＧＣＦにはシャルル六世治世までが記述されることになる。

はたしてＳＨにおいて「フランス（フランク）王国」とは、どのような存在であったのだろうか。シャルルマーニュに続く現世についての記述はＳＨでは「王ルイに至る者達の書簡」〈*Epistola actoris ad regem Ludowicum*〉と呼ばれている。このなかでは、ヴァンサンときわめて親しく交流していたルイ九世であっても「諸侯」〈*princeps*〉であって「王」〈*rex*〉の位置づけすら与えられていない。また彼の王国も「フランク人たちの」〈*Francorum*〉と集合的な表現を用いており、当時にあって使用頻度が多くなりつつあった「フランス」〈*Francia*〉といった固有の名前を与えられてはいない。ＳＨがルイ九世を評価するのは、彼は「最もキリスト教的な」〈*chrisianissimus*〉存在であったからであって、政治面での位置づけは必ずしも高くはなかった。[18]

このようにＳＨの構成は、フランス王権に配慮した箇所が部分的に確認されるとはいえ、旧約の創世記に倣った天地創造の記述に始まり最後の審判で終わること、その間の記述は皇帝治世を編年の基準としている点において、基本的にはキリスト教的世界観に基いてキリスト教徒共同体のアイデンティティを表象する普遍年代記の形式に忠実であった。全体構成上、ＧＣＦとの相違は明瞭である。そこに新たな国家観や歴史観の成立を見出すことは難しい。ヴァンサンは冷静な教会歴史家であり、フランス王国観を声高に喧伝するプロパガンディストではなかったように思われる。ＧＣＦに示されたカペー朝的歴史観は、当時の王侯や聖職者たちには容易に受け入れられるものではなかったのであろう。しかしながら、こうした結論を早々に下してしまうことには慎重になるべきである。というのも、ＳＨには実際には二つの版が存在しており、最初の版と後の版との間に存在する相違は、まさにカペー朝の正統性に関するものだからである。二つの版の間に見られるヴァンサンの叙述の揺れは、フランス王権の存在感がキリスト教世界のなかで無視しえないものとなっていることを如実に示しているように思われる。次節では『歴史の鑑』のこの二つの版について検討してみたい。

2 『歴史の鑑』の二つの版

一二四四年にひとまず完成したSHが、その後改訂された結果、複数のヴァージョンを持つということを最初に指摘したのはフォールバイであった[19]。彼によれば、ヴァンサンはSHの後半部分、つまりシャルルマーニュ治世からヴァンサンの同時代までの部分(巻二四から巻三一)について大きな修正を加えたものを、一二五四年頃に完成させているという。巻二四以降は、メロヴィング家からカロリング家、カロリング家からカペー家という、当時のカペー家にとってもっとも重要であった王朝の連続性と継承性という問題に関わる箇所であり[20]、その修正には王家の意向が働いていたのではないか、と推測される。一二五四年に完成した版がいわゆるドゥーエ(Douai)版SHであり、仏訳の原本となるなど、その後広く写本制作が行われた版である。現在ではドゥーエ市立図書館に所蔵されている(Douai, Bibl. muni. 797)。

前節で指摘したとおり、SHの構成はGCFとは大きく異なっており、それはまさに普遍年代記の一つに数えられるものであった。しかし本節では、一二四四年版SHからの写本であり、パリのサン=ジャック修道院が所蔵していたいわゆるサン=ジャック版SH(Paris, B. N. m. s. lat. 17550)とドゥーエ版の内容を比較することで、カペー家の意図が普遍年代記としてのSHにどのような形で作用していたのか、その具体像を確認してみたい。興味深いことに、ロンドンに残るある写本(London, B. L., m. s. add, 25441)には、サン=ジャック版とドゥーエ版の両方が含まれている。この写本は、サン=ジャック版を原本にしながらも、巻末にドゥーエ版における修正箇所を並記しており、当時の写字生の間でも二つの版の間に存在する歴史認識のズレが明確に意識されていたことを示していると思われる。

さて、巻二四から巻三一までのなかで修正が確認される部分は、数行に留まるものから十数段に及ぶものまでさまざまであるが[21]、まったく新しく二つの章が付け加えられている。一つは巻二八の最後に位置している「王ルイの登位とコンラッドの死〈De uxoribus regis Ludovici et morte Conradi〉」であり、もう一つは巻三一の「フランク人の王のシャルルマーニュの血統への回帰〈reditu regni Francorum ad stirpem Karoli〉」である。「シャルルマーニュの血統への回帰」は、当時のカペー王権にとってもっとも重要なテーマであり、多様な修正の基本的な方向性がフランク（フランス）王権の継承とその正統性に関わる部分であったことを示唆している。以下デュシェンヌの分析作業を参考に、修正の全体的特徴をいくつかの項目に分けて整理する[22]。

①メロヴィング朝からカロリング朝への交代について

巻二四の一四九章と一五〇章では、カールマルテルに関する追記が確認されている。そこでは、「もっとも好戦的なる諸侯〈bellicosissimus princeps〉」と形容される彼の、異民族に対する戦功が列挙され、またメロヴィング朝キルデリヒ三世（位七四三—七五一）治世において「フランク人たちの王国を平定し、繁栄させる〈pacato et dilatato regno Francorum〉」存在と称されている。しかし他方で、教会十分の一税を軍事費に流用してしまったため、魂は地獄に落ちたこと、またサン＝ドニ修道院に埋葬されたものの、数年後そこから出てきたのは一匹の蛇のみであったこと、など宗教的な側面においては否定的に描かれている[23]。続く一五四章ではペパン（七一四—七六八）による王位獲得の場面が描かれているが、そこでは当時の教皇ザカリウスに対して「王権を持ちうるものは、王国の平和を維持することのできるものか、それとも王の称号を持つものか」と問いかけるペパンと、それに対して「王とは公の事についてよく管理しうる者である」と答える教皇のやりとりを付け加えている[24]。教皇や教会との関係においてカールマルテルとの対照性は明白であり、ヴァンサンの追記は、ペパンによる王位継承が実力に基づく、また教皇のお墨付きを得たものであるとする彼の理解を示している。この見解を補強するために同じ巻二四のなかでは、一五六章でペパンと教皇とのローマでの会談の場面、一五八章ではペパンによるオーヴェルニュとアキテーヌの征服活動、およびその地で教皇の求めに応じて行った洗礼者ヨハネの聖遺物移送の場面、そして一六一章では、彼がフランク王としてサン＝ドニに埋葬される場面が書き加えられている。(25)

巻二五に入ると、シャルルマーニュ（王位七六八—八一四、皇帝位八〇〇—八一四）治世に関する記述が始まる。ここでの修正はもっぱら彼の軍事的な、また宗教的な偉業を強調するものとなっている。たとえば、フン人やザクセン人、そしてアヴァール人を退けて所領規模をペパン期の倍にしたこと（巻二五、九章）、教皇に対して新たな寄進をなしたこと（巻二四、一六九章）、ローマにおいてハドリアヌス一世（位七七二—七九五）から典礼書写本を受け取ったこと（巻二四、一七〇章）などの記述が追加されている。しかし最大の加筆は彼の埋葬の場面である。教皇をはじめとする高位の聖職者・俗人のすべてが参加したこと、帝冠を載せ、皇帝の衣装を纏い、左手に王杖を持った姿で柩に入れられたことなどが事細かに記されている。(26) ここにシャルルマーニュは君主の理想像として描き出されることになるが、これは後にフィリップ二世期においてシャルルマーニュの血統に回帰する（reditus）ことになるカペー家の、その支配の正当性を主張するための伏線となっているように思われる。

②シャルルマーニュの後継者について

シャルルマーニュに惜しみない賛辞を示したヴァンサンも、彼の後継者に対しては否定的な評価を与えている。これはカロリング王朝成立時と同じ論理であり、カロリング家に優れた資質をもつ者がいなければ、新しい王朝の創出が求められることになる。ここにカペー家の台頭は必然視される。巻二五のシャルルマーニュ没後から巻二八の末まで、必ずしも数は多くはないが、そうした方向性に沿って何点かの加筆・修正が施されている。

たとえば巻二五の五三章では、ノルマン人の侵入に対してカロリング家の王（シャルル三世）は有効な手だてを取ることができなかったとされ、直接事態の解決に乗り出し、彼らを改宗させることに成功した人物としてブルゴーニュ公リシャールと、パリ伯ロベールが紹介されている。[27]その後もカロリング家の失態は続き、巻二五の六三章では、シャルル三世が臣下であったヴェルマンドワ伯エルベールに裏切られ投獄されたこと、巻二五の六九章ではユーグ＝ル＝グランに捕らえられたルイ四世がオットー一世によって解放されたこと、巻二五の九一章では王ロタール三世が何の補償も得られないままロタリンギアの地をオットー二世に譲ってしまったことが記されている。対してパリ伯ロベール（八六六―九二三）の家系に関しては、ユーグ＝ル＝グラン（―九五六）が神により選ばれてフランク人の公の地位に就いたこと、そしてサン＝ドニにも埋葬されていることなど、その隆盛が語られている。しかしこうした対比の一方で巻二五の八六章では、皇帝オットーとその兄妹であるグルベルジュ（カロリング家のフランク王ロタール三世の母）とエドヴィジュ（パリ伯ユーグの妻にしてユーグ＝カペーの母）がエクス＝ラ＝シャペルで一堂に会する場面を挿入するなど、皇帝家、カロリング家、カペー家の家系的な親近性について周到な配慮がなされている点にも注意しなければならない。

③ルイ七世の結婚について

ヴァンサンにとって、王朝の交代を正当化する第一の基準は、新しい王家が国家に平安をもたらし、かつ発展させたかという点であった。しかし血統もまた当然重要であり、この点からカペー家支配において最も注目されるのが、ルイ七世の三度の結婚と、そこから産まれたフィリップ二世の存在だった。改訂版において最も力点が置かれているのもこの部分である。まずルイ七世の結婚に関しては、巻二八の最後に新しく章を一つ設けて詳述している。[28]ここではルイ七世の婚姻がどのような姻戚関係を作り出すことになったのか具体的に記されている。要約すれば、最初のアリエノールとの結婚は、結局は破綻するものの、彼女との間に産まれた二人の娘がブロワ伯およびシャンパーニュ伯の後継者とそれぞれ結婚することになったこと、また再婚したアリエノールがイングランド王ヘンリー二世との間に設けた四人の娘が、のちにそれぞれの結婚によって結果的にカペー家とザクセン家そしてビザンツ皇帝を結びつけることになったことが記されている。またカロリング家につながるシャンパーニュ伯ティボー二世の娘アデル[29]との三度目の結婚は、その子フィリップ二世にシャルルマーニュとの血統的連続性をもたらすことになったことが強調されている。

しかし系譜関係を詳述したこの章は、シャンパーニュ伯アンリ二世とエルサレム王国の後継者エリザベートとの結婚で閉じられており、ルイ七世の結婚を描きながらも、実質的にはシャンパーニュ家を中心とした記述となっている。またカペー家とシャンパーニュ家との緊密な結びつきが主張される一方で、アリエノールとの離婚によるアキテーヌの喪失については触れられていない。

④十字軍の遠征について

十字軍への積極的な参加は、教会との良好な関係を示す好例であったが、ヴァンサンは、ルイ七世が参加した第二回十字軍について独立した章を設けることはせず、いくつかの章の中でその経緯を簡単に述べるに留まっている。しかしフィリップ二世に関しては、巻三〇のなかで四つの章を用いてその活動を具体的に述べている[30]。こうした構成はすでにサン＝ジャック版にも見られるが、ドゥーエ版ではさらに以下の修正が確認されている。まず四三章では、十字軍活動が不調であるのは俗人と聖職者がともに宗教的大罪である「強欲〈avartia〉」と「色欲〈luxuria〉」を犯しているためである、とこれを厳しく非難する文言が追加されている。また四四章では、エルサレムがサラーフ・アル＝ディーンによって征服され壊滅的な状態にあること、そしてその責任はやはりキリスト教徒たちにもあると指摘している。こうした状況に対して、十字軍遠征が危急の課題であり、時の教皇グレゴリウス八世は呼びかけを行うに相応しい資質を備えた人物であることなどが付け加えられている。最後に五〇章では、この呼びかけに新たに応えた諸侯の名前を列挙して、この一大事業がこれまでの行いへの深い反省の上に立ち、大きな覚悟をもって意欲的に展開されたことが新たに述べられている。フィリップ二世が主導した十字軍は、ここでは特筆すべき宗教的偉業としての位置づけを与えられている。

このように、前節での考察で得られた印象とは大きく異なって、一二五四年に完成した修正版にはカペー朝の意向がかなり明瞭に反映していたことが明らかとなった。一言で要約するならば、一連の修正の目的はカロリング家のペパンからカペー朝のルイ九世にいたるフランク（フランス）王朝の連続性を強調するところにあり、その方向性はまさにＧＣＦと共通するものであったといえよう。ただ王朝間の関係性については両者には多少のズレが見られる。ＧＣＦの構成においては、時系列に沿って語られる歴代王朝史が、カペー王朝史と直接結びつけられ、過去の王朝の偉業と現在のカペー王権を重ね合わせて賞賛し評価しようとする姿勢が顕著である。また「シャルルマーニュの血統」への回帰が重視されながらも、メロヴィング朝以来一貫してランスで行われてきた聖油による「フランスの王への」塗油が、支配の連続性と正統性、そしてその独立性を象徴するものとして取り上げられている。(31) 対してＳＨでは、ルイ七世の結婚とその子フィリップ二世の誕生により、シャルルマーニュの血統に回帰したことがまず何よりも重視されている。それに次いで正当化にとって重要なのは、カペー朝、とりわけルイ九世が教皇や教会と友好的な関係を維持する〈*victoriosissimus*〉にして、〈*christianissimus*〉な存在であったことである。ＳＨのなかで〈*christianissimus*〉と形容されている人物は、すべての皇帝・聖職者・有力諸侯のなかでシャルルマーニュとルイ九世のみである。

おわりに

きわめて概括的ながら、ＧＣＦとの比較を軸にＳＨの王国観を確認してきた。ＳＨは間違いなく普遍年代記のジャンルに属するものであり、フランク（フランス）王もその王国の歴史も、キリスト教的世界を構成する一有力諸侯〈*princeps*〉とその地域史に位置づけられていた。しかし改訂作業のなかで最も意識されていたのは、カペー朝の王朝的正統性を、皇帝シャルルマーニュとの系譜関係から証すことであった。その正否はともかく、普遍史の文脈に織り込まれたカペー的王権観は、十三世紀後半から十四世紀前半というカペー朝末からヴァロワ朝成立にかけての混乱期にあって、少なくともＧＣＦよりは多くの読者を得ていたと思われる。「国家史」の叙述は始まったばかりで、いまだ完結性に乏しく、普遍的世界観と王朝史を組み合わせたものに過ぎなかった。そしておそらくＳＨの改訂作業を間近で見ていたルイ九世にとっても、それはごく自然なことであった。王朝史を王国史として独立させたＧＣＦの試みは先進的であったが、その定着のためには、現実の「フランス」がもう少し政治的経験を重ねることが必要であったように思われる。ただＳＨであってもＧＣＦであっても、彼らにとっての「フランス」は、構成員を支配階層に限定するエリート的な構築物であった。

ナショナルな意識を構成する重要な部分としての「公論〈Opinion Public〉」に関して、近年の研究はサン＝ドニの修道士ミシェル＝パントワンの著作を一つの例に、従来想定されていたよりもかなり早い十四世紀末頃にその「発見」を想定している[32]。ＧＣＦの編纂にあたったプリマも、ＳＨをまとめたヴァンサンも、ともに史書編纂者として卓越した才能を発揮していることは疑いない。ほぼ同時代を生きた両者の間に交流があったかどうかは確認できないが、彼らのような歴史家の歴史認識、そして彼らにアイデンティティ形成の重責を委ねた国家の意思が、国家の領域性とそこに住む国民という問題へと向かうには、十四世紀はまだ少し時期が早かったように思われる。

註

（1）テッサ＝モーリス＝スズキ／田代泰子訳『過去は死なない』（岩波書店、二〇〇四年）二八頁

（2）第四回の研究集会が二〇〇五年七月に連合王国レディング大学で開催された。この研究集会はすでに三編の論文集を刊行している。KOOPER Erik (ed.), *The Medieval Chronicle. Proceedings of the 1st International Conference on the Medieval Chronicle. Driebergen/Utrecht 13-16 July 1996*, Amsterdam/Atlanta, 1999: KOOPER Erik (ed.), *The Medieval Chronicle II. Proceedings of the 2nd International Conference on the Medieval Chronicle. Driebergen/Utrecht 16-21 July 1999*, Amsterdam/New York, NY, 2002: KOOPER Erik (ed.), *The Medieval Chronicle III. Proceedings of the 3rd International Conference on the Medieval Chronicle. Doorn/Utrecht 12-17 July 2002*, Amsterdam/New York, NY, 2005.

（3）ジュリア＝クリステヴァ／原田邦夫訳『記号の解体学　セメイオチケ1』（せりか書房、一九八三年）六〇・六一頁、およびジュリア＝クリステヴァ／原田邦夫訳『詩的言語の革命』（勁草書房、一九九一年）五五—五六頁

（4）GCFの成立とその初期普及状況については、鈴木道也「中世フランス王権と歴史叙述」（『九州国際大学社会文化研究所紀要』九州国際大学社会文化研究所、二〇〇二年、十一月）一三五・一五四頁、鈴木道也「「フランス史」の誕生—『シャンティイ年代記』から『フランス大年代記』へ」（鶴島博和・高田実編『歴史の誕生とアイデンティティ』日本経済評論社、二〇〇五年）四一—七七頁（以下、鈴木「フランス史の誕生」と略記）。鈴木道也「『フランス大年代記』の普及とフランス・アイデンティティー—パリ国立図書館写本 fr. 10132 を巡って—」（『埼玉大学紀要（教育学部）・人文社会科学編』二〇〇五年、第五四巻、第二号）一七—二七頁

（5）『歴史の鑑』写本の普及と残存状況については以下の文献を参照。KAEPPELI, Th., et PANELLA, E., *Scriptores Ordinis Praedicatorum Medii Aevi*, IV, Rome, 1993, pp. 440-446；イングランドの印刷業者であるウィリアム＝キャクストンが一四八一年に自ら英語に翻訳し出版したとされる『世界の鑑』は、この作品が原典であるとされている。

DUCHENNE, M. C., GUZMAN, G. C., VOORBIJ, J. B., Une liste des manuscrits du Speculum historiale de Vincent de Beauvais, *Scriptorium*, 41 (no. 2), 1987, pp. 286-294. LUSIGNAN, S., Le temps de l'homme au temps de monseigneur saint Louis: le 'Speculum historiale' et les 'Grandes Chroniques de France' (以下、LUSIGNAN, S., Le temps de l'homme と略記). PAULMIER-FOUCART *et al. Vincent de Beauvais: intentions et réceptions d'une oeuvre encyclopédique au Moyen Age. Actes du XIVe Colloque de l'Institut d'études médiévales, organisé conjointement par l'Atelier Vincent de Beauvais...et l'Institut d'études médiévales...27-30 avril 1988*, Saint-Laurent/Paris, 1990, pp. 495-505.

(6) この仏語訳の性格について、詳しくはPAULMIER-FOUCART, M., LUSIGNAN, S., *Vincent de Beauvais et l'histoire du 'Speculum Maius'*. *Journal des Savants,* Paris, 1990, pp. 97-124.

(7) ユトレヒト大学コンピュータ科学・情報学部のヨハネス＝ヴォルビ講師による詳細な文献目録がネット上に公開されている。http://www.cs.uu.nl/groups/IK/archives/vb_home.htm

(8) Lusignan, S., Le temps de l'homme, p. 498.

(9) これ以前に知られているSHオリジナル版からの写本はわずかに2点、ライデン大学図書館蔵のVoos. G. G. Fol. 3Aとパリ国立図書館のms. Français 316のみである。ジャン＝ド＝ヴィニの翻訳活動については、シャバンヌ＝マゼルの一連の研究を参照。CHAVANNES-MAZEL, C. A., *The 'Miroir historial' of Jean le Bon. The Leiden manuscript and its related copies*, 2 vols., Ph. D., Leiden 1988; CHAVANNES-MAZEL, C. A., Problems in ranslation, Transcription and Iconography: The 'Miroir historial', Books 1-8. Paulmier-Foucart *et al.* 1990, pp. 345-374: CHAVANNES-MAZEL, C. A., Expanding Rubrics for the Sake of a Layout: Mise-en-Page as Evidence for a Particular Scribe, Brownrigg, L. L. [ed.], *Medieval Book Production: Assessing the Evidence. Proceedings of the Second Conference of The Seminar in the History of the Book to 1500,* Oxford, July 1988, [Los Altos Hills, CA] 1990, pp. 117-131.

(10) B. N. ms. Fr. 308, fol. 1.

(11) その1点がライデン大学図書館に所蔵されている写本（Voos. G. G. Fol3A）である。

(12) この二点は、B. N. ms. Fr. n. a. 15539およびWalter Art Gallery（Baltimore）, W. 140である。

(13) HEDEMAN, Anne D., *The Royal Image: Illustrations of the Grandes Chroniques de France, 1274–1422*. Berkeley, 1991, pp. 194–269.

(14) 以下、われわれの引用は Guzman, G. G., Vincent of Beauvais' 'Epistola actoris ad regem Ludovicum': a critical analysis and a critical edition. Paulmier-Foucart *et al.* 1990, pp. 57–85. の表記に従う。

(15) Paulmier-Foucart, M., La matiere de l'histoire selon Vincent de Beauvais, GAUVARD Claude, MOEGLIN J-M., AUTRAND F. (ed.), *Saint-Denis et la Royaute*, Paris, 2000, pp. 405–420.

(16) 鈴木「フランス史の誕生」六二・六三頁。

(17) 巻二の六六章、巻一六の三章、巻一九の一一章

(18) Paulmier-Foucart, M., *op. cit.*, p. 418.

(19) VOORBIJ, J. B., The Speculum historiale: some aspects of its genesis and manuscript tradition, W. J. AERTS, SMITS E. R. and VOORBIj J. B. (ed.), *VIncent de Beauvais and Alexander the Great, Studies on the Speculum maius and its Translations into Medieval Vernaculars*, Groningen, 1986, pp. 11–55.

(20) 修正が確認されるのは、巻二四ではカールマルテル、ペパン、シャルルマーニュに関して計一六カ所、巻二五―二七は皇帝シャルルマーニュとカロリング諸王に関して四一カ所、巻二八でルイ七世に関して九カ所、巻三〇でフィリップ二世に関して二六カ所、そして巻三一ではシャルルマーニュの血筋がカペー家に回帰したことなど七カ所ある。最後の審判について記す巻三二に修正は確認されていない。

(21) そもそもSHの原本になっている著作はGCFとはまったく異なる。ヴァンサンは巻三〇の二章までは *Chronographus* をまた巻三一の一三七章までは *Ex chronicis* を用いている。この二つの年代記の構成についてはいまだ解明されていない。かつてモリニエは、*Étude sur les trois derniers livres du miroir historical*, 1905 のなかでその解明に取り組み、*Ex Chronicis* は Paris, B. Mazarine, m. s. 1715 ではないかと推測したが、現在でもナンシー第二大学の Atelier Vincent de Beauvais ではその同定作業が続けられており、サン＝ドニ修道院におけるGCFをはじめとする一連の史書編纂事業の展開に際して用いられたラテン語史書群との関連が問われている。

(22) DUCHENNE Marie-Christine, Autour de 1254, une révision capétienne du Speculum historiale, Vincent de Beauvais: intention et réceptions, pp. 141–166.

(23) 巻二四、一四九章〈...Cum igitur multitudo hostium et assiduitas bellorum incumberet, res ecclesiastisas idest decimas suis militibus concessit habendas, pro qua re anima ipsius postmodum in suppliciis inferni a sancto Eucherio aurelianensi episcopo visa est detineri.〉巻二四、一五〇章〈...Corpusque ipsius in ecclesia sancti Dyonisii sepultum est, in cuius sepulchro post aliquotannos non corpus sed ingens serpens inventus est.〉

(24) 巻二四、一五四章〈Pipinus enim Francorum princeps legatos misit ad Zachariam papam, consulens quis pocius rex esse vel dici deberet, qui magnos pro regni pace labores sustineret, an qui ocio deditus, solo nomine regio contentus esset, Cui Papa remandavit illum debere appellari regem qui bene ageret rempublicam....〉

(25) 巻二四、一六一章〈Iste Pipinus ut dictum est, ex regalis aule prefecto in regem promotus, in ecclesia sancti Dyonisii cum multa fuit honorificentia tumulatus, felix victoriarum successibus regumque Francorum eximius.〉

(26) 巻二五、二五章〈Interfuerunt ibi Leo papa cum principibus romanis et archiepiscopi et episcopi multi, duces etiam et comites et abbates aliique innumeri. Corpus defuncti vestibus imperialibus quasi festive induentes....〉

(27) 巻二五、五三章〈Porro idem Northmanni alio tempore cum Carnotum obsedissent, a Ricardo duce Burgundie ac Roberto comite exterriti et in fugam reversi sunt, ostensa beati Dei genitricis camisia quam a Bizantia Carolus Calvus detulerat.〉

(28) ただし皇帝の交代をもって巻や章を閉じるというSH編集の基本原則を崩さないように、それまで巻二八の最後にあった一二七章の皇帝コンラートの死去の場面を、新しく挿入した一二八章の末尾に移動させてこの巻を終えている。

(29) 〈accepit Adelam...Theobaldi filiam de genere Caroli, ut dicitur descendentem〉

(30) 巻三〇、四三章〈De amissione sancte crucis〉, 四四章〈De ortu Ludovici filii Philippi et captione Hierusalem〉, 五〇章〈De transfretatione duorum regum usque ad Achon〉, 五二章〈De deditione Achon et de reditu regis Philippi〉

(31) 鈴木「フランス史の誕生」五五頁

(32) GUENÉE B., *Opinion Public à la fin du Moyen Age*, Paris, 2004.

扇状地の分類と定義に関する課題

斉藤享治

はじめに

険しい山地の山麓には沖積扇状地がよく発達する。日本では沖積扇状地を扇状地とふつう略称するので、本論でも断り書きしない限り、扇状地を沖積扇状地の略称として用いる。

扇状地は半円錐形の地形（以下、扇形地形とする）である。しかし、扇形地形すべてが扇状地というわけではない。誰もが扇状地と認める扇形地形もあれば、扇状地と認めない扇形地形もある。また人により扇状地と認めたり認めない扇形地形もある。さらに、沖積を省いた「扇状地」と「沖積扇状地」について、定義を別にして用いる人もいるので、話が複雑となる。

小さすぎるあるいは大きすぎる扇形地形は、扇状地とは一般に認められない。大小の表現については、規模が大きくなるとともに勾配が緩くなるので、勾配の緩急に置き換えられる。どのくらいの規模・勾配で扇状地として認められなくなるのかというと、人により異なる。その認定の違いは、大小の扇形地形をつくる種々のプロセス（水流や重力などの形成営力）のなかで、どのプロセスを扇状地形成プロセスと認めるのかという扇状地の定義と連動している。

堆積物が薄い扇形地形も、扇状地とは一般に認められない。そのような地形は、主に侵食作用によってできるので、堆積作用によってできる扇状地とは異なるというものである。しかし、扇状地形成には堆積作用とともに侵食作用も関与するという考え方もあり、その立場では、堆積物が薄い扇形地形も扇状地に含められることがある。どこまで薄い堆積物の扇形地形を扇状地とするかについては、侵食作用も扇状地をつくる作用と認めるかどうかで、大きく異なる。このことも扇状地の定義と関係する。

山麓以外にも、扇状地と認められたり認められない扇形地形がある。河口付近にできる三角州は扇状地とは認められない。三角州は、土砂が主に水中で堆積してできる地形であり、扇状地形成プロセスとは異なったプロセスによってできるためである。氷河の前縁に融氷河流によってできる扇形地形については、扇状地と認める考え方と認めない考え方とがある。その違いも、融氷河流を扇状地形成プロセスと認めるかどうかなどに起因する。このように山麓以外では、一般に認められている扇状地形成プロセス以外でも扇形地形ができることがある。そのプロセスを扇状地形成プロセスと認めるかどうかで、扇状地と認められたり認められなかったりする。

以上のように、大小（緩急）、堆積物の厚さ、形成域により、扇状地と認められたり認められなかったりする扇形地形がある。その違いは、どのプロセスを扇状地形成プロセスと認めているのか、また扇状地をどのように定義するのかに起因する。本論では、どのようなプロセスでできた扇形地形を扇状地と認定してきたのか、これまでの扇形地形の分類を整理しながら、今後の課題を鮮明にする。

1　規模・勾配による分類

①崖錐

扇状地より小規模で急傾斜の扇形地形に崖錐《がいすい》がある。扇状地は土石流や河川流といった扇状地形成プロセスによってできるのに対し、崖錐は落石など重力によるプロセスによってできる。しかも、それぞれのプロセスは独自の層相を示すので、崖錐と扇状地との堆積物には明瞭な違いが認められる。このため、崖錐は扇状地とは認定されない。

崖錐は、急傾斜の地形であるが、あまりに急傾斜だと安定せず、平均勾配では三四度以下という[(1)]。崖錐全体の勾配として、二二―三九度[(2)]、二五―五〇度[(3)]、二八―四六度[(4)]の報告がある。規模については、長さ一〇メートル―一キロメートル（以下、キロと略記する）との指摘もある[(5)]。

②崩落堆・岩石なだれ扇状地

崖錐と同様に急傾斜を示す扇形地形に崩落堆がある。長さはさまざまで一〇メートルから数キロという[(6)]。崩落堆も、崩壊など重力によるプロセスによってでき、独自の層相をもつので、扇状地とは一般に認められていない。しかし、岩石なだれなどの重力によるプロセスでできる急傾斜（二二―二五度）の扇形地形が、岩石なだれ扇状地と呼ばれ、扇状地の発達過程の第一段階とみなされることもある[(7)]。この岩石なだれ扇状地が扇状地といえるのかどうかについては、今後の課題といえる。

③沖積錐

扇状地より小規模・急傾斜であり、扇状地と区分される扇形地形に沖積錐がある。勾配については、沖積錐(一〇―二五度)と扇状地(一―一〇度)とが一〇度で区分されることがある。[8] また、扇状地勾配の上限は一〇度、[9] 一一度、[10] 一〇―一二度との報告もあり、[11] 土石流によってできる沖積錐が扇状地と区分される場合、両者の勾配の境界は一〇―一二度にありそうである。その勾配は、土石流が発生しないといわれる一二度以下の勾配におおむね対応する。[12] 沖積錐の長さについては、約一キロ未満との指摘もある。[13]

沖積錐は、重力がかかわる土石流(集合運搬)によってできるので、河川流(各個運搬)によってできる扇状地とは理論的には区別される。[14] しかし、扇状地形成プロセスには土石流も含められるのが一般的で、主に土石流によってできる土石流卓越扇状地と沖積錐とを区別するのは現実的には困難である。このような背景から、沖積錐が扇状地に含められ、小型の扇状地が沖積錐とされることもある。[15] このような場合、すなわち、扇状地を土石流や河川流によってできる地形と定義する場合には、沖積錐と土石流卓越扇状地との区別が困難なので、沖積錐の用語は不要といえる。[16] 一方、扇状地を河川流のみによってできる地形と定義する場合には、土石流堆積物と河川流堆積物の区別は可能なので、土石流が少しでもかかわってできた扇形地形を沖積錐とし、扇状地と区分することは可能である。ただし、土石流堆積物がのる常願寺川扇状地(長さ一四キロ、勾配〇・六度)のような大きな扇形地形まで、沖積錐としなければならなくなる。沖積錐を扇状地から区分した方がよいのかどうかについては、区分しても区分しなくても、そこから発展する課題の見通しは暗く、さらに現実的な使用上でも支障がないので、重要な課題にはならないと思われる。

④土石流扇状地

扇状地のなかでも小規模・急傾斜であり、主に土石流によってできる扇状地が土石流卓越扇状地である。土石流扇状地とも呼ばれる。土石流によってできる扇形地形を沖積錐として扇状地と区別する場合を除いて、この土石流扇状地が扇状地として世界的には最も一般的に認められている地形といえる。扇状地研究初期の一八七三年に、「扇状地は河川の堆積作用によってできる」と指摘されたが[17]、その後、扇状地研究が進められた乾燥地域では、扇状地堆積物が主として土石流（当時は泥流と記載された）によりもたらされること[18]、扇状地形成にとって土石流の存在が重要であることが報告されてきた[19]。さらに、扇状地研究が盛んに行われた一九六〇年代には、合衆国南西部の乾燥地域で、扇状地堆積物の記載が数多くなされ[20]、土石流の実際の堆積様式も報告された[21]。土石流が堆積プロセスに、河川流が侵食プロセスに対応することも指摘された[22]。この土石流扇状地は乾燥地域から数多く報告されたこともあって乾燥扇状地とも呼ばれた[23]。このように一九七〇年代前半までは扇状地といえば世界的には土石流扇状地を指すのが一般的であった。

一方、日本では扇状地といえばふつう河川の堆積作用によってできると考えられていた[24]。一九五一年には伊那盆地で土石流扇状地も用いられたが[25]、土石流扇状地が日本でも定着するのは一九八〇年代である[26]。

土石流扇状地に関して、合衆国デスバレーの六つの扇状地の勾配が四・三―七・一度[27]、イタリアのアルプス山脈中にある土石流扇状地の勾配が五・一―一八・四度[28]との報告がある。また、土石流扇状地は、長さ一―五キロで、勾配五―一五度との指摘もある[29]。

⑤布状洪水流扇状地

扇状地堆積物は、土石流堆積物と水流堆積物とに分けられ、水流堆積物は、さらに流路（河川流）堆積物、布状洪水流堆積物、浸透堆積物に分けられることもある[30]。浸透堆積とは、扇状地上を流れる河川の水が浸透することによって運搬力が弱まり、舌状に礫を長く堆積させるものであり[31]、その流れは中間流とも呼ばれる。土石流と河川流の中間的な流れとして、この中間流、布状洪水流のほかに、粘土の集中を特徴とする高濃度流（超集中流）がある。[32] 扇状地形成にはこれらの流れもかかわっているという。

面状に広がる流水である布状洪水流については、観察されることがまれなので、[33] 扇状地形成の堆積プロセスとしてはこれまで無視されてきたり、間違った説明がなされてきたという。[34] 布状洪水流扇状地については、デスバレー、[35] ロッキー山脈、[36] スペイン南東部、[37] イタリア南部[38]で報告があるものの、まだまだ事例報告が少ない。デスバレーの六つの布状洪水流扇状地の勾配は一・八―三・一度という。[39] また、布状洪水流も扇状地を形成する重要なプロセスとされ、布状洪水流扇状地は、長さ三―一〇キロで、勾配二―八度の指摘もある。[40] 布状洪水流堆積物の層相とはどのようなものかを含め、布状洪水流が扇状地形成プロセスとなっているのかどうかが、重要な課題となっている。

⑥河川流扇状地・河成扇状地

世界的には、河川流扇状地の堆積物は、長らく注目されてこなかった。[41] 網状河川流のプロセスによって扇状地ができるとの指摘もあったが、[42] ふつうにそのように考えられるようになったのは、網状をなす融氷河流による扇状地が数多く報告された一九七〇年代からである。小さな高まりの縦列砂堆・横列砂堆をもつ網状河川流プロセスが卓越する融氷河流扇状地のような扇状地が、湿潤扇状地と一九七七年に命名された。[43] その後、融氷河流による扇状地だけではなく、湿潤地域の河川流扇状地も湿潤扇状地と分類され、多数報告された。[44] 湿潤扇状地は、乾燥扇状地にくらべて、大きな恒常的網状河川をもち、側方への移動傾向が強く、集合流プロセスよりも河川流プロセスが卓越する特徴をもつとされた。[45] ただし、湿潤扇状地や乾燥扇状地の名称については、それぞれ湿潤地域・乾燥地域固有の扇状地ではないので、不適切と指摘された。[46] なお、河川流扇状地は河成扇状地ともしばしば呼ばれる。[47]

日本では、扇状地は主に網状河川流のプロセスによってできると一般に考えられている。その代表例ともいえる黒部川扇状地（勾配一一パーミル）では、[48]旧河道や扇状地表面に網状河川流の微地形が残されていることが確認された。このような勾配がほぼ一〇パーミル（〇・六度）以下の扇状地は、緩勾配扇状地と名づけられた。[49]また、扇状地表面の微地形のパターンが砂礫流送河川の低水時に現れる微地形のパターンに類似することから、砂礫流送河川が山地からの出口をかなめとして、その前面の低地で河道を放射状に移動しながら、掃流砂礫を万遍なく堆積させてできた地形であることや、浸透堆積の重要性についても指摘された。[50]このように、扇状地、なかでも大きな扇状地は、河川流によってできると考えられていた。ところが、甲府盆地の御勅使《みだい》川扇状地（長さ一一キロ、勾配一・三度）の一部や御手洗《みたらい》川扇状地（長さ四キロ、勾配三・八度）のような比較的大きい扇状地までも、微地形や堆積物の分析により、土石流涵養型であることが明らかになった。この土石流扇状地の重要性が日本でも認知され、扇状地が急傾斜扇状地（土石流扇状地）と緩傾斜扇状地（河川流扇状地）とに区分されるようになった。[51]

河川流扇状地の勾配に関して、イタリアのアルプス山脈にある七つの河川流扇状地では〇・七―二・四度、[52]カナダのロッキー山脈では河成起源の扇状地は二・五度以下との報告がある。[53]山地の河谷内に発達する扇状地では、河川流扇状地でも一般に急傾斜である。イタリアのパダノベネタ平野に発達するレノ川扇状地は、扇頂でも〇・三度、扇端では〇・一度しかなく緩傾斜である。[54]緩傾斜扇状地（一〇パーミル以下）のような河川流扇状地と同類の扇状地の勾配についても、網状河川流がかかわる氷河性湿潤扇状地で一―二〇パーミル、[55]河川流がかかわる熱帯湿潤扇状地で一―一〇パーミルとされる。[56]河川流扇状地と湿潤扇状地の定義は必ずしも同じではないが、平野に発達する河川流扇状地の勾配の上限は一〇―二〇パーミル（〇・六―一・一度）となっている。常願寺川扇状地（長さ一四キロ）は大規模扇状地であるが、土石流堆積物がのっていて、その勾配は一一パーミル（〇・六度）となっている。小さな河川も含めて河川流のみによってできる扇状地の勾配の上限が、一〇―二〇パーミルなのかどうかについては、今後の課題となっている。

緩傾斜の河川流扇状地については、扇状地と認めない意見も出た。一九九四年に、ブレアとマクファーソンは、扇状地堆積物を「上流流域の涵養流路と山地前面とが交差したところに堆積した粗粒で角張った土砂からなる半円錐形の堆積物」と定義したうえで、乾燥地域を中心に世界の扇状地・非扇状地（礫床河川）のデータを収集した。二三七扇状地の勾配が一・五—二五度なのに対し、二二の礫床河川では〇・四度を超えず、両者の間〇・五—一・五度（九—二六パーミル）に堆積勾配のギャップが存在すると主張した。[57] また、これまで扇状地とされてきた一八「扇状地」の勾配が非扇状地の勾配と同様であることから、その地形が扇状地であることを否定した。さらに、扇状地は限定的な規模（一般的には半径一〇キロ以下）と勾配（一—五度）をもつとした研究[58]を引用して、扇状地は一般に長さが一〇キロ以内であるとも主張した。

日本で最長の扇状地は、長さ四三キロの鬼怒川扇状地である。また、日本の代表的な扇状地である黒部川扇状地（長さ一二キロ、勾配一一パーミル＝〇・六度）は、ブレアらの扇状地の基準（長さ一〇キロ以下、勾配一・五—二五度）を満たさず、さらにその勾配は自然界に存在しないものとなっている。日本で斉藤が一九八八年に扇状地とした面積二平方キロ以上の四九〇扇状地のうち、[59] 勾配一・五度未満の扇状地は三九三扇状地にのぼる。

ブレアらの堆積勾配〇・五—一・五度のギャップや一・五度以上の扇状地勾配については、そのデータが全世界から集められたので、どこでも真理であるとされた。[60] しかし、そのデータは乾燥地域に偏っていたので、斉藤と小口は二〇〇五年に、湿潤地域である日本、台湾、フィリピンの六九〇扇状地の勾配について検討し、堆積勾配〇・五—一・五度のギャップはなく、少なくとも湿潤地域では扇状地の勾配を一・五度以上に限定することはできないと主張した。[61] この扇状地の勾配については、種々の気候帯において検討する必要がある。

⑦巨大扇状地

ヒマラヤ山脈山麓には、コシ川がつくる面積一・六万平方キロ、長さ一五〇キロ、勾配〇・〇二度の扇形地形がある。この地形は、巨大扇状地、大規模平坦扇状地、内陸デルタ、湿潤扇状地、網状河川流扇状地など、さまざまな名称で呼ばれてきたが[62]、このような地形は、多くの分岐流路をもち、緩傾斜（〇・〇五―〇・二度）で大規模（数千から数十万平方キロ）という共通の特徴があるので、巨大扇状地と呼ばれるようになった[63]。

巨大扇状地は大集水域を必要とするので河川流扇状地とは違うという考え方もある[64]。一方、河川流扇状地と巨大扇状地とをあわせて網状河川流扇状地に分類する考えもある[65]。湿潤扇状地とされた網状河川流（融氷河流）扇状地に巨大扇状地が含まれてしまうと、巨大扇状地は湿潤扇状地で湿潤気候下でできたと誤解されかねないので、乾燥したアルゼンチン北西部にある面積一四〇〇平方キロの巨大扇状地も提示された[66]。ボリビアでは六・五万平方キロもの巨大扇状地の報告もある[67]。世界で最も大きい扇状地の一つとして、中国東部の黄河の扇状地が挙げられたこともある[68]。その勾配は〇・〇一度と緩く、このいわゆる扇状地は、実際にはデルタであるとも指摘された[69]。巨大扇状地がどのようなプロセスによってできたのか、どの規模まで扇状地と認められるのかなどが、課題となっている。

⑧ロシミーン扇状地

アフリカ南部のボツワナには、四国と同じ大きさの面積一・八万平方キロ、長さ一五〇キロ、勾配〇・〇一度のオカバンゴ扇状地がある。植被が密であり、勾配がきわめて緩い。扇端側で河川の屈曲度が低く直線状で、扇頂側では蛇行しているので、英語の低屈曲・蛇行の最初の文字をとって、ロシミーン扇状地と名づけられた[70]。河道形態は、一般に傾斜が緩くなるとともに、網状、蛇行、直線状になる（扇状地河川は一般に網状である）。オカバンゴ扇状地では、傾斜が変わらないのに、扇頂側で蛇行し、扇端側で直線状になっている。扇頂側での蛇行は流量が多いためであり、扇端側での直線状は分岐により流量が少ないためと説明される[71]。オカバンゴ扇状地も、堆積の究極の原因が、土石流扇状地と同様に流れの制限の消失とされ、扇状地としての共通性が強調された[72]。ただし、この扇状地は、土石流が卓越する沖積扇状地とは異なっているので、沖積を省いた「扇状地」を用いるとの提唱もある。[73] また、六〇〇〇平方キロが恒常的な湿地であり、[74] 堆積物が泥など細粒で、堆積プロセスが湿地植物の障害によるものといったように、これまで報告されてきた扇状地とは異質の堆積プロセスとなっている。このロシミーン扇状地が、どのようなプロセスによってできるのか（蛇行・直線状河川も扇状地をつくるのか）、さらには扇状地と認められるのかどうかなどが、課題となっている。

2　堆積物の層厚による分類

①岩石扇状地

合衆国の乾燥地域では堆積物が薄いあるいは無い扇形地形が報告され、基盤が固結した岩盤であることから岩石扇状地と命名された。[75] 下方侵食が卓越する山地域と堆積作用が卓越する平地域との間には、下方侵食と堆積が釣り合い、側方侵食が卓越する地帯が存在し、谷口を中心に側方侵食が進むと堆積物の薄い岩石扇状地ができるという。[76]

岩石扇状地は、側方侵食によってできるので、堆積作用によってできる沖積扇状地とは異なることになる。沖積扇状地すなわち本論での扇状地が、はたして堆積作用のみによってできるのだろうか。沖積扇状地の形成に側方侵食もかかわっていると、側方侵食のかかわりの強い沖積扇状地の存在が想定され、岩石扇状地と沖積扇状地とは究極的には区別できない場合もあることを意味している。

②薄層扇状地・侵食扇状地

堆積物の薄い扇状地は薄層扇状地と呼ばれる。[77]日本では、薄層扇状地について、これまで扇状地説、扇状地否定説、側刻関与説の三つの考え方が出ている。[78]

薄い礫層であっても、その砂礫は河川の堆積作用によって堆積した砂礫であり、扇形地形は堆積作用によってできた普通の扇状地と主張するのが扇状地説である。扇状地礫層の層厚が一〇メートル以下の那須野台地は、礫層の基底に凹凸があることから、堆積作用によってできた扇状地とされた。[79]

薄い礫層は河川の側方侵食によって残された砂礫なので、扇形地形は、堆積作用によってできる普通の扇状地とは違うと主張するのが扇状地否定説である。香川県にある薄い砂礫がのる台地では、基盤が未固結なことから、岩石扇状地よりも侵食扇状地の名称が適当とされ、[80]さらに、堆積作用によってできる扇状地とは成因的に区別する方がよいかもしれないと指摘された。[81]また、日本では礫層の薄い扇形地形が新第三紀層を基盤とするところで顕著に発達していることから、基盤岩石が河川の側方侵食に弱いため形成されたのではないかと指摘された。その際、日本の扇状地は、ふつう堆積作用によってできた沖積扇状地をさすので、扇状地状山麓面の名が提唱され、扇状地とは区別された。[82]

薄い礫層の一部は側方侵食によって残された砂礫であるが、扇状地は、堆積作用のみでできる地形ではなく、側方侵食（側刻）もかかわってできた地形であり、薄い礫層の扇形地形も扇状地であると主張するのが側刻関与説である。砂礫が堆積すると、出入りのある山麓線ができるが、扇形地形を囲む山麓線が滑らかなことから山形盆地の乱川扇状地の一部、[83]あるいは、礫層が薄いことから新庄盆地の塩野原扇状地の末端[84]では、堆積作用とともに側方侵食がかかわって扇状地ができたという。また、堆積作用のみあるいは側方侵食のみでできる扇状地がほとんどないことから、堆積作用が卓越する沖積（堆積）扇状地と、側方侵食が卓越する岩石（侵食）扇状地とを両極として、すべての扇状地は、その間に位置するものと指摘された。[85]同様に、扇状地は堆積作用あるいは側方侵食によって作られた地形とされ、礫層の層厚が一〇メートル以下の武蔵野台地（多摩川扇状地）はそのようにしてできた扇状地とされた[86]。これらの側刻関与説では、礫層の薄い扇形地形も扇状地とされ、堆積作用卓越の扇状地は堆積（沖積）扇状地と呼ばれ、側方侵食卓越の扇状地を侵食扇状地と呼ぶのが一般的である。この側刻関与説の「扇状地」は、沖積扇状地の省略形として一般的に使用されている扇状地ではなく、堆積扇状地や侵食扇状地を含む「扇状地」を意味する。ただし、堆積（沖積）扇状地と侵食扇状地とが区分できない限り、この「扇状地」を沖積扇状地の省略形として使用することも可能である。

③沖積扇状地

英語では、沖積を省いて「扇状地」と表現する例は多くないが、「扇状地」はほとんど沖積扇状地を意味する。そのようななかで、本論での扇形地形と扇状地に対応する、「扇状地」と沖積扇状地とを分けて使用する提起もなされた[87]。陸上の「扇状地」を、土石流主体の沖積扇状地、網状流主体の「扇状地」、低屈曲・蛇行主体の「扇状地」に分け、沖積扇状地を土石流主体の沖積扇状地のみに使用するというものである。この提起については、現時点では受け入れられていないようである。

3　形成域による分類

①海底扇状地

深海底では巨大な扇形地形の報告がある。メキシコ湾では堆積物の層厚が四キロもあるミシシッピ扇状地[88]が、ベンガル湾では堆積物の体積が三百万立方キロもあるベンガル扇状地が報告されている[89]。これら海底扇状地は、水中で発生する混濁流や水中土石流によってできるので、ふつう扇状地には含められない。

②ファンデルタ・臨海扇状地

三角州（デルタ）では、表層堆積物の一部は陸上で堆積するが、その大部分は水中で堆積した地層からなる。背後に険しい山があり、扇状地をつくるような粗粒物質の供給が多いと、水域に面していても陸上堆積物が厚く堆積して扇状地（ファン）ができる。「隣接する高地から静水に直接入り込んで前進する扇状地がファンデルタ」と定義される。[90] 水域に面し、扇状地ができる環境は、隆起する山地と沈降する湾といった地殻変動の盛んなプレート境界部の可能性が高い。したがって、地層中に水域に面した扇状地堆積物を認定することで過去のプレート境界を復元できる可能性がある。このため、水域に面した扇状地はファンデルタと呼ばれ、注目されている。[91]

ジャマイカのヤジャスファンデルタは、扇状地堆積物、漸移堆積物、三角州堆積物からなりファンデルタと呼ばれているが、最上部は扇状地堆積物なので臨海扇状地とも呼ばれている。[92] カリフォルニア半島、[93] 死海地溝、[94] 天竜川下流域[95]でも、ファンデルタとともに臨海扇状地が用いられている。ファンデルタと臨海扇状地の区別について、堆積システム（環境）としては礫質の堆積相組合せからなるファンデルタであるが、地形は臨海扇状地とされる。[96] 地形もファンデルタと呼ばれることもあるが、堆積相を問題とするときはともかく、地形としては三角州とは関係がなく、臨海扇状地の語が適切との指摘もある。[97]

③火山麓扇状地

円錐形成層火山の裾野に扇状地が発達することがある。火山活動が休止すると火山体に侵食谷ができる。その侵食谷の深さが裾野に向けてしだいに浅くなるとき、裾野のどこかでその谷がなくなる。その部分を扇頂（谷口）とし、それよりも下流側で土砂が扇形に堆積して火山麓扇状地ができる。日本では、赤城、榛名、八ヶ岳、富士、大山、雲仙火山などの麓に形成されている。[98] コスタリカのイラス火山にも火山麓扇状地がある。[99] 普通の扇状地は比較的明瞭な山地と平地との境界線付近を谷口とするのに対し、火山麓扇状地の大きな特徴は、火山麓の任意の点を扇頂（谷口）として発達することである。

④砂丘涵養扇状地

山地ではなく砂丘内を集水域とし、砂丘下部に発達する小扇状地がニジェールにある。扇状地をつくる土砂が砂丘の砂によって涵養されているので（扇状地は一般に礫からなる）、砂丘涵養扇状地と呼ばれている。[100] この小規模扇状地（面積〇・〇〇五―〇・〇一平方キロ）も、砂丘下部の任意の点を扇頂として発達する。

⑤二次的扇状地

山地と平地との境界線を扇頂（谷口）としていったん発達した扇状地が、その後、扇頂付近で侵食を受け、新たな扇状地が以前の扇状地の下流側（下扇側）に発達する場合がある。最初に発達した扇状地を一次的扇状地といい、一次的扇状地の下流側に発達する扇状地を二次的扇状地という。このような二次的扇状地は、山地と平地との境界線から離れて発達するが、一次的扇状地の発達段階の途中の扇状地として位置づけられる。これに対し、一次的扇状地を深く切り刻み、新たな土砂が一次的扇状地に堆積せず、一次的扇状地を切り刻んだ谷の中にできた扇状地や、一次的扇状地よりも下流側に土砂を堆積させてできた扇状地は新たな扇状地とみなされる。

⑥氾濫原扇状地

二次的扇状地のように山地から離れ、平野の途中にできる扇状地もある。カナダのアシニボイン川は、平原内にある段差三〇メートル以上の崖の出口（崖下）で、緩傾斜で大規模な扇状地（面積一三〇〇平方キロ、長さ三〇一四五キロ、勾配〇・〇三度）をつくっている。扇状地を構成する堆積物が砂であり、扇状地上で蛇行している（扇状地上では一般に網状流）ことなどから氾濫原扇状地と呼ばれている。[101]

⑦融氷河流扇状地

氷河の前面には、融氷河流（アウトウォッシュ）の出口を扇頂とする緩傾斜の扇形地形が並んだアウトウォッシュプレーンが形成されることがある。アウトウォッシュプレーン上では、融氷河流は一般に網状流をなす。この網状流をかかえる扇形地形は、アラスカやアイスランドで、[102]融氷河流扇状地と呼ばれた。[103]

ニュージーランドのカンタベリー平野では、ハーストが一八六四年に「扇状地」の術語を世界で最初に用いた。[104]このことについて、ハーストの扇状地は、融氷河流による地形であると指摘され、扇状地であることが暗に否定された。[105]しかし、融氷河流堆積物と純粋な河川流堆積物を決定的に区分するのは、堆積ファブリック（礫の配列する構造）よりも地形配列ともいわれ、[106]谷口にできた融氷河流による扇形地形と河川流による扇状地とを区分するのは難しく、そもそも区分する必要性が明確になっていない。

⑧氷河前縁扇状地

大陸氷床の末端にできる扇状地について、氷河前縁扇状地[107]や氷河接触扇状地[108]などの名称が与えられている。氷床末端にできる小扇状地のみを氷河前縁扇状地とし、氷床末端からある程度離れて発達する合流扇状地については氷河接触網状流平野として区分する考えもある。[109]このように、氷床の末端にできる扇状地について、さまざまな名称が提唱されているが、扇頂の位置は氷床末端付近で共通し、扇頂となりうる位置は、氷床の拡大・縮小とともに変化し、氷床が発達する範囲の任意の点といえる。

⑨ターミナルファン

乾燥地域において、蒸発や浸透の結果、土砂を運搬している河川の水量が減少すると、堆積作用が進行し、ターミナルファンをつくる。[110] インドのサトレジ＝ヤムナー平野には、面積六四平方キロ、扇頂と扇端の標高差が六・二メートルと平坦なターミナルファンが、谷口から六〇キロも離れた氾濫原の先から発達している。[111] スーダンの乾燥地域を流下するガッシュ川でも、蒸発と浸透で分岐流路の水がなくなるために、土砂の堆積が発生している。扇頂から扇端にかけて、流路が消失し、浅い布状洪水流が卓越する、砂と礫からなる面積二〇〇〇平方キロの扇形地形はターミナルファンデルタと呼ばれる。[112]

4　扇状地の定義の確立に向けて

「扇状地は、河川が山地から平地にでたところで、河道を移動させ砂礫を堆積させてできた、半円錐形状の地形（扇形地形）」といわれる。どんなに小さくてもあるいはどんなに大きくても扇状地かどうか、礫層がどんなに薄くても扇状地かどうか、砂礫が扇形に堆積していればどんなところにできても扇状地なのかどうかということは、扇状地の定義にかかわる問題である。

どんなに小さくても（急でも）扇状地かということについて、山麓にできる極小の扇形地形である崖錐は、落石など重力の作用によってでき、水流が関与していないので、扇状地ではない。それよりも規模の大きい崩落堆については、崩壊などにともなう重力の作用によってでき、扇状地ではないとも考えられるが、同様にしてできた岩石なだれ扇状地を扇状地の初期段階と見なす見解もある。土石流によってでき、崖錐よりも規模が大きい扇形地形はどうであろうか。土石流は、水流によって土砂が各個運搬されるのではなく、泥などが媒体となり岩塊が重力によって集合運搬されるものである。したがって、土石流主体の扇形地形は沖積錐と呼ばれ、扇状地と区別されることもある。しかし、水流のみでできた地形を扇状地とする定義はほとんどなく、土石流主体の扇状地は土石流扇状地、水流主体の扇状地は河川流扇状地・河成扇状地とされるのが一般的である。土石流主体の扇形地形では、土石流堆積物の割合は可変的であり、沖積錐と土石流扇状地を区分するのは現実的には困難である。小さい扇形地形については、沖積錐や岩石なだれ扇状地が扇状地かどうかという課題があるが、それほど重要な課題とは考えられない。

どんなに大きくても（緩くても）扇状地かということについて、ブレアらは、長さ一〇キロ以内、勾配一・五度以上の扇形地形を扇状地とした。その根拠は、〇・五―一・五度の堆積勾配がないので、一・五度以上の扇状地と〇・五度以下のそれ以外の地形とを区分できるというものであった。しかし、日本などの湿潤地域には、〇・五―一・五度の堆積勾配が存在し、勾配一・五度以上の扇形地形のみを扇状地とすることはできない。日本では、一パーミル（〇・〇六度）付近に堆積勾配のギャップがありそうで、平均勾配二パーミル（〇・一度）以下では扇状地形態をなさない[113]。このようなギャップは、地域的なものでローカルギャップと呼ばれ[114]、世界の扇状地の勾配の下限として日本の平均勾配二パーミルを用いることもできない。すなわち、巨大扇状地やロシミーン扇状地の勾配が二パーミルよりも緩いからといって、扇状地であることを否定する根拠にはならない。また、二パーミルより急だからといって、全世界的に扇状地と断定できるわけでもない。大きい扇形地形については、巨大扇状地やロシミーン扇状地がどのようなプロセスによってできるのか、また、そのプロセスが扇状地形成プロセスといえるかどうかが課題となっている。

礫層がどんなに薄くても扇状地かということについては、扇状地を堆積作用のみによってできる扇形地形と定義するかどうかと連動している。側方侵食によってできる扇形地形は、岩石扇状地、侵食扇状地、あるいはペディメント（侵食性山麓緩斜面）状地形と呼ばれ、扇状地（正式には沖積扇状地）とはふつう区別される。堆積作用のみあるいは側方侵食のみによってできた扇形地形は存在するであろうが、扇形地形の一部に堆積作用が、また一部に側方侵食がかかわっていることが一般的と思われる。たとえば、デスバレーにおいて扇状地上に働くのは、決して堆積のみではなく、風化や侵食も主要なプロセスであり、今では、堆積は扇状地の半分以下に限られているという指摘もある。(115) さらに、厚い礫層をもった扇状地が、扇状地形成後、側方侵食をうけ扇形に広がり、見かけ上、厚い礫層をもった侵食扇状地となる場合もある。侵食扇状地と普通の扇状地とを区分する層厚の基準もない状態であるが、どのくらい厚いと扇状地といえるのかという問題の前に、扇状地を堆積作用のみによってできる扇形地形とするかどうかが課題となっている。

砂礫が扇形に堆積していればどんなところにできても扇状地なのだろうか。「河川が山地から平地にでたところで」という形成域を定義に入れると、扇状地はかなり限定される。谷口にできる融氷河流扇状地、ファンデルタは扇状地となる。形成域を山地と平地との境界に限定せず、急斜面と緩斜面との明瞭な境界とすると、平野の途中で段丘崖下にできる氾濫原扇状地も扇状地となる。緩斜面の任意の場所にできる、火山麓扇状地、砂丘涵養扇状地、氷河末端扇状地、ターミナルファンは、扇状地とするにはさらに広義の定義が必要となる。この定義には、形成域とともに、扇状地形成プロセスをふまえる必要がある。

各種扇形地形が扇状地かどうかについて、すなわち扇状地の定義・分類には、扇状地形成プロセスの解明が求められる。(116) それでは、扇状地の定義ができていなければ、扇状地に関する議論はできないのであろうか。扇状地とペディメントの議論をしたデニィは、個別の地形を扇状地かペディメントか決定せずに、堆積域か侵食域かで議論し、山麓緩斜面の形成を支配するのは主として河川争奪と動的平衡であると主張した。(117) このように、扇状地の定義が最終的になされていなくても（扇状地かペディメントかを明確にできていなくとも）、特定の目的に沿った暫定的な定義は有用であるし、そうすべきである。

謝辞

本論を森田武先生の退職記念論文集に収録いただき感謝しています。先生が埼玉大学図書館長のときに、図書館に電子ジャーナルを導入していただいた結果、扇状地関係の論文を数多く入手できました。そのおかげで、本論を含め、小生の扇状地研究を進展させることができました。ここに記してお礼を申し上げますと同時に、先生のますますのご健勝とご活躍を祈念いたします。

註

（1）鈴木隆介『建設技術者のための地形図読図入門』第三巻（古今書院、二〇〇〇年）

（2）高瀬康生・戸村健太郎・藤森信也・鈴木隆介「崖錐、沖積錐および扇状地の縦断勾配と構成礫の円形度との関係」（『地形』二三、二〇〇二年）一〇一―一一〇頁

（3）Scheidegger, A. E., *Theoretical geomorphology*, Berlin: Springer-Verlag OHG, 1961.

（4）Selby, M. J., *Hillslope materials and processes*, Oxford: Oxford University Press, 1982.

（5）前掲註（1）鈴木隆介『建設技術者のための地形図読図入門』

（6）同右

（7）Blair, T. C. and McPherson, J. G., Alluvial fans and their natural distinction from rivers based on morphology, hydraulic processes, sedimentary processes, and facies assemblages, *Journal of Sedimentary Research* 64A（1994）, pp. 450–489.

（8）Scheidegger, A. E., *op. cit.*

（9）Eckis, R., Alluvial fans of the Cucamonga district, southern California, *Journal of Geology* 36（1928）, pp. 224-247.

（10）Selby, M. J., *op. cit.*

(11) Blackwelder, E., Desert plains, *Journal of Geology* 39 (1931), pp. 133-140.
(12) 前掲註（1）鈴木隆介『建設技術者のための地形図読図入門』
(13) 同右
(14) 同右
(15) Allen, J. R. L., A review of the origin and characteristics of recent alluvial sediments, *Sedimentology* 5 (1965), pp. 89-191.
(16) 斉藤享治「扇状地の規模に関する研究動向」（『地理学研究報告』二二、埼玉大学、二〇〇一年）一一一八頁
(17) Drew, F., Alluvial and lacustrine deposits and glacial records of the upper-Indus Basin, *Quarterly Journal of the Geological Society of London* 29 (1873), pp. 441-471.
(18) McGee, W. J., Sheetflood erosion, *Geological Society of America Bulletin* 8 (1897), pp. 87-112.
(19) Blackwelder, E., Mudflow as a geologic agent in semiarid mountains, *Geological Society of America Bulletin* 39 (1928), pp. 465-484.
(20) Bull, W. B., Alluvial fan deposits in western Fresno County, California, *Journal of Geology* 71 (1963), pp. 243-251.
Melton, M. A., The geomorphic and paleoclimatic significance of alluvial deposits in southern Arizona, *Journal of Geology* 73 (1965), pp. 1-38.
(21) Beaty, C. B., Origin of alluvial fans, White Mountains, California and Nevada, *Annals of the Association of American Geographers* 53 (1963), pp. 516-535.
(22) Bluck, B. J., Sedimentation of an alluvial fan in southern Nevada, *Journal of Sedimentary Petrology* 34 (1964), pp. 395-400.
Bull, W. B., The alluvial-fan environment, *Progress in Physical Geography* 1 (1977), pp. 222-270.
Wasson, R. J., Catchment processes and the evolution of alluvial fans in the lower Derwent Valley, Tasmania, *Zeitschrift für Geomorphologie, Neue Folge* 21 (1977), pp. 147-168.
(23) Schumm, S. A., *The fluvial system*, New York: John Wiley & Sons, 1977.

(24) 冨田芳郎「扇状地の種類」(『地理』八、一九六三年)一〇八五―一〇九〇頁
(25) 三野与吉「伊那谷の地形」(『地理学評論』二四、一九五一年)二一五―二三〇頁
(26) 水山高幸「粗粒土砂の搬出にかかわる地形変化の数量的表現」(『地形』二、一九八一年)八一―八八頁
高木勇夫・中山正民「甲府盆地西部地域の地形」(『日大文理学部自然科学研究所研究紀要』一八、一九八三年)三一―四一頁
Suwa, H. and Okuda, S., Deposition of debris flows on a fan surface, Mt. Yakedake, Japan, *Zeitschrift für Geomorphologie, Neue Folge, Supplement Band* 46 (1983), pp. 79-101.
(27) Blair, T. C., Cause of dominance by sheetflood vs. debris-flow processes on two adjoining alluvial fans, Death Valley, California, *Sedimentology* 46 (1999), pp. 1015-1028.
(28) Marchi, L., Pasuto, A., and Tecca, P. R., Flow processes on alluvial fans in the Eastern Italian Alps, *Zeitschrift für Geomorphologie, Neue Folge* 37 (1993), pp. 447-458.
(29) Blair, T. C. and McPherson, J. G., *op. cit.*
(30) Hooke, R. L., Processes on arid-region alluvial fans, *Journal of Geology* 75 (1967), pp. 438-460.
Wasson, R. J., Intersection point deposition on alluvial fans, *Geografiska Annaler* 56A (1974), pp. 83-92.
Wells, S. G. and Harvey, A. M., Sedimentologic and geomorphic variations in storm-generated alluvial fans, Howgill Fells, northwest England, *Geological Society of America Bulletin* 98 (1987), pp. 182-198.
(31) Hooke, R. L., *op. cit.*
(32) 山田真之・斉藤享治「堆積勾配と扇状地の分類に関する世界の研究」(『地理学研究報告』二三、埼玉大学、二〇〇三年)一七―二八頁
斉藤享治『世界の扇状地』(古今書院、二〇〇六年)
(33) McGee, W. J., *op. cit.*
(34) Blair, T. C. and McPherson, J. G., Reply on "Alluvial fans and their natural distinction from rivers based on morphology, hydraulic processes, sedimentary processes, and facies assemblages", *Journal of Sedimentary Research* 65A (1995), pp. 708-711.

(35) Blair, T. C., Sedimentary processes and facies of the waterlaid Anvil Spring Canyon alluvial fan, Death Valley, California, *Sedimentology* 46 (1999), pp. 913-940.

Blair, T. C., Sedimentology and progressive tectonic unconformities of the sheetflood-dominated Hell's Gate alluvial fan, Death Valley, California, *Sedimentary Geology* 132 (2000), pp. 233-262.

(36) Blair, T. C., Sedimentary processes, vertical stratification sequences, and geomorphology of the Roaring River alluvial fan, Rocky Mountain National Park, Colorado, *Journal of Sedimentary Petrology* 57 (1987), pp. 1-18.

(37) Calvache, M. L., Viseras, C., and Fernândez, J., Controls on fan development: evidence from fan morphology and sedimentology; Sierra Nevada, SE Spain, *Geomorphology* 21 (1997), pp. 69-84.

(38) Sorriso-Valvo, M., Antronico, L., and Le Pera, E., Controls on modern fan morphology in Calabria, Southern Italy, *Geomorphology* 24 (1998), pp. 169-187.

(39) Blair, T. C., Cause, *op. cit.*

(40) Blair, T. C. and McPherson, J. G., Alluvial, *op. cit.*

(41) Ridgway, K. D. and DeCelles, P. G., Stream-dominated alluvial fan and lacustrine depositional systems in Cenozoic strike-slip basins, Denali fault system, Yukon Territory, Canada, *Sedimentology* 40 (1993), pp. 645-666.

(42) Davis, W. M., Sheetfloods and streamfloods, *Geological Society of America Bulletin* 49 (1938), pp. 1337-1416.

Blissenbach, E., Geology of alluvial fans in semiarid regions, *Geological Society of America Bulletin* 65 (1954), pp. 175-189.

(43) Schumm, S. A., *op. cit.*

(44) Kochel, R. C. and Johnson, R. A., Geomorphology and sedimentology of humid-temperate alluvial fans, central Virginia, In *Sedimentology of gravels and conglomerates*, ed. E. H. Koster and R. J. Steel, *Canadian Society of Petroleum Geologists, Memoirs* 10 (1984), pp. 109-122.

Kesel, R. H. and Lowe, D. R., Geomorphology and sedimentology of the Toro Amarillo alluvial fan in a humid tropical environment, Costa Rica, *Geografiska Annaler* 69A (1987), pp. 85-99.

(45) Crews, S. G. and Ethridge, F. G., Laramide tectonics and humid alluvial fan sedimentation, NE Uinta Uplift,

Utah and Wyoming, *Journal of Sedimentary Petrology* 63 (1993), pp. 420-436.
(46) Blair, T. C. and McPherson, J. G., Alluvial, *op. cit.*
(47) Kostaschuk, R. A., MacDonald, G. M., and Putnam, P. E., Depositional process and alluvial fan-drainage basin morphometric relationships near Banff, Alberta, Canada, *Earth Surface Processes and Landforms* 11 (1986), pp. 471-484.
(48) 中山正民「扇状地地形論考　黒部川扇状地」(『黒部川扇状地地域社会研究所研究紀要』五、一九八一年)二二—三四頁
(49) 門村浩「扇状地の微地形とその形成」(矢澤大二・戸谷洋・貝塚爽平編『扇状地』古今書院、一九七一年)五五—九六頁
(50) 同右
(51) 前掲註(26)高木勇夫・中山正民「甲府盆地西部地域の地形」
中山正民・高木勇夫「微地形分析よりみた甲府盆地における扇状地の形成過程」(『東北地理』三九、一九八七年)九八—一一二頁
(52) Marchi, L., *et al.*, Flow, *op. cit.*
(53) Jackson, L. E., Kostaschuk, R. A., and MacDonald, G. M., Identification of debris flow hazards on alluvial fans in the Canadian Rocky Mountains, In *Debris flows/avalanches*, ed. J. E. Costa and G. F. Wieczorek, *Geological Society of America, Reviews in Engineering Geology* 7 (1987), pp. 115-124.
(54) Ori, G. G., Braided to meandering channel patterns in humid-region alluvial fan deposits, River Reno, Po Plain (northern Italy), *Sedimentary Geology* 31 (1982), pp. 231-248.
(55) Kochel, R. C. and Johnson, R. A., *op. cit.*
(56) Evans, J. E., Facies relationships, alluvial architecture, and paleohydrology of a Paleogene, humid-tropical alluvial-fan system: Chumstick Formation, Washington State, U.S.A., *Journal of Sedimentary Petrology* 61 (1991), pp. 732-755.
(57) Blair, T. C. and McPherson, J. G., Alluvial, *op. cit.*

(58) Anstey, R. L., Physical characteristics of alluvial fans, *U. S. Army Natick Laboratories, Technical Report* ES20 (1965), pp. 1-109.

(59) 斉藤享治『日本の扇状地』(古今書院、一九八八年)

(60) Blair, T. C. and McPherson, J. G., Alluvial, *op. cit.*

(61) Saito, K. and Oguchi, T., Slope of alluvial fans in humid regions of Japan, Taiwan and the Philippines, *Geomorphology* 70 (2005), pp. 147-162.

(62) Schumm, S. A., *op. cit.*

Gohain, K. and Parkash, B., Morphology of the Kosi megafan, In *Alluvial fans*, ed. A. H. Rachocki and M. Church, Chichester: John Wiley & Sons, 1990, pp. 151-178.

(63) DeCelles, P. G. and Cavazza, W., A comparison of fluvial megafans in the Cordilleran (Upper Cretaceous) and modern Himalayan foreland basin systems, *Geological Society of America Bulletin* 111 (1999), pp. 1315-1334.

(64) *Ibid.*

(65) Stanistreet, I. G. and McCarthy, T. S., The Okavango Fan and the classification of subaerial fan systems, *Sedimentary Geology* 85 (1993), pp. 115-133.

(66) DeCelles, P. G. and Cavazza, W., *op. cit.*

(67) Iriondo, M., Geomorphology and late Quaternary of the Chaco (South America), *Geomorphology* 7 (1993), pp. 289-303.

(68) Davis, W. M., *Physical Geography*, Boston: Ginn and Company, 1898.

(69) Anstey, R. L., *op. cit.*

(70) Stanistreet, I. G. and McCarthy, T. S., *op. cit.*

(71) *Ibid.*

(72) McCarthy, T. S. and Cadle, A. B., Discussion on "Alluvial fans and their natural distinction from rivers based on morphology, hydraulic processes, and facies assemblages", *Journal of Sedimentary Research* 65A (1995), pp. 581-583.

（73） Stanistreet, I. G. and McCarthy, T. S., *op. cit.*

（74） McCarthy, T. S., Ellery, W. N., and Ellery, K., Vegetation-induced, subsurface precipitation of carbonate as an aggradational process in the permanent swamps of the Okavango (delta) fan, Botswana, *Chemical Geology* 107 (1993), pp. 111-131.

（75） Johnson, D., Rock fans of arid regions, *American Journal of Science* 23 (1932), pp. 389-416.

（76） Id., Planes of lateral corrasion, *Science* 73 (1931), pp. 174-177.

（77） Bull, W. B., *op. cit.*

（78） 前掲註（59）斉藤享治『日本の扇状地』

（79） 渡部景隆・提橋昇「那須野が原の地史」（『地質学雑誌』六六、一九六〇年）一四七―一五六頁

（80） 高桑紀「香川県の地形」（『香川大学学芸学部地理学研究』二、一九五三年）七―一二頁

（81） 高桑紀「財田川附近の地形」（『香川大学学芸学部地理学研究』五、一九五六年）八―一六頁

（82） 阪口豊「扇状地の自然地理学的諸問題」（矢澤大二・戸谷洋・貝塚爽平編『扇状地』古今書院、一九七一年）一二一―一五七頁

（83） 村田貞蔵「山形県乱川扇状地の地形学的研究」（『地理学評論』一二、一九三六年）一〇二一―一〇四四頁

（84） 村田貞蔵「山形県新庄盆地の形態学的研究」（『地理学評論』一七、一九四一年）四六四―四八一頁

（85） 井口正男「扇状地」（三野与吉編『自然地理学研究法』朝倉書店、一九五九年）九―一八頁

（86） 貝塚爽平『東京の自然史』（紀伊国屋新書、一九六四年）

（87） Stanistreet, I. G. and McCarthy, T. S., *op. cit.*

（88） Weimer, P., Sequence stratigraphy, facies geometries, and depositional history of the Mississippi Fan, Gulf of Mexico, *The American Association of Petroleum Geologists Bulletin* 74 (1990), pp. 425-453.

（89） Einsele, G., Event deposit: the role of sediment supply and relative sea-level chenges, *Sedimentary Geology* 104 (1996), pp. 11-37.

（90） McPherson, J. G., Shanmugam, G., and Moiola, R. J., Fan-deltas and braid deltas, *Geological Society of America Bulletin* 99 (1987), pp. 331-340.

(91) 八木下晃司『岩相解析および堆積構造』(古今書院、二〇〇一年)

(92) Wescott, W. A., The Yallahs fan delta: a coastal fan in a humid tropical climate, In *Alluvial fans*, ed. A. H. Rachocki and M. Church, Chichester: John Wiley & Sons, 1990, pp. 213-225.

(93) Nava-Sanchez, E., Cruz-Orozco, R., and Gorsline, D. S., Morphology and sedimentology of two contemporary fan deltas on the southeastern Baja California Peninsula, Mexico, *Sedimentary Geology* 98 (1995), pp. 45-61.

(94) Hayward, A. B., Coastal alluvial fans (fan deltas) of the Gulf of Aqaba (Gulf of Eilat), Red Sea, *Sedimentary Geology* 43 (1985), pp. 241-260.

(95) 武藤鉄司「臨海扇状地の海水準規制」(『堆積学研究会報告』三二、一九九〇年)五五―六二頁

Muto, T., Stratigraphical patterns of coastal-fan sedimentation adjacent to high-gradient submarine slopes affected by sea-level changes, In *Fan deltas*, ed. W. Nemec and R. J. Steel, Glasgow: Blackie and Son, 1988, pp. 84-90.

(96) 保柳康一・公文富士夫・松田博貴『堆積物と堆積岩』(共立出版、二〇〇四年)

(97) 貝塚爽平「世界の流水地形」(貝塚爽平編『世界の地形』東京大学出版会、一九九七年)九三―一〇七頁

(98) 守屋以智雄「火山麓扇状地と成層凝灰亜角礫層」(『北海道駒沢大学研究紀要』九・一〇、一九七五年)一〇七―一二六頁

(99) Kesel, R. H. and Lowe, D. R., *op. cit.*

(100) Sweeney, M. R. and Loope, D. B., Holocene dune-sourced alluvial fans in the Nebraska Sand Hills, *Geomorphology* 38 (2001), pp. 31-46.

(101) Rannie, W. F., Thorleifson, L. H., and Teller, J. T., Holocene evolution of the Assiniboine River Paleochannels and Portage la Prairie alluvial fan, *Canadian Journal of Earth Sciences* 26 (1989), pp. 1834-1841.

(102) Boothroyd, J. C., Coarse-grained sedimentation on a braided outwash fan, northeast Gulf of Alaska, *University of South Carolina Coastal Research Division Technical Report* 6-CRD (1972), pp. 1-127.

Gustavson, T. C., Sedimentation on gravel outwash fans, Malaspina Glacier Foreland, Alaska, *Journal of Sedimentary Petrology* 44 (1974), pp. 374-389.

(103) Boothroyd, J. C. and Nummedal, D., Proglacial braided outwash: a model for humid alluvial-fan deposits, In *Fluvial sedimentology*, ed. A. D. Miall, *Canadian Society of Petroleum Geologists, Memoir* 5 (1978), pp. 641–668.
(104) Haast, J., Report on the formation of the Canterbury Plains, *Proceedings of Provincial Council of Canterbury, Sess.* 22 (1864), pp. 1–63.
(105) Carryer, S. J., A note on the formation of alluvial fans, *New Zealand Journal of Geology and Geophysics* 9 (1966), pp. 91–94.
(106) Kuhle, M., Ice marginal ramps and alluvial fans in semiarid mountains: convergence and difference, In *Alluvial fans*, ed. A. H. Rachocki and M. Church, Chichester: John Wiley and Sons, 1990, pp. 55–68.
(107) Krzyszkowski, D., Sedimentary successions in ice-marginal fans of the Late Saalian glaciation, southwestern Poland, *Sedimentary Geology* 149 (2002), pp. 93–109.
(108) Boulton, G. S., Push-moraines and glacier-contact fans in marine and terrestrial environments, *Sedimentology* 33 (1986), pp. 677–698.
(109) Krzyszkowski, D. and Zieliński, T., The Pleistocene end moraine fans, *Sedimentary Geology* 149 (2002), pp. 73–92.
(110) Kelly, S. B. and Olsen, H., Terminal fans, *Sedimentary Geology* 85 (1993), pp. 339–374.
(111) Mukerji, A. B., Terminal fans of inland streams in Sutlej-Yamuna Plain, India, *Zeitschrift für Geomorphologie, Neue Folge* 20 (1976), pp. 190–204.
(112) Abdullatif, O. M., Channel-fill and sheet-flood facies sequences in the ephemeral terminal River Gash, Kassala, Sudan, *Sedimentary Geology* 63 (1989), pp. 171–184.
(113) 前掲註（59）斉藤享治『日本の扇状地』
(114) 小口高・斉藤享治・橋本亜希子・早川裕一・山田真之「堆積勾配の普遍的ギャップの提唱と扇端における河床勾配の急変との関係」（『地理学研究報告』二四、埼玉大学、二〇〇四年）七四―七八頁
(115) Denny, C. S., Fans and pediments, *American Journal of Science* 265 (1967), pp. 81–105.
(116) 前掲註（16）斉藤享治「扇状地の規模に関する研究動向」

Mack, G. H. and Leeder, M. R., Climatic and tectonic controls on alluvial-fan and axial-fluvial sedimentation in the Plio-Pleistocene Palomas half graben, southern Rio Grande rift, *Journal of Sedimentary Research* 69 (1999), pp. 635–652.

(117) Denny, C. S., *op. cit.*

時空間地理情報システムと大正期から昭和期にかけての南関東における人口分布の変化

谷　謙二

1　地理情報システムの普及

一九九〇年代以降、地理情報システム（GIS：Geographical Information System）と呼ばれる、地図データと地図上の地物が有する属性データを統合して管理し、表示するシステムがさまざまな領域で普及しつつある。その領域は、行政やビジネスといった実務分野だけでなく、さまざまな学問分野に及んでいる。たとえば一九九一年に設立された地理情報システム学会の会員構成を見ると、地理学、情報学、土木工学、都市工学、建築学、測量学、農学、林学、環境学など、多様な専門領域の会員から構成されており、地図による表現手段が空間データを効率的に提示するための不可欠な手段となっていることを示している。このことは人文的分野においても同様であり、前述の研究分野以外にも、都市経済学、考古学、歴史学、方言学などの分野でも活用されるようになってきている。

2　過去の地図と時空間地理情報システム

インターネットの地図サイトや、カーナビゲーションシステムの地図データのように、多くの場合必要とされる地図は最新のものである。しかし学術研究においては、過去の地図が必要とされる場合も多い。

過去の地図のうち（ここでは、近代以降の測量に基づく地図に限定する）、紙媒体で発行された地図をそのまま表示するのであれば、地図をスキャナで取り込み、取り込んだ画像をつなげて表示するソフトを利用できる。筆者は、東京五〇キロメートル圏における大正時代以降の二万五千分の一地形図を八時点分表示することができる『今昔マップ』（首都圏編）を開発、配布している。[1] ただし、このような地図を画像として扱うソフトは、過去の地域の状況を知るのには有効であるが、統計情報などを地図化することはできない。

地図上の地物に、統計情報などの属性データを表示するためには、地表の地物を点・線・面の各形状のオブジェクトに分けて管理する、ベクター型の地理情報システムが有効である。しかしこれまでのベクター型の地理情報システムでは、時間次元を取り扱うことは少なかった。そのため従来、時間の変化に伴って地図データを修正したとしても、修正の過程は記録されず、その結果だけが記録され、修正前の地図データと修正後の地図データはそれぞれ別個のものとして扱われていた。このような地図データの管理方法では、過去の任意の時間の地図データを取り出すことができない。

そうした中で、地理情報システムに時間次元を導入する動きが広まっている。地理情報のデータの記述方法を定めた地理情報標準においても、時間を記述するための要素が定義されている。時間情報を扱うGISは時空間情報システムあるいは時空間地理情報システムなどと呼ばれるが、そうしたシステムはまだ少ない。現状で時間情報を取り扱うことのできるソフトとしては、埼玉大学工学部の大沢研究室で開発された「Stims」や筆者が開発している「MANDARA」などに限られている。

3　MANDARAでの時間管理方法

（1）　MANDARAとは

ここでは、筆者が開発している「地理情報分析支援システム『MANDARA』[(2)]」を取り上げ、そこでの地図データおよび時間情報の管理方法を解説する。このソフトはWindowsパソコン上で動作し、ホームページ[(3)]から自由にダウンロードすることができる。

MANDARAでのデータの流れは**図1**のようになっている。地図データは白地図画像や各種数値地図からデータを取得して作成できるほか、MANDARAをインストールすると、都道府県別地図、市区町村別地図、世界地図、アメリカの州別地図、中国の省別地図などいくつかの地図ファイルが付属している。これらの付属地図データを使用する限りは、ユーザー自身で地図データを作成する必要はない。しかし時間情報を含む既存の地図データは存在しないため、ユーザー自身で時間情報を設定する必要がある。そうした地図データの加工・修正は**図1**中の「マップエディタ」で行う。

属性データはエクセル等の表計算ソフト上で作成するので、インターネットから統計データをダウンロードしたり、統計書の数値を入力するなどしておく。さらにそのデータをMANDARAに読み込めるように形式を整えれば、簡単に地図データと結合し、地図化することができる。

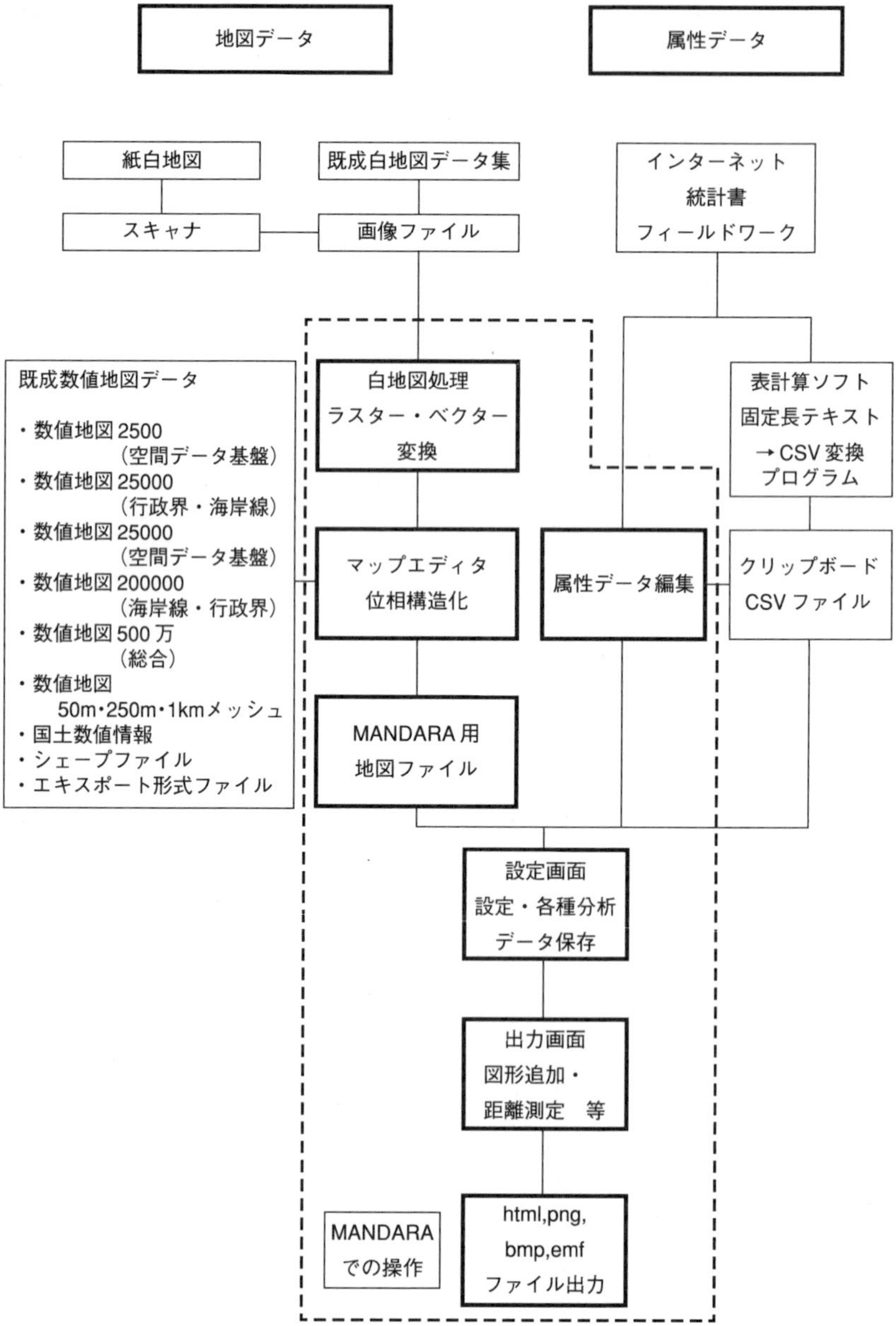

図 1　MANDARA でのデータの流れ

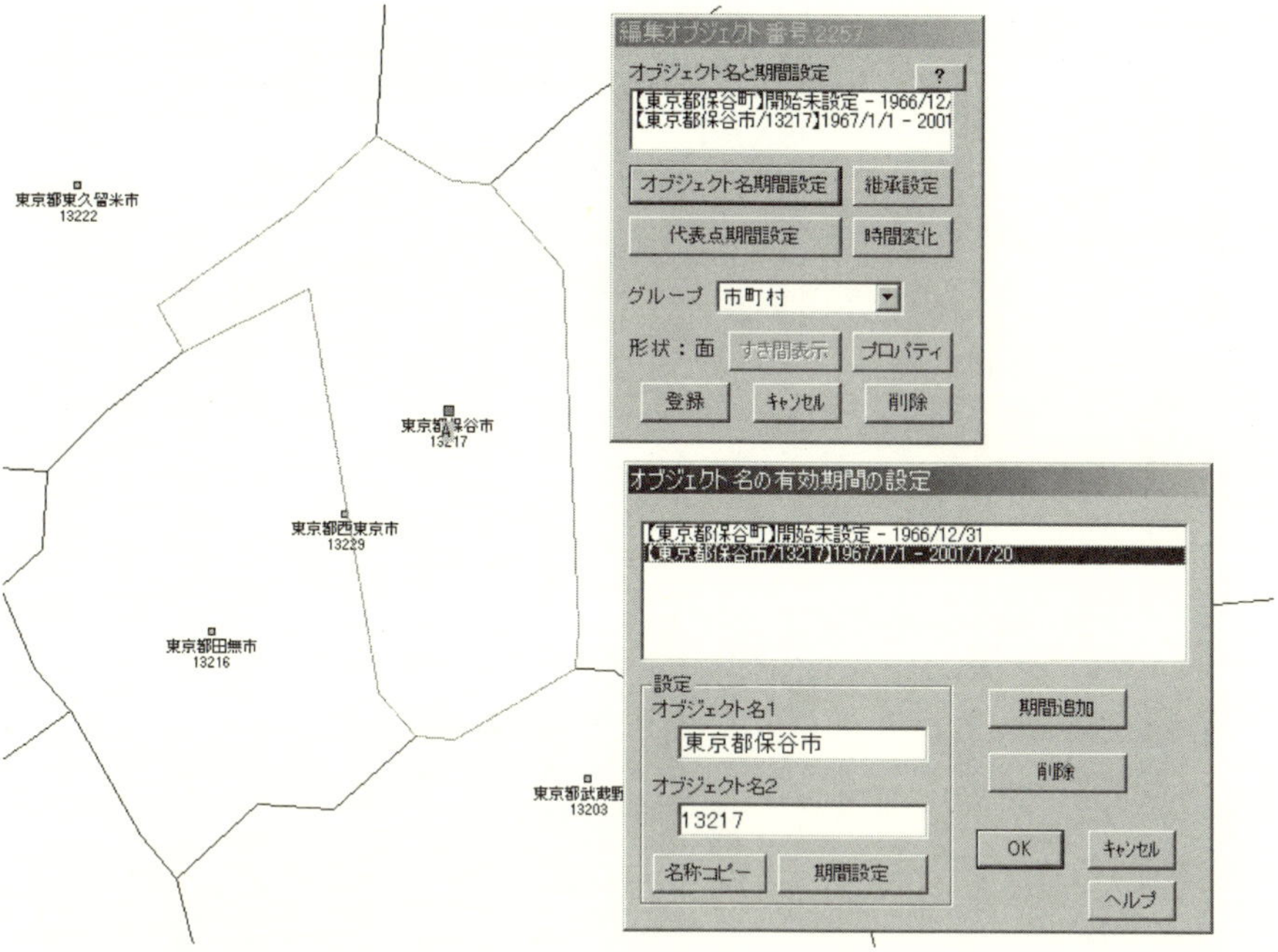

図2　東京都保谷市に関する地図データの設定

（2）行政界データの時間管理

ここでは、MANDARAに付属している地図ファイルのうち、「日本市町村.mpf」を例に時間情報の設定方法を確認する。この地図ファイルには、一九六〇年以降（埼玉、千葉、東京、神奈川、愛知、岐阜、三重、滋賀、京都、大阪、兵庫、奈良の各都府県については一九五五年以降）の市区町村の行政界および海岸線の変遷に関するデータが含まれており、当該期間で任意の時期の地図を表示することができる。

MANDARAの「マップエディタ」を起動し、「日本市町村.mpf」を開くと、全国の市区町村が表示される。**図2**は東京都西東京市付近を拡大し、「東京都保谷市」オブジェクトを選択したところである。オブジェクトにはそれぞれ「オブジェクト名」が付けられており、これが表計算ソフトの統計データと結合する際のキーとなる。**図2**ではオブジェクト名の有効期間を設定する画面が出ており、ここから「東京都保谷町」は一九六六年十二月三十一日で終了し、翌日から二〇〇一年一月二十日までは「東京都保谷市」で登録されていることがわかる。この設定により「東京都保谷町」と「東京都保谷市」は名称・時期は異なるものの、同一のオブジェクトと認識される。なおオブジェクト名には同時に二種類設定することができ、「日本市町村.mpf」では市区町村名と五桁の行政コードが設定されている。

保谷市は隣接する田無市と二〇〇一年一月二十一日に合併し、「東京都西東京市」が新設された。保谷市・田無市と西東京市オブジェクトの間には継承設定がなされ、オブジェクトの前後関係が記憶されている。継承設定を行う理由は次のような点にある。すなわち、市区町村ごとの統計データでは、時期が違うと合併などで集計単位が変化してしまい、市区町村ごとの増加数・増加率などを単純には集計できないケースがしばしば発生する。そうした場合、従来であれば合併の状況を調べ、それに応じてデータを再集計しなければならなかった。さらに近年ではいわゆる「平成の大合併」により、市区町村の変化が激しく、現在の市区町村と過去の市区町村を対応させることも容易ではない。しかし地図データ上で継承設定を行うことで、この作業がソフト上で自動化され、時間的変化を容易に把握できるようになる。

4　大正期から昭和期にかけての地図データの整備

このような時間管理が可能な地理情報システムであるMANDARAを利用して、昭和の大合併以前の、大正期から昭和期にかけての行政界・海岸線および鉄道の地図データを作成した。この時期の地図データとしては、現在の国勢調査町丁界データを使って復元した村山のものがあり、Web GISとして公開されている(4)。またこれとは別に明治—昭和初期の統計データをWeb GISで表示する歴史統計インターネットGISも公開しており、データのダウンロードも可能である。(5)こうした例があるものの、ユーザーが自由に近代期のデータを表示するシステムおよびデータは開発・公開されていない。

MANDARA上で利用できる大正期から昭和期にかけての地図データの作成手順は次のとおりである。まず、行政界・海岸線のベースとなる地図として、昭和初期の五万分の一地形図を利用した。対象とした範囲は、東京都（島嶼部を除く）、埼玉県、千葉県、神奈川県の一都（府）三県であり、この範囲にかかる五万分の一地形図は約五〇枚である。

当時の地形図は白黒二色刷のため、行政界と道路・等高線等を見分けるのが難しい部分も少なくない。そのため、まずわかりやすいよう地図上に行政界を赤くなぞってから縮小コピーしておく。次に、トレーシングペーパーに縮小コピーした地形図から行政界および海岸線、役場所在地を写し取る。同時に別のトレーシングペーパーに鉄道と路面電車の路線も写し取る。さらにトレーシングペーパーをスキャナで読み取って画像ファイルとし、MANDARAの白地図処理機能（図1）を使ってベクターデータに変換して保存する。そして変換した個々の図郭のファイルをMANDARA上で結合していき、一都（府）三県の一つの地図ファイルを作成する。

こうして昭和初期の地図データが完成するが、さらに一九二〇年から五五年までの間をカバーするために、この間の市町村の合併、鉄道の延伸、海岸の埋め立てなどの時間データを追加していく。

この期間は明治の大合併と昭和の大合併の間なので、合併はそれほど多くないと思われがちだが、一九三二年の東京市と周辺五郡の合併、一九二七年と三九年の二度にわたった横浜市の合併など都市化の進展に伴う大規模な合併があった。他にも川崎市、浦和市、大宮市、川口市、船橋市、市川市、千葉市、相模原市などで合併により市域が顕著に拡大している。こうした市町村合併に関しては、総理府統計局による資料や地名辞典等(6)を参考にデータを作成した。

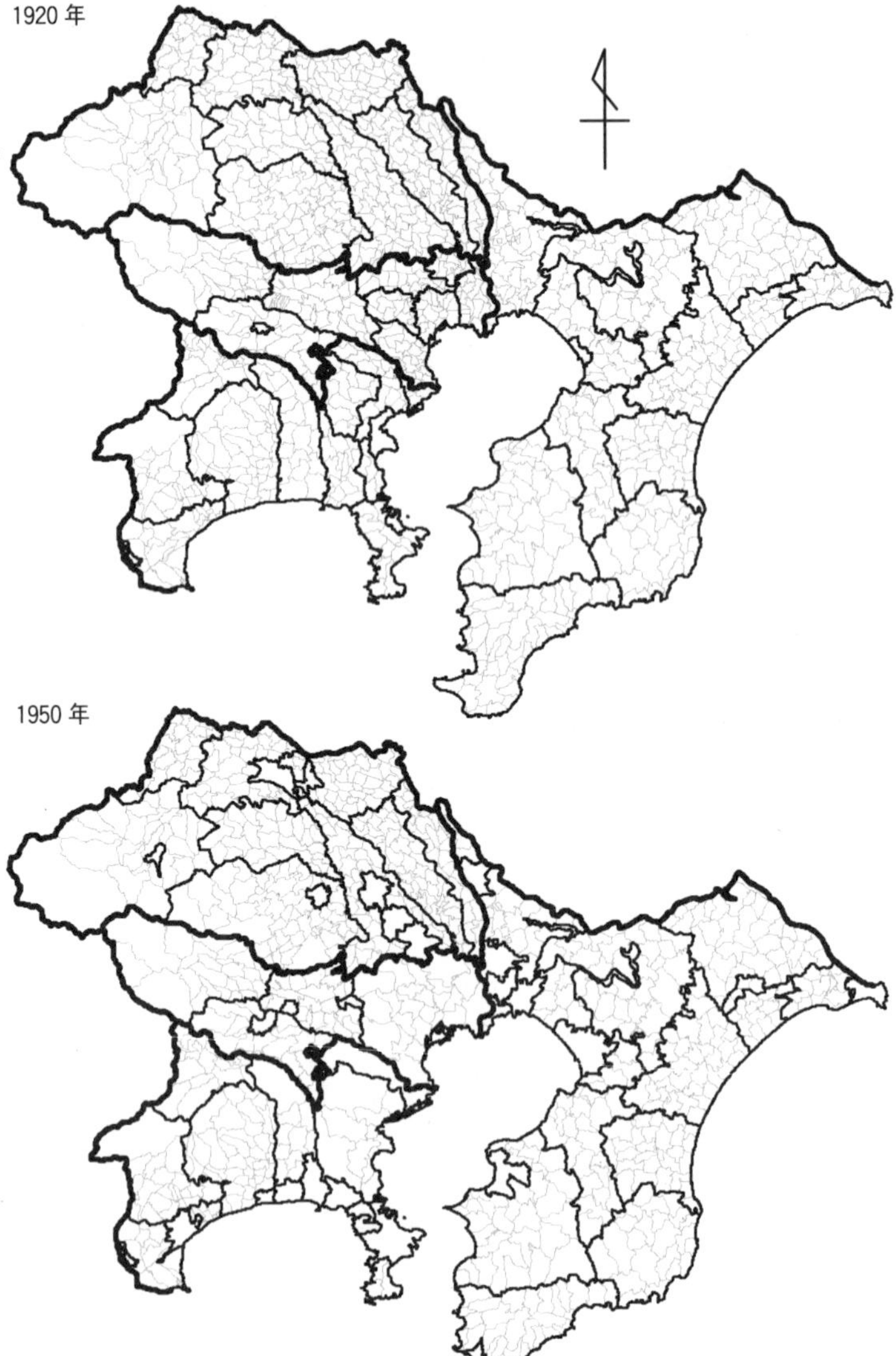

図 3　1920 年と 50 年の市区町村界（太線は都〈府〉県界および市郡界）

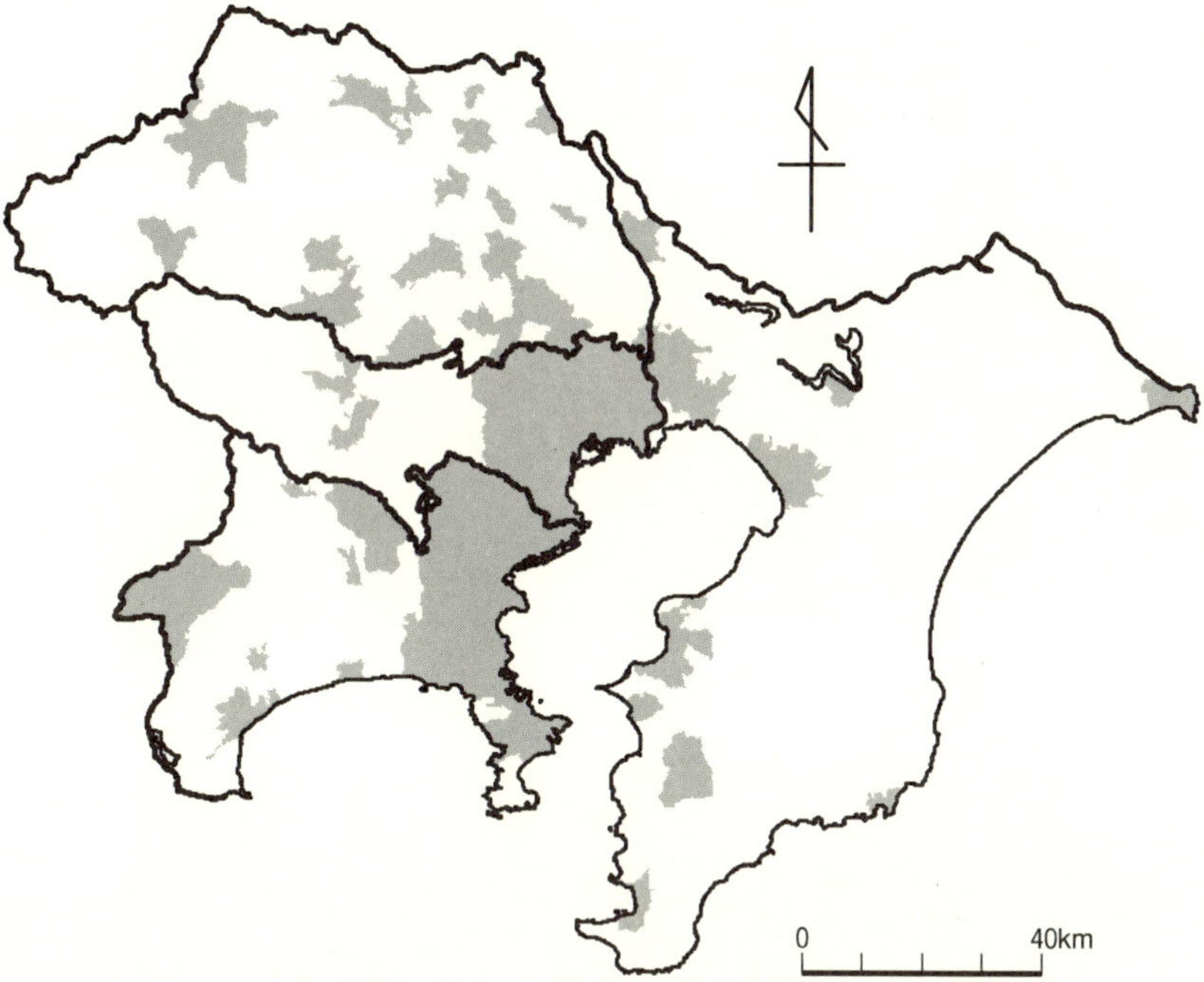

図4　1920年から50年の間に合併などの変化があった領域

海岸線の変化は、戦後に比べて規模は小さいものの、東京から横浜市にかけての海岸で埋め立てが行われている。埋め立ての正確な年月日を知るのは容易ではないので、大正期から昭和期にかけての地形図を参考にして時間を設定した。

鉄道に関しては、一九二〇年代から三〇年代にかけて東京の郊外私鉄が急速に路線網を拡大している。この間の鉄道の延伸状況については、インターネット上の百科事典であるウィキペディア日本語版の各鉄道路線の項目を参照した。ただし路面電車については、路線網が細かく設定が非常に煩雑になるため、昭和初期の地形図の状態のまま、時間データは設定していない。

こうして作成した地図データ(7)を元に、一九二〇年と五〇年の行政界を白地図として表示したものが図3であり、その間に合併などで行政領域の変更があった範囲を示したものが図4である。これらの図から、南関東では三〇年の間にかなりの領域で行政界の変化があったことがわ

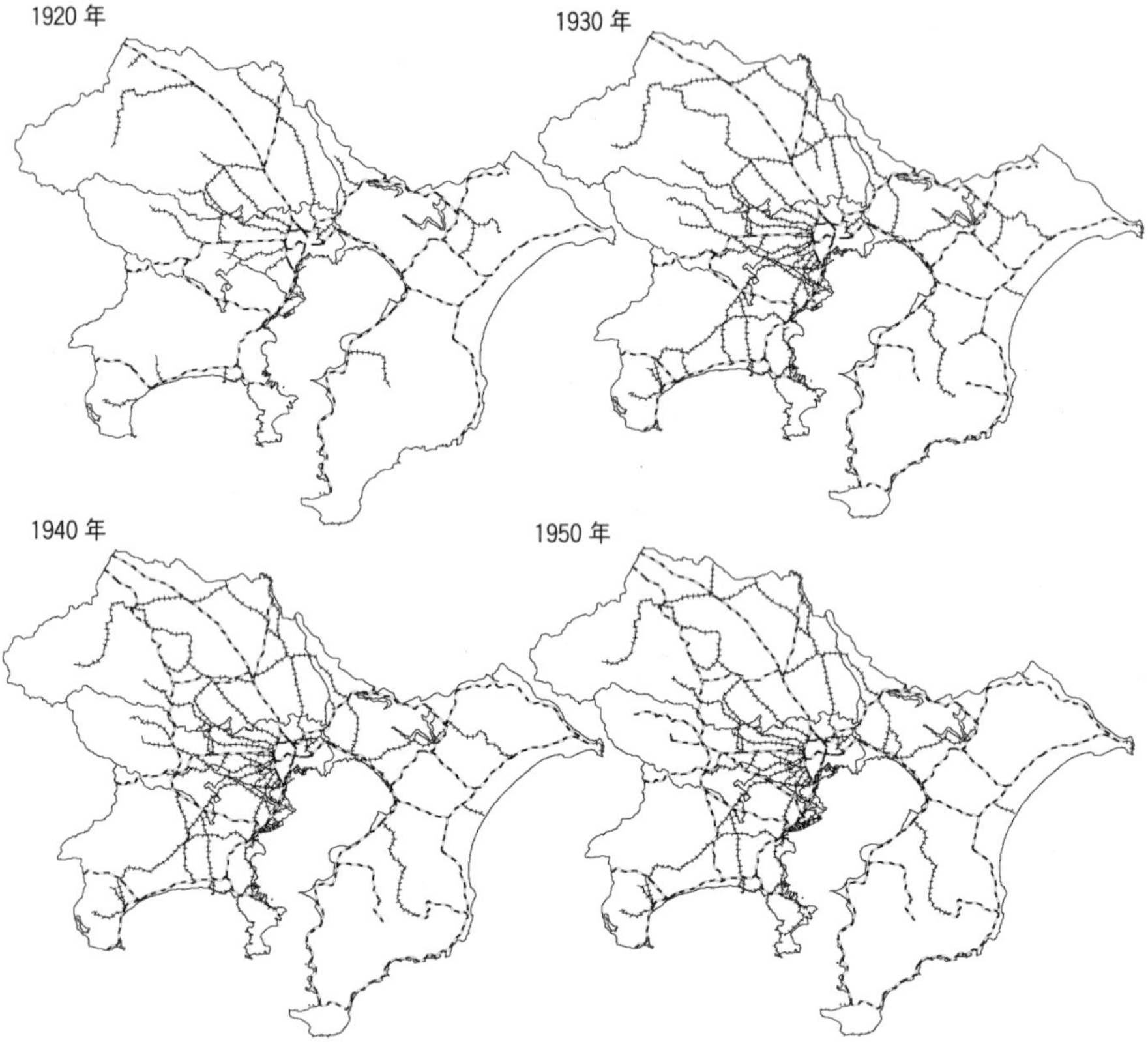

図 5　1920 年から 50 年にかけての鉄道網の変化

表1　1930年代から40年代にかけての国勢調査・人口調査の特徴

調査の種類	調査日	特記事項
国勢調査	1935年10月1日	常住人口と別に現在人口が調査され、現在人口から一時現在者を除いて一次不在者を加算したものを常住人口としている。
	1940年10月1日	内地に現在する者で、現役軍人または応召中の在郷軍人でない者を「銃後人口」とし、軍人軍属等をその縁故世帯の現在地の人口に含めた人口を「全人口」としている。
	1947年10月1日	カスリン台風被災地は調査が延期され、補正された数値が確定人口とされている。
	1950年10月1日	常住人口と別に現在人口が調査され、現在人口から一時現在者を除いて一次不在者を加算したものを常住人口としている。
人口調査	1944年2月22日	常住人口ではなく現在人口が調査されている。1977年に総理府統計局によって再集計された際、東京都部分では調査時点の市区町村とは異なる時期の市区町村で区分されている。
	1945年11月1日	常住人口ではなく現在人口が調査されている。韓国・朝鮮、台湾国籍以外の外国人は調査対象となっていない。
	1946年4月26日	常住人口ではなく現在人口が調査されている。韓国・朝鮮、台湾国籍以外の外国人は調査対象となっていない。

かる。さらに二〇年から五〇年にかけての鉄道網を示したものが図5である。一九二〇年時点では、山手線もまだ環状になっておらず、現在と比べるとかなり密度が低い。しかし二〇年代から三〇年代にかけて東京西郊の私鉄網などが急速に建設され、四〇年にはほぼ現在に近い状態となっている。しかし戦後も含めて四〇年代には新規の鉄道建設はほとんど行われていないことがわかる。

5　大正期から昭和期にかけての人口データ

作成された地図データ上に大正期から昭和期にかけての人口データを表示するため、この間の人口データについて検討しておく。日本で最初の国勢調査は一九二〇年に実施され、それ以降基本的に五年ごとの十月一日に行われている。四五年は実施されていないが、四七年に臨時国勢調査が行われた。国勢調査以外には、四四年二月二十二日、四五年十一月一日、四六年四月二十六日に資源調査法に基づいて人口調査が行われている。[8] 戦時期から復興期にかけて行われたこれらの調査には、現在のいわゆる常住人口とは異なる人口分類が行われており（表1）、使用する際には注意が必要だが、終戦前後の人口分布変動を明らかにする貴重な資料となっている。

6　大正期から昭和期にかけての南関東における人口密度の変化

作成された地図データに一九二〇年から五〇年にかけての人口データを取り込んだ。さらに時期ごとに市区町村の面積を計算して求め、一平方キロメートル当りの人口密度を求めて表示したものが図6である。一九二〇年には、東京市・横浜市での人口密度が一万人を超えているが、平野部の人口密度はおおむね三〇〇―五〇〇人の間に収まっていた。埼玉県の平野部では、そうした農村地域の中に人口密度が一〇〇〇人以上の町が一定の間隔を置きながら分布していることがわかる。二〇年代には、東京市の西側で田園調布が開発されたり、宅地化目的の耕地整理が行われ、さらに二三年の関東大震災により、郊外化が急速に進展した。三〇年の人口密度を見ると、東京市の西側に人口密度の高い地域が拡大している。三二年には東京市と周辺五郡が合併し、人口密度の高い地区はほぼ東京市の範囲に含まれることになった。四〇年には高密度地域がさらに拡大し、埼玉県の大宮から川口に至る地域や、小田原から逗子に至る湘南地域、千葉から市川に至る地域などが連続的に人口密度一〇〇〇人以上の地域となった。[9]

戦時期末期の、疎開による人口分散および空襲による破壊は、全国の大都市に多大な影響を与えた。東京都区部では、一九四〇年から四五年にかけて人口は六七八万人から二七八万人へと四〇〇万人も減少し、四五年の東京都区部の人口密度は大部分で一万人を下回った。一方埼玉県・千葉県では同期間に八二万人の人口増加を示し、

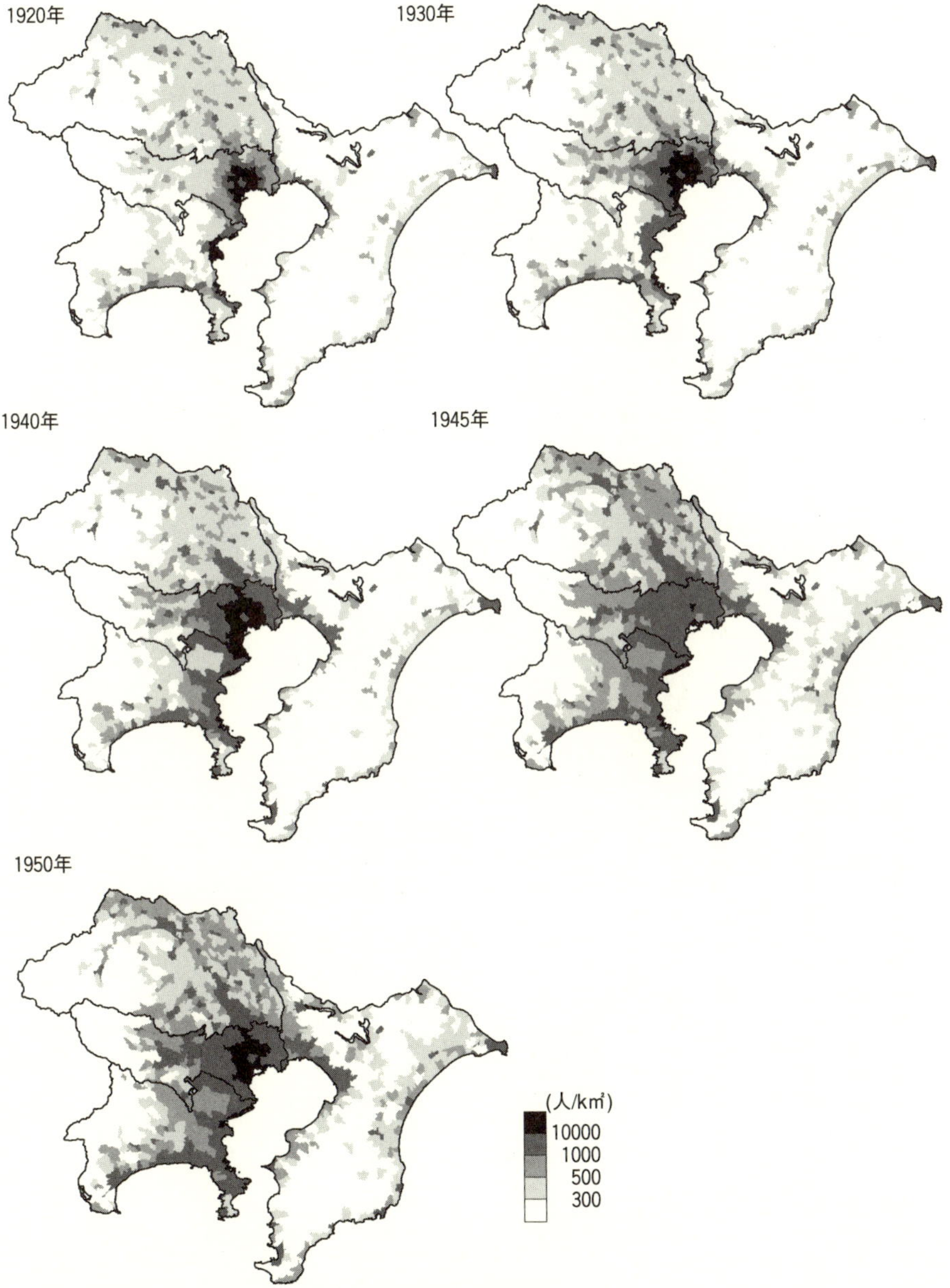

図 6　1920 年から 50 年にかけての人口密度の変化

人口密度五〇〇—一〇〇〇人の地域が広範に拡大した。五〇年には再び都区部の人口が増加し、人口密度は一万人を上回るようになった。

7　一九四〇年代の人口増加率の推移

一九二〇年から五〇年の間で、人口分布が最も激しく変化したのは一九四〇年代である。そこで、四〇年代の人口データを使用して、この間の人口増加率の変化を検討する。図7は、四〇年から五〇年にかけての一〇年間の人口増加率を示したものである。東京の都心区や都心周辺区、横浜市の都心区などでは、戦後五年たっても四〇年の人口まで回復していない。一方で郊外では六〇パーセント以上増加している地域が広がっており、特に主要鉄道沿線での増加率が大きいことがわかる。

さらに時期を細かく区切って四〇年代の人口増減を見たものが図8である。四〇年代初めの戦時期には、東京の都心区では疎開も含めて人口が減少しているが、その周辺では増加を示し、さらに外縁部では減少を示す地域が広がっている。この時期には従来の市街地の外縁部に軍需工場が建設されたことから、このような状態になったと考えられる。四四年から四五年にかけては、東京、川崎、横浜、千葉など主要都市が空襲にあい、そうした地域の人口が激減する一方で、周辺部では山間部も含めて人口が激増した。しかし四五年から四六年（ただし調査期間は約半年しか離れていない）には、外縁部で人口が減少しており、疎開者が都市に戻り始めていることがわかる。ただし、この期間で人口が増加している地域は四四—四五年にかけて減少している地域だけでなく、その周辺地域も含まれている。四五年三月に「都会地転入抑制緊急措置令」が出され、東京都区部、横浜市、川崎市、横須賀市では転入に際して許可が必要となったため、転入できない者が周辺部に居住するようになったことが影

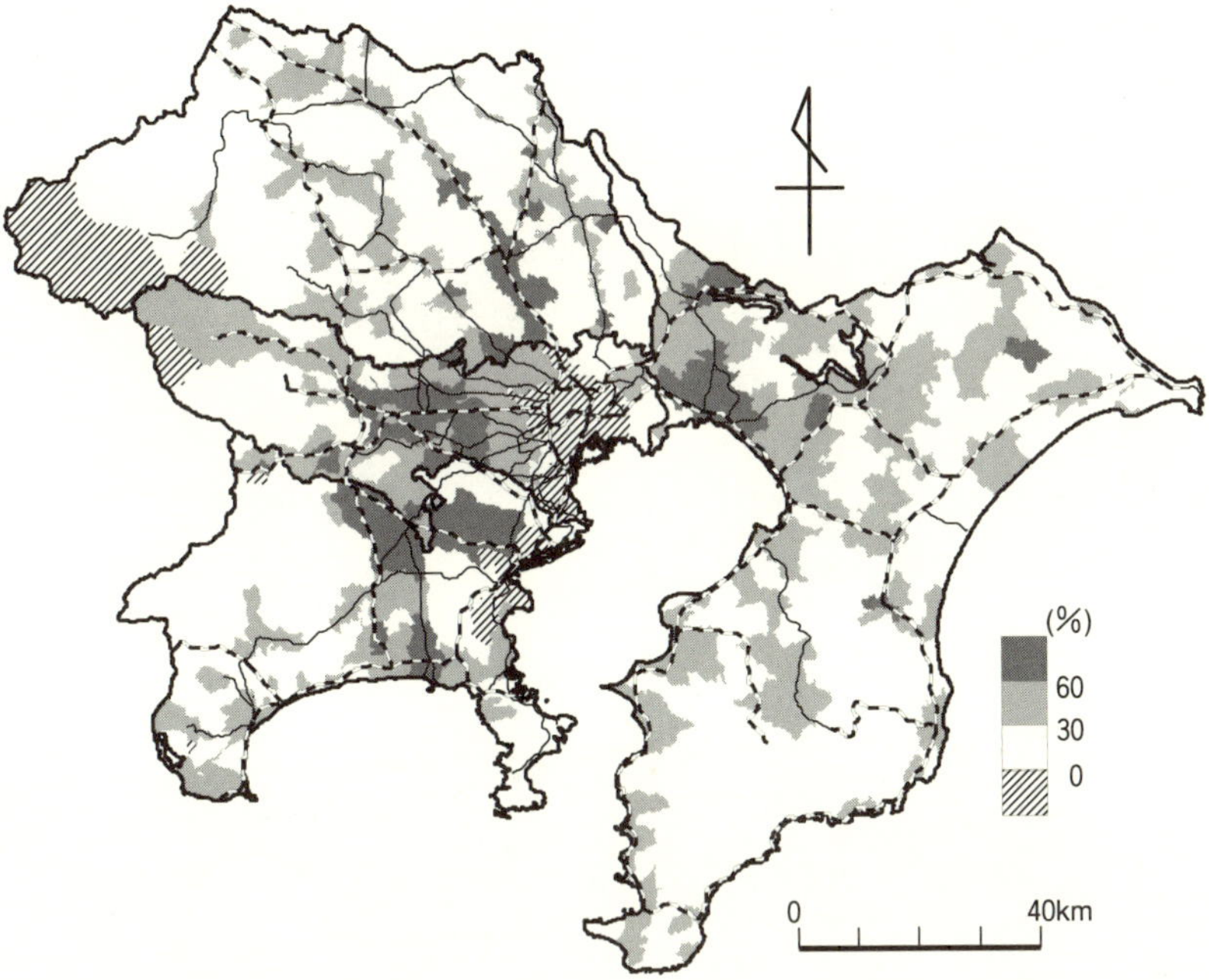

図7　1940年から50年にかけての人口増加率

響していると考えられる。[10] また千葉県では、四街道等で旧日本軍の演習場が開拓されるなどして人口が増加した。四六年から四七年にかけては、第一次ベビーブームにより自然増加が大きくなり、全体的に増加している。埼玉県東部で減少しているのは、ちょうど四七年の臨時国勢調査の直前に襲ったカスリン台風により利根川の堤防が決壊し、調査時に広く冠水していたためであろう。四七年から五〇年にかけては、再び外縁部での人口減少が顕著となり、大都市に近い地域で人口が増加している。特に埼玉県では、高崎線、東武伊勢崎線、東武東上線などの鉄道沿線で増加している。こうして、四〇年代を通して人口が増加していた地域は、東京・横浜・川崎に隣接する交通の便のよい地域に限られていたことがわかる。

一九四〇年代の軍需工場の建設、疎開、戦災、大都市への人口復帰、という一連の流れは、結果として東京周辺での人口増加を引き

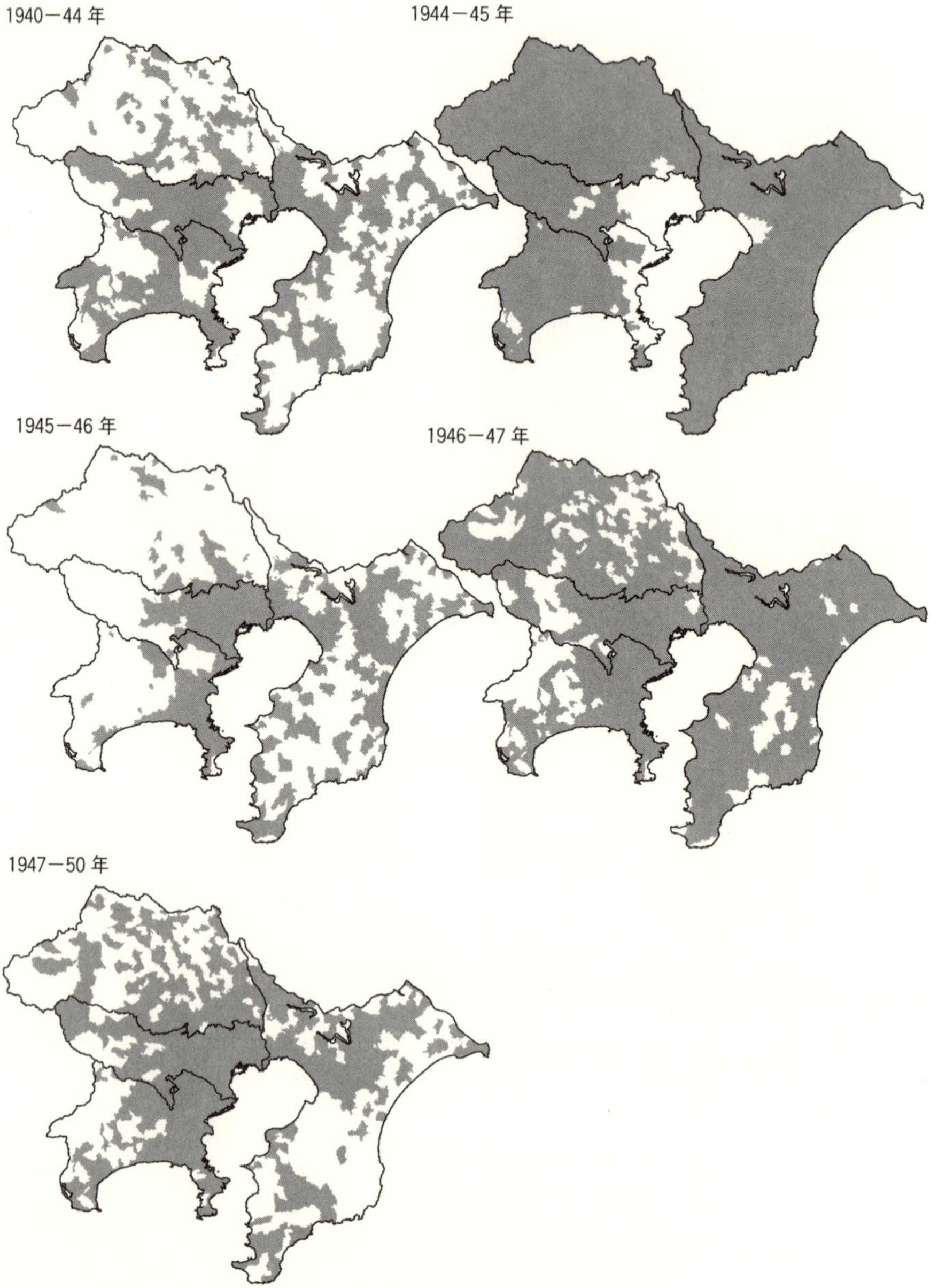

図 8　1940 年代の人口増加地域の変化（濃い部分が人口増加地域）

起こした。ここで重要なことは、ただ単に東京周辺で人口が増加しただけでなく、そこから東京への通勤者が増加した点である。[11] 戦時期には、家族手当などの諸手当と並んで通勤手当が支給されるようになり、鉄道を使った通勤が所得と関係なく可能になった。そうした状況で、東京から疎開・戦災によって周辺部に移動した者は、鉄道を使って東京に通勤するようになった。四〇年代後半には、周辺部でも鉄道沿線で人口が増加しているが、それは東京への通勤が容易だったためと推測できよう。五五年の東京都区部への通勤率の分布は、[12] 四〇年代の人口増加率の分布と類似した傾向を示している。

これまで大都市圏研究では、戦前の都市化と戦後の都市化が分けて研究されており、戦時期から復興期にかけての四〇年代の研究はほとんど行われていなかった。しかしここでの分析から、四〇年代には郊外での顕著な人口増加が起こっていたことが明らかになった。日本の大都市圏の発展過程における、戦時期から復興期にかけての位置付けを検討する必要があると言えるだろう。

おわりに

本論では、時間情報を扱うことのできる地理情報システムである「MANDARA」を用いて、大正期から昭和期にかけての南関東における行政界データの作成方法について解説し、さらに作成した地図データを用いて当該期間の人口分布の変動を検討した。

地理情報システムでは、最新の情報が求められる傾向が強いため、時間情報をもつ地図データは一般に流通していない。しかし本論で示したように、手作業では困難だった広範囲の市区町村別データを地図化したり、集計したりすることができるようになる。

明治期以降の市町村別の統計はかなりの量が存在するが、地図データがないために詳細な分析が行われず、県や郡単位、市区町村レベルであっても狭い地域のデータしか使用されないことが多かった。こうした中で、時間情報を含む地図データが整備されれば、詳細なデータをもとに広範囲にわたって分析することが可能になるだろう。

註

（1）谷謙二「時系列地形図閲覧ソフト『今昔マップ』（首都圏編）の開発」（埼玉大学教育学部地理学研究報告、二五、二〇〇五年）三一―四三頁

（2）MANDARAの基本的な操作方法については次のテキストで解説されている。後藤真太郎・谷謙二・酒井聡一・加藤一郎『MANDARAとEXCELによる市民のためのGIS講座 パソコンで地図をつくろう』（古今書院、二〇〇四年）

（3）http://www.mandara-gis.net

（4）筑波大学大学院生命環境科学研究科空間情報科学分野村山祐司氏のページ。http://giswin.geo.tsukuba.ac.jp/teacher/murayama/index.html 藤田ほかはこのデータを元に一八九一年の人口密度分布図を作成している。藤田和史・村山祐司・森本健弘・山下亜紀郎・渡邉敬逸「東京圏における人口変化（明治〜現在）の空間分析 一八九一年徴発物件一覧表およびDEMデータを用いて」（地理情報システム学会講演論文集一四、二〇〇五年）

（5）ただし行政界は一九四八年のもので、統計データがその時点の行政界に合わせて編集されている。

（6）総理府統計局編『国勢調査資料からみた市区町村の合併・境界変更等一覧』（日本統計協会、一九七四年）、地名情報資料室編『市町村名変遷辞典 三訂版』（東京堂出版、一九九九年）

（7）データの作成には、作成開始から五年近い時間がかかった。これは、地形図からの行政界の読み取り、時間情報の設定にかなりの労力が必要なためである。

（8）それぞれの人口調査が行われた目的は、一九四四年については軍需生産・食料配給等の計画立案のため、四五年は戦後初の総選挙の議員定数を決定するため、四六年は連合国軍総司令部の指令に基づき終戦後の人口の状況を明らかにするため、であった。なおこれらの調査結果はすぐには公開されず一九四九年に摘要が報告されただけだったが、七七年に市区町村ごとの詳細な結果が公開された。

（9）こうした拡大には、市町村の合併による見かけ上のものも含まれている。

（10）山鹿誠次「衛星都市浦和の形成とその生活圏」（地理学評論、二四、一九五一年）五三―五九頁

（11）谷謙二「戦時期から復興期にかけての東京の通勤圏の拡大に関する制度論的考察　住宅市場の変化・転入抑制および通勤手当の普及の観点から」（埼玉大学教育学部地理学研究報告、二四、二〇〇四年）一―二六頁

（12）同右

ドイツにおける社会系教科カリキュラムと「教科横断的学習」

大友秀明

序　ドイツ社会系教科教育研究の位相

戦後のわが国におけるドイツ教育に関しては、範例学習論や教授論の教育方法学研究、教育と政治の関係をめぐる教育思想史・教育思潮研究、占領期・社会民主党政権下・東西統一後など各時期の教育改革の研究などが盛んに行われてきた。ここでは、一九九〇年代後半以降のわが国におけるドイツ社会系教科教育に関連する研究の位相を若干紹介したい。

第一が歴史認識と教科書をめぐる研究である。戦争・戦後の歴史認識の問題や隣国との教科書記述をめぐる攻撃・論争が起こるたびに、戦後ドイツの戦争責任問題の取扱い方や教育状況が引き合いに出される。その代表的な研究書が近藤孝弘『ドイツ現代史と国際教科書改善』（名古屋大学出版会、一九九三年）、川喜田敦子『ドイツの歴史教育』（白水社、二〇〇五年）である。

第二がドイツの社会系教科教育の課題を取り上げた研究である。そこには、各州の学習指導要領、教科書、指導書、学習材などを分析し、カリキュラム・授業構成の実態に迫る研究（大友秀明『現代ドイツ政治・社会学習論』東信堂、二〇〇五年）がある。また、ドイツ政治教育におけるヨーロッパ市民育成の理論と授業展開の分析を試みた研究（小松弘幸『ヨーロッパ教育　歴史と展望』玉川大学出版部、二〇〇四年）、ドイツの多文化共生教育をめぐる研究（天野正治編『ドイツの異文化間教育』玉川大学出版部、一九九七年）などがある。

第三がドイツ社会科の歴史的研究である。現代ドイツの歴史教育・社会科教育の特色を把握するために近代ドイツの歴史カリキュラム論や歴史教育論の源を探る研究として、池野範男『近代ドイツ歴史カリキュラム理論成立史研究』（風間書房、二〇〇一年）がある。

最後が包括的な研究である。戦後のドイツの社会系教科教育の歴史と現状を「政治教育」の視点から分析・考察した研究（近藤孝弘『ドイツの政治教育』岩波書店、二〇〇五年）、わが国の教育現実と比較という視点を意識した統一後のドイツ教育の全体像を概観した研究が天野正治・結城忠・別府昭郎編著『ドイツの教育』（東信堂、一九九八年）である。

以上のように、ドイツ教育に対して多面的多角的な観点からダイナミックにアプローチした膨大な研究の成果があるが、本論では、わが国の社会科教育と比較するための素材を提供することを目的にしつつ、近年のドイツの社会系教科カリキュラムの特色を中等教育の「教科横断的学習」の観点から捉えてみたい。

1　学校制度とカリキュラム

（1）　学校制度の特色

現在のドイツは、旧西ドイツの一一州、旧東ドイツの五州の一六州によって構成されている連邦制国家である。教育に関する権限は各州に委ねられている。各州には文部省に相当する省が設置されており、それぞれの州の事情に対応した独自の教育政策が策定されている。また、初等教育や中等教育のカリキュラムに関しては、各州がその大綱（学習指導要領）を決め、それに基づいて学校の教育活動が展開されている。したがって、学校制度やカリキュラムは、州によって若干異なっている。

しかし、教育政策の基本的な面については、各州の文部大臣によって構成される常設文部大臣会議の決議が、連邦国家としての統一性を図っている。しかし、この決議には法的拘束力がない。

ドイツの学校制度の特徴は、つぎの二点にある。

① すべての子どもに共通の基礎学校（Grundschule）に続く中等教育段階に、四種類の学校が併存していること。

② 企業内職業訓練に重点を置きながら、公立の定時制職業学校就学が義務づけられていること。

義務教育には、普通教育義務と職業教育義務がある。前者は通常六歳から九年（一〇年の州もある）の義務であり、後者は満十五歳以上で全日制学校に通学していない者に対する、原則として三年間の定時制義務である。

（2）　普通教育学校とカリキュラム

ドイツでは、カリキュラムの基準は、教授プラン（Lehrpläne）、教育プラン（Bildungspläne）あるいは大綱プラン（Rahmenplan）、指導要綱（Richtlinien）などと呼ばれている。各州が独自に教育課程の基準を設定しているが、「教授プラン」「教育プラン」は、教授すべき内容を明確にしたものであるが、「大綱プラン」や「指導要綱」の場合は、教授すべき大枠を示したものである。

現在ドイツは一六州から構成されているので、国内に一六のカリキュラムの体系が併存することになる。また、社会系教科の科目名も多様である。さらに、学校制度からは同一の学校種で、同一学年、同一教科のカリキュラムの基準でさえ、そこに示された内容やその取扱いは、州ごとに異なっている。

初等教育の学校

義務教育は、基礎学校から始まる。当該年の六月三十日までに満六歳に達している子どもは、新学年の開始（八月一日）とともに、基礎学校への就学が義務づけられている。学校の学年は、八月一日に始まり、七月三十一日に終わるが、実際の始業と終業は、夏休みの日程に依存する。夏休みは、六月中旬と九月中旬の間の時期に定められている。基礎学校は、四年制の初等普通教育学校である。ただし、ベルリンとブランデンブルクの二州は六年制である。

基礎学校のカリキュラムは、「宗教／倫理」「国語」「算数」「芸術（音楽・美術）」「体育」「事実教授」などによって編成されている。すべての教科は必修である。「事実教授」は、わが国のカリキュラムからみると、社会、理科、生活、技術、家庭などの諸教科、特別活動、道徳などの学習領域を含む総合的な教科である。州によっては、「郷土・事実教授」「事実科」「郷土・事実科」などと呼ばれている。また、後述するように、バーデン・ヴュルテンベルク州では「事実教授」を廃止する教育改革の動きがある。

中等教育の学校

基礎学校を修了すると、一般には、基幹学校（Hauptschule）、実科学校（Realschule）、ギムナジウム（Gymnasium）のいずれかの学校に進学することになる。また、総合制学校（Gesamtschule）を設置している州もある。新加入州には、中間学校（Mittelschule）、通常学校（Regelschule）、中等学校（Sekundarschule）が存在する。

基幹学校は五年制である。この学校の卒業生の大部分は就職し、職業学校で職業教育義務を履行することになる。ここでは、職業学校の訓練や学習の基礎となる普通教育とともに、職業準備・専門教育も行われている。

実科学校は六年制である。この学校は、就職コースの基幹学校と、大学進学コースのギムナジウムの中間にあって、将来の中級技術者、中間管理職の養成を目的とした学校である。かつては、中間学校と呼称されていたこともある。普通教育を行うとともに、より高度の技術水準を伴う職業や職業学校の訓練・学習の準備を行う学校である。

ギムナジウムは、通常、九年制である。この学校は、大学進学を目的とし、将来の学問研究のための準備教育を行う。卒業試験に合格すると、大学入学資格アビトゥア（abitur）が与えられる。

2　初等教育の社会系教科のカリキュラム

初等教育段階である基礎学校の社会系教科目の最近の動向について、バーデン・ヴュルテンベルク州の新旧の学習指導要領から見てみよう。

（1）バーデン・ヴュルテンベルク州の「郷土・事実教授」

バーデン・ヴュルテンベルク州の学習指導要領（一九九四年版）によると、「郷土・事実教授」は、子どもの生活現実に基づいており、その目標は、子どもたちが生活に積極的に関与できるようになること、また、人間関係や世界との関係をつくることができるようになることである。また、週三時間が配当されている。

その生活現実を七つの活動領域に区分している。その領域とねらいの特徴を挙げてみよう。

① 郷土と異郷：異郷（ほかのもの）との対比によって郷土的なものを意識させている。その異郷を単なる遠くのものだけではなく、近くにあるが未知なものとしている。また、多様な文化の生活様式を比較させている。

② 生活と健康：健康維持の大切さが取り上げられている。また、人間の性や性差問題に目を向けさせている。

③ 空間と時間：主観的な空間と時間を意識的に区分・分化させている。近隣空間を再生すること、また、時間との責任あるかかわり方を重視している。

④ 植物と動物：生息圏における動植物の多種多様性やその関係性が取り上げられている。そこから、生命に対する畏敬の念とその意味の理解、生活圏や動植物の保護の必要性、環境責任の意識が形成されることを目指している。

⑤ 自然と技術：自然や技術の諸現象を解明し、その因果関係を調べたいという意欲を喚起させている。とりわけ、子ども自身による実験・観察・記録・解釈・比較などの作業的・体験的な活動が行われている。

⑥ メディアと消費：子ども自身が必要と欲求とを区別できなくなりつつある極端な供給過剰の生活現実の中で、子どもが自己決定できるようになることを目指している。

⑦ 交通と環境：実践的な練習・活動を通して交通場面への関与、正しい交通行動ができるようにしている。

そのために、さまざまな交通の問題点に取り組ませている。

このように、「郷土・事実教授」は子どもの身近な生活現実を学習する教科である。しかし、各学年のテーマを見ると、現代社会の諸問題である「環境」(第三学年「交通と環境」、第四学年「空間と時間」「自然と技術」)、「共生」(第三・四学年「郷土と異郷」)、「麻薬」(第四学年「生活と健康」)、「メディア」(全学年「メディアと消費」)などが取り上げられている。

(2) 諸教科を結びつける総合的な学習

同州の場合、各教科内容のほかに、各学年に諸教科を結びつけるテーマ(Fächerverbindende Themen)を設定している。そのテーマは、以下のとおりである。

第一・二学年：①私には名前がある ②私たちの身の回りにある数字と形 ③春 ④待降祭とクリスマス ⑤本作り ⑥収穫への感謝 ⑦室内の行動 ⑧素材が私たちを包み、変える ⑨お金(支払い—欲求—必要) ⑩聞く—理解する—相互に理解する

第三学年：①動きのある風景 ②自転車、動く乗り物を作る ③指遊び ④友人をつくる、友人になる ⑤地域の歴史

第四学年：①ストラビンスキー「火の鳥」 ②地域に住む外国人 ③火 ④文字と文字文化 ⑤天分と課題としての創造

その他の州でも同様の動きがある。ヘッセン州は、教科以外に健康・性・メディア・平和・人権・環境・交通・文化実践などの諸教科・領域を横断する課題領域を設けている。また、シュレースヴィヒ・ホルシュタイン州では、従来の教科を存続させながら、現代の「中核問題」(基本価値、自然の生活基盤の維持、構造変化、平等、

参加）に、各教科の「主要テーマ」と「学習領域」を関連付け、基礎学校教育全体を構造化している。

このように一九九〇年代の基礎学校教育の特色として、①現代社会の諸問題・課題を教育内容に導入していること、②諸教科に並行して、総合的な学習を導入していることなどを挙げることができる。

（3）バーデン・ヴュルテンベルク州の科目群「人間・自然・文化」

バーデン・ヴュルテンベルク州の学習指導要領（二〇〇四年版）によると、基礎学校のカリキュラムは、「宗教」「国語」「算数」「現代の外国語（英語・フランス語）」「人間・自然・文化」及び「運動・遊び・スポーツ」によって編成されている。従来の「図画／裁縫」「音楽」「体育」「郷土・事実教授」が二つの科目群（Fächerver-bund）「人間・自然・文化（Mensch, Natur und Kultur）」と「運動・遊び・スポーツ」に再編されている。ここでは、「人間・自然・文化」の特色を見てみよう。

まず、「人間・自然・文化」の授業の中心的な任務を列挙するならば、以下のとおりである。

① 子どもの経験、認知、思考構造に基づいて授業を展開すること。

② 子どもの経験や活動から知識・理解、能力、美的表現、行動・態度を習得すること。

③ 美的・芸術的な表現方法を重視すること。

④ 身近な郷土とのかかわりの中で、自分の郷土に積極的に参加し、郷土と世界の狭間でアイデンティティを強化する能力を習得すること。

⑤ 芸術（音楽、造形）を共同体形成の体験、自己意識の形成、言語・知覚の獲得等にとって有益としていること。

「人間・自然・文化」について、「社会、文化科学、空間、自然、技術、歴史に関する展望（パースペクティブ）

は芸術的なアプローチ法によって拡げられる。美的、音楽的な学習方法がスペクトルを拡げる。この学習においては、芸術的な出会い、表現、造形、世界探求・経験と同時に、子どもの見方や考え方を解明する対話が考慮されている。この経験や認識が子どもたちの人格形成にとって大きな役割を果たす」と記述されている。

また、学習内容として、三つの生活現実が選択され、それぞれに三つのコンピテンシー・資質（Kompetenz）が設定されている。その内容と資質は以下のとおりである。

「人間の生活」

①私は誰―私にできること：子どもが成長・変容・表現する

②私―あなた―私たち：共同生活、協同作業、互いに学ぶ

③世界の子ども：知り、わかり、理解する

「文化現象と環境」

④空間と時間を体験し、つくる

⑤郷土の痕跡を探し、発見する

⑥人間、動物および植物：驚嘆し、保護し、養う

「自然現象と技術」

⑦自然は好奇心をそそる：研究・実験・証明する

⑧発明家、芸術家、作曲家が発見し、計画し、構成し、表現する

⑨エネルギー、材料、交通路：比較し、意識的に利用する

このように、「人間の生活」は「私」から出発している。個人としての子どもとその生活、子どもにとっての学習とその意義が学習の中心になっている。「文化現象と環境」は共同体の一員としての子どもが中心におかれている。問題をコミュニケーション・ローカル・コミュニティの観点から解明している。「自然現象と技術」で

は未来の市民として子どもが生活の世界問題に対峙し、問題のグローバルな意義へと視野を拡げている。

バーデン・ヴュルテンベルク州の場合、基礎学校教育の教科構成が改変されている。社会系教科に関しては、「事実教授」が廃止され、新たに科目群「人間・自然・文化」を設置し、その中で社会に関する学習が行われるようになっている。

3 中等教育の社会系教科のカリキュラム

ここでは、前節と同様にバーデン・ヴュルテンベルク州の新旧の学習指導要領から学校種別に社会系教科教育の特色をとらえたい。

（1） 一九九四年版の社会系教科教育

基幹学校の場合

基幹学校には「地理」と「歴史／社会（Gemeinschaftkunde）」の二つの教科が設置されている。

「地理」の課題は、「現在および未来の世界の理解と発展に不可欠な地理的知識と基礎洞察を伝えること」「成熟した市民として生活状況を克服し、世界の形成に責任をもって参加する能力と心構え」を培うことである。環境問題、異文化・生活様式の理解などの現代社会の課題を学習対象にした「市民教育」としての地理教育が行われている。

「歴史／社会」は「権力と支配のあらわれ方」が内容の中心である。つまり、子どもたちに「権力」は「民主主義の維持の手段および民主的社会における理解関心の貫徹の手段」として、その必要性を認識させている。同時に、葛藤を「権力」に頼らないで解決すること、意見の相違を平和的に解決することなどが取り扱われている。「教科領域・歴史」のねらいは、歴史的な知識の理解とともに、価値態度の育成である。その価値態度とは、「偏見をなくすこと」「お互いに協調しようとする心構え」「人間の自由と法治民主主義の尊重」「連帯感」「不正や横暴に対する抵抗」などである。「歴史」は人間や人間集団の観点から叙述させ、時代の重要な生活様式への洞察によって補完されている。その時代を知ることは現代の問題の条件や前提の把握に役立ち、現在の展開のチャンスやリスクに対する鋭い意識が獲得されるとしている。

「教科領域・社会」は社会的、政治的な事実や連関について理解し、権利と義務を明確にし、自ら考え判断し責任をもって政治生活に参加できる公民の育成を目指している。

要するに、「歴史」は現在の状況を生んでいる諸要因や諸力を明確にするものであり、「社会」は政治的な目標・内容領域の中で現実の条件や政治的行動可能性をテーマにするものである。

その他に関連教科として、「倫理」が設置されている。それは今日の自由・民主的な国家・社会体制を基礎づけ、ヒューマニズムの思想を学習内容に据える教科である。また、授業領域「労働─経済─技術」は「経済／情報」「技術」「家政／裁縫」の三教科を含むものである。ここでは経済・労働世界になれること、その生活を自己責任において創造することが目指されている。

実科学校の場合

この学校の場合、「地理」「歴史」「社会」の三教科が設置されている。

「地理」は子どもたちが「空間形成の諸要因や過程を意識し、それを地球上で調べること」を課題としている。また、「空間に関連した基礎的知識や方法的能力」「多様な自然地理・文化地理的な現象を考察し、その相互関係を把握・整理・評価すること」が取り扱われている。

第五学年から第八学年にかけてドイツ、ヨーロッパ、各大陸と地球を一巡する学習が行われる。その上で、第九学年は空間の地域地理的な研究に重点をかけ、第十学年はグローバルな「鍵問題」（人口、栄養、資源など）を学習している。第九・十学年の学習が自ら学ぶものであり、生涯学習の基礎として意味があるとしている。

「歴史」は子どもたちに過去の人間が生活している政治・経済・法制・社会・文化的な諸条件に取り組ませ、人間の存在の歴史性を経験させることを目指している。この学習を通して子どもたちが「アイデンティティの発見」「民主的体制の価値の認識」「歴史意識」「責任意識」「民主・平和・自由の生活秩序の形成への参加」「マイノリティの認知」を可能にしている。

第七・八学年では子どもたちの生活・経験世界からみた人物や人間集団が考慮され、第九・十学年では歴史的連関の概念や洞察が取り扱われている。

「社会」の基本は基幹学校のそれと変わらない。実科学校の場合、教科内容の重点を市場経済や経済生活の社会的観点に置いている。また、法教育や法意識の発達を考慮している。さらに、「政治生活への参加」「男女同権」「多様な意見や異なる見解の尊重」「国際協調」「民主的な多数決の尊重」などを民主主義の本質的要素ととらえている。また、第九学年に職業指導が行われているが、歴史学習との連携が不可欠とされている。

その他に関連教科として選択「人間と環境」が設置されている。この教科は今日の日常生活に必要な能力・資質を育てることを目指しており、学習領域は「健康」「栄養」「環境」「経済」「裁縫」である。

ギムナジウムの場合

「地理」の課題は「地理的な知識と基本的な洞察を伝え、空間形成諸要因の作用を意識すること」である。地球（大地）を自然地理・文化地理的な諸要因と過程の結果としてとらえ、人間をその環境の関与者あるいは責任ある形成者としてとらえることで、さまざまな地理的な方法能力が形成されるとしている。低・中学年では直観性(Anschaulichkeit)、生活近接性(Lebensnähe)、行為志向(Handlungsorientierung)が授業構成の主要原理とされている。学習内容はテーマに即した典型的な事例である。高学年では関連的な思考力を育て、問題を認識し、解決法を発見できる複雑なテーマが扱われている。

「歴史」は基礎的な歴史知識だけではなく、専門的な探究方法を身に付けることを目指している。また、各学年に年間テーマを設定し、歴史を年代順に学習するとともに、教材を精選した主題学習を可能にしている。第七・八学年では、通史学習と範例・モデル学習が結びつけられ、地域・地方史のテーマと人物・人間集団中心の学習が展開されている。第九・十学年では、広範囲の歴史事象の変遷と関連が教授され、基礎的な概念やカテゴリーが扱われている。第十一学年は近代ヨーロッパ史と現代に影響を及ぼしている基礎構造が中心になっている。

「社会」は現代の政治制度や政治過程について学習し、「自ら考え、合理的に判断し責任をもって行動できる公民」の育成を目指している。

(2) 二〇〇四年版の社会系教科教育

基幹学校の場合

二〇〇四年版の基幹学校用の学習指導要領を見ると、「宗教」「倫理」「国語(ドイツ語)」「数学」「外国語(英語・フランス語)」「情報」以外の諸教科は「物質・自然・技術」「経済・労働・健康」「世界・時間・社会」および「音楽・スポーツ・造形」の四つの科目群にまとめられている。ここでは、社会系教科に関連する「経済・労働・健康」「世界・時間・社会」を取り上げてみよう。

「経済・労働・健康」は職業・私生活・公的生活の中から課題・問題を設定する。日常生活の克服および責任ある生活形成に必要な知識や能力を習得するものである。また、職業選択や人生設計について考えさせている。この教育は健康教育、家族学習、消費者教育、メディア教育、職業指導などと関連している。主な学習領域は、「市場動向・出来事」「労働・生産・技術」「職業発見への途」「家族・余暇・家政」である。

「世界・時間・社会」の中心は過去、現在および未来の人間の共同生活である。この科目群は「歴史」「社会」「地理」及び「経済」の諸教科が結びついている。ここでは、社会科学の基礎的な知識が習得され、テーマ学習を通じてネットワーク的な見方や多様な世界理解を図り、行動能力や価値行動へとつながるように授業が構成されている。その領域と内容は以下のとおりである。

第五・六学年：空間と時間の指導　社会集団における共同生活　権力と統治　欲求・必要と利益葛藤　地球と環境

第七・八学年：空間と時間の指導　社会集団における共同生活　権力と統治　民主的な社会　地球と環境

第九・十学年：空間と時間の指導　権力と統治　民主的な社会　欲求・必要と利益葛藤

実科学校の場合

実科学校は基幹学校より多様な教科が設置されているが、社会系教科に関しては、「歴史」と「地理・経済・社会（ゲマインシャフツクンデ）」の二教科が設けられている。

「歴史」はどのような条件下で過去の人間が自分の生活を築いたかを学ぶ教科である。したがって、人間と世界を解明することであり、その際、過去、現在、未来の時間次元の関連が明らかになるという。そのためのテーマ領域が以下の七つである。

テーマ領域一：歴史科の課題と意義

テーマ領域二：過去における生活・経済形態

テーマ領域三：国家の形成とその支配構造
テーマ領域四：戦争―国家間の葛藤の暴力的解決
テーマ領域五：過去および現在における人口移動（移住）
テーマ領域六：革命の本質的な特性
テーマ領域七：ヨーロッパ―国民国家体制から統合へ

このテーマ領域は各学年に関連している。テーマごとに、五・六年、七・八年、九・十年に配当される学習内容が示されている。

つぎの「地理・経済・社会」のねらいは、①範例に基づく生活・環境の分析：人間と空間の相互依存、自然並びに政治・経済への依存の解明、②グローバル化についての洞察と認識：市民にとっての意味、③生活の省察、④青少年の役割の自己省察である。複雑な世界現実を学習内容として取り扱う際には、全体的・総合的な見方が不可欠としている。

ギムナジウムの場合

ギムナジウムの場合、実科学校と同様に、社会系教科に関しては「歴史」と「地理・経済・社会」が設置されている。

「歴史」は基本的にはドイツを中心にしたヨーロッパ通史を扱っている。通史は第九学年の修了時には終了することになっている。その後は「十八世紀後の経済、政治および社会の現代化の過程」「民主制と独裁政の狭間のドイツ」「国際・欧州の関係の中の戦後のドイツ」「歴史的にみた現代の焦点と発展」のテーマを学習している。「地理・経済・社会」では学年テーマが設定され、その下に教科「地理」「経済」「社会」それぞれの学習内容が学年ごとに示されている。五・六学年のテーマ領域が「身近な体験空間における観察、方向付け、民主的な行動」、七・八学年のテーマ領域が「多様な文化空間における生活と労働」、九・十学年のテーマ領域が「グローバルな挑戦と未来の安全保障」である。

以上のように、二〇〇四年の学習指導要領を紹介したが、今回の大きな特徴は、関連する諸教科を統合・連合してカリキュラムを提示していること、各教科のねらいや内容を二学年まとめて示していること（たとえば、「六年」のねらいや内容は六年終了時までに修得させるものである）、修得すべきコンピテンシー・資質（Kompetenz）を明示していることである。

4　バイエルン州中等社会系教育の単元構成

中等教育段階で社会科関連科目がどのように統合・連合しているかをその先駆けであるバイエルン州の場合を取り上げてみよう。

（1）　バイエルン州基幹学校の「歴史／社会／地理」

一九九七年のバイエルン州基幹学校のカリキュラム構造は**表1**のとおりである。ここで注目されるのは、社会系教科について、従来の分化型の教科構造（社会科、歴史、地理）から総合型の教科構造に変化している点である。それが「歴史／社会／地理」であり、五・六学年が週二時間、六学年以降は週三時間が配当されている。この教科群は子どもたちが過去や現在の生活圏における人間の共同生活を追究するものである。そこで、子どもた

表 1　バイエルン州基幹学校授業時間配当表（1997 年）

教科＼学年	5	6	7	8	9	10
I						
・宗教（代わりに倫理）	2	2	2	2	2	2
・国語	5	5	5	5	4	5
（必要の場合）			1	1	1	
・数学	5	5	5	4	5	5
（必要の場合）			1	1	1	
・英語（代わりに母国語）	4	4	3	3	3	5
・物理/化学/生物	2	2	2	3	3	3
・歴史/社会/地理	2	2	3	3	3	3
合　計	20	20	20	20	20	23
II						
・スポーツ	2+2	2+2	2+1 (+1)*	2+1 (+1)*	2+1 (+1)*	2+1
・音楽	2	2				
			2	2	2	
・美術	2	2				
合　計	6+2	6+2	4+2	4+2	4+2	2+1
III						
・労働	—	—	1	2	2	2
・工作/裁縫	2	2	—	—	—	—
・工業-技術領域（工作/製図）	—	—	2			
				2		
・商業-事務領域（PC 文書作成/事務）	—	—	1		4	3
				2		
・家政-社会領域（栄養/家計/福祉）	—	—	2			
合　計	2	2	6	6	6	5
必修教科総時間数	28+2	28+2	30+2	30+2	30+2	30+1
IV						
選択教科	—	—	2	2	2/4	3
・情報	—	—	—	2	2	2
・速記	—	—	—	2	2	2
・工作/裁縫	—	—	2	2	2	2
・音楽	—	—	—	—	—	2
・美術	—	—	—	—	—	2
V アルバイトゲマインシャフト（クラスや学年を超えた活動）	1～2 時間					

註：＊印は 4 時間スポーツを行わない場合は、音楽または美術に振り替える。

	歴　史	社　会	地　理
8年	3　帝国主義と第一次世界大戦 6　ワイマール共和国 7　ナチ支配下のドイツと第二次世界大戦	1　政治的行動領域としての自治体 〈諸教科横断的な教育課題〉 4　日常の暴力—葛藤とのかかわり	2　ヨーロッパ 5　大地
9年	1　分裂のドイツ 3　ヨーロッパ統合への道 4　ヨーロッパ統合下のドイツ再統一	2　ドイツの民主主義 6　現代国際政治の平和協力 〈諸教科横断的な教育課題〉 7　イスラム	5　世界 8　外国人
10年		1　性役割 2　人口増加 3　住空間 4　技術 5　民主主義国家の市民	

表2　バイエルン州基幹学校「歴史/社会/地理」の教科内容一覧（1997年版）

	歴　史	社　会	地　理
5年	3　先史・原始時代 7　エジプト 8　ギリシャ	1　生活圏・学校 〈諸教科横断的な教育課題／選択〉 5　生活共同体 6　障害者	2　地球をみつめて 4　地域と環境
6年	1　ローマ人、ケルト人、ゲルマン人との出会い 5　中世	〈諸教科横断的な教育課題〉 3　余暇 4　水	2　バイエルン 6　都市と農村
7年	1　世界のヨーロッパ化 4　宗教の時代 5　絶対主義 6　フランス革命とその結果 8　19世紀のドイツ	〈諸教科横断的な教育課題〉 3　高齢者 7　若者と権利	2　気候 9　ドイツ 10　自然の猛威

註：表内の数字は学習順序を示している。

ちは「個人的・社会的・政治的・文化的・経済的・空間的な諸条件の相互関係についての洞察を習得する」のである。その内容構成の一覧が**表2**である。各分野について、そのねらいと特色を見てみよう。

歴史（Geschichte）

基本は、ドイツ・ヨーロッパの通史学習である。そこから、「現代の挑戦に関する知識や環境との理性的なかかわり方を習得すること」をねらいとしている。その特色を挙げると以下の諸点である。

① 現代への関連付け：多くの現代の諸問題には歴史的次元が存在するので、学習指導要領の各テーマはそれらの問題と対峙するための歴史的基礎を創造するものである。

② 歴史意識：具体的には、歴史事象の解釈は多様であること、また、意思と生成の矛盾や歴史状況の複雑性や多面性などを意識することである。

③ 地域史的アプローチ：地域・郷土の歴史事象へのアプローチは、ドイツ史や世界史へ容易に導くことができる。

④ 学習方法：史料の分析、叙述史の把握、地域調査、博物館見学、年表作成などの情報収集処理能力の習得によって、過去、現在、未来の歴史次元を相互に関連づけるようになる。

社会（Sozialkunde）

「社会」のねらいは、自由民主的な基礎秩序・体制の価値と法規範を認め、理解し、特に人間の尊厳を尊重し、寛容さ、妥協力、平和希求を発達させ、自己の自由について責任をもって行使するようになることである。

地理（Erdkunde）

「地理」のねらいは、子どもたちに世界の空間像を育てることである。その際に、自然・社会的生活条件および空間内における人間の共同生活を取扱う。人間が郷土、ドイツ、ヨーロッパ、世界という空間にどのような働きかけをしたのか、その結果、どのような変化が起きたのかを学ぶことになる。

（2）教科書『出会い（Begegnungen）』の構成

先のバイエルン州の学習指導要領に即して教科書『出会い』（第五―九学年）が編集されている。その特色を列挙してみよう。

① 先史・古代（第五学年）―中世（第六学年）―近世・近代（第七学年）―二〇世紀前半（第八学年）―戦後（第九学年）のように時代を区分している。学習領域として歴史を扱っている。

② 歴史の内容はヨーロッパ中心の通史学習であり、近現代史を重視している。

③ 各テーマに歴史的な見方が導入され、現在と過去を関連づけている。見方・機能として歴史を扱っている。

④ 第九学年では「現代の課題」を扱っている。

⑤ 「社会」のテーマの観点として、「他者との共同生活や人間関係」（学校生活、家族、高齢者、障害者、移民・難民）「自己の役割と行動」（余暇、メディア・暴力）「公共圏における生活」（地方、法、民主主義）「平和」（安全保障）を取り上げている。

⑥ 「歴史」「社会」「地理」を横断的につなげるテーマが「環境」（開発、水、農業）「異文化間理解」「開発問題」（南北問題）である。

つぎに、一事例として第五学年の教科書『出会い』の目次を示そう。

一　私たちの学校生活
二　時間と空間を知る
三　石器時代の変化
四　自然の開発と保護
五　家族!?（教科横断的な課題／選択）
六　異なっているのは当たり前―障害のある人々（教科横断的な課題／選択）
七　ナイル川に生きるエジプト
八　ギリシャ―過去と現在

（3）　指導事例案

バイエルン州の「歴史／社会／地理」に関する指導事例集がある。そこには一時間の指導案と子ども用のワークシートが記載されている。第五学年の事例を若干紹介してみよう。

家族の学習

教科書の第五テーマ「家族」は「多様な家族」「家族はなぜ必要か?」「女性は汚い仕事に向いているの!」「家族の変化：ドイツの場合」「家族の変化：中国の場合」「本物の生活より本物か?」の内容から構成されている。

一時間の指導案「家族の変化」をみると、その目標は「家族の規模、機能、課題、意味がどのように変化したのか、今後どのように変化するのかを知る」である。授業は①一九〇〇年以降の家族の変化を統計から読み取ること、②イラストからさまざまな家族の形態をとらえること、③家族の形態によって家族の構成・機能・課題が異なること、一人暮らしが増えている理由を挙げること、外国の家族（中国の一人っ子政策、子どもの数を減らすインドの政策、ステイタスシンボルとしての子どもの数、親の扶養をする子ども）などを調べ、考えること等ができるように指導過程が設計されている。

現在の家族の規模・機能・課題・意味の理解だけではなく、変化の過程、今後の方向性、諸外国の事例など多面的に「家族」についてとらえさせようとしている。

障害者に関する学習

教科書の第六テーマ「異なっているのは当たり前―障害のある人々」は、「身近な障害者」「障害者の自助努力」「校内の障害者」「職場や余暇中の障害者」「障害者と一緒に」「共感しようとする」「中世の障害者」の内容から構成されている。

一時間の指導案「私の友達は車椅子に乗っている―障害のある生活」の展開を見ると、その学習目標は①車椅子に乗っている人の障害のあり様とその原因、それに伴う制限を知る、②障害者の困難な状況を感じ、障害者とのかかわりの中に信頼関係をつくりあげる、③障害者向けの支援や設備を知る、である。本時の学習問題は「車椅子の生活は障害のある生活」である。子どもたちの学習活動は以下のように構成されている。

まず、車椅子の乗っている人の障害とその原因について調べ、ワークシートに記入している。次に、車椅子の生活がいかに不自由かを実感するために、車椅子に乗っている方を学校に招き、インタビューをしている。そこから生活上の困難さ、車椅子の扱い方、困難さを乗り越えるために自分たちにできることなどを考えている。また、障害者とうまく付き合うために、自分たちの態度やまなざしの善し悪しを考えている。さらに、どのような設備が障害者を助けているかを挙げている。

障害者と自己とのかかわりを重視した学習活動の展開が意図されている。

古代・ギリシャの学習

教科書の第八テーマ「ギリシャ―過去と現在」は、「ギリシャに残る物語」「オリンピア―ゼウス、ヘラに敬意を示す競技」「ギリシャの芸術と学問」「古代アテネの日常」「商業の中心地・アテネ」「ヨーロッパ最初の民主制」「ギリシャの気候と景観」「ギリシャ―旅行するに値するところ！」「今日のギリシャ遺産」の内容から構成されている。

指導案「ギリシャの旅」の学習展開をワークシートから見ると、①ペロポネソス半島の一周旅行経路、②必要な旅行日数、③ギリシャを旅行する目的、④一周旅行の滞在地について調べるなどの課題が示されている。歴史学習ではあるが、過去と現在をつなげる学習が企図されている。

結　社会系教科教育の特色と我が国への示唆

最後に、ドイツの社会系教科教育の特色を示しつつ、わが国への示唆を得たいと思う。

第一に、社会系教科教育の特色をまとめると、以下のようになる。

①　初等社会系教育は「事実教授」という総合的な教科の中で実践されているが、州によって、教科名や内容構成は若干異なっている。また、二〇〇四年のバーデン・ヴュルテンベルク州のように、「事実教授」ではなく、科目群「人間・自然・文化」の中で社会、文化科学、空間、自然、技術、歴史に関する観点が扱われている。

② 中等社会系教育は、基本的には、「地理」「歴史」「公民」の三教科編成である。したがって、初等の総合教科から社会科関連科目へと分化している〈分化型〉。しかし、「公民」に相当する教科名は、「ゲマインシャフツクンデ（Gemeinschaftskunde）」「社会科（Sozialkunde）」「政治（Politik）」「政治教育（Politische Bildung）」などとさまざまな呼び方をしているが、その学習内容は、主に、政治制度・過程に関連するものである。経済・労働・職業に関連する内容については、「労働科（Arbeitslehre）」や「経済科（Wirtschaftslehre）」などの別の教科を設置する州もある。

③ 学校種類によるが、三教科を統合した教科を設置している州もある〈統合型〉。たとえば、バイエルン州基幹学校のほかに、ヘッセン州やニーダーザクセン州（総合制学校）の「ゲゼルシャフツレーレ（Gesellschaftslehre）」、シュレースヴィヒ・ホルシュタイン州（総合制学校）の「世界科（Weltkunde）」、ブレーメン（総合制学校と基幹学校）の「世界・環境（Welt/Umwelt）」、ザールラント州（総合制学校）の「社会科学（Gesellschaftswissenschaften）」などが設置されている。

また、二教科を相互関連させている州もある〈関連型〉。たとえば、ベルリンの「歴史・社会科（Geschichte/Sozialkunde）」、ハンブルクの「政治・社会科（Politik/Sozialkunde）」「歴史・政治（Geschichte/Politik）」、シュレースヴィヒ・ホルシュタインの「経済・政治（Wirtschaft/Politik）」などである。

このように、初等社会科は一般的には総合教科「事実教授」の中で行われているが、今回取り上げたように「事実教授」廃止する動きもある。また、中等社会科は、〈分化型〉〈関連型〉〈統合型〉の三つに類型化できる。

第二に、社会系教科の履修に関しては、次のような特色がある。

① 「地理」「歴史」「公民」の順序で、段階的に履修させている。

② それぞれの教科を数年間（二—六年間）履修させている。

③ 二ないし三教科を並行して履修する学年もある。

④ 最終学年では、三教科すべてを履修させている州もあるが、少なくとも「公民」を最終学年に履修させている。

次に、ドイツの社会科教育の現状から、わが国の社会科教育にとっての示唆を指摘しておきたい。

第一に、ドイツ教育の最大の特色である「多様性」についてである。その有用性を挙げてみよう。

① 基幹学校、実科学校、ギムナジウムの学校種別に独自のカリキュラムを構成している。そのことは、それぞれの学校の目的・目標やそこに在校している子どもの知的能力・興味関心に対応した教育を可能にしているといえる。

② それぞれの州の地域性が教育内容・カリキュラムに反映されている。

③ 異なるカリキュラムが併存し、それぞれが競争する状況は、よりよいカリキュラムのあり方を追求する上では好ましいことといえる。

フュール（Christoph Führ）は、各州が独自の教育政策・施策を展開するなかで、各州の間に、生産性に富む緊張関係が生まれ、それが連邦全体の教育内容を豊かなものへと発展させているとしている。しかし、この州の文化高権を前提とする分権体制は、教育のヨーロッパ化という課題において支障となる可能性も考えられる。

第二に、教育内容の総合化と教科統合についてである。

基礎学校の社会系教育に関しては、後続の上級学校の学習への〈準備〉と子どもの〈まなざし〉をどのように統合させるかが問題になっている。つまり、準備としての知識・理解の学習と子どもの興味・関心の重視をどのように結びつけるかという教育の基本が課題になっている。その模索の事例がバーデン・ヴュルテンベルク州の科目群「人間・自然・文化」であろう。

中等学校においても社会系諸教科の統合が図られている。「地理」「歴史」「公民」を三教科ないしは二教科に統合し、新教科を設置している州や三教科を存続させながらも、週当りの授業時数の表示を三教科一括に示している州がある。

とりわけ、今回取り上げたバイエルン州の基幹学校用に、「地理」「歴史」「公民」を総合した教科書『出会い』（一九九七年）や『三重奏（Trio）』（一九九七年）が出版されている。

基礎学校では、「事実教授」を中心に教科再編成やカリキュラムの改訂の動きがあり、また、中等段階の学校でも、社会系教科の統合の動きもある。今回取り上げたバーデン・ヴュルテンベルク州やバイエルン州以外の各州の教育改革に注目する必要があろう。

引用・参考文献

木戸裕「教育制度」『事典　現代のドイツ』（大修館書店、一九九八年）

天野正治・結城忠・別府昭郎編『ドイツの教育』（東信堂、一九九八年）

大友秀明「ドイツ」（『「教科等の構成と開発に関する調査研究」研究成果報告書（二）社会科系教科のカリキュラムの改善に関する研究―諸外国の動向―』国立教育研究所、二〇〇〇年）

大友秀明「ドイツ」（『「教科等の構成と開発に関する調査研究」研究成果報告書（十八）社会科系教科のカリキュラムの改善に関する研究―諸外国の動向（二）―』国立教育政策研究所、二〇〇四年）

クリストフ・フュール著／天野正治・木戸裕・長島啓記訳『ドイツの学校と大学』（玉川大学出版部、一九九六年）

Ministerium für Kultus, Jugend und Sport Baden-Württemberg: Bildungsplan 2004 Allgemein bildendes Gymnasium.

Ministerium für Kultus, Jugend und Sport Baden-Württemberg: Bildungsplan 2004 Grundschule.

Ministerium für Kultus, Jugend und Sport Baden-Württemberg: Bildungsplan 2004 Hauptschule Werkrealschule.

Ministerium für Kultus, Jugend und Sport Baden-Württemberg: Bildungsplan 2004 Realschule.

Ministerium für Kultus, Jugend und Sport Baden-Württemberg: Bildungsplan für die Grundschule, 1994.

Ministerium für Kultus, Jugend und Sport Baden-Württemberg: Bildungsplan für die Hauptschule, 1994.

Ministerium für Kultus, Jugend und Sport Baden-Württemberg: Bildungsplan für die Realschule, 1994.
Ministerium für Kultus, Jugend und Sport Baden-Württemberg: Bildungsplan für das Gymnasium, 1994.
Bayerisches Staatsministerium für Unterricht, Kultus, Wissenschaft und Kunst: Lehrplan für die Hauptschule. 1997.
Ambros Brucker/Karl Filser (Hrsg.): Begegnungen-Geschichte Sozialkunde Erdkunde Band 5-9, München, 1997-1999.
Karin Berentz/Carmen Deffner/Christa Zimmermann: Fächerübergreifende Unterrichtsbeispiele 5. Schuljahr, München, 1997.
Trio-Geschichte/Sozialkunde/Erdkunde Band 5-9, Hannover, 1997-1999.
Andres Balser/Frank Nonnenmacher (Hrsg.): Die Lehrpläne zur politischen Bildung, Schwalbach/Ts, 1997.

〈付記〉本論の一部は上記の大友秀明「ドイツ」（二〇〇〇年、二〇〇四年）によっている。

社会科学力としての「わかる」力——歴史学習における「構築主義的思考」

桐谷正信

1　問題の所在——学力低下論争と社会科学力

ここ五、六年、いわゆる「学力低下」に関する議論が盛んである。テレビや新聞、雑誌、本などさまざまなメディアで、「学力低下」問題が取り上げられてきた。これまで、繰り返し「学力低下」問題が大きな議論となってきたが、今回の議論は、そのメディアを議論の舞台として展開されており、「社会現象化」している。そのため、その激しさと注目度は、これまでの「学力低下」論争に比べ、類をみないものであった。「ゆとり教育」は一九七〇年頃から開始され、一九九〇年代の「新しい学力観」の登場を期に本格的に展開され始め、「生きる力」で頂点に達したとみられる。この「生きる力」の登場を契機に、今回の「学力低下」論争が展開されたのである。これは、一九九八年の学習指導要領の改訂で、学校五日制が採用され、学習内容は三割が削減され、「学力」の定義が、知識の「量」から態度面を重視し「学び方」を学ぶ「生きる力」へと大転換を果たしたからである。「学力低下」論争は、非常に大まかに捉えるならば、「ゆとり教育」路線の再検討をせまる論と、「ゆとり教育」

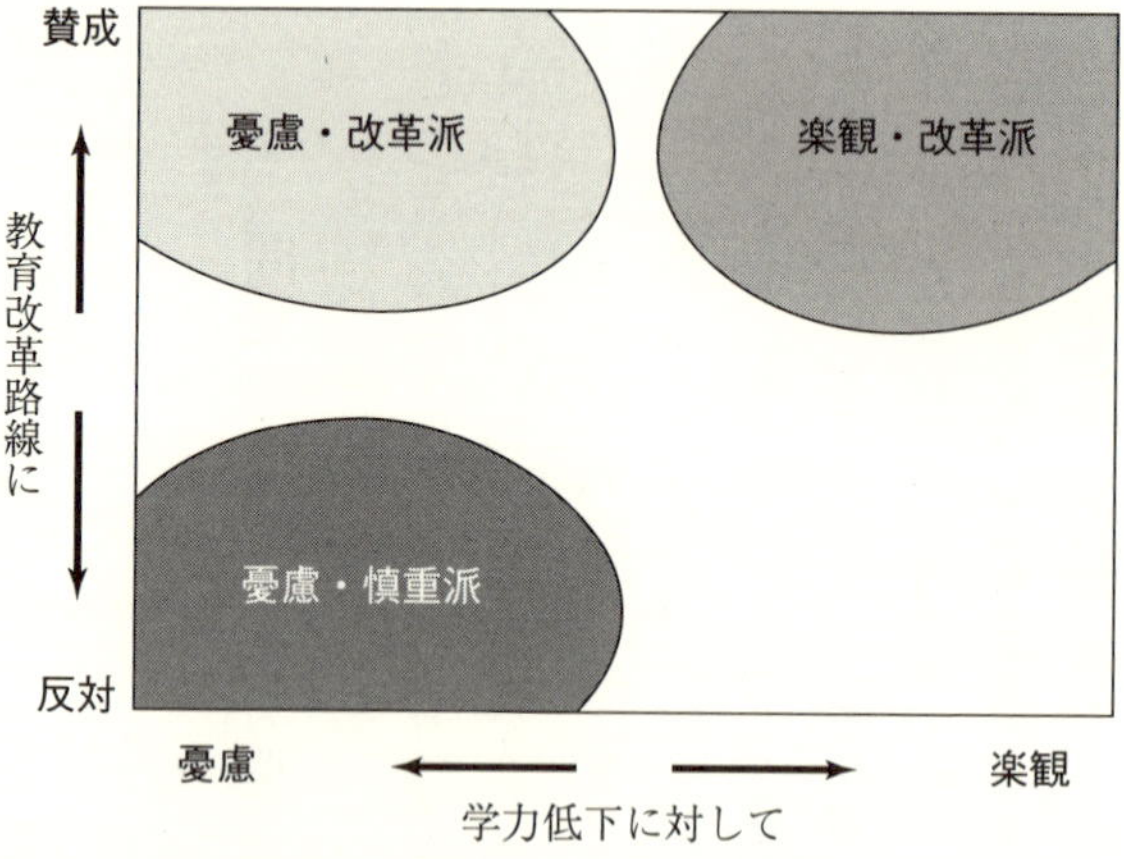

図1　学力低下論争の構図（市川伸一『学ぶ意欲とスキルを育てる—今求められる学力向上策—』小学館、2004年、p. 16）

路線を擁護し継続しようとする論の対立であり、その対立を「インセンティブ・ディバイド（意欲格差社会）」や学習内容の「量」などさまざまな角度から議論したのであって、「学力」とは何かという点は、今回の論争では中心的な論点とはなっていない。市川伸一は、この「学力低下」論争を、日本の子どもたちの学力が低下したか、低下していないかの対立軸だけで捉えることを批判して、学力低下に対する「憂慮」の度合いと、文部科学省の推進してきた教育改革に賛成か反対かという二つの軸で**図1**のように整理している。

図1の左下がいわゆる学力低下論者であり、右上が文部科学省を中心とする学力は低下していない派であり、市川自身は、左上の「もう一つの学力低下論[1]」者として学習意欲の低下を問題としている。また、今回の論争は、一九九〇年代の学力問題論争で一定の落ちつきを見た「測定可能な学力（知識）＋学ぶ意欲」を前提として、学力低下論者による「知識も意欲も低下している」という主張と、学力低下否定論者による「いや、知識は低下しているが、意欲は低下していないから学力は低下していない」とする対立と捉えることができる。このように捉えるならば、今回の「学力低下」論争は、社会的注目やメディアの反応は大きかったが、社会科教育における「学力」に関する探求に及ぼした影響はそれほど大きいとはいえない。学力低下論争のそれぞれの主張を裏付ける証拠として大々的に取り上げられている経済協力機構（ＯＥＣＤ）による二〇〇〇年と二〇〇三年に行われたＰＩＳＡ（Programme for International Students Assessment）や、国際教育到達度評価学会（International Association for the Evaluation of Educational Achievement：ＩＥＡ）による二〇〇三年のＴＩＭＳＳ（Trends in International Mathematic and Science Study）などの国際学力調査も、数学的リテラシー、科学的リテラシー、読解力が中心であり、社会科の学力は今回の論争の中心にはいない。

そこで、本論では、近年の学力低下論争が直接的に社会科の実践に及ぼした影響はそれほど大きくはないと位置づけたい。もちろん、間接的な影響は存在している。佐藤学は、学力低下論争とその対策がもたらした問題を以下の五点指摘している。(2)第一は、バブル崩壊後減少していた塾・受験産業の復活である。学力低下論争が公立学校への不信感を醸成し、私立学校への進学を促しているとする。第二は、家計における教育費の増加と階層格差の拡大である。(3)第三は、教育委員会による学力テストの普及であり、学力テストを媒介とする教員評価と学校評価の拡大である。第四は、ドリル学習と習熟度別指導の普及である。第五は、「少人数指導」の導入と「少人数学級」の増加である。両者とも教育活動としては豊かなものであるが、実態としては財政削減によって、非常勤教員と臨時採用教員の大量雇用によってまかなわれているため、教育の質が落ちているとする。こういった学校環境や学習環境に関わる大きな問題としての学力低下論争は、社会科の実践に関わってきている。特に、第三と第四の問題は、社会科の実践に与える影響は小さくはない。しかしながら、社会科の学力を問い直したり、新たに議論するムーブメントにはなりえなかった。

社会科の学力に関して論じる際、常に問題となるのは学力の定義である。しかしながら、社会科の学力を明確に一つの定義に収斂させることは、もはや不可能といってよい。学力の定義に関する論争は、戦後四期に分けて行われてきた。(4)学力の計測可能性と評価の問題や「態度」論争など、学力の定義は論者の数だけ存在していると言っても過言ではない。ゆえに、ここでは、戦後の学力論争史を整理して学力の定義を確定する試みはとらない。苅谷剛彦と志水宏吉は、学力という語を「戦後日本の教育界が生んだ、最大のジャーゴン（専門用語）」(5)であるとして、学力という語の曖昧性、多義性の大きさを指摘しており、定義の難しさを示唆している。

そこで、本論では、社会科学力の統一的定義の確立から距離を置き、これからの社会科で重視したい学力とその形成のあり方を中心に検討する。そこで、社会科学力を「わかる」と「できる」の二つの視点から整理し、「わかる」力としての「構築主義的思考」の重要性を検討する。

2 「わかる」と「できる」からみた社会科学力

尾木直樹は、「基礎・基本」との関係の中で、「できる」力を「基礎学力」、「わかる」力を「基本学力」と整理している。[6] 尾木は、この「基礎・基本」ほど今回の学力低下論争の中で最も多用された言葉はないとしている。確かに、学力について言及する場合、必ず「基礎学力」について触れざるをえない。[7] 尾木は、子どもに身につけさせたい学力を、以下のようにいう。「生活スキルとしての読み・書き・算の基礎学力以上にものごとの成り立ちの基本、根本を理解する力である」。[8] この尾木の学力や基礎・基本に関する規定は、オーソドックスではあるが、多くの教育関係者が首肯する規定であろう。

佐伯胖は、「できる」とは、Knowing How に属する知識であり、行為による目標の達成を志向し、外的に観察される特徴付けをもっているとする。それに対し「わかる」とは、Knowing That に属する知であり、心的状態、性向を志向し、原則的には本人にしかわからないとする。[9] 佐伯は、このように「できる」と「わかる」を整理しながらも、このように二分法的に考える見方自体が、人工的な二分方であると指摘する。このように「方法を知ること（Knowing How）」と「内容を知ること（Knowing That）」の関係を「理知（intelligence）」の概念において整理したのはライル（Ryle, G.）である。[10] 両者は異なった内容をもつものであるが、ライルも佐伯も、「できる」ことと「わかる」ことを一体化して捉えている。しかし、現在の学校教育では、この「できる」と「わかる」が、学力の計測可能性のために明確に分離されてしまう。そのため、「できる」ことで「わかる」を評価する（テストの点数で評価する）傾向が生じることとなり、今回の「学力低下」論争も、計測可能な「できる」ことの「量」の低下を争うものとなっている。確かに、「わかる」ことは、心的状態、性向を志向し、原則的には本人にしかわからないため、パフォーマンスや「シグナル」[11]なしに「わかっている」かどうか把握することはできない。しかし佐伯は、「わかる」から人工的に切り離された「できる」は、実は「できない」ではないだろうか、と問う。佐伯は、「わかる」ためには、基礎技能（basic skills）が「できる」ことが必要であり、その基礎技能を「基礎学力」として、重要性を指摘している。[12]「基礎学力」なしに、複雑な教科内容が「わかる」わけがないのであり、「基礎学力」の反復的・ドリル的な訓練による習得は否定していない。しかし、「基礎学力」を「抽出」して練習させるということは、「知識の文脈性」に対する注意を奪うことになるとその危険性を指摘している。そして、「基礎的事項」が「基礎的」であるのは、「それが活用されている文化的実践の文脈において」[13]であり、独立に「基礎的」ではないとする。この「知識の文脈性」において「わかる」ことの重要性を述べている。そして、本当の意味で「できる」とは、問題状況が変わっても本質的に同じ課題ならば「できる」ときに「できる」ことであるとする。「『わかる』を徹底的に経由して本当の『できる』ときこそ、『できる』のではないだろうか」[14]と、本当の意味で「できる」ためには、「わかる」ことが必要であることを述べている。

また、佐伯は「できる」と「わかる」を「熟達」という概念で整理している。「短絡化的熟達」と「原点もどし」的熟達[15]である。「短絡化的熟達」は、情報処理過程のムダ・ムリ・ムラを省くことで、いちいち考えなくても習慣化・自動化し、「できる」、「できるようになる」ことである。理由や根拠と切り離して短絡的に最適化される「熟達」である。これは、いわば知識を覚えることや、基礎技能を習得する＝「できる」ことである。これに対し、「原点もどし」的熟達は、ものごとの根拠を見出し、前提を掘り起こし、「当たり前のこと」を問い直す「熟達」である。これは、「知識の文脈性」を吟味する過程であり、「わかる」ことである。今回の「学力低下」

論争では、この「原点もどし」的熟達のような学力のあり方については、あまり議論されてこなかった。

このように「できる」と「わかる」の関係性を考えていくと、我々が使っている「できる」には、二つの「できる」があることがわかる。はじめの「できる」は、「短絡化的熟達」による「できる」である。情報処理過程のムダ・ムリ・ムラを省くことで、いちいち考えなくても習慣化・自動化し、「できる」ようになる。このような「できる」を、第一段階の「できる」とする。もう一つの「できる」は、佐伯のいう本当の意味での「できる」である。問題状況が変わっても本質的に同じ課題ならば「できる」ことであり、いわゆる「生きてはたらく力」である。これを第二段階の「できる」とする。この二つの「できる」を媒介するのが「わかる」であり、「わかる」を前提として第二段階の「できる」が成立する。中央教育審議会においては、確かな学力を、新たに①基礎的・基本的な知識・技能を確実に定着させること、②こうした理解・定着を基礎として、知識・技能を実際に活用する力の育成をすること、③活用する力を基礎として、実際に課題を探究する活動を行うことの三つの力で整理している。(16)第一段階の「できる」は、この新たな学力の捉え方でいる習得型学力にあたり、第二段階の「できる」は活用型学力にあたる。そして、「わかる」は探求型学力となる。

上記のように、「わかる」は心的な状態であるため、直接的にみることはできない。「わかっている」かどうかは、この「習得」から「活用」へと子どものパフォーマンスが移ったかどうかであり、それが「わかった」というシグナル」となるのではないだろうか。つまり、活用型学力は「わかる」(＝探究型学力)を不可欠な要素とし、「わかる」(＝探究型学力)は活用型学力のパフォーマンスによって把握されるのである。そして、この「わかる」(＝探究型学力)ためには、「原点もどし」的熟達が必要となると考えられる。(17)

3　「原点もどし」的熟達としての「構築主義的思考」

ものごとの「原点にたちかえる」熟達においては、「原点」から現在が「構築」されてきたプロセスと「構築」してきた主体の意図・「言説」を批判的に読み解いてゆくことが必要になる。近年、心理学、社会心理学、社会科学、人文科学のさまざまな学問分野において、「構築主義」と呼ばれる一群の研究アプローチが盛んに用いられている。「原点もどし」的熟達において、この「構築主義」に基づく「構築主義的思考」が有効である。「構築主義」は、そのスタンスや定義にはかなりの幅があるが、最大公約数的に定義するならば、「現実は社会的に構築される」という見方である。「構築主義的思考」の中核は、我々の社会認識に影響を与えてきた言説生産のイニシアチブを握る専門家である知識人の「言説」を、批判的に読み解くことにある。それは、「言説」の生産過程が、言語の使用による世界の構築だからであり、構築された世界・社会・現実は、「言説」によって物語られることにより、再生され、人びとによって共有される。注意せねばならないのは、こうして物語られた「言説」には、「誰によって」、「誰のために」、「どのような意志をもって」物語ら（構築さ）れたのか、といった文脈から切り離され、専門家による「言説」であるという権力構造において、あたかもそれが普遍で不変の「本質」であるかのように流布する危険性を孕んでいることである。

このような立場に立つならば、自らの「わかっている（＝物語ら〈構築さ〉れた）社会」がどのように「構築」されてきたのか、「原点に立ち返って」批判的に吟味し直すことによって、社会を「わかる」力＝探求型学力がこれからの社会科学力として必要であると考える。

「構築主義」はさまざまな分野で用いられているゆえに、そのスタンスや定義にはかなりの幅がある。「構築主義」と「構成主義」の相違についても明確ではない。「構築主義」は Constructivism に対応するタームか、

Constructionism に対応するタームかについても、多くの論者の間でさまざまなに議論が展開されているが、定まった規定はまだない。本論では、「構築主義」を Constructionism の訳語とし、その意味としては「社会構築主義」（Social Constructionism）とする。そして、さまざまな論者によって議論される「構築主義」の主張を、暫定的に「現実は社会的に構築される」という見方とする。これは、構築主義の定義としてはもっとも広義なものである。社会学とほぼ同義語となり、定義としてはほとんど意味をなさない。しかしながら、構築主義について論じる際には、まず、このもっとも広義の定義から始めるより他に方法がないほど、構築主義の包含するアプローチは多様である。[18]

中河伸俊の整理によれば、構築主義の裾野は広大なものとなるが、同じ構築主義というタームで括られる以上、一定の共通性をもつと考えられる。しかし、この一定の共通性とは、単一の記述や唯一の特徴といったものではない。構築主義における一定の共通性の説明として、もっともよく用いられるのは心理学者であるバー（Burr, V.）の「家族的類似性」[19]の比喩である。同じ家族のメンバーでも、家族の特徴の中でどの特徴を受け継ぐかはそれぞれ異なっている。たとえば、桐谷家の典型的な鼻かもしれないし、長い顔かもしれない、痩せ形の体形かもしれない。全員がもつ唯一の特徴はないのだが、同じ家族集団に属すると認定するに十分な、家族構成員が分けもつ特徴を有している。これが、バーの示す構築主義のモデルである。バーは、「社会的構築主義者であるためには、絶対に信じなくてはならないはずの事柄」[20]として以下の四点を挙げる。[21]

一、自明の知識への批判的なスタンス
二、歴史的および文化的な特殊性
三、知識は社会過程によって支えられている
四、知識と社会的行為は相伴う

バーは、上記の四点のうち、一点以上をもつアプローチであれば、大まかに社会的構築主義であるとする。し

かし、この四要件は、社会的構築主義のアプローチの基礎的性格を示すものであり、まさに大まかな要点である。バーは、この大まかな四要件を基に、伝統的な心理学や社会心理学と対照をなすより具体的な七点の特徴を抽出している。[22] ①反―本質主義、②反―実在主義、③知識の歴史的および文化的な特殊性、④思考の前提条件としての言語、⑤社会的行為の一形態としての言語、⑥相互作用と社会的慣習、⑦過程への注目。この七点の特徴において、最も重要なものが「①反―本質主義」である。この反―本質主義を、バーは以下のように定義している。「人々としてわれわれ自身をも含んでいる社会的世界は、社会過程の所産であるので、その世界や人びとには何らかの決まった、一定の特質はありえないことになる。物事や人びとを今あるとおりにものにしている、それらの内部に『本質』は存在しない[23]」。そして、この七点の根底には、前述の暫定的な定義である「現実は社会的に構築される」という見方が存在している。現実は相互行為と社会的慣行によって構築されるのであり、その意味で、反―本質主義で反―実在主義にならざるをえない。われわれが社会を理解するのは社会的行為の一形態である言語によってであり、言語によって知識（現実）が構築されるプロセスに探求の目が向けられるのである。

構築主義は、「社会」という語をつけて「社会構築主義（Social Constructionism）」と用いられることが多い。これは、混同されやすい constructionism と constructivism、そしてその訳語としての構築主義と構成主義とを区別するためである。この場合、構築主義と社会構築主義は、ほぼ同義である。constructivism は、主に認知心理学の分野で用いられてきた概念であり、日本では従来から「構成主義」の訳語を当ててきた。特に、ピアジェ（Piaget, J.）の理論を指すタームとして使用される場合もある（ガーゲン〈Gergen, K. J.〉は constructivism がこのように混乱して使用される危険性があるとして constructionism を使用することを勧めている[24]。バーも同様の理由から Social Constructionism を使用している）。この場合、認知的構成主義（cognitive constructivism）と呼ばれ、学習者である主体のそれを取り巻く環境である客体に対する働きかけ、主体が客体と衝突する際に生じるギャップを調整しようとする中で、主体が知識を「構成」していくとするものである。[25] それに対し、ヴィゴツキー

(Vygotsky, L.)の「発達の最近接領域」の理論に基づく社会的構成主義(social constructivism)がある。学習の文化的・歴史的側面に焦点を当て、子どもが成長してく過程で周囲の人間が果たす役割を重視し、人間の学習が社会的性格を強くもつものと位置づける。そこでは知識は社会的な協同的な営みの中で個人によって「構成」されるものとする。[26]しかしながら、constructionismに対する訳語としても、構築主義と構成主義の二つが併存しており、構築主義に関する議論を一層複雑にしている。千田有紀によれば、「ふたつの訳語にまとわりつく概念史によって、明らかになる」[27]という。

constructionismに構成主義の訳語が当てられたのは、社会学におけるconstructionismの祖とされるバーガー(Berger, P. L.)とルックマン(Luckmann, T.)による『日常世界の構成―アイデンティティと社会の弁証法―』(山口節郎訳、新曜社、一九九七年)[28]においてである。一方、constructionismに対して構築主義の訳語が当てられたのは、スペクター(Spector, M.)とキッセ(Kitsuse, J. I.)による『社会問題の構築―ラベリング理論をこえて―』(村上直之・中河伸俊・鮎川潤・森俊太訳、マルジュ社、一九九〇年)[29]である。訳書の副題に原書にはない「ラベリング理論をこえて」がつけられているのは、スペクターとキッセは、ラベリング論[30]とエスノメソドロジーとを統合して、社会問題の「実在」と、研究専門家による社会問題を客観的測定が可能かを問うことに焦点づけられているからである。スペクターとキッセの著作においてconstructionismに構築主義の訳語が当てられたのは、先述したバーガーとルックマンの構成主義と差異化をはかる意味が込められている。[31]これは、社会学者の言説生産の専門家としての立場への批判的捉え方の強調の違いともいえる。バーガーとルックマンの研究は、現象学に基づき、言説生産の専門家による知識人によって生産された知識ではなく、日常生活を営む普通の人びとにとって知識がどのような意味をもつかを対象としたため、言説生産の専門家としての立場への批判的なまなざしは、相対的に弱められている。それに対し、スペクターとキッセの研究は、社会問題の実証的・客観的分析者とする実証主義への批判に基づき、言説生産の専門家としての立場への批判的なまなざしへの重視から、研究者の立場を「社会問題の構築過程を記述することに限定[32]」したのである。千田は、両者の相違を、「ミクロ・マクロ問題にかんする二様の選択[33]」としている。知識の利用の仕方、相互作用のあり方を行為者個人の側から焦点を当てて検討するミクロからのアプローチが構成主義であり、社会的な知識がどのようなダイナミズムの中で生成されていくのかに焦点を当てて検討するマクロからのアプローチが構築主義である、と整理できる。

4 「構築主義的思考」育成の歴史学習

（1） 反―本質主義としての「構築主義的思考」

スペクターとキッセは、言説生産のイニシアチブは専門家である知識人が握っており、その産出過程に対する禁欲的で自省的なまなざしの必要性を提起した。構築主義は言説のもつ力に特別の注意を払う。それは、言説の生産過程が、言語の使用による世界の構築だからである。そして構築された世界・社会・現実は、言説によって物語られることにより、再生され、人びとによって共有される。注意せねばならないのは、こうして物語られた言説には、**「誰によって」、「誰のために」、「どのような意志をもって」物語ら（構築さ）れたかといった文脈から切り離され、専門家による言説であるという権力構造において、あたかもそれが普遍で不変の「本質」であるかのように流布する危険性を孕んでいる**ことである。言説生産のイニシアチブを握る専門家である知識人の言説の生産は、まさに権力構造を内包しているのである。ゆえに、「構築主義的思考」を育成する授業においては、「反―本質主義」を第一義的な特徴とする必要がある。[34] 上野千鶴子も「構築主義が対抗しているのは、本質主義である。本質主義対構築主義の用語法はほぼ定着して[35]」いるとする。

森茂岳雄は、多文化社会アメリカについての学習を考える際に、多「文化」を捉える視点をカルチャル・スタディーズやポストコロニアル批評に学んで以下の三点を提示し、それら三点の視点にたって、文化に対する本質主義的認識の変容を促すような授業づくりを、「構築主義的授業づくり」[36]と呼んでいる。

①ポピュラー・カルチャー／サブカルチャー

②ディアスポラとアメリカ文化のハイブリッド性

③文化の本質主義批判と構築された文化

森茂の提起する「構築主義的授業づくり」の主旨は、文化に対する本質主義的認識の変容を促すような授業づくりであり、上記の視点の中で特に重要な視点が、「③文化の本質主義批判と構築された文化」である。森茂は、「本質主義」の思考を「私たちは、ある民族や文化について述べるとき、『日本人は勤勉である』とか『黒人はダンスがうまい』といったり、ルース・ベネディクトが『菊と刀』（一九四四年）で指摘したように西洋の文化と日本の文化を『罪の文化』と『恥の文化』という典型的な概念でとらえたりする。これはある意味で文化を本質的で、時間を超越して存在する（非歴史的な）実体としてとらえる」[37]思考であると説明する。そして、ポストコロニアル批評の先駆者であるサイード（Saide, E.）の「オリエント」という非西洋のステレオタイプのイメージが西洋のディスコースの中で、どのように構築され、表象され、結果としてそれが権力装置としていかに機能していたか明らかにした『オリエンタリズム』[38]を事例として、文化の本質主義と構築された文化の権力構造の危険性を指摘している。そして、「これまでの異文化をあらかじめ与えられた実体としてとらえる本質主義的見方から解放し、それが誰によって構築され、何のために語られてきたか、すなわち『文化についての言説』を問題にすることが重要なのである」[39]とする。このような反─本質主義としての「構築主義的思考」を育成する世界史授業が実践され始めている。[40]田尻信壹は、十九世紀アメリカで、人種差別の根拠とされたアフリカ系アメリカ人に対する本質主義的なイメージや認識がどのように構築されたのかを学習する高等学校世界史の授業を開発し、実践している。[41]

構築主義の射程が歴史学に及んだとき、その反応は決して良好なものとなりえないことは想像に難くない。構築主義がその存立基盤とする「反―本質主義」・「反―実在主義」と、伝統的な歴史学の実証主義との間に対立の構図ができ上がってしまうからである。しかし、構築主義における歴史叙述のもつ意味は非常に大きい。社会的に構築された現実は、言語を通して物語られることによって社会的意味が生成される。**歴史が「誰によって」、「誰のために」、「どのような意志をもって」物語られるか、つまり歴史的事実が構築されるのかの過程を読み解くことが、構築主義における歴史叙述の研究領域となる。**これは、先述のスペクターとキッセの提起した「言説生産の専門家としての立場への批判的なまなざし」である。歴史を物語る専門家としての歴史家の営みが問題とされるのである。歴史学における構築主義をめぐる議論は、いまだ明確な結論を見ないまま、有益なものと思われる限りにおいて構築主義の含意を摂取するが、歴史的実在に対して資料を通じて接近していこうとする実証的研究の方法は捨て去らない、という折衷的なものに落ち着いている。「実際、反実在論を本気で唱える構築主義者がいないように、自らが提示する記述を永久不滅の真なるものと考える実証史家―脱コンテクスト的な真理の対応説擁護者―もいないのではなかろうか[42]」という北田暁大の言葉が構築主義と歴史学の現在の関係をもっとも端的に表している。重要なのは、厳密な反―実在主義　対　実証主義の対立の勝者がどちらであるかではなく、「特定の歴史」がどのような動きの中で構築されてきたのか、その権力構造を明らかにすることであり、反―実在主義ではなく、反―本質主義的な歴史解釈をどのようにしていくかである。

（2）「十九世紀アメリカ合衆国南部諸州の紙幣に描かれたアフリカ系アメリカ人のイメージ」の授業化

田尻実践は、上記の森茂の提起する反―本質主義としての「構築主義的思考」にもとづく一連の「構築主義的授業づくり」プロジェクトの一環として単元「大西洋世界とアフリカ系奴隷」が開発・実践されたものである。本単元の目標は、十八、十九世紀のアメリカ南部を中心にしてアフリカ系の西アフリカからアメリカ大陸やカリブ海への移送とそこでの労働や生活、文化を取り上げ、近代世界の原形となった「大西洋世界」の特徴について明らかにすることである。[43] 単元構成は**表1**のとおりである。

田尻は、単元の第四次で、反―本質主義としての「構築主義的思考」を育成する授業、「十九世紀アメリカ合衆国南部諸州の紙幣に描かれたアフリカ系アメリカ人のイメージ」（二時間）を展開している。十九世紀アメリカ南部諸州で発行された紙幣の図案を構築主義の視点から分析することで、南部でアフリカ系のイメージがどのように構築され、表象されたかを読み解いていく授業である。本授業は、二〇〇四年十二月一日（水）・四日（土）に筑波大学附属高等学校一年三組（三九名、男子：二〇名、女子：一九名）で行われた実践である。目標は以下の三点である。

- 十九世紀アメリカ南部の紙幣に表れたアフリカ系についての問題点を、紙幣の図案を分析して説明できる。
- アフリカ系のイメージが、十九世紀のアメリカ社会の経済的。政治的状況を背景に、南部プランターによって構築されたものであることを理解できる。
- 「サンボ・ステレオタイプ」[44]と呼ばれるアフリカ系への差別的なイメージがどのように固定化・定着していったかについて、説明できる。

第四次の展開は以下の**表2**のとおりである。

表1 「大西洋世界とアフリカ系奴隷」の単元構成

第1次（1時間）	イギリス「生活革命」と18・19世紀の世界（導入）
第2次（2時間）	西アフリカ社会と奴隷貿易
第3次（2時間）	プランテーションでのアフリカ系奴隷の労働と生活
第4次（2時間）	19世紀アメリカ合衆国南部諸州の紙幣に描かれたアフリカ系のイメージ
第5次（1時間）	奴隷解放宣言と人種問題としての「黒人」問題
第6次（課題学習）	日本社会に見られるステレオタイプの弊害 ―課題レポートの作成と発表―

（多文化社会米国理解教育研究会編『多文化社会アメリカを授業する―構築主義的授業づくりの試み―』多文化社会米国理解教育研究会、2005年、112-113頁より筆者作成）

南北戦争までのアメリカでは、各州が紙幣の発行権を有し、独自の図案を施した紙幣を発行・流通させており、南部諸州の紙幣には、アフリカ系の労働や生活の様子を描いたものが多く発行されている。紙幣の図案は、それぞれの国家の文化や社会の「ひとつの理想像」が表現されており、権力側からの「国民統合のシンボル」として機能することが期待されていたのである。

田尻は、「南部紙幣に描かれたアフリカ系は、南部の奴隷制プランテーションのもとで形成されたものであり、プランターのアフリカ系に対する優越性が浮かび上がってくる。そこに描かれたアフリカ系の姿は、まさに『サンボ・ステレオタイプ』の典型といえる。ここには、その後のアメリカ社会でのアフリカ系に対する人種差別的なイメージの原形を発見することができる[45]」として、現代の我々がもつアフリカ系に対する本質主義的な人種偏見が、十九世紀アメリカ南部で、支配階級であった白人プランターによって奴隷制を正当化するために構築されたことを生徒に気づかせている。第四次第二時では、事前アンケートの結果に表れた生徒のアフリカ系のイメージと、十九世紀に構築された「サンボ・ステレオタイプ」が類似していることを生徒に気づかせ、自分たちのアフリカ系の本質主義的イメージが構築された言説に大きく影響を受けていることを認識させている。つまり、田尻実践は、十九世紀のアメリカ南部において構築されたサンボ・ステレオタイプの構築過程の学習を通して、自分自身が「本質」として持ってきた自身のアフリカ系のイメージ（＝サンボ・ステレオタイプ）を批判的に読み解いていく学習でもある。田尻が、実践に先立って

表2　「十九世紀アメリカ合衆国南部諸州の紙幣に描かれたアフリカ系アメリカ人のイメージ」の展開

主な学習活動と学習内容	留意点
第四次／一時 **［導入］時代や文化を映す鏡としての紙幣のデザイン** 二〇〇四年十一月一日から、紙幣のデザインが一新されたことを導入にして、国家と紙幣のデザインの関係について説明する。	●紙幣のデザインが国民統合や国家の理想とすべき社会や人物を表象していることに気づかせる。
［展開］十九世紀のアメリカ南部諸州の紙幣 **○史料の提示** Ａ１　Georgia Savings Bank 発行の五ドル紙幣 Ｂ１　Central Bank of Alabama 発行の一〇ドル紙幣 **○南北戦争以前のアメリカの「通貨制度」について** 南北戦争までのアメリカでは、通貨発行権が実質的に州に握られていた。戦後、通貨の発行権は州から連邦に移り、通貨制度の一元化が実現した。 **○「十九世紀の南部諸州の紙幣」を読む** 生徒は、ワークシートの課題に沿って、十九世紀にアメリカ南部諸州でつくられ、流通していた二つの紙幣（史料Ａ１・Ｂ１）の図案を分析する。 **○グループ単位で話し合う**	**T説明** ●アメリカでは、南北戦争が終わるまで、約一六〇〇の銀行が州法による七〇〇〇種類の異なった紙幣を発行していた。 ●アメリカ通貨制度の変遷を、南北戦争による連邦（北部）主導の国民経済圏の形成というアメリカ史の流れの中に位置付けて理解させる。 T：質問（ワークシート） ●史料パネル（Ａ１・Ｂ２）
「事実認識の段階」の問い **○「Ａ１」Georgia Savings Bank 発行の五ドル紙幣** ［Ⅰ―３］「この女性の人種、外見（服装）・容姿、持ち物について女性の後方風景と対比してみた場合、『変だなぁ』と感じる点について、列挙してみてください」 **○「Ｂ１」Central Bank of Alabama 発行の一〇ドル紙幣** ［Ⅱ―１］「Ｂ２・Ｂ３のイラストを見て、この紙幣の風景（周りの畑、遠方の建	●紙幣には、奴隷制を正当化するために、ムラート（ヨーロッパ系とアフリカ系の混血児）女性をローマ時代の「貨幣の女神」Moneta の姿を借りて表すことによって、背後に搾取と苦役を伴う奴隷労働の「豊かさ」を主張したことに気づかせる。

物や景色など）について、発見できたことをできるだけ多く書いてください」 ［II—2］「この紙幣（B1）には、働いている六人の人物が描かれています。B2・B3のイラストを見て、登場する人物の性別、年齢、人種、外見・容姿、行動について発見できたことをできるだけ多く書いてください」	●南部紙幣に描かれた、アフリカ系奴隷のさまざまな労働の様子から、南部やアメリカの経済発展にとって、アフリカ系奴隷がいかに貢献したかを宣伝しようとする南部プランターの政治的意図が読みとれる。
「事実認識の段階」から「関係認識の段階」へ繋ぐ問い ○**「A1」Georgia Savings Bank 発行の五ドル紙幣** ［I—4］「この紙幣は一八六三年に発行されました。一八六三年頃のジョージア州やアメリカ合衆国の状況について調べて、書いてください」 ○**「B1」Central Bank of Alabama 発行の一〇ドル紙幣** ［II—3］「この紙幣(B1)の右下の肖像画の人物は誰ですか。調べてみてください。なぜ、当時のアラバマ州の銀行はこの人物の肖像画を紙幣に入れたのだと思いますか」	●南部の紙幣では、奴隷を、ジョージ・ワシントンや星条旗のような国家的合法性を示すシンボルと併置する形で描いていることに気付く。
○**二つの紙幣の対比** ［III—1］「A・Bの紙幣のイラストに共通する点は何ですか。発見できたことをできるだけ多く書いてください」	
「関係認識の段階」の問い ［III—2］A・Bの紙幣のイラストからは、アラバマ州、ジョージア州のどのような政治体制や経済状況を読みとることができますか、考察してください。 ［III—3］A・Bの紙幣のイラストについて、題名（タイトル）をつけてみてください。題名をつける際には、イラストの内容が他の人に伝わるようにしてください。	

主な学習活動と学習内容	留意点
第四次／二時 **［導入］** 前回授業のワークシートによる紙幣（A1・B1）のデザインから感じられるアフリカ系の印象についての結果を報告する。 **［生徒のアフリカ系に対する理解度やイメージ］** ①アフリカ系の歴史を、九割が奴隷制や人種差別と関連づけて理解していた。 ②生徒が描いたイラストのアフリカ系は男性がほとんどであり、黒い肌・縮れ毛・ドングリ眼・厚い唇などが強調されていた。サンボ・ステレオタイプと一致する。また、スポーツ選手・筋肉質男性や、子どもの姿で表現される場合が目立った。 ③生徒のイラストと『ちびくろサンボ』のイラストとの類似性が見られる。アフリカ系の原始性や幼児性を強調したものと考えられる。 ④生徒が描いたアフリカ系の絵と、十九世紀南部の紙幣に描かれたアフリカ系の図案とは「力強い存在」として描かれるなど、描き方の面で類似した特徴が見られた。	●前時のワークシートの内容を発表。 ●二〇〇三年十二月に、質問紙による調査を筑附生一年七八名（二クラス）に実施したデータを利用。 資料パネル：『ちびくろサンボ』オリジナル版とアメリカで発行された『ちびくろサンボ』の表紙 ＊生徒のアフリカ系アメリカ人に対する知識や理解の面での高い認識度・理解度と、イラストに示されたステレオタイプ的なイメージとのギャップの大きさを確認させる。
［展開］南部紙幣に描かれたアフリカ系イメージ **［I］一八二〇年代** **①ファースト・イメージ** 最初の紙幣では、ヨーロッパ系とアフリカ系が一緒に労働していた。 **②リサイクル・イメージ** ヨーロッパ系が労働しているところを描いた北部紙幣の図案をアフリカ系に入れ替えたものが登場する。	**スライドショー** *The Color of Money Images of Slavery* から作成。

〔Ⅱ〕一八三〇年代

③プランテーションでのさまざまな労働

プランテーションでの奴隷労働を取り上げた紙幣が数多くつくられた。

資料パネル：奴隷小屋（復元）とプランターの邸宅（二〇〇三年八月撮影）

④綿花王国（Cotton Kingdom）のイメージ

綿花生産に関わる奴隷は老若男女を問わず力強い存在として描かれた。

資料パネル：コットンボール

⑤工場で働くアフリカ系奴隷はわずか一例しか見いだせない。

〔Ⅲ〕一八五〇年代〜一八六〇年代

⑥プロパガンダ・イメージ

南部やアメリカの経済発展にとって奴隷労働が不可欠であり、いかに貢献したかを示すために、ワシントンや星条旗が奴隷と一緒に取り上げられた。また、微笑を浮かべて労働している少年や正装で労働する男性、幸せそうな母子などが描かれ、奴隷制がアフリカ系にとっても幸福な制度であることが宣伝された。

〔まとめ〕

紙幣に描かれたアフリカ系のイメージは、十九世紀の南部プランテーション、とりわけ綿花プランテーションのもとで形成されたものであり、ヨーロッパ系プランターのアフリカ系に対する優越性を背景につくられた。紙幣に描かれたアフリカ系のイメージは、サンボ・ステレオタイプの典型といえる。最後に、ムラート女性をローマ時代の女神として表現した紙幣を、もう一度見せ、生徒に紙幣の図案に込められた南部プランターの意識を考えさせる。

（多文化社会米国理解教育研究会編『多文化社会アメリカを授業する—構築主義的授業づくりの試み—』多文化社会米国理解教育研究会、二〇〇五年、一二一—一二五頁より筆者作成）

類型２：黒い肌・縮れ毛・ドングリ眼・厚い唇

類型３：スポーツ選手（バスケット、K１）・筋肉質男性（マッチョマン）

◀類型４：子ども

図２　生徒が描いたアフリカ系イラストにみるサンボ・ステレオタイプ
（多文化社会米国理解教育研究会編『多文化社会アメリカを授業する―構築主義的授業づくりの試み―』多文化社会米国理解教育研究会、2005年、p. 109）

行ったアンケートでは、「『アメリカ人』を絵に描いて下さい。（色を塗るか、色を言葉で指示して下さい）」という設問に対し、七八人中二五人がアフリカ系を描いており、その多くが図２のようなサンボ・ステレオタイプの特徴を有していた。二五人中一五人が、黒い肌・縮れ毛・ドングリ眼・厚い唇を特徴として描いている。また八人が、スポーツ選手（バスケット、Ｋ１）、筋肉質男性（マッチョマン）を描いており、きわめてステレオタイプな認識であるといえる。

田尻は、第六次に本単元のまとめとして、「日本社会に見られるステレオタイプの弊害―課題レポートの作成と発表」を位置づけている。生徒が、単元を通して、十九世紀アメリカ南部諸州の紙幣に描かれたアフリカ系の姿が、「幼児性」や「未開性」(サンボ・ステレオタイプ)を巧妙に記号化し、あたかも「本質」のごとく流布し、現在の自分の認識をも縛っていることを「わかる」(=「探究」)のであり、「わかった」生徒が、その「わかった」ことを用いて、現在、身近にあり、知らず知らずのうちに私たちの認識を縛っている民族や人種に関するステレオタイプを探し、その問題性について考察するという「できる」(=「活用」)単元構成になっている。

戸田善治は、開かれた歴史認識の育成の授業理論を、「構築主義」授業論と「脱構築主義」授業論に分けて整理し、この田尻実践を「脱構築主義」授業論と位置づけている。[46] しかし、「歴史教育における『構築主義』あるいは『構成主義』に関する研究を整理したい[47]」としながらも、「構築主義」や「構成主義」に対する理論的検討を十分せずに整理しているため、戸田の整理にはやや混乱が見られる。構築主義においては、「脱構築」することとは先述したとおり必須の要件であり、戸田のいう「脱構築主義」授業論が本来の「構築主義」授業論であり、戸田のいう「構築主義」授業論は「構成主義」授業論であろう。[48] まさに戸田のいう「脱構築」が「構築主義的思考」であり、マジョリティである白人という権力が、マイノリティである「黒人」を構築した構築主体であったことを「脱構築」していっているのである。

結語

社会科学力を「わかる」と「できる」で整理すると、以下のように言えよう。知識や専門家の言説の受容は基礎学力として第一段階の「できる」力=習得型学力。認識、思考・判断力は基本学力としての「わかる」力=探究型学力。意思決定・合意形成、態度・意欲、参加等は、「わかる」=探究を通して実際の社会に積極的に関与する第二段階の「できる」力=活用型学力である。本論で注目したのは、第一段階の「できる」力=習得型学力から第二段階の「できる」力＝活用型学力へと発展させる「わかる」力＝探究型学力である。その「わかる力」＝探究型学力と「原点もどし」的熟達としての「構築主義的思考」を提案した。田尻実践においては、第一次から第三次までの学習において、十九世紀のアメリカ南部諸州の状況とその歴史的背景に関する知識を受容する（＝習得型「できる」力）学習が展開され、第四次において「原点もどし」的熟達としての「構築主義的思考」によって、サンボ・ステレオタイプを「脱構築」する（＝探究型「わかる」力）学習が続き、最終的に、育成された「原点もどし」的熟達としての「構築主義的思考」を用いて、現実社会のステレオタイプ問題について考察する（＝活用型「できる」力）単元展開であると、整理できる。活用型「できる」力は、その前提として「わかる」ことが要求され、その「わかり方」＝「知識の文脈性」の理解の仕方に依拠せざるを得ないのであり、探究型「わかる」力の育成と、「分かり方」が、社会科学力の鍵となるのではないだろうか。

註

（1）市川伸一「学力論争における国際学力比較調査の役割」（二十一世紀COEプログラム東京大学大学院教育学研究科基礎学力研究開発センター編『日本の教育と基礎学力―危機の構図と改革への展望―』明石書店、二〇〇六年）五四頁

（2）佐藤学「学力問題の危機の位相―論題と展望―」（日本教育方法学会編『教育方法三三　確かな学力と指導法の探求』図書文化社、二〇〇四年）二八・二九頁

（3）こうした所得格差や階層格差によって子どもの受けられる教育においても格差が生じ、意欲格差社会となっていることの問題を明らかにし、学力低下論を推進したのは、苅谷剛彦の一連の研究である。苅谷剛彦「日本は格差社会になる―『ゆとり教育』がもたらすインセンティブ・デバイド―」（『論座』第六八号、朝日新聞社、二〇〇一年）三六―四七頁、『階層化日本と教育危機―不平等再生産から意欲格差社会へ―』（有信堂、二〇〇一年）、『教育改革の幻

想』（筑摩書房、二〇〇二年）、『なぜ教育論争は不毛なのか―学力論争をこえて―』（中央公論社、二〇〇三年）、苅谷剛彦・志水宏吉編『学力の社会学―調査が示す学力の変化と学習の課題―』（岩波書店、二〇〇四年）

（4）江口勇治は、社会科の学力について集中的に議論された時期を一九八一年当時の議論を含めて三期に分類している。江口勇治「社会科学力研究の変遷と争点」（朝倉隆太郎・平田嘉三・梶哲夫編『社会科教育学研究』五、明治図書、一九八一年）一〇九・一一〇頁。その後一九九〇年代のいわゆる「新学力観」に関する議論を加えると四期ということになろう。

（5）前掲註（3）苅谷剛彦・志水宏吉編『学力の社会学』三頁

（6）尾木直樹『「学力低下」をどうみるか』（日本放送出版協会、二〇〇二年）一一三―一一八頁

（7）廣岡亮蔵・勝田守一・倉沢栄吉・黒田孝郎・小林実・桑原作次編『現代学力体系1　学力と基礎学力』（明治図書出版、一九五八年）

（8）前掲註（6）尾木直樹『「学力低下」をどうみるか』一一五頁

（9）佐伯胖『「わかり方」の探求―思索と行動の原点―』（小学館、二〇〇四年）一四頁

（10）Ryle, G. 1949, *The Concept of Mind* Hutcinson London. G・ライル著／坂本百代・宮下治子・服部裕幸訳『心の概念』（みすず書房、一九八七年）

（11）前掲註（3）苅谷剛彦・志水宏吉編『学力の社会学』四頁

（12）前掲註（9）佐伯胖『「わかり方」の探求』二一頁

（13）同右　二九頁

（14）同右　三一頁

（15）同右　一三二―一三五頁

（16）中央教育審議会・初等中等教育分科会・教育課程部会『審議経過報告』（二〇〇六年二月十三日）。唐木清志は、全国社会科教育学会第五五回全国研究大会課題研究発表において、「活用」の重視の観点から、この「習得」「活用」「探究」型学力の捉え方の必要性を指摘している。

（17）このような学習者の社会認識の変容（成長）を志向した先行実践・研究として池野範男を中心とした一連の研究がある。池野範男他「小学校社会科における見方・考え方の育成方略―単元『地図はどのようなものでしょうか？地図

について考えてみよう！』を事例として―」（『広島大学大学院教育学研究科紀要第二部（文化教育開発関連領域）』第五三号、二〇〇四年）七九―八八頁、池野範男他「認識変容に関する社会科評価研究（二）―小学校地図学習の評価分析―」（『学校教育実践学研究』第一二号、広島大学大学院教育学研究科附属教育実践総合センター、二〇〇六年）二五五―二六五頁、池野範男他「認識変容に関する社会科評価研究（三）―中学校公民単元『国際連合について考える』学習の評価分析―」（同上）二六七―二八二頁

（18）社会学者であり構築主義研究の第一人者である中河伸俊は、構築主義の多様性を以下のようにいう。「シュッツからバーガー＝ルックマン（Berger & Luckmann, 1966）へという現象学的社会学への系譜は、構築主義を標榜する諸研究において、しばしば『ルーツ』として引用される。しかし、自称・他称の構築主義的研究には、シンボリック相互行為論（およびそれと深く結びついた逸脱のレイベリング論や動機の語彙論）、エスノメソドロジー、言語哲学、科学哲学、ポスト構造主義（このカテゴリーに収まりきらないかもしれないがとりわけフーコー）、ポストモダン理論、レトリック論や物語論など、多種多様な発想の源泉がある」。中河伸俊「Is Constructionism Here to Stay?―まえがきにかえて―」（中河伸俊・北澤毅・土井隆義編『社会構築主義のスペクトラム―パースペクティヴの現在と可能性―』ナカニシヤ出版、二〇〇一年）五頁

（19）Burr, V. 1995, *An Introduction to Social Constructionism*, Routledge. 田中一彦訳『社会的構築主義への招待―言語分析とは何か―』（川島書店、一九九七年）三頁

（20）同右　三・四頁

（21）同右　四―七頁

（22）同右　八―一二頁

（23）同右

（24）Gergen, K. J. 1985, The social constructionist movement in modern psychology, *American Psychology*, 40, pp. 266-275.

（25）久保田賢一『構成主義パラダイムと学習環境デザイン』（関西大学出版部、二〇〇〇年）五二・五三頁

（26）同右　五三・五四頁

（27）千田有紀「構築主義の系譜学」（上野千鶴子編『構築主義とは何か』勁草書房、二〇〇一年）九頁

(28) Berger, P. L. & Luckmann, T. 1966, *The Social Construction of Reality: A Treaties in the Sociology of Knowledge*, Anchor Books. 改題新版として、ピーター・バーガー、トーマス・ルックマン著/山口節郎訳『現実の社会的構成：知識社会学論考』(新曜社、二〇〇三年)
(29) Spector, M. & Kitsuse, J. I. 1997, *Constructing Social problems*, Cummings.
(30) ラベリング論は、社会問題としての逸脱問題の原因を、逸脱者側にではなく、「逸脱者」という「ラベル」を貼り付けた側に求める。つまり、「逸脱者」が客観的に認識主体の外側に実在するのではなく、認識主体が「逸脱者」という「ラベル」を貼り付けた瞬間に、社会問題として立ち現れてくる。
(31) 前掲註(27)千田有紀「構築主義の系譜学」二一頁
(32) 同右
(33) 同右 一一頁
(34) もちろん、反—実在主義や知識の社会的・文化的相対主義、言語の中心性への重視は、言説生産のイニシアチブを握る専門家である知識人によって構築された現実がどのような動きの中で構築されたのかを分析するプロセスで、重要な概念として位置づく。
(35) 前掲註(27)上野千鶴子編『構築主義とは何か』iii頁
(36) 森茂岳雄「多文化社会アメリカ理解教育の視点と方法—構築主義的授業づくり—」(多文化社会米国理解教育研究会編『多文化社会アメリカを授業する—構築主義的授業づくりの試み—』多文化社会米国理解教育研究会、二〇〇五年)七—一一頁
(37) 同右 一〇頁
(38) Said, E. 1978, *Orientalism*, Routledge. 今沢紀子訳『オリエンタリズム』(平凡社、一九九三年)
(39) 前掲註(36)森茂岳雄「多文化社会アメリカ理解教育の視点と方法」一〇・一一頁
(40) 高橋健司は、文化人類学に依拠しつつ、「人種」概念が社会的に構築されたものであることを、ナチス・ドイツによる「ユダヤ人種」の構築を事例として学習する高等学校世界史の授業を開発し、実践している。「人種」という「科学的装い」をもった概念が、実は「歴史的構築物」であったことに気づかせる実践であり、まさに、「反—本質主義」的実践である。高橋健司「世界史教育における『人種』概念の再考—構築主義の視点から—」(『社会科教育研

究』第九四号、二〇〇五年)一四―二五頁
(41) 田尻信壹「『一九世紀アメリカ合衆国南部諸州の紙幣に描かれたアフリカ系アメリカ人のイメージ』の授業化」(多文化社会米国理解教育研究会(代表:森茂岳雄)編『多文化社会アメリカを授業する―構築主義的授業づくりの試み―』多文化社会米国理解教育研究会、二〇〇五年)一〇六―一二六頁
(42) 北田暁大「〈構築されざるもの〉の権利をめぐって―歴史的構築主義と実在論―」前掲註(27)上野千鶴子編『構築主義とは何か』二六三頁
(43) 前掲註(41)田尻信壹「『一九世紀アメリカ合衆国南部諸州の紙幣に描かれたアフリカ系アメリカ人のイメージ』の授業化」一一一頁
(44) アメリカ南部で主張された特殊な奴隷的パーソナリティのことをいう。
(45) 前掲註(41)田尻信壹論文 一一五頁
(46) 戸田善治「社会科における歴史認識の育成」(日本社会科教育学会出版プロジェクト編『新時代を拓く社会科の挑戦』第一学習社、二〇〇六年)一三四―一三八頁
(47) 同右 一三四頁
(48) 戸田が「構築主義」授業論として挙げている研究の多くが、「構成主義」を用いている。豊嶌啓司「『構成主義』的アプローチによる『意思決定』型学習指導過程―心理学における『多属性効用理論』および『自己フォーカス』を援用した中学校公民的分野『家族と社会生活』を事例に―」(『社会科研究』第五一号、一九九九年)四四―五〇頁、中村哲「社会科教育におけるインターネット活用の意義と授業実践―構成主義的アプローチに基づく知の構築を意図して―」(『社会科研究』第五二号、二〇〇〇年)一―一〇頁、渡部竜也「アメリカ社会科における社会問題学習論の原理的転換―『事実』を知るための探求から自己の『見解』を構築するための探求へ―」(『教育方法学研究』、第二九号、二〇〇三年)八五―九六頁(本論では、「構築」の語が用いられているが、内容は「構成主義」である)、中澤静男・田渕五十生「構成主義にもとづく学習理論への転換―小学校社会科における授業改革―」(『教育実践総合センター研究紀要』第一三号、奈良教育大学教育実践総合センター、二〇〇四年)一三―二一頁、寺尾健夫「認知構成主義に基づく歴史人物学習の原理―アマーストプロジェクト単元『リンカーンと奴隷解放』を手がかりとして―」(『社会科研究』第六一号、二〇〇四年)一―一〇頁

森田　武教授　年譜・著作目録

年譜

一九四一年　六月　山形県酒田市に生まれる
一九四八年　四月　酒田市立琢成小学校に入学
一九五四年　三月　酒田市立琢成小学校を卒業
〃　年　四月　酒田市立第三中学校に入学
一九五七年　三月　酒田市立第三中学校を卒業
〃　年　四月　山形県立酒田東高等学校に入学
一九六〇年　三月　山形県立酒田東高等学校を卒業
一九六二年　四月　埼玉大学文理学部人文科に入学
一九六四年　四月　東北大学文学部史学科に編入学
一九六六年　三月　東北大学文学部史学科を卒業
〃　年　四月　東北大学大学院文学研究科修士課程国史学専攻に入学
一九六八年　三月　東北大学大学院文学研究科修士課程国史学専攻を修了（文学修士）
〃　年　四月　東北大学大学院文学研究科博士課程国史学専攻に入学
一九七二年　四月　東北大学大学院文学研究科博士課程国史学専攻を単位取得満期退学
〃　年　四月　埼玉大学教育学部助手
一九七四年　四月　埼玉大学経済短期大学部非常勤講師（一九八八年三月まで）

〃　年　七月　埼玉大学教育学部講師

一九七六年一〇月　埼玉大学教育学部助教授

一九七七年　埼玉県史専門委員会委員となる（一九九一年三月まで）

一九八九年　四月　明治大学文学部（一部・二部）非常勤講師（一九九六年三月まで）

〃　年　八月　埼玉大学教育学部教授（二〇〇七年三月まで）

一九九七年　四月　埼玉大学教育学部附属養護学校長（二〇〇〇年三月まで）

〃　年　埼玉県立博物館資料評価委員となる

一九九八年　埼玉県文化財保護審議会委員となる

一九九九年　埼玉県立文書館文書調査員となる

〃　年　浦和家庭裁判所委員会委員となる（二〇〇三年六月まで）

二〇〇一年　四月　埼玉大学附属図書館長・評議員（二〇〇三年三月まで）

二〇〇三年　埼玉県平和資料館運営協議会会長となる

二〇〇六年　財団法人埼玉県埋蔵文化財調査事業団理事となる

二〇〇七年　三月　埼玉大学を定年退職

著作目録

編著書・共著書など

一九六七年　九月　『東北の歴史』上巻　吉川弘文館（豊田武編・共著）
一九六八年一一月　『宮城県議会史』第一巻　宮城県議会（豊田武監修・共著）
一九七三年　三月　『東北の歴史』中巻　吉川弘文館（豊田武編・共著）
一九七四年　三月　『宮城県議会史』第二巻　宮城県議会（豊田武監修・共著）
一九七九年　五月　『東北の歴史』下巻　吉川弘文館（豊田武編・共著）
一九八二年一〇月　『明治・大正・昭和の郷土史―埼玉県』昌平社（編著）
一九八四年一一月　『埼玉自由民権運動史料』埼玉新聞社（編著）
一九九九年　六月　『埼玉県の歴史』山川出版社（共著）
二〇〇一年　二月　幕末維新論集三『幕政改革』吉川弘文館（家近良樹編・共著）
二〇〇一年　四月　幕末維新論集六『維新政権の成立』吉川弘文館（松尾正人編・共著）

論文など

一九六七年　九月　「近世後期の市場構造と諸階層―守山藩をめぐる米穀市場を中心に―」『歴史』第三五輯
一九六八年　九月　「維新政権の地方的基盤―郡山生産会社を中心に―」『歴史』第三七輯
一九七〇年　四月　「直轄県における明治政府の経済政策―福島・白河地方の場合―」『歴史学研究』三五九号

一九七二年　三月　「幕末・明治初年の農民闘争―信達地方について―」佐々木潤之介編『村方騒動と世直し』上　青木書店

一九七四年　三月　「小学校歴史教科書における歴史叙述の特質と問題点」『埼玉大学紀要』教育学部第二二巻教育科学編

一九七六年　三月　「幕末期における幕府の財政・経済政策と幕藩関係」『歴史学研究』四三〇号

〃　年　三月　「中学生の歴史意識と歴史教育―大学における歴史教育の手がかりとして―」『埼玉大学紀要』教育学部第二四巻　教育科学編

一九七七年　三月　「在郷町における階層構成と矛盾関係」『埼玉大学紀要』第二五巻　人文・社会科学編

一九七九年　五月　「山間地域・荒川流域の村落と矛盾関係」特定研究『荒川流域に関する歴史地理的研究』

一九八一年一〇月　「川越藩農兵取立て反対一揆論」『埼玉県史研究』八号

一九八二年　一月　「埼玉県のコレラ予防反対一揆について」『大村喜吉退官記念論文集』吾妻書房

一九八三年　一月　「文政・天保期における川越藩の公儀拝借金と知行替要求について」『埼玉大学紀要』教育学部第三一巻　人文・社会科学編

一九八五年　六月　「幕末・維新期の農民闘争と秩父事件」『秩父事件百年記録・報告集』秩父文化の会

〃　年一〇月　「北足立地方の野菜取引をめぐる抗争と埼玉農産組合の成立―東京市場との関係を中心に―」『浦和市史研究』第一号

一九九〇年　三月　「維新政権の太政官札貸付の性格について」『埼玉大学紀要』教育学部第三九巻第一号　人文・社会科学編Ⅱ

一九九二年　三月　「武州における文久三年の草莽の活動と思想」『埼玉大学紀要』教育学部第四一巻第一号　人文・社会科学編Ⅱ

一九九三年　三月　「埼玉における一揆と自由民権運動」『埼玉県地域史料保存活用連絡協議会会報』第一九号
〃　年　三月　「戦後占領下の労働運動・公務員給与制度資料について」『浦和市史研究』第八号
一九九七年　四月　「幕末維新期の社会と民衆―川鍋暁斎の時代―」『暁斎』第五七号　川鍋暁斎研究会
一九九八年　三月　「幕末期における公儀知行権の行使とその性格（その一）」『埼玉大学紀要』教育学部第四七巻第一号　人文・社会科学編
二〇〇三年　三月　「享保期における村の「自力検断」とその性格」『埼玉大学紀要』教育学部第五二巻第一号　人文・社会科学編
二〇〇五年　九月　「近世における幕府知行権行使の性格について」『埼玉県社会科教育研究会会誌』第二六号
〃　年　九月　「享保期における村役人決定出入りと惣百姓合意・郷例」『埼玉大学紀要』教育学部第五四巻第二号　人文・社会科学編

自治体史の編纂・執筆

一九七一年　九月　『郡山市史』第三巻　郡山市
一九七九年　三月　『浦和市史』第四巻　近代資料編II　浦和市
一九八一年　一月　『新編埼玉県史』資料編11　近世2騒擾　埼玉県
一九八二年　三月　『浦和市史』第四巻　近代資料編III　浦和市
〃　年　六月　『浦和市史』第四巻　近代資料編IV　浦和市
〃　年一一月　『大正昭和史料目録』浦和市
一九八四年　三月　『新編埼玉県史』資料編15　近世6交通　埼玉県
一九八五年一一月　『大里村の歴史』大里村（共著）

一九八七年　九月　『坂戸市史』近世資料編Ⅰ　坂戸市
一九八九年　三月　『新編埼玉県史』通史編4　近世2　埼玉県
〃　年　九月　『浦和市史』通史編Ⅲ　浦和市
一九九〇年　三月　『大里村史』大里村
一九九一年　三月　『坂戸市史』近世資料編Ⅱ　坂戸市
一九九二年　三月　『鴻巣市史』資料編5　近現代一　鴻巣市
一九九五年　三月　『鴻巣市史』資料編6　近現代二　鴻巣市
一九九六年　九月　『日高市史』近世資料編　日高市
一九九七年　三月　『幸手市史』近現代史料編Ⅰ　幸手市
一九九九年　三月　『幸手市史』近現代史料編Ⅱ　幸手市
二〇〇〇年　三月　『日高市史』通史編　日高市
〃　年　三月　『幸手市史』通史編Ⅱ　幸手市
二〇〇一年　三月　『往時の幸手』幸手市
二〇〇四年　三月　『鴻巣市史』通史編2　近世　鴻巣市
二〇〇六年　三月　『鴻巣市史』通史編3　近現代　鴻巣市

あとがき

今年は記録的な暖冬で、埼玉大学にはついに一度も雪が降ることはなかった。森田先生が赴任された頃には砂塵が舞っていたという大久保キャンパスも、三十五年を経て確実に年輪を刻んだ樫の木々がおだやかな風にその葉を揺らしている。その姿はまさに春風駘蕩たる先生のお人柄を思わせる。

本論文集は、講義や演習の場で、あるいは何気ない雑談のおりに森田先生がご自身に向けて、そしてまた同時に私たちに向かって発せられた、埼玉とは何か、日本の近代化とはいったい何であったのか、という問いかけに、卒業生と同僚の教員が学恩を込めてお答えしようと編まれたものである。全体として何らかの答えを示すことができているか、その成否は読者諸賢のご判断に委ねたい。

記念事業の進め方について、あるいは論文集の内容について、私たちは一昨年の秋から何度か打ち合わせを重ねてきた。その場には森田先生がご同席されることも多かったが、意見交換は終始なごやかに進み、それはあらためて森田ゼミの暖かさと絆の強さを示すものであった。最終講義の場で先生は、埼玉大学附属養護学校長時代を回顧され、「(養護学校では)人間としての人格的平等性、そして心の正直さと生きる意欲が大切にされ、信頼ということが文字どおり信頼として存在しており、他人を思いやる心が溢れていた」と述べられた。しかし同僚として間近で接する機会を持った者として、この言葉はそのまま、先生が長年指導してこられた日本史ゼミを形容する言葉にふさわしいように思われる。

森田先生が埼玉大学で教鞭をとられた一九七二年からの三十五年間は、急速な戦後復興を遂げた後の日本が、

「安定成長期」、「バブル期」、そして「失われた十年」などと称される経済社会環境の変化を受けて、著しい価値観の多様化を経験した時代であった。そして現在、わが国の教育界は、初等教育から高等教育にいたるまで、この多様性を一挙に整序してしまうかのごとき変革の時期を迎えている。その方向は必ずしも楽観できるものではないが、このとき歴史学を含む社会諸科学にはたして何ができるのか、私たちは常に問い続けていかなければならないだろう。それは私たちの務めである。

今回は論文執筆にはいたらなかったが、森田先生の指導のもと大学院で学んだ海老原朱里、山下晃生、国分俊徹、鴨田和也の各氏には、一連の記念事業の準備で大いに助けていただいた。記して謝意を表したい。また最後に、本論集刊行に向けた私たちの思いをご斟酌くださり、たいへん厳しい出版状況のなかで刊行をお引き受けいただいた新泉社編集部竹内将彦氏に心よりお礼と感謝の気持ちを申し述べたい。氏は森田ゼミの卒業生でもあられる。氏のご尽力がなければ、このように大部な著作が日の目を見ることはなかったかもしれない。

二〇〇七年三月

編者を代表して　鈴木道也

執筆者紹介

第Ⅰ部

森田　武（もりた・たけし）東京都立清瀬高等学校教諭
加藤　健（かとう・たけし）葛飾区郷土と天文の博物館　専門調査員（歴史）
花木知子（はなき・ともこ）聖学院大学政治経済学部非常勤講師
新井尚子（あらい・なおこ）川口市立神根東小学校教諭
岡田大助（おかだ・だいすけ）蓮田市文化財保護審議会委員
田村　敬（たむら・たかし）さいたま市立大宮西高等学校教諭
髙橋貞喜（たかはし・さだき）目白学園中学校高等学校教諭
福井延幸（ふくい・のぶゆき）埼玉県立川本高等学校教諭
内田　満（うちだ・みつる）さいたま市教育委員会副参事
白田勝美（はくた・かつみ）桐生市立境野中学校非常勤講師
田部井新介（たべい・よしすけ）東京学芸大学教育学部教授（社会科教育）
坂井俊樹（さかい・としき）

第Ⅱ部

白井宏明（しらい・ひろあき）埼玉大学教育学部教授（社会科教育講座）
渋谷治美（しぶや・はるよし）埼玉大学教育学部教授（社会科教育講座）
小林　聡（こばやし・さとし）埼玉大学教育学部教授（社会科教育講座）
大峠　要（おおとうげ・かなめ）北海道大学大学院文学研究科歴史地域文化学専攻博士後期課程在学中
鈴木道也（すずき・みちや）埼玉大学教育学部准教授（社会科教育講座）
斉藤享治（さいとう・きょうじ）埼玉大学教育学部教授（社会科教育講座）
谷　謙二（たに・けんじ）埼玉大学教育学部准教授（社会科教育講座）
大友秀明（おおとも・ひであき）埼玉大学教育学部教授（社会科教育講座）
桐谷正信（きりたに・まさのぶ）埼玉大学教育学部准教授（社会科教育講座）

森田武教授退官記念論文集
近世・近代日本社会の展開と社会諸科学の現在

2007年6月15日　第1版第1刷発行

編　者＝森田武教授退官記念会
発　行＝株式会社 新 泉 社
東京都文京区本郷2-5-12
振替・00170-4-160936番　TEL03(3815)1662／FAX03(3815)1422
印刷・製本／創栄図書印刷

ISBN978-4-7877-0706-2　C3021